哲学
与
生活世界

权威与秩序

荀子政治哲学研究

东方朔◎著

生活·讀書·新知 三联书店

图书在版编目（CIP）数据

权威与秩序：荀子政治哲学研究/东方朔著．—北京：生活·读书·新知三联书店，2023.4
（哲学与生活世界）
ISBN 978-7-108-07597-0

Ⅰ.①权… Ⅱ.①东… Ⅲ.①政治哲学—研究—中国
Ⅳ.①D092

中国国家版本馆CIP数据核字（2023）第016008号

责任编辑 杨柳青
封面设计 刘 俊
出版发行 生活·讀書·新知 三联书店
（北京市东城区美术馆东街22号）
邮　　编 100010
印　　刷 江苏苏中印刷有限公司
版　　次 2023年4月第1版
2023年4月第1次印刷
开　　本 635毫米×965毫米 1/16 印张 40.75
字　　数 529千字
定　　价 158.00元

献给

奶　奶

目　录

导言

道之以政，齐之以刑，民免而无耻；道之以德，齐之以礼，有耻且格。

——孔子

仅仅具备出色的智力是不够的，主要的问题是如何出色地使用它。

——笛卡尔

方法不是外在的形式，而是资料的灵魂。

——黑格尔

一

先秦诸子九流十家，蓬勃兴盛，其源皆起于周室衰微，诸侯并作，天下大乱。虽诸子间立言相异，各引一端，但万千议论，究其要归，无不在平治天下，此亦所谓“天下一致而百虑，同归而殊途”者，故司马谈《论六家要旨》云：“夫阴阳、儒、墨、名、法、道德，此务为治者也。直所从言之异路，有省不省耳。”盖所谓“治”者，即治理也，蕴含安定、太平之意，亦指向政治秩序之重建。学者认为，先秦诸子的思想在某种意义上皆可以被认为是一种政治哲学的思考[①]，或良非无故，德效骞（Homer H. Dubs）更直接地指出，在荀子的思想中，“政治哲学成为哲学的高峰（culmination）和目的，其余的一切皆必须从属于政治哲学”[②]。

本书探讨的主题即是荀子有关政治哲学的思考。

不过，若要尝试清楚地界定什么是政治哲学的含义，却并不是一件容易的事，因为即便到现在为止，有关何为政治哲学的精确定义依然言人人殊，悬而未决[③]。当然，简单地说，我们可以把政治哲学理解为哲学的一个分支，亦即依据一套哲学观念对政治问题做出评价和解释；评价则涉及价值和规范，因而政治哲学要探究何种政治价值值得追求，并以此价值标准来指导、改善现实政治，寻求理

---

① Etienne Balazs, *Chinese Civilization and Bureaucracy: Variations on a Theme*, ed. by Arthur F. Wright, trans. by H. M. Wright, New Haven: Yale University Press, 1967, p. 195.

② Homer H. Dubs, *Hsuntze: the Moulder of Ancient Confucianism*, London: Arthur Probsthain, 1927, p. 51.

③ 施特劳斯专门有一本书，名为《什么是政治哲学》（李世祥等译，北京：华夏出版社，2011年），他认为“政治哲学是用关于政治事物本性的知识取代关于政治事物本性的意见的尝试……旨在真正了解政治事物的本性以及正当的或好的政治秩序”（同上书，第3页）。学者认为施特劳斯给出的是有关现代政治哲学的古典观点。

想的政治生活[①]。政治哲学最核心的问题是要对政治价值的来源、基础及其正当性进行解释，故达尔（R. A. Dahl）认为，“政治哲学的特殊贡献就在于它曾特别关注关于价值、规范和标准的信念”[②]。由此而观，政治哲学如同伦理学一样，在本质上是一门规范性学科。

规范的另一层含义即意味着需要确定目的和理想，并为此设立制度和规则。因此，政治哲学不在于描述事物“事实”上如何，而在于探究事物“应当”如何，亦即什么是正当的、公正的，什么是道德上正确的。审如是，讨论政治哲学的问题我们便不能仅止于说明（explanation），更需要证成（justification）。埃德蒙德·胡塞尔（Edmund G. A. Husserl）曾经指出：“每一规范定律都以某种价值认定（认可、估量）为前提。”[③] 所谓价值认定即是提出某种价值上好的目的和理想，同时也为成就和实现该目的和理想设立相应的制度和规则。正是从这个角度，西季威克（Henry Sidgwick）说得更为明白，“伦理学的研究和政治学的研究都不同于实证科学的研究，因为它们的特殊而基本的目标都是在确立应当如何行为，而不是确定目前如何、已经如何或将来如何行为”[④]。自然地，如果把政治哲学当作某种目的性理论，那么，一般地说，一个完整的目的性理论的构成通常需要满足三个方面的条件，此即“确立什么样的目的”“确立此一目的理据是什么”以及“实现此一目的的手段和方法为何”。上

① 参阅陈来：《孔夫子与现代世界》，北京：北京大学出版社，2011 年，第 168 页；燕继荣：《政治学十五讲》，北京：北京大学出版社，2004 年，第 11 页；韩水法：《社会正义是如何可能的——政治哲学在中国》，广州：广州出版社，2000 年，第 105 页。

② 罗伯特·A·达尔：《现代政治分析》（王沪宁等译），上海：上海译文出版社，1987 年，第 170 页。

③ 胡塞尔：《逻辑研究》（倪梁康译）第一卷，上海：上海译文出版社，1999 年，第 36 页。

④ 西季威克：《伦理学方法》（廖申白译），北京：中国社会科学出版社，1997 年，第 25 页。

述三个问题都是从理论的普遍性的角度提出的，同时也构成政治哲学所要处理的基本问题。

二

按照梁启超的说法，荀子和孟子同为儒家大师。尽管荀子的理论千百年来招致许多学者的诟病，然而，要谈论儒家的政治哲学，荀子却是人们无论如何都无法绕过去的一位学者。此一说法包含两方面的含义，一方面是指其思想的自觉而言，另一方面是指其思想的系统而言。荀子的政治哲学第一次自觉地为重建社会政治秩序、道德人生等问题提供了一个意义清晰、逻辑连贯的解答，对中国传统社会产生了深远的影响。

本书的目的是试图在理论上对荀子政治哲学中的核心关切和重要问题提出说明和阐释。为了做到这一点，本书既要考虑作为政治哲学这一学科所必须处理的普遍的理论问题，又要考虑荀子作为中国传统的儒者其所思所想的特殊性问题，并将此两方面有机地统一起来。为此，本书采取紧扣荀子的文本，在理论上设计出一系列相互之间具有密切联系的提问，来逻辑地展现荀子思想之具体内容的方法，试图为读者呈现出荀子对这些问题所提供的解答，并期望借此建构出荀子有关政治哲学的系统思考。这些问题包括为何要建立秩序，由谁来建立秩序，建立何种秩序，为什么要服从权力，社会分配原则如何确立，君主应当如何待民，或君主的责任如何体现，理想的政治治理形态的判别标准是什么，性恶之人如何生出道德的动机，等等。本书的每一章的内容都可以从前一章中引出，但每一章所处理的某一特定问题又可以有其相对的独立性。

无疑，我们首先碰到的一个问题是，荀子的政治哲学应当如何讲，尤其是应当如何开始讲。“应当”总是意味着存在某种标准。但遗憾的是，这样的标准并不容易找到。不过，尽管如此，迄今为止还是有许多学者努力地尝试着寻找尽可能符合“标准”的讲法，而且事实上他们也已经得出诸多形色不同的讲法，本书所提供的便是这诸多讲法中的一种。

显然，检讨以往已有的各种不同的讲法构成了我们从事此类研究的预认性的前提和基础。回顾近150年的研究成果，尤其是近二三十年来的研究成果，围绕荀子思想研究中的通史、断代史、专书专论、单篇论文、硕博士论文以及国外学者（主要是英语世界）的相关论著等等，我们发现，研究荀子思想的进路和讲法不仅表现出内容丰富、形式多样的特点，而且也呈现出愈发引人注目的一个热点。其中学者对荀子的政治思想、政治哲学便尝试了各种不同形式的探讨，表现出各不相同的讲法，如有的学者从组织社会出发，有的学者则从群居和一出发，有的学者从天人之分出发，有的学者则从人之性恶出发，如此等等，不一而足。应该说，其中的任何一种讲法都包含着特定作者对荀子政治哲学的理解，也都有其观察问题的独特视角。但如何透过《荀子》一书的文本，整理出一套合乎逻辑演绎的系统，进而呈现出荀子政治哲学的面貌，似乎总是像前方摇曳着的钟摆一样，吸引着人们不断地探索。

的确，正如学者所说的那样，健全的现实感是讨论政治哲学必要的前提。

一个可以确定的事实是，与先秦其他诸子一样，荀子政治哲学的目的是要在天下离乱、诸侯争霸的时代建立和实现一个“正理平治”的社会，使天下“皆出于治，合于道”（《性恶》）。“治”是中国古代思想家思考政治问题的核心关怀，“治”总是对着“乱”而言的，指向政治秩序的必要，而“治与乱”的问题在荀子那里乃已然呈现出理论上的“为何”与“如何”的思考，亦即“为何会乱，如何去乱”。前者是对“乱因”的根源上的思考，后者是对“除乱”的方法上的思考[1]，而这些思考构成了我们理解荀子政治哲学的内在的逻辑脉络。

理论上，“为何”的提问需要寻找或给出原因，而这种原因通常是“解释性的”（explanatory），它使得某种行为或现象可理解，如对天下“为何会乱”，我们会直接想到荀子所处时代王纲失坠、诸侯争霸、政治生活秩序荡然无存的“现实处境”或“历史环境”，或用《荀子》一书的话来说即是“上无贤主，下遇暴秦”，“君上蔽而无睹，贤人距而不受”，“诸侯大倾”，“天下冥冥”（《尧问》），等等。以“现实处境”和“历史环境”的事实与天下混乱之间建立起因果对应关系的解释，在发生的意义上对事件或现象的产生过程无疑有其相应的解释效力。不过，即便如此，这种“处境”和“环境”的事实相对于哲学思考本身而言，我们只将之视为思想学说产生的外缘条件，换言之，从政治哲学的角度上看，荀子对“天下为何会乱”的原因的思考主要不是注目于对经验现象的事实解释，而是根源于其自觉建构的一套理论预设的逻辑解释，并以其特殊的一套理论语言来加以表述，这套特殊的理论语言的核心即是基于人之性恶的“欲多而物寡”则争，争则乱，乱则穷。

审如是，当我们由天下“为何会乱”转而追问“如何去乱”时，“如何去乱”的问题又可进一步表达为“为何要建立秩序”或“秩序为何是必需的”。显然，相对于“天下为何会乱”的问题，“秩序为何是必需的”之疑问，我们的回答主要是要为秩序的建立提供论证的理由——不论这种理由是政治的还是道德的——而不是为建立秩序寻找原因。

---

① 荀子云：“君子治治，非治乱也。曷谓邪？曰：礼义之谓治，非礼义之谓乱也。故君子者，治礼义者也，非治非礼义者也。然则国乱将弗治与？曰：国乱而治之者，非案乱而治之之谓也。去乱而被之以治。人污而修之者，非案污而修之之谓也，去污而易之以修。故去乱而非治乱也，去污而非修污也。治之为名，犹曰君子为治而不为乱，为修而不为污也。”（《不苟》）

然而，在理论上，对于“秩序为何是必需的”之疑问，至少可以有原因的解释与理由的解释，只不过原因的解释与理由的解释不同。原因的解释是将秩序作为一个行为或事件在其发生的历程中做出因果性的说明，这种原因的解释是描述性的。原因的解释可以使行为或事件（如建立秩序）可理解，但原因的解释却不一定使得相关行为或事件是被要求的，经得起证成的，亦即在道德上是正确的；而理由的解释则不同，理由的解释不仅解释行为或事件，而且也“要求”行为和事件。假如我们就着荀子的问题意识而言，可以说在荀子那里，一旦究明了“为何会乱”的原因，则“为何要建立秩序”的理由在理论上已经蕴含为“建立秩序”的行为提出要求。需要强调的是，在通常情况下，“理由”的“要求”总是意味着理由本身具有规范性，没有规范性的理由并不能指导我们的行动；而理由的规范性意味着理由为我们（建立秩序）的行为提供了（道德上）正确的标准，因而理由的解释不仅是解释性的、说明性的（explanatory），而且也是证成性的（justificatory）。它使得依理由而做的行为不仅是政治上正确的，而且也是道德上正当的，也因此，这样一种理由是客观的，是独立于个人主观的认知和偏好的。打个比方，一个学生上课迟到，老师问：“你为什么迟到?”学生回答说：“因为堵车。”堵车是上课迟到的原因，迟到是堵车的结果。这种解释当然不是说不对，因为他有效解释了迟到这一事件。但老师会说：“即便堵车，你也不应该迟到。”或者说：“即便堵车，你也有理由准时上课。”“不应该迟到”“有理由准时上课”便是对学生提出的规范性要求，它否定了学生有关迟到的原因的解释，蕴含着不论出于何种原因，准时上课是学生的本分，“本分”是理由，是一种普遍性的规范要求。

由此看来，荀子即使为建立政治国家（秩序）以止争去乱的行为提供了合理性的说明，不过至少就概念本身而言，合理性并不等于正当性，而正当性也不等于证成性。显然，荀子对有关政治国家本身的正当性和证成性的论证却并不是自明的，或者说，荀子更多是把合理性当作正当性本身。

审如是，当荀子说，因人之性恶，偏险而不正，悖乱而不治，故圣王必为之立君上之势，明礼义之化，起法正之治，重刑罚之禁时；又，当荀子将孟子对人性善的理解重新置入“人情甚不美”（《性恶》），“人之生，固小人，无师无法，则唯利之见耳”（《荣辱》）这种令人不快乃至令人忧郁甚至悲伤的经验世界之中时；或进一步，当荀子为我们描绘出任由这种“好利”“疾恶”“好声色”的人性的发展而造成“强者害弱而夺之，众者暴寡而哗之，天下悖乱而相亡，不待顷”（《性恶》）的“丛林世界”时，我们已经可以清楚地看到在荀子的思想世界中，其对“为何会乱”的解释的确已然超越了“事”的“起源性”上的说明，毋宁说，荀子用其独特的理论语言对所以造成“乱”的现象已经做了“理”的“根源性”的阐发；而荀子对“为何要建立秩序”的理由则使得圣王所创立的政治国家的存在成为政治上的“正当”，只不过这种政治国家在道德上的“证成”却依然有待于我们去检讨。

三

至此，我们可以说，探究天下“为何会乱”是我们理解荀子政治哲学恰当的逻辑起点，这一问题我们也可以表达为“为何要建立秩序”。让我们假设存在这样一种状态：在这种状态下，没有国家政府，没有法则规范和其他任何约束措施，似乎一切皆是被允许的，我们的生活状况将会怎样？通过对这种状况的描述，我们可以获得一个有关政治国家存在的必要性的理由[①]。依荀子，人生来就有欲

① 参阅乔纳森·沃尔夫：《政治哲学导论》（王涛等译），长春：吉林出版集团有限责任公司，2009年，第7—8页。

望，为满足欲望即必有追求，而欲望的对象又有限，故而在没有国家政府、没有法则规范（度量分界）的情况下，人们为满足各自欲望便不能不发生争夺和冲突，最后使人的生命和生活陷入混乱和困境。

何以荀子会认为在政治国家缺乏的状态下，人类的生活会处于强害弱，众暴寡，乃至“天下悖乱而相亡，不待顷”的局面呢？显然，荀子政治哲学的过人之处就在于，他敏锐地意识到，在没有国家政府、法则规范的有效约束下，人性的自然必然性将不可避免地把我们卷入剧烈的争夺和冲突之中。从荀子“欲多而物寡”则争、人“群而无分则争”的理论预设中，政治国家的存在及其必要已然是人类生存的宿命，而人的“好利欲得”的天性又根本承担不起作为任何政治和道德规范的基础；故而与孟子颇为不同，荀子以得之于常识的健全感觉在他的思想世界中便巧地驱逐了对人性的美好的道德想象。在荀子，如欲实现去乱止争和秩序的重建，断不能如孟子那样借由“以不忍人之心，行不忍人之政”的道德的方法；依荀子，在“人之性恶”的条例下，道德并不能独立于政治而被说出，而政治国家的存在反倒是礼义道德得以可能的前提和保证；审如是，政治哲学家必须对政治生活谋求“道德”上的辩护，重新恢复政治生活对于道德生活的严肃性和优先性。在《性恶》篇中，我们可以读到的一个明显的事实是，荀子反复强调的主题正在于，人之性恶当下即意味着人需要统治[①]。荀子通过此一论证，使得政治国家存在的合理性和必要性在先秦儒家思想中获得了前所未有的严肃性，他第一次明确地为政治国家之于秩序重建的可能和必要提出了逻辑清

① 让我们看荀子在《性恶》篇中不厌其烦的说法，荀子云：“古者圣王以人性恶，以为偏险而不正，悖乱而不治，是以为之起礼义，制法度，以矫饰人之情性而正之，以扰化人之情性而导之也，始皆出于治，合于道者也。”又云：“古者圣人以人之性恶，以为偏险而不正，悖乱而不治，故为之立君上之势以临之，明礼义以化之，起法正以治之，重刑罚以禁之，使天下皆出于治，合于善也。”又云：“今人之性恶，必将待圣王之治，礼义之化，然后始出于治，合于善也。”

晰的辩护。

果如是，我们若问："为何会乱?"原来，"乱"源自好利欲得的人性或"欲多而物寡"之间的矛盾，这一矛盾构成了荀子政治哲学的逻辑前提和出发点。若问："为何要建立秩序?"因为若无秩序，不仅个人的欲望不能得到满足，而且最终也必将导致人的自身生命的毁灭。若问："如何以及由谁来建立秩序?"依荀子，唯有在圣王（先王）制定的礼义法度下建立政治国家才有可能实现秩序，亦唯有礼义法度才能真正给人们带来和平、安全和秩序，故云"国无礼则不正"（《王霸》），"礼者，政之挽也"（《大略》），"礼义之谓治，非礼义之谓乱也"（《不苟》）。在此，荀子所说的"礼义"的首出意义（the first order meaning）并非是伦理学的，而是政治学的，它所表达的首要意义是"政治性秩序"赖以建立的制度设施。

常言说，唯有在一个各种利益和目标皆相互冲突的社会中，政治哲学乃告产生。荀子的政治哲学便是试图对这种冲突加以说明和化解的尝试，它不仅出于清明的理性，而且也出于健全的常识。

这是本书第一章所要处理的主要问题：荀子政治哲学的逻辑前提和出发点。

假如我们认可建立秩序、组织政治国家的必要性，那么，在逻辑上我们就要问："由谁来建立秩序？建立什么样的秩序?"对此，荀子给我们提供的答案是，若要去乱止争，建立秩序，"必将待圣王之治，礼义之化，然后皆出于治，合于善也"（《性恶》）。在此，我们必须提及的是，荀子毅然决然地抛弃了天的神圣性，将此前儒家那种天上、人间配合着相同秩序的观念加以拒斥；依荀子，天只是一个"自然"，自然之天没有意志，不能有意识地带给我们和平、安全和秩序，秩序之获得只能出于圣王的理性的"人为"。如是，荀子乃以其质朴的理性清楚地区分了"自然"和"人为"，撕裂了原先那种巫术式的天人一体的世界图像。依荀子，自然之天虽然可以"祸福"于人们，但人间的治乱不在天而在人。在荀子看来，圣王是能起礼义、制法度以矫饰人之情性使之“出于治，合于道”的人，因而圣王也是“尽伦，尽制”、融政治权威与道德权威于一体的人。按照现代政治哲学的理解，一定的秩序总是需要有相应的权威来建立和维持，权威透过权威拥有者特殊的“品格构造”（structure of character）和人格威望发布命令，这些命令成为人们服从的理由，从而确保了秩序的实现与稳定。依荀子，圣王作为权威在实现秩序中的作用主要表现为三个方面，即创制礼义、作师以为教化、作君以为刑政。

这是本书第二章所要讨论的问题。

至少在理论上，一方面，秩序的维护需要稳定的政制、法规和礼则，但另一方面，相对于不断变化着的世界，成文的礼则和法规总难免不足敷用，如果我们只是固守一套不变的法规和礼则，那么，秩序的维护非但不能实现，而且按荀子的说法，若“不能应事之变”，其结果则“足以乱矣”（《君道》）。此一问题在荀子那里便涉及“治人”与“治法”的关系，很显然，广义上此一问题依然隶属于“权威与秩序”的主题之下。荀子“有治人，无治法”之论不仅关涉他对“治人”（权威）之于秩序实现问题的主张，而且也涉及他对“治法”的强调以及对“治法”在变化的时代现实中所具局限的思考，故云：“有良法而乱者有之矣，有君子而乱者，自古及今，未尝闻也。”（《致士》《王制》）

这是本书第三章所论述的内容。

然而，尽管依荀子的主张，我们似乎有足够的理由去承认和接受由圣王权威所建立的国家制度及其法则规范的必要性和正当性：相对于自然状态下人类“悖乱而相亡，不待顷”的结果而言，没有比圣王带给我们“正理平治”及“群居和一”的秩序社会更好的了。对我们而言，似乎除了感恩戴德之外，不该生出别的非分之想。然而，这种说法本身并没有终止哲学层面上的追问：我们需要给出一些坚实的理由来说明，具体的现实层面上的权力统治如何能够获得道德上的有效辩护？或者说，我们需要有一种同样坚实的论证来表明我们有一种服从政治权力统治的道德义务，否则，类似“为什么要服从权力”的疑问便始终会存在于人们的心灵之中。盖按荀子的说法，唯当我们要过上和平、安全而有秩序的生活，我们便有必要接受和服从圣王为我们制定的各种制度、法则和措施。且让我们把这种说法换成另一种表达：(A) 因为我们要过一种和谐而有秩序的生活，避免人与人之间的悖乱相亡，(B) 所以我们有必要接受和服从君王为我们制定的一切政治义务。由此我们看到，陈述句 A 和陈述句 B 之间可以建立起一个因果性的解释链条。但是，如前所说，原因的解释只是说明了事实，却没有“证成”事实。换句话说，虽然在事实上，我们的确有必要服从君王为我们制定的各种政治义务并接受这种政治权力的统治，然而即便如此，这种政治权力的统治在道德上就一定是正当的吗？这些无条件的、决定性的政治义务（conclusive obligation）在何种程度上能够经受得起道德的质询？假如经受不起道德的质询，我们又有什么理由接受这样的权力统治？

由此看来，在理论上，一个具有正当性的政治统治必须有效地处理权力的来源、权力的转移和权力的制约问题。

这是本书第四章所要阐述的问题：荀子的政治正当性理论。

无疑，从理论上看，实现政治统治的正常化固然需要解决上述各章所面对的核心关切，然而在任何一个政治国家中，“如何公平地分配社会利益”同样构成了政治秩序稳定的基本前提，所以，分配公正（正义）常常被学者看作一个社会的首要美德，构成了政治哲学的重要主题。在荀子，分配问题主要包括三个方面的内容，即“为什么要分配”“分配什么”“如何分配”。此三方面内容分别涉及分配的必要性、分配的对象和分配的原则。除为什么要分配外，无疑，与分配什么相比，“如何分配”显得尤为重要，而任何合符规范的分配原则都必须满足“可欲性”的必要条件和“可行性”的充分条件。对于荀子而言，他必须在理论上恰当地回答“社会基本利益的分配应当遵循何种原则或规则，这些原则和规则又如何能够获得政治和道德理由的辩护”。

这是本书第五、第六章探讨的主题。

四

到目前为止，上述前面六章所讨论的问题，我们可以表述为“为何要建立秩序”“由谁来建立秩序”“建立什么样的秩序”“为什么要服从权力”“社会分配原则如何确立”。这些问题大概可以理解为政治哲学这一学科所必须处理的普遍的理论问题，尽管荀子对每一个问题都给出了颇具传统儒家特色的回答，尽管荀子的这些回答不一定都能消除我们心中的疑问，但至少就问题的形式而言，它们具有普遍性则不应有所怀疑。

当我们转而讨论荀子的“民本思想”时，这一主张则常常被认为是中国传统政治哲学中非常独特的观念。按学者通常的理解，荀子的“民本思想”包括“立君为民”说、“君舟民水”说（或相关的“马舆之论”说）以及“从道不从君”说等等。一个明显的事实是，荀子尊君重势，但又不乏爱民、重民之论。然而，荀子的爱民、重民之论是否足以支持“人民为政治之主体”的主张？我们又当如何解释“人民为政治之主体”？荀子“从道不从君”的“道”是否是一种客观独立的制约君权的力量？尤其是在荀子的思想系统中，当“道”与“君”结合在一起的时候，“道”是否可以保证在其自身，是其自身？总之，荀子的“民本思想”究竟是一严格的政治哲学理论还是主要只是一种道德的引导和劝诫？

这是本书第七章讨论的问题：荀子的民本思想。

与“民本思想”相类似的另一个独特问题就是荀子的“王霸之辩”。“王霸之辩”向来被学者认为是传统中国（特别是儒家）政治思想家思辨政治理论时的重要概念。其实，“王霸”问题的实质就是政治与道德的关系，而或王或霸则涉及两种不同的政治治理形态。政治与道德的关系可以有两种不同的讲法，亦即一种由道德而说政治，一种由政治而说道德；前者是为政治奠定道德的基础，后者在强判断上是将道德作为政治的附属，在弱判断上是通过政治本身的规范性来说明其道德性。基本上，孟子属于前者，而荀子属于后者。孟子试图通过人性的、道德的方法以建立一个良好的政治治理形态，进而实现外王。荀子则相反，认为一个政治国家良好道德的形成，首先要期待一个良好的政治治理形态；依荀子，一个良好的政治可以蕴含和主张道德，但一个理想的道德却无法解决政治上的问题。然而，长期以来学者对荀子“王霸之辩”的理解乃以孟子式的伦理学意义上的“义利之辩”作为方法，这种看法在一开始就误会了荀子对“王霸之辩”的理解。孟、荀虽然面对共同的重建秩序的时代课题，但在如何建立理想的王道社会的方法上，孟子乃期待借由人的心性道德来建立一个良好的“国家体制”（康德用语）；而荀子却宣明人之性恶，认为天下国家良好道德的形成，首先要期待一个良好的“国家体制”。“王霸之辩”在孟子主要是一伦理学的命题，重在心术；而在荀子却是一政治哲学的命题，重在治术。孟子是由道德而说政治，荀子是由政治而说道德。孟子希望由内圣通向外王，而荀子却主张由外王而成就“内圣”。

这是本书第八章所要处理的问题。

一个同样非常明显的事实是，在荀子的思想中，政治哲学和伦理学分享着“人之性恶”的共同前提，人的好利恶害的本性与政治和道德生活的“公共善”之间不存在天然的和谐与协调。若谓由于人之性恶，故荀子主张由“外王”来成就“内圣”的话，那么，荀子所说的“礼义法度”在其思想系统中便成了“国家理由”（reason of state）的代名词。将“礼”理解成“国家理由”，荀子突显了政治权力与道德的一体关系，“礼”也就成为“国家治理术”的一部分。

这种治理术（由统治者掌握）出于秩序的需求和保证，或出于为了国家利益和目的的“责任的压力”（pressure of responsibility），最终总是会以不同的形式，或者是以“权力”和“道德”的“合谋”（conspiracy）为结果，或者是以“权力”对“道德”的销蚀为代价，为统治者以“道德”的名义合法使用暴力开启方便之门。如是，乃使得荀子的伦理学获得了鲜明的特色：人们所以遵行礼的理由在于礼作为“国家理由”所具有的性质和要求，而不是我们的同意；这样的礼具有排他和独断的性质，“凡言议期命是非，以圣王为师”（《正论》）。最后，荀子有关“礼”的伦理学具有了鲜明的政治化伦理的特点。

这是本书第九章所讨论的问题。

显然，单纯依靠“国家理由”的方式“要求”人们行动而不诉诸人们内心的“主观欲求”，人们的行动会缺少内在的动力。因此，如何转化人性便构成了荀子政治哲学和道德哲学思考的另一个核心问题，此一问题在荀子的思想系统中可以表述为一个在本性上倾向于自利的人，如何会生发出道德上利他的动机。有大量的证据表明，荀子认为，人之生一开始便是一个天性上没有任何内在道德倾向的唯利之徒，所谓“人之生，固小人，无师无法，则唯利之见耳”（《荣辱》）。若果如此，我们又如何期待这样的人会产生出愉悦于道德的情感？或者，我们有何坚实的理由可以让这样一个唯利之见的人化性成德，接受道德义务？毋庸讳言，在“人之性恶”的前提下，如何有效地处理这一问题，对荀子的伦理学和政治哲学都极为紧要，前者涉及“道德修身如何可能”的问题，后者则涉及“性伪合而天下治”的问题。

这是本书第十章试图加以解释的问题。

最后需要说明的是，本书附有两篇附录。附录一讨论的主题是荀子的《天论》篇与政治哲学的关系，文章试图证明《天论》篇的核心主题与其说是“天”不如说“人”，与其说是“自然”不如说是

“治道”。换言之，荀子对“自然之天”的论述乃是为彰明其政治“治道”的目的而拖带出来的。因此，《天论》篇与其说是一篇论述“自然观”的文本，不如说是一篇有关“政治学”或“政治哲学”的文本。荀子要在“自然”与“人为”之间划出一条界线，将人间的治乱诉诸“人为”。附录二讨论的是荀子《性恶》篇中的“质具”与“心性”的关系。在理论上，荀子所谓人皆具有的“可以知之质”与“可以能之具”的“质具”（或“知能”）究竟是属“心”还是属“性”，并非单纯只关涉“质具”自身性质的归属问题，它对于理解荀子的成德理论具有十分重要的意义。从简略的学术史的回顾中不难看到，在思想史上此一问题至少呈现出“质具”属性说、“质具”与“性恶”矛盾说、“质具”属心说以及“质具”属心又属性说等几种不同的形态。与此相关联的是，此一问题在历史上则演化出“性恶论”“情恶论”（性朴论）和“心恶论”等各种不同的说法。然而，荀子言性恶之目的原不在讨论“自然之恶”，而在说明道德之恶，但道德之恶预设了责任概念，而责任概念又预设了选择自由。在荀子，这些皆不能在性、情、欲的概念中被说明，皆只能在心的概念中来说明。假如我们认定在荀子那里，“质具”（知能）乃是人成就德行的主观根据，而这个意义上的“质具”乃从“天君”之心上来理解，那么，此“天君”之心便当为“恶”承担责任，如是，“心恶说”在理论的逻辑上便有其成立的理由。

五

以上我们大体勾勒了本书各章所要处理的问题。我们的用心在于尝试依据对荀子文本的解读，在抓住荀子思想“眼目”的基础上，通过逻辑推导的方法演绎出荀子政治哲学的系统，故而我们的考察从“为什么须要建立秩序”作为起点，进一步追问“由谁来建立秩序”“建立什么样的秩序”。假如我们承认生活在由圣王所组织的秩序社会比生活在无秩序的丛林社会要好，那么，是否意味着我们就有服从政治权力统治的道德义务？同样为了实现政治秩序的稳定，我们又需要设计出何种分配原则？循此思路，我们进一步讨论了荀子的“民本思想”“王霸之辩”，前者涉及君对民的态度，后者则涉及理想的政治治理形态的判别标准，接着我们从“国家理由”的角度阐述了荀子伦理学的基本特点，最后则结托在处理荀子思想中的一个繁难的问题，即一个性恶之人行道德之行的动机问题。

本书虽试图在已有学者研究成果的基础上对荀子政治哲学的重要问题给出自己的说明和解释，但这样一种说明和解释毕竟具有怎样的理论效力和融贯性，却依然是一个待检验的问题。我们想说的是，作为一个能够敏锐地感知时代气味的思想家，荀子以其独特的理论语言说出了时代的声音，他的一系列主张的确“构成了对儒家观点的极为老练的哲学解释和辩护”①。相比于其他儒者，荀子的政治哲学所表现出来的对问题的冷静思考、对理想政治的清晰论证，不仅使其在积极和消极的层面上深深地影响了中国传统的政治，而且对于今天反思和建设有中国传统的政治哲学理论显然也大有裨益。

而对于荀子的思想所存在的疑问则散布于本书的各章之中。

然而，毕竟应当如何评价荀子的政治哲学主张？这是一个并不容易回答的问题，贬抑者诟病之，赞誉者褒扬之，有时竟形同水火，互不相容，汉以后荀学命运的起起落落从一个侧面反映了这一事实。从理论上看，评价某一学说的主张我们可以设立各种不同的标准，就荀子的政治哲学而言，我们或许可以问，荀子的主张究竟在多大程度上改变了社会的政治和组织结构？又在多大程度上改变了人生概念的内涵和实质？显然，要回答以上两个问题同样颇为烦难，甚至需要我们铺展出荀子思想世界的整体面貌，故而此处我们采取某

① T. C. Kline Ⅲ and Philip J. Ivanhoe, “Introduction”, in *Virtue, Nature and Moral Agency in the Xunzi*, ed. by T. C. Kline Ⅲ and Philip J. Ivanhoe, Indianapolis/Cambridge: Hackett Publishing Company, 2000, p. ix.

种便巧却凝练的方式从哲学和历史两个不同的角度来呈现其中的可能看法。

从哲学的角度上看，牟宗三认为，荀子思想特重“知统类，一制度，此即孔子从周之义。典章制度，所以构造人群者，孔子之所重。正名定分，辨治群伦，亦荀子所雅言，此亦承孔子而来者。由此言之，荀子亦继孔子之统。荀子特重义道。故刚强宏毅，庄重凝定……荀子重义与分，足见其有客观精神。此为孟子所不及……而荀子于此，则特见精彩”①。此言荀子继孔子之统，重典章制度以为构造人群的法式，表现出客观精神，而为儒家思想生一新的精彩。牟宗三又认为“客观精神必在现实之组织一方面显。国家其典型也，所谓公体也。荀子重群，重分，重义，隆礼义而杀诗书，知统类而一制度，皆客观精神之显示。以义道之分，统而一之，类而应之，则群体闓然而凝定”②。依牟氏，荀子言群分义辨等客观精神必有其载体，此载体则表现为荀子所重之政治国家。显然，正是此政治国家所具有的制度、法则——所谓“礼宪”③ 乃一方面使得去乱止争所以可能，另一方面又使得散漫而无分义的人群稳固而贞定，使其结成一客观之存在，至是而使得荀子的政治哲学呈其“庄严稳定足为外王之极致，于中国文化史上，盖亦无与伦匹也”④。牟氏对荀子不识孟子仁心大本一路虽深致不满，以为此处落空，即其所言的礼义法度终不免于功利之对治，落于现实则凡便巧于功利者无不可为，而刻薄者则不免将荀学转而为法家。然而，牟宗三也同时指出，若儒家只顺“颜孟之路”发展，不重客观精神，不重国家制度及其法令之建构，则其恻隐之仁心亦无法扩出，而其所欣趣的天地精神和

---

① 牟宗三：《名家与荀子》，台北：台湾学生书局，1979 年，第 217—218 页。

② 同上，第 218 页。

③ 参阅拙著《差等秩序与公道世界》，上海：上海人民出版社，2016 年，第 142 页，注①。

④ 牟宗三：《名家与荀子》，第 200 页。

超越境界亦不免流为一副自慰的精神清凉散。果如是，则儒者所欲完成的重建秩序的时代课题终将沦为某种风中的承诺。至此牟氏得出结论称，“荀子立言之不能探其本，是荀子之不幸也。后来荀学之湮没，是中华民族之不幸也。然其建构之精神实令人起壮美之感，足以医后来贫弱之辈，视国家政治为俗物，视礼义法度为糟粕，而自退于山林以鸣风雅，自谓与天地精神相往来，而不知已奄奄待毙也”①。

另一方面，从历史的角度上看，陈寅恪的说法容或可以为我们理解荀学的影响和地位以某种启发，陈氏云：“儒者在古代本为典章学术所寄之专家。李斯受荀卿之学，佐成秦制。秦之法制实儒家一派学说之所附系。《中庸》之‘车同轨，书同文，行同伦’（即太史公所谓：‘至始皇乃能并冠带之伦’之‘伦’），为儒家理想之制度，而于秦始皇之身而得以实现之也。汉承秦业，其官制法律亦承用前朝。遗传至晋以后，法律与礼经并称，儒家《周官》之学所悉采入法典。夫政治社会一切公私行动莫不与法典相关，而法典为儒家学说具体之实现。故二千年来华夏民族所受儒家学说之影响最深最巨者，实在制度法律公私生活之方面；而关于学说思想之方面，或转有不如佛道二教者。”② 陈氏所论当为学者熟知，荀子之学是否同于法家，人或存有异议，此诚可商量；然陈氏已然看出荀子之学实以独特的方式为后世之政治制度采入法典，至是而在政治和道德方面最深最巨地影响了华夏民族二千余年，此实为史家端的之论。今且撇开谭嗣同对荀子之学的批评不论，谭氏在《仁学》中谓“二千年来之政，秦政也……二千年来之学，荀学也……”，用语或不免过犹不及，但意涵却未尝不可说发陈氏之论之先声。

自然，学者对荀子政治哲学已有各种不同的评价，今无法一一

---

① 牟宗三：《名家与荀子》，第 218—219 页。

② 陈寅恪：《审查报告三》，载冯友兰《中国哲学史》（下册），上海：华东师范大学出版社，2000 年，第 440 页。

引列。不过，在我们看来，荀子政治哲学的最大贡献，莫过于在儒家注重道德以言政治的传统中，第一次严肃认真地思考了政治的本质，并自觉地通过对时代课题的审视，以自己特殊的理论语言，为政治和政治国家存在的合理性和必要性提出了令人信服的辩护和论证，而荀子由此发展出来的一整套论述不仅度越前代，即便后之来者恐亦难以望其项背。

事实上，假如我们认定，政治哲学成立的前提条件必建立在各种利益和目标相互冲突的社会之中的话，那么，荀子对“欲多而物寡”则争、对人“群而无分则争”以及对“势位齐，而欲恶同，物不能澹则必争”的反复叮咛，并借此叮咛所演绎出的一套达成和谐而有序社会的论说，已经为儒家的政治学和政治哲学第一次赋予了令人耳目为之一新的面貌：由于人之性恶及其导致的一系列的争夺，使得政治和政治国家的存在获得了无可辩驳的优先性。我们从荀子“性善，则去圣王、息礼义；性恶，则与圣王、贵礼义”（《性恶》）的说法中，所能读出来的最温和而又最决绝的结论是，孟子的性善论将使政治和政治国家的存在变得可有可无，故荀子必须瓦解孟子所创说的一套“知识背景”，抛弃那些“孟子式的”不切实际的幻想。如是，从争夺和冲突的前提中，荀子便将儒者以往“我怎样才能过上幸福美满的人生”的询问，改变成两个相关但并不完全相同的问题：“我们如何能够在一起生活？我们又如何能够在一起道德地生活？”前一个问题处理的正是在冲突的状态下，人群的“群居和一”的生活如何可能的问题，这一问题虽是初步的，却是最为紧要的（primary），它使得荀子的政治哲学之所以是政治哲学之名得以成立，它同时也意味着荀子的政治哲学并非一开始就着意于为人们配置幸福的菜单——对于儒家来说，这样的菜单自然是不可缺少的——但它首先必须依靠圣王权威带领人群面对和开垦一片荆棘丛生、虎狼出没的野蛮之地。依荀子，圣王所创制的“礼义”既被看成组织和统一人群的法式，以使相争相夺者能连而贯之，群而和之，则其充实饱满、庄严隆重所表现的分量之重、广被之远，乃所以使荀子的政治哲学能够为“大争”的时代提供适切的理论武装；后一个问题则赋予了荀子的政治哲学以儒家的特色：荀子虽主“人之性恶”，然而却借由其积学、教化的理论，系统地论证了“涂之人可以为禹”的主张，从而为“我们如何能够在一起道德地生活”交出了一份影响深远的答卷。的确，在荀子“国之命在礼”（《强国》）、“国家无礼则不宁”（《修身》）的表述中，我们可以明确地看到，“礼义”在荀子那里已经获得了“国家理由”的形式；然而另一方面，在荀子看来，“礼义”作为“国家理由”的一般实践原则——亦即以一切必要的手段实现政治国家的利益和目的——本身便是道德的，原因在于，荀子坚信由“道德纯备，智惠甚明”的圣王所创制的“礼义”不仅是政治权力的表现，同时也是道德精神的表现。审如是，作为荀子政治哲学的核心概念，“礼义”便已然获得了“权力”与“道德”的双重身份：不论对个人还是对国家，就其作为行动理由本身而言，“礼义”已然具有了“自足和独断”（content-independent and peremptory）的性质，它赋予荀子的政治哲学以“政”与“教”的关系也一转而成以政说教，以教辅政。至是而影响后世者，即权力的专制化与道德的国家化，恰如一个钱币的两面，而且两者达到了令人吃惊的对称。

学者谓“此虽荀子所不能逆睹，而其立说之有未安，亦由兹可以推见”[1]。然而，这不也应验了那句“因不虚弃，果无浪得”的老话么？

需要再次说明的是，尽管作者尝试为荀子政治哲学的核心关切给出尽可能系统的描述和评论，但并没有试图对荀子政治哲学的所有思考提供一个完整的说明，荀子思想中的一些重要论述也未纳入本书之中，其中的原因之一是相关内容在作者的其他论著中已有不同程度和不同角度的论述，为避免重复，只好舍去。同样，本书的

① 萧公权：《中国政治思想史》(一)，沈阳：辽宁教育出版社，1998年，第110页。

作者从不讳言在梳理和分析荀子的相关主张时有自己的哲学立场，因而所提出的看法只是作者个人阅读和体会的结果，不会也不可能令所有的学者同意，但我始终认为这不是坏事。作者没有任何企图想把自己的看法强加于人，所做的只是希望通过展示自己对荀子思想的理解以便有助于学者形成自己的看法。

一　『欲多而物寡』则争

——荀子政治哲学的逻辑前提和出发点

一种政治社会哲学之发生，常为一种实际的新政治新社会之先声……所谓哲学家者，不过先感觉此新者之将至，故为雄鸡之一鸣焉……然哲学家亦有比鸡高明之处，有大过于鸡者，即鸡对天晓之先知不过有一种感觉，可谓为“先觉”而不可谓为“先知”。哲学家对于新政治新社会，不但能感觉其将至，并有时能知其纯形式。故可谓为“先觉”与“先知”。

——冯友兰

如果任何两个人欲求着同一件东西而又不能同时享有时，他们就成为死敌，并在达到目的的过程中（这目的主要是自我保全，有时则只是为了他们的愉悦），力图摧毁或征服对方。这样就出现一种情形，当一个侵犯者畏惧的只是另一个人独自具有的力量时，如果一个人培植、发展、建立或据有一个便利的地位，其他人就可能会准备好联合力量前来，不仅要剥夺他的劳动成果，而且要剥夺他的生命或自由，而侵犯者又再次陷入来自别人的同样的危险。

——霍布斯

谁引导你们的？谁像明灯一般
照着你们，让你们走出深沉的夜，
使地狱的山谷永远黑暗的夜？

——但丁

1. 引言

本书的目的在于对荀子的政治哲学做出分析。我们面临的第一个问题是，荀子的政治哲学应该如何讲，尤其是应该从什么地方开始讲。

元代刘埙在《隐居通议》中说："古人作文，俱有间架，有枢纽，有脉络，有眼目。"何谓"眼目"？宗密大师《圆觉经略疏》（卷下二）则谓："良以推穷迷本，照彻觉源，是以理贯群经，义无不尽，于此若解，诸教焕然，若不了之，何知正道，故云眼目。"若循此而观，则所谓"眼目"者约略可以看作古人立言指事的问题意识，于此明了，则可收纲举目张之效。那么，荀子政治哲学的问题意识是什么？

一个可以确定的事实是，荀子政治哲学的目的是要在天下离乱的情况下建立和实现一个"正理平治"或"群居和一"的"至平"社会，以使天下"皆出于治，合于道"（《性恶》）。大家知道，在荀子，"治"是对着"乱"而言的，而"乱"之所由生则源自"争"，故云"争则乱"，"争则必乱"（《王制》），而乱则穷。但天下为什么会呈现出"争乱穷"的状况？根源何在？我们固然可以从荀子所处时代王纲失坠、诸侯争霸、政治和社会生活秩序荡然无存的现实处境中做出说明[①]，不过，这种历史的解释虽有必要，但却不能由此代替哲学的解释。荀子对天下所以产生"争乱穷"之原因的思考，实有其自觉建构的一套理论语言来加以表述，这套理论语言即是基于其"人之性恶"基础上的"欲多而物寡"则争的理论，换言之，我们也可以说"欲多而物寡"则争构成了荀子政治哲学赖以建立的逻辑前提和出发点。

① 顾炎武在《日知录》卷十三《周末风俗》中云："如春秋时，犹尊礼重信，而七国则绝不言礼与信矣；春秋时，犹宗周王，而七国则绝不言王矣；春秋时，犹严祭祀，重聘享，而七国则无其事矣；春秋时，犹论宗姓氏族，而七国则无一言及之矣；春秋时，犹宴会赋诗，而七国则不闻矣；春秋时，犹有赴告策书，而七国则无有矣。邦无定交，士无定主，此皆变于一百三十三年之间。"

事实上，“争”的问题或者我们通常所说的“冲突”（conflict）问题，向被学者认为是人类政治生活中最古老的问题。

“争”是一种被描述出来的现象或状态，表示两人或两人以上对某一物品皆互不相让，力求获得。

因此，“争”常常与“夺”和“斗”联系在一起，“争夺”和“争斗”即是我们通常所说的相互冲突。冲突即意味着秩序的不存乃至生命的不保，而政治哲学作为一门规范性的学科，其目的正是要设定理想，确立制度和规范，以保证人们过上和平、安全和有秩序的生活。

审如是，我们自然要问：为什么会有“争”？“争”的根源是什么？又当由何人、采取何种方法或措施才能去乱止争，实现“正理平治”的理想秩序？

这是《荀子》作为政治哲学一书所要试图提供给我们的答案，也是我们进入荀子政治哲学思想的恰当门径。

2. “好利而欲得”

众所周知，在西方思想中，学者常常将政治哲学研究的起点追溯到“自然状态”，亦即一个没有国家、法规以及其他社会强制约束的状态。[①] 可是，政治哲学研究为何要追溯到“自然状态”？它与我们所说的“争”又有什么关系？无疑，学者对“自然状态”的设想和描述各不相同，以西方思想为例，霍布斯与洛克对自然状态的描述便颇为异趣，前者将之描述成“一切人反对一切人”的战争和冲突状态，而后者则将之描述成“一种完备无缺的自由状态”“一种平

① 有关“自然状态”理论的了解，学者可参阅李猛《自然社会——自然法与道德世界的形成》一书的“上篇”（北京：生活・读书・新知三联书店，2015 年）。又，按照赫费教授（Otfried Höffe）的说法，自然状态是指“没有任何法和国家制度以及其他形式的社会强制之状态”。参阅氏著《政治的正义性》（庞学铨、李张林译），上海：上海译文出版社，2014 年，第 208 页。

等的状态”[①]，但尽管有此分别，他们都将自然状态看作政治哲学研究的逻辑起点。究其最大的原因或许在于，借由这种追溯可以从一个侧面给我们提供建立国家、制定法规以及设立其他种种社会强制措施以实现秩序的理由：假设存在这样一种状态，在这种状态下，没有国家，没有法规和其他任何政府管理，似乎一切皆是被允许的，我们的生活状况将会怎样？通过对这种状况的描述，我们进而可以获得一个有关国家、政府存在之必要性的理由[②]。至于这样一种“自然状态”是否真实存在，似乎是无关紧要的。

那么，假设在一个没有国家、政府存在的“自然状态”中，人们的生活将会是怎样的？

在早于《荀子》的《墨子・尚同上》一篇中，《墨子》的作者给我们描述了一幅类似于“自然状态”的生存图景[③]：

> 子墨子言曰：古者民始生，未有刑政之时，盖其语人异义。是以一人则一义，二人则二义，十人则十义，其人兹众，其所谓义者亦兹众。是以人是其义，以非人之义，故交相非也。是以内者父子兄弟作怨恶，离散不能相和合。天下之百姓，皆以

---

① 洛克：《政府论・下》（叶启芳、瞿菊农译），北京：商务印书馆，2011 年，第 3 页。顺便提及的是，由于洛克将一个符合理想化社会的有利条件设定为自然状态，因而招致一些学者的批评。沃林（S. S. Wolin）便认为，在没有冲突和抗争的情况下创造出来的政治秩序，便已不再是“政治性”的秩序，因而也无形中贬低了政治范畴的地位。参阅氏著《政治与构想》（辛亨复译），上海：上海人民出版社，2009 年，第 323 页。

② 参阅乔纳森・沃尔夫：《政治哲学导论》（王涛等译），长春：吉林出版集团有限责任公司，2009 年，第 7—8 页。赫费教授强调，自然状态中的“自然”一词，“既不是历史也不是社会或文明的反义词，而是法和国家或其他具有强制能力的社会秩序的反义词”。赫氏强调法则、规范之于自然的对反，其理论指向自然状态的无羁束、无限制的特征，一切皆是允许的、自由而不受惩罚的。参阅氏著《政治的正义性》，第 210 页。

③ “自然状态”一词原非中国古代的一个固有术语，此处只是借用西方学者尤其是霍布斯的通常用法以更方便地了解中国古人思想的特点。

水火毒药相亏害，至有余力不能以相劳，腐朽余财不以相分，隐匿良道不以相教，天下之乱，若禽兽然。

所谓“未有刑政之时”，用我们现在的话来说，就是没有政府、国家，没有权力、法规的情形，在这种前政治社会的“自然状态”中[①]，人们的生活将会呈现怎样的状况？依墨子，一人一义，十人十义，人各是其义而非人之义，结果是父子兄弟怨恶离散，不能相合；天下百姓有余力不能相劳，有余财不能相分，有良道不能相教，乃至以水火毒药相亏害——“天下之乱，若禽兽然”。

这是墨子给我们描述的一幅混乱如禽兽般的生存图景[②]。

表面上看，墨子对争乱根源的探讨似未直指人性，而指向是非标准的不一，但何以人人有余力而不相劳，有余财而不相分，亦隐约暗示出亏人以自利的人类本性[③]，而“天下之乱，若禽兽然”的结果，则逼显出墨子止争去乱的方式及其对理想社会的选择：选天下之贤可者，立为天子，以天子之所是皆是之，天子之所非皆非之，如是，天子一同天下之义，是以天下治也[④]。

---

① 此处所谓“前政治社会”的“自然状态”，并非指的是自然时间意义上的“前”，而是指逻辑意义上的“前”，亦即指的是政治哲学的逻辑起点。

② 梁启超认为：“墨子所说，与欧洲初期之‘民约论’酷相类。民约论虽大成于法之卢梭，实发源于英之霍布斯及陆克（即洛克）。彼辈之意，皆以为人类未建国以前，人人的野蛮自由，漫无限制，不得已乃相聚胥谋，立一首长。此即国家产生之动机也。其说是否正当，自属别问题，而中国二千年前之墨子，正与彼辈同一见解。”参阅氏著《先秦政治思想史》，上海：上海古籍出版社，2014 年，第 138 页。

③ 有学者指出，在墨子那里，“天下之所以有此层出不穷的祸篡、怨恨，实在只由于人之自私、自利。而自利必基于自私。故‘自私’才是天下之祸篡、怨恨的真正根源”。陈问梅：《墨学之省察》，台北：台湾学生书局，1988 年，第 187 页。

④ 无疑，墨子在《兼爱上》篇中对“乱之所自起”提供了另一种说法，而云：“圣人以治天下为事者也，必知乱之所自起，焉能治之；不知乱之所自起，则不能治……当察乱何自起？起不相爱。”此处墨子认为天下之乱，源自人们不相爱，“子自爱，不爱父，故亏父而自利；弟自爱，不爱兄，故亏兄而自利；臣自爱，不爱君，故亏君而自利。此所谓乱也”。墨子虽谓乱出于不相爱，但其根源显然也指向人性。所需指出的是，道家、法家皆各自有其类似“自然状态”下的对争乱根源的说明。

现在让我们转向荀子。

相比于墨子而言，荀子在《性恶》《富国》《王制》《礼论》等篇中，也从不同的侧面为我们清晰地描述了一幅根于人类的自利本性而有的生存图景，而这一图景正是围绕着“争”及其根源而展开的。荀子在《礼论》篇开头谈及“礼之所起”时云：

> 人生而有欲，欲而不得，则不能无求。求而无度量分界，则不能不争；争则乱，乱则穷。（《礼论》）

依荀子，人生来就有欲望，为满足欲望即必有追求，但在没有国家政府、没有法则规范（度量分界）的情况下，人们满足各自欲望的行为便不能不发生争夺和冲突，最后使人的生活陷入混乱和困境。黄百锐（David B. Wong）便据此指出，“很多人注意到（荀子此段）有关礼的起源的描述早于霍布斯为何人类需要逃离‘自然状态’的描述”[①]。在荀子的这种“欲——求——争”的自然状态的逻辑中，“欲”之“求”所以会陷入“争”，不仅蕴含了“欲”的无法满足的特征，同时也蕴含了人之所欲对象的有限性，而“欲”说的正是人的本性，故荀子云：“今人之性，生而有好利焉，顺是，故争夺生而辞让亡焉；生而有疾恶焉，顺是，故残贼生而忠信亡焉；生而有耳目之欲，有好声色焉，顺是，故淫乱生而礼义文理亡焉。然则从人之性，顺人之情，必出于争夺，合于犯分乱理，而归于暴。”（《性恶》）“好利”“疾恶”“耳目之欲”“好声色”等是人天生即有的本性，若随顺和放纵人的本性，必然会出现争抢强夺而走向暴乱（“恶”）。不仅如此，荀子还对这种暴乱的结果有着详细的描述，其云：

---

① David B. Wong, “Xunzi on Moral Motivation”, *Virtue, Nature and Moral Agency in the Xunzi*, ed. by T. C. Kline Ⅲ and Philip J. Ivanhoe, Indianapolis: Hackett Publishing Company, 2000, p. 136.

> 今当试去君上之势，无礼义之化，去法正之治，无刑罚之禁，倚而观天下民人之相与也。若是，则夫强者害弱而夺之，众者暴寡而哗之，天下悖乱而相亡，不待顷矣。（《性恶》）

“当试”，依王先谦，作“尝试”；“相与”，谓彼此相处、相交接；君势、礼义、法正、刑罚等泛指那些能够带来社会秩序的法和国家等政治社会的基本要件。换言之，假如没有这些政治国家的基本要件，即人类处于“自然状态”之中，那么，民众相处的生活状况将会是一幅怎样的图景呢？“强者害弱而夺之，众者暴寡而哗之，天下悖乱而相亡，不待顷矣。”

这是一幅听任于人性之自然必然性起作用的生存图景。

问题在于，荀子何以认为在政治国家缺乏的状态下，人类的生活会处于弱肉强食、天下悖乱而相亡不待顷的局面呢？显然，荀子政治哲学的过人之处就在于，他敏锐地意识到，在没有国家政府、法则规范的有效约束之下，人的自然本性将不可避免地把我们卷入剧烈的争夺和冲突之中[①]，故荀子云：“人之生，固小人，无师无法，则唯利之见耳……人无师无法，则其心正其口腹也。”（《荣辱》）“故顺情性，则弟兄争矣。”（《性恶》）在没有政治国家的任何强制约束措施的情况下，人性的自利的自然必然性将强使人运用其自然能力，奉行“丛林法则”，造成赤裸裸的“霸力”崇拜[②]。我们从荀

① 按照赫费教授的说法，人类生活总是受到争斗和冲突的威胁，这是通过历史研究和文化比较充分证实了的事实，人类无法避免冲突。至于冲突的原因则多种多样，但“无论冲突是出于贫困或狂妄，出于嫉妒、猜忌、复仇或纯粹的恶意，出于恐惧或好斗，出于追求权力、名望或财产，或出于要实行自己的政治或宗教信仰的需要——都有足够的理由和动机说明，人会与自己的同类发生冲突。这样，冲突，至少可以说明冲突的危险实际上属于人类的本性”。参阅氏著《政治的正义性》，第 207 页。

② 依柯雄文，在荀子，争夺乃是指没有（outside）制度之准则、规范所造成的争夺，是一种缺乏规则管控的无序状态。参阅 A. S. Cua，“The Quasi-Empirical Aspect of Hs-ün-Tzu's Philosophy of Human Nature”，*Philosophy East and West*，*Vol. 28*，No. 1（Jan.，1978），p. 6。

子的这样一种论说中已经清楚地看到，荀子为一种演绎的政治哲学描绘了一个基本的轮廓，他已经为政治和政治国家的存在——它的必要性和重要性，在某种意义上给出了“类似”赫斯勒所说的“道德论证”[①] ——从荀子“天下悖乱而相亡，不待顷”的说法中，我们不难看到，人类行为的动力和出发点原为满足个人的欲望以延续自己的自然生命，然而，在没有政治国家存在的自然状态下，争夺和冲突的结果，不仅使得个人的欲望不能得到真正的满足，最终也必将导致人自身生命的毁灭[②]。

如是，人性问题便成为荀子政治哲学思考的焦点和核心问题。

接下来，在逻辑上我们自然要问：既然人性是造成祸乱的根源，那么，荀子对人性的内涵和特点具有怎样的规定和观察？而这些内涵和特点在何种条件下会引发争夺和冲突？

我们先看第一个问题。荀子论性虽然在很大程度上强调人的本能欲望作为人性的内容，侧重于从经验论的立场对人性加以观察，但正如学者所指出的，荀子对性仍有形式规定和内容规定两个方面，前者如“生之所以然者谓之性”（《正名》），“凡性者，天之就也，不可学，不可事……不可学、不可事而在人者，谓之性”（《性恶》）。照荀子的这种说法，生而自然如此的称之为性，这种意义上的性主要强调的是人天生而有的食色本能或感官的功能[③]。荀子云：

① 维托里奥·赫斯勒：《道德与政治》第一卷（罗久译），北京：商务印书馆，2012年，第18页。所需说明的是，在荀子那里，政治国家的道德证成是需要检讨的课题，而并非是自明的。

② 牟宗三将荀子政治哲学中的正名定分、辨治群伦所表现的客观精神了解为“尊成群体之义道”。何以必尊此义道？“由于不安于生命之毁灭也，由于不安于全顺天生而类同禽兽也。”参阅氏著《名家与荀子》，台北：台湾学生书局，1979年，第218页。

③ 由“生而有”说性的形式定义，在解释荀子的文本时会存在歧义。事实上，如果把“生之所以然”理解成“生来就是这样”（北大本）或“生而自然如此”（李涤生）以说性，那么，作为“天君”的“心”（《天论》）也应该是“性”。但荀子又把“天君”与耳目鼻口形能等“天官”区分开来，陈大齐即认为，在荀子，并非天生的都叫作性，必须以“性伪之分”来分别心性的不同。参阅氏著《荀子学说》，台北：中华文化出版事业社，1956年，第37页。

“性者，天之就也；情者，性之质也；欲者，情之应也。”（《正名》）依杨倞，“性者，成于天之自然。情者，性之质体。欲又情之所应。所以人必不免于有欲也”。大意是说，“性”是天生自然的，“情”是性的实际内容，而“欲”是情对外物所做的反应[①]。“欲”应“好”而生，如目好色，口好味，故“好”是情的表现，如云“夫好利而欲得者，此人之情性也”（《性恶》）。“好”与“情”既可视为同物，而“情”与“欲”亦可视作同义，如是，在荀子，性、情、欲三者实异名而同实，故徐复观先生认为，“荀子虽然在概念上把性、情、欲三者加以界定，但在事实上，性、情、欲，是一个东西的三个名称。而荀子性论的特色，正在于以欲为性”[②]。

“以欲为性”表达了荀子论性的主要内容和特色，具体而言，我们可以从三个方面来理解和把握。其一，性是天生固有的，不待人为而后然的，换言之，荀子论人之性从“生来如此”、尚未受到教化熏习处着眼。荀子曾用比喻的方式指出，“枸木必将待檃栝、烝矫然后直；钝金必将待砻厉然后利”（《性恶》）。这句话的意思虽在强调后天修习的重要，但我们也可以说，若顺着本就弯曲的木头的本性，此木头一定是曲而不直的；若顺着本就不快的刀剑的本性，此刀剑一定是钝而不快的。人性亦复如此，在尚未建立礼义法度、规范准则等政治社会的必要约束之前，人必随顺其生来固有的情性欲望寻求最大程度的满足。此“自然”之人性的发展必不合于“人为”规范的要求，而且这种情性欲望是人人相同的，荀子云：

凡人之性者，尧舜之与桀跖，其性一也；君子之与小人，

① 陈大齐认为，“性是能作好、恶、喜、怒、哀、乐等反应的状态，情是好、恶、喜、怒、哀、乐等的现实活动”。参阅氏著《荀子学说》，台北：中华文化出版事业社，1956年，第34页。

② 徐复观：《中国人性论史·先秦篇》，台北：台湾商务印书馆，1994年，第234页。

> 其性一也。(《性恶》)
>
> 故圣人之所以同于众，其不异于众者，性也。(《性恶》)

荀子此说指的是性之为性在“所受乎天”的意义上不因圣凡、君子小人而有分别，“故虽为守门，欲不可去，性之具也。虽为天子，欲不可尽”(《正名》)。此人人相同之性亦可在内容规定上具体表现为人的感官能力、生理本能和心理欲求等诸多方面，如荀子云：

> 目辨白黑美恶，耳辨声音清浊，口辨酸咸甘苦，鼻辨芬芳腥臊，骨体肤理辨寒暑疾养，是又人之所常生而有也，是无待而然者也，是禹桀之所同也。(《荣辱》)
>
> 凡人有所一同：饥而欲食，寒而欲暖，劳而欲息，好利而恶害，是人之所生而有也，是无待而然者也，是禹桀之所同也。(《荣辱》)
>
> 若夫目好色，耳好听，口好味，心好利，骨体肤理好愉佚，是皆生于人之情性者也；感而自然，不待事而后生之者也。(《性恶》)

第一条说的是目、耳、口、鼻、骨体肤理等感官所具备的感知能力[①]；第二条指的是人的生理本能；第三条说的是人的心理欲望。此三条皆具有人人相同、不需经过后天的学习培养就具备的特点，可以被理解为荀子对人性的具体内容的界定。

其二，荀子论性特别强调和突出以人的生理本能为基础发展出来的心理欲求，此即人性的“好利欲得”的特性，而所好、所欲则孜孜以外物作为满足的对象。“夫薄愿厚，恶愿美，狭愿广，贫愿

① 感官能力是性的内容，若按徐复观之说，荀子是以欲为性，即此感官能力与欲当有分别。只不过荀子论欲在很多情况下是落在感官的作用特性上说的，如第三条即是。

富，贱愿贵，苟无之中者，必求于外。故富而不愿财，贵而不愿势，苟有之中者，必不及于外。”（《性恶》）此中，所谓“苟无之中者，必求于外”就其作为一纯形式的判断，人或提出疑问，认为若“无之中者”本就不是我“所欲者”，则“必求于外”一说殊难成立；同样，若“有之中者”刚好是我“所欲者”且尤以为不足，则“必不及于外”之断言亦不能成立[①]。不过，所谓“苟无”“苟有”之说在荀子的思想逻辑中之所以成立，并非仅仅只是依常识而立，而恰恰反映了荀子对人性欲望作用的特点的刻画：由于人之欲望的本质在得寸进尺，在贪漫无边，在永不知满足，故苟无之中者，固必求于外；即便苟“有”之中者，仍服从于欲望的逻辑，仍可以视“有”若“无”，贪求无度，故依然是“苟无之中者，必求于外”。如是，荀子上述所说的“薄”“恶”“狭”“贫”“贱”及其对反的“厚”“美”“广”“富”“贵”等等当不系于其语言实指的意义上理解，而当系于其欲望的主观性质或特性上来理解，盖就人生而有欲，有欲即必有所求而言，欲望无法满足的特点既是人的行动的根源和动力，则此欲望不仅是“狭愿广，贫愿富”的动力，而且必也是“广愿更广，富愿更富”的动力。此中原因正在于所谓“广”与“富”等等所谓“有”的界说，相对于欲望的永远无法满足的特性而言，依然可以是主观性质或主观感受上“狭”与“贫”的“无”，故广犹求其广，富犹求其富。审如是，所谓“厚”“美”“广”“富”“贵”等“苟有之中”的“有”只是一形式的说法，因为相对于贪求无度的本性欲望而言，任何外物之“有”依然可以是“无”，依然“必求于外”。此一理解正切合了荀子所言的人性的自然必然性作用的特点，同时，也为荀子“因欲求而争”的断言确立了理解的基础[②]。

---

① 参阅岑溢成：《荀子性恶论析辩》，《鹅湖学志》，1989 年第三期，第 49 页。

② 依陈大齐，“在荀子看来，欲是贪得无厌的，是不知满足的。富者而犹求富，必其人在主观上以为富犹未足，自视尚贫，依然是‘苟无之中者，必求于外’，并不是‘苟有之中者’而犹求于外”。《荀子学说》，第 55 页。

其三，明白了此一点，我们便可以转而讨论荀子论性的第三个特点，此即人性的欲望具有得陇望蜀、贪得无厌的性质。荀子云：

> 子宋子曰："人之情，欲寡，而皆以己之情为欲多，是过也。"……应之曰："然则亦以人之情为目不欲綦色，耳不欲綦声，口不欲綦味，鼻不欲綦臭，形不欲綦佚，此五綦者，亦以人之情为不欲乎？"曰："人之情，欲是已。"曰："若是，则说必不行矣。以人之情为欲此五綦者而不欲多，譬之，是犹以人之情为欲富贵而不欲货也，好美而恶西施也。古之人为之不然。以人之情为欲多而不欲寡……"（《正论》）
>
> 人之情，食欲有刍豢，衣欲有文绣，行欲有舆马，又欲夫余财蓄积之富也；然而穷年累世不知不足，是人之情也。（《荣辱》）

第一则是荀子对宋钘的批评。依宋钘，人性（即人之情）于其所欲，是欲少不欲多，而一般的人却以为自己的本性是欲多而不欲少，这是错误的。荀子对此进行了批驳。既然宋钘认为人性欲少不欲多，但另一方面却又认为目、耳、口、鼻、身体等皆追求极好的享受，荀子认为这就好像说人的本性是想富贵但又不要钱财，喜爱美色但又讨厌西施一样，是自相矛盾的。荀子针锋相对地指出，人的本性恰恰在于欲多而不欲少，贪得无厌，欲壑难填。第二则荀子正欲据于经验世界中的观察说明，人性欲望的常态总是希望食有美味佳肴，穿有绫罗绸缎，行有车马相伴，而且人至此而犹有未足，犹希望富裕得有余财积蓄，且累世穷年永远也不知满足。荀子认为，这才是人之情性欲望的根本特点。

那么，人性的这种特点在何种条件下会引起争夺与冲突呢？

3.“欲多而物寡”则争

就一般理论而言，在自然状态中，“争夺与冲突”的现象之所以产生，乃预设了两种条件，一是“欲望”之“多”，另一是欲望的对象或所欲“物品”之“寡”。今设若欲望有限，而所欲物品丰裕，“争”则无由生；又设若欲望虽多，但所欲物品更丰而不寡，则“争”亦无由而生。

因此，“争”之产生必出于“欲多”而“物寡”①。

我们曾言，荀子政治哲学的根本目标在于建立一个“正理平治”或“群居和一”的社会秩序②，如是，在逻辑上我们便要追问，一个“正理平治”的社会秩序为何是必要的？又是如何可能的？我们暂且先撇开“可能性”的问题不论，所谓“必要性”，顾名思义，就是不可缺少，非如此即不行。然而，在荀子的思想中，何以“正理平治”的社会秩序是不可缺少的？“正理平治”是“偏险悖乱”的对言，意指井然有序的生活，而所谓“偏险悖乱”则是由于“欲”与“物”的矛盾致使人们的秩序生活之总体丧失了稳定的、连续的、确定的状态，只剩下暴力、威胁和强抢争夺，至其极即有人类相亡不待顷的危险，故而所谓“必要性”的确切含义在于，非求“正理平治”之秩序即无以摆脱人类相亡的困境③。有学者指出，在有关政治理论的建构中，荀子的核心关怀是人类的“欲望”（appetitive desires）和

① 需要说明的是，在荀子的思想系统中，所谓“物寡”之“寡”之主要意指只是在缺乏礼义的指导下，相对于“欲多”之“多”的意义上成立。实质上，荀子特别主张，若在礼义这一“兼足天下之道”的指导下，所谓“物寡”或墨子为之忧虑的“不足”并非“天下之公患”；相反，若能依礼义而治，“则万物得宜，事变得应，上得天时，下得地利，中得人和，则财货浑浑如泉源，汸汸如河海，暴暴如丘山”，无须忧虑乎“物寡”与“不足”。（《富国》）故云“心之所可中理，则欲虽多，奚伤于治”（《正名》）。本书所理解的“欲多而物寡”唯在此一意义上成立，故特为之拈出。

② 一般而言，“正理平治”偏向于从政治秩序方面上说，而“群居和一”则偏向于从社会生活领域上说，这两种说法本质上并没有差别。

③ 从政治哲学的角度上看，政治秩序之必要并不等于政治秩序之证成。

“自利”（material self-interest）及其所导致的社会冲突[1]，此一看法无疑有其所见。不过，若仅仅平铺地指出“欲望”与“自利”，而不有效地突出欲望贪得无厌的性质和客观物品有限性之间的矛盾，则对荀子“自然状态”下不可回避的冲突及其急欲摆脱“自然状态”之必要性的解释似乎总略显虚欠。的确，在荀子所预设的“自然状态”中，“欲望”和“自利”构成了人类本性的特别醒目的特征[2]，不过，至少在理论上，如前所言，单纯的欲望和自利并不必然导致争夺和冲突，争夺和冲突源于欲望之“多”与所欲物品之“寡”，前者在突出欲望的贪得无厌的性质，后者在强调物品的客观有限性。在这种情况下，如没有必要的度量分界和强制约束措施，则人必然会听任其自然欲望的纷驰突奔，最终导致人类的悖乱相亡，故而重建“正理平治”的秩序乃有其逻辑的必要性。

事实上，“欲多”与“物寡”之间的矛盾正是荀子为建构其“正理平治”之理想社会所设定的逻辑前提，此一逻辑前提也是荀子所认为的“争”的根源问题。《荀子》一书从各种不同的角度反复提及此一矛盾，一方面用来彰显“争乱穷”的根源，另一方面也用以引导出止争去乱的途径和方法。荀子云：

> 欲恶同物，欲多而物寡，寡则必争矣。（《富国》）
> 势位齐，而欲恶同，物不能澹则必争。（《王制》）
> 从人之欲，则势不能容，物不能赡也。（《荣辱》）

此处，“欲恶同物”谓人人所欲所恶是相同的；“赡”与“澹”通，即满足。荀子的以上三种说法各有不同的侧重，然而它们的共同特

① Kim Sungmoon, “From Desire to Civility: Is Xunzi a Hobbesian?” *Dao: A Journal of Comparative Philosophy* (2011) 10: p. 292.

② 即便撇开“欲”的具体含义，据不完全统计，《荀子》一书言及“欲”字，大约240余见；《论语》约42见；《孟子》约94见。

点无疑在突出“欲”与“物”之间的紧张及由此而来的争乱。在荀子，“欲多”的含义既指人人欲望相同，更指人的欲望的贪婪和不知满足，而与此相对应的是作为欲望对象的物品的有限和稀缺，故以欲之“多”逐物之“寡”，则争乱与冲突必生。荀子所谓“性恶”原并非说人天生的欲望便是恶，《性恶》篇开头所说的今人之性“生而有好利、有疾恶、有耳目之欲、有好声色”等等只是一组有关欲望的描述的概念，而不是一组对欲望的评价的概念，且由“生而有”说欲望，反倒在一定程度上肯定了欲望的天然正当性。所谓“恶”一定是相对于某种价值标准或法则规范而言。若无法则规范，顺此欲望的自然发展，必然会有强凌弱、众暴寡的结果，所谓人性“恶”即指此结果而言，此亦荀子所以以“偏险悖乱”定义“恶”的重要原因，亦即人性欲望的发展违背了某种标准而为恶。“偏险悖乱”是相对于“正理平治”而言的，而不是相对于人性欲望而言的①。

然而，接下来我们自然要问：此人性之“恶”，毕竟在什么状态下才能变“善”？依荀子，只有在政治国家的状态下，“恶人”才有可能变为“善人”②。荀子云：

> 古者圣人以人之性恶，以为偏险而不正，悖乱而不治，故为之立君上之势以临之，明礼义以化之，起法正以治之，重刑罚以禁之，使天下皆出于治，合于善也。
>
> 今人之性恶，必将待师法然后正，得礼义然后治，今人无

① 荀子之论“人之性恶”原不在讨论人所具的天生的欲望机能本身是否为恶，而是着眼于政治或道德之恶。对荀子而言，生而好利的人性只是一如其是地表现其好，此中无所谓选择的自由，所以，这样的人性并不能为恶承担责任。

② 在荀子，政治乃是一种人为的创造。今谓只有在政治国家的状态下“恶人”才可能变为“善人”，此一判断若要成立，当需满足一个条件，此即人性虽“恶”，但它却同时提供了接受政治和道德规范的可能和基础。在荀子，这种可能和基础的说法来自于《性恶》篇所说的“涂之人也，皆有可以知仁义法正之质，皆有可以能仁义法正之具”。在《正名》篇中，荀子则着重强调了“心之所可”，故云：“欲不待可得，所受乎天也；求者从所可，所受乎心也……故治乱在于心之所可。”具体说明见后文。

> 师法，则偏险而不正；无礼义，则悖乱而不治。古者圣王以人性恶，以为偏险而不正，悖乱而不治，是以为之起礼义，制法度，以矫饰人之情性而正之，以扰化人之情性而导之也，始皆出于治，合于道者也。（《性恶》）

依荀子，性恶之人要“合于善”，或简单地说，“恶人”要成为“善人”，必有待于君上之势、礼义之化、法正之治、刑罚之禁，而此处所说的权力（“势”）、刑罚、法则、规范的实义明确指向政治国家的制度措施①。必须强调指出，荀子所说的圣王为之“起礼义，制法度”，或者简单地说，礼义法度，就其实质意义而言，表达的是与“自然状态”下没有任何国家政府、法则规范相反的组成政治社会的一切强制和约束措施，故其首出意义并非是伦理学或道德哲学的，而是政治学或政治哲学的②。盖在根源的意义上，礼之所起乃是为了摆脱自然状态下的争夺和冲突，为了避免人类的悖乱相亡，它表达的首要意义是“政治性秩序”赖以建立的制度设施，并借由这些制度设施来规正、矫饰、优化人的情性欲望，使之合于确定的度量准则。所谓“礼者，政之挽也”（《大略》），“礼者，法之大分，类之纲纪也”（《劝学》），“礼义之谓治，非礼义之谓乱也”（《不苟》），表达的皆是礼之作为制度设施、法则规范的意思，是构成政治国家的基本要件③。依荀子，人们要摆脱“自然状态”的“争乱穷”的困境，唯有借助礼义法度才有可能，亦唯有礼义法度才能真正给人们

---

① 此处，荀子的思路与孟子相比，乃看出两人的根本区别。

② 参阅拙著《差等秩序与公道世界——荀子思想研究》，上海：上海人民出版社，2016年，第七章，第165—191页。礼义法度之首出意义固然是政治学的，但它绝非只是政治学的，而一定是包含伦理学的。政治与伦理构成了荀子政治哲学的基本内容。

③ 我们如此说并不是指礼不含道德的规范义。荀子言礼涵容广泛，道德无疑是其中的一项重要内容，此处只是为了突出在根源的意义上礼所表现的政治学或政治哲学的性质。

带来和平、安全和秩序，故而我们也完全有理由认为，和平、安全和秩序对荀子的政治哲学而言是最重要的价值，此亦所谓“礼义之谓治，非礼义之谓乱”或“国无礼则不正”（《王霸》）的了义和究竟义①。荀子谓“始皆出于治，合于道”，此中所谓“始”并不能机械地理解为自然时间意义上的“开始”，而是一种理论逻辑意义上的“开始”②。此外，“出于治，合于道”在表达秩序（“治道”）得以可能的同时，荀子正要告诉我们，自然状态下的“恶人”只有在政治国家的状态下才可以变成“善人”：按荀子的说法，“凡古今天下之所谓善者，正理平治也”（《性恶》），所谓“政治国家状态”之实义指的正是“正理平治”，而所谓“正理平治”的确切含义乃是指“规正、有序、平和与（得到有效的）管控”③，换言之，人的言行遵从秩序、合于规范即可由“无方之民”转而成为“有方之士”④。荀子又云：

> 夫好利而欲得者，此人之情性也。假之有弟兄资财而分者，且顺情性，好利而欲得，若是，则兄弟相拂夺矣。
>
> 今人之性，饥而欲饱，寒而欲暖，劳而欲休，此人之情性也。今人见长而不敢先食者，将有所让也；劳而不敢求息者，

---

① 荀子言礼，注重“礼宪”，以为在秩序的建立方面，“不道礼宪，以诗书为之……不可以得之矣”（《劝学》）。而所谓“礼宪”正是“经国家，定社稷，序民人”的准则和法册，故牟宗三先生认为，“礼宪是构造社会人群的法式，将散漫而无分义之人群稳固而贞定之，使之结成一客观的存在”。参阅氏著《名家与荀子》，台北：台湾学生书局，1979年，第200页。

② 此处“始”，据宋浙本为“使”，日本学者久保爱亦谓“始”为“使”之讹误，今从王先谦《集解》本作“始”。意谓摆脱自然状态之偏险悖乱，非借助政治措施，即无以至“出于治，合于道”。

③ 有关“正理平治”的解释，各注释本互有出入，笔者在此采取 E. Hutton［何艾克］教授的理解，意为“correct，ordered，peaceful and controlled”，参阅 E. Hutton，“Xunzi：Introduction and Translation”，*Readings in Classical Chinese Philosophy*，ed. by Philip J. Ivanhoe and Bryan W. Van Norden. New York：Seven Bridges Press，2001，p. 288。亦可参阅拙著《差等秩序与公道世界》，第182页。

④《礼论》篇云：“不法礼不足礼谓之无方之民，法礼足礼谓之有方之士。”

> 将有所代也。夫子之让乎父，弟之让乎兄，子之代乎父，弟之代乎兄，此二行者，皆反于性而悖于情也；然而孝子之道，礼义之文理也。（《性恶》）

“好利欲得”“饥而欲饱”等等是人的本性，顺之而无法则度量，则争有其必。今人虽同有此本性，然而其行为却能够“去除争夺而出于辞让”，此正由政治国家之法令准则、师法教化使然[①]。事实上，通过上述“兄弟相拂夺”的描述，荀子试图为人在“自然状态”下的行为确立一般性的原理，并从经验世界中的具体实例加以推衍。换言之，荀子对欲望之于行为的动力机制的理解，在先秦儒家中，第一次自觉地把欲望原理带入政治哲学。依荀子，人的行为是受欲望的原则所支配的，在国家政府以及规则秩序尚未产生之前，所有人的行为动力都是由欲望所激发和支配的[②]。不止于此，荀子的高明之处还在将欲望的无限与欲望对象的有限置于严酷的对立之中，从而把“自然状态”中的“争”的问题性加以放大和突显，进而为圣王“恶乱止争”、创建秩序在理论上做了必要的铺垫。

基本上，“欲多而物寡”的矛盾在荀子的思想中充当了“争”的

① 第二则之“今人见长而不敢先食者，将有所让也”，既有“所让”，则已是规训、教化和熏习的结果；既言规训、教化和熏习，则应当含伦理学的意义。今又谓是“政治社会之法令准则”云云，似意有不侔。实则在荀子的思想中，摆脱自然状态、进入政治社会的过程，我们可以简约地表达为实现由“争”到“让”的过程。在此一过程的最初阶段，荀子所资用的基本方法无疑是政治性的方法，故圣人“起礼义，制法度”首先是政治学的，我们正是在此一意义上说的。但荀子所以不同于霍布斯之处，在于摆脱“争乱穷”的状态并非纯全使用政治的手段，还包括道德的转化等，而在进入政治社会之后，政治与道德始终是转化人性的根本手段。参阅 David B. Wong，“Xunzi on Moral Motivation”，*Virtue，Nature and Moral Agency in the Xunzi*，ed. by T. C. Kline Ⅲ and Philip J. Ivanhoe，Indianapolis：Hackett Publishing Company，2000，p. 136。

② 严格地说，在荀子那里，支配和激发人的行动的既有欲望，也有“心之所可”。细参荀子之意，在尚未有礼义文明的前政治社会中，荀子更强调欲望的作用；在已有礼义文明的社会中，荀子则更突出“心之所可”对人的行动的支配和主宰，强调“知明而行无过”。

总根源，然而《荀子》一书对于具体引发“争”的原因又有各种不同的说法，如因“势位齐”而“争”、因“群而无分”而“争”等等。如《王制》篇云：

> 分均则不偏，势齐则不壹，众齐则不使。有天有地，而上下有差；明王始立，而处国有制。夫两贵之不能相事，两贱之不能相使，是天数也。势位齐，而欲恶同，物不能澹则必争；争则必乱，乱则穷矣①。

此处，“分”和“势”一般被认为是政治学的概念，指的是名分和势位；“偏”一说为“遍”，另一说为“辨”，治也。大意是说，如果人人都具有相同的政治地位和权力，没有贵贱上下之分，国家就无法加以治理；由于人人都具有相同的欲望，物品又有限，在这种情况下，假如官吏的势位没有差别，人的身份没有差等，整个社会失去了上下相兼临的机制，人人便各行其行，各逐其利，如是，必酿争夺与混乱②。此处尚需注意，就“两贵之不能相事，两贱之不能相使”说“天数”（自然的道理），我们应当把它看作荀子对人性的自然必然性（情性欲望）观察的结果。更为重要的是，即便进入了政治社会，人性的这种自然必然性并没有因此而在本质上得以改变，而只是通过人为的政治理性的设计以及熏习教化的积累，发展出一套类似于学者所说的“辅助性动机结构”（auxiliary motivational structure）以转化人性的自然必然性的“表现方式”。如前面所说的“饥而欲饱”是人的自然情性，但今人“见长而不敢先食”的行为表

---

① 与此相关的另一种说法又可见于《荣辱》篇，荀子云：“夫贵为天子，富有天下，是人情之所同欲也；然则从人之欲，则势不能容，物不能赡也。”

② 以“分均”“势齐”“众齐”说“争”，此“争”的重点当在政治社会的存在状态上说，而与纯粹自然状态下的“争”有所不同。具体参阅拙著《差等秩序与公道世界》第四章，第 74—91 页。

现即是对人的情性转化后的结果，虽然有此结果，但“饥而欲饱”的情性并没有得到本质改变，只不过满足“饥而欲饱”的方式已由“争”转化成“让”。因而在这个意义上，荀子所言的“化性”并不是改变人性欲望的本质，而只是通过制定制度法则以及实行教化来改变欲望的具体的作用方式①，这种改变在起始的意义上是以“处国”之“制”的形式来实现的。与此相关的另一说法是荀子反复提及人“群而无分”则争，荀子云：

> 力不若牛，走不若马，而牛马为用，何也？曰：人能群，彼不能群也……故人生不能无群，群而无分则争，争则乱，乱则离，离则弱，弱则不能胜物。（《王制》）
>
> 离居不相待则穷，群居而无分则争；穷者患也，争者祸也……人之生不能无群，群而无分则争，争则乱，乱则穷矣。（《富国》）

荀子有关“人生不能无群”的观点历来受到学者的高度评价，荀子也因此被认为是“中国第一位社会学家”②。但从政治哲学的角度上看，如何准确理解荀子所说的“群”的概念，学者相沿成习，不复分辨，似乎有待进一步说明③。依荀子，“离居不相待则穷”意味着人并不能脱离群体而独自生存，这是一种事实的描述。而从人“力不若牛，走不若马，而牛马为用”说“人能群”，此处“能群”之实义乃指

---

① Kurtis Hagen, “Xunzi and Prudence of Dao: Desire as Motive to Become Good”, *Dao: A Journal of Comparative Philosophy*, (2011) 10: p. 53, p. 62.

② 参阅鲍国顺：《荀子学说析论》，台北：华正书局，1993 年，第 73 页。又廖名春：《荀子新探》，台北：文津出版社，1994 年，第 137 页。据不完全统计，《荀子》一书，除“合群”“群众”之外，言“群”约有 44 见，但真正值得注意的多在《王制》《富国》《荣辱》等篇中。

③ 依 Eirik Lang Harris，荀子言“群”有两种不同的方式，一是描述的，一是规范的，参阅 Eirik Lang Harris, “Xunzi's Political Philosophy”, *Dao Companion to the Philosophy of Xunzi*, ed. by Eric Hutton, Dordrecht: Springer, 2016, p. 101。

人“必须”“群”或人“不得不”“群”，此即意味着在自然状态中，由于人的力量的弱小，为了猎取有限但力量远大于单个人的对象物，结“群”成为人的生存的一种不得不如此的选择方式，但人此时“结群”的最初的动机和出发点乃是出于满足单纯的人性的自然必然性（欲望）的要求。在这种情况下，人虽有“群”，但却并没有形成统一的、有序安排的意志，也不能产生出稳定有效的政治和道德约束力，因为群力和合作如果仅仅从属于个体的欲望满足和生存压力的话，那么，争夺和冲突并不因这种“群”而得以减少。故荀子云：“人伦并处，同求而异道，同欲而异知，生也。皆有可也，知愚同；所可异也，知愚分。势同而知异，行私而无祸，纵欲而不穷，则民心奋而不可说也。”（《富国》）意思是说，人类群聚而居，人人对生活的要求和欲望相同，但满足要求和欲望的方法与知识却人各不同，此乃人性使然。人人皆有判断的能力，没有智愚的分别，但判断的结果却有对与不对之分。若人人地位相同而知识不同，谋取私利而不受惩罚，放纵私欲而没有止境，那么，人们便会奋起相互争夺而不可说服。要言之，荀子人“群而无分”则争的说法，在此一角度上看，的确表达出在自然状态下，人之“群”首先是以个体的欲望满足为动机的自然群合，而“无分则争”的说法则从根本上排除了人通过自然群合或凭借欲望的天然一致性即能组成有序社会的可能性①。故荀子言“群”必言“分”，盖真正的政治哲学意义上的“群居和一”之“群”必定是由“分”来规定、来建立的，正因为有了“分”，才使得由“争”到“让”、由冲突到合作的转化成为可能②。也

① 荀子“无分则争”的主张在先秦儒家中无疑是一极大的创造，但在思想来源上与慎到等学者当有较为密切的关系，慎到云：“一兔走街，百人追之，贪人具存，人莫之非者，以兔为未定分也。积兔满市，过而不顾，非不欲兔也，分定之后，虽鄙不争。”（《慎子·佚文》）相关说法又见于《商君书·定分》。

② 由此可知，荀子言君，必言“善群”，荀子云：“君者，善群也。群道当，则万物皆得其宜，六畜皆得其长，群生皆得其命。”（《王制》）但所谓“善群”，其本质意义乃是由“分”来规定的，人群借由“分”，故可“序四时，裁万物，兼利天下”（《王制》）。

因为如此，“无分则争”若着眼于“分”这一人为的创作而言，指向的是对“止争”条件和方法的寻求，而不同于“欲同则争”这一有关“争”的起源的论述[①]。实际上，“无分则争”是一种基于经验现象的描述和观察，荀子要通过此一描述和观察提出一种消除争夺的理想秩序的状态，此即“有分则无争”。在荀子，“分”是人摆脱自然状态、进入政治社会的标志，因而我们也可以说“分”是人的政治理性“无中生有”的创造[②]，人群只有依靠“分”才能真正建立起稳定有效的政治联合，实现职业分工和意志行动的统一，故云“有夫分义，则容天下而治；无分义，则一妻一妾而乱”（《大略》），又云“故无分者，人之大害也；有分者，天下之本利也”（《富国》）。

4. 去乱止争

从现实存在的角度上看，面对诸侯争霸、纲纪陵夷、天下大乱的局面，寻求治世的再生或重建稳定的政治秩序，无疑是荀子所面临的最大的时代课题。不过，我们曾强调，这些现实存在的混乱在荀子那里乃是通过特殊的理论语言来加以表达和构造的。前述所谓“欲多而物寡”则“争”、“势位齐”则“争”、人“群而无分”则“争”等等，虽然在对“争”的叙述脉络上各有侧重，也各有所指，然而其所以起“争”的背后总含有某种普遍性的理论预设[③]。就“争”作为“欲多而物寡”的逻辑结果而言，它暗示出荀子政治哲学赖以建立的逻辑前提和出发点；就“争则乱，乱则穷”的说法而言，

① 陈来：《情性与礼义：荀子政治哲学的人性公理》，《中国社会科学辑刊》2009年第6期。

② 依荀子，此乃“知者为之分也”，知者为争夺、混乱的人群制作道德制度，此处，“知者”乃强调其有知识之故，非以其性中本有道德之故。参阅冯友兰：《中国哲学史》（上册），上海：华东师范大学出版社，2000年，第222页。

③ 因“欲”而“争”固然指陈和预设了“欲多而物寡”的矛盾，但“势位齐”则“争”或“群而无分”则“争”，表面上看“争”之所起乃起于“无分”，但“无分”所以会起“争”，则依然与“欲”和“物”之间的紧张相关。

它又进一步引导出荀子如何思考“去乱止争”的一套政治设计和制度安排：既然“从人之性，顺人之情”必走向争夺和混乱，那么，如何才能“去乱止争”，结束这种自然状态，从而建立秩序、实现和平呢？荀子云：

> 礼起于何也？曰：人生而有欲，欲而不得，则不能无求。求而无度量分界，则不能不争；争则乱，乱则穷。先王恶其乱也，故制礼义以分之，以养人之欲，给人之求。使欲必不穷于物，物必不屈于欲。两者相持而长，是礼之所起也。（《礼论》）

正如我们已经指出的，此处荀子所谓“礼之所起”的“起”，其实含义并不是“起源”，亦即不是说明圣王具体制作礼的过程，而在说明礼之所以必要的“根源”，亦即欲与物之间的矛盾。“起源”落在具体的“事”上说，而“根源”则从普遍的“理”上说。依荀子，一方面，服从和随顺人性的自然必然性，纵欲而无界，只会导向混乱和争夺；另一方面，平衡欲、物，去乱止争，真正给人带来和平与秩序的，只能出自圣王的人为。可以说，在荀子的思想中，“自然”与“人为”（“伪”）的对立同时也暗示出由“争夺”到“秩序”的过渡，构成了荀子政治哲学和道德哲学的共同主题。换言之，政治秩序、道德秩序不能来自人性之“自然”，只能来自理性之“人为”。“先王恶其乱也，故制礼义以分之”[①] 明确地表示出，礼义是人为的制作，代表着人类历史理性的结晶；先王则指的是历代先知先觉者的集合，并非孤立的个人。事实上，直接引发荀子所以如此思

① 《荀子》一书，“先王恶其乱也，故制礼义以分之”反复出现，如云：“从人之欲，则势不能容，物不能赡也。故先王案为之制礼义以分之……”（《荣辱》）；“欲恶同物，欲多而物寡，寡则必争矣……故知者为之分也”（《富国》）；“势位齐，而欲恶同，物不能澹则必争；争则必乱，乱则穷矣。先王恶其乱也，故制礼义以分之……”（《王制》）等。

索的原因的确是由于现实层面中诸侯争霸、合纵连横、弱肉强食的背后所折射出来的任由人性的自然必然性所导致的骄横而无序的争夺，这种争夺以满足个私的欲望为“自然法则”，以“胜者为王”为根本目的。然而，这种服从于欲望之“自然”的行为非但没有给社会带来和平和秩序，反而还引发出灾难性的后果。为此，荀子乃反思性地重建了礼义作为去乱止争的方法：礼义是圣人“人为”的产物，“人为”礼义的目的在于矫正人性的“自然”，亦即防止由人性的自然必然性所引发的争夺威胁到人类群体的生存，以最终实现“欲”与“物”之间能够相持而长①。

从思想史的角度上看，荀子“人为”礼义的说法，固迥然不同于礼之作为“事神致福”的产物；同时，更为重要的是，以礼义为人为的制作，也革命性地颠覆了传统中所谓“夫礼，天之经也，地之义也，民之行也。天地之经，而民实则之”（《左传·昭公二十五年》）的说法，这种说法将礼看作天地“自然”秩序的一部分。但依荀子，礼义并不是天地“自然”内在本性或秩序的反映，而是圣人“伪起而生”（《性恶》）的产物，盖天地自然只是如其自身地运行，本无所谓道德的秩序与目的。“天不为人之恶寒也辍冬，地不为人之恶辽远也辍广”（《天论》），天地自然固然有其“常道”，然而此“常道”却不含有任何人为的政治和道德意义②。当荀子以“自然

① 钱穆先生对此另有别解，其云：“荀子欲本此而别造人伦，重定阶级。其与古异者，则古人本阶级而制礼，先有贵贱而为之分也。当荀子世，则阶级之制殆于全毁，乃欲本礼以制阶级，则为之分以别其贵贱也。荀子之分阶级之贵贱者，则一视其人之志行知能以为判。曰‘大儒’，为天子三公。曰‘小儒’，为诸侯、大夫、士。曰‘众人’，为农、工、商、贾。去世袭之敝，存阶级之善。”参阅氏著《国学概论》，北京：商务印书馆，1997 年，第 57 页。

② Robert Eno 持另一种看法，认为在荀子那里，人为的社会秩序与天所为的自然秩序之间具有内在的联系，甚至认为前者乃是后者的补充物（complement）。Eno 认为，礼在根源上仅仅只是自然之天之原理的扩充，自然之天（Tien-as-Nature）之原理制约着礼的社会行为的规范层面。Eno 的这种看法基本上延续着《左传》的观点而来，而未意识到荀子对此有一根本性的转变。笔者并不同意 Eno 的这种看法，但提出来供学者进一步讨论。参阅 Robert Eno，*The Confucian Creation* （转下页）

之天”来否认“意志之天”和“义理之天”之后，已无形中将天作为价值源头的传统看法给予松动和瓦解，与此相应的是，荀子大力地彰显了人的主观努力的重要性①。“天有其时，地有其财，人有其治，夫是之谓能参。”（《天论》）。天既是自然之天，则政治和道德价值的源头当在别处寻找，或用荀子的话来说，当在历史理性或“先王之道”之中去寻找，荀子对此之看法表达得最为恳切，也最为爽朗②；同样道理，人性之“自然”也有其作用的逻辑，但此逻辑同样不含有“现成”的政治和道德意义，基于人性之感官欲望所自动自发产生的现象，并不能充当政治和道德规范的基础③。实际上，尽管《性恶》篇用了相当大的篇幅来批评孟子性善论“无辨合符验”，“起而不可设，张而不可施行”，然而透过对这些文本的解读，荀子最关心的似乎并不是在理论上彻底驳倒孟子性善论的一套论述，毋宁说，荀子的真实用心乃在于在人性的自然“本能”与政治和道德的规范“本质”之间做出严格的区分。依荀子，人的“好利欲得”的天性根本承担不起作为任何政治和道德规范的基础，“顺情性则不辞让矣，辞让则悖于情性矣”，“妻子具而孝衰于亲，嗜欲得而信衰于友，爵禄

（接上页）*of Heaven*：*Philosophy and Defense of Ritual Mastery*，Albany：State of University of New York Press，1990，p. 163。

① 施特劳斯评论霍布斯的一段话在此处颇适合荀子，施特劳斯说：“只是因为对于人道没有什么来自宇宙的支持，人类才能成为主宰。只是因为他在宇宙中完全是个陌生人，他才成为了主宰。只是因为他被迫成为主宰，他才成为了主宰。”列奥·施特劳斯：《自然权利与历史》（彭刚译），北京：生活·读书·新知三联书店，2003年，第178页。

② 荀子虽力陈“先王之道”，并以之为善善恶恶之应，然而荀子对先王之道的理解依然停留于规范在“历史的理解”中的合理性，而未进一步追究先王之道如何具有超越历史和传统之外的规范的普遍有效性。

③ 牟宗三认为，“荀子只言人道以治天，而天却无所谓道，即有道，亦只是自然之道也……自荀子言，礼义法度皆由人为，返而治诸天，气质人欲皆天也”。参阅氏著《名家与荀子》，第214页。王中江认为，“对荀子来说，现实之‘善’则是通过人为的方式克服先天之性恶而新生的过程”。氏著《学术知识的统一理想及人格与王道理想——荀子儒学的重新定位》，载《儒家的精神之道和社会角色》，北京：中华书局，2015年，第85页。

盈而忠衰于君”（《性恶》）。若无人为的政治和道德手段加以对治，人性的逻辑发展只会是唯利之见，故顺之，只会有争夺。由是而推之，荀子颇不同于孟子之处在于，在荀子看来，道德并不能独立于政治而被说出，而政治国家的存在反倒是礼义道德得以可能的前提和保证。依荀子，政治哲学家必须对政治生活谋求“道德”上的辩护，重新恢复政治生活对于道德生活的严肃性和优先性。而人要求得生命和生活的安乐，唯有在人为制作的礼义中才能真正实现，故云：“人莫贵乎生，莫乐乎安，所以养生安乐者，莫大乎礼义。”（《强国》）

礼义的制作固然是为了“去乱止争”。不过，能够“去乱止争”的方法却并不一定就具有“合理性”，也并不一定就能有效地消除引起争乱的根源，因此，问题的核心在于圣人制作礼义的目的以及为了达成此一目的所蕴含的价值原则。很显然，通过暴力强制或恐怖威胁的手段也可以在某种意义上实现“去乱止争”，但这种方法却不能获得“合理性”的有效辩护，在本质上依然没有摆脱自然状态下自然法则的“专横”。依荀子，圣人制礼义正是要在“欲”与“物”之间达成一种能为大家所接受的、能为社会人群生活带来和谐的平衡，所谓“使欲不必穷乎物，物不必屈乎欲”，通过养欲给求的方式，使“欲”与“物”两者能够相持而长，实现“养生安乐”的目的①。换句话说，礼义制定的目的首先在于在人们的欲之求与物之得之间确立必要的度量分界，以使人群在礼义的规制下真正实现和平与合作，防止人们无序地争夺。

但在通常的理解中，为了解决“欲多而物寡”的矛盾，人们首先会想到荀子的“节欲”主张和“足国之道”（强本裕民），亦即以肯定的方式通过疏导欲望发展生产、增加财富，以使“欲”与“物”之间

① 艾文贺（P. J. Ivanhoe）曾以“快乐的平衡”来论述荀子的主张，参阅氏著“A Happy Symmetry：Xunzi's Ethical Thought”，*Journal of the American Academy of Religion*（1991），59：2，pp. 309 - 322。

达到平衡[1]。不过，这种侧重于技术合理性的方法固然为荀子所重，然而在荀子的政治哲学思考中，它却是第二序的，第一序的必定首先是价值合理性的确立。在荀子，“制礼义以分之”以及“度量分界”的说法皆是以否定性或消极性的方式在“欲之多”和“物之寡”之间立度划界，就其实际内涵而言它的确包含物品本身的分配，但其着力点显然不在丰裕和增加物品，而首先在确立边界。

“边界”是一抽象的说法。边界的确立需要体现公平的原则，这是“去乱止争”最基本的要求。荀子一方面说“礼者，养也”，另一方面又说“君子既得其养，又好其别”。所谓养，即是“养欲”。欲之所以要养而不是“弃”或“禁”，理由在于对人而言，欲是天之就的产物，欲不可去[2]；同时，由于荀子深知“欲”的无法满足的特征，故“养欲”并不是无限度地满足人的欲求，而是通过确立原则，以有条件、分差等的方式给人以求，这亦是由客观上的“物寡”所逼显出来的结论。“制礼义以分之”即是通过划定人们的等级地位和职分来有差别地分配有限的物品，所谓“贵贱有等，长幼有差，贫富轻重皆有称者也”（《礼论》《富国》）。然而，这种差等的原则如何获得公平与正当的辩护？在“欲多而物寡”面前，在人人皆期望获得较多份额的情况下，此差等原则而不是“均平”原则如何能够为人们所接受？又如何体现公平和公道？为此，荀子首先否定了“强均”“强齐”的不合理性和不可能性。依荀子，公平并不是人人无差别的均平，若人人等级职分一律平等，国家便不能治理，政治领导就成为不可能。公

① 在荀子，类似的具体措施非常之多，如云“量地而立国，计利而富民，度人力而授事”（《富国》），“省工贾，众农夫”（《君道》），“罕兴力役，无夺农时”（《王霸》），“轻田赋之税”（《富国》），“王者之法：等赋、政事、财万物，所以养万民也。田野什一，关市几而不征，山林泽梁，以时禁发而不税。相地而衰政。理道之远近而致贡。通流财物粟米，无有滞留，使相归移也，四海之内若一家”（《王制》）。总之，农分田而耕，贾分货而贩，百工以巧尽械器等等，不一而足。

② 荀子云：“欲不待可得，所受乎天也”，“故虽为守门，欲不可去，性之具也”（《正名》）。

平之实义应当是出于圣人“视形势而制械用，称远近而等贡献”（《正论》），故荀子主张“惟齐非齐”，而不是“齐其非齐”。换句话说，荀子是要用人为设计的“公平的差等”来取代和反对那种服从于人性之自然必然性之争夺而有的“自然的差等”，而人为设计的“差等”之所以能够体现“公平”，其根本原因即在于它服从“德必称位，位必称禄，禄必称用”（《富国》）的原则。依荀子，若对于有限的物品资源按人人均分的方式来给予分配，看上去似乎公平，但却在根本上不能解决“欲多而物寡”的矛盾，因为有限的“物品”始终无法满足人的无限的“欲望”，最好的办法只有按照每个人不同的社会地位、德能和贡献来给予差等的分配，这样既可以在某种程度上满足人的欲望需求，又可以避免争夺，维持各得其宜的社会秩序①。故荀子云：“先王案为之制礼义以分之，使有贵贱之等，长幼之差，知愚能不能之分，皆使人载其事，而各得其宜。然后使谷禄多少厚薄之称，是夫群居和一之道也。故仁人在上，则农以力尽田，贾以察尽财，百工以巧尽械器，士大夫以上至于公侯，莫不以仁厚知能尽官职。夫是之谓至平。”（《荣辱》）

5.“性恶”与第一个圣人的产生

到目前为止，我们或许可以说，对荀子而言，如欲摆脱“自然状态”，其途乃必假于圣人或先王“制礼义以分之”，舍此，所谓“群居和一”的“至平”社会必不可得而有。如是，我们也便可理解荀子何以云“今人之性恶，必将待圣王之治，礼义之化，然后始出于治，合于善也”（《性恶》）的根本原因。但是，此中依然存在一

① 在荀子，人的社会地位及其物品禄用获得的多寡非任意武断而定，在原则上是依照才德愈高则爵愈尊、禄愈厚的方式来进行的，所谓“谲德而定次，量能而授官，使贤不肖皆得其位，能不能皆得其官，万物得其宜，事变得其应”（《儒效》）。而人的身份地位又不是固定的，是可以通过人的德行和能力的提高来改变的，所谓“虽王公士大夫之子孙也，不能属于礼义，则归之庶人。虽庶人之子孙也，积文学，正身行，能属于礼义，则归之卿相士大夫”（《王制》）。

个棘手的问题有待回答：依荀子，既然圣人与百姓的人性同样为恶①，那么，从发生学的角度上看，在没有圣人、尚不存在任何礼义法度之前，第一个圣人毕竟是如何产生的？正如 T. C. Kline Ⅲ教授所观察的：“《荀子》一书中的大部分文字乃聚焦于经由圣人所创造的师法、礼义和制度如何引导人们的道德修养及和谐社会结构之实现。然而，在这些圣人的引导不曾存在之前呢？借用《大略》篇中的一段描述，假如水行者不曾创造标志以使过河者无陷，那便只有取决于圣人为我们建立标志。然而，这些圣人们又是如何设法过河的？”② 依 T. C. Kline Ⅲ，荀子虽然在书中用了大量的篇幅描述了圣人们如何使一个混乱无序、充满冲突的社会变成了一个能够体现“道”的道德社会，然而，“荀子却并未清晰地描述出在一个没有礼义、师法和制度以引导人们道德修养的混乱社会中，一个人是如何可能成为一个圣人的，而这些在儒家那里具有‘原初地位’（original position）的人又是如何设法转化他们自己的”③。

不可否认，此一问题荀子并没有直接面对，当然也谈不上明确回答，但它却是荀子的思想逻辑中蕴含的必须正视也有理由必须交代的问题。此一问题之所以重要，不仅关系到荀子思想中政治和道德教化如何可能的问题，而且直接涉及从摆脱自然状态到进入政治社会的过程中，对那种根于人之性恶的混乱到道德秩序的原初转化如何而有一个令人满意之解释的问题。换言之，在第一个圣人出现之前，一个性恶之人毕竟

---

① 荀子云：“圣人之所以同于众、其不异于众者，性也。”（《性恶》）

② T. C. Kline Ⅲ，“Moral Agency and Motivation in the Xunzi”，*Virtue，Nature and Moral Agency in the Xunzi*，ed. by T. C. Kline Ⅲ and Philip J. Ivanhoe，Indianapolis：Hackett Publishing Company，2000，p. 155. 文中所引《大略》篇的原文为：“水行者表深，使人无陷；治民者表乱，使人无失。”此一说法又见于《天论》篇，文字上稍有出入：“水行者表深，表不明则陷；治民者表道，表不明则乱。”

③ T. C. Kline Ⅲ，“Moral Agency and Motivation in the Xunzi”，*Virtue，Nature and Moral Agency in the Xunzi*，ed. by T. C. Kline Ⅲ and Philip J. Ivanhoe，Indianapolis：Hackett Publishing Company，2000，p. 155.

如何能够借由修养其自身以使其成为一个有道德的人?

我们此前曾经指出,在荀子的思想中,只有在政治国家的状态之下,一个性恶之人才有可能变为善人。不过,此一说法如欲成立,尚需满足一定的条件,此即性恶之人同时提供了接受政治和道德规范的可能和基础。在《性恶》篇中,荀子曾云:"凡禹之所以为禹者,以其为仁义法正也。然则仁义法正有可知可能之理。然而涂之人也,皆有可以知仁义法正之质,皆有可以能仁义法正之具,然则其可以为禹明矣。"此处"知""能"或"质""具"在荀子的言说脉络中与"仁义法正"等价值语词相连而说,易于使人误认为其本身是具有确定的价值内涵和取向的概念。实际上,在荀子那里,此"知""能"或"质""具"仅仅表示它是人天生即有的单纯的或有待填入内容的能力(unfilled capacity)。这种知、能表现为"心"的能力,例如人能"知"(知得)美味,也能"欲"(欲得)美味,但此"知得"和"欲得"常取决于"心之所可",故云:"欲不待可得,所受乎天也;求者从所可,所受乎心也。"(《正名》)[①] 不过,荀子言心虽为"形之君""神明之主",但它本身并没有分辨好坏的"原初能力"(original capability)。依荀子,"故人心譬如槃水,正错而勿动,则湛浊在下,而清明在上,则足以见须眉而察理矣。微风过之,湛浊动乎下,清明乱于上,则不可以得大形之正也。心亦如是矣。故导之以理,养之以清,物莫之倾,则足以定是非决嫌疑矣"(《解蔽》)。可见,荀子言心的功用是在虚静中照见万理,但它本身并不含具理,故云:"心不可以不知道;心不知道,则不可道,而可非道……心知道,然后可道;可道然后守道以禁非道。"(《解蔽》)可以说,"知""能"或"心"在荀子那里并不能直接保证一个性恶之人成为有道德的人,但它却构成了人接受政治和道德规范的先天可

① 参阅拙著《合理性之寻求》第四章《"心之所可"与人的概念》,台北:台大出版中心,2011年,第174—206页。

能和基础，也显示出与霍布斯的不同之处。事实上，许多学者已经注意到，尽管荀子与霍布斯的人性理论颇有可比较之处，但霍布斯从未期待过从自然状态过渡到市民社会的过程中，人类的自利动机会有所改变，他的利己主义的心理学只允许自我保存和满足成为内在标准，也正因为如此，霍布斯期望利用国家来处理诸如个人的不合理的欺骗行为，亦即用政治手段来处理道德问题。但如果一种道德使人遵守的理由仅仅是出于惩罚的威胁，那么这种道德便不是一种真正的道德①。不同于霍布斯的是，在荀子那里，“当人们认识到他们在求取欲望满足的过程中需要有所限制后，人们不仅知道需要限制他们的行为，而且还认识到需要透过礼（ritual）、乐（music）和义（righteousness）来转化他们的品格。这样，他们就会知道他们是在兴趣上喜爱这些东西，而不仅仅是让这些东西来约束自己”②。

不过，这样一种解释相对于我们的问题而言似乎仍然不够具体和清晰，因为尽管人心具有认知的功能，但在自然状态下，自利的人性在一开始时（at first beginning）毕竟有何具体的动机机制使人的自私欲望得以转化？一个本性上自利的人何以会为了“道德”或他人的福祉而牺牲自己的利益？这些疑惑若仅仅依靠人天生而有的“知”“能”或作为“天君”的“心”并不能做出完全有效的解释，但若这些疑惑不能获得有效的解释，那么，“第一个圣人是如何产生”的问题依然无法让人索解，而“圣人恶其乱也，故制礼义以分之”就难免成为一种独断。

---

① 此一问题常常被学者称为“霍布斯与秩序问题”，可参阅塔尔科特·帕森斯《社会行动的结构》（张明德等译），南京：译林出版社，2012 年，第 100—106 页。

② David B. Wong, “ Xunzi on Moral Motivation”, *Chinese Language, Thought and Culture: Nivison and His Critics*, ed. by Philip J. Ivanhoe, Chicago and La Salle, Illinois: Open Court, 1996, p. 203. Also see *Virtue, Nature and Moral Agency in the Xunzi*, p. 136. 同时，亦可参阅 David Nivison, “Review of *The World of Thought in Ancient China*”, *Philosophy East and West* 38, no. 4 (October 1988), p. 416。具体论述参阅拙文《荀子的道德动机论——由 Bryan Van Norden 与 David B. Wong 的论争说起》，《学术月刊》2018 年 1 月号。

事实上，在《性恶》篇中，荀子明言圣人同于百姓者性也，异于百姓者伪也，圣人“伪起而生礼义”；又依荀子，“心虑而能为之动谓之伪；虑积焉，能习焉，而后成谓之伪”（《正名》）。换言之，礼义是圣人“心虑”“能习”的结果[①]。但问题是，在自然状态下，心之所虑、能之所习，并无现成的礼义法度以为“虑”的对象和“习”的环境，故而面对自利的人之本性，依然有一个何以会去做道德之事（“虑”道德、“习”道德）的动机问题。只有这个问题得到了真正的解释，我们才能证成第一个圣人的产生，而后“圣人恶其乱也，故制礼义以分之”乃可得到确切的说明。

为了有效地回答此一问题，我们还是回到荀子有关人禽之别的论述上。《王制》篇曾云：“水火有气而无生，草木有生而无知，禽兽有知而无义，人有气、有生、有知，亦且有义，故最为天下贵也。”但此中人之“有义”作何解释[②]？它是如孟旦所说的“人生而具有的天生的道德感”吗[③]？若是，则又如何与荀子“人之生，固小人”（《荣辱》）的说法相一致？倪德卫对此则另出心解，认为此处之“有义”乃是一种能使人组成等级区分的社会，并能使人将某种义务当作道德义务来加以认知的“单纯的能力”（a bare capacity）[④]。换言之，人不同于禽兽之处，在于人提供了接受政治和道德规范的先天能力。但是，在自然状态下，人的这种先天的

① 具体论述参阅拙文《情性与道德转化——荀子论“化性起伪”如何可能》，载《社会科学》2018年第4期。

② 王先谦《荀子集解》本对此无注；李涤生《荀子集释》将“义”释为“理性”（台北：台湾学生书局，1979年，第181页）；北大《荀子新注》似将“义”理解为“礼义”（北京：中华书局，1979年，第127—128页）。一般而言，在荀子，礼义是有内容的、后天人为的产物。不过在上述脉络中，从水火、草木、禽兽到人讲“有”，这种讲法似乎侧重于讲天生的“有”。

③ Donald J. Munro, “A Villain in the Xunzi”, *Chinese Language, Thought and Culture: Nivison and His Critics*, p. 198.

④ D. Nivison, “Critique of David B. Wong, ‘Xunzi on Moral Motivation’ ”, *Chinese Language, Thought and Culture: Nivison and His Critics*, p. 324.

单纯的能力要发展成为具有道德内容的能力在理论上还必须满足三个条件：与性恶论相一致，没有道德内容，同时又能够为人的行动提供动机效力，如此方能解释一个本性上自利的人在一开始时如何可以有道德的行动。有见于此，学者发现在《荀子》的文本中，人性的原初结构存在着许多自然情感，诸如对故去亲人思念的悲情（《礼论》）、受音乐的激发而调整行为的倾向（《乐论》）[①]、对和睦关系的向往及"以德报德"的冲动（《礼论》）等等。这些自然情感并不就是道德情感，而是与人性的自利有关，但它却与道德具有"意气相投"（congenial）的关系。由于这些自然情感的驱动，人会主动寻求表达，而最初的礼、乐便为这种自然情感的表达提供了充分而恰当的方式。循是而往，礼、乐作用于未加工的人性的过程，即是人性顺从地被塑造成对道德的爱和对礼义的喜好的过程。礼、乐通过规范、疏导人性中本有的自然情感，使之转化为道德情感[②]，故荀子云："礼以顺人心为本"（《大略》），"礼者……达爱敬之文，而滋成行义之美者也"（《礼论》）。有一点可以确定，在荀子，一个本性上自利的人之所以在最初转化时能够喜爱道德，似乎并不像王国维所说的那样，"荀子之礼

① 如荀子在《乐论》中云："声乐之象，鼓大丽，钟统实，磬廉制，竽笙箫和，筦钥发猛，埙篪翁博，瑟易良，琴妇好，歌清尽，舞意天道兼。鼓其乐之君邪。故鼓似天，钟似地，磬似水，竽笙箫和筦钥，似星辰日月，鼗柷、拊鞷、椌楬似万物。曷以知舞之意？曰：目不自见，耳不自闻也，然而治俯仰、诎信、进退、迟速，莫不廉制，尽筋骨之力，以要钟鼓俯会之节，而靡有悖逆者，众积意謘謘乎！"具体论述可参阅拙著《合理性之寻求：荀子思想研究论集》，台北：台大出版中心，2011年，第六章《"知默"与"知言"》。

② David B. Wong, "Xunzi on Moral Motivation", *Virtue, Nature and Moral Agency in the Xunzi*, pp. 147－151.《荀子》一书除了强调礼、乐的教化作用外，还特别突出"礼以顺人心为本"（《大略》），"乐也，人情之所必不免也"（《乐论》），"两情者（依李涤生，谓吉事欢愉之情与凶事忧戚之情），人生固有端焉。若夫断之继之，博之浅之，益之损之，类之尽之，盛之美之，使本末终始，莫不顺比，足以为万世则，则是礼也"（《礼论》）。"礼"因顺人情，而能滋成行义之美；"乐"入人也深，故其化人也速。可见，礼、乐的最初形成实际上具有顺遂和表达人之情性的功能。

论至此不得不与其性恶论相矛盾”[①]，恰恰相反，此转化之所以可能，其原因正是由于这些内在于人性的自然情感为人们最初的道德义务感的养成提供了动机和条件。所谓第一个圣人的产生即是经由这样一种动机机制的逐渐转化的过程，而圣人的产生即意味着人类摆脱“自然状态”、建立秩序社会成为可能。

6. 简单的结语

作为一种规范性学科，政治哲学的思考总有其自身的逻辑前提和出发点，并借此前提和出发点来阐明为何要建立秩序，由谁来建立秩序，以及建立什么样的秩序等等问题。我们借用西方学者有关“自然状态”的说法而非采取比较的方式，来说明荀子思想中“争”的根源正在于“欲多而物寡”，而“欲多而物寡”也因此构成了荀子政治哲学思考的逻辑前提和出发点。依荀子，由于人的欲望的贪得无厌，再加上欲望对象的有限和稀缺，在没有“圣人制礼义以分之”的情况下，人们的生活将处于“争乱穷”乃至横暴强夺、悖乱相亡不待顷的状态，而要彻底摆脱此一状态，则唯待圣人的出现，方能去乱止争，董理天下，拯民于水火，故云“非圣人莫之能王”（《正论》）。或许荀子为我们所展示的一套论说仍有其可商之处，但每一位读者都可能为他思想的清晰、论断之独特所打动。荀子的意图绝非只是为了抒发他个人的体验，而是身处一个凌绝交恶的世界中，通过自觉的理论论证的方式，试图为社会秩序和道德人生提供一个逻辑连贯的解答。人们或许会认为，荀子的此一理论预设已经为政治国家的存在、为圣人或圣王（权威）统治的合法性或正当性给出

① 《王国维文集》第三卷，北京：中国文史出版社，1997 年，第 215 页。王氏云：“考荀子之真意，宁以为（礼）生乎人情，故曰‘称情而立文’。又曰‘三年之丧，称情而立文，以为至痛之极也’。荀子之礼论至此不得不与其性恶论相矛盾，盖其所谓‘称情而立文’者实预想善良之人情故也。”最初的自然情感并非是道德评价意义上的“善良的人情”，而是与性恶论相一致的。

了积极的辩护。的确，对荀子而言，需要一种论证来表明我们有一种认同和服从圣人权威的理由，尽管这种理由并不是绝对的，也远不是不证自明的。

二 『非圣人莫之能王』

——权威与秩序的实现（一）

必须先存在权威，而后才谈得上限制权威。

——S. P. 亨廷顿

这样，政治权威就把真正的权威与被迫的服从结合起来了。它既不是纯粹的权威，像智者那样，他的门徒不受任何强制地听从他的指示；也不是纯粹的强制，好像一个夺走你钱包的持枪者；而是两者的混合物。

——戴维·米勒

圣人怀之，众人辩之以相示也。

——庄子

1. 引言

在上一章中，我们讨论了荀子有关“自然状态”的理论，目的在于究明荀子政治哲学的逻辑前提和出发点。依荀子的主张，在自然状态中，由于人的欲望的贪得无厌和作为欲望对象的客观物品的有限，在没有政治国家以及相应的法则规范有效约束的情况下，人们必将随顺人性的自然必然性，纵其情，肆其欲，其结果亦必至于“强凌弱，众暴寡”，及其至也，则必有天下悖乱相亡不待顷的局面。而为了摆脱此一局面，依荀子，亦唯待圣王（圣人）“制礼义以分之”，方能拯民于水火，带来“正理平治”的秩序社会。因而，圣王是去除混乱、防止争夺、建立秩序的根本，故云：“必将待圣王之治，礼义之化，然后皆出于治合于善也。”（《性恶》）顺此逻辑，本章所要探讨的自然是荀子有关“圣王”的观念，而在思路上则将围绕“权威与秩序”的关系展开论述。

盖如所言，在荀子思想中，“圣王”具有特别重要的地位，按荀子的说法，圣王是能起礼义、制法度以矫饰人之情性，使之“出于治”“合于道”的人，因而圣王也是“尽伦”“尽制”的人（《解蔽》）。所谓“尽伦”“尽制”，从政治哲学的角度上看，指的是那些融合了道德权威与政治权威（权力）于一体的人，对政治秩序的形成和实现具有十分重要的意义[①]，故而本章尝试透过对荀子的圣王（权威）观念的分析，说明在荀子思想中秩序是如何创制与形成的。

理论上，权威与秩序的关系始终是政治哲学中的一个极为重要的问题。荀子既汲汲于秩序的实现，同时又直言“非圣人莫之能王”，如是，在荀子，“正理平治”之秩序的实现则端赖于圣王权威的出现。学者曾指出：“荀子反复强调社会秩序之必需，即便其并未

① 冯友兰先生认为，“荀子之政治哲学，亦以为必圣人为王，方能有最善之国家社会”。参阅氏著《中国哲学史》上册，上海：华东师范大学出版社，2000 年，第 224 页。

明显提及此一点，然而，建立一个适宜的（proper）社会秩序的目标却渗透在他的整个讨论之中。”① 也有学者明确地认为，“在荀子的心目中，社会、政治问题中最基本的是‘秩序’的问题”②。然而，现代政治哲学的分析表明，秩序的实现与权威之间具有密切的关系，如果说，政治秩序的基本问题可以表述为支配与服从的关系问题的话，那么，“权威”概念则构成了“支配与服从关系的核心”③。亨廷顿便认为：“人当然可以有秩序而无自由，但不能有自由而无秩序。必须先存在权威，而后才谈得上限制权威。”④ 之所以“必须先存在权威”，若就着荀子的问题意识而言，很重要的原因之一就在于权威（圣王）能够定分止争，其智慧和德音能够为生民带来“至平”的秩序，故而权威发布的命令可以使生民百姓未经检验地接受和服从。如是，我们可以说秩序来源于权威，因为权威带来服从，而服从则带来秩序。也因此，一定的秩序总是需要有相应的权威来建立和维持，权威透过权威拥有者特殊的“品格构造”（structure of character）和人格威望发布命令，这些命令成为人们服从的理由，从而确保了秩序的实现与稳定。因此，权威的理由对于行为者而言虽是间接的、来自外部的，却构成了行为者自己的理由。所以，学者常常将权威的理由看作“内容自足的理由”（content-independent reasons）⑤。而在荀子的思想中，“圣王”正是道德完备、知虑甚明、

① Kim-chong Chong, *Early Confucian Ethics: Concepts and Arguments*, Chicago and La Salle, Illinois: Open Court, 2007, p. 87.

② 陈弱水：《立法之道——荀、墨、韩三家法律思想要论》，载刘岱总主编《中国文化新论·思想篇（二）：天道与人道》，北京：生活·读书·新知三联书店1992年，第83页。张德胜教授干脆认为，儒家具有“秩序的情结”，参阅氏著《儒家伦理与秩序情结》，台北：巨流图书公司，1989年。

③ 刘擎编：《权威的理由：中西政治思想与正当性观念》，北京：新星出版社，2008年，“序言”。

④ S. P. 亨廷顿：《变化社会中的政治秩序》（王冠华等译），北京：生活·读书·新知三联书店，1989年，第7页。

⑤ Joseph Raz, *The Morality of Freedom*, Oxford: Oxford University Press, 1988, p. 25.

势位至尊、无敌于天下、具有绝对权威的人。德效骞（Homer H. Dubs）认为，荀子之所以主性恶，反对孟子的性善，目的正在于确保权威的原理原则成为自己学说的基础。依荀子，人必须依赖权威，对途之人而言，权威就是人生的指南（the guide of life）[①]。因此，在荀子政治哲学的研究中，圣王、权威和秩序的问题便成为一个不可回避的问题。由是之故，在荀子的思想中，我们首先要问：何谓圣王？为何需要圣王？作为权威的圣王在何种意义上关联到秩序？圣王作为权威在实现秩序的方式上又表现出哪些特点？

2.“圣王”概念之梳理

据统计，在《荀子》一书中，“圣王”概念总共出现了 39 次，分布于《王制》《儒效》《正论》《君道》《王霸》《性恶》等篇中[②]。其中，最具定义效力的莫过于来自《解蔽》篇的说法，荀子云：

> 圣也者，尽伦者也；王也者，尽制者也；两尽者，足以为天下极矣。故学者以圣王为师，案以圣王之制为法，法其法以求其统类，以务象效其人。

此处荀子将“圣王”一词拆分开来定义，在荀子，“圣”既指道德品德的极致，如云“尽之而后圣”（《儒效》），也指见识能力的极致，如云“齐明而不竭”（《修身》），故云“备道全美”（《正论》）。“王”，就其字义而言，指的是拥有权力的最高统治者；就其人格内涵而言，谓“饰动以礼义，听断以类，明振毫

---

① Homer H. Dubs, *Hsüntze: the Moulder of Ancient Confucianism*, London: Arthur Probsthain, 1927, p. 90, p. 100.

② 该统计数字乃依据哈佛燕京学社的《荀子引得》而来，由于统计方法或所用版本不同，学者所得出的数字或略有差异，如张奇伟教授认为是 38 次等，参阅张奇伟《荀子政治人格释析》，载《管子学刊》2002 年第 3 期。

末，举措应变而不穷”（《王制》）；就其功化而言，谓“能用天下之谓王”（《正论》），“天下归之之谓王”（《正论》《王霸》），“王者必居天下之中”（《大略》），故荀子又谓“非圣人莫之能王”，亦即圣人是圣王的必要条件[①]。而相应于圣、王的“伦、制”概念，依杨倞，“伦，物理也。制，法度也”。北大本《荀子新注》则认为，“伦理，泛指自然万物和社会的原理”；制，则指的是“制度”[②]。当然，学者也有一种简略的解释，认为“伦”主要指向道德，“制”主要指向政治[③]。李涤生对此解释道：“圣人穷尽万物之理，王者穷尽礼法之制，圣人之道与王者之制足以为天下万世之极则。”[④] 由此而观，在荀子，所谓圣王即是圣人与王者的结合或“德”与“位”的一体，两者缺一不可。如是，圣王作为“圣”与“王”兼具的人格，在语意和逻辑上皆表征着道德权威与政治权威（权力）的统一。

然而，翻检《荀子》一书，我们不难发现，在内容规定上与“圣王”相类似的概念很多，诸如圣人、君子、天子、先王、大儒、君、明君、君主、仁人、仁君、明主、王者等等，由于在具体的言说和语境脉络中，荀子在意涵上并不做严格的区分，故而上述有些概念与“圣王”之间常常有重叠之处，有时可以互换。不过，必须说明的是，此处所谓的“重叠”或“相似”主要着重在应用含义上去理解，而不是就“圣王”概念本身所体现的严格的“语词——含义”的对应上去理解。换言之，我们所说的“相似”侧重在合乎有德、有位的权威意义上去理解，而不是作为在德、位方面皆表现为极致的、完美境界意义上的“圣王”概念上去理解。无疑这种处理

① 陈大齐谓“具有圣德者，方足称王。王者必是圣人，圣是王的基础”。参见氏著《荀子学说》，台北：中国文化出版事业社，1956 年，第 80 页。

② 北京大学《荀子》注释组：《荀子新注》，北京：中华书局，1979 年，第 363 页。

③ 梁启雄即谓：“伦，谓人伦，即人生哲学；制，谓制度，即政治哲学。”参见梁启雄：《荀子简释》，北京：中华书局，1983 年，第 305 页。

④ 李涤生：《荀子集释》，台北：台湾学生书局，1979 年，第 499 页。

方式的不足之处在于失之于太过宽泛，但其好处在于可以将荀子对有德、有位的权威人格的相关论述一并纳入进来考虑，以便更为充分和全面地展示荀子对（圣王）权威的推尊。事实上，在《荀子》一书中，我们常常可以在许多地方看到荀子是在德行和能力“合理”或“如理”的意义上论述君、君主、明主或人主等，正因为如此，我们在行文中常常会将“合理”或“如理”之德位一体的权威提至圣王的意义上来了解①。

当然，如前所云，荀子的有些说法虽然在语词概念上看起来会有差别，但它们常常在含义上实可互换，如“圣王”“先王”与“圣人”的说法不同，但它们的含义有时差别不大。《荀子》一书中，言及“圣人”处则凡 81 见，言及“先王”处约 48 见（又言及“圣君”处约四见，言及“圣知”处凡三见）。我们说过，在严格意义上，圣人不同于圣王，圣人只是成为圣王的必要条件，但荀子在论及圣王、先王与圣人的关系时，有很多地方两者是不分的，是可以相互替代的，如在《性恶》篇中荀子云：“古者圣王以人性恶，以为偏险而不正，悖乱而不治，是以为之起礼义，制法度，以矫饰人之情性而正之，以扰化人之情性而导之也，始皆出于治，合于道者也。”此段明显在说圣王是“起礼义，制法度”之人，但能“起礼义，制法度”者，荀子亦常常称之为“圣人”或“先王”，如《礼论》篇“先王恶其乱也，故制礼义以分之”（又见《王制》），“制礼义”即是起礼义、生礼义之意；又如在《性恶》篇荀子云：“圣人积思虑，习伪故，以生礼义而起法度，然则礼义法度者，是生于圣人之伪，非故生于人之性也……故圣人化性而起伪，伪起而生礼义，礼义生而制法度；然则礼义法度者，是圣人之所生也。”（《性恶》）此段虽重点

① 必须说明，我们这种理解与严格意义上的“圣王”概念并不相同，而之所以这样做，目的在于突出荀子推尊“权威”的用心。事实上，荀子尊君在很多情况下是尊君之德（能），尊君之理，而非尊具体的君之个人。参阅龚乐群：《孟荀异同》，台北：黄埔出版社，1968 年。

在说明圣人如何“生礼义而起法度”，但能生礼义、起法度者又可称为先王或圣王，此意相当明白。正因为如此，在某些行文中，荀子前说“圣人”，后则说“圣王”，或者相反，两者并不做区分，如荀子云：“故古者圣人以人之性恶，以为偏险而不正，悖乱而不治，故为之立君上之势以临之，明礼义以化之，起法正以治之，重刑罚以禁之，使天下皆出于治，合于善也，是圣王之治而礼义之化也。”（《性恶》）又如《王制》篇荀子云：“圣王之用也，上察于天，下错于地，塞备天地之间，加施万物之上，微而明，短而长，狭而广，神明博大以至约。故曰，一与一是为人者，谓之圣人。”由此可见，在荀子那里，“圣王”“先王”与“圣人”在用法上有意思相同或重叠之处。若非要论其差别，大略地说，与圣人相比，荀子言先王重在从先王之道上说，而言圣王则重在德位一体的意义上说。

在论及“圣王”与“君”或“君子”等关系方面，荀子的用法比较复杂。《荀子》一书言及君或君子的地方很多，而相关的说法更是令人眼花缭乱，如言君、君子、君主、仁君、人君、君上、大君子等等，不一而足。学者已经指出，在荀子思想中，“君”常与国相连，“王”则与天下相应，王的支配力超越一般的君主，但两者并不绝然对立。“君”可以是一国之“王”，“王”也可以是天下之“君”。事实上，天子、人主、人上是“君”，人君、君子、大君子也是“君”；先王、后王、百王是“君”，圣王、圣人、仁人也可以是“君”[①]。政治人格在许多情况下似皆可以“君”相称，由于兼具德与位，作为政治人格的圣王亦可称“君”，而作为“君”的圣王，由于其身系天下之安危，故地位崇高，具有绝对的权威。荀子尊君的主张向为学者所论[②]，严格地说，尊君与尊圣王当然具有不同的意指，但由于“君”与“圣王”之间的复杂关系，就“君”之所以为“君”

---

① 参阅张奇伟：《荀子政治人格释析》一文，《管子学刊》2002 年第 3 期。

② 参阅萧公权：《中国政治思想史》（一），沈阳：辽宁教育出版社，1998 年，第 102 页。

之“德”和“理”上看，荀子尊君与尊圣王在指涉上常常可以有意义相近或相似之处，此端视在具体的言说脉络中加以分辨。也正是基于此一原因，本文常常在不是非常严格的意义上把“理想式的君主”，亦即合于君之德（能）和君之理的君主上通至圣王的意义上来了解，而不寻求概念语词的严格对应，这是必须首先向读者说明的。

具体到“圣王”与“君子”的关系而言，大体地说，《荀子》一书中“君子”的用法和含义约略可分为五种，此即作“尊称”用、作“圣人或圣王”用、作“有位者”用、作“有德者”用、作“德位兼备者”用[①]。要而言之，荀子言君子主要有德（能）与位二义。很多情况下，荀子将君子与小人相对，此时君子所表现的是作为道德人格的德行义，如荀子云：“君子，小人之反也。”（《不苟》）又云：“若夫志意修，德行厚，知虑明，生于今而志乎古，则是其在我者也。故君子敬其在己者，而不慕其在天者；小人错其在己者，而慕其在天者。君子敬其在己者，而不慕其在天者，是以日进也；小人错其在己者，而慕其在天者，是以日退也。故君子之所以日进，与小人之所以日退，一也。君子小人之所以相县者，在此耳。”（《天论》）荀子在此明确从道德修身的角度上区分君子与小人，可见此君子当主要为德行义之君子。不过，荀子重“德”以规定君子的特点固然传承着孔孟以来的儒家传统，但荀子重君子之德在很大程度上是作为敦实“有位”君子的品德基础而来的。由此而观，如果说，在孔孟那里偏重以“德”论君子的话，那么，在荀子那里至少在很多情况下是以“德位兼备”的意义上论君子[②]，即便以道德修身要求

① 参阅林建邦：《荀子理想人格类型的三种境界及其意义——以士、君子、圣人为论述中心》，台北：台湾政治大学中文系硕士学位论文（指导教授：林启屏），2005年，第83—133页。亦可参阅拙著《差等秩序与公道世界》，上海：上海人民出版社，2016年，第130—132页。

② 林建邦认为，“《荀子》一书中的‘君子’绝大多数都可当‘德位兼备者’使用。在这一点上，荀子和孔孟有很大的差异……”案之于《荀子》文本，林氏所言当为可信。参见前引书，第108页。

君子，荀子亦常常诉诸政治的关心与关怀①。个中原因正如萧公权所说的，在孔孟的思想中，私人道德与政治生活虽先后一贯，但内外可分，在政治生活之外，个人可以有独立的道德生活；而荀子对君子修身的要求则紧紧地与社会的政治相连，在政治生活之外，难以有私人的道德生活②。也正因为如此，在《荀子》一书中，很多在言及君子的具体脉络中，其含义都与圣王、圣人、先王等相同或相近，兼赅道德权威与政治权威（权力）于一体，如《不苟》篇：“推礼义之统，分是非之分，总天下之要，治海内之众，若使一人。故操弥约，而事弥大。五寸之矩，尽天下之方也。故君子不下室堂，而海内之情举积此者，则操术然也。”此一意义的君子，就其“推礼义”“分是非”“总天下”“治海内”而言，与圣王之意相近。与此相关，荀子在《王制》篇论及君子云：

> 天地者，生之始也；礼义者，治之始也；君子者，礼义之始也；为之，贯之，积重之，致好之者，君子之始也。故天地生君子，君子理天地；君子者，天地之参也，万物之揔也，民之父母也。无君子，则天地不理，礼义无统，上无君师，下无父子，夫是之谓至乱。

“始”，杨倞注“犹本也”，意即君子是生礼义之本，此一说法与《性恶》篇圣王“起礼义，制法度”以及“礼义者，是圣人之所生也”并无不同；而“理天地”“万物之揔”“民之父母”等等则更加突出了君子作为政治权威（权力）在创制和造就政治秩序方面的特点。同时，在《君道》篇中荀子又云：

---

① 例如在论及儒术之效的《儒效》篇中，荀子对君子的要求似可说明此一点，谓君子须言有界域，行有标准，道有专重。言政治之求则专重安存，言意志之修则不下为士，言道德之求则专一后王。

② 参阅萧公权：《中国政治思想史》（一），第103页。

> 法者，治之端也；君子者，法之原也……故械数者，治之流也，非治之原也；君子者，治之原也。官人守数，君子养原；原清则流清，原浊则流浊。

此处“原”，一同“源”，谓君子是礼法的本原，也是治国的本原，此一说法与《王制》篇“礼义者，治之始也；君子者，礼义之始也”可说如出一辙。在《荀子》一书中，类似意义上的君子，又可表达为“君者，治辨之主也”（《礼论》），“人君者，所以管分之枢要也”（《富国》），“君者，何也？曰能群者也”（《富国》），等等，就其含义而言的确与圣王、圣人等具有相近之处，不复赘引。

又如有关“圣王”与“天子”的关系也颇为复杂，《荀子》一书言“天子”约51见，既有指具体的帝王之意，如云“虽为守门，欲不可去，性之具也，虽为天子，欲不可尽，欲虽不可尽，可以近尽也”（《正名》），也有将天子理解为“纯理”之意，如云“诸侯有老，天子无老”（《正论》）；既有天子为天下共主之意，如云“天子无妻，告人无匹也。四海之内无客礼，告无适也。足能行，待相者然后进；口能言，待官人然后诏。不视而见，不听而聪，不言而信，不虑而知，不动而功，告至备也。天子也者，势至重，形至佚，心至愈，志无所诎，形无所劳，尊无上矣”（《君子》），也有天子与“圣人”内涵相近之意，如云“故天子唯其人。天下者，至重也，非至强莫之能任；至大也，非至辨莫之能分；至众也，非至明莫之能和。此三至者，非圣人莫之能尽。故非圣人莫之能王”（《正论》）①。最后，荀子言天子有时也指备道全美、德位兼赅之意，而此一含义的天子即与圣王之意相通，如云“天子者，势位至尊，无敌于天

① 此段谓天子“至强”“至辨”“至明”，依李涤生，谓“天子唯论其人格，不论其势位”。参阅《荀子集释》，第391页。圣王乃兼具道德人格与政治势位而言。

下……道德纯备，智惠甚明，南面而听天下，生民之属莫不震动从服以化顺之。天下无隐士，无遗善，同焉者是也，异焉者非也”（《正论》）。不过，假如就某一具体含义上看，荀子的相关说法虽然有相同之处，但此间有些地方又显然有别。例如，在荀子那里，具有“举类”“度类”之能力的人，荀子或称为君子、人主、君人者，或称为大儒、圣人等，不一而足。不过，各种称谓在含义上仍有差异，如“无法者以类举”一说，理论上，“举类”或“推类”应包含一种思虑活动在内，借此以拓展（extending）法之类的应用范围，以补法之数之所不至者。但这种情况似乎更多只适用于君子或大儒，所谓“依乎法而又深其类”（《修身》），“知则明通而类”（《不苟》），“听断以类”（《王制》），等等。圣人或圣王无疑是善举统类以应之之人，不过，有时在荀子的理解中，圣人举统类却不需要思虑和谋划，而能发之而当，应变不穷，如荀子云：“不先虑，不早谋，发之而当，成文而类，居错迁徙，应变不穷，是圣人之辩者也。”（《非相》）但此一意义的圣人在《荀子》一书的某些地方又颇类于荀子对天子的描述，如云：“天子不视而见，不听而聪，不虑而知，不动而功，块然独坐而天下从之如一体，如四肢之从心。夫是之谓大形。”（《君道》）可见，此时的天子与圣人、圣王在含义上有相通之处，但却区别于君子或大儒等，而后者能知通统类、举类应变，则在相当程度上表明了他们的德、能修养已近圣人的境界。此外，《荀子》一书还有许多在意涵上与“圣王”概念相类似的说法，如后王、仁人、王者等等，限于篇幅，此处不做详细的分辨，期于学者在具体应用时依据文本的脉络加以适当判定。

不过，有一点我们必须稍做补充。此前我们在论及圣王与圣人的关系时，乃着重就《荀子》一书中两者在指涉上具有重叠的意义做出说明。然而，圣王与圣人在内容规定上毕竟是否完全相同？按理，此一问题在荀子有关“尽伦”“尽制”的论说中已经有了解答，不过，学者也有不同的理解。陈大齐认为：“荀子理想上的王，非圣人不能任，故值得称王的，必具有圣人之德。于是圣与王遂只有名言上的差异，并无实质上的不同了。荀子有时双举圣与王，有时则单举圣人。正因为圣与王原属一事，举圣人即已兼摄王者，初无二致。”[①] 陈氏之说有其部分道理，盖配称圣王之人，必先具圣人之德，在这个意义上，我们可以说圣与王“原属一事”。但陈氏谓“圣”与“王”只有名言上的差异而无实质上的不同，则所说可能过于斩截。考陈氏之所以持此主张，原出于其对“王”之理解，盖依陈氏，荀子此处所说的王，绝非事实上据有王位的王，而是指理想上的王，亦即能行王道的王。陈氏此说固有其道理，但仍有两点有待说明。首先，依荀子，圣人只是成为圣王的必要条件而非充分条件，荀子云：“故学也者，固学止之也。恶乎止之？曰：止诸至足。曷谓至足？曰：圣王。圣也者，尽伦者也；王也者，尽制者也；两尽者，足以为天下极矣。”（《解蔽》）揣度荀子之意，若只有圣人的尽伦而没有王者的尽制似不能谓“至足”，亦不足以谓圣王。唯有将“伦”与“制”、道德与政治或“德”（能）与“位”（势）结合在一起的人格才足以称为圣王，才是真正的圆满无缺，才足于为天下万物的极则。在这个意义上，陈氏谓“圣”与“王”只有名言上的差异似不足以尽荀子之意。

其次，荀子所以注重伦制“两尽”、德位一体的圣王，正根源于其深切地体会到“德”与“位”之间的分离已严重地影响到真正意义上的权威（圣王）对于重整政治秩序方面的作用。在儒学史上，有德者无位或有位者无德的问题原是儒者常常面临的一个现实问题，孔子就曾云：“虽有其位，苟无其德，不敢作礼乐焉；虽有其德，苟无其位，亦不敢作礼乐焉。”[②] 依儒学的正统理论，“位”以“德”

---

① 陈大齐：《荀子学说》，第 80 页。

②《中庸》第二十八章。

兴，有德之人，得居王位，方能叙其圣德，济育天下。据此，得其位，乃是叙其德、行其道的必要条件[1]。然而，现实世界中“德”与“位”的分离始终是包括儒者在内的先秦诸子面临的一个棘手的问题，此一问题在天子大权旁落、诸侯各自争战、亟须重整政治秩序的时代课题面前，已经逐渐转变成“若无其位，仅有其德，如何播其道于天下”的问题，而正是此一问题在春秋战国时期直接指向了对“德位合一”的圣王权威的呼吁[2]。事实上，孔子所谓“政者，正也。子帅以正，孰敢不正”（《论语・颜渊》）的说法已经在风吹草偃的背后蕴含对“势位”的必要性的肯定[3]。只是由于“德”与“位”的分离，在“邦无道”的情况下只好“卷而怀之”（《论语・卫灵公》）。刘向谓孔子历七十二君，冀道之一行，然终不获遇，“故睹麟而泣，哀道不行，德泽不洽”[4]。不过，与刘向所说的哀泣不同，孟子对孔子“有德无位”一事，通过对“求之在我”的德性的阐发，转向无位者亦可行其道，明其德，彰显了“道”尊于“势”（位）的

---

① 徐幹在《中论・爵禄》中云：“易曰，圣人之大宝曰位。何以为圣人之大宝曰位？位也者，立德之机也；势也者，行义之杼也。圣人蹈机握杼织成天地之化，使万物顺焉，人伦正焉，六合之内各竞其愿，其为大宝不亦宜乎。故圣人以无势位为穷，百工以无器用为困。困则其资亡，穷则其道废。故孔子栖栖而不居者，盖忧道废故也。”

② 学者指出：“‘圣王’普遍运用于春秋时期，而战国诸子皆说‘圣王’，则是肯定的事实。诸子中尤其以《墨子》为说‘圣王’的大宗。可见‘圣王’属于时代的共同话语。”参阅邓国光：《圣王之道——先秦诸子的经世智慧》，北京：中华书局，2010 年，第 158 页。尤锐（Yuri Pines）则认为：“追求‘天下一统’成为战国思想的‘一贯’，该思想发端于春秋时期建构持久的、以多国共处为核心的政治秩序的努力的失败……没有任何一个知名的思想家或政治家，认为多国制度是合法的、值得追求的。问题的关键不是要不要天下统一，而是天下如何统一。就目前的讨论而言，在赞同统一的趋势中，最关键的一点就是理想‘王者’的出现。‘王者’将带来天下统一的理念在战国中期出现，并迅速普及于各种政治文献中。尽管思想家们对于‘王者’的品质和统治方式各持一词，但是几乎所有人都支持一个救世主般的人将给世间带来统一与和平。”参阅氏著《展望永恒帝国——战国时代的中国政治思想》（孙英刚译），上海：上海古籍出版社，2013 年，第 37—38 页。

③ 陆贾曾谓：“道因权而立，德因势而行。不在其位者，则无以齐其政。”（《新语・慎微》）

④《说苑》卷五，《贵德》。

一面[①]。有学者指出，孟子“把理想实现主要寄望于人君之仁心的觉醒与运用上，遵循的是‘由王而圣’或‘有位者有德’的‘王圣’路线。荀子关注理想与政治制度的关联，以为具备礼制设计之能力的仁人的‘在上’才是实现理想的关键，遵循的是‘由圣而王’或‘有德者得位’的‘圣王’路线；前一路线与‘人格本位的政治观’相联系，后一路线则与‘客观礼治的政治观’相联系”[②]。其实，对于孟、荀而言，重建政治秩序是两人共同的时代课题，分歧在于如何重建政治秩序的方法。孟子主张人皆有恻隐之心，故勉力寄望于在位者仁心的自我觉醒，以求得政治秩序的实现，走的是一条从道德而说政治的路线；荀子则对人性从根本上抱持不信任的态度[③]，故转而借由外在的客观礼制以保证有德者有其位，从而有效地实现重建政治秩序的目的，走的是一条从政治而说道德的路线[④]。笔者曾经指出：“孟子的逻辑十分清楚而明确，首先，给出历史和理论的说明。‘尧舜之道不以仁政，不能平治天下。今有仁心仁闻，而民不被其泽，不可法于后世者，不行先王之道也。’（《离娄上》）‘未有仁而遗其亲者也；未有义而后其君者也。’（《梁惠王上》）其次，奠定

---

① 孟子云：“古之贤王好善而忘势，古之贤士何独不然？乐其道而忘人之势，故王公不致敬尽礼，则不得亟见之。见且不得亟，而况得而臣之乎？”（《孟子·尽心上》）

② 王光松：《在“德”“位”之间》，上海：华东师范大学出版社，2010年，第40—41页。相关部分学者可参阅本书第1—54页。

③ 如荀子云：“故枸木必将待檃栝、烝矫然后直；钝金必将待砻厉然后利；今人之性恶，必将待师法然后正，得礼义然后治。”

④ 与荀子取消“天意”不同，在孟子那里，“天意”在某种意义上似乎可以保障“天子”德位一致。学者指出：“虽然孟子认为人君应当行仁政以获得民心，人民也可以违抗或推翻不道君王的统治，但这并不意味君王的权威源自人民，决定君权成立与否的还是天。孟子虽然强调天意由民意显示，但民意并不就是天意。换句话说，天意自足，不是民意所可取代的……天意决定君王在位久长，广施仁政，普获人心，君王的统治就可以成立；相反地，天意决定君王在位短暂，纵使君王有德，也不易获得人民的拥戴。”张端穗：《天与人归——中国思想中政治权威合法性的观念》，刘岱总主编《中国文化新论·思想篇》之《理想与现实》，北京：生活·读书·新知三联书店，1991年，第117页。

由道德说政治的理论基础。‘人皆有不忍人之心。先王有不忍人之心，斯有不忍人之政矣。以不忍人之心，行不忍人之政，天下可运之掌上。’（《公孙丑上》）故秉此不忍人之心‘苟能充之，足于保四海’（《公孙丑上》）。最后，阐释实现的途径和方法。‘老吾老以及人之老，幼吾幼以及人之幼，天下可运于掌……言举斯心加诸彼而已。故推恩足于保四海，不推恩无以保妻子。古之人之所以大过人者，无他焉，善推其所为而已。’（《梁惠王上》）‘人人亲其亲，长其长，而天下平。’（《离娄上》）”① 然而，问题恰恰在于，成德活动可只求诸个人，而政治秩序的建立却须出于对各种利益的考量，涉及权力与支配关系；成德活动可依于个人内在心性的自觉，而政治秩序的建立却必须有一个法度常轨的形式上的安立。明乎此，在荀子看来，孟子寄望于人君的内在仁心的觉醒来实现政治秩序的重整，在根本上是错用了方法，其结果必是“起而不可设，张而不可施行”（《性恶》）的。依荀子，处今之世，君子欲去乱止争，安立天下，除了要自修其德之外，必须借助“势”（位）以峻其功，而所谓“势”（位），即是政治权力②，故荀子云：“造父者，天下之善御者也，无舆马则无所见其能。羿者，天下之善射者也，无弓矢则无所见其巧。大儒者，善调一天下者也，无百里之地，则无所见其功。”（《儒效》）换言之，我们也可以说，在荀子看来，仅有有“德”之圣，而无有“势”（位）之王，要想完成重建政治秩序此一坚硬的时代课题，其结果只能是以指测河，以戈舂黍，“不可以得之”（《劝学》）。荀子自己曾明确说道：

① 相关的具体论述学者可以参考拙著《差等秩序与公道世界——荀子思想研究》第七章，第165—191页。

② 荀子面对时代的现实曾经感叹道：“今圣王没，天下乱，奸言起，君子无势以临之。”（《正名》）与孟子相比，荀子已清楚地认识到，政治生活的本质实际上就是权力（势）问题，不能不说，在先秦儒家中，荀子的此一认识是一巨大的进步。

今有其人不遇其时，虽贤，其能行乎？苟遇其时，何难之有？（《宥坐》）

此处“时”通常解释为时机，不过，“不遇其时”亦不妨把它理解为未得“势”“位”的另一种说法，“行”即是行其道于天下①。身处乱世乱俗，有德者不得其位，难以或不能宣其道，播其德，使天下归于治，荀子为此不免心生浩叹。事实上，荀子自己就曾夫子自道云“嗟我何人，独不遇时当乱世”（《宥坐》），至是而生“白道冥穷”（《正名》）之叹。理论上，荀子无疑清楚地知道道德的榜样和风化作用，故云：“君者，仪也；民者，影也；仪正而景正。君者，槃也；民者，水也；槃圆而水圆。君者，盂也；盂方而水方。”（《君道》）这一点与孔孟并无差别。只是萦绕于荀子心中的问题是，面对现实中“望之不似人君”（《孟子·梁惠王上》）的人大行其道，有德者如何才能有其位而叙其德，以便有效地实现兼善天下，这似乎构成了荀子与孟子在思考方向上的差异。正因为如此，我们在荀子的浩叹中能更为深切地感受到，如欲有效地整顿乱世，重建政治秩序，必当有德位合一的圣王方能真正地见其实功，所谓“苟遇其时，何难之有”正明确地透露出荀子的心中所寄。不必怀疑，此一认识强化了荀子对“德必称位”（《富国》）的主张，同时也进一步增强了荀子对德位合一之“圣王”权威的呼吁和推尊②。《非十二子》篇记录了荀子对圣人得势与不得势的一段论述，颇能看出荀子内心之所想，荀子云：

---

① 荀子亦有与此相关的另一种说法，其云：“尧授能，舜遇时，尚贤推德天下治。虽有贤圣，适不遇时，孰知之？”（《成相》）

② 《论语》一书未言及“圣王”一词，《孟子》一书亦仅见一处，谓“圣王不作，诸侯放恣，处士横议，杨朱墨翟之言盈天下”（《公孙丑下》）。孟子寄望于尧舜禹汤文武等圣王再兴于世以拨乱反正。孟子所了解的圣王从其思想特质上看，侧重于因圣而王，至荀子则极言“德位合一”的圣王，此岂不是有激而发之言？

> 无置锥之地，而王公不能与之争名，在一大夫之位，则一君不能独畜，一国不能独容，成名况乎诸侯，莫不愿以为臣，是圣人之不得势者也，仲尼子弓是也。一天下，财万物，长养人民，兼利天下，通达之属莫不从服，六说者立息，十二子者迁化，则圣人之得势者，舜禹是也。[①]
>
> 今夫仁人也，将何务哉？上则法舜禹之制，下则法仲尼子弓之义，以务息十二子之说。如是则天下之害除，仁人之事毕，圣王之迹著矣。

依荀子，圣人如仲尼、子弓虽穷无立锥之地，而王公不能和他争名；虽在一大夫之位，但一君不能独用，一国不能独容，因为他的盛名美于天下，诸侯莫不愿得到他以为臣。不过，圣人虽能推礼义之统类，以德行教化而名高，却不能因至德而有至位，故只能修圣道而显圣人；相反，得势（位）之圣王如舜、禹则能“一天下，财万物，长养人民，兼利天下，而通达之属莫不从服”。同样，面对纵欲主义、寡欲主义、墨家理论、黄老道术等等枭乱天下的言论，圣人由于不得其位，只可以“辟”，使上述“六说者不能入”，“十二子者不能亲”；而得势（位）之圣人（圣王）却能以“禁”使“六说者立息，十二子者迁化”。不用多大的思辨即可看出，荀子虽盛称圣人之德，然而，在重建政治秩序此一时代课题面前，尤其推尊德位合一亦即集道德权威与政治权威（权力）于一体的圣王，以为舍此便不足以竟王业、一天下，此荀子所以汲汲然教“学者以圣王为师”“以圣王之制为法”（《解蔽》）之一重要原因也。

综上所述，我们看到，荀子重圣王，而圣王概念则表现出伦制两尽，德位一体的人格特征，作为兼具“圣”与“王”的人格，

① 相关说法又可参见《儒效》篇，荀子云：“通则一天下，穷则独立贵名，天不能死，地不能埋，桀跖之世不能污，非大儒莫之能立，仲尼、子弓是也。”（《儒效》）

"圣王"表征着道德权威与政治权威（权力）的统一。我们曾言，荀子所处的时代，王纲解纽，诸侯争霸，天下大乱，此一现象反映在理论上，荀子的问题意识可清楚而简洁地表述为，面对"欲多而物寡"则争、人"群而无分"则争的状况，毕竟由谁又当寻求何种手段和方法以止争去乱，有效地重建政治秩序？追问至此，我们便不难发现，在《荀子》一书中，为摆脱此争和乱及其所必然导致的"天下之悖乱而相亡，不待顷"（《性恶》）的局面，荀子所谓圣王、先王或圣人恶其乱也"故制礼义以分之"的说法，犹如一部交响曲中的主部主题一样反复奏响。依荀子，"群居和一"的生活、"正理平治"的秩序，唯待德位合一的圣王权威始得以可能。

3. 由"争"到"让"：权威的诉求

盖如所言，荀子推尊圣王，目的在于借由圣王的权威有效地重建政治秩序。然而，在理论上，我们要问，何种意义上的秩序才能真正称得上"政治性"的秩序？在荀子的思想中，"政治性"的秩序又如何关联到圣王的权威？而在何种人性论的理论前提下荀子的思想乃可以推出"政治性秩序"？

此处，我们之所以要强调和突出"政治性"的秩序，其中的原因乃出于两方面的考虑。首先，当然是对着"道德性"的秩序而言的，虽然儒家传统思想一向主张政治秩序即是道德秩序，或反过来道德秩序即是政治秩序，然而，至少对荀子而言，面对重建政治秩序的时代课题，是借由政治作为根本的手段还是借由道德作为首出的方法，实乃构成了荀子与孟子之间的一大分歧。荀子不认为孟子"举斯心而加诸彼"的道德的方法能够使治天下如运于掌，所以他必须瓦解由孟子所建构的由道德而说政治的"知识背景"，驱逐对人性的"自然天性"所具有的道德想象。荀子推尊"圣王与礼义”[1]，目的就在于突出以政治作为根本手段对于有效地重建政治秩序此一时代课题而言所具有方法上的合理性和优先性，强化政治生活对于道德生活的严肃性。其次，荀子强调“政治性”秩序的另一个十分重要的原因在于，依荀子，“政治性”秩序之本质在于理性的“人为”（“伪”），而不在于顺天之“自然”。作为一篇极具开新意义的文献，《天论》篇醒目地突出了“天人之分”“天生人成”的主旨，我们从“治乱非天”“治乱非时”“治乱非地”“应之以治则吉，应之以乱则凶”（《天论》）的言说中所能得出来的最温和而又最决绝的结论是，荀子义无反顾地将天上、人间配合着相同秩序的“魔法花园”（magic garden）无情地加以拆解，将原始的“事件与意义”浑然一体的（all blend into one harmonious whole）天人直接同一性断然地加以离裂[2]。依荀子，天只是一个“自然”，自然之天没有意志，不能有意识地带给我们和平、安全和秩序，秩序之获得只能出于圣王的理性的“人为”，故人间政治秩序之建立只能“敬其在己”，不能“慕其在天”。荀子严分“自然”和“人为”，将“政治性”秩序建诸人为的努力之上，从而把人从祈天、慕天和畏天中解放出来。依荀子，自然之天虽然可以“祸福”于人们，但人间的治乱不在天而在人[3]。荀子此说所蕴含的另一理论逻辑在于，“政治性”秩序不能来自于人性之“自然”，只能来自于“人成”的创制。

无疑，就最一般的意义上说，所谓秩序指的是事物各要素之间的和谐与协调，但有关秩序的产生问题在理论上又有各种不同的说法，如自发秩序与建构秩序等等。因此，秩序的问题之所以是一个问题，关键在于它是否关联到“权威”。不可否认，现代政治哲学中

---

① 《性恶》篇荀子批评孟子曰：“故性善，则去圣王、息礼义；性恶，则与圣王、贵礼义矣。”

② 参阅拙著《〈荀子〉精读》，上海：复旦大学出版社，2011 年，第 19 页。

③ 相关内容的具体论述，请参阅本书“附录一”。

的理性选择理论在秩序的形成方面否认了权威的应有作用，如哈耶克（F. A. von Hayek）就将自发秩序与建构秩序区分开来，认为自发秩序是社会系统内部自组织产生的秩序，其有序性并非是人们行动的主观意图的结果。依哈耶克，秩序是由组成秩序的诸多不同的元素关联起来的一种事态，“在一个完美的自发秩序中，每个元素所占的地位，并非是由一个外在或内在的力量的安排所造成的结果，而是由各个元素本身的行动所产生的。这个秩序，也不是任何一个秩序中的成员所刻意造成的，而是各成员的行动与互动之间所造成的一个非有意的结果（unintended consequences）。亚当·斯密的无形之手（invisible hand）的理论，正是自发秩序的一个最好例子”①。而建构秩序则是秩序中的外部或内部的分子所做的安排而造成的结果，是一种人为的、服务于秩序创制者之主观目的和计划的秩序，这种秩序需要一个全知全能的秩序建构者，其协调手段指向一种“命令—服从”的关系。哈氏反对建构秩序，认为“我们没有能力把深嵌于社会秩序之中的所有资料或数据都收集起来，并把它们拼凑成一个可探知的整体”②，而主张社会内部的自生自发的秩序。哈氏认为：“当社会的秩序是通过允许人们根据他们自发的意图进行互动的方式——仅受制于平等一致适用于人人的法律——而实现的时候，我们便拥有了一种自生自发的社会秩序系统。”③ 哈氏强调社会秩序的产生方式源于社会内部个人的自我组织和自我协调，通过有限定的博弈模式而实现。哈氏所论无疑有其特定的问题意识和写作意图，今且不论。不过，由于哈氏并未注目于人类在原初的极端状态中的

① 石元康：《当代自由主义理论》，台北：联经出版事业公司，1995 年，第 59—60 页。

② 哈耶克：《法律、立法与自由》（第一卷）邓正来译，北京：中国大百科全书出版社，2000 年，第 12 页。

③ 哈耶克：《自由秩序原理》（上）邓正来译，北京：生活·读书·新知三联书店，1997 年，第 200 页。

特殊的生存困境，所以其自发秩序并不具有“政治性”秩序的意义[①]。换言之，若在“自然状态”的源头上就着“秩序何以必须”的问题加以追问，则荀子的思想完全排除了哈氏“自发秩序”的回答方式，而表现出建构的政治性秩序的特点。翻检荀子的《性恶》《荣辱》《王制》《富国》《礼论》等篇章，荀子对人性的规定、对“欲多而物寡”则争的论述、对人“群而无分”则争的论述，鲜活地给我们描绘出了一幅人类生活中根于“好利欲得”之人性的不可回避的困境[②]。而这一困境的独特性之所以是“政治性”的，不仅在于这一困境的解决方式在荀子的思想逻辑中必须诉诸圣王的权威（权力），而且这一困境乃真正引发人类生活中政治现象的形成和价值问题的产生[③]。换言之，克服这种困境，真正实现由“偏险悖乱”到“正理平治”的过渡，“政治性”问题始告产生，建构秩序的“政治性”手段才真正引入，而这种建构秩序的政治性手段的核心即是圣王的权威。

《荀子》一书非常重视秩序如何形成与维持的问题，“君子治治，

---

① 类似于博弈论中产生的自发秩序所以不同于自然状态下产生的建构秩序，原因在于虽然两者皆基于人性自私，但前者限制了人为了一己的私利可以采取极端的如杀人之类的手段，而后者却可以无所不用其极，用荀子的话来说即是“强者害弱而夺之，众者暴寡而哗之，天下悖乱而相亡，不待顷矣”（《性恶》）。而解决此一极端状况使之合于秩序并不能单纯通过自发的个人之间的合作，按荀子之说，人欲而不得，人“群而无分”，则会争斗不止，故非得要有“君上之势”“礼义之化”“法正之治”“刑罚之禁”，而所有这些措施皆确然表现出“政治性”的特点，同时也恰恰是政治性秩序得以发生的前提。

② 具体论述请参阅拙著《差等秩序与公道世界——荀子思想研究》第四章，第74—91页。

③ 沃林（S. S. Wolin）在《政治与构想》一书中认为，与洛克相比，霍布斯思想的重要特点之一在于强调政治概念的特殊性，因为洛克将一个符合理想化社会的有利条件设定为自然状态。但在沃林看来，在没有冲突和抗争的情况下创造出来的政治秩序，便已不再是“政治性”的秩序，因而也无形中贬低了政治概念的地位。而霍布斯与洛克不同，在他所设定的自然状态下，由于处于一切人反对一切人的战争境况，因而政治秩序和权威等便具有了维护社会与文明的特殊作用。参阅氏著《政治与构想》（辛亨复译），上海：上海人民出版社，2009年，第323页。荀子的思想与霍布斯强调政治概念之于秩序的重要性具有相似之处。

非治乱也。曷谓邪？曰：礼义之谓治，非礼义之谓乱也。故君子者，治礼义者也，非治非礼义者也”（《不苟》）。如何使天下归于治、合于道不仅是荀子的立言宗旨，而且也是荀子为之魂牵梦萦的目的所在。阅读《荀子》一书不难发现，“治乱”两字反复出现，极为醒目，究其原因或谓，在荀子心目中秩序问题对于人类的生存和生活而言不可或缺。不过，严格地说，秩序的不可或缺性却并非单纯是“荀子式”的问题[①]，我们想表达的毋宁是，对秩序问题的关切孔子、孟子和荀子初无二致；不仅如此，先秦诸子虽立言相异，各引一端，但其核心关怀却无不在平治天下。审如是，问题便不在于要不要秩序，而在于因何而必须要秩序，要何种秩序，而秩序又如何可能。事实上，荀子对先秦诸子之理论缺憾的批评虽林林总总，意旨繁多，然而，仔细考查我们却不难发现，荀子的这些批评似总在重建秩序的“必要性和可能性”此一核心问题上落脚。这一点我们可以从《非十二子》篇中得到一个可靠的观察，如谓它嚣、魏牟“不足以合文通治”，谓陈仲、史䲡“不足以合大众、明大分”，谓墨翟、宋钘“不足以容辨异、悬君臣”，谓慎到、田骈“不可以经国定分”，谓惠施、邓析“不可以为治纲纪”，谓子思、孟子“不知其统”，等等，学者自可复案。此处我们只想指出，所谓“合文通治”“合大众、明大分”，所谓“悬君臣”“经国定分”等等正是指的对秩序重建的必要性而言；而所谓“不足以”“不可以”等等则是指的对秩序重建的可能性而言。荀子批评思孟倡“五行”之说，而谓其“甚僻违而无类，幽隐而无说，闭约而无解”，“不知其统”，曾引发学者的巨大关注，以至于被认为是一个学术公案，其间固有

① 莱斯利·里普森认为：“人类需求的不仅是人身安全，为了与同类进行普通的日常交往，他们需要一种建立在相互信任基础上的最低限度的稳定性，此外，他们还学到了与物品的关系，通过劳动积累他们当作财产保存的所得物。自此，保护生命和财产安全的职能被扩大到要围绕人与人、人与物之间关系建立的一种安全体制，对此最适当的描述莫过于‘秩序’一词。”参阅氏著《政治学的重大问题——政治学导论》（刘晓等译），北京：华夏出版社，2001 年，第 5 页。

复杂的原因，学者配合长沙马王堆汉墓帛书从德行论的角度加以研究也有其独立的理论意义。不过，假如我们绾合《性恶》篇荀子对孟子批评的主旨，则“五行”的“三无”之说除了德行义之外，荀子批评孟子性善论“无辨合符验”“坐而言之，起而不可设，张而不可施行”等等确乎构成了对“三无”含义的另一种注脚。不同的是，此注脚明显指向了性之善恶与“政治秩序的必要性和可能性”的关系问题，故荀子云：

> 今诚以人之性固正理平治邪，则有恶用圣王，恶用礼义哉？虽有圣王礼义，将曷加于正理平治也哉？
>
> 性善则去圣王，息礼义矣。性恶则与圣王，贵礼义矣。故檃栝之生，为枸木也；绳墨之起，为不直也；立君上，明礼义，为性恶也。
>
> 直木不待檃栝而直者，其性直也。枸木必将待檃栝烝矫然后直者，以其性不直也。今人之性恶，必将待圣王之治，礼义之化，然后始出于治，合于善也。（《性恶》）

依荀子的说法，若人性为善，则依性而行，自然秩序井然，焉用圣王与礼义？今之所以要与圣王，贵礼义，正由于人之性恶，而出于圣王和礼义的秩序，其本质正是政治性秩序，盖圣王本身正是“伦与制”“德与位”一体的权威，而礼义之生在其初始意义上也正为去乱止争而设。

不过，对于上引文本的解读，著名学者罗哲海（Heiner Roetz）认为，荀子似乎是利用他对人性的负面立论来“证明政权之合理性”[1]；并进而认为，荀子是以制度的必要性来证明人性为恶，因而

---

① 此处的原文是“as a means of justifying political rule”，意思是“作为证明政治统治的手段”。H. Roetz，*Confucian Ethics of the Axial Age*，Albany：State University of New York，1993，p. 221.

犯了一个典型的“以假设为论据”的错误[①]。我们想指出是，在荀子那里，人之性恶确然无疑地构成了其政治哲学的逻辑前提和出发点[②]，故而谓荀子“是以制度的必要性来证明人性为恶”实际上也未尝不可说是一个倒果为因的说法[③]，而斥荀子“以假设为论据”则不知荀子思想逻辑连贯之结构特征。事实上，荀子以健全的常识所欲正面表达的意思毋宁是“因为人之性恶，所以制度才是必要的”，而此一命题正构成了对孟子“性善则去圣王，息礼义”的注脚，此处“圣王”乃是权威（权力）的代名词，而“礼义”可理解为圣王所创制的典章制度。健全的常识感是一切政治哲学思考的先决条件。需要指出的是，荀子说“性善则去圣王，息礼义”，我们不能仅仅把它看作孟、荀两种不同人性论之间的意气之争。毋宁说，在荀子看来，孟子的性善说并没有建立“政治性秩序”或反省“政治秩序为何必要，何以可能”的理论自觉：与孟子信心满满地认为“以不忍人之心，行不忍人之政，治天下可运之掌上”（《公孙丑上》）不同，在荀子看来，人的天性根本承担不起作为任何政治和道德规范的基础。荀子明确指出：“今人之性，固无礼义”，“今人之性恶，必将待师法然后正，得礼义然后治，今人无师法，则偏险而不正；无礼义，则悖乱而不治，古者圣王以人性恶，以为偏险而不正，悖乱而不治，是以为之起礼义，制法度，以矫饰人之情性而正之，以扰化人之情性而导之也，始皆出于治，合于道者也”（《性恶》）。荀子上述言说的理论逻辑我们可以表述为，因为人之性恶，结果导致偏险悖乱，秩

---

① 罗哲海：《轴心时期的儒家伦理》（陈咏明等译），郑州：大象出版社，2009 年，第 284 页。

② 参阅本书第一章。

③ 从《性恶》篇如何论证人性为恶的角度上看，罗哲海的说法也并非没有根据，盖言人性善，则不待圣王礼义而治；今无圣王礼义则乱，故人性为恶。然而，对《性恶》篇主旨的把握我们尤其有必要从荀子的整体思想结构及其理论诉求上着眼。

序不复存在；若要止争去乱，重建秩序，则需圣王权威；圣王因人之情性而制礼义法度，人依礼义法度，则天下归于秩序。基于这样的认识，在荀子看来，若顺孟子性善论之主张（谓“善者正理平治也”），则天下当不存在争乱；若争乱不存，则政治秩序既无重建的必要，圣王和礼义也无存在的必要。但问题恰恰在于，因为无圣王无礼义，故天下大乱。审如是，依荀子，在“今圣王没，天下乱”（《正名》）的现实面前，孟子的性善论及其所倡导的“举斯心加诸彼”“推恩足以保四海”的主张似乎只给人们提供了一副廉价的迷幻剂（hallucinogen），因为性善论从根本上不足以充当建立政治性秩序的逻辑前提，更无法为政治性秩序的建立提供一套可施行、可张设的制度设施和规范基础。

可以这样说，“人性”“秩序”“圣王”以及与此相关联的“和平”“安全”“秩序”此类概念构成了荀子写作《性恶》篇的核心主题，甚至在某种意义上我们亦不妨认为此类概念构成了我们阅读《荀子》一书的根本线索①。依荀子，“天下之公患，乱伤之也”（《富国》），天下的公患既然是由混乱造成的，故逻辑上必先求乱之者为何。荀子明确提出乱的根源和政治秩序何以必需的理由，乃根于人的本性上的好利恶害以及欲望的无止境的特点，故若顺从人的本性欲望的发展，必将导致偏险悖乱。观察荀子的上述说法不难看到，荀子政治哲学的问题意识正来源于其对争乱根源的探讨。在荀子看来，这种因“欲”而争的逻辑若任其发展，其结果必至于“强者害弱而夺之，众者暴寡而哗之，天下悖乱而相亡，不待顷矣”（《性恶》）的恐怖境地，在这样一种图景中，人类的生存尚且不保，又谈何政治秩序之建立？审如是，既然秩序之必需乃是为了确保人类的生存，那么，在荀子看来，这种秩序便必须是一种“政治性的秩

① 可以认为，《荀子》一书虽然包含极为丰富的内容，但在本质上我们实可以把它看作一本典型的儒家学派的政治哲学的教科书，或者说它本质上就是一本政治哲学的经典。

序”。然而，我们有何理由认为这样的秩序必须是“政治性”的秩序？盖依荀子之逻辑，人的欲望若无必要的度量分界，必将导致天下悖乱相亡，故必当“立君上之势以临之，明礼义以化之，起法正以治之，重刑罚以禁之，使天下皆出于治，合于善”（《性恶》）。此处，所谓“君上之势”“礼义以化”“法正以治”“刑罚以禁”等等确切无疑地表达出典型的建构性的政治措施，是圣王为实现“正理平治”的目的而人为做出的政治理性的设计，其本质的确有类于西方政治哲学中所谓的“保护——服从”的权力关系：为了避免人与人之间的暴力相向，人需要寻求政治国家的保护，并进而服从政治国家相应的法和制度。故而在荀子那里，以“圣王（君上）”和“礼义”为本质的政治国家形式构成了政治性秩序实现的基础，而政治性秩序之形成与实现必出于圣王人为的创制。

我们曾经指出，荀子言因欲而争固然是根源性的论述，但在争的形态上，荀子又有“势位齐”则争、人群而无分则争的说法。此处，“势位”和“分”皆属于政治学的概念。同样地，我们在前面也曾经指出，在荀子的“自然状态”的论述脉络中，人的“能群”的心理驱动力在本质上仍来自于个体欲望满足的功利考量，因而凭借这种能群的心理驱动力并不能由此产生持久的道德和政治的约束力，所以这种“群合”只是暂时的、偶然的、计算的“群合”。杨倞在注释《富国》篇人“群而无分则争”时指出，“不群则不可，群而无分亦不可也”①。此处两个“不可”，含义颇不相同，前者是被动的“不可”，包含不得不的意思；后者是主动的“不可”，指向人的政治理性的自我创造，盖无分则争、则乱，故必当有相应的制度、法则措施以定分止争，凝定人群。如是，荀子所说的“人”乃“自始即位于‘分位等级’中之客观存在体，亦即位于客观理性中之存在体”②。因此，

① 王先谦：《荀子集解》（上）北京：中华书局，1988年，第176页。
② 牟宗三：《名家与荀子》，台北：台湾学生书局，1979年，第210页。

准确地说，荀子有关人“群而无分则争”的说法表达了这样一种观念，人并不能凭借欲望的天然一致性建立起合乎秩序的政治社会，相反，人必须依人为的“分”建立典章制度，为人群确立分位等级，进而实现有效、有序的管理，实现职业和意志的统一。故而在自然欲望驱使下寻求“群”的结合或聚集，并不等同于以“分”为基础的人与人之间差等秩序的政治性联合，后者所表现的乃是人为的政治哲学意义上的社会组织①。由此而观，在荀子那里，“群”与“分”的差别并不在于人的概念在数量上的多寡，而在于两者所体现的人与人之间的结合方式。无“分”之“群”是以个人欲望的满足为动机和出发点的，而有“分”之“群”则是以社会的公共利益为目的的。“分”的概念的提出表明，荀子的政治秩序是一种在理性安排的共同体中寻求人与人之间有差等的群居和一，有了“分”才使得“争”向“让”的转化成为可能。② 牟宗三认为，荀子以“义道之分”所表现的客观精神“实令人起壮美之感”③。

然而，不论是“欲多而物寡则争”还是人“群而无分则争”，说到底这种“争”依然与“欲”和“物”之间的紧张相关，如是，在理论逻辑上便自然指向对“止争”手段的寻求，亦即如何寻求一种制度设计，使之既能兼顾各方利益，同时又能有效地制止社会成员间为了各自的私利而进行无规则地、毁灭性地争夺。然而，这样一种制度毕

① 按照 E. L. Harris 的说法，为什么人必须生活在社会中，为什么单纯的社会是不足够的，为什么政治社会是必要的，这些问题在荀子思想中具有极端的重要性。参阅氏著“Xunzi's Political Philosophy”，E. L. Hutton (ed.)，*Dao Companion to the Philosophy of Xunzi*，*Dao Companions to Chinese Philosophy 7*，Dordrecht：Springer，2016，p. 96。

② 依学者的分析，“表面上，‘无分则争’与‘欲同则争’都是同一类的论证话语，都属于论述‘必争’而对‘争’进行的根源性论证，其实两者有所不同。人的欲望是不可改变的，而分的建立与否是依赖于人的。因此，与其说，无分则争，不如说，分是息争的条件，分不仅是息争的条件，也是群居的根本条件……而分的提出则是关于‘息争’的条件。在这个意义上，‘无分则争’‘有分则无争’所表达的‘群居’的社会学定理，是属于论究‘息争’的条件，不是关于争的起源的认知”。参阅陈来：《情性与礼义：荀子政治哲学的人性公理》，《中国社会科学辑刊》2009 年第 6 期。

③ 牟宗三：《名家与荀子》，第 218 页.

竟由谁来设计？又如何设计？这些问题在荀子那里皆指向圣王。

无疑依荀子的思路，对“欲多而物寡则争”和“群而无分则争”的处理方式有不同的侧重，但两者皆诉诸圣王权威则一。就其相同处而言，荀子认为，如欲实现去乱止争，使天下归于秩序，其根本途径皆在于圣王的明职定分。如对于因欲而争，荀子指出：“先王恶其乱也，故制礼义以分之。”（《礼论》）而对于无分则争，荀子认为“救患除祸，则莫若明分使群矣”（《富国》）。故就政治哲学的角度看，荀子对争乱根源的化解，乃诉诸“分义”的确立，故云：“有夫分义，则容天下而治；无分义，则一妻一妾而乱。”（《大略》）又云：“故无分者，人之大害也；有分者，天下之本利也。”（《富国》）[①]《荀子》一书对于为什么要以“分”作为止争之方法和理由的论述牵涉各个方面，而“分”所涵摄的范围更是无所不包[②]。依荀子，“分”当然合乎自然的道理，如有天有地，而上下有差（“天数”），但荀子更强调，“分”是一种人为的差等制度的理性设计，它不仅确立了社会人群政治地位上的分位等级，从而使得政治领导成为可能，政治秩序得以稳定，而且在“谷禄多少厚薄”方面也建立起与其德能、贡献相宜相称的分配制度，使“德必称位，位必称禄，禄必称用”（《富国》）。故天子以天下为禄而不为多，而监门、御旅、抱关、击柝皆知其分而不以自己所得为少（《荣辱》），借此

① 尚须指出的是，荀子言因欲而争虽紧紧地与“物寡”相关联，然而，其去乱止争的首要目标却并不是首先注目于物品数量的增加以满足人们“欲多”的要求，其重心毋宁说首先是在各社会阶层和成员之间确立必要的“度量分界”，使君臣上下、贫富贵贱“足于相兼临”。的确，在《富国》《王制》《君道》等篇中，荀子有许多积财物、实仓廪、通财货的说法，甚至不乏“财货浑浑如泉源，汸汸如河海，暴暴如丘山”（《富国》）的描述，然而，这些描述在荀子的思想中乃是天下实行“明分达治”之道后自然而有的结果。

② 陈大齐先生认为：“荀子所说的分，包括伦常的分别、社会地位的分别、才能的分别、社会上的分工分业、政治上的分职，以至自然现象的分类。总之，有异可别，即有分的作用行于其间，故其涵摄至广，可谓无所不包。”参阅陈大齐：《荀子学说》，第147页。

“分”而有效地化解了欲多物寡的矛盾。总之，在荀子，依“分”而行，即是政治性秩序的落实与完成。

理论上，无分则争，有分则可以无争，故而我们也可以说有分即是政治秩序之达成。然而，明白了为何要“分”的理由和功用之后，我们还要问，由谁来“分”？又如何“定分”？前者涉及“分”的主体，后者则涉及“分”的标准和方法。对此荀子指出：

> 夫贵为天子，富有天下，是人情之所同欲也；然则从人之欲，则势不能容，物不能赡也。故先王案为之制礼义以分之……（《荣辱》）
>
> 人生而有欲，欲而不得，则不能无求。求而无度量分界，则不能不争；争则乱，乱则穷。先王恶其乱也，故制礼义以分之……（《礼论》）
>
> 势位齐，而欲恶同，物不能澹则必争；争则必乱，乱则穷矣。先王恶其乱也，故制礼义以分之……（《王制》）
>
> 欲恶同物，欲多而物寡，寡则必争矣。……故知者为之分也。（《富国》）
>
> 人之生不能无群，群而无分则争……而人君者，所以管分之枢要也。（《富国》）
>
> 圣王在上，分义行乎下……（《君子》）

此处“先王”“知者”“人君者”在指涉上我们将之理解为与“圣王”义同，泛指德位合一的王者[1]。在《荀子》一书中，“先王恶其乱也，

---

① 对于“知者为之分也”一说，冯友兰先生在1961年出版的《中国哲学史》一书中有一解释。依冯先生，荀子虽主人之性恶，但人却又有相当的聪明才力，人有此才力，若告之以父子之义、君臣之正，即亦可学而能之，“盖人有聪明才知，知人无群治不能生存，又知人无道德制度之不能为群，故知者制为道德制度，而人亦受之”（《中国哲学史》，北京：中华书局，1961年，第365页，该书又见华东师范大学出版社2000年版上册，第222页）。冯先生说“人有聪明才知”，就所（转下页）

故制礼义以分之”的表述反复出现，荀子甚至认为“宇中万物、生人之属，待圣人然后分也”（《礼论》）。由此可见荀子对圣王“明分”之于秩序达成的倚重，换言之，在荀子，明职定分的主体是圣王，如何定分或“定分”的标准即是圣王所制作的礼，故荀子云：“故人道莫不有辨，辨莫大于分，分莫大于礼……”（《非相》）“请问为人君。曰：‘以礼分施，均遍而不偏。’”（《君道》）而“定分”的原则即是“谲德而定次，量能而授官，使贤不肖皆得其位，能不能皆得其官，万物得其宜，事变得其应”（《儒效》）。推原荀子为何以礼作为“定分”的标准或方法，其原因则与荀子对礼的规定密切相关[①]。依荀子，“礼之于正国家也，如权衡之于轻重也，如绳墨之于曲直也。故人无礼不生，事无礼不成，国家无礼不宁”（《大略》）[②]。礼是国家治理的大法，是“人道之极”（《礼论》），同时礼又体现出绳墨、规矩的

（接上页）有人而言，而知者乃人群中之特出者，可指向历代的圣王。冯先生强调荀子“知者”重客观的知识进路，不同于孟子之重动机说。艾文贺（P. J. Ivanhoe）也有类似的说法，认为对于道德制度的最初产生，荀子似乎的确相信是由一群天赋异禀的个人发现的，他们是最早发展出对世界的初步的道德理解的一批人，但这种发展却需要花费大量的时间和经过反复的试错，以便理解人类需要和欲望的复杂性及其相互关系的方方面面，并使之与大自然的宏大规划相适应。参阅 P. J. Ivanhoe，“Human Nature and Moral Understanding in the Xunzi”，in *Virtue*，*Nature and Moral Agency in the Xunzi*，ed. by T. C. Kline Ⅲ and Philip J. Ivanhoe，Indianapolis：Hackett Pu-blishing Company，2000，p. 238。荀子此说源自《富国》篇开头一段：“欲恶同物，欲多而物寡，寡则必争矣。故百技所成，所以养一人也。而能不能兼技，人不能兼官。离居不相待则穷，群居而无分则争；穷者患也，争者祸也，救患除祸，则莫若明分使群矣。强胁弱也，知惧愚也，民下违上，少陵长，不以德为政：如是，则老弱有失养之忧，而壮者有分争之祸矣。事业所恶也，功利所好也，职业无分：如是，则人有树事之患，而有争功之祸矣。男女之合，夫妇之分，婚姻娉内，送逆无礼：如是，则人有失合之忧，而有争色之祸矣。故知者为之分也。”

① 陈大齐认为，“荀子所说的礼，其范围至为广大，上自人君治国之道，下至个人立身处世之道，乃至饮食起居的细节，莫不为其所涵摄”。参阅氏著《荀子学说》，第140页。

② 荀子类似的说法很多，如《礼论》篇云：“故绳墨诚陈矣，则不可欺以曲直；衡诚县矣，则不可欺以轻重；规矩诚设矣，则不可欺以方圆；君子审于礼，则不可欺以诈伪。故绳者，直之至；衡者，平之至；规矩者，方圆之至；礼者，人道之极也。”

功能，表现出客观性、公正性的特点，如是，国家中各行各业以礼分施便可达致井然有序的社会（well-ordered society），故云：“农分田而耕，贾分货而贩，百工分事而劝，士大夫分职而听，建国诸侯之君分土而守，三公总方而议，则天子共己而止矣。出若入若，天下莫不均平，莫不治辨。是百王之所同，而礼法之大分也。”（《王霸》）在荀子看来，以礼明职定分是圣王治理天下的大道，盖分义明，礼正乎天下，则官人百姓皆晓然以礼律身，歙然无失合之忧，所谓“圣王在上，分义行乎下，则士大夫无流淫之行，百吏官人无怠慢之事，众庶百姓无奸怪之俗，无盗贼之罪，莫敢犯上之大禁，天下晓然皆知夫盗窃之不可以为富也，皆知夫贼害之不可以为寿也，皆知夫犯上之禁不可以为安也”（《君子》）[①]。如是，则“天下莫不平均，莫不治辨”（《王霸》）。

不过，对欲多物寡和群而无分的“止争”方式虽其同处可借由“明分使群”的途径来化解，但其不同的侧重则在于如何从根本上转化人的欲望。如果说，“明分”之道的提出主要偏重于通过圣王确立政治制度或设立“度量分界”的标准以凝定人群、创制秩序的话，那么，“化性起伪”则主要侧重于圣王如何在道德上通过转化人的欲望以达到由“争”到“让”的过渡。上述两个方面分别指向政治秩序和道德人生，构成了荀子政治哲学的经纬[②]。荀子认为，人的情性欲望是“天之就”的，若“从其性，顺其情，安恣孳”，则不免于“贪利争夺”（《性恶》），但此情性虽“吾所不能为也，然而可化也”

① 荀子类似说法还有“故仁人在上，则农以力尽田，贾以察尽财，百工以巧尽械器，士大夫以上至于公侯，莫不以仁厚知能尽官职。夫是之谓至平”（《荣辱》）；“农分田而耕，贾分货而贩，百工分事而劝，士大夫分职而听，建国诸侯之君分土而守，三公摠方而议，则天子共己而已矣。出若入若，天下莫不平均，莫不治辨，是百王之所同也，而礼法之大分也”（《王霸》）；等等。

② 学者普遍倾向于认为，在荀子那里，“化性起伪”主要表现为一种道德的修养功夫，此说无疑看到了问题的核心。不过，尚需说明的是，若从荀子整体的立言宗旨看，道德修身的最终意义依然是服从于天下秩序的规整问题，故荀子云：“性伪合，然后成圣人之名，一天下之功于是就也……性伪合而天下治。”（《礼论》）

（《儒效》）。作为“不可学”“不可事”的人之性为什么可化？其原因则在于，一方面，“涂之人也，皆有可以知仁义法正之质，皆有可以能仁义法正之具”（《性恶》）。人的知、能或质、具也是人“天之就”的能力，借此能力通过对圣王所创制的礼义法度的学习，即能知礼明义，依此知而行，即可达至“知明而行无过”（《劝学》）。另一方面，人的心又具有对情欲的发动给予肯、否的功能，所谓“情然而心为之择”，“欲不待可得，所受乎天也；求者从所可，所受乎心也”（《正名》）。依荀子，情欲的发动对人的行为的影响受制于“心之所可”，而“可”是一价值意义的肯断。心所以有此“所可”则需要“虚壹而静”的功夫并根源于对礼义的学习、积累和熏陶，如是，积习渐靡，人便在无形中形成一种对礼义之好的新的、稳定的动机机制，其结果是使得人的行为可以“反于情性”，最终实现由“争”到“让”，“长迁而不返其初”。故荀子云，心不可不知道，“心知道，然后可道；可道然后守道以禁非道”（《解蔽》）。果如是，则“率道而行，端然正己不为物倾侧”（《非十二子》）。故荀子云：“假之有弟兄资财而分者，且顺情性，好利而欲得，若是，则兄弟相拂夺矣；且化礼义之文理，若是，则让乎国人矣。故顺情性则弟兄争矣，化礼义则让乎国人矣。”（《性恶》）由此而观，性恶之人所以能成君子而不会成为无方之民，全系于“伪”的努力，而“伪”所以能成，则内不离人的知能、质具，外不离圣王的师法和教化[①]。依荀子，“心虑而能为之动谓之伪，虑积焉，能习焉而后成谓之伪”（《正名》），则人之心虑的标准或起伪的主观努力，所谓“伏术为学，专心一志，思索孰察，加日县久”（《性恶》），皆当以圣王所创制的礼

① 此处所涉及的圣王与途之人在本性上相同，而圣王在最初又是如何生礼义的或第一个圣人是如何产生的问题，请参阅拙文《心知与心虑——兼论荀子的道德主体与人的概念》，载台湾《政治大学哲学学报》第27期，2012年1月，第35—74页。又见《“化性”如何可能？——荀子的性恶论与道德动机》，台北：台湾“中央研究院”中国文哲所“中国近代启蒙脉络中的思想论争”国际学术研讨会论文（未刊稿），2017年10月，见本书第十章。

义之是非为是非，“天下不以是为隆正也，然而犹有能分是非、治曲直者邪”（《解蔽》）[1]。故荀子云，必当有“师法之化，礼义之道”而后出于治，合于道。礼义为圣王所制作，而圣王则兼具君师合一的身份，作君以为刑政，作师以为教化。荀子甚至认为，“父能生之，不能养之；母能食之，不能教诲之；君者已能食之矣，又善教诲之者也”。所以君师是“治之本也”（《礼论》）。隆君师即是隆圣王、重师法，而立君上、隆圣王则是为了化性起伪，“故檃栝之生，为枸木也；绳墨之起，为不直也；立君上，明礼义，为性恶也”（《性恶》）。审如是，荀子一方面云“有师法者，人之大宝也；无师法者，人之大殃也”（《儒效》），另一方面则极言“凡言议期命是非以圣王为师”（《正论》），“学者以圣王为师”（《解蔽》）。

从另一层面看，按照荀子的说法，“化性”的一个重要方面是注错习俗，所谓“注错习俗，所以化性也”（《儒效》）。其意是说特定的行为习惯、风俗传统和生活方式可以转化一个人的本性，所谓“居楚而楚，居越而越，居夏而夏”。但注错习俗本身并不能保证人的行为一定合乎礼义和秩序，尤其在“遇乱世，得乱俗”的情况下，人更难免“以小重小，以乱得乱”。故荀子云：“人之生固小人，无师无法则唯利之见耳。人之生固小人，又以遇乱世，得乱俗，是以小重小也，以乱得乱也。君子非得势以临之，则无由得开内焉。”（《荣辱》）所谓“君子非得势以临之”云云，犹言君子若不得（政治上的）势位以监临小民，则无从开导他们接纳善道。言下之意，小民之本性若无法得到转化，争乱也无从得以消除。但荀子的此一说法却从另一方面强化了其对德位合一的圣王的呼吁，同时也突出了作为权威的圣王创造一个合乎礼义秩序之习俗环境的责任，以及以师法教化众庶百姓的义务，也就是给人指出正确的“求之之道”，使人人得以“注错之当”，故荀子云：“夫人虽有性质美而心辩知，

[1] 荀子此处所言的“王制”，其实义指的是礼义法度。

必将求贤师而事之，择良友而友之。得贤师而事之，则所闻者尧舜禹汤之道也；得良友而友之，则所见者忠信敬让之行也。”（《性恶》）也正因为如此，在荀子的心目中，圣王犹如天帝、天神①，以为“美之者，是美天下之本也；安之者，是安天下之本也；贵之者，是贵天下之本也”（《富国》）。一切皆当以圣王为师；与此相应，则举凡一切不合圣王的“奸言”“奸事”“奸心”“奸说”皆为刑法之所不舍、圣王之所不畜，皆在禁绝打击之列，而对那些“才行反时者”，则“死无赦”（《王制》）。谭嗣同谓荀子“喜言礼乐政刑之属，唯恐钳制束缚之具之不繁”②，良非无故。

推原荀子所以将政治秩序之实现诉诸集道德权威与政治权力于一体的圣王并尊崇之，除了有其出于“人之性恶”的理论逻辑的必然外，也有迫于“今圣王没，天下乱”的现实需要。如前所云，历史地看，到春秋战国时期，随着天子大权的旁落、政治秩序的崩解，一种推尊强有力的君主、圣王以为重整政治秩序的呼吁已然兴起。而翻检《荀子》一书，荀子对“圣王没”的客观现实则充满了幽怨，一方面，他看到，今天下之悖乱正源于圣王之不存；另一方面，依荀子，要真正去乱止争，整顿秩序，一统天下，又唯待德位一体的圣王再世，故云：“圣王没，有势籍者罢，不足于县天下。”又云：“圣王已没，天下无圣，则固莫足于擅天下矣。”（《正论》）依荀子，观当今之世，足于“县天下”“擅天下”者，非圣王不能。因而，我们也可以说，对“圣王”和“圣王没”的认识，正促成了荀子对德位一体的“圣王”加以大力推尊的客观原因。另一方面，我们前面也说过，荀子推尊德位一体的圣王也从一个侧面反映了现实中德位

① 叶适曾批评荀子“谓天子如天帝，如天神”，以为此说与后世“秦始皇自称朕，命曰制，令曰诏，民曰黔首，意与此同”。参阅氏著《习学记言序目》卷四十四《荀子》，上海：上海古籍出版社，1992年，第407页。又，就总体而言，荀子言圣王之作用主要有三，谓创制礼义，作师以为教化，作君以为刑政。

②《谭嗣同全集·下册》（蔡尚思、方行编），北京：中华书局，1981年，第336页。

分离的事实以及荀子对这种事实的隐忧。事实上，荀子所处时代中的“德”“位”分离的客观事实已经在理论上将问题逼显为圣人“若无其位，仅有其德，如何播其道于天下”。类似的问题显然构成了荀子思考重建政治秩序之可能性的核心问题，对此我们前面已经有所论述。

应当说，借助权力（势位）来推行和实施理念，在特定的历史条件下是人类共有的一种构想，非独为荀子所有。当年霍布斯便曾认为，在自然状态中，若纯粹依循契约而没有权力和武力作后盾，契约只不过是一纸空文而已。霍布斯认为，“各种自然法本身（正如正义、公道、谦谨、慈爱，以及〔总起来说〕己所欲，施于人），如果没有某种权威使人们遵从，便跟那些驱使我们走向偏私、自傲、复仇等等的自然激情互相冲突。没有武力，信约便只是一纸空文，完全没有力量使人们得到安全保障。这样说来，虽然有自然法（每一个人都只在有遵守的意愿并在遵守后可保安全时才会遵守），要是没有建立一个权力或权力不足以保障我们的安全的话，每一个人就会而且也可以合法地依靠自己的力量和计策来戒备所有其他的人”①。霍氏的理论与荀子之间有相似和相异之处，但在重建秩序的问题上，他们似乎不约而同地看到了权力、势位的不可替代的作用，看到了仅有道德或超然的自然法并不能真正结束人与人之间的争斗。依荀子，在一个人人怀揣求利之欲而物品又有限的境况中，在一个虽有人群却没有分义原则加以指导和管理的状况下，若想仅仅通过道德的诉求，试图实现由冲突到秩序的转变，那是不可想象的；相反，有德之人必须得居王位才能借助权力（“势”）以得其效，以峻其功，换言之，只有通过“德”与“位”合一的圣王（如理的君主）才能实现天下归治。荀子甚至不惜将圣王的权力伸至语言用法统一的领域中，以致被有的学者认为开了后世帝王思想控制的先河。在

① 霍布斯：《利维坦》（黎思复等译），北京：商务印书馆，1985 年，第 128 页。

荀子看来，当今之世，圣王不作，奸邪之徒不守用名常规，随意造作怪异之词，离乱名实，混淆是非，故荀子“正名”的原因起于现实中名言概念的混乱、语词用法的分歧。依荀子，若一任这一现象的发展而不加整饬则不仅助长了思想观念上的错杂，而且也危及政治的安定和“王业”的达成。由此而观，荀子之言“正名”有其确定语词用法之统一的动意，但其目的却主要在于政治秩序的实现，所谓“王者之制名，名定而实辨，道行而志通，则慎率民而一焉”（《正名》）。若能以圣王的权力制名定名，实现上下意志之贯通、民众言行的统一，则“民莫敢托为奇辞以乱正名”，如是，则可使民“壹于道法而谨于循令”。而为实现此一目的，荀子乃不惜以用政治的权势和刑罚禁止人们言论的方法，表现出圣王权力的触角无所不在，无所不覆，故荀子云：“夫民易一以道，而不可与共故。故明君临之以势，道之以道，申之以命，章之以论，禁之以刑。故民之化道也如神，辨说恶用矣哉！”（《正名》）唐君毅对此认为，“荀子此言，固有流弊。因以势以刑临人而禁人之言，正为下开李斯韩非之以政摄教之说，导致焚书坑儒之祸者。荀子于《非相》篇，亦已有奸人之辩，圣王起，当先诛之之意。孔子之杀少正卯，正缘荀子此意而为法家学者所传，为孟学者，盖决无此唯以势与刑临人之论也”[①]。无疑在身处乱世，奸人之说淆乱天下，尤其是“圣王没，有势籍者罢，不足于县天下”的现实境况中，荀子为实现重建秩序的目的，乃不得不期望具绝对权力的圣王的再兴[②]。唯其如此，我们方能理解何以荀子会如此着力地推尊圣王，因为圣王是“伦”与“制”的统一，是“德”与“位”的合一，在整顿天下秩序上具有绝对的无可替代

① 唐君毅：《中国哲学原论·导论篇》，香港：东方人文学会，1974 年，第 276 页。徐复观先生亦有相关看法，参阅氏著《学术与政治之间》，上海：华东师范大学出版社，2009 年，第 96 页。

② 荀子之如此思考或可有其现实的合理性，然而，我们却不能止于这种辩护，而必须究问其价值的正当性。

的作用。如是，我们看到，在荀子那里，尊圣王就是尊最大的君①。“君者，国之隆也；父者，家之隆也。隆一而治，二而乱。自古及今，未有二隆争重而能长久者。”（《致士》）② 荀子尊君隆一，尊圣王之绝对权威，其目的明确指向结束争乱，经国定分，实现秩序。“隆一”旨在突显君主或圣王实现秩序的特殊价值③。事实就是这样，为了摆脱“争乱穷”的状态，为了避免人类“悖乱相亡”的境况，和平、安全与秩序便构成了荀子思想中最重要的政治价值。对此，荀子在思路上有着远过于前人的缜密的思考和条贯的分析，认为摆脱“自然状态”的唯一途径，必须诉诸真正的主权者，或确立圣王（君主）绝对权威的地位，“立隆而勿贰”（《仲尼》）。萧公权先生认为，在荀子那里，“政治组织既由圣智之君主以产生，政治生活亦赖继体之君主而维持。治乱系于一人，则尊荣殊于万众”④。此亦同于荀子之所说：“君者，治辨之主也，文理之原也，情貌之尽也，相率

① 春秋战国时期，随着天子大权旁落，秩序崩解，一种吁请“君主”以为重整政治秩序的主张已然兴起，如《慎到·德立》篇云：“立天子者，不使诸侯疑焉；立诸侯者，不使大夫疑焉；立正妻者，不使嬖妾疑焉；立嫡子者，不使庶孽疑焉。疑则动，两则争，杂则相伤，害在有与，不在独也。故臣有两位者国必乱，臣两位而国不乱者，君在也，恃君而不乱矣，失君必乱。”《商君书·开塞》篇则谓：“古者，民鈥生而群处，乱，故求有上也。然则天下之乐有上也，将以为治也。今有主，而无法，其害与无主同；有法不胜其乱，与无法同。天下不安无君，而乐胜其法，则举世以为惑也。夫利天下之民者莫大于治，而治莫康于立君。”又如《吕氏春秋·执一》篇则云：“国必有君，所以一之也……一则治，两则乱。”

② 荀子相关的说法还有很多，诸如《议兵》篇“权出一者强，权出二者弱”，《王制》篇“夫两贵之不能相事，两贱之不能相使，是天数也”，“势齐则不壹，众齐则不使”，等等。

③ 荀子尊君有的与孔子相同，有的也与孟子的轻君相似，有的则表现出重权、重势的专制特色。不过，在很多情况下，荀子之尊君非尊现实中的君主个人（事实上，荀子对现实中的君主多有批评和不满，此见《富国》篇），而是尊君之所以为君之“理”，尊君之神圣的职务，以及尊所以为君治民之“道”，如言“君者，国之隆也”（《致士》），“道者，何也？曰：君之所道也。君者，何也？曰：能群也……道存则国存，道亡则国亡”（《君道》），等等。本文所说，就尊君之“理”“道”而言，则尊君与尊圣王乃有其相似的含义。

④ 萧公权：《中国政治思想史》（一），沈阳：辽宁教育出版社，1998年，第103页。

而致隆之，不亦可乎？”（《礼论》）以“治辨之主”“文理之原”说君，即此义之君亦大体可上侔于圣王。

4. 圣王与秩序的实现

如上所述，面对如何去乱致治，实现由“争”到“让”的过渡，荀子乃毫不犹豫地将视线转向圣王，因为圣王具有集道德权威与政治权威（权力）于一体的人格。

然而，在理论上，“权威”与“权力”原是两种不同的塑造政治秩序的能力，权威表现为信任与认可，权力则表现为强制和约束。“权威”与“权力”的关系也十分复杂，学者间的看法更是不一而足，如拉斯维尔（Harold D. Lasswell）认为，权威就是“合乎规范的权力”①；丹尼斯·朗（Dennis H. Wrong）则把权威理解成“合法权力或制度化权力”②。但也有许多学者并不同意丹尼斯·朗的看法，认为权威不同于权力，前者以自愿服从为基础③，后者却是以强力或威胁作后盾的迫使他人服从的能力。此处我们无意于对各种不同观点的梳理④，提出此一问题只是提醒我们在分析荀子的“圣王”概念时必须注意到“权威”与“权力”的不同作用方式及其间的复杂性。

---

① 参阅乔·萨托利：《民主新论》（冯克利等译），北京：东方出版社，1997 年，第 190 页。

② 丹尼斯·朗：《权力论》（陆震纶等译），北京：中国社会科学出版社，2001 年，第 47 页。

③ 亚历山大·科耶夫（Alexandre Kojeve）认为，“权威的所有形式具有这样的共同之处：它们都能产生一种不会引起反抗的影响，因为能进行反抗的人自觉地和自愿地克制了这种反抗。反过来说，只要人接受一种（他们自己不能做出的）影响，并且自觉地和自愿地放弃反抗权威的可能性，人们就能看到一种权威在起作用”。氏著《权威的概念》（姜志辉译），南京：译林出版社，2011 年，第 12 页。

④ 相关主张学者可参阅马克斯·韦伯《经济与历史：支配的类型》（康乐等译，桂林：广西师范大学出版社，2010 年）、丹尼斯·朗《权力论》、乔·萨托利《民主新论》、哈特《法律的概念》（张文显译，北京：中国大百科全书出版社，1996 年）、莱斯利·里普森《政治学的重大问题——政治学导论》（刘晓等译，北京：华夏出版社，2001 年）。此外，亦可参考俞可平《权力与权威》一文，载《中国人民大学学报》2016 年第 3 期。

更为重要的是，基于人之性恶以及对秩序的渴望，荀子赋予圣王权威以绝对的必要性。然而，圣王权威之于秩序的实现除了有其必要性之外，还需要有正当性。按照现代政治哲学的看法，在任何有关权威的定义中，正当性始终是其不可回避的一个根本要素。果如是，我们则要问，在荀子圣王概念的结构中，“权威”与“权力”的正当性及其相互关系是如何体现的？而圣王权威在实现政治秩序的过程中又表现出何种特点？

正如前面所说，权威的正当性出于人们内心的认可和自愿的服从，而权力的正当性则来源于政治权力的合法化。权力想要获得权威的性质，必须有相应的合法性为基础，哈贝马斯就认为，“在不求助于合法化的情况下，没有一个政治体系能成功地保证大众的持久性忠诚”[①]。因此，缺少合法性的权力所表达的强制命令虽然可以一时达到使人们顺服的效果，然而它却无法持久，也不能收获人们持久的忠诚。政治权力的合法化，并使之获得权威的性质，是秩序得以维持的重要条件。如此看来，与道德权威不同，政治权威是通过某种合法的手段，甚至在必要时采取强制（coercion）措施迫使人们服从的能力，它使秩序和规范以不可抗拒的命令形式要求民众接受[②]。

无疑，单纯就“权威”与“权力”的概念而言，权威的作用方式并不依赖于权力而存在，甚至也不以权力为后盾而成立。权威无须通过任何外在的强力手段来影响人们的行动，人们也不是出于对暴力、警察、法庭和绞刑架的恐惧而服从；相反，人们是把权威的话语（utterances）或命令转化为服从者自己的行动理由（reasons of

① 哈贝马斯：《交往与社会进化》（张博树译），重庆：重庆出版社，1989 年，第 186 页。

② 丹尼斯·朗《权力论》一书第三章把权威分为“强制性权威”“诱导性权威”“合法权威”“合格权威”和“个人权威”等五种形式，见该书第 42—75 页；亦可参考刘擎编：《权威的理由：中西政治思想与正当性观念》，北京：新星出版社，2008 年。

action)。当人们从内心领受了权威的命令，即意味着人们在行动中自愿放弃了自己的判断，这种放弃即是承认和认可。伽达默尔认为："人的权威最终不是基于某种服从或抛弃理性的行为，而是基于某种承认和认可的行动——承认和认可他人在判断和见解方面超出自己，因而他的判断领先，即他的判断对我们自己的判断具有优先性。"① 伽氏区分"服从"与"认可"，认为权威与服从无关，这是从权威的作用方式上说的。事实上，任何权威总是与"支配——服从"的关系有关，伽氏此说显然重在强化权威出自人们的内心的肯认这一特点，正因为如此，伽氏继而又认为"权威的存在确实是为了能够命令和得到服从，但这一点只是从某人具有权威而得到的。即使由命令而来的无名称的和非个人的上级权威，最终也不是基于这种命令，而是那种使命令成为可能的东西"②。"那种使命令成为可能的东西"点出了权威之所以成为权威的实质，即由见解的领先性而来的承认和认可。当权威获得其正当性时，即意味着权威所发布的命令乃是符合"正确理由"（right reasons）的要求，而且这种理由的正确性即内在地包含了可证成性；换言之，理由的正确性包含了某种"可证成性的保证"（a guarantee of justifiability）③，认可和依循权威的命令去行动，比之于根据个人的行动理由去行动，更能符合正确理由的要求，也更具有效力上的优先性和秩序感。

现在我们再回到荀子的圣王概念。如前所云，荀子的圣王是"德（能）"与"位（势）"的统一，是合道德权威与政治权威（权力）于一体的人格。作为道德权威，圣王的正当性是通过其特殊的

① 伽达默尔：《真理与方法》（洪汉鼎译），上海：上海译文出版社，1999年，上卷，第358页。

② 同上，第359页。

③ Robert Alexy, "Law and Correctness", in *Current Legal Problems*, 1998, Volume 51: *Legal Theory at the End of the Millennium*, ed. by Michael D. A. Freeman, Oxford: Oxford University Press, 1998, p. 208.

品格构造和超凡的德（能）为民众认可来提供和保证的，此前我们在疏解荀子圣王概念时所谓“道德纯备，智惠甚明，南面而听天下，生民之属莫不震动从服以化顺之”（《正论》），所谓“全道德，致隆高，綦文理，一天下，振毫末，使天下莫不顺比从服”（《王制》）等等已足资说明，无须赘述。此处“从服”一词强化了民众发自内心的认可[①]。只不过我们仍当注意的是，圣王道德权威之取得与民众认可之间的关系，首先是因为圣王的德慧和能力而成为权威，然后才是民众的认可，而不是因为民众的认可，尔后圣王才成为权威。但圣王之所以能成为权威，民众的认可虽可以理解为由其超凡的德（能）导致的结果，但也不可或缺，只不过它是因“因地”自然而有的“果地”的表现。

然而，圣王作为政治权威（权力）的说法却需要我们做进一步的分析。就圣王有其“位”（势）而言，其实义指的是圣王拥有政治权力，但拥有政治权力并不等于就是政治权威，政治权力要取得权威的地位和性质，还需要合法化，亦即在权力的来源上获得民众的意志同意和认可。从现代政治哲学的观点看，政治权威与政治权力既相互关联又各有不同，前者表现的是行为理由的根据，后者突出的是强制的力量。因掌握政治权力而被民众承认为政治权威，这样的政治权威并不是合乎“法律上的”（de jure）政治权威，而只是“事实上的”（de facto）政治权威。

然而，在荀子那里，圣王所拥有的权力在根源上却并不需要也没有必要得到民众的认可，因而就圣王之作为政治权威而言，只是因为他实际上掌握了政治权力而成为“事实上的”的政治权威，却并不是也没有成为合乎“法律”意义上的政治权威。其中的重要原因在于，在荀子看来，民众只是圣王教化的对象，民众既不可能通

① 荀子的相关说法还有“一天下，财万物，长养人民，兼利天下，通达之属莫不从服”（《非十二子》）。从概念上看，“从服”与“服从”似微有不同。

过自己的努力形成有效的政治秩序，也没有能力选择他们的统治者[①]。荀子在《正名》篇中云：“夫民易一以道，而不可与共故。”杨倞注云：“故，事也。言圣人谨守名器，以道一民，不与之共事，共则民以他事乱之。故老子曰‘国之利器，不可以示人’也。”此段原在说制名乃圣王明君之事，不可与生民共。杨倞此一解说有其理绪，但忽以道家老子神秘玄妙的治国利器不可以示人释“不可与共故”，虽具联想的合理性，但似与荀子所说稍嫌悬远。郝懿行则云：“故，谓所以然也。夫民愚而难晓，故但可偕之大道，而不可与共明其所以然，所谓‘民可使由之，不可使知之’。”相比之下，郝说更能照顾到儒家传统的固有主张，因而更具合理性[②]。尚需指出的是，在上述脉络中，所谓“不可与共故”之“不可”乃是“不能”之义，或更准确地说是“不易”之意，盖其前提条件乃是“民愚而难晓”，谓其“愚”，则有“不能”之意；谓其“难”，则有“不易”之意。翻阅《荀子》一书，所谓民众百姓愚而难晓之意，所述在在可见[③]。理论上，民众既愚而难晓，则必须等待圣王权威的启导与照拂，此亦犹如大海航行靠舵手，万物生长靠太阳[④]。审如是，在理论上，圣王

① 韦伯认为在儒教的思想系统中，“君主应当把愚民百姓当成自己的孩子来治理”。参阅氏著《儒教与道教》（王容芬译），北京：商务印书馆，1995 年，第 203 页。

② 李涤生《荀子集释》采郝懿行之说，见第 521 页，而王天海《荀子校释》不与（上海：上海古籍出版社，2005 年，第 907—908 页）。

③ 如荀子云：“彼众人者，愚而无说，陋而无度者也。”（《非相》）又云：“志不免于曲私，而冀人之以己为公也；行不免于污漫，而冀人之以己为修也；甚愚陋沟瞀，而冀人之以己为知也：是众人也。”（《儒效》）秦家懿曾云：“荀子认为受过教育的君子与普通的人的分别，在于前者能运用道德理性，而后者则只笃信命运吉凶。在商代宗教背景中，包括在王室宗庙中的占卜、舞蹈求雨等活动的对照下，我们在荀子的学说中发现一个分化过程的开始：上层阶级日渐遗弃这些宗教活动，而一般平民百姓却仍然相信天人感应与吉凶等事，这是成为精英分子的传统的儒学与基层的民间宗教分离的开始。”参阅秦家懿、孔汉思：《中国宗教与基督教》，北京：生活·读书·新知三联书店，1990 年版，第 61 页。秦家懿的观察富有启发，可供参考。我们想指出的是，在荀子时代，上层阶级（如君子）是否已经遗弃宗教活动，又是如何遗弃的，容或都有可商量处。

④ 参阅拙著《差等秩序与公道世界》，第 61 页。

的政治权力既未获得亦无须获得民众的认可[1]，则其作为政治权威的正当性似乎并不能成立。

既然如此，我们为何又说荀子的圣王不仅是道德权威，而且也是政治权威呢？此中原因就在于，在荀子的圣王观中，政治权力取得或转变为政治权威的资格无须获得民众的认可，政治权力获得的前提条件必定是道德权威，拥有政治权力者必先（当）是道德权威，是道德权威而不是民众的认可赋予政治权力以政治权威的性质。圣王必先是道德权威，尔后其政治权力也便自然成为政治权威；换言之，圣王政治权力之获得及其合法化为权威中所必需的民众的意志认可，在荀子那里可以说是多余的、完全无必要的，权力的权威化是由圣王的道德身份来给予的[2]。白鲁恂（Lucian W. Pye）谓“德治”（rule by moral）乃中国传统政治不变的法则便包含着此意[3]。政治权力来源于道德权威，而民众的作用是可以忽略的[4]。我们此前说荀子的圣王是德位一体、尽伦尽制的人格，荀子的真实意思是圣

---

① 必须指出的是，在荀子，圣王的政治权力虽没有也无须获得民众的认可，民众别无选择地接纳圣王的统治，但这并不意味着圣王可以肆其所为，不以民众的福祉为归依。实际上，圣王本身就是为天下谋秩序，为民众谋幸福而生的，失此宗旨，则不可以为圣王，而可废可诛，故云：“天下归之之谓王，天下去之之谓亡。”（《正论》）但徐复观先生认为，在荀子那里，“人君的地位与人民对人君的服从，无形中是取得人民同意的一种契约关系”。这种看法可能并不恰当，尤其是他对“契约关系”采取了一种似是而非的了解。参阅氏著《荀子政治思想的解释》，载《学术与政治之间》，上海：华东师范大学出版社，2009 年，第 84 页。

② 此自非荀子一人如此，实乃千百年来儒者的共同主张。他们心中很清楚，现实中掌权的统治者不可能是道德权威，然而，依照“德位”关系的原理，他们便只有从道德方面“要求”统治者成为道德权威，这一方面造成了儒学史中的“道德批判”的传统，但另一方面也使得儒家的政治哲学始终停留在道德哲学的范围内。

③ Lucian W. Pye, *Asia Power and Politics: the Culture Dimensions of Authority*, Cambridge, Mass.: Belknap Press, 1985, p. 41. 白鲁恂此书对中国政治传统中的“权威”有十分精彩的分析，不可草草放过。

④ 我们如此说只就权力的来源（“因地”）上言，实则荀子也“特别注重”民众的作用，而谓“君者，舟也；庶人者，水也。水则载舟，水则覆舟”（《王制》）等，但这种作用在强调民众可以在“果地”上推翻政权而言，此中分别十分重要。

王之作为道德权威及其所欲达成的“正理平治”的秩序理想需借助政治权力来辅成之、实现之。“德”需借助“位”而竞其理想之功乃是荀子主“圣王”之说的核心，但此一说法殊非意味着在荀子那里，圣王的政治权力在根源上需要获得民众的意志同意才可称作政治权威，这也是本文在言及此一点时为何采取“政治权威（权力）”这一特殊的表达形式的原因。

假如上述分析有其合理性，那么，在荀子圣王概念的结构中，“权威”与“权力”的关系并不像现代政治哲学那样有清晰的区分，毋宁说，两者常常是融合在一起的。更为重要的是，由于圣王德位一体的特殊结构，那些出于圣王之口的“道德要求”对于民众而言也在无形中获得了别无选择的“政治要求”的形态，凡出于圣王的一切措施、法则、制度或命令，任何人皆不得违逆、不得侵犯，只有无条件地服从。如此一来，在荀子所建立的“王业”世界中，“服从”与“认可”已没有理论上的分际，“服从”压倒了一切，“凡言议期命是非，以圣王为师”。荀子似乎不允许也倾向于用暴力来铲除异质，以实现“天下无隐士，无遗善，同焉者是也，异焉者非也”（《正论》）的齐一理想。如是，道德即是政治，政治即是道德，从而使得圣王权威成为一“无限权威”，而此一“无限权威”在重建政治秩序的过程中获得了压倒性的力量[①]。学者谓在荀子的思想中，私人生活被归结于政治生活，其症结正在于此[②]。审如是，作为集道德

① 托克维尔曾这样说过，“我本人认为，无限权威是一个坏而危险的东西。在我看来，不管任何人，都无力行使无限权威……人世间没有一个权威因其本身值得尊重或因其拥有的权力不可侵犯，而使我愿意承认它可以任意行动而不受监督和随便发号施令而无人抵制。当我看到任何一个权威被授予决定一切的权力和能力时，不管人们把这个权威称作人民还是国王，或者称作民主政府还是贵族政府，或者这个权威是在君主国行使还是在共和国行使，我都要说，这是给暴政播下了种子……”参阅托克维尔：《论美国的民主》(董果良译)，北京：商务印书馆，1989 年，第 289 页。

② 萧公权先生对照孔孟与荀子而谓：“在孔孟仁本之政治思想中，私人道德与政治生活虽先后一贯，而内外可分。有道则见，无道则隐。达则兼善，穷则修身。纵使天下大乱，犹可避世为贤。故政治生活之外，个人得有独立的道德生活。荀子(转下页)

权威与政治权威于一体的圣王，在实现秩序方面的关键意义在于，他可以使原本“应当”所为之事变成人们“必须”履行的义务。义务的内容和实质则确保了人们行为和身份的一致，而身份的“义务要求”则保证了行为的确定性。确定性的行为落实于群体，则避免了偏险悖乱或犯分乱理，而能出于规范，合于文理，归于一致，所谓“君臣、父子、兄弟、夫妇，始则终，终则始，与天地同理，与万世同久……丧祭、朝聘、师旅一也；贵贱、杀生、与夺一也；君君、臣臣、父父、子子、兄兄、弟弟一也；农农、士士、工工、商商一也”（《王制》），这便是秩序的产生和实现[①]，故荀子云：“治国者分已定，则主相臣下百吏，各谨其所闻，不务听其所不闻；各谨其所见，不务视其所不见。所闻所见诚以齐矣，则虽幽闲隐辟，百姓莫敢不敬分安制以礼化其上。”（《王霸》）

当然，作为先秦儒学的后劲，荀子虽然深切地体会到“苟无其位，难播其德”的现实处境，因而在理论上着力推尊权力，但在圣王实现秩序的方式上，在建构理想秩序的理想方法以及实现理想秩序的境界上，荀子依然继承了儒家的传统，十分重视圣王作为道德权威的模范的作用[②]。“请问为国？曰闻修身，未尝闻为国也。君者仪也，民者景也，仪正而景正。君者槃也，民者水也，槃圆而水

（接上页）欲以君长之礼义，救人性之偏险。若君道或缺，则暴乱随起。个人于此，方救死之不遑，岂能妄冀独善？故立政以前，无以修身，而政治生活之外，不复有私人道德生活之余地。”参阅氏著《中国政治思想史》（一），第103页。徐复观先生亦谓“荀子把礼外在化了，政治化了，而礼又是‘人道之极’，其归结必至人只有政治生活，而无私人生活、社会生活，且必至以不合于现实政治者为罪大恶极”。参见氏著《荀子政治思想的解释》，载《学术与政治之间》，第96页。

① 笔者曾经以荀子乃是“由政治而说道德”来说明其间的道理，参阅拙著《差等秩序与公道世界——荀子思想研究》第七章。

② 此处需要特别提出的是，荀子注重道德权威的作用乃继承儒家传统的一贯主张，但我们已经指出，面对重建秩序的时代课题，荀子对德位合一的圣王的推尊乃不遗余力，因此，荀子的道德权威概念已经不是单纯的有德无位的道德权威，而是与政治权威（权力）融合在一起的。此处讨论道德权威只是为分析的方便起见，仅只就其道德的面向所做的阐释。

圆……君者，民之原也；原清则流清，原浊则流浊。”（《君道》）圣王完满的道德表率对民众将会产生无与伦比的感化力，“今人主有能明其德者，则天下归之，若蝉之归明火也”（《致士》）。荀子的这种说法让人联想到孔子“君子之德风，小人之德草，草上之风必偃”（《论语·颜渊》）以及“为政以德，譬如北辰，居其所而众星拱之”（《论语·为政》），毋宁说是十分自然的。统治者德行既修，民众则会自然拥戴，内心从服，从理想境界上看，则不需依靠暴力强制而能胜残去杀，风吹草偃，化秩序于无形。正是基于对这种理想的政治秩序的向往，荀子虽称赞齐桓公为“五伯之盛者”，认为其称霸于诸侯“非幸也，数也（谓有其必然的道理——引者注）”（《仲尼》），但仍认为仲尼之门羞称之。其原因正在于圣王一天下秩序之理想方法在“本政教，致隆高，綦文理”以“服人心”，而不是像齐桓公那样“以让饰争，依乎仁而蹈利者”，而这种理想方法在于要“务得道”，而非“广有其势”（《仲尼》），故云：“取天下者，非负其土地而从之之谓也，道足以壹人而已。”（《王霸》）所谓“壹人”即是指天下的人心皆归向于我，但如何做到这一点？依荀子，“致忠信，箸仁义，足以竭人矣”，意即推极忠信，明著仁义，便足以竭尽天下之人，使天下归心，这便是礼义之道。通览《荀子》一书，荀子常常通过对比的方式，突显圣王或人主作为道德权威在实现秩序方面的作用，如在“三兼”（以德兼人、以力兼人、以富兼人）中，荀子认为“以德兼人者王”（《议兵》）；在“三夺”（王夺之人、霸夺之与、强夺之地），荀子认为王者以德赢取民心（《王制》）；在“三威”（道德之威、暴察之威、狂妄之威）中，荀子认为“道德之威成乎安强”（《强国》）；在“三立”（义立而王、信立而霸、权谋立而亡）中，荀子认为义立者王，通达之属莫不从服（《王霸》）。《荀子》一书相关的对比手法自不止于此，限于篇幅，我们对此无法一一展开说明。基本上，荀子强调圣王作为道德权威在生成和保持秩序方面的理想作用，主要可以从以下两个方面来说明。首先，道德权威通过其身行实践或话语来影响群臣百姓，并在此一过程中产生对秩序的实现，荀子云：

> 故上好礼义，尚贤使能，无贪利之心，则下亦将綦辞让，致忠信，而谨于臣子矣。如是则虽在小民，不待合符节，别契券而信，不待探筹投钩而公，不待衡石称县而平，不待斗斛敦概而啧。故赏不用而民劝，罚不用而民服，有司不劳而事治，政令不烦而俗美。百姓莫敢不顺上之法，象上之志，而劝上之事，而安乐之矣。故借敛忘费，事业忘劳，寇难忘死，城郭不待饰而固，兵刃不待陵而劲，敌国不待服而诎，四海之民不待令而一，夫是之谓至平。（《君道》）

上行下效、风吹草偃是我们通常的说法，指向榜样的风化作用，但“上好礼义”云云不必只是行，亦且是言。作为道德权威，有其行必有其言，反之亦然，此亦“教化”一词应有之义①。值得注意的是，在荀子的上述说法中，道德权威的言行对秩序的生成作用以及对人们的行为的影响之间具有极强的因果关系，此可从其“上好礼义……”则虽在小民“不待……”“不用……”的特殊用法中明显看到。一方面，道德权威的个人言行以榜样的形式出现，而榜样（因道德权威同时又是政治权威）又蕴含了“命令”；另一方面，此一榜样命令又转化为服从者自己的行动理由，故“虽在小民，不待合符节，别契券而信”，“赏不用而民劝，罚不用而民服，有司不劳而事治，政令不烦而俗美”。事实上，在此一过程中，由于权威的榜样命令本质上代表了秩序的规范和意义，故而当此一命令成为人们行动和服从的理由时，秩序的实现便有了合理的预期和可靠的保证，故

① 荀子尝言：“君子之于言也，志好之，安行之，乐言之，故君子必辩。凡人莫不好言其所善，而君子为善。”又云：“多言而类，圣人也。”（《非相》）

云："百姓莫敢不顺上之法，象上之志，而劝上之事，而安乐之矣。故借敛忘费，事业忘劳，寇难忘死，城郭不待饰而固，兵刃不待陵而劲，敌国不待服而诎，四海之民不待令而一，夫是之谓至平。"（《君道》）①

其次，道德权威通过获得民众的内心信赖和从服的方式来保证秩序的稳定。科耶夫曾经指出，"权威行为区别于所有的其他行为，因为权威行为没有遇到来自权威行为所指向的一个人或众人的反对"②。从理论上说，道德权威发布其命令在表象上与其说是通过强制权力或可变资源让民众从服，不如说是借由其超卓的知虑、志意和德音构成民众服从的根据。荀子于此亦有相应的说法，故云："志意致修，德音致厚，知虑致明，是天子之所以取天下也。"（《荣辱》）其意是说，天子用以取得天下的根本，在于其志意极其广大，德行极其醇厚，知虑极其明察。陈大齐对此认为："荀子于此所最置重的，是志意、德音和智虑，后二者尤为其所重视。德音要能化人民，抚百姓。智虑要能治国家，应万变。总结起来，要'既知且仁'。故可推知，能'既知且仁'的，才足于当治人之称。"③ 而民众则基于权威的德慧和知能，并感受到其实际效果代表和体现了自身的福祉，以及客观上能够带来"群居和一"的秩序理想，而自觉和自愿地服从权威，且视权威如天帝，如父母。荀子又云：

> 彼王者不然，仁眇天下，义眇天下，威眇天下。仁眇天下，故天下莫不亲也；义眇天下，故天下莫不贵也；威眇天下，故

---

① 荀子谓"百姓莫敢不顺上之法，象上之志，而劝上之事，而安乐之矣"，此处"莫敢"二字不可草草放过，盖我们虽在讨论圣王的道德权威的作用，但道德权威从未与政治权威（权力）分开。道德权威的命令不仅是道德命令，同时也是政治命令，这是我们理解荀子相关观念的要钥。我们常言说"恩威并重"，用朱元璋极端的话"金樽同汝饮，白刃不相饶"来说，两者或有相近的意趣。

② 科耶夫：《权威的概念》，第 7 页。

③ 陈大齐：《荀子学说》，第 178 页。

天下莫敢敌也。(《王制》)

荀子此处有仁、义、威三者分别之说。“眇”,谓高远之意。其意是说,王者之人,其仁爱高于天下各国,道义高于天下各国,威势高于天下各国。但按陈大齐之说,此处“威眇天下”可以理解为“仁眇天下”“义眇天下”的逻辑结果,所以“王者‘威眇天下’的威,一定是道德之威”[①],而不是暴察之威和狂妄之威,亦即“礼乐则修,分义则明,举错则时,爱利则形。如是,百姓贵之如帝,高之如天,亲之如父母,畏之如神明。故赏不用而民劝,罚不用而威行,夫是之谓道德之威”(《强国》)。其意是说修治礼乐,教化百姓,明上下之分而各得其宜,政府举措皆合时宜,爱人利人之事不徒托空言,而能见之于行动,百姓便尊之如天帝,视之如高天,亲之如父母。“威眇天下”的“威”不是暴察之威和狂妄之威,应当可以确定,但是否一定只是道德之威乃涉及荀子对王者含义的基本理解。在荀子,王者虽以仁义之道服人,但王者不废威势,仅有仁义而无威势,难说是知王道者,正如荀子论圣王兼重德位,论王道兼容霸道一样,王者的威势之威有其独立的意义。正因为如此,荀子才会有“天下莫敢敌”之说,才会说:“以不敌之威,辅服人之道,故不战而胜,不攻而得,甲兵不劳而天下服,是知王道者也。”(《王制》)不过,《强国》篇以“礼乐”“分义”“举措”“爱利”说“道德之威”,此处的道德之威显然乃兼摄道德与政治而言,而百姓视此道德之威“畏之如神明”,则容易让人联想到韦伯的“卡里斯玛”的权威人格[②]。

---

① 陈大齐:《荀子学说》,第 165 页。

② 参阅韦伯:《经济与历史:支配的类型》,第 393 页。余英时先生亦持类似的看法,参阅氏著《历史与思想》,台北:联经出版事业股份有限公司,1976 年,第 67 页。依韦伯,卡里斯玛权威的统治是被统治者凭着对这位特定个人的非凡的、超常的品质的信任而服从这种统治的,一旦卡里斯玛权威未能经受得住考验,就会有消失的危险,因而这种统治不能至常轨,并不稳定。参阅氏著《儒教与道教》(王容芬译),北京:商务印书馆,1995 年,第 35 页。

荀子谓“百姓贵之如帝，高之如天，亲之如父母”则意味着权威的德慧和知能在支配性上获得了民众在理智和情感上的完全认可，不会也不可能产生一种如科耶夫所说的“反抗的影响”。荀子又云：

> 治万变，材万物，养万民，兼制天下者，为莫若仁人之善也夫。故其知虑足以治之，其仁厚足以安之，其德音足以化之，得之则治，失之则乱。百姓诚赖其知也，故相率而为之劳苦以务佚之，以养其知也；诚美其厚也，故为之出死断亡以覆救之，以养其厚也；诚美其德也，故为之雕琢、刻镂、黼黻、文章以藩饰之，以养其德也。故仁人在上，百姓贵之如帝，亲之如父母，为之出死断亡而愉者，无它故焉，其所是焉诚美，其所得焉诚大，其所利焉诚多。（《富国》）[①]

权威的知虑、仁厚和德音是和平和安宁之秩序的保障，是“和一”的社会生活得以可能的最重要的前提和基础，故民众赖其知，美其厚，美其德，乃至可以乐于为其“出死断亡”。如是者，则社会群体不仅井然有序，而且民众亦跃跃如心甘情愿，乐在其中，这自然是一幅美妙如诗的图景。不过，荀子的上述说法尤其是“所得焉诚大”“所利焉诚多”或如《王霸》篇所谓的“利泽诚厚”的表述，似乎明确表达出道德权威的“正当性”乃是以对权威服从者的“有利性”作为标准的，此一说法恰恰透露出荀子和儒家理论的特色。荀子的思想向为学者目为具有效益主义（utilitarianism）或后果论（consequentialism）的特点[②]，我们有理由相信这种说法当不无根据，就此处所谓的“所得”

---

① 荀子类似说法很多，如《王霸》篇谓：“故厚德音以先之，明礼义以道之，致忠信以爱之，赏贤使能以次之，爵服赏庆以申重之，时其事，轻其任，以调齐之，潢然兼覆之，养长之，如保赤子。生民则致宽，使民则綦理，辨政令制度，所以接天下之人百姓，有非理者如豪末，则虽孤独鳏寡，必不加焉。是故百姓贵之如帝，亲之如父母，为之出死断亡而不愉者，无它故焉，道德诚明，利泽诚厚也。”

② 宇野哲人、田浩、陈大齐、劳思光、牟宗三、冯友兰等学者皆有相关的主张。

“所利”或“利泽”而言，我们愿意把它理解为因其“所是”自然而有的功效，只不过，我们不可轻忽这种功效对于百姓之所以从服的作用。

不过，荀子虽然对圣王的道德权威所具有的“风吹草偃”的作用给予了充分的肯定，但这毕竟只是一种理想道德意义上的实现理想秩序的理想方法。在重建政治秩序的问题上，理想的关怀与现实的关心、道德的倡导与权力的借重、化人与治人两者缺一不可，才真正构成了荀子推尊圣王的核心[①]，所谓“治之经，礼与刑，君子以修百姓宁”（《成相》）[②]。明乎此，我们就不难看到，在荀子圣王权威的“话语”背后除了有道德的“要求”外，总是有权力的“命令”作强有力的支撑。荀子类似的说法甚多，如在《性恶》篇中即云：“故古者圣人以人之性恶，以为偏险而不正，悖乱而不治，故为之立君上之势以临之，明礼义以化之，起法正以治之，重刑罚以禁之，使天下皆出于治，合于善也。”假如说“明礼义以化之”侧重于倡明道德以化导民众的话，那么，圣王立君上之势以监临百姓，制订法度以治理百姓，设置刑罚以禁止百姓，等等，则明显属于政治权力范畴中的政治措施，在荀子，这些原本隶属于政治权力的政治措施对于秩序之实现、王业之成功不可或缺。《王制》一篇开头即问为政之道，荀子指其为选贤与能，教诛相须，赏罚并用等等，认为“听政之大分：以善至者待之以礼，以不善至者待之以刑”。德力相济，教化与刑罚并举，实乃王者王天下之基本原则，至是而凡言王者之制、王者之论、王者之法，大纲皆不违此一矩范。考荀子之所以注重圣王之政治权力，其原因主要有三。其一是出于客观现实的需要，按荀子的话说，“今圣王没，天下乱，奸言起，君子无势以临之，无

① 而且我们想指出的是，荀子固然对理想政治抱有期许，但其方法更侧重于借助政治权力的力量，表现出强烈的政治现实主义的特点。

② 事实上，在儒家的“治道”或“王道”理想中，礼乐刑政须交叠为用，所谓“礼以道其志，乐以和其声，政以一其行，刑以防其奸。礼乐刑政，其极一也，所以同民心而出治道也”。又认为“礼乐刑政，四达而不悖，则王道备矣”（《礼记·乐记》）。

刑以禁之”（《正名》），故重建秩序以修德化民，必须借助政治权力[①]。其二是理论逻辑使然，依荀子，今人之性恶，而对此性恶之人除了要有道德教化之外，还必须要有权力以监临，法正以治理，刑罚以禁止，否则即会有“天下之悖乱而相亡，不待顷”（《性恶》）的结果。若果至于此，又谈何秩序之建立？其三是出于彰明大道之必须，在荀子看来，民众愚而难晓，沉埋于俗事，以富利为隆，故必须临之以权势，导之以正道，申之以命令，晓之以理论，禁之以刑罚，如是，民众才能遵从和重视秩序。总体而言，相比于孔孟，荀子对政治生活的本质亦即权力（“势”）问题有了更为自觉的认识；同时，为了落实“正理平治”的秩序，荀子对刑罚概念也给予了更多的重视[②]。理论上，作为圣王政治权力中的刑罚制度，其作用之重点在于如何透过“保护——服从”的关系，实现秩序的稳定。人需要保护，他就无法拒绝服从，而人之所以需要保护，一方面是为了避免遵纪守法之民招致无端的威胁和强暴，让善者得其善；另一方面是为了使犯分乱理、偏险悖乱之人得到应有的惩罚，使恶者得其恶[③]，如是，“群居和一”的生活始得以可能。故荀子云：“凡刑人之本，禁暴恶恶，且徵其未也。”（《正论》）“偷儒惮事，无廉耻而嗜乎饮食，则可谓恶少者矣；加惕悍而不顺，险贼而不弟焉，则

---

① 翻检《荀子》一书，荀子对“圣王没”的客观现实充满了幽怨与惆怅，一方面，他看到，今天下之悖乱正源于圣王之不存，故云：“今圣王没，名守慢，奇辞起，名实乱，是非之形不明。”（《正名》）另一方面，他又认为，要真正去乱止争，整顿秩序，一统天下，又唯待德位一体的圣王再世，故云：“圣王没，有势籍者罢，不足于县天下。”又云：“圣王已没，天下无圣，则固莫足于擅天下矣。”（《正论》）依荀子，观当今之世，足于“县天下”“擅天下”者，非圣王不能。因而，我们也可以说，对“圣王”和“圣王没”的认识，正促成了荀子对有德有位的“圣王”加以大力推尊的内在原因和动机。

②《荀子》一书言“刑”字达一百余处，仅“刑罚”一词就出现了26处之多，可见荀子对“刑罚”之重视。在荀子看来，“刑”是秩序治理之“经”。请参阅拙论《“报应论”抑或“功利论”——荀子刑罚观的哲学根据》，《差等秩序与公道世界——荀子思想研究》第五章。

③ 荀子云：“凡爵列、官职、庆赏、刑罚，皆报也，以类相从者也。”（《正论》）

可谓不详少者矣，虽陷刑戮可也。”（《修身》）依荀子，刑罚并非仅仅只是一个消极的概念，透过刑罚，也可以使民众建立起对秩序本身应该存在的共识。荀子对刑罚效用的论述可以表明此一点，其云：“是大刑之所加也，辱孰大焉！将以为利邪？则大刑加焉，身苟不狂惑戆陋，谁睹是而不改也哉！然后百姓晓然皆知循上之法，像上之志，而安乐之。”（《议兵》）意思是说，当大刑加于人身上，还有比这更大的耻辱吗，还有人认为会比这样做更有利吗；面对重刑即将临头，只要不是疯子或傻子，谁会看到受刑的耻辱而不改正呢；然后百姓皆深知当遵守政府的法令，仰承政府的意志而安乐地过日子。在荀子看来，通过这种刑罚的方式，乃可以使民众“皆知夫盗贼之不可为富也，皆知夫贼害之不可违寿也”（《君子》）。“故刑一人而天下服，罪人不邮其上，知罪之在已也。”（《议兵》）果如是，则刑罚既可对违法者给予有力惩处，又可起到震慑防范之作用，使怀有犯罪之念的人迷途知返，改邪归正[①]。

不过，我们的确要看到，在荀子的圣王世界中，所谓“以善至者待之以礼；以不善至者待之以刑”固然有其狭义的刑法上的标准，“但殊非只是简单的一以狭义的法之规定为准绳，如果考虑到以圣王、君上为代表的社会秩序之重建始终占据和支配着荀子之整个思想世界此一事实的话，那么，出于对其所钟情的礼法秩序之维护，荀子对罪情之孰轻孰重的判断甚至对思想言论的定罪等等，便时常不免表现出以政治需要取代法律正当的考虑，根本无视个人的权利”[②]，如荀子云：

> 君上之所恶也，刑法之所大禁也，然且为之，是忘其君也。忧忘其身，内忘其亲，上忘其君，是刑法之所不舍也，圣王之

---

① 此处荀子所谓“刑一人而天下服”云云乃是指刑罚能够使犯罪者知罪服法、使怀有犯罪之念的人改邪归正的特殊预防论的目的，荀子的此一主张具有教育刑的特点。

② 参阅拙著《差等秩序与公道世界——荀子思想研究》，第121页。

> 所不畜也。(《荣辱》)

此段原在劝人戒斗免辱，然而，荀子以“君上之所恶”为刑法之所大禁的标准，则完全将刑法的标准扯入政治君王的主观好恶的意志之中。若按此逻辑，则所谓“奸言，奸说，奸事，奸能，遁逃反侧之民，职而教之，须而待之，勉之以庆赏，惩之以刑罚。安职则畜，不安职则弃……才行反时者死无赦”(《王制》)，亦不免让人联想到政治权力在某种意义上的操纵①。同样依荀子，在圣王“理想政治”的秩序中，对纷杂的思想、观念之所以无须辩说②，其背后亦不免有“恐怖和绞刑架”作为后盾。荀子云：

> 听其言则辞辩而无统，用其身则多诈而无功，上不足以顺明王，下不足以和齐百姓，然而口舌之均，应唯则节，足以为奇伟偃却之属，夫是之谓奸人之雄。圣王起，所以先诛也。(《非相》)

在荀子看来，小人之辩，言辞辩捷，但不合礼义；用其人以任事，则多诈欺而无功。上不足以顺事圣明之君，下不足以齐一安和百姓，夸大傲慢，舌底翻澜，故在圣王之制中，必先当诛杀。有学者在分析了荀子的相关观念后认为，“荀子本人是惩罚人的思想言论的倡导者”；又认为，“《荀子》书中的《非相》《非十二子》《王制》等篇都是荀子手定著作，其中不乏以思想言论定罪的文字，而且其用字、口气与《宥坐》篇十分相似，可以看作荀子主张以思想言论定罪来

---

① 荀子又云：“故劳力而不当民务，谓之奸事，劳知而不律先王，谓之奸心；辩说譬谕，齐给便利，而不顺礼义，谓之奸说。此三奸者，圣王之所禁也。”(《非十二子》)

② 荀子云：“明君临之以势，道之以道，申之以命，章之以论，禁之以刑。故民之化道也如神，辨说恶用矣哉！”(《正名》)

杀掉像少正卯一类的思想反对派的内证”[①]。由此看来，荀子之所以推尊德位一体的圣王，正在于他看到了借重权力可以在现实政治中更加有效地推进秩序之重建，而圣王权力的权威化又使得即便是出于“君主”个人主观意志之好恶的“命令”也获得了合法性和正当性[②]，其间的得失祸殃，尤其值得我们认真反省。

5. 简短的结语

荀子主人之性恶，以言秩序为什么必需；复又推尊圣王，以谓秩序为什么可能。为了摆脱“争”“乱”“穷”的状态，为了避免强暴弱、众暴寡，人类悖乱相亡不待顷的局面，荀子认为必须诉诸圣王的绝对权威。不难看到，和平、安全与秩序，构成了荀子思想中最重要的政治价值，与此同时，我们也可以说，“人性”“秩序”“圣王”这三个概念构成了荀子政治哲学的核心，而在先秦儒家中，荀子可以说是最重权威的一位儒者。

荀子重秩序与权威，在理论上有其内在的逻辑思考，无疑也与其所处的特殊历史时期的历史要求有着密切的联系。战国中后期，一方面是宗法等级制度的土崩瓦解，一方面是诸子平等意识的兴起；一方面是历史走向统一的要求，另一方面则是贵民贱君之论的倡说，如是，则导致君之无力、权威的丧失[③]。在如何重塑圣王的绝对权

① 俞荣根：《儒家法思想通论》，第451、450页。

② 参阅拙著《合理性之寻求——荀子思想论集》，第249页。

③ 参阅萧公权：《中国政治思想史》(一)，第102—104页。据尤锐教授的研究，礼是荀子思想中的枢要概念，代表着秩序，而圣王或君子则是礼的创制者和执行者。可春秋以后，礼逐渐失去了代表秩序的意义，非礼事件不断发生，商鞅和墨子皆反对旧的礼制秩序，庄子甚至认为“礼者，道之华而乱之首也”(《庄子·知北游》)。而战国时期的儒者也未恢复礼的至高的地位，孟子对礼的革新只是强调了礼在人性中的内在性，只有到荀子才把礼上升到社会政治秩序之保证的地位，认为“人非礼不生，国无礼不宁”，而圣王恰恰是礼的创制者和执行者。因此，荀子对礼的地位的回复与强调，同时也突显了对圣王或君子之权威的推尊。参阅氏著《荀子对春秋思想传统的重新诠释》，载台湾《政治大学哲学学报》第11期，2003年12月，第137—182页。

威，以为重建政治秩序之要节上，荀子顺时势而立其说。徐复观认为，荀子“面对着快要统一的这样大的天下，便不能不构想到负政治总责的人君必须无所不能，亦即是他所说的‘兼能’，才可以统治的了”[①]。正是从这个角度，亦即从了解之同情的意义上，荀子尊君隆一，尊圣王，其意似并非一味在于为圣王的绝对权威做逢迎式的辩护，亦非单纯为了要去论证圣王（君主）专政的合法性，而是真切地看到了今“圣王没，有势籍者罢，不足于县天下”（《正论》）的客观现实。同时他更看到了如欲平治天下，有效地建立和稳定政治秩序，除了首先确立圣王的绝对权威，似乎并无别的更好的途径，故云“隆一而治，二而乱。自古及今，未有二隆争重而能长久者”（《致士》），又云“权出一者强，权出二者弱”（《议兵》）。而荀子重“先王之道”的实质则在于如何在天下无序的时代现实面前，重新赋予人类的政治智慧和历史理性以生命和活力[②]。

审如是，则围绕荀子对圣王概念的理解有几个方面的问题似乎尚需说明。首先，就政治上的“明分使群”而言，荀子的确认为，兼足天下之道在“明分”，而圣王又是“管分之枢要”，这种说法意味着圣王在董理天下事务时不能一人独治。依荀子，明分之实义，在使农、贾、百工、士大夫、诸侯、三公等各安其职，各尽其能。但天下之大、事务之多，若仅凭统治者一人事必躬亲，“非特事有所难，势亦有所不可”[③]。故荀子云：“今以一人兼听天下，日有余而治不足者，使人为之也。大有天下，小有一国，必自为之然后可，则劳苦秏悴莫甚焉。如是，则虽臧获不肯与天子易势业。以是县天下，一四海，何故必自为之？为之者，役夫之道也。”（《王霸》）依荀

① 徐复观：《荀子政治思想的解释》，载《学术与政治之间》，第 90 页。

② 以上所说，乃就荀子所处的历史背景所做的因果的解释，而这种解释相对于荀子的思想逻辑而言，也可称之为外在的解释。对于哲学工作而言，看到此一方面固然很重要，但更为重要的是需要看到荀子思想逻辑的内在解释。

③ 陈登元：《荀子哲学》，上海：上海书店出版社，2014 年，第 72 页。

子，人主治理天下最理想的方式就是与贤人共治，以达到“莫不平均，莫不治辨”的效果[①]。因此，荀子特别注重择相，认为“能当一人而天下取，失当一人而社稷危”，如能选择能力出众的人才担任宰相，并给予他充分的信任，则可以身佚而国治，功大而名美，“垂衣裳而天下定”（《王霸》）。不同于所谓统治者一人专权独裁的说法，郭沫若将荀子的这种统治方式理解为一种王者“不要自己管事”的、类似于近代西方的“责任内阁制”[②]，这当然是一种缺乏必要论证的想象的兴会，它模糊了“专权”与“共治”的界限。其次，就道德上的“化性起伪”而言，依荀子，今人之性恶，故“无礼义，则悖乱而不治”（《性恶》）。礼义所代表的是规范、法则或标准，所谓“表”也，而《荀子》一书又处处强调礼义为圣王之所生。但圣王生礼义至少在理论上并不意味着圣王在面对礼义时就享有不受限制的权力，就可以因此而肆其所为，不遵循此礼义[③]。我们曾言，在荀子，礼义为历代圣王之所积，代表的是人类历史理性和政治智慧的结晶，其高大厚深，足以为万世之极则，故云：“绳墨诚陈矣，则不可欺以曲直；衡诚县矣，则不可欺以轻重；规矩诚设矣，则不可欺以方圆；君子审于礼，则不可欺以诈伪。故绳者，直之至；衡者，平之至；规矩者，方圆之至；礼者，人道之极也。”（《礼论》）换言之，礼义虽为圣王之所生，但圣王亦须依礼义而行，法礼义而为，故荀子云：“公输不能加于绳，圣人莫能加于礼。礼者，众人法而不知，圣人法而知之。”（《法行》）[④] 在荀子的这种说法中，圣王、人

---

① 参阅李加武：《荀子重相论释义》，载《湖南工业大学学报（社会科学版）》第20卷第6期，2015年12月。

② 郭沫若：《十批判书》，北京：东方出版社，1996年，第248、249页。

③ 就圣王之所以为圣王的理想义而言，圣王当然不存在违礼义一说。此处我们就圣王一词作扩大意义并在现实作用上来了解。

④ 此处“加”，杨柳桥引郑玄《礼记》注：“加，犹高也。”又引韦昭《国语》注：“加，犹上也。”见氏著《荀子诂译》，济南：齐鲁书社，1985年，第842页。“加”，犹言逾越；“法”者，遵循也。

主也要受道德礼义的必要约束。最后，荀子尊圣王首先是尊其超凡的德慧和知能（特长），尊其能够给民众带来秩序和福祉，但圣王既是道德权威，也是政治权威，具有无上的特权，故而在荀子的思想逻辑中，尊圣王之“特长”就一转而成为尊圣王之“特权”，所谓“天下者，至重也，非至强莫之能任；至大也，非至辨莫之能分；至众也，非至明莫之能和。此三至者，非圣人莫之能尽。故非圣人莫之能王。圣人备道全美者也，是县天下之权称也”（《正论》）。虽然荀子尊圣王之本意原在尊圣王之特长，所谓“其知虑足于治之，其仁厚足于安之，其德音足于化之”（《富国》），圣王既身系天下之安危，而其知虑、德音和才能又足以担此大任，则舍圣王而求诸他人无异于缘木求鱼。此外，如前所言，圣王的政治权力虽不是直接来自民众的认可，其权力的权威化是由圣王的道德身份来赋予的，但荀子思想却不重权力与权利的讨论，而从其“天之立君，以为民也”（《大略》）的言说中，至少在一定程度上可以解释出，圣王因其特长而有的特权，可以表现在责任和义务的担当上[①]，故荀子云：“君者，何也？曰：能群也。能群也者，何也？曰：善生养人者也，善班治人者也，善显设人者也，善藩饰人者也。善生养人者人亲之，善班治人者人安之，善显设人者人乐之，善藩饰人者人荣之。四统者俱，而天下归之，夫是之谓能群。”（《君道》）由于圣王权势至重，其责任和义务亦至大，故荀子云：“天子唯其人”（《正论》），“彼固为天下之大虑也，将为天下生民之属，长虑顾后而保万世也”（《荣辱》）。然而，唯当此理想之圣王落实在现实的政治结构中，荀子推尊圣王之特长的主张则不免会转而成为对人主特权的尊大，至是而导致君权的无所制约。

如前所说，荀子尊圣王之绝对权威，其结果乃不免走入“权威

① 此处乃可引出荀子的君主责任论，但这种责任论是否可以真正落实仍是一个问题，参看本书第七章的相关论述。

主义”[1]，至是而荀子有言“天下无隐士，无遗善，同焉者是也，异焉者非也”（《正论》），此说正蕴含圣王乃欲以一己之意见，正天下之视听，强天下之必从。荀子云：

> 传曰：“天下有二，非察是，是察非。”谓合王制不合王制也。（《解蔽》）
>
> 劳知而不律先王，谓之奸心。（《非十二子》）
>
> 故凡言议期命，是非以圣王为师。（《正论》）
>
> 凡言不合先王，不顺礼义，谓之奸言。虽辩，君子不听。（《非相》）

观此诸说，皆不免厉然而逼，凌夺独断。有学者甚至认为，在荀子的圣王世界中，由于依靠权力来定于一是，故“没有‘不安分者’的生存空间，它不允许并趋向于清除异质”[2]，所言峻急峭刻，亦不无所见。钱穆先生亦谓荀子思想“有肃杀之气”[3]，此当言有其实，亦不必讳言者。依荀子，圣王权威是民众生命和生活、安全和幸福的依靠和保障，故云：“君子以德，小人以力；力者，德之役也。百姓之力，待之而后功；百姓之群，待之而后和；百姓之财，待之而后聚；百姓之势，待之而后安；百姓之寿，待之而后长；父子不得不亲，兄弟不得不顺，男女不得不欢。少者以长，老者以养。故曰：‘天地生之，圣人成之。’此之谓也。”（《富国》）然而，一个不受监督的无限权威已经给权力的横暴埋下了种子，对权威的过分推尊，不免造成民众仰赖和服从权威而不是依靠和服从制度的倾向。与此同时，法和制度的独立性以及法和制度对权威的有效制约，在圣王

① 劳思光：《新编中国哲学史》（一），台北：三民书局，1984年增订初版，第339、343页。

② 王光松：《在“德”“位”之间》，第51页。

③ 钱穆：《秦汉史》，北京：生活·读书·新知三联书店，2004年，第13页。

世界中则无法建立。荀子“有治人，无治法”（《君道》）之说其表达者虽在求治人以行治法，但其流仍不免人存政举、人亡政息之结局，故荀子云：“君子也者，道法之摠要也，不可少顷旷也。得之则治，失之则乱；得之则安，失之则危；得之则存，失之则亡，故有良法而乱者有之矣，有君子而乱者，自古及今，未尝闻也。传曰：‘治生乎君子，乱生于小人。’此之谓也。”（《致士》）[①] 由于圣王的政治权力来源于道德权威，民众的作用变得可有可无；而民众对权威（权力拥有者）的约束既无作为客观轨道的法和制度作支撑和保证，其结果便只能通过道德的吁请和批评来表现。不幸的是，在荀子圣王概念的结构中，权力拥有者却可以依恃其权力制定各种道德的“法”或法的“道德”以强使民众遵从，凡不合、不顺者，则为刑法之所不舍，圣王之所不蓄（“蓄”者，容也）。如是，即便连道德的吁请和批评也变成了在刀锯鼎镬中起舞的活动，凡此皆足以引起我们的重视[②]。

要言之，荀子推尊德位合一的圣王权威，其初意乃在为求“正理平治”之秩序理想，但事迫情切之间，荀子立言不免有所置重、偏向而滋生流弊。从最大的理解之同情的角度上看，此流弊之出现我们或可说初非荀子刻意为之者，无奈后世之君隐窃其义，相侵相篡，纷纷藉藉。秦汉以后，更为曲学之儒所假借，助长了君尊臣卑专制现象的产生，“此虽荀子所不能逆睹，而其立说之有未安，亦由兹可以推见”[③]。

---

① 参阅本书第三章。

② 我们或许可以从韩愈《左迁至蓝关示侄孙湘》的诗中获得感同身受的领会：“一封朝奏九重天，夕贬潮阳路八千。本为圣朝除弊政，敢将衰朽惜残年。云横秦岭家何在？雪拥蓝关马不前。知汝远来应有意，好收吾骨瘴江边。”

③ 萧公权：《中国政治思想史》（一），第 109—110 页。

三 『有治人，无治法』

——权威与秩序的实现（二）

治国无法者乱，守法而弗度则悖。

——《吕氏春秋》

在发布命令者和服从命令者之间的权威关系既不应依赖于普通理智，也不应依赖于发布命令者的权力：他们的共同之处在于等级本身。

——阿伦特

非常状态比规范更令人感兴趣。规范证明不了什么，而非常状态却能证明一切：它不仅确认规范，而且确认规范的存在，因为，规范只能来自非常状态。

——施密特

魔鬼为了陷害我们起见，往往故意向我们说真话，在小事情上取得我们的信任，然后我们在重要的关头便会堕入他的圈套。

——莎士比亚

1. 引言

在前一章中，我们主要从“权威与秩序”的关联上讨论了荀子思想中的“圣王”在秩序形成和实现中的意义和作用，并且在最后已经点出荀子“有治人，无治法”所表达的求治人（权威）以行治法的主张。正如我们所指出的，一般而言，圣王在实现秩序中的作用主要表现为三个方面，此即创制礼义，作师以为教化，作君以为刑政。然而，在理论上，一方面，秩序的维护的确需要稳定的礼则、法规和政制，所谓“修礼以齐朝，正法以齐官，平政以齐民；然后节奏齐于朝，百事齐于官，众庶齐于下”（《富国》）。荀子甚至把治国以达成秩序的礼法比喻为“绳墨”“规矩”（《礼论》），醒目地强调其作为规范的客观性、公正性。但另一方面，相对于不断变化着的世界，成文的礼则和法规总难免不足敷用，我们总会碰到“法教之所不及，闻见之所未至”（《儒效》）的新情况、新事态，因此，如果我们只是固守一套不变的法规和礼则，那么，秩序的维护非但不能实现，而且按荀子的说法，若“不能应事之变”，其结果则“足以乱矣”（《君道》）。审如是，在秩序的创制和维护中，面对新事态、新问题，如何做到举措应变而不穷，泛应曲当而不乱，荀子便直接指向对“治人”的寻求。

然而，一说到“治人”，人们就会习惯性地联想到“治法”，同时，又把“治人”和“治法”与现代意义上的“人治”和“法治”相关联，并进而把荀子的“治人”主张看作排斥“治法”的人治主义。虽然对此一看法或联想学者已做了必要的辨证，然而，对何谓“治人”，荀子为何重视“治人”，荀子强调“治人”究竟是在何种论述脉络中提出的，荀子的“治人”论说所蕴含的理论问题及其限度是什么等类似问题仍然可有清理和说明的必要。我们认为，荀子有关“治人”“治法”的观念是针对法家尤其是慎到的理论而提出的，本质上隶属于其“权威与秩序实现”

的主题之中，与“人治”“法治”的主张只具有间接的关系而无直接的关系；换言之，荀子“有治人，无治法”之论不仅关涉他对“治人”（权威）之于秩序实现问题的反省，而且也涉及他对“治法”的强调以及对“治法”在变化的时代现实中所具局限的思考。

2. 脉络与线索

要弄清楚荀子“有治人，无治法”的真实所指，最好的方法是先了解此一说法的文本脉络。

今案，荀子此说源自《君道》篇，王天海《荀子校释》一书曾引梁启超语云：“本篇论‘人治’与‘法治’之得失，有精语。”又引吕思勉语谓：“此篇言人治，辟权谋。”[1] 此处，梁氏与吕氏皆将“治人”“治法”翻转而为“人治”与“法治”，对于这种理解的得失，学者已有辨证，不待言[2]。今就着篇名而论，顾名思义，所谓“君道”即是为君之道，但什么是为君之道？依荀子之说，“道者，何也？曰：君之所道也。君者，何也？曰：能群也。能群也者，何也？曰：善生养人者也，善班治人者也，善显设人者也，善藩饰人者也”（《君道》）。依文解义，荀子此处所谓的“道”就是君子所行的治道，故荀子云“君子治治”（《不苟》），又云“治国有道”（《王霸》）。具体地说，所谓“治”，与“乱”对言，指的是“治理”，使社会国家合于秩序。但由什么样的人来治理，又采取什么样的“道”来治理，才能使社会国家合于秩序呢？对此荀子认为，“治人”当是能致治的德位合一的君子（权威），而君子所行的“道”，凝聚地说，是“礼义之道”；散开来说，即是所谓的“四统”。“生养”谓兴利除害，使民丰衣足食；“班治”谓设官分职，

---

① 王天海：《荀子校释》（上册），上海：上海古籍出版社，2005年，第527页。
② 参阅俞荣根：《儒家法思想通论》，南宁：广西人民出版社，1992年，第491—497页。

奉公守法，以治万民；“显设”谓量能授官，使贤能各当其位；“藩饰”谓从穿着器用上使各级官吏显示出等级，以别贵贱。依荀子，“四统者具，而天下归之，夫是之谓能群”。“归”者，归从、归顺、归服之谓，意即天下民人对治人者所行之治道内心从服而无任何悖逆，如是，则社会生活可至“群居和一”，政治秩序可至“正理平治”。由此可见，在荀子，“君”即是“治人”，具有合政治与道德权威的特点，而为君之道是对着秩序实现而言的。具体地说，《君道》篇共分十段（依李涤生本），通观整篇思想，荀子论为君之道之要旨有三，曰修己，曰爱民，曰任贤[1]。而全篇总纲即在突出“治人”之权威对于秩序实现的重要性、优先性，二至四段言“君子者，治之原”；五至八段言“君者，民之原”，言“君者，能群”；九段以下言人君应具备之人才以及人才高下之标准等，概而言之，让治人者有其位，行其职，乃是有效实现社会秩序的重要保证。荀子“有治人，无治法”一说即出于首段，构成整篇的纲领。荀子云：

> 有乱君，无乱国；有治人，无治法，羿之法非亡也，而羿不世中；禹之法犹存，而夏不世王。故法不能独立，类不能自行；得其人则存，失其人则亡。法者、治之端也；君子者、法之原也。故有君子，则法虽省，足以遍矣；无君子，则法虽具，失先后之施，不能应事之变，足以乱矣。不知法之义，而正法之数者，虽博临事必乱。故明主急得其人，而暗主急得其势。急得其人，则身佚而国治，功大而名美，上可以王，下可以霸；不急得其人，而急得其势，则身劳而国乱，功废而名辱，社稷必危。故君人者，劳于索之，而休于使之。书曰：“惟文王敬忌，一人以择。”此之谓也。

---

① 李涤生：《荀子集释》，台北：台湾学生书局，1979年，第263页。

所谓“有治人，无治法”，意思是说有能让国家致治的君子，而没有使国家得以自行治理的良法[①]。为什么这样说呢？荀子的论证给出了几个方面的理由：一是以禹、夏的事实说明法不能自立，必待治人者之维护推行。二是法只是秩序实现的端始，而君子才是法的本原，也是秩序实现的本原。三是君子之所以是秩序实现的本原，是因为君子能知礼明类，能宗原应变，故法虽省，而足以周遍万事，甚至在法令所不及处，也能以义应变，实现秩序[②]；若无君子，则法虽完备，其结果却只能是徒泥法条，失先后施行之宜，不能因应事物之变化，而招致失序和祸乱。正是有见于此，荀子认为，明君真正所急者在于求得能致治的贤人君子，其原因在于，若得此“治人”，不仅自身安逸，而且国家安定；上可以称王天下，下可以称霸诸侯，而合乎秩序的社会当指日可待。

荀子有关“有治人，无治法”的文本和逻辑脉络表明，虽然此一说法将“治人”与“治法”放在对比的语句中而突出“治人”的地位，但一者“治人”之所以重要，除开其他原因，很关键的一点在于他“知法之义”，能够“应事之变”，避免“临事必乱”。此处“应事之变”和“临事必乱”皆着一“事”字，且此“事”与“变”和“临”联言，相比于固定的、成文的“治法”而言，蕴含和强调变化了的新事态、新境况的出现。换言之，荀子此说暗示出“治人”与“治法”之间的根本差异在于，“治人”能够积极、灵活和创造性地因应各种新事态的出现，在无“治法”处行法，于无秩序

① 荀子此说非否定良法，乃重在强调法不能自行，秩序的实现在根源意义上离不开治人，故《致士》篇云：“有良法而乱者有之，有君子而乱者，自古及今未尝闻也。”此说与孔子“为政在人”、孟子“徒法不能以自行”（《离娄上》）相继相涵。

② “法虽省，足于遍矣”之“遍”一说为“辩”。辩者，治也。“足于遍”与下文“足于乱”对文。

处创制秩序。二者荀子的此一说法也并没有否定“治法”，而言“法者，治之端也”。“端”，犹言“首”，引申为“开始”，亦含有“根本”义[①]。陈大齐对此认为：“荀子于此，把治人看得很重，把治法看得很轻。‘无治法’竟把治法一笔抹杀，与其以治法为国安条件之一的主张，不免自相抵触。‘无治法’说在‘有治人’之后，殆只是与治人比较上的一种说法，非欲根本推翻治法的价值。荀子之所以重治人而轻治法，依其所说，盖有两大理由，一为治人始能制作治法，二为治法必待治人维护推行。”[②] 依陈氏之说，荀子重“治人”非欲否定“治法”，此言端的。而陈氏谓荀子重治人之两大理由，实质上是在“治人”与“治法”的关系上采取了根源论和究竟论的立场[③]，只不过陈氏所谓“治法必待治人维护推行”之说似乎只在强调即便有“治法”仍需有“治人”之推行。此一说法在究竟意义上并未增加任何新的知识，盖即便在现代的法治国家中，治法仍需有治人之维护推行，故而陈氏此说与荀子突出强调“治人”者如何能够具有“知法之义”“应事之变”的“临事”“应事”的能力尚有一间未达之疑。故荀子云，法者“得其人则存，失其人则亡”，此处所谓“存亡”，非谓法本身的存亡，而是指法之效用的存亡。今暂且撇开仁与法、王与霸的讨论不论，罗娜（Loubna El Amine）对此提供了一种解释，依罗娜，荀子所谓“君子者，法之原”之说使得他坚持认为，由法所产生的秩序实际上是人的作用的成果，如是，人们可以说“有治人，无治法”。实则我们可以假定法的两种意义来处理治人与治法之间的紧张，以使之与《荀子》一书中有关法的多重运用相一致。其一，法只是一种抽象的模式，或者说是我们所需要的组织社会的模板（template），将抽象的模板与实际的模板相结合，则

① 参阅北大《荀子》注释组：《荀子新注》，北京：中华书局，1979 年，第 190 页。
② 陈大齐：《荀子学说》，台北：中华文化出版事业社，1956 年，第 176 页。
③ 参阅拙著《差等秩序与公道世界——荀子思想研究》，上海：上海人民出版社，2016 年，第 160 页。

是君子的创造。其二，荀子此处的法在意指上更接近于我们所说的具体的法规（laws）或准则（regulations），如纳税体制、经济法则、赏罚标准等[①]。罗娜强调治人者的作用在于将抽象的法与实际之事之间做创造性的处理，此一理解符合荀子的意思。Eirik Lang Harris 则认为，荀子的具体的法规、准则可以被认为是广义的法的子集合[②]。

通过上述分析可见，荀子“有治人，无治法”之本意，不在否定“治法”，而在强调“治人”之于秩序维护和实现的重要性。当年章太炎曾作《非黄》篇，对黄梨洲“有治法而后有治人”的说法提出批评，认为梨洲并未真正理解荀子之意。梨洲在《明夷待访录·原法》中云：“即论者谓有治人无治法，吾以谓有治法而后有治人。自非法之法桎梏天下人之手足，即有能治之人，终不胜其牵挽嫌疑之顾盼，有所设施，亦就其分之所得，安于苟简，而不能有度外之功名。使先王之法而在，莫不有法外之意存乎其间。其人是也，则可以无不行之意；其人非也，亦不至深刻罗网，反害天下。故曰有治法而后有治人。”[③] 案，梨洲此说之前提是“三代以上有法，三代以下无法”，依梨洲，在“非法之法桎梏天下人之手足”的情况下，即便有致治之人也难以有所作为，故梨洲主张“有治法而后有治人”[④]。而章太炎似乎认为，梨洲之说是针对荀子“有治人，无治法”一说而来的，并指梨洲并未理解荀子重法之意。章氏云：

孙卿者，韩非之师。韩非任法，而孙卿亦故隆礼，礼与法

① Loubna El Amine, *Classical Confucian Political Thought: A New Interpretation*, Princeton: Princeton University Press, 2015, p. 138.

② Eirik Lang Harris, “Constraining the Ruler: On Escaping Han Fei’s Criticism of Confucian Virtue Politics”, *Asian Philosophy* 23, No. 1 (2013), p. 50. 亦见罗娜文。

③《明夷待访录·原法》，沈善洪主编：《黄宗羲全集》（第一册），杭州：浙江古籍出版社，2005 年，第 7 页。

④ 对于此间的辩证，学者可参阅俞荣根：《黄宗羲的“治法”思想再研究》，载《重庆社会科学》2006 年第 4 期，第 88—92 页。

则异名耳。独言有治人无治法者，此为抑扬之论。法者非生物，人皆比周，则法不自用。孙卿不以智能诡法，期守法于当官之吏，言有波陁，其意则是也。①

章氏上述所言，大意有三个方面，首先，章氏认为荀子隆礼即是重法，礼与法只是异名而已②；其次，法一旦制定，则成文而为固定不变的条规或准则（所谓“法者非生物”），然而，如果人们合谋结党以规避法律的话（所谓“人皆比周”），那么，法便不能真正发挥其作用；最后，荀子不希望人们以智能枉法，而寄望于守法的贤人君子以保障法的实行。依章氏之说，荀子之所以主张“有治人，无治法”，其本意并非要排斥“治法”，恰恰相反，荀子是要借由“治人”来保证和维护“治法”的最后落实。

今暂且撇开章氏是否全面理解梨洲之说不论，章氏如此理解荀子的主张应该有其历史的理由。据学者研究，西周时期固定的成文法并未出现，故其断案采取的方式是“先王议事以制，不为刑辟”（《左传·昭公六年》），亦即治理国家采用议论的方式，不用法律，也不让百姓知道，执法者只是依据违法者的身份地位以及以往的功过进行“议”而定罪量刑③。但这种方式所包含的执法者的肆意、擅断、滥刑等问题也相当突出，“议”而定罪的客观性、公正性难以保证，故逮至春秋时期，刑鼎、刑书、《法经》等成文法遂逐渐从糅合了“民俗、道德、宗教、礼乐、仪典、政制的混融物——‘礼’中，

① 《章太炎全集》（卷四），上海：上海人民出版社，1984年，第125页。

② 有很多学者持类似的看法，如杜国庠便认为，荀子的礼和法的意思相近，荀子“话语在说着礼的起源，而眼光却贯射于法的对象——物的‘度量分界’。如果把‘礼’字换成‘法’字，似乎还要切实些”。参阅氏著《先秦诸子的若干研究》，北京：生活·读书·新知三联书店，1955年，第128页。

③ 参阅马小红：《礼与法：法的历史连接》，北京：北京大学出版社，2004年，第136页。

脱胎而出了”[①]。据史书记载，公元前536年，子产铸刑书，而晋叔向反对；公元前513年，晋范宣子制成文刑法，孔子也反对。叔向之所以反对制定成文刑法，其原因在于在叔向看来，“国将亡，必多制”；在于“惧民之有争心也”，盖“民知有辟，则不忌于上，并有争心，以征于书”，大意是说，如果百姓知道了刑法并且知道了刑法之所不及处，他们就不会忌惮君上，他们就会引用刑法上的条款为自己的利益争辩。但如果人人“弃礼而征于书，锥刀之末，将尽争之”，人们就不会再注重道德，谨守礼仪，而会为了微小的利益去钻法律条文的空子，寻找逃避刑罚的方法，为自己争捞好处。叔向认为，如果执法者“仪式刑文王之德”，亦即以文王之德为榜样进行裁决，就不需要刑书了。孔子的看法与叔向相似，认为“民在鼎矣，何以尊贵？贵何业之守？贵贱无序，何以为国”（《左传·昭公二十九年》）。意思是说，如果百姓以刑鼎上的法律为权威，那么，作为执法者的王公贵族又怎样体现他们的尊严和高贵，他们还怎么能敬其职责；如果人人皆以法为权威，丧失了尊卑贵贱的秩序，国家又该如何治理。叔向与孔子反对制定成文法的主张，其间所包含的理绪无疑有巨大的诠释空间，学者对此也已有相当多的研究，今不赘。但暂且撇开其他理由，这种主张的背后似乎蕴含了这样一种思考，即面对现实中千变万化的法律现象，固定的成文法并无法有效地涵盖和面对，而显出其固有的局限，正是这一点恰恰构成了荀子重“治人”以实现秩序的重要原因。章太炎所谓“法者非生物，人皆比周，则法不自用”之说，大体是循叔向当年的担忧而来。至其谓“孙卿不以智能诡法，期守法于当官之吏”，亦显然于文本有征，若就着荀子“有治人，无治法”的主张而论，其解释力尤当与“法者非生物”一说合观以见其周洽[②]。

---

① 阎步克：《士大夫政治演生史稿》，北京：北京大学出版社，1996年，第171页。

② 其实，章太炎从“法者非生物，人皆比周，则法不自用”，“孙卿不以智能（转下页）

然而，荀子重“治人”，是否意味着他反对制定成文法？如果不是，那么，荀子对法的看法又有什么特点？

3.“有法者以法行”

众所周知，荀子思想的核心在礼，认为礼是“人道之极”（《礼论》）、“强国之本”（《议兵》），甚至认为“人无礼则不生，事无礼则不成，国家无礼则不宁”（《修身》）。但荀子言礼又常常与法并称，故而学者认为荀子思想的重要特点在于“隆礼重法”[①]。礼与法的关系，学者已多有探讨[②]，按萧公权先生之说，“礼法间之界限本微细而难于骤定。法有广狭二义，与礼相似。狭义为听讼断狱之律文，广义为治政整民之制度。就其狭义言之，礼法之区别显然。若就其广义言之，则二者易于相混”[③]。萧氏此一看法在总体上无疑适用于荀子有关礼法关系之特点的描述。就广义之礼言，礼包含法，故荀子云：“礼者，法之大分也”（《劝学》），“礼者，人主之所以为群臣寸尺寻丈检式也”（《儒效》）。即便就狭义之法而言，虽礼法之区别显然，但荀子言法亦必以儒家礼之精神为依托，无礼为基础的法，在荀子看来等同于无法，故云“非礼，是无法也”（《修身》）。

（接上页）诡法”解释荀子“有治人，无治法”之主张，其胜义已远超出其他学者的看法。今翻检《荀子》一书，言“比周”者共 11 见，荀子显然看到了比周枉法的危害，如荀子言“上偏曲则下比周矣”（《正论》），“朋党比周”（《臣道》），“朋党比周之誉”（《致士》），“下比周贲溃以离上矣”（《强国》），“比周欺上恶正直”（《成相》），等等，不待引。不过，比较而言，荀子重“治人”，其重心似乎更在意于“法者非生物”所可能蕴含的“不能应事之变”“无法”“法而不议”“法教之所未及，闻见之所未至”等情况，下文将详论。

① “隆礼重法”是学者对荀子“君人者，隆礼尊贤而王，重法爱民而霸”（《大略》）的概括，荀子亦谓“隆礼至法”（《君道》）。

② 学者可参阅张亨：《荀子的礼法思想试论》，载氏著《思文之际论集——儒道思想的现代诠释》，台北：允晨文化实业股份有限公司，1997 年，第 172—173 页；亦可参阅拙著《合理性之寻求——荀子思想研究论集》，台北：台大出版中心，2011、2013 年，第 285—338 页。

③ 萧公权：《中国政治思想史》（一），沈阳：辽宁教育出版社，1998 年，第 104 页。

至萧氏论荀子之“治法”，其要则论列为三端，一曰用人之法，二曰劝禁之法，三曰正名之法。今观上述三端所述内容，似主要以“劝禁之法”为狭义之法，如云：“古者刑不过罪，爵不逾德。故杀其父而臣其子，杀其兄而臣其弟。刑罚不怒罪，爵赏不逾德，分然各以其诚通。是以为善者劝，为不善者沮；刑罚綦省，而威行如流，政令致明，而化易如神。”（《君子》）此法大体可以说是国家如何实施刑罚的规定[①]。依萧氏，“荀子于此比较少新义……荀子之主张大体不出儒家慎刑之范围，不必深论”[②]。

毕竟如何理解荀子对儒家“治法”理论的推进，萧氏或有其特定的观察，从本文的角度看，荀子言治法虽不出儒家明德慎刑的范围，但在先秦儒家中，荀子之有进于孔孟者当有以下几个方面。首先，荀子明确将“礼”与“刑”看作国家治理的常道、常法，此为孔孟所未尝言者，所谓“治之经，礼与刑，君子以修百姓宁。明德慎罚，国家既治四海平”（《成相》）。此处“刑”当指刑法，亦即规定犯罪、刑事责任以及给予犯罪人何种刑事处罚的法律规范的总称。明德慎罚、德主刑辅乃儒家共认的主张，荀子于此并无例外。孔子虽有“道之以政，齐之以刑”一说，但其理想却在“道之以德，齐之以礼”（《为政》）；孟子也有“徒善不足以为政，徒法不能以自行”之论，认为“贤者在位，能者在职，国家闲暇，及是时明其政刑，虽大国必畏之矣”（《公孙丑上》）。但孔孟的确未曾把“刑”看作治理国家的常道，而荀子却将“刑”作为听断政事的原则和要领，是秩序实现的前提和保证。荀子云：

听政之大分：以善至者待之以礼，以不善至者待之以刑。

① 荀子论刑多作“刑罚”概念使用，而“治之经，礼与刑”（《成相》），“明主……之所以为布陈于国家刑法者，则举义法也”（《王霸》），即指刑法。刑罚之原则自然是以刑法为基础的，而刑法之制定则以礼义为准则。

② 萧公权：《中国政治思想史》（一），第 106 页。

> 两者分别，则贤不肖不杂，是非不乱。贤不肖不杂，则英杰至，是非不乱，则国家治。若是，名声日闻，天下愿，令行禁止，王者之事毕矣。（《王制》）

此处“大分”，《荀子新注》释为“要领、关键”[①]；李涤生注云：“‘大分’，《劝学》篇与‘纲纪’并举，《王霸》篇与‘枢要’‘枢机’‘要守’并举。按下文‘公平者，职（听）之衡也……’正回应此句，是‘大分’有准绳、原则之意。陈大齐先生释‘大分’为‘大道’‘道’，亦准则之意。”[②] 换言之，依荀子，在圣王之政中，“礼”与“刑”两者共同构成了秩序实现的前提，它们既是贤不肖不杂、是非不乱，也是英杰得至、国家得治的前提，同时更是圣王事业竟其成功的保证。人或以为，荀子如此言刑、言法，正见其与正统儒者之异，然而，荀子如此之主张虽不必与孔子之所尽同，但亦可为孔子之所蕴含，此正反映出时代之变化与理论之发展相互协和的需要，也是儒学理论回应现实的一种表现。再观荀子如此言刑、言法，其目的在在为胶固王道，而悉归之于三代圣王以为轨范。

其次，孔子反对制定成文法，孟子对成文法则言之不详，而荀子可以说明确主张成文法的颁布和实施，主张“有法者以法行”。此前我们曾言，春秋时期，融合在礼之中的法已逐渐独立出来，而成文法的出现杜绝了执法者的擅断，使得法具有客观性、公正性和确定性，成为秩序实现的重要手段。荀子的理想目标是实现“正理平治”的王道社会，依荀子，王道社会中的“王者之人”（治人）对赏罚之法有其确定性的主张。《王制》篇专有一段论及于此，荀子云：“王者之论，无德不贵，无能不官，无功不赏，无罪不罚。朝无幸位，民无幸生。尚贤使能，而等位不遗；析愿禁悍，而刑罚不过。

① 北京大学《荀子》注释组（以下简称“北大本”）：《荀子新注》，第116页。
② 李涤生：《荀子集释》，第163—164页。

百姓晓然皆知夫为善于家，而取赏于朝也；为不善于幽，而蒙刑于显也。夫是之谓定论。是王者之论也。”此处“王者之论”，即谓论说赏罚。依荀子，制裁狡诈，禁止凶暴，刑罚的施加与罪行的大小个个相当而有其定准，既不过分也无不足，这是王者之人实施刑罚的不易的考核原则。这一说法意味着刑罚的实施有其确定的、公开公平的标准，所谓“无功不赏，无罪不罚”，所谓“罪祸有律，莫得轻重威不分”（《成相》），“庆赏刑罚欲必以信”（《议兵》），等等。法既为成文，人即可立此参照，如是，则“百姓晓然皆知夫为善于家，而取赏于朝也；为不善于幽，而蒙刑于显也”。荀子又云：

> 君法明，论有常，表仪既设民知方。进退有律，莫得贵贱，孰私王？（《成相》）

意思是说，君上的法度明确，言论合法而有定准，规章制度已设立，就如同建立了行为的方向，百姓就有了正确的行为标准；官吏的进退皆有明确的规定，贵贱由其才德而定，不得任意升降，如是，还有谁会去私佞君上。其实，在荀子的上述说法中，“法”之“明”与“常”指的是法的公开性与确定性，而体现法的公开与确定是成文法的一个重要标志。若法不明，论无常，则执法者难免肆意擅断，百姓则无规则可循而无措其手足，终至成为“无方之民”，若是，则秩序如何维护与实现？为此，荀子不仅主张成文法的公布和落实，而且在实施刑罚方面要求严格依法令而行，“刑称陈，守其银，下不得用轻私门。罪祸有律，莫得轻重，威不分”（《成相》）。具体地说，荀子主张礼和法是“规矩”“绳墨”，就此而言，荀子言法的确具有某种法定主义的意味，借此以确立法的权威和保证秩序的实现。前引“有法者以法行”已明确指出在处理政事中，那些有法律依据的就按照法律来办理。而法一旦制定，则官人百吏必须严格遵守，并对法本身保持敬畏之心，因为在荀子看来，官人敬法畏法，守法行法，是国家保其常道，秩序得其维护和实现的重要保证，所谓“水至平，端不倾”（《成相》），故荀子云：“百吏畏法循绳，然后国常不乱。”“政令已陈，虽睹利败，不欺其民。”（《王霸》）为防止个人的主观恣肆和比周枉法，荀子对臣下百吏、司法官员提出了严格的要求，以使“吏敬法令”，荀子云：“君教出，行有律，吏谨将之无铍滑。”（《成相》）“铍”通“颇”，邪也；“滑”，同“猾”，狡诈之意[①]。意思是说，君主的教令发布之后，臣下百姓的行为就有了规矩，官吏认真执行法令而不敢邪僻乱法，胡作非为。依荀子，天生蒸民，其君臣上下的职守皆有其所以取之之理由，如天子志意广大、德行醇厚、智虑明察，是天子用以取得天下的理由，而作为维持社会秩序之中坚力量的官人百吏所以取得俸禄的理由，就在于谨守法令，故荀子云：“循法则、度量、刑辟、图籍，不知其义，谨守其数，慎不敢损益也；父子相传，以持王公，是故三代虽亡，治法犹存，是官人百吏之所以取禄职也。”（《荣辱》）“法则”“刑辟”等等成文之法虽是“械数”，但它们依然是秩序维系不可或缺的重要部分，是客观的准绳和标准。进一步地看，荀子的刑罚观在理论上不仅体现出刑罪相称的报应论的意味，如荀子云“凡爵列、官职、赏庆、刑罚，皆报也，以类相从者也。一物失称，乱之端也”（《正论》），“刑法有等，莫不称罪”（《礼论》），“刑称罪则治，不称罪则乱”（《正论》），同时也体现出预防主义的效果论的特点，如荀子云“凡刑人之本，禁暴恶恶，且惩其未也”（《正论》），“严刑罚以戒其心”（《富国》），“严刑罚以防之”（《王制》），等等[②]。不可否认，荀子的上述主张进一步推进和丰富了儒家治法的思想，似不可谓无新义可言。

又次，荀子明确将法的必要与人性的特点之间做了内在的紧密

---

① 北大本：《荀子新注》，第 426 页。李涤生则谓“铍”为“鈒”字之误，应读为“涩”，拘滞义；“滑”，谓流荡。“涩”谓太严；“滑”谓太宽。见氏著《荀子集释》，第 585 页。

② 参阅拙著《差等秩序与公道世界——荀子思想研究》，第五章，第 92—125 页。

关联。荀子主人之性恶，认为人生而有欲，欲而不得则不能无求，但由于“欲多而物寡”的原因，故若求而无度量分界则必争，争则乱，乱则穷；另一方面，荀子又云，人生不能无群，但群而无分则争，而争又不免于乱和穷。为了解决由人性所不免导致的“争乱穷”的恶果，荀子认为，“古者圣人以人之性恶，以为偏险而不正，悖乱而不治，故为之立君上之势以临之，明礼义以化之，起法正以治之，重刑罚以禁之，使天下皆出于治，合于善也”（《性恶》）。依荀子，要使治道落实，天下秩序得以实现，君上之势、礼义之化无疑是十分重要的手段，然而，“法正”和“刑罚”同样不可或缺。由于人性的特点，荀子认为，犯罪作恶在任何一个社会中皆不可避免，因而以刑罚惩罚罪犯便是维系秩序的不可或缺的手段。礼义教化的功能在于起敬于微眇，绝恶于未萌。但若以为仅凭教化即可完全胜残去杀，则不免为一厢情愿的一帘幽梦而已，故荀子认为“教而不诛，则奸民不惩”（《富国》），“杀人者死，伤人者刑，是百王之所同也”（《正论》）。荀子甚至设想，如果“去君上之势，无礼义之化，去法正之治，无刑罚之禁”，其结果势必导致“强者害弱而夺之，众者暴寡而哗之，天下悖乱而相亡，不待顷矣”（《性恶》）的局面。

徐复观对孔孟荀有关刑罚的态度有一种看法，在徐氏看来，孔孟对刑采取的是一种谨慎的、无可奈何的态度，因为人之性善可以用德相感，可以不用刑，势至于非用刑不可，亦自觉这是治者的德化不够，自然会流露“哀矜而无喜”及“安有仁人在位，罔民而可为也”（《孟子·梁惠王上》）的心情。但因荀子主性恶，故其言礼乃成立于利害争夺比较之上，没有得到人道良心上的保障。如是，荀子为了推行礼治，礼与刑的关联便较孔孟大为密切，罚在荀子的政治中较孔孟远为重要①。徐氏谓孔孟持性善而可以不用刑，这种观

① 徐复观：《荀子政治思想的解释》，载氏著《学术与政治之间》，上海：华东师范大学出版社，2009年，第95页。

察自不免轻忽而过于表面，乃至认理想为现实；但其谓荀子主性恶，刑罚概念远比孔孟为重要则合乎实情。

最后，就一般而言，在社会秩序之规整方面，礼义教化所起的作用是积极的、正面的，而刑罚之禁所起的作用则是消极的、负面的。不过，在荀子那里，刑罚作为广义之治法的作用似乎并非一味只是消极的、负面的，而被赋予积极的正面的教化功能。Joel J. Kupperman 便认为，荀子所言的“法”并非只是消极的、禁止性的，“法”同时也“扮演一个建设性的角色”①。据学者观察，在孔孟那里，带给人们道德转化的因素，只与“仁”和“礼”相联系；但在荀子那里，“法”除了具有以强制手段迫使人们依规则行事之外，还能起到转化人性、培养人们的道德的作用②。今撇开孔孟那里的具体情况不论，荀子言法的确具有积极的正面的作用，这种作用主要是通过刑罚对犯罪之人的惩处所具有的客观效果，以触发民众在道德上的羞耻感，从而在内心深处达到息邪归正、弃恶从善的目的。一般而言，刑罚的惩罚效果多表现为威慑作用、阻止作用，所谓“刑一人而天下服”，“杀一人、刑二人而天下治”（《议兵》），但在荀子，刑罚的效果也可以通过触动人们的羞耻感以培养人们守法行善的动机，实现“民归之如流水”的目的。有学者称荀子的刑罚观具有“教育刑主义”的特点③，所言应有其根据。荀子云：

> 政令以定，风俗以一，有离俗不顺其上，则百姓莫不敦恶，莫不毒孽，若祓不祥；然后刑于是起矣。是大刑之所加也，辱孰大焉！将以为利邪？则大刑加焉，身苟不狂惑戆陋，谁睹是

① Joel J. Kupperman, “Xunzi: Morality as Psychological Constrait”, in *Virtue, Nature and Moral Agency in the Xunzi*, ed. by T. C. Kline Ⅲ and Philip J. Ivanhoe, Indianapolis/Cambridge: Hackett Publishing Company, 2000, p. 96.

② 参阅孙伟：《重塑儒家之道——荀子思想再考察》，北京：人民出版社，2010 年，第 180—182 页。

③ 参阅魏元珪：《荀子哲学思想研究》，台中：东海大学出版社，1983 年，第 244 页。

> 而不改也哉！然后百姓晓然皆知循上之法，像上之志，而安乐之。于是有能化善、修身、正行、积礼义、尊道德，百姓莫不贵敬，莫不亲誉。（《议兵》）

荀子认为，如果人们的行动只是为了赏赐和表扬，那么看见对自己有伤害的事就会罢手，所以刑赏势诈不足以尽人之力，古代圣王则通过厚德音、明礼义、申之以爵服庆赏以激励人们，这是达到“合大众，美国家”的最好手段。另一方面，依荀子，重刑加身，对人们来说乃是最大的耻辱，只要不是发疯、糊涂、愚蠢之人，谁看到这种情况都会暗自警醒。换言之，刑罚带给人的耻辱并非只是消极的，它也可以激发人们守法行法的动机和意识，所谓“百姓晓然皆知循上之法，像上之志，而安乐之”。“在这种情况下，如果有人能被善道所感化，修养身心，端正品行，不断奉行礼义、崇尚道德，百姓就没有谁不器重尊敬他，就没有谁不亲近赞誉他。”[①] 如是，若刑赏配合，宽严相济，则“暴悍勇力之属为之化而愿，旁辟曲私之属为之化而公，矜纠收缭之属为之化而调，夫是之谓大化至一”（《议兵》）。

综上可见，荀子虽重“治人”，然而他不但不否认“治法”，而且认为“治法”是秩序实现的重要保障，“隆礼至法则国有常……纂论公察则民不疑”（《君道》）。依荀子，“土之与人也，道之与法也者，国家之本作也”（《致士》）。“本作”，犹言根本，亦即土地、人民、道与法乃是国家的根本。荀子不仅不反对成文法的颁布和实施，主张“有法者以法行”，而且他还倡导刑罪相称、“刑罚不怒罪”（《君子》）的公正原则，在司法实践中力主“能以公义胜私欲”，以为唯其如此，方能实现秩序井然的社会，达到“天下愿令行禁止”（《王制》）。

---

① 参阅张觉：《荀子译注》，上海：上海古籍出版社，2012 年，第 213 页。

4.“无法者以类举”

然而，“治法”既然是国家得治的根本，是秩序实现的重要条件，何以荀子又主张“有治人，无治法”呢？就此一问题已有的研究成果看，学者实已做了多方面的说明，如谓君子是法之原，有是人才有是法；法只是治之端，法的实行需靠人来维护推行；法是固定的，而人却能灵活应变；等等。无疑这些说明皆在一定程度上指出了荀子重治人的理由，但其深层次的原因似仍有待进一步分析，人们或问，荀子既然注重“治法”，反对官吏的邪僻擅断，主张“有法者以法行”以确保秩序的实现，但荀子又重“治人”，强调主观方面的灵活应变，主张“无法者以类举”（《王者》）。果如是，则荀子的此一说法毕竟如何保证治人者在面对“无法”时行法的公正性？秩序的客观化又该如何寻求？

如欲回答类似问题，我们还得回到荀子提出“有治人，无治法”的理论背景上来。正如学者所指出的，荀子“有治人，无治法”一说“是针对法家的重势尚法不重人而言的”[①]。今就《非十二子》《解蔽》《天论》等篇而观，荀子批评的法家主要指的是慎到等人[②]。不过，荀子对慎到的思想既有批评也有吸收。事实上，慎到的主张与管子“任法而不任智，任数而不任说”（《管子·任法》）有很大的相似之处[③]，而与荀子之间则有同有异。依慎到，以法定治乱，以律均清浊对于国家的治理和秩序的实现能起到如影随形、如响随声的作用。慎到云：“有权衡者，不可欺以轻重；有尺寸者，不可差以长短；有法度者，不可巧以诈伪。”（《慎子·佚文》，见《意林》、《太

① 俞荣根：《儒家法思想通论》，第494—495页。

② 慎到，赵国人，齐宣王时稷下学宫的重要学者。有关慎到的学派归属学界说法不一，有人把他归属于道家，有人把他看作法家，也有人把他划归于黄老思想家等等，不一而足。本书绾合《荀子》文本，暂时把他看作法家。

③ 如慎到云：“悬于权衡，则氂发之不可差，则不待禹之智，中人之知，莫不足以识之矣。”（《慎子·佚文》，《太平御览》八百三十）

平御览》四百二十九）慎到的这种说法与荀子所言广义的、包括法在内的礼在用语上有很大的相似之处，如荀子云：“故绳墨诚陈矣，则不可欺以曲直；衡诚县矣，则不可欺以轻重；规矩诚设矣，则不可欺以方圆；君子审于礼，则不可欺以诈伪。”（《礼论》）即此而观，谓荀子吸收了慎到的思想，当不为无据[①]。但慎到由此出发，一概反对君人者（“治人”）应用个人的才智去取代治法，慎到认为，“君人者，舍法而以身治，则诛赏予夺，从君心出矣。然则受赏者虽当，望多无穷；受罚者虽当，望轻无已。君舍法，而以心裁轻重，则同功殊赏，同罪殊罚矣，怨之所由生也”（《慎子·君人》）。意思是说，君主不以治法为据进行治理，只以一己之心施行赏罚，其结果难免会造成同功殊赏，同罪殊罚，最终招致怨恨，其原因在于受赏者总是“望多无穷”，而受罚者总是“望少无已”。但为什么君人者“舍法而以身治”会产生这种结果呢？在慎到看来，“君之智，未必最贤于众也。以未最贤而欲以善尽被下，则不赡矣。若使君之智最贤，以一君而尽赡下则劳。劳则有倦，倦则衰，衰则复反于不赡之道也”（《慎子·民杂》）。其意是说，君人者之智未必贤于百姓，若以未最贤之智而欲达天下尽善则必有其不足；退一步，即便君之智贤于百姓，最终也会因劳倦寝衰而不能善治天下。正有见于此，慎到认为，即便国家的法还不完善，仍犹胜于无法，因为法可以用来统一人心，泯除个人恩怨，避免主观臆断，因而这种法具有公识、公正、公信、公审、公义的品格，故云：“法虽不善，犹愈于无法，所以一人心也。夫投钩以分财，投策以分马，非钩策为均也。使得美者，不知所以德；使得恶者，不知所以怨，此所以塞愿望也。故蓍龟，所以立公识也；权衡，所以立公正也；书契，所以立公信也；度量，所以立公审也；法制礼籍，所以立公义也。凡立公，所以弃

① 有关慎到与黄老学的研究，学者可参看王中江：《根源、制度和秩序——从老子到黄老》第八章，北京：中国人民大学出版社，2018年，第230—284页。

私也。”（《慎子·德威》）慎到亦由此进一步认为，法既为公义而设，代表着标准与规则，我们便应当杜绝一切对法的私议，“有道之国，法立则私议不行，君立则贤者不尊。民一于君，事断于法，是国之大道也”（《慎子·佚文》，见《艺文类聚》五十四、《太平御览》六百三十八）。又云：“法者，所以齐天下之动，至功大定之制也。故智者不得越法而肆谋，辩者不得越法而肆议。”（《慎子·佚文》）我们应该看到，就强调法的客观性、公正性，反对同功殊赏、同罪殊罚这一意义上，荀子未尝与慎到完全对立；不仅如此，荀子亦盛言“度法而公”（《君道》），“明通而公”（《强国》），主张君子当以“公义胜私欲”（《修身》）。然而，荀子批评慎到者当有三端，一是轻视“治人”者的特殊作用；二是反对“法而议”；最后是无视“无法”者的特殊境况。而且此三端复紧密联系在一起，盖依荀子，“治人”之作用尤在“无法”的特殊境况中通过“法而议”的方式而能见其“有法”[①]，此正切合荀子所拳拳致意的“权威在秩序实现中的作用”此一主题。我们来看荀子对慎到的批评，荀子云：

> 尚法而无法，下修而好作，上则取听于上，下则取从于俗，终日言成文典，反纠察之，则倜然无所归宿，不可以经国定分。（《非十二子》）
>
> 慎子蔽于法而不知贤……由法谓之道，尽数矣。（《解蔽》）
>
> 慎子有见于后，无见于先……有后而无先，则群众无门。（《天论》）

我们已经说明，在《非十二子》篇中，荀子对各家理论之不足的批评和反省其核心皆聚焦于政治秩序的实现方面，如谓它嚣、魏牟

① 荀子明确反对慎到法而不议的主张，认为“法而不议，则法之所不至者必废”，而能够对法而议的人，则非君子莫能，故云“治生乎君子”（《王制》）。

“不足于合文通治”，谓陈仲、史鳍“不足于合大众、明大分”，批评墨翟、宋钘“不足以容辨异，县君臣”，指责惠施、邓析“不可以为治纲纪”，批评子思、孟子“不知其统”等等，对此我们前面已经做了论述，而荀子对慎到、田骈则斥之为“不可以经国定分”，“经国定分”当然是就秩序的实现而言。我们要问，何以慎到的主张不足以“经国定分”？此即涉及荀子批评的具体内容。依荀子，慎到“尚法而无法，下修而好作”，终至无所归宿。先说“下修而好作”。“下修”，学者谓轻视贤智（“贤智”即“治人”）[①]，此可由《解蔽》篇“慎子蔽于法而不知贤”的说法中得到印证，杨倞对此也有清楚的解释[②]；“好作”谓自好立法创说。慎到“尚法”，此前已有引述，但为什么又说“无法”？各注本对此解说纷披，但总觉得恐有剩义。《荀子新注》释“无法”为“没有准则”[③]，似与慎到原义难合；李涤生谓“慎到崇尚法治而不以礼为据，实无法也”[④]，此说释意稍嫌曲折迂回；王天海谓“无法，无视礼法”[⑤]，意思与李涤生大体相同。按理，荀子对慎到“无法”的批评是站在自己的理论立场上说的，而荀子言“法”分“法之数”与“法之义”，前者为法的具体条文，后者即是法之条文所以如此制定的义理根据（荀子亦常常称之为“类”）。依荀子，“不知法之义，而正法之数者，虽博，临事必乱”。之所以如此，其理由在于法之数为固定，而事则常变，以固定应常变，则其法必有不逮之处，必有无法可用之处。审如是，在荀子看来，慎到“尚法”只尚“法之数”，而不尚“法之义”，这一点亦可由《解蔽》篇荀子批评慎到“由法谓之道，尽数矣”得到证明。但

---

① 熊公哲：《荀子》（上），重庆：重庆出版社，2009 年，第 91 页；北大本：《荀子新注》，第 66 页。

②《天论》篇“有见于后，无见于先”与此意相似，谓慎到只要人们跟在法后面，“动静不离于理”即可，反对任用贤智以有所建树和引导。

③ 北大本：《荀子新注》，第 66 页。

④ 李涤生：《荀子集释》，第 97 页。

⑤ 王天海：《荀子校释》，第 207 页。

只尚“法之数”不尚“法之义”的结果是“临事必乱”，此处“乱”即是“无法”的另一种注脚，而“乱”意味着秩序不能实现，故荀子云慎到虽“尚法”，但却“不可以经国定分”。

然而，为什么不尚“法之义”会导致“无法”和悖乱？简单地说，其原因在于，任何成文的具体的法条、规则（“法之数”）就其本性而言都是有针对性的，都是固定的、不变的，但不论此法条、规则如何周详密备，相对于不断变化的新问题、新事态所表现出来的丰富性、复杂性而言，总会显示出其不足和遗漏。事态所以为新，则在于它未曾出现，我们也未曾经历。因此，以既成的法条、规则以求新事态中的秩序的实现，就“理”本身而言，则暴露了法条、规则本身的虚欠与不充分[①]。故而，与慎到固守法条、反对“法而议”相反，荀子明确提出“法而不议，则法之所不至者必废”（《王制》）。“议”，谓讲论，亦即讲论通晓法之所以为法的道理（“类”），借法之数而明法之义。若只知法之条文而不知法之道理并以类推求，那么，在面对法无明文规定的地方，便会一筹莫展。对此安积信释云：“法而不议，谓徒守一定之法度，而不论辨法度之未载者，以通其类也。”[②]

由此可见，荀子“法而不议”之说看到了成文法本身的限制，而此一限制对于寻求普遍、有效地落实“正理平治”的秩序而言必须被打破。但是，依慎到的看法，若法而议，则诛赏予夺难免掺杂个人的好恶。慎到不任贤者（治人），认为一任贤者心裁轻重，则法无客观公正可言，而会徒生怨恨。但在这一点上荀子与慎到不同，依荀子，既然法而不议，则法之所不至者必废，那么，如何使“法而议”一方面可以避免慎到的主观擅断的担忧，另一方面又能借“议”法达到秩序的客观化、普遍化？这便构成了荀子重“治

① 荀子批评孟子“略法先王而不知其统”“案往旧造说”亦可从此一思路上理解。
② 参阅王天海：《荀子校释》，第346页。

人”的内在理由，换言之，“治人”就是如何使“法之数”在其不能涵盖的“无法”之处“有法”，对此，荀子提出的主张是“无法者以类举”。

我们首先必须确定，“无法者”不是一假设的状况，也不是偶然的“例外”，而是一事实性的陈述，甚至是一“常态”。依荀子，法条、规则固然重要，但现实中总有“法教之所不及，闻见之所未至”（《儒效》）的情况。同时，“无法”即意味着“无秩序”。那么，如何在“无秩序”处有“秩序”？如何使此“无中生有”的秩序具有客观性、公正性？依荀子，必须通过依乎法而又能够举统类而应之的权威（治人、君子）来实现[①]。荀子的此一主张意味着，法家慎到的法条化、形式化的有关秩序的思考固然重要，但却不能真正有效地保证秩序的全面实现。盖透过一般的法条、规则的建立以避免个人的恣意妄为，在理论上固然有其合理之处，荀子也未尝一概反对，然而，它却同时必须承担相应的理论后果，此即如何面对法条、规则所不能到达、不能涵盖的事态和状况，如何在无规则处产生新的规则。荀子认为，这些问题只能透过“治人”者的权威来解决，盖权威一方面可以在规则之所不及处通过“知通统类”“以类度类”“宗原应变”的方式使事变得应，“暗然若合符节”（《儒效》）；另一方面，作为权威的治人或君子亦可依据具体的秩序来创造规则的实质内容，所谓“论德而定次，量能而授官，皆使人载其事，而各得其所宜，上贤使之为三公，次贤使之为诸侯，下贤使之为士大夫”（《君道》），“愿悫之民完衣食”（《正论》），等等。所谓“法之所不至者”中的秩序的实现与确定性的达成只能由这种方式产生。

① 此处或透露出荀子不同于霍布斯的看法，依霍布斯，在无规则处制定规则的“是权威，而不是真理”（auctoritas，non veritas）；而在荀子，则应理解为是权威，但也是“真理”，因为权威是举类（共理）以应之，而非一任心裁轻重。当然，这里的“真理”有其特殊的含义。

明乎此，我们便不难看到，荀子对作为权威的“治人”者在德、能的规定性上采取的是某种“理想型”的分析方式[①]，而不同于慎到对“君之智”所采取的经验论的观察方法。依荀子，“天地者，生之始也；礼义者，治之始也；君子者，礼义之始也；为之，贯之，积重之，致好之者，君子之始也。故天地生君子，君子理天地；君子者，天地之参也，万物之揔也，民之父母也。无君子，则天地不理，礼义无统，上无君师，下无父子，夫是之谓至乱”（《王制》）。在荀子看来，治理天下而能达到“无隐谋，无遗善，而百事无过”者，“非君子莫能”（《王制》），故荀子云：“有良法而乱者有之矣，有君子而乱者，自古及今，未尝闻也。”（《致士》《王制》）针对法家慎到“任法不任贤”的主张，荀子则极力彰显“治人者”的榜样作用，认为“合符节，别契券者，所以为信也；上好权谋，则臣下百吏诞诈之人乘是而后欺。探筹、投钩者，所以为公也；上好曲私，则臣下百吏乘是而后偏。衡石称县者，所以为平也；上好覆倾，则臣下百吏乘是而后险。斗斛敦概者，所以为啧也；上好贪利，则臣下百吏乘是而后丰取刻与，以无度取于民。故械数者，治之流也，非治之原也；君子者，治之原也。官人守数，君子养原；原清则流清，原浊则流浊。故上好礼义，尚贤使能，无贪利之心，则下亦将綦辞让，致忠信，而谨于臣子矣。如是则虽在小民，不待合符节，别契券而信，不待探筹投钩而公，不待衡石称县而平，不待斗斛敦概而啧。故赏不用而民劝，罚不用而民服，有司不劳而事治，政令不烦而俗美。百姓莫敢不顺上之法，象上之志，而劝上之事，而安乐之矣”（《君道》）。依荀子，符节、契券，探筹、投钩、衡石称悬、斗斛敦概等，原本是为实现诚信、公正、公平和齐一的目的，不失为善好的治法，然而若治人者不以礼义自修，

① 此处所谓对“治人”者才德的理想型分析，乃就职业所事的意义上说，而不就别的意义上说，因为荀子也明确认为“君子之所谓贤者，非能遍能人之所能之谓也”（《儒效》）。

反而喜好权谋倾覆，偏私而贪利，那么，这些良好的治法即会被用于为欺、为偏、为险、为多取少给。但在荀子的理想规定中，作为治人者的君子本身就是以道德律身的人，或者说其本身就是诚实、公正的化身。今观荀子上述所言，其意与夫子君正则民正、风吹而草偃的主张并无不同。无疑，在荀子，“治人”在德、能上的规定有各种不同的内涵[1]，不复赘举，但荀子特别注重“治人”者能举统类以应之的特点，所谓“类是而几”（《解蔽》），“成文而类”，“以类度类”（《非相》），“依乎法而又深其类”（《修身》），“知则明通而类”（《不苟》），“听断以类”（《王制》），等等。而能举统类以应之之人，荀子或称为君子、人主、君人者，或称为大儒、圣人等，不一而足。不过，正如我们前面所指出的，各种称谓在含义上仍有差异，如“无法者以类举”一说，理论上，“举类”或“推类”应包含一种思虑活动在内，借此以拓展法之类的应用范围，以补法之数之所不至者。但这种情况似乎更多只适用于君子或大儒。圣人无疑是善举统类以应之之人，不过，圣人举统类却不需要思虑和谋划，而能发之而当，应变不穷[2]。因此，君子、大儒与圣人有别，但他们能知通统类、举类应变，则在相当程度上表明了他们的德、能修养已近于圣人的境界，此一点前面已有论说。由此观之，将“治人”理解为“王者之人”在荀子思想中似乎较为妥帖，盖一者“王者之人”在含义上大体可涵盖上述的各种不同称谓，又能突出其笃于治道的德位一体的权威特点；二者荀子言“治人”为“有原”之君子，所谓“君子者，法之原也”，“君子者，治之原也”，又云“君子养原”（《君道》）。“原”，通“源”，谓源泉、根本或本

---

① 相关论述，学者可参阅翁惠美：《荀子论人研究》第三、四章等，台北：正中书局，1988年。

② 如荀子云：“不先虑，不早谋，法之而当，成文而类，居错迁徙，应变不穷，是圣人之辩者也。”（《非相》）但此一意义上的圣人有时又颇类于荀子对天子的描述，如云：“天子不视而见，不听而聪，不虑而知，不动而功，块然独坐而天下从之如一体，如四胑之从心，夫是之谓大形。”（《君道》）

源、根源[①]，其含义当指“礼之理”而言（《礼论》），而“有原”之人即是“王者之人”，故荀子云：“王者之人，饰动以礼义，听断以类，明振毫末，举措应变而不穷，夫是之谓有原。是王者之人也。”（《王制》）由此看来，作为“治人”的“王者之人”指的是能行王道以治理天下、统一天下的德位一体的权威，而王者之人所以能治理和统一天下则在于其一举一动必以礼义自饬，听断政事必以礼法之统类为准则，对法之所不及者能借类推以弥补法律条文之不足，如是，即能明察秋毫，应变万端[②]。一句话，权威之所以为权威在于其知虑足以治，仁厚足以安，德音足以化。

然而，“王者之人”在“法之所不至”之处举统类以应之，毕竟如何能保证秩序的客观化？此又涉及荀子对“类”或“统类”概念的理解。简言之，在荀子看来，王者之人在“无法”处行法之所以不至于流于主观恣意，其客观性、公正性之保证无疑首先端赖乎王者之人的德、能修养，这是从主观方面说；另一方面，从客观方面看，则可由“类”概念所包含的“共理”来提供担保。“类”本身就包含着客观性[③]。荀子重“类”，把能否知统类看作君子、小人相区别的标志[④]，认为“伦类不通，仁义不一，不足谓善学”（《劝学》）。所谓“通伦类”，意即在具体的礼法所未该、未至之处，以其等伦比

① 李涤生：《荀子集释》，第 264 页；北大注释组：《荀子新注》，第 191 页；王天海：《荀子校释》（上），第 531 页。

② 荀子此一意义上的王者之人是指能知通统类的大儒，《儒效》篇云：“法先王，统礼义，一制度；以浅持博，以古持今，以一持万；苟仁义之类也，虽在鸟兽之中，若别白黑；倚物怪变，所未尝闻也，所未尝见也，卒然起一方，则举统类而应之，无所疑怍；张法而度之，则暗然若合符节：是大儒者也。”

③ “共理”概念乃承用牟宗三的说法，但葛瑞汉（A. C. Graham）似乎并不认同“类”概念具有实体的意义，而更愿意把它看作一个唯名论（nominalism）的概念。参阅 A. C. Graham，*Later Mohist Logic*，*Ethics and Science*，Hong Kong：Chinese University of Hong Kong Press，2003，p. 336。

④ 荀子云：“多言则文而类，终日议其所以，言之千举万变，其统类一也，是圣人之知也……齐给便敏而无类，杂能旁魄而无用，析速粹孰而不急，不恤是非，不论曲直，以期胜人为意，是役夫之知也。”（《性恶》）

类而通之，而得其一以贯之、触类而长、“全之尽之”之效。从逻辑上看，所谓“类”指的是一群具有相同性质的事物的集合，它至少包含两个因素：（1）事件或个体之成为分子；（2）分子以上的一个标准[①]。因此，言“类”是使杂多的分子具有共同的标准，必须满足“符验”的客观要求。但荀子言“类”非意在纯逻辑地建立形式法则，而有其文化和道德价值内涵，故荀子又称之为“统类”“伦类”“道贯”等。对应于“法之数”与“法之义”（亦可言“法之类”[②]，但稍有不同）而言，“法之数”的特点表现为具体性、特殊性；相反，法之类的特点则表现为抽象性、普遍性。如具体的法的条文各不相同，是具体的不是普遍的；但由“法的”一形容词所指示的“法性”，则是普遍的，此即是“法的”之所以为“法的”之理，此理贯穿于每一具体的法的条文之中，故又可称之为“共理”，荀子则称之为“类”。此“共理”因其抽象性、普遍性而具有客观性，盖此“共理”本身就包含一致、条理、秩序和客观的属性。审如是，“无法者以类举”在理论上便不完全取决于举类者主观自身，而有其客观的必须遵循的“共理”，同时，此“共理”还蕴含了价值上的正当性[③]。荀子借此“共理”一方面避免了慎到所担忧的贤者心裁轻重的主观随意性，突出了王者之人“以类行杂，以一行万”所具有的客观公正性；另一方面，荀子也借“通类”（《大略》）、“度类”（《非相》）、“推类”（《正名》《臣道》）等概念，克服了“法之数”自身所必然具有的“法之所不至者”的不足和限制。

我们知道，荀子思想的中心议题是重建秩序，然而，慎到任法

① 牟宗三：《理则学》，《牟宗三全集》第十二卷，台北：联经出版事业股份有限公司，2003年，第9页。

② 荀子亦有“依乎法而又深其类”（《修身》）一说。

③ “类”概念虽具客观、条理的属性，但在荀子“治人”“治法”的结构中，此属性要得以作用的保存仍赖乎“治人”。换言之，在“无法”处行法的客观性，荀子似乎是通过“治人”者的“德”“能”和“类”概念所包含的“共理”给出双重的担保，其中存在的问题待后指出。

而不任贤、“法虽不善，犹胜于无法”的主张却不能令秩序的实现获得其普遍、全面的功效。同样，孟子“略法先王而不知其统”“案往旧造说”的观念亦阻碍了“法其法以求其统类”（《解蔽》）的通道，胶结于唯尧舜是论，至是而不能应事之变，导致“起而不可设，张而不可施行”（《性恶》）。正有见于此，荀子把能否“知通统类”与“治乱”（秩序）问题紧密相连，荀子云：“百王之无变，足以为道贯。一废一起，应之以贯，理贯不乱。不知贯，不知应变。贯之大体未尝亡也。乱生其差，治尽其详。”（《天论》）统类足以贯通一切典章制度，不知以礼为统类条贯，则不能应变而足以致乱，唯统类明，方能理贯不乱，故云：“舍是而天下以衰矣。”（《王制》）依荀子，“知通统类”是王者之人的重要特征，能明类、推类即可“以近知远，以一知万，以微知明”（《非相》），乃至于在面对新事态、新问题时能“与时迁徙，与世偃仰”，灵活应变而曲得其宜。正是由于王者之人具有推类应变的能力，使得在理论和事实上并不可能周全的法度（即便是良法也不可能周全）能够发挥其最大的功效，以完全实现“正理平治”的秩序，故荀子云：“操弥约，而事弥大。五寸之矩，尽天下之方也。故君子不下室堂，而海内之情举积此者。”（《不苟》）又云：“倚物怪变，所未尝闻也，所未尝见也，卒然起一方，则举统类而应之，无所疑怍；张法而度之，则晻然若合符节。”（《儒效》）

尚需指出的是，荀子推类、度类所达到的普遍效力，在理论上还具有突破具体的时间和空间限制的特点，荀子云：“以人度人，以情度情，以类度类，以说度功，以道观尽，古今一也。类不悖，虽久同理，故乡乎邪曲而不迷，观乎杂物而不惑，以此度之。”（《非相》）此处“以类度类”说明“类”具有客观性、普遍性；“类不悖，虽久同理”表示“类”可以超越具体时间的限制。另一方面，荀子又认为，王者之人推类应接，得其类则不患其“无法”，亦不患世事之纷杂，而可以一行万，齐给便敏，以待无方，故云：“有法者以法行，无法者以类举。以其本知其末，以其左知其右，凡百事异理而相守也。庆赏刑罚，通类而后应；政教习俗，相顺而后行。”（《大略》）所谓本末左右、所谓百事异理等等指涉的是推类可以突破具体空间上的限制。只不过我们不能把这种举类仅仅看作逻辑方法上的类比推理，而更应该把它理解成王者之人在遭遇变化不居的新事态时“宗原应变”的一种政治实践和伦理实践的能力①。依荀子，在法之所不至之处，秩序的完全实现正是依靠王者之人“以类度类”的方式而竟其全功的。

5. 未曾“结束”的结束语

秩序问题是社会生活得以安宁的前提和基础。从外在性的解释来看，荀子所处的时代，王纲失坠，列国纷争，“诸侯异政，百家异说”（《解蔽》），在此剧烈的社会变迁面前，为全面而有效地重建政治秩序，荀子深刻地认识到，必要的“权威”以及同样必要的“治法”乃是实现秩序定常的有效手段。这是荀子为何注重“治人”同时又把“礼与刑”看作国家治理之“经”，把“法”有“明”、论有“常”看作国有常道、民有常守的重要原因②。然而，面对法家慎到等人任法而不任贤的主张，荀子一方面深刻地反省了法数条文本身的虚欠和不足，另一方面则谨守了儒家重治人的传统，以为在

① 柯雄文认为，“法在正常情况（normal circumstances）下，大抵足于发挥其引导治理之功效。不过若情况紧迫（exigent circumstances），则非靠‘推类’或类比推衍不为功”。只不过，荀子的“此种推类活动，乃是具有伦理关怀的君子（而非被认为完全掌握一切‘理’与类的圣人），在紧迫的情况下，以‘统类’作为统一观点而行之。由于所面对的情况多少是新奇无先例的，没有既存的规则来引导知虑，因此必须从事推类”。参阅氏著《伦理论辩——荀子道德认识论研究》（赖显邦译），台北：黎明文化事业股份有限公司，1990 年，第 76、79 页。

② 哲学的解释之所以不同于思想史的解释在于其注重思想、观念的内在逻辑的发展，而不是专注于外缘条件的理解。从此一角度上看，荀子在理论上乃据于人之性恶以及“欲多而物寡”的逻辑前提推出“争乱穷”的结果，并由“争乱穷”的结果推出秩序何以必需的结论。

秩序实现方面，弥补法教之所未及，闻见之所未至的情况，唯待王者之人触类而长，以义应变。“法之数”以其不变性维持秩序之定常，然而，“无法者”的事实性以及社会剧烈变迁所导致的新事态的双重挤压，使得“任法而不任贤”的主张无法使秩序得以全面而有效地落实。由此我们不难看到，在《荀子》一书中，“变”和“应”在某种意义上构成了显眼的双重变奏的主题，以致有些学者认为，不了解荀子的“通变观”便不能真正理解荀子的君子之学①，如荀子云“应卒遇变”（《臣道》），“应当时之变”（《儒效》），“万物得宜，事变得应”（《富国》），“居错迁徙，应变不穷”（《非相》），“与之举措迁徙，而观其能应变”（《君道》），等等。通过荀子对“应变”的论述，我们可以看到，荀子已经一反儒家传统泥古、守旧的面孔，表现出自觉开新的创造性特色，可以说，荀子的创新应变的精神气质使得先秦儒家的面貌为之一新。必须强调指出的是，在荀子看来，这种因“变”而“应”的行为在理论上之所以不会流于主观随意，其前提和保证盖源自王者之人卓越的德、能及其“通类”“举类”的行为，因“类”之“共理”本身所包含的客观要求，故能达成“得宜”“曲当”的目的。依荀子，王者之人“其德音足以填捂百姓，其知虑足以应待万变，然后可”（《君道》），此“可”意味着因应万变之新事态须以“法之义”“礼之理”为精神原则，它贯乎百王之道，而应于万物之前，构成“举错

① 陈昭瑛教授指出，“绝大多数的荀子研究中不涉及荀子的通变观，而绝大多数关于‘通变’观的研究也不提荀子。而事实上荀子的通变观不仅影响史学领域中由司马迁‘通古今之变’所彰显的通变观，也影响文学批评、文学理论中由刘勰《文心雕龙·通变》所总结的通变观，甚至影响及于经学史的‘通儒’概念的出现”。参阅《“通”与“儒”：荀子的通变观与经典诠释问题》，载氏著《儒家美学与经典诠释》，台北：台大出版中心，2005年，第91—115页。陈教授所言甚是。的确，我们有理由将荀子的通变观上升到先秦“古今之辩”的角度来加以理解，它同时也表达出荀子独特的历史哲学意识，拙文《“先王之道”与“法后王”——荀子思想中的历史意识》在随顺陈教授研究的基础上指出了此一点，参阅拙著《合理性之寻求——荀子思想研究论集》，台北：台大出版中心，2011年，第339—368页。

迁徙”（《非相》）、“应事之变”（《君道》）之行为的客观性和正当性基础。

应当看到，荀子以“法之所未至”来确立“治人”之权威的必要，以便在秩序实现中竟其全功，在理论上有其合理的诉求。不过，如何在制度建构上保证其理论上预认的权威在政治实践中的正确，荀子似乎并没有给我们提供有效的、确定的途径和方法，此虽为老生常谈之论，但仍有指出的必要。现代程序政治的目标在于确立规则的优先性，最大限度地限制个人权威，所谓规则优先指的是如何决策总是比做出某种决策更为重要。它蕴含着任何权威都是处于特定的政治利益群体之中，其言行取舍并不可能超越此特定的利益群体而不免于自私和偏弊，故而决策的程序化被提到首要的位置，程序的正确优先于具体决策的正确。或许，对荀子而言，身处大变革的时代，法的有限性以及“无法者”状况的大量出现，客观上需要德行醇厚、知虑明察、能“举类”以通变应变的权威，以实现其王者之大业，对此我们应做同情之理解。问题在于，荀子的“王者之人”虽然预设了道德上、智能上的完备，而一旦落实在实际的政治生活中，面对这种理论上的预设，人们更多却只能寄望于偶然，此中原因不可不加以深察。当代神学家和政治思想家莱茵霍尔德·尼布尔（Reinhold Niebuhr）所著《道德的人与不道德的社会》或许可以从一个侧面给我们以启发。尼布尔认为，个人道德有自私的一面，也有无私的一面，而社会群体的道德只仅有自私的一面。作为个体的人生来就具有同情心，适当的社会教育可以拓展他们的情怀，盖“人是一种唯一能够具有充分自我意识的存在物，他的理性赋予了他一种自我超越的能力”[1]。因此，人的“良知的力量显然来自于个人”[2]，“个人身上所具有的理性与道德的资源表现出日益增长的可能

---

① 莱茵霍尔德·尼布尔：《道德的人与不道德的社会》（蒋庆等译），贵阳：贵州人民出版社，1998年，第21页。

② 同上，第29页。

性是真实存在的”[①]。然而，人所处的社会群体（包括国家、民族、阶级、团体等）却是自私的，这些政治群体包括“治人者”总是以其自己的特殊利益作为指导原则，如是，个人的无私冲动在自私的群体中受到压抑，形成了“道德的人”与“不道德的社会”之间的冲突。尼布尔引用德国作家哈勒的话说：“政治家若不从国家利益出发，就应当被绞死。”[②] 国家或民族的统一行动要么由统治集团的私利所促成，要么由俗众情绪和不时发生的民族的歇斯底里所促成，这种行动是自私自利的，不可能合乎伦理，这种政治团体及其“治人者”的言行和决策只能表现出自私利己的倾向[③]。尼布尔的相关主张以及多少有点社会存在决定社会意识的方法，学者自可从不同的角度提出批评。然而，我们只想指出，尼布尔其中的一点观察足以引发我们的反省，此即“占支配地位的特权集团的道德态度都是以普遍的自欺和伪善为特点的”[④]。或许，尼布尔的这种说法会被认为过于决绝，因为政治群体及其“治人者”“也同样可能有无私的利他行动”[⑤]，我们当然不会否认这种偶发的“可能性”。然而，正如尼布尔所指出的，政治群体及其“治人者”在本性上根本承担不起任何道德的赞美，他们并不具有政治实践意义上的完全自足的道德资质，其间理由并不复杂，因为假若相反，则人类至今汲汲于克服专制、防止独裁、限制个人权威的所有努力便都成为徒劳无益、多此一举的行为。遗憾的是，人类的理性和政治实践对此给予了断然否定的回答[⑥]。

---

① 莱茵霍尔德·尼布尔：《道德的人与不道德的社会》（蒋庆等译），贵阳：贵州人民出版社，1998 年，第 33 页。

② 同上，第 68 页。

③ 同上，第 71 页。

④ 同上，第 93 页。

⑤ 参阅该书陈维政“中译本序”，第 11 页。

⑥ 参阅刘小枫：《走向十字架上的真》之《不抱幻想，也不绝望》章，上海：华东师范大学出版社，2011 年；刘岱主编《中国文化新论·思想篇一·理想与现实》中陈弱水之《追求完美的梦——儒家政治思想的乌托邦性格》章，北京：生活·读书·新知三联书店，1991 年。

对于荀子而言，对人性自利的认定已经成为其理论的重要标识，而且其对统治者为政的实际观察似乎也印证了其理论判断[①]，然而，这种理论的认定和经验的观察似乎在荀子对“治人”或“王者之人”的理想型规定面前并未产生实际的理论效果，亦未引起足够的警惕。对“治人”者完全自足的道德资质的信任和信赖、对权威人格及其德能的完全推尊和信从，使得荀子的理论终究保持了传统儒家的理想主义的特色。此一现象一方面暴露了荀子理论自身的矛盾和不彻底，同时也显示出荀子在政治行为与道德行为关系上思考的混乱。审如是，荀子“有治人，无治法”的主张，究其极总难免落入人治的浪漫主义的遐想之中，良非无故也。

① 如荀子云：“今之世而不然，厚刀布之敛，以夺之财；重田野之赋，以夺之食；苛关市之征，以难其事。不然而已矣，有掎絜伺诈，权谋倾覆，以相颠倒，以靡敝之。百姓晓然皆知其污漫暴乱，而将大危亡也。是以臣或弑其君，下或杀其上，粥其城，倍其节，而不死其事者，无他故焉，人主自取之。”（《富国》）

四　『人服而势从之』

——荀子的政治正当性理论

君主使人们畏惧自己的时候，应当这样做，即使自己不能赢得人们的爱戴，也要避免自己为人们所憎恨。

——马基雅维里

即使最强者也不能总是强大得足以永远做主人，除非他把权力转化为权利以及把服从转化为义务。

——卢梭

碧空如洗
袒露着它永恒的胸怀……
“美”都苏醒了，
何以你们仍在睡梦中双目紧闭？

——济慈

1. 引言

本章所讨论的主题是荀子有关政治正当性的问题。在通常情况下，本章的恰当安排似乎应该在第一章之后，今移至第四章来论述，这是需要对读者首先加以说明的。

实际上，第一章的核心主题是探究荀子政治哲学的逻辑前提，它追问的问题是，荀子何以要提出建立一个“正理平治”的秩序社会，其理论理由是如何被说出的。假如此一理论理由是充分的、适切的，也就是说在被给定的逻辑前提下，必须（理论之必然性）指向建立一个规正、有序、平和与得到有效管控的社会，那么，我们紧接着的问题自然就是，这样一个井然有序的社会是由谁来建立的。这个问题构成了本书第二章和第三章所处理的内容。简言之，在荀子，圣王（或如理的君主）是引领生民百姓、带领民众避免战争，过上和平安宁生活的舵手，故云“无君子，则天地不理”。然而，圣王凭什么或有什么理由来领导民众？民众又有什么理由来服从圣王的权力？或者退一步，即便为了避免战争，为了让民众过上“群居和一”的生活，我们仍需在理论上给出坚实的理由来说明，服从圣王所制定的政治权力的统治如何能够获得道德上的有效辩护。这一追问所逼显出来的问题亦可表述为，事实上我们似乎有足够的理由去承认和接受由圣王所建立的国家制度及其法则规范的合理性和必要性，但这并不等于说在道德上我们就有足够的理由去接受这种政治权力的统治；换言之，说明这种政治统治的必要性和合理性与证成这种政治统治的正当性是两个并不相同的问题。

这便是本章所要处理的政治正当性的问题。

“政治正当性”（political legitimacy）是一个现代政治哲学的概念，虽然按学者所说，此一概念因被滥用而变得颇为混乱，但以此一概念为工具去探讨传统政治思想的得失，已然成为当今学者常常致力的工作。有关荀子的政治正当性理论，学者也已多有研究，且主张各异，看法不一。本章无意对此做详细的检讨，但试图说明，就此一概念的现代含义而言，“政治正当性”所预认的观念前提，乃在于民众自我意志的自由和自决；舍此，则任何权力的“正当”或“不正当”皆无从谈起。正是从这一前提出发，我们需要指出的问题有三个方面：其一，尽管我们可以用“政治正当性”这一概念来说明荀子的相关主张，但在权力来源的问题上，荀子并不曾追问权力本身的正当性问题。我们也可以说，荀子对权力之“正当性”问题有其特殊的关心和理解方式。其二，坊间许多学者所论述的荀子的“权力正当性”，其实义乃是权力行使的合理性，换言之，荀子并不曾关注权力在“根据”上的正当性，而只在意权力在行使“效果”上的合理性。最后，本章对荀子有关权力转移和权力制约的主张也进行了必要的检讨。

那么，政治正当性问题是在何种意义上关联到荀子的思想论述的？假如我们认同在第一章中荀子的相关理论预设，亦即在没有国家政府和法则规范的情况下，听任人性的自然必然性起作用，那么，这种类似于“自然状态”的生活终究会变得让人无法忍受乃至于酿成人类的悖乱相亡，故必当有圣王出来为之起礼义、制法度，划定上下等级、尊卑贵贱，以组成相互合作的政治国家。依荀子的说法，“人生而有欲，欲而不得，则不能无求。求而无度量分界，则不能不争；争则乱，乱则穷。先王恶其乱也，故制礼义以分之”（《礼论》）。在此一段中，荀子已清楚地向我们表明，人类要实现自己的欲望和保证自身的生存，只有依靠先王（圣王）“制礼义以分之”；而圣王由于其优异的德能及其“尽伦尽制”（《解蔽》）的特点，故而可以获得人们的信赖，并带领人们摆脱“争乱穷”的状态，实现和平、安全和秩序。

不过，荀子所说的“尽伦尽制”的圣王，在观念形态上类似于韦伯所谓的“理想型分析”（ideal type analysis），盖凡言“尽”者皆就理想说。但从政治哲学上看，“尽制”必指向现实的外王层面，例如一个合宜的社会组织结构为什么是“贵贱有等，长幼有差，贫富轻重皆有称者也”（《礼论》）？此“等”“差”“称”的标准由谁来制定？又凭什么来制定？在何种意义上我们有服从这些法则、标准（“等”“差”“称”）的道德义务？类似问题即涉及组织政治国家中的具体的权力结构安排以及此权力结构中所不可避免的支配和服从关系，因而，着力呈现此种权力结构中的“支配——服从”关系中的逻辑并给出必要的道德证成绝非是一项可有可无的工作。

依荀子的主张，尽管我们似乎有足够的理由去承认和接受由圣王所建立的权力结构以及国家制度的必要性和正当性：相对于自然状态下人类“悖乱而相亡，不待顷”的结果而言，没有比圣王带给我们“正理平治”和“群居和一”的秩序社会更好的了，然而如前所言，这种说法本身并没有终止哲学层面上的追问：我们需要给出一些坚实的理由来说明，具体的现实层面上的权力统治如何能够获得道德的有效辩护；或者说，我们需要有一种同样坚实的论证来表明我们有一种服从政治权力统治的道德义务。否则，类似“凭什么支配？为什么服从?”的疑问便始终会存在于人们的心灵之中。

此一问题在中西思想史上或许有不同的表述方式，但就问题本身的实质而言却具有相通性，而此一问题在理论上即涉及“政治的正当性”问题。

“政治正当性”一词原本是西方政治哲学的概念，而对此一概念所包含的具体内容的理解则头绪繁多，颇为复杂[①]。按照哈贝马斯的

① 相关研究学者可参阅周濂：《现代政治的正当性基础》，北京：生活·读书·新知三联书店2008年；同时可参阅马克斯·韦伯：《经济与历史：支配的类型》（康乐等译），桂林：广西师范大学出版社，2010年；卡尔·施米特：《合法性与正当性》（刘小枫编），上海：上海人民出版社，2015年；大卫·戴岑豪斯：《合法性与正当性》（刘毅译），北京：商务印书馆，2013年；约翰·西蒙斯：《正当性与合法性》（毛兴贵译），载《世界哲学》2016年第2期。

说法，“正当性意谓着对于一个政治秩序所提出的被肯认为对的及公正的（right and just）这项要求实际上存在着好的论证；一个正当的秩序应是得到肯认（recognition）的。正当性意谓着政治秩序之被肯认之值得性（worthiness to be recognized）”①。石元康先生对此指出，哈贝马斯此一有关正当性的定义有两个主要的方面值得我们注意，一是把政治秩序问题看作正当性的评价对象，亦即任何政治秩序的达成，对于统治者和被统治者而言，其权力必须要有一个道德基础，以便“使得统治者可以统治得心安理得，而被统治者也认为统治者统治的权力是正当的”；另一是正当性所涉及的“肯认”和“值得性”，亦即在政治秩序“这个组织中的人必须认识并且接受这种权力及不平等的安排是有基础及公正的，因而值得人们给予它们的肯认”。不过，对于浸淫在当今中西比较气氛日益浓厚中的学者而言，或许会很自然地追问，作为一种与西方不同类型的传统文明，中国“古代有没有正当性这个问题？最开始是如何关心这个问题的？又会在什么样的视野和概念框架中、以什么样的语言词汇提出这样的问题？”② 类似的追问把正当性问题放入不同文化和传统的脉络中来理解，使得正当性的具体含义及对其之理解变得更为复杂。无疑，正当性问题在中西不同的传统中可能有不同的言说方式、不同的探究途径和方法，但假如我们把正当性问题作为一个普遍问题来理解，那么，透过对正当性问题的不同的言说方式，中西之间虽会有差异，但此一问题本身的理论有效性依然值得我们重视，盖任何权力的统治本身皆需要提供一套理由来证明其自身是对的，是可接受的。没有理由支持的权力，人们不会接受它的统治，换言之，正当性问题

① 转引自石元康：《天命与正当性：从韦伯的分类看儒家的政道》，载《开放时代》1999年第6期。亦可参阅哈贝马斯：《交往与社会进化》（张博树译），重庆：重庆出版社，1989年，第184页。

② 许纪霖等：《政治正当性的古今中西对话》，桂林：漓江出版社，2013年，第8页（刘擎语）。

就是如何让统治者统治得心安理得，让被统治者被统治得心甘情愿。按学者的说法，“在政治领域中，只要存在支配——服从关系就会有正当化的诉求。并且无论我们如何构想正当性的具体内容，正当性都是对支配关系所做的某种道德证成。这种道德证成并非可有可无，它可以通过使支配者拥有发布命令的权利、被支配者负有服从命令的义务，从而确保社会政治秩序的稳定性”。[①]

就西方政治哲学史的角度上看，正当性问题涉及许多复杂的面相，我们不可能一一加以梳理和探究[②]，故而本章所讨论的荀子的政治正当性理论主要指的是荀子有关政治权力的正当性主张，而不涉及其他诸如政治组织形态等问题。而且我们还要说明的是，此处所谓荀子有关政治权力的正当性主张我们又主要围绕以下三个问题来展开，亦即权力的来源、权力的更迭（权力的维系和转移模式）以及权力的制约（权力具体运作的规范）。

2. 权力的来源

我们通常会认为，中国传统思想中最早有关权力的来源及其正当性的论述在周初的《尚书》和《孟子》中有较具代表性的说明，不过，在此一问题上，荀子的主张既不同于《尚书》的天命观，也不同于孟子的命定论，而表现出其政治哲学思考的特色。

小邦周克大邦殷之后需要有一套理论来说服旧有的殷商民众，并为其“夺权”行为进行正当性辩护。按照周公的说法，是上天改变了天下的元首，结束了大邦殷的国命[③]，不是我小邦周胆敢取大邦殷的命，而是因为上天不把天命给那些诬枉而又暴乱的人[④]，我小邦

① 周濂：《现代政治的正当性基础》，第5页。

② 周濂认为，在“政治哲学史中对于‘何为正当性’这个问题也从来没有标准答案，进一步，在概念层面上正当性与其亲缘概念如证成性、合法性、政治义务、政治权威之间的关系也一直处于晦暗不明的状态”（氏著《现代政治的正当性基础》，第25页）。

③ “皇天上帝，改厥元子，兹大国殷之命。”（《尚书·召诰》）

④ “非我小周敢弋殷命，惟天不畀允罔固乱。”（《尚书·多士》）

周只是佑助天命，奉行上天的明威，执行王者的诛罚而已[①]。而上天之所以改厥元子，并不是上天刻意要舍弃夏或舍弃殷，而是因为你们夏、殷的君王纵于淫佚，夸大天命，不敬上天保民爱民之德而懈怠，故而上天降下亡国的大祸[②]。周公对此总结道：“我不可不监于有夏，亦不可不监于有殷。我不敢知曰，有夏服天命，惟有历年；我不敢知曰，不其延。惟不敬厥德，乃早坠厥命。我不敢知曰，有殷受天命，惟有历年；我不敢知曰，不其延。惟不敬厥德，乃早坠厥命。”（《尚书·召诰》）综上可见，周人天命观的核心在于，统治者权力来源的“正当性”是由上天所给予的，但“天命靡常”，天命不可依恃，统治者唯当终日乾乾，敬德保民，否则，上天仍会“降丧”而收回成命，故云“皇天无亲，惟德是辅”（《尚书·蔡仲之命》）[③]。可以说，“天命”“敬德”“保民”构成了周人“政治正当性”的基本内涵。

逮至“捐礼让而贵战争，弃仁义而用诈谲”[④] 的战国时代，孟子已清楚地认识到“不仁者在高位，是播其恶于众也”（《孟子·离娄上》），故孟子倡言“性善”，力主统治者当以不忍人之心行不忍人之政，如是，则天下可运于掌。孟子的仁政注重民意，“民为贵，社

① “我有周佑命，将天明威，致王罚，敕殷命终于帝。”（《尚书·多士》）

② “非天庸释有夏，非天庸释有殷。乃惟尔辟以尔多方大淫，图天之命屑有辞。乃惟有夏图厥政，不集于享，天降时丧，有邦间之。乃惟尔商后王逸厥逸，图厥政不蠲烝，天惟降时丧。”（《尚书·多方》）

③ 在某种意义上，我们的确可以指出，周人的这种“惟不敬厥德，乃早坠厥命”的天命观似乎在敬德与获得天命之间建立了某种因果关系，丧德者亡国，敬德者保有天命。倘若如此，则丧德者亡国可生发出一种正面的积极的警励意识；而敬德者保有天命，则天命原有的最终决定权的意义便一转而系于统治者人为的主观方面的努力，而有可能使天命的绝对性被架空。如此一来，一方面，统治者固需时时刻刻如履薄冰地敬德修德，以获得天命的眷顾，这已使得统治者负有的无限的道德责任变成沉重的道德担负；另一方面，虽然敬德或有德可体现在爱民保民上，但在缺乏有效的制度安排的前提下，由于统治者客观上是一个权力的无限体，无形中垄断了何为敬德或有德的定义，其流弊所及，则不免沦为那些无德无能的统治者实行专制统治的借口。

④ 刘向：《战国策·叙录》。

稷次之，君为轻”以及“天视自我民视，天听自我民听”的说法向为学者所称道，表现出民心向背的重要性[①]。不过，在权力的来源的正当性问题上，孟子的一套论说却基本上承袭着周人的主张[②]。孟子在回应万章问“舜有天下也，孰与之”的问题时，直接以“天与之”作答，《万章上》记云：“万章曰：‘尧以天下与舜，有诸?’孟子曰：‘否。天子不能以天下与人。’‘然则舜有天下也，孰与之?’曰：‘天与之。’”在孟子看来，统治者（舜）君临天下的权力来源于上天，既不是尧给予舜，也不是民众主观意志的赋予。当万章问孟子：“人有言，‘至于禹而德衰，不传于贤，而传于子，有诸?”孟子明确地回答道：“否，不然也。天与贤，则与贤；天与子，则与子。”但天不能言，其如何将权力与人？孟子认为，需要天子向天推荐而天接受他，向民推荐而民接受他。孟子此处似乎认为，统治者权力的来源是以天意和民意（民众的福祉）为基础的。不过，在最终意义上，天意却不由民意来决定，天与之，则与之，“非人之所能为也”（《万章上》）。换言之，民众并没有决定统治者在位与否的最终权力。统治者丧德而沦为暴君，民众可以推翻他，但即便我们撇开孟子言诛暴君的严苛条件不论，民众的行为也不是自己主观意志的表达，而只是“替天行道”的表现而已。因此，在统治者权力来源的问题上，孟子大体承袭着周人的主张，若必辨其异者，则孟子反倒有由周人的天命论走向命定论的倾向[③]。

---

① 《梁惠王下》有一段记录可清楚看到此一点：“齐人伐燕，胜之。宣王问曰：‘或谓寡人勿取，或谓寡人取之。以万乘之国，伐万乘之国，五旬而举之，人力不至于此。不取，必有天殃。取之，何如?’孟子对曰：‘取之而燕民悦，则取之……取之而燕民不悦，则勿取。”

② 《梁惠王下》引《书》云：“天降下民，作之君，作之师，惟曰其助上帝宠之，四方有罪无罪惟我在，天下曷敢有越厥志?”

③ 当然，孟子在另一方面亦有其难能可贵的一面，此即孟子发展出了一套“尽其道而死者正命也”（《尽心上》）的正命论。又，对孟子有关权力来源的解释，学者间颇有不同，不少人认为，在孟子那里，民众是最终的决定力量。类似说法混淆了“因地”和“果地”。

那么，荀子是如何说明统治者权力来源的正当性呢？在《荀子》一书中，与“权力”一词相近的概念是“势”[①]，故云“天子者，势位至尊，无敌于天下”（《正论》）。又，依荀子“薄愿厚，恶愿美，狭愿广，贫愿富，贱愿贵”（《性恶》）的逻辑，追求权力（势位）应是人性的内在要求，所以，荀子认为，“夫贵为天子，富有天下，是人情之所同欲也”（《荣辱》）。事实上，相比于孟子，荀子更清楚地认识到政治的本质是权力，同时也真切地看到了权力在教化民众、实现秩序中的重要意义，这无疑是一个很大的进步。依荀子，“人之生固小人，无师无法则唯利之见耳。人之生固小人，又以遇乱世，得乱俗，是以小重小也，以乱得乱也。君子非得势以临之，则无由得开内焉”（《荣辱》）。然而，统治者毕竟如何“得势”以临之？我们曾经说过，面对“德”与“位（势）”的分离，荀子虽心生幽怨与无奈，同时也表现出对“德位合一”的理想形态的向往，但在此一形态破裂以后，他依然坚持以德致位，鄙视“无礼义而唯权势之嗜者”（《非十二子》），期待“尽伦尽制”的圣王的再世[②]。因此，在统治者统治权力的来源上，荀子既否定周人的天命论，也不同于孟子的命定论。在荀子看来，天只是自然之天，“天行有常，不为尧存，不为桀亡”（《天论》），天不是一个人格神，并没有命人以权力的意志，而统治者的统治权力也不是“莫之为而为”“莫之致而致”（《孟子·万章上》）的上天或命运的安排。依荀子，统治者之统治权力的“正当性”应当在权力的起源上得到恰当的说明；质言之，统治者之统治权力当因其优异的德（能）及其为民众带来的实际福祉而获得民众的认可。

不过，在具体论述荀子的主张之前，我们在理论上首先应当区

---

① 《荀子》一书除言及“势籍”“势荣”“势辱”“势诈”“势利”“权势”“形势”外，单言“势”者约凡 57 见，多与“权力”意义相关。

② 参阅拙文《圣王与秩序的实现》，《周易研究》2019 年第 1 期；《荀子的圣王观念》，《杭州师范大学学报》2018 年第 6 期。亦见本书第二章的相关内容。

分权力在“根据”上的正当性和权力在“效果”上的“正当性”（其实义当为证成性或权力在应用效果上的合理性）这两个并不相同的概念；换言之，我们既不能只说明“根据”的正当性而无视“效果”的“正当性”，也不能以“效果的正当性”（证成性或合理性）来取代“根据”的正当性。之所以要提出此一区分，乃主要源于坊间有些学者在论及荀子有关权力来源的正当性问题上多以“效果”的合理性来代替“根据”的正当性，使得“正当性”问题滑转成为“证成性”问题[①]。盖站在现代政治哲学的角度，在权力来源的问题上，所谓“根据”的正当性说的是统治者的统治权力是否在根源上获得被统治者的意志同意（谓自由自决）；而所谓“效果”的“正当性”指的是统治者权力作用的结果在客观上、效果上符合被统治者的期许或利益要求。虽然此两者互有关联和重叠，但并不相同。如即便统治者的统治权力获得了被统治者的意志同意，但如果此权力作用的结果造成国家混乱，民众流离失所，那么，其正当性的辩护效力将会遭到极大减杀；反过来，我们也不能以效果的“正当性”（合理性或证成性）来取代根据的正当性。效果是权力运用给民众带来的实际利益和福祉，但权力来源的正当性根据关注的是统治者所获得的统治权力是否取得被统治者的意志同意此一根本的道德基础，故而以效果或所获得的实际利益为权力来源的正当性正名并不完全合适和如理[②]。周濂曾举了一个例子来说明此中关系，简洁而明晰：张

① 汉娜·阿伦特（台湾学者译为汉娜·鄂兰）对此斩截得特别分明，初看之下，不免让人犹豫。依阿伦特，“权力不需要证成，因为它是内在于每个政治社群之存在的；权力需要的只是正当性（legitimacy）。……暴力可以被证成，但永远不会被正当化”。参阅氏著《共和危机》（蔡佩君译），台北：时报文化出版企业股份有限公司，1996年，第105页。

② 有关正当性与证成性的关系并非本章所欲讨论的重点，周濂认为，“一个政治权力哪怕拥有再多的证成性，也无法推出它就拥有正当性，但是一个原本具备正当性的政治权力，如果它缺乏足够的证成性，例如缺乏基本正义、民不聊生、社会动荡不安，就一定会削弱它的正当性……在这个意义上说……证成性在逻辑上优先于正当性”。见氏著《现代政治的正当性基础》，第43页。

三会定期将自己的车开到服务优良的某洗车厂清洗，但一天他因红灯将车停在某十字路口时，一小孩并未征得张三同意便开始擅自洗车，小孩的洗车技术和服务态度都好，也是张三所要的，但当小孩向张三要洗车费时，张三拒绝了。通过此一事件，我们可得出的结论是，小孩的洗车行为并没有正当性，因为他没有征得张三的意志同意，但由于小孩的服务质量和态度良好，也是张三所希望的，故小孩的洗车行为有合理性（证成性）①。

假如我们基于上述有关“根据”的正当性和“效果”的“正当性”（合理性或证成性）之间的关系作为理论的判准，那么，我们不难看到，在权力来源的正当性问题上，荀子和传统儒家大凡皆以“效果”的“正当性”（合理性或证成性）来取代和说明“根据”的正当性。我们暂且从《富国》篇开头的一段开始分析，荀子云：

> 万物同宇而异体，无宜而有用为人，数也。人伦并处，同求而异道，同欲而异知，生也。皆有可也，知愚同；所可异也，知愚分。势同而知异，行私而无祸，纵欲而不穷，则民心奋而不可说也。如是，则知者未得治也；知者未得治，则功名未成也；功名未成，则群众未县也；群众未县，则君臣未立也。无君以制臣，无上以制下，天下害生纵欲。欲恶同物，欲多而物寡，寡则必争矣。故百技所成，所以养一人也。而能不能兼技，人不能兼官。离居不相待则穷，群居而无分则争；穷者患也，争者祸也，救患除祸，则莫若明分使群矣。强胁弱也，知惧愚也，民下违上，少陵长，不以德为政：如是，则老弱有失养之忧，而壮者有分争之祸矣。事业所恶也，功利所好也，职业无分：如是，则人有树事之患，而有争功之祸矣。男女之合，夫妇之分，婚姻娉内，送逆无礼：如是，则人有失合之忧，而有

① 参阅《政治正当性的古今中西对话》，第3—4页。

争色之祸矣。故知者为之分也。

此段文字向被学者认为是荀子思想中极为重要的文字，梁启超先生则将之视为理解荀子政论的“出发点”之一[1]。依荀子，在前政治社会的群居生活中，原初人与人之间聚族而居，“同求而异道，同欲而异知”，并没有什么等级差别，人人原则上各凭自己的知能而各尽其力，各遂其生。在此时期中，虽然人群地位相同，没有尊卑贵贱之别，但人与人之间由于知识不同，而有智愚之分。然而，因为没有相应的政治制度和管理组织，导致智愚同势，智者并没有机会行其治道，建其功业，结果天下之害便生于人人纵欲行私[2]，及其至也，则不免而有“强者害弱而夺之，众者暴寡而哗之，天下悖乱而相亡，不待顷矣”（《性恶》）的局面。然而，为了逃离这种“强胁弱，知惧愚”[3]、天下悖乱相亡的状态，难道我们可以去过一种离群独居的生活吗？荀子显然认为这并不是一种可行的选择，理由在于，依荀子，人虽“最为天下贵”，但人的生命在宇宙万物中其实显得十分弱小，人“力不若牛，走不若马”，但若要以“牛马为用”（《王制》），依靠单个人的力量来满足自己的欲望并不可能。“百技所成，所以养一人也。而能不能兼技，人不能兼官，离居不相待则穷”，此正所谓一人之所需，百工之为箅，故云“人之生不能无群”（《富国》）。人类必须合作结成团体，组成社会国家，非此则不能“胜物”以有度地满足人的欲望，确保人类的生存。然而，由于人

① 梁启超：《先秦政治思想史》，上海：上海古籍出版社，2014年，第101页。

②《礼论》篇云：“人生而有欲，欲而不得，则不能无求。求而无度量分界，则不能不争；争则乱，乱则穷。”此处荀子说“先王”恶其乱而制礼义以分，而《富国》篇则强调“智者”为之分，说法不同，意思则一。

③ “惧”训为“恐吓”（李涤生：《荀子集释》，台北：台湾学生书局，1979年，第198页）或“欺凌之使之恐惧”（熊公哲注译：《荀子·上》，重庆：重庆出版社，2009年，第182页）。张觉训“惧”为“害怕”，恐非是。（张觉：《荀子译注》，上海：上海古籍出版社，2012年，第118页）

的欲望贪得无厌[1]，而满足欲望的物品又有限，故若“从人之欲，则势不能容，物不能赡也”（《荣辱》），而物不赡则争，争则乱。同时，人情又是如此，劳苦之事皆为人人所厌恶，而劳苦所得的成果又皆为人人所喜欢，长此以往，人人就会以树立自己的事业为苦，而有争夺他人之成果的祸患。至此，荀子认为，为了“救患除祸”，息争止乱，必须有优异的智者出来，领导群伦，明定尊卑贵贱之分，使众人和谐相处[2]。

我们不妨说此处荀子是以浓缩的方式为我们描述了一幅“自然状态”的图像，而为了摆脱此一“争乱穷”的困局，荀子则以“知者为之分也”一语作结。此一说法包含多重含义：首先，在荀子看来，摆脱前政治社会的争乱状态，进入政治社会的“支配——服从”关系，亦即在权力的最初起源上，是以“知者”获得其统治地位作为标志的。知者不出，人群便仍处于只考虑满足其自然本性的状态，仍服从于丛林法则。其次，“群而有分”是组成社会，达致和谐与秩序的最佳方案，唯待有“分”，方能凝定人群，区分职业等级，组成社会国家，进而有效地建立秩序[3]，故云：“有夫分义，则容天下而

---

① 《荣辱》篇云：“人之情，食欲有刍豢，衣欲有文绣，行欲有舆马，又欲夫余财蓄积之富也；然而穷年累世不知不足，是人之情也。”

② 荀子的这种观点或看法在来源上或受到了《管子》的影响，如《管子》云：“古者未有君臣上下之别，未有夫妇妃匹之合，兽处群居，以力相征。于是智者诈愚，强者凌弱，老幼孤独不得其所……智者假众力以禁强虐，而暴人止，为民兴利除害，正民之德，而民师之。”（《管子·君臣下》）黄宗羲《原君》所谓“有生之初，人各自私也，人各自利也。天下有公利而莫或兴之，有公害而莫或除之。有人者出，不以一己之利为利，而使天下受其利；不以一己之害为害，而使天下释其害”，大体也与此相关。但黄宗羲认为，人主之所出乃“受命于天，原非得已”（《奄宦下》），这一说法与周人和孟子的主张并没有多少差别。

③ 在荀子那里有关社会国家的形成，涉及“天下”与“国家”的关系问题，笔者已有另文处理。所需指出的是，《荀子》一书虽有大量的“天下”的论述，但“天下”概念多表现为一种文化或价值意味的概念，而“国家”概念反倒是一种实体性的概念，故云“国者，天下之大器也，重任也”，“国定而天下定”（《王霸》）。萧公权先生有一种分析颇具说服力，其云：“在秦始皇统一以前，至少从春秋战国时代的情形看来，中国的政体是‘封建天下’。这种政体是以列国为单位而以天（转下页）

治；无分义，则一妻一妾而乱。”（《大略》）① 然而，此处我们更关心的是，能够明分、定分的“知者”指的是谁？“知者”凭什么或通过何种途径为人群明职定分？换言之，“知者”为人群定分的权力是如何获得的？

先说定分的“知者”。按荀子在《礼论》《荣辱》《王制》等篇的说法，是“先王制礼义以分之”，故而定分的原则是礼义，定分的主体是“先王”，但“先王”又常常与“圣王”“圣人”“仁者”等等说法相同或相似，而在《富国》篇中，荀子则说以“知者为之分”。如是，“知者”当与“先王”“圣王”等说法同义。且同在此篇中，荀子又认为，“人之生不能无群，群而无分则争，争则乱，乱则穷矣。故无分者，人之大害也；有分者，天下之本利也；而人君者，所以管分之枢要也”。所谓“管分之枢要”指的是掌管定分的关键或核

（接上页）下为全体，天子虽为‘元后’，其实也是群后之一。群后奉他为共主，却未必受他的统治。政治上主要的工作，如安民理财等事都由列国各自办理。天子除了在‘王畿’内办理同样的政事以外，并未在‘天下’范围内施用治权。所以封建天下的‘大一统’徒具形式，未有实质。诚然，在周朝八百年的长时期中，统一的程度先后颇有高低。在西周盛世，天子的实力较强，列国奉命较谨。此后宗周日趋衰微，到了春秋时代已呈尾大不掉的病态，到了战国就完全成为割据局面。然而就政治工作的本身看，政治生活的重心始终寄托在列国之中，而不在元后所临御的‘天下’。这是封建天下的第一个特点。”（参阅氏著《中国君主政体的实质》，《宪政与民主》，北京：清华大学出版社，2006 年，第 67—68 页）在孟子之时，实现王道的理想已寄托在各诸侯身上，到荀子时则更甚。

① 对于荀子言“分”所包含的含义，陈大齐先生有概括的说明（见氏著《荀子学说》，台北：中华文化出版事业社，1956 年，第 147 页）。Eirik Lang Harris 论荀子的政治哲学，专门有一节论“分”（allotments）。依 Harris，“分”对于荀子的政治哲学具有特别重要的意义，同时也是理解其组成社会概念的核心。Harris 不同意 Masayuki Sato（佐藤将之）将“分”理解为规范性的概念，而认为是描述性的概念。在他看来，暴君（the tyrant）的分虽然使其国家和人民的生活遭受危险，然而，他的定分的事实表明他的分一点也不合理。不过，假如我们紧扣着荀子言“知者为之分”及其类似脉络来看，荀子此一意义上的“分”显然是一富含价值意义的规范概念，这从荀子论君道的“四统”以及大量的相关论述中可以清楚地看到。参阅 Eirik Lang Harris，“Xunzi's Political Philosophy”，*Dao Companion to the Philosophy of Xunzi*，ed. by Eric L. Hutton，Dordrecht：Springer，2016，pp. 98－99。

心，如此看来，“知者”也可以指的是“人君”，而“人君”是政治国家中握有最高权力的统治者。所需指出的是，此一意义上的“知者”或“人君”乃是在合知虑和德能为一体的角度上说的①。

显然，去除不必要的辨析，我们关注的问题是“知者”或“人君”最初是依靠什么来获得权力的。综合《荀子》一书的相关论述，我们可以直接地指出，“知者”或“人君”之所以能取得其统治的权力，主要是由于其超卓优异的知虑和德能，以及此知虑和德能（我们也可简洁地称之为德能，或干脆称之为德）带给民众的实际效果（利益或福祉）②。民众所以拥立人君，给予他绝对的地位和权力，

---

① 冯友兰在论及荀子有关社会国家之起源时，引上述《富国》篇的一段后有一评论甚可注意，冯氏云：“盖人有聪明才知，知人无群之不能生存，又知人无道德制度之不能为群，故知者制为道德制度，而人亦受之。‘故知者为之分也’，‘知者’二字极可注意。盖人之为此，乃以其有知识故，非以其性中本有道德之故也。”（参见氏著《中国哲学史·上》，上海：华东师范大学出版社，2000 年，第 222 页。亦见北京：中华书局，1961 年，第 365 页）冯氏此处特别强调“知者”的本质在于其有“知识”而非本性中有“道德”。冯氏的此一看法可从两个方面来分析，一方面就人类在尚未进入政治社会、在没有礼义文明的情况下，“知者”之“知”如何一开始就能“知道德”“制道德”来看，此处尚需从道德动机的生成上加以说明，盖荀子主“圣人”（包括“知者”）与“途之人”在本性上相同；另一方面，从孟、荀之异的角度上看，冯氏强调“知者”的知识面而非本性中的道德面显然有其合理性。但其中的疑惑在于，《荀子》一书在许多地方又常常把“为之分”的“知者”与既仁且知的圣人或王者看作同义，换言之，“知者”不仅仅是“有知识”，而且有道德，所谓“道德纯备，智慧甚明”。为此，冯氏的说法或许可以启示我们一种可能的解释，即在由自然状态过渡到政治社会的过程中，荀子的思想可能存在着由单纯的有知识的“知者”到既有知识又有德行的“圣王”的发展过程，在社会国家起源的最初阶段，“知者”的本质更多表现为知识和见识，尔后经由在漫长的过程中逐渐虑积能习，演变积累，而形成道德，而合德智为一体（参阅本书第十章《“化性”如何可能？——荀子的性恶论与道德动机》）。为方便起见，本章将“知者”笼统理解为仁智统一的王者或德能上如理的君主，在这个意义上，我们也可以说荀子所说的“知者”是一个理念形态，勾勒的是一个应然状态，而不是对经验世界的描述。

② John Knoblock 认为，“真正的君主和所有真正的政府皆依‘德’而立。正是通过‘德’君主乃真正确立其统治。对于那些享受‘德’治的人而言，统治者的德被认为是正当统治的终极基础，这种统治由于不包含任何的强制，而是建立在为民众所接纳和承认的基础上，因而被认为是‘温和的’（gentle）统治”。Knoblock 又云：“真正的服从只能依‘德’而有，故统治者乃为民众所珍视，在此一意义（转下页）

首先是因为他们的道德权威（知虑与德能）的身份，并以此道德权威使得其政治权力“正当化”，而不是首先经由民众的意志同意而后给人君以政治权力[①]。由民众意志达成一致的方法给人君权力，在荀子思想中是不可想象的。若紧扣着《富国》篇的脉络，则民众是在“欲多而物寡”的前提下，出于除患避祸、止争息乱、获得安全与和平的目的，而拥立那些德能知虑最为优异的人为人君，赋予他最高的权力，明职定分，建立秩序，“使有贫、富、贵、贱之等，足于相兼临”（《王制》）。换言之，荀子并不是在“根据”的正当性上，而是在“效果”的合理性上来论述和说明权力及权力的来源[②]。

史华兹在论及此一点时曾经指出，“与霍布斯不同，荀子并没有提出过如何设法建立其权威的问题”。此处所说的权威，其恰切的含义应是近代意义上的政治权力的正当化。依史氏，在荀子的思想世界中，“先锋队精英的实际品质——不论这种品质是如何形成的——自始至终都是极为关键的”[③]。史氏所言端的无疑。事实上，荀子所

（接上页）上，‘德’作为正当统治建立的基础，被描述为天生的统治者所以吸引民众的‘道德力量’或‘内在力量’。”参阅 John Knoblock，*Xunzi*：*A Translation and Study of the Complete Works*，*Vol. I*，Stanford：Stanford University Press，1988，p. 90。罗哲海则认为，在荀子那里，“君主的出现乃是为了人民的福祉，而非以谋求自身的利益为念。他们是基于受人信赖而掌管权力”。然而，罗哲海又认为，在荀子的学说中，“统治者的地位之所以获得认可，确实有某种契约的成分作为基础”。若此处所说的“契约”是以西方思想为参照，则罗氏的说法不免有过度诠释之嫌。其实罗氏自己对此说法也颇感犹豫，甚至不免前后扞格。参阅氏著《轴心时期的儒家伦理》（陈咏明等译），郑州：大象出版社，2009 年，第 87、90 页。

① 参阅拙文《权威与秩序的实现——荀子的“圣王”观念》，《周易研究》2019 年第 1 期。

② 依此权力的来源为基础所建立的国家，黑格尔把它看作“外部的国家”或屈从于“需要”的国家。参阅黑格尔：《法哲学原理》（范扬、张企泰译），北京：商务印书馆，1982 年，第 198 页。

③ 史华兹：《古代中国的思想世界》（程钢译），南京：江苏人民出版社，2004 年，第 306 页。

谓的“知者”或如理意义上的“人君”[①] 确因其优异的品格构造和卓越的才能赢得民众的信赖而获得权力，是因德而致位，而所以有其位乃因其德能在现实中带给了民众实际的效果。荀子在《王霸》篇有一段论述则使用“聪明君子”来代替“知者”，其实两者的意思并没有多大区别。荀子云：“羿、蜂门者，善服射者也；王良、造父者，善服驭者也。聪明君子者，善服人者也。人服而势从之，人不服而势去之，故王者已于服人矣。”此处所谓“聪明君子者”即是“王者”或“知者”，可泛指有德有位的人君等；“服人”谓使人顺服；“势”一般可理解为“权势”“权力”。大意是说，聪明君子善于使众人顺服。众人顺服，权力便从之而来；众人不顺服，权力便随之而去，故王者之人止于使众人顺服而已。此处王者之人或人君之所以能使人顺服而有权力，并不是因为其统治的权力在来源上获得了众人的意志同意，而是说，众人之所以对人君顺服（而使其有权力），原因在于王者之人或人君卓越的德、能及其制定的制度设施带给众人的客观效果所致。荀子在“君子”之前特别加上了“聪明”作为修饰词[②]，并在“聪明君子”之前铺垫了“羿、蜂门”“王良、造父”，意在说明，正是这些德能优异人群的特殊优越性（及其客观上带给众人的利益福祉）造成了众人的顺服和权力的来源[③]。

---

① 荀子言尊君，在其理论格局中固然难逃专制的窠臼，但另一方面，荀子言君在很多地方是在如理的意义上说君之德、君之理或君之道。故学者认为，荀子尊君有的地方与孔子相似；荀子轻君有的地方与孟子相通。不过，荀子的确具有将尊君推向极端的倾向。

② 此处“聪明”一词当在宽泛的意义上来理解，揆诸《荀子》一书的相关文本，其含义大抵包括志意、德音、智虑的卓越等方面（《荣辱》《富国》），陈大齐将之突出地概括为“既仁且智”。参阅氏著《荀子学说》，台北：中华文化出版事业社，1956 年，第 178 页。

③ 在“是谁给了统治者统治权力”的问题上，传统儒家虽有“民本”之说，但却从未在“经由民众意志同意赋予其权力”此一正当性的根源意义上用心思考，“民本”虽有其积极的意义，但其实质更多是一种道德训诫意义上的应当“为民做主”，而不是在权力根源意义上的“由民做主”，它只是在发心动念上告诫统治者要懂得“民心”的重要。故而在特殊的理论格局和传统的制度结构中，“民本”之(转下页)

此处我们应当注意到荀子的一种特殊说法，所谓“服人”与“人服”。民众之所以顺服，是因为“知者”善于“服人”；而“知者”所以“善服人”，则纯系于其优异的德（能）。此外，“人服”一说在含义上又关联“认可”（consent），但“认可”一词在权力来源的正当性上既可以从“根据”的正当性上说，也可以从“效果”的合理性上说，而这两种说法在意思上并不相同①。的确，乍看起来，《荀子》一书许多地方都有与此相类似的说法，如云“全道德，致隆高，綦文理，一天下，振毫末，使天下莫不顺比从服”（《非十二子》），“从服”意含认可；又云“天下归之之谓王”（《王制》），归者，依也，顺也，也已然有认可义。荀子最典型的说法则可以在《富国》篇中看到，荀子云：“治万变，材万物，养万民，兼制天下者，为莫若仁人之善也夫。故其知虑足以治之，其仁厚足以安之，其德音足以化之，得之则治，失之则乱。百姓诚赖其知也，故相率而为之劳苦以务佚之，以养其知也；诚美其厚也，故为之出死断亡以覆救之，以养其厚也；诚美其德也，故为之雕琢、刻镂、黼黻、文章以藩饰之，以养其德也。故仁人在上，百姓贵之如帝，亲之如父母，为之出死断亡而愉者，无它故焉，其所是焉诚美，其所得焉诚大，其所利焉诚多。”此处“仁人”可指代智者或人君；“知虑”“仁厚”“德音”指其优异的德（能）；“所得”“所利”谓因其优异的德能获得民众的信赖而赋予其权力，并借此权力“治万变，材万物，养万民，兼制天下者”而给民众所带来的客观的利益和福祉。荀子

（接上页）说会在很大程度上流而为统治者的统治技巧的术语。

① 罗哲海认为，在荀子看来，“人民的认可即是权力的直接基础”（氏著《轴心时期的儒家伦理》，第 94 页）。依此翻译，这种说法在含义上似乎并不明确，是一种似是而非的说法。不过，此句的英文原文为“the acceptance by the people directly becomes the mandate for power”，此处罗氏没有用“consent”而用“acceptance”，前者偏向于意志表达的同意，而后者则明显具有对效果或结果的接纳。参阅 Heiner Roetz，*Confucian Ethics of the Axial Age —— A Reconstruction under the Aspect of the Breakthrough toward Postconventional Thinking*，Albany：State University of New York Press，1993，p75。又，罗氏一书最早为德文。

的逻辑是，因为“仁人”的知虑、仁厚、德音足以能为社会去乱成治，为百姓带来最大的福祉和利益，故百姓“诚赖其知”“诚美其厚”“诚美其德”，乃至于“百姓贵之如帝，亲之如父母，为之出死断亡而愉”。“贵之”“亲之”“为之出死断亡”的说法表达的是百姓对人君统治权力心悦诚服的认可。只不过荀子所说的这种“认可”，是在“果地”上（“无它故焉，其所是焉诚美，其所得焉诚大，其所利焉诚多”）而非在“因地”上，或者说是在“效果”的合理性上而非在“根据”的正当性上来说明的，而这样的说明已然由“正当性”滑转成“证成性”①。

那么，在权力来源的正当性上，荀子何以只在效果的合理性上而不在根据的正当性上加以说明？此中的原因颇为复杂，但与儒家传统的重德尚贤理论或精英主义主张相关应是有根据的②。前引史华兹所谓“先锋队精英”的品质，表达的正是儒家的精英意识；日本学者渡边秀芳则认为，在荀子那里，“得贤以治国的思想，溢满了他的遗著”③；而罗哲海则干脆指陈，“荀子无疑是早期儒家中最极力鼓吹精英统治的人物，而这与他替道德寻出理性的基础有直接关联。如果道德态度只有通过理性的洞察力才能赢得，那么一般的‘愚众’必然要接受外来的管束，而知识界的精英们则可以追求自身的影响力和独立性”④。罗氏从道德需要以理性为基础，指出精英对于一般

① 许多学者认为，荀子的思想具有效果论（consequentialism）或功利论的特点，如冯友兰、陈大齐、田浩、宇野哲人、牟宗三、劳思光等等。

② 儒家重德精神之得失，劳思光先生有精到的分析，此处不展开说明，学者可参阅氏著《儒学精神与世界文化路向》，台北：时报文化出版企业有限公司，1986 年。此外，中国的传统中也向有所谓“天不生仲尼，万古如长夜”的说法，孟子则谓“如欲平治天下，当今之世，舍我其谁”，荀子也有“无君子，则天地不理”的观念，及至近人梁漱溟则有“吾侪不出，如苍生何”的主张。当然，精英意识非独为儒家所有。

③ 渡边秀芳：《中国哲学史概论》（刘侃元译），台北：台湾商务印书馆，1979 年，第 98 页。

④ 罗哲海：《轴心时期的儒家伦理》，第 290 页。

“愚众”的必要性，自成一说。事实上，在权力来源的问题上，荀子之所以将“正当性”（其实质是证成性）置于那些具有优异德能的知者或人君身上，在他看来，一方面是因为只有这些德能优异之人才能为民众救患除祸，排忧解难，为政治国家带来良好的秩序；另一方面，在荀子的眼里，民众或百姓又多是一群愚陋无知且自私好利之人，但可引之于大道，而不可与其共明事理[①]。因此，在盛赞贤明智者的另一面，荀子对愚昧浅陋的普通民众也多有描述，如荀子云：“彼众人者，愚而无说，陋而无度者也。”（《非相》）又云：“志不免于曲私，而冀人之以己为公也；行不免于污漫，而冀人之以己为修也；甚愚陋沟瞀，而冀人之以己为知也：是众人也。”（《儒效》）不仅如此，这些人还无学问，无正义，以货财为宝，以富利为隆[②]。依荀子，在人欲无穷而物品有限的状态下，领导群伦，制定规则以摆脱困境的工作并不能寄望于这些愚陋的民众，而只能寄托于那些德能优异的知者（人君）。盖理论上，民众既昏蒙无识，自利偏私，则逻辑上他们也就没有能力仅仅依靠其自己选择出有德能的统治者；相反，民众的愚陋闭塞却只有等待智者的开示，所谓“告之”“示之”“靡之”“儇之”“鈆之”“重之”，尔后才能使“塞者俄且通也，陋者俄且僩也，愚者俄且知也”（《荣辱》）。不仅如此，在荀子的思想世界中，民众的利益和福祉乃至一切人生事务都需要知者或人君为他们谋取和安排，圣君一出，则“群生皆得其命”（《王制》）；向使无君，则家不得治，国不得宁，人不得生，此亦犹如大海航行靠舵手，万物生长靠太阳。用现代政治哲学的语言来说，似乎一切的

---

① 《正名》篇云：“夫民易一以道，而不可与共故。”郝懿行谓“夫民愚而难晓，故但可偕之大道，而不可与共明其所以然，所谓‘民可使由之，不可使知之’。”

② 荀子虽然有此主张，但作为儒者，荀子并没有因民之“愚”而愚之，他在着力强调人君要“化民”的同时，也特别注重人君当爱民利民，要为天下生民之属“长虑顾后而保万世”（《荣辱》），并认为“君人者欲安，则莫若平政爱民矣”（《王制》）。不过，相应于我们讨论的主题而言，这是另一个理论问题。

“权力”都归属于人君而非民众，故荀子云：“君子以德，小人以力；力者，德之役也。百姓之力，待之而后功；百姓之群，待之而后和；百姓之财，待之而后聚；百姓之势，待之而后安；百姓之寿，待之而后长。”（《富国》）① 意思是说，人君以德抚下，百姓以力事上，用力的要受有德者之役使。百姓的劳力要靠人君（之德化）而后有功，百姓的群体要靠人君而后和谐，百姓的财富要靠人君而后积聚，百姓的环境要靠人君而后安稳，百姓的生命要靠人君而后长寿。明乎此，则荀子所谓“天地生君子，君子理天地；君子者，天地之参也，万物之摠也，民之父母也。无君子，则天地不理，礼义无统，上无君师，下无父子，夫是之谓至乱”（《王制》），其实义之所指当不待解而明。

如前所云，假如我们站在现代政治哲学的角度来讨论荀子有关权力来源的正当性问题，那么，它当下意味着权力来源的正当性乃预认了民众自我意志的自由和自决为观念前提。故而与有些学者的看法不同，我们认为，荀子并没有从“根据”的正当性上而只是从“效果”的证成性上来说明权力的来源；换言之，荀子真正关心的是权力行使的合理性，而不是权力来源的正当性②。荀子重德，且极言“德必称位”（《富国》），然而在来源问题上，“德”之实现赖乎个人的修为，而“位”（权力）之取得归诸民众之自决，此诚为正当性之究竟义，不可混淆。奈何荀子自始即视百姓为愚陋无知之人，但可教而化之，而无能自决其统治者，至是所谓正当性问题在儒家传统中总是晦而不明，暗而不彰，其故盖良有以也。

3. 权力的转移

我们曾言，正当性问题除了涉及权力的来源之外，还涉及权力

① 此处所说的“君子”指德位一体的智者或人君。

② 我们也常常听到学者认为，传统儒家的政治乃是一种“责任政治”，其原因即与此有关。当然，如何保证权力行使的合理性，荀子和儒者也多从道德上用心。

的转移，亦即如何实现权力的平稳有序的过渡，这是政治统治正常化的题中应有之义。

在中国传统思想中，人君政治权力的转移主要有禅让、世袭和革命三种不同的方式。荀子论及权力转移自然也不离此三个方面，学者对此更已有大量的论述。那么，荀子有关权力转移的主张究竟有何特色？荀子有没有一以贯之的原则？如前所述，在权力来源的正当性问题上，荀子主张有德者当有其位，有德者必称其位，人君权力的“正当性”系于其优异的德能。荀子给予人君之德（能）特别的置重，在德（能）与位（权力）的关系上反复强调“德必称位”。而且我们需要着重指出的是，荀子不仅只是将“知者”或“人君”权力来源的“正当性”系于其优异的德能，而且此德能也是人君选择和应用官吏以治理国家、建立秩序、实现统治正常化的首要品质和基本原则[①]。《荀子》一书不断重复类似的说法，它已然暗示出“德（能）”原则同时也是构成我们理解荀子在权力转移以及权力制约问题上的关键；换言之，在政治正当性问题上，荀子的“德能”概念构成了我们理解其权力来源、权力转移和权力制约的一以贯之的线索和关节点。

不过，在正式进入讨论之前，我们仍有必要将荀子的理论主张与荀子对实际的政治经验现象的观察和描述区分开来。这种区分之所以必要，正如前面我们所指出的那样，在荀子那里，作为权力“正当性”的代表，具备优异德能的“知者”或“人君”原本只是“知者”或“人君”的一个理念存在，它勾勒的是一个应然状态，而

---

① 荀子的相关说法甚多，兹略引一些以备证明，如荀子云：“明主谲德而序位，所以为不乱也”，“谲德而定次，量能而授官”（《儒效》）；“夫德不称位，能不称官，赏不当功，不祥莫大焉”（《正论》）；“德以叙位，能以授官”（《致士》）；“论德使能而官施之者，圣王之道也，儒之所谨守也”（《王霸》）；“无德不贵，无能不官”（《王制》）；“士大夫以上至于公侯，莫不以仁厚知能尽官职”（《荣辱》）；等等。

不是对政治经验世界所做的现象描述[①]。《荀子》一书有许多描述现实的君主横行颠倒、权谋倾覆的文字[②]，也有许多“中君”“暗君”“暴君”“乱国之君”的说法，然而，这种种说法与我们所讨论的作为理念形态的人君在理论上应是不相关的。

荀子既以理念形态的智者或人君作为讨论权力来源“正当性”的着眼点，那么，在权力转移问题上必也逻辑地贯穿此一原则，这是我们理解荀子思想的关键所在。

我们先看“世袭”。

我们首先碰到的一个问题是，荀子是主张还是反对人君权力世袭。今就《荀子》一书的相关文本而言，似乎并未记载荀子对此有明确的说法，以致学者之中赞成者有之，反对者有之。然而，正如我们所看到的，荀子特别重视尚贤，反复强调“尚贤使能”是先王之道（《王霸》《强国》《君道》等），主张“贤能不待次而举，罢不能不待须而废”（《王制》）。至少在理论逻辑上，荀子尚贤的说法与其重人君之德能的观念具有内在的一致性，它隐含着人君权力的转移和人君对官员的选择皆必须依“德能”为标准，而不是以血统为依凭。即此而论，荀子在理论逻辑上理应反对权力的世袭制[③]。不

---

① 《荀子》一书中，“圣王”“圣人”“天子”“天王”“王者”“仁人”等等说法无疑是最高的理念形态，常常对应于“天下”概念，而且其德能功化也与一般的合符德行要求的君主有别。但荀子在论述一般的人君、君主、君者、明君、君子、明主时，也多从“德位合一”的角度着眼，在这一意义上，我们也把它理解为一种理念形态，它与实际存在的充满暴恶的或德能上不合格的君主相区别（请参阅本书第二章的相关论述）。

② 如《富国》篇云：“今之世而不然，厚刀布之敛，以夺之财；重田野之赋，以夺之食；苛关市之征，以难其事。不然而已矣：有掎絜伺诈，权谋倾覆，以相颠倒，以靡敝之。百姓晓然皆知其污漫暴乱，而将大危亡也。是以臣或弑其君，下或杀其上，粥其城，倍其节，而不死其事者，无他故焉，人主自取之。”

③ 我们这样说与荀子在现实中对世袭制有所妥协并不矛盾，是属于两个不同方面的问题。孟子对世袭制有所保留，孟子云：“所谓故国者，非谓有乔木之谓也，有世臣之谓也……国君进贤，如不得已，将使卑逾尊，疏逾戚，可不慎与？”（《梁惠王下》）

过，尤锐（Yuri Pines）对此有一说法值得我们重视。他首先通过对《正论》篇“朱、象不化”事例的分析认为，荀子虽然看到了尧的儿子朱和舜的弟弟象为天下之“嵬琐”，反对尧传位于朱，同时也坚定拥护“尚贤”制度和社会身份等级的流动性，因而可以看出其对世袭制的不满，然而尤锐又通过对《王制》篇首段文本的分析质疑道[①]：荀子“所说的‘虽王公士大夫之子孙’是否是指太子乃至国君个人呢？如果不是，那为什么就只有最高统治者才能免于‘不待须而废’呢？为什么‘三公’‘诸侯’‘士大夫’都要依靠其才能而得位，而君主则不需要呢？荀子是否质疑过世袭君主制的合法性呢？他是否想到以贤能的人来取代不适当的国君？”他据此认为，尽管荀子意识到了世袭君主制的不足，但“荀子并没有提出废除世袭君主制度”[②]。应该说，尤锐的相关质疑其源有自，也给人以启发。不过，荀子没有明确提出废除世袭制，与其理论逻辑上指向不主张世袭制，应是两个不同的问题。事实正如尤锐所说，中国历来的君主地位是终身的而且也是世袭的，绝大多数的君主通过继承自己父兄的地位而即位。这种实际存在的政治现象荀子不可能看不到。然而，尤锐得出的结论却似乎不能让人满意，盖即便实际存在的政治现象事实上（世袭）如此，也不能由此推出荀子在理论价值上赞成此一事实（世袭）。理由有两个方面，其一是荀子对现实君主的许多横暴不仁的行为有清醒的认识，同时也给予了尖锐的批评，但这种君主并不是荀子所说的理念意义上的君主。很难想象荀子在理论上也会赞成这种（现实的）君主权力行为之传承而不主张废除，这与荀子置重人君德能的观念（尚贤）并不相容。换言之，我们应当在荀子有关

① 《王制》云：“贤能不待次而举，罢不能不待须而废，元恶不待教而诛，中庸不待政而化。分未定也，则有昭缪。虽王公士大夫之子孙也，不能属于礼义，则归之庶人。虽庶人之子孙也，积文学，正身行，能属于礼义，则归之卿相士大夫。”

② 尤锐：《万能而无所为——荀子对于王权主义的调整》，载《诸子学刊》第六辑，（上海：上海古籍出版社）2012 年 3 月，第 220—221 页。

人君的理念存在与实际人君的权力世袭之间做出必要的区分。其次，尤锐的上述质疑建立在对《王制》首段的解读上，但这种解读或不无可商之处，盖“王制”之实义当是圣王之政，是王者之人创制的大中至正的标准[1]，而《王制》篇的内容即是王者（作为理念形态的“知者”或“人君”）所颁布的为政之道。故当尤锐质疑说“王公士大夫之子孙”是否包括太子或国君个人时，答案显然也可以理解为不包括，原因是上述的说法原本就是最高统治者（王者）说给各级官员听的为政的道理[2]，在文本结构上可以理解为一种主体外置的形态，故而我们并不能由此推出只有三公、诸侯及士大夫需依其才能而得位，而最高统治者如国君（或王者）则不需要。事实上，假如我们理解了荀子“德必称位”是作为一种普遍的理念和原则，那么，在权力的转移上，世袭制在荀子的思想中就没有存在的理由，而尤锐的结论至少在理论的一致性上就颇难成立。《富国》篇有一段强调“德必称位”的原则直指“自天子通于庶人”的论述既可以补充对《王制》篇的理解，也可以在某种意义上印证我们的主张。荀子云：“德必称位，位必称禄，禄必称用，由士以上则必以礼乐节之，众庶百姓则必以法数制之。量地而立国，计利而畜民，度人力而授事，使民必胜事，事必出利，利足以生民，皆使衣食百用出入相掩，必时臧余，谓之称数。故自天子通于庶人，事无大小多少，由是推之。”在此，“德必称位”的原则似乎是适合于自天子以至庶人的普遍原则。由此不难看到，我们一直强调，在荀子那里，作为政治“正当性”的承担者，“知者”或“人君”乃是一种理念的存在，其

---

① 参见《正论》《解蔽》篇的相关说法，如云：“天下之大隆，是非之封界，分职名象之所起，王制是也。”（《正论》）又云：“传曰，‘天下有二，非察是，是察非’。谓合王制不合王制也。”（《解蔽》）John Knoblock 在介绍此篇时亦指出，参阅 John Knoblock，*Xunzi：A Translation and Study of the Complete Works*，*Vol Ⅱ*，Stanford：Stanford University Press，1990，p. 85。

② 从《王制》以“请问为政”的设问开篇，引出答者（本篇主体或王者）的论述，可以清楚地看出。

权力的来源系于其优异的德能，故若必论有所谓君权的“世袭”，此“世袭”的含义亦当理解为其优异的德能在一代一代中的相继，这是一种合符逻辑的了解。事实上，荀子也的确有类似的“以尧继尧”的说法，只不过我们不能把它理解为通常所说的世袭而已，如荀子云：“天下有圣，而在后子者，则天下不离，朝不易位，国不更制，天下厌然，与乡无以异也；以尧继尧，夫又何变之有矣！圣不在后子而在三公，则天下如归，犹复而振之矣。天下厌然，与乡无以异也；以尧继尧，夫又何变之有矣！”（《正论》）“以尧继尧”强调的正是尧的德能在下一代的传承。

假如上述理解在理论上有其确定性的根据，那么，在“擅让”问题上荀子何以不同意“尧舜擅让”的理由在很大程度上便可得以理解。荀子云：

> 世俗之为说者曰：“尧舜擅让。”
>
> 是不然。天子者，势位至尊，无敌于天下，夫有谁与让矣？道德纯备，智惠甚明，南面而听天下，生民之属莫不震动从服以化顺之。天下无隐士，无遗善，同焉者是也，异焉者非也。夫有恶擅天下矣。
>
> 曰：“死而擅之。”
>
> 是又不然。圣王在上，决德而定次，量能而授官，皆使民载其事而各得其宜……圣王已没，天下无圣，则固莫足以擅天下矣。天下有圣，而在后子者，则天下不离，朝不易位，国不更制，天下厌然，与乡无以异也；以尧继尧，夫又何变之有矣！圣不在后子而在三公，则天下如归，犹复而振之矣。天下厌然，与乡无以异也；以尧继尧，夫又何变之有矣！唯其徙朝改制为难。故天子生则天下一隆，致顺而治，论德而定次，死则能任天下者必有之矣。夫礼义之分尽矣，擅让恶用矣哉！
>
> 曰：“老衰而擅。”

是又不然。血气筋力则有衰，若夫智虑取舍则无衰。

曰：“老者不堪其劳而休也。”

是又畏事者之议也。天子者势至重而形至佚，心至愉而志无所诎，而形不为劳，尊无上矣。……故曰：诸侯有老，天子无老。有擅国，无擅天下，古今一也。夫曰尧舜擅让，是虚言也，是浅者之传，陋者之说也，不知逆顺之理，小大、至不至之变者也，未可与及天下之大理者也。

荀子上述一段论说很长，但意思很清楚：(1) 天子势位至尊，无以可匹；道德纯备，智慧甚明，故无人可与之相让。(2) 若圣王已死，天下无圣，则无所谓“禅让”；若天下有圣，又出在圣王的后代中，则用不着“禅让”；若天下有圣，但不出在圣王的后代中而出在辅佐的大臣之中，则天下如归，也没必要“禅让”。圣王可传者唯在德能礼义，但德能礼义是表现道的理念，无所谓“让”。(3) 天子血气筋力有衰，而知虑取舍无衰；知虑取舍无衰，则亦无须“禅让”[①]。

除开文本的梳理与解释之外[②]，学界对荀子禅让说的研究主要有哲学与思想史两种不同的方式。就思想史的角度看，学者认为，公元前 314 年（一说前 316 年），燕国王哙要“法尧舜”，禅位于燕相子之，燕国因此而大乱，导致燕王哙及其子被杀。此一事件或从

① 从已有的传世文献看，学者多认为，禅让说可能是战国时期十分流行的话题。郭店楚简的《唐虞之道》开篇便提出尧舜“禅而不传”，“尧舜之王，利天下而弗利也”。上海博物馆藏有《子羔》与《容成氏》两篇也论及尧舜禅让，其中《子羔》篇记有“尧见舜之德贤，故让之”；《容成氏》则有“尧以天下让于贤者”，“见舜之贤也，而欲以为后”的记载。但这些说法皆与荀子的主张不同。学者李学勤、裘锡圭、李零等皆对此有相关的研究。

② 在荀子有关禅让说的文本方面，有的学者认为，《正论》篇的说法与《成相》篇的说法不同，或谓有前后思想的变化，或谓《成相》篇不是荀子所作。王健文则认为，此两篇乃从两个不同的层面立说，并不存在矛盾，“盖一为道德情操之颂美，一为理想政治原理与制度之论述”。转引自许景昭：《禅让、世袭及革命——从春秋战国到西汉中期的君权传承思想研究》，上海：上海古籍出版社，2014 年，第 197 页，注（2）。

一个侧面表明，禅让说在权力转移方面并不具有实践的可行性，故荀子斥之为“虚言”、浅陋者之传说，是“不知逆顺之理，小大、至不至之变者也，未可与及天下之大理者也”。有见于此，尤锐认为，“荀子对禅让传说这样尖锐的批评及其对禅让学说持否定态度，很可能反映了战国末期的历史经验，即燕王哙事情的影响”[①]。也有一些学者认为，荀子此处提出的“老衰而擅”的传说似乎是针对《唐虞之道》“七十而致政，四肢倦惰，耳目聪明衰，禅天下而授贤，退而养其生”的说法而来[②]。应该说，类似的研究都有其相关的道理，或也可以丰富我们对荀子思想的理解，盖荀子之所以出此文，原本就是针对那些所谓“世俗之为说者”而来的，故而在“发生意义”上，荀子对禅让说的看法无疑与其所处环境的历史事件以及流行的各种言论有关。不过，相对于哲学理论的理解而言，这些研究只是哲学观念或主张产生的外缘条件，而不是其内在逻辑的分析。

从哲学的立场看，荀子之所以主张尧舜不禅让，乃是因为尧舜所代表的是优异德能的“理”（或理念）如道德智慧、智虑取舍等，而不是经验现象的“事”如气血筋力之衰老等。理念无所谓“死而擅”，也无所谓“老衰而擅”，故荀子云“天子无老”，“若夫知虑取舍则无衰”，无老、无衰则无擅，而“知虑取舍”指的就是优异的德能的表现，荀子的这种看法显然与其对权力来源“正当性”问题的理解具有内在的逻辑一致性。荀子言尧舜不禅让只从天子、圣王说（实即从人君之所以为人君的理念说），不从诸侯说，盖诸侯只是时空中的具体的存在，是“事”，不是“理”，故云“有擅国，无擅

---

① 尤锐：《万能而无所为——荀子对于王权主义的调整》，第223页。

② 王奥：《简论战国儒家的“禅让”政治》，载《赤峰学院学报》（汉文哲学社会科学版）2015，36（11）。《唐虞之道》原文为：“古者圣人二十而冠，三十而有家，五十而治天下，七十而致政，四肢倦惰，耳目聪明衰，禅天下而授贤，退而养其生。此以知其弗利也。”

天下”[1]，而天子、圣王之“德能”乃是理念之典型、理想之极致。德能可传，但无可让，故牟宗三云：“荀子言尧舜不禅让，是要就天子之所以为天子之本质而立一个纯理念，此皆属于理想问题不属于历史事实问题。”天子至圣，全以德言之，以德望之，故“荀子单就已为君者而言君之纯理念上之本质以及其所应具之德”。牟先生甚至认为，“荀子心目中之君实只是一个道”[2]，而圣王或天子只是道之象征而已，道是纯理念，道可传而无所谓让。

天子或人君既以德显，或以德能的理念显，此固可表示德化之崇高，只不过在此崇高的背后，在权力转移或君位的安排上却也最难落实，最为空想，盖人君以德（能）显，思路上走的是以德言君，以德定君，人君纯成一道德主体。德以自觉自愿为前提，故为人君者全靠其自身的道德觉悟和知虑才能自律，以尽君道。但德能既寄附在君身之上，而君之为君，在现实的存在形态上又集“权”与“位”为一体，且此“权”与“位”尊而无上，“无敌于天下”，成一最高之绝对，此时之君乃为一无限制的（政治）权力主体[3]。依理，此两种主体原非一事，但荀子视君之权力主体为一道德主体，却只思以道德主体来“客观化”权力主体，亦即以道德形态而非政治法律形态安排君位，实现权力的转移。如是，我们便可发现一个极为吊诡的现象，在荀子那里，君权原来因其德能之理念而说“无让”，但却因荀子“无视”君之同时作为权力的绝对体，使得其权力在客

---

① 荀子云：“故可以有夺人国，不可以有夺人天下；可以有窃国，不可以有窃天下也。可以夺之者可以有国，而不可以有天下；窃可以得国，而不可以得天下。是何也？曰：国、小具也，可以小人有也，可以小道得也，可以小力持也；天下者、大具也，不可以小人有也，不可以小道得也，不可以小力持也。国者、小人可以有之，然而未必不亡也；天下者，至大也，非圣人莫之能有也。”（《正论》）

② 牟宗三：《名家与荀子》，台北：台湾学生书局，1979 年，第 230—234 页。

③ 牟宗三云：“在大一统的君主专制之形态下，皇帝在权与位上是一个超越无限体……完全不能依一客观有效之法律轨道以客观化与理性化者。”参阅氏著《政道与治道》，台北：台湾学生书局，1996 年，第 30 页。

观和事实上成为“无让”。君权既无让，即其转移最终只能委诸非常态的革命，故而“以德定君”的主张在权力转移的问题上便无形中为暴力革命埋下了种子。牟宗三云，荀子“单就已为君者而言君之纯理念上之本质以及其所应具之德，然为君者，事实上其一生不必尽能如此德。（即其取得天位亦常不以其如君之纯理本质而居天位，而常以其才能与武力。惟古人常就德而言耳。）当其理不胜气时，即则失其德，而不足为‘管分之枢要’。（因彼究竟是一现实的人，而不是纯理念。）但虽失其德，而彼自以为不失德，彼亦无可让。如是，势必有革命之说”[①]。

然而，荀子对“革命”又究竟持何种态度？学者虽已多有研究，但也无定说。作为政权转移的一种方式，“革命”虽然事实上构成了朝代更迭的方式，但由于其所包含的暴力活动，在理论上很难成为统治正常化的手段选择，而对于秩序情有独钟的儒家对“革命”则向持谨慎的态度。孟子有关“诛一夫纣”的言论虽被认为是“儒家经典革命话语的权威文献”[②]，但孟子对革命却附有十分严格的前提条件，如诛杀的对象必须是暴君，有资格“诛其君，吊其民”的必须是贵戚之卿或别国在位的圣君[③]；他们必须有伊尹之志或汤武之仁，又有天子荐之等等。《孟子》记公孙丑问：“贤者之为人臣也，其君不贤，固有可放与？”孟子云：“有伊尹之志则可，无伊尹之志则篡也。”（《尽心下》）而朱子则在注“汤放桀，武王伐纣”（《梁惠王下》）章时特别引王勉语云：“惟在下者有汤、武之仁，而在上者有桀、纣之暴则可。不然，是未免于篡弑之罪也。”（《四书章句集

① 牟宗三：《名家与荀子》，第 232 页。

② 陈建华：《“革命”的现代性——中国革命话语考论》，上海：上海古籍出版社，2000 年，第 6 页。“革命”一词最早见于周初文献，《尚书·多士》记周公训殷遗民曰：“惟尔知惟殷先人，有册有典，殷革夏命。”

③ 孟子在《公孙丑下》谓“为天吏，则可以伐之”，对此萧公权云：“暴君必待天吏而后可诛，则人民除取不亲上死长之消极抵抗以外，并无以革命倾暴政之权利。”见氏著《中国政治思想史》（一），沈阳：辽宁教育出版社，1998 年，第 87 页。

注·孟子集注》）待到汉景帝时，辕固生与黄生讨论汤武革命，最后涉及汉高祖造反是否正当的问题，汉景帝不得不直接下令禁止：“食肉毋食马肝，未为不知味也；言学者毋言汤武革命，不为愚。”（《汉书·辕固传》）

许多学者认为，同孟子一样，在权力转移问题上，荀子对“革命”采取赞成的态度。然而，作为儒者，孟、荀对“革命”事实上皆非无条件地持支持的态度[①]。尤锐甚至认为，“荀子的任何论述，都不能被解读为对现实世界中臣民造反的支持；相反，他曾明确建议在暴君统治下的大臣应该避免直接与之冲突以保住性命。造反并不是荀子及其追随者的选项；它仅仅被用作对君主的警告，而不是对臣民的指导”[②]。尤锐之说固然有相关的文本作根据，但也似乎更多是侧重于历史和经验事实上的解释。顺着荀子的思路，从哲学理论上看，假如荀子所说的君以德定、君以德言确然成为事实的存在，一切如理流行，不存在失德和丧德，那么，“革命”一说便已无存在的理由。然而，汤武革命的事实却构成了荀子在如此持论下不得不加以解释的事件。那么，荀子赞成汤武革命的本质理由是什么？我们先看荀子的说法。荀子云：

> 世俗之为说者曰：“桀纣有天下，汤武篡而夺之。”是不然。以桀纣为常有天下之籍则然，亲有天下之籍则不然，天下谓在桀纣则不然……圣王之子也，有天下之后也，势籍之所在也，天下之宗室也，然而不材不中，内则百姓疾之，外则诸侯叛之，近者境内不一，遥者诸侯不听，令不行于境内，甚者诸侯侵削

---

① 依尤锐，其前提有三：执政的君主是无道的暴君，失去了自己的权威，反对他的新兴君主是至高无上的圣人。参阅《万能而无所为——荀子对于王权主义的调整》，第222页。

② 尤锐：《展望永恒帝国——战国时代的中国政治思想》（孙英刚译），上海：上海古籍出版社，2013年，第111页。

> 之，攻伐之。若是，则虽未亡，吾谓之无天下矣……诛暴国之君，若诛独夫。若是，则可谓能用天下矣。能用天下之谓王。汤武非取天下也，修其道，行其义，兴天下之同利，除天下之同害，而天下归之也。桀纣非去天下也，反禹汤之德，乱礼义之分，禽兽之行，积其凶，全其恶，而天下去之也。天下归之之谓王，天下去之之谓亡。故桀纣无天下，汤武不弑君，由此效之也。汤武者，民之父母也；桀纣者，民之怨贼也。今世俗之为说者，以桀纣为君，汤武为弑，然则是诛民之父母，而师民之怨贼也，不祥莫大焉。以天下之合为君，则天下未尝合于桀纣也。然则以汤武为弑，则天下未尝有说也，直堕之耳。
>
> 圣人备道全美者也，是县天下之权称也。桀纣者，其知虑至险也，其志意至暗也，其行为至乱也；亲者疏之，贤者贱之，生民怨之……今世俗之为说者，以桀纣为有天下，而臣汤武，岂不过甚矣哉！

在传统儒家的语境中，特别强调在不预设某种前提的条件下，弑君或篡夺君位并不具有正当性，这与儒者对君之理论的认定相关。那么，依荀子，汤放桀、武王伐纣为什么是正当的？要满足此一正当性条件，则需要证明桀、纣不是天下之君。而依照我们此前的分析，在荀子的思想系统中，君之为君乃是以德（能）言，以德（能）定，如是，荀子只需指出桀、纣已经完全失德或丧德，失德之君虽“常有天下之籍”，但却不复为天下之君，如是，汤武放伐的正当性即可得以证明①。在上引一段中，荀子不惜笔墨大量渲染桀、纣“内则百姓疾之，外则诸侯叛之，近者境内不一，遥者诸侯不听，令不行于境内，甚者诸侯侵削之，攻伐之”，“禽兽之行，积其凶，全其恶”，

① 《荀子·议兵》篇又云：“汤武之诛桀、纣也，拱挹指麾而强暴之国莫不趋使，诛桀、纣若诛独夫。故《泰誓》曰‘独夫纣’，此之谓也。”

“其行为至乱也，亲者疏之，贤者贱之，生民怨之”，等等。这些描述虽有极强的烘托之效，但都是一些现象的描述，本质性的说明则在于桀、纣之失德（能）。失德或丧德才是根源，而上述的描述只是失德的结果。审如是，荀子一方面痛责桀、纣“不材不中”，“反禹汤之德，乱礼义之分”，“其知虑至险也，其志意至暗也”，以明其失德和丧德之至；另一方面，则尽颂汤武之德，谓其“修其道，行其义”，是至强、至辨、至明的“备道全美者”，所以荀子会说“桀纣无天下，汤武不弑君”。而正因汤武具优异完美的德能，故而有“兴天下之同利，除天下之同害，而天下归之”之效果。在《臣道》篇，荀子甚至用“功参天地，泽被生民”来形容汤武的征诛，其云：“夺，然后义；杀，然后仁；上下易位，然后贞；功参天地，泽被生民：夫是之谓权险之平，汤武是也。”

根据以上的分析，我们看到，荀子在权力转移方面如同其在权力来源方面一样，始终以人君的德能作为其所以如此持论的核心和关节点。但我们说过，人君不仅只是依德言，即便以德言，仍有德不胜气之时；人君更是最高权位的绝对体，是一全无限制者。如是，荀子有关权力转移的论说便必落乌托邦之境，盖一方面人君之失德或丧德原则上纯系乎其自律而无客观的轨道加以保证；另一方面若人君恃其无限制之权力以遂其私欲，便已然孕育了暴力革命的选择，而此时道德即成了权力的奢侈的饰品而已①。从政治理论的角度上看，权力转移本属政治制度之设计问题，政制之设计不仅应体现价值合理性，亦即有其道德的基础，也应体现“技术合理性”，所谓技术合理性即确立相应的法律轨道以保证权力有序更迭，秩序平稳过

① 学者从总体上已经看到，儒家传统思想中“圣者为王”的主张，将在实际的政治世界中逻辑上导致“王者为圣”的结局，只是对其中的内在义理各有不同的理解。参阅俞荣根：《法先王：儒家的政治合法性理论》，《新诸子论坛》第14期，2014年6月；王四达：《“天命有德”：中国古代对政治合法性的探索及其历史归宿》，《哲学研究》2012年第1期。

渡。然而，在荀子思想中，君位至高，君既以德能的理念言，则“愈在上，统驭之道即愈近于理律，而远于法制。而彼又是政权之所在，亦实无一客观之法律以制之。故终赖其以理自律也。然以理自律，须赖其自己之最高道德感。道德感不足，即不能自律，而又无外力以控制之，则横决而漫无限制”①。实际上，和其他儒者一样，荀子念兹在兹者，唯寄望“道德纯备，智惠甚明”者得其高位，却不曾思考在技术合理性亦即制度设计上如何借法律之定常，确立轨道，以保证有德能者能在高位，甚至保证那些握有权力的“中君”乃至“暗君”在高位时仍不能肆意横决（arbitrary），为非作歹，并进而借此定常之轨道以实现权力的有序转移。此固非荀子一人之失，实乃二千年儒家之失。虽属“老调”，仍有“重弹”的必要。

4. 权力的制约

叙述至此，我们应该很清楚，在荀子的思想中，人君乃依其优异的德（或德能）而获得政治权力，而且此政治权力也因其德能而得以合理化和“正当化”。虽然人君的权力尊而无上，但依荀子的逻辑，人君的权力既然在根源上是附属于其德的，是因其至德而有至位的，那么，在对人君权力的制约上，荀子亦便全致力于在源头上对人君的道德改造，“子帅以正，孰敢不正”（《论语·颜渊》）或“君仁莫不仁，君义莫不义，君正莫不正，一正君而国定”（《孟子·离娄上》）的教言成了荀子接纳的共同遗产。由此我们看到，原本属于政治学上的权力的制约，在荀子（和儒家）那里，依循的却是伦理学上的道德的引导。荀子似乎“忘记”了虽然人君是因其德而有其位，但在人君“势位至尊，无敌于天下”的现实存在中，道德警诫的压力、习俗传统的规约，乃至谏官制度的设置等等，只是依附于人君这一权力的绝对实体之下的一个附属品。荀子似乎也“不愿

① 牟宗三：《名家与荀子》，第235页。

正视”人君的权力虽然因德而有，然而一旦其获得了绝对和至尊的地位，就会像本性难改的小偷挣脱了牢笼一样，满世界奔跑撒欢[①]。

我们采取结论前置的写法，当然意在引导出权力制约的可能途径。站在现代学术的立场，权力制约主要有两种不同的方式，其一是以权力制约权力，亦即借由制度安排实行对权力的有效约束，这与西方的宪政理论密切相关；另一即是泛指对权力的防范与控制的手段和措施，在儒家则主要表现为对权力的道德约束，亦即采取德化政治的方式。荀子尽管没有也未能设想出类似西方宪政式的权力制约的主张[②]，但这并不是说荀子会无视或放任君权的泛滥。事实上，由于在其思想中，人君被置于极端重要的地位，荀子在为君权设置道德制约方面也颇费心思，其目的无非在于试图通过培养、强化人君的道德意识，实现权力运行的合理化[③]，具体表现有以下几个方面。

首先，通过强调人君的道德修身和榜样作用，实现对人君的道德引导，进而达到约束君权的目的。荀子云：

> 请问为国？曰闻修身，未尝闻为国也。君者仪也，民者景也，仪正而景正。君者槃也，民者水也，槃圆而水圆。君者盂也，盂方而水方。君射则臣决。楚庄王好细腰，故朝有饿人。故曰：闻修身，未尝闻为国也。（《君道》）

---

① 阿克顿爵士说：“权力导致腐败，绝对权力导致绝对腐败……历史并不是由道德上无辜的一双双手所编织的一张网。在所有使人类腐化堕落和道德败坏的因素中，权力是出现频率最多和最活跃的因素。”参阅氏著《自由与权力》（侯健等译），北京：商务印书馆，2001 年，第 342 页。

② 的确有一些学者认为，荀子将权力看作天下的公器，把礼视为人道之极、高于君主等主张，早已有了宪政法治的思维。只不过，这种看法更多是出于兴会或想象，包含了许多可争议的预设前提，很难让人同意。

③ 在权力制约方面，荀子所说的人君乃作为现实政治中的人君而言，而不是合符理念意义上的人君，更不是圣王、天子等表现理想之极致的人君。

此段原本问如何治理国家，但荀子却以“闻修身，未尝闻为国”作答，意在表明，作为治理国家的本源，人君的个人德操具有特别重要的意义，其行为的邪正良窳对民众具有直接影响，所谓“仪正而景正”“槃圆而水圆”说的就是道德修身所具有的榜样的效果。在同一篇中，荀子更为直接地指出，“上好礼义，尚贤使能，无贪利之心，则下亦将綦辞让，致忠信，而谨于臣子矣。如是则虽在小民，不待合符节，别契券而信，不待探筹投钩而公，不待衡石称县而平，不待斗斛敦概而啧。故赏不用而民劝，罚不用而民服，有司不劳而事治，政令不烦而俗美。百姓莫敢不顺上之法，象上之志，而劝上之事，而安乐之矣”（《君道》）。类似的说法，在《正论》篇则表达为“上者，下之本也。上宣明，则下治辨矣；上端诚，则下愿悫矣；上公正，则下易直矣”。在荀子看来，人君是治国之源，人君的道德榜样作用要远远胜于诚信公正等法规条目，而人君养源之道的核心在隆礼义。

正因为如此，在政治的理想境界上，荀子把人君对道德礼义的遵从与“王天下”紧密联系在一起，至是而云“修礼者王”（《王制》），“义立而王”（《王霸》），“尊圣者王”（《君子》），“隆礼尊贤而王”（《强国》）。在荀子，一个合乎理念的人君（天子）对于广大民众的行为具有强大的感染力，乃至天下生民之属莫不震动从服以化顺之。荀子对道德榜样效果的描述甚多，无须一一援引，其目的无非是立此境界形态以引导人君认识到道德修身对于国家治理的重要性，盖人君“若德凝则诸侯不能削”（《王制》），而民众则“将听唱而应，视仪而动”（《正论》）。所谓“源清则流清”的意义不仅只是顺着讲，亦即正面倡导人君道德修身的作用，也可以逆着讲，亦即强调人君身负的道德责任，若要使群臣百吏安于政令，勉于事业，那么，人君在治国理政时必当以礼义规范相约束，故云：“川渊深而鱼鳖归之，山林茂而禽兽归之，刑政平而百姓归之，礼义备而君子归之。故礼及身而行修，义及国而政明，能以礼挟而贵名白，天下愿，令行禁止，王者之事毕矣。”（《致士》）平心而论，荀子的上述说法并没有多大的新意，他只是在其思想系统中再次确认和强调了儒家向来主张的“风行草偃”的理想或境界效果。这种理解意义下的人君大抵是纯以德能为理念的人君，而忽视了人君原也是具绝对权力的现实的政治主体。依荀子，人君道德修身的前提预设了对相应规范的认可，而道德榜样所以为榜样乃表现为以身作则，亦即其身行实践自觉和自愿接受了相应规范和法则的约束。尽管道德礼义是一种重防范、轻制约的“软约束”，在君权至上的客观事实面前其制约的功能十分有限，尽管荀子也认识到“意志无力”和“朱象不化”的现象①，然而在荀子的思想逻辑中，没有也未能发展出以权力制约权力的观念②。因而他只能通过圣人也需服从礼义的主张以期实现对人君权力的约束，故荀子云：

> 公输不能加于绳墨，圣人不能加于礼。礼者，众人法而不知，圣人法而知之。（《法行》）

依荀子，虽以公输子之巧，仍不能超越墨线；虽以圣人之智，仍不能超越礼义。即此而言，道德礼义对君权的规范和制约可以得到一定程度的理解。

其次，通过确立、建构人君治国的价值规范系统以及引入必要的道德警诫，来达到对人君权力的制约。从理论上看，建构和确立人君治国的价值规范体系和标准既是一种方向的引导，也在某种意义上是一种对权力的约束，具有立此存照的功能。有关此一点，我

① 如《不苟》篇云：“见其可欲也，则不虑其可恶也者；见其可利也，则不虑其可害也者。”而《正论》篇“朱象不化”的案例在某种程度上也蕴含了道德教化的限度问题，当然，“朱象不化”的原因是由于朱、象不愿化，而不是朱、象不能化，此中本质差别需要把握好。

② 此处所说的以权力制约权力的确切含义并不是说在荀子的思想中，人君的权力不受任何限制，而是说在荀子所设想的政治体制中没有也不存在与君权相平列、相对等、完全制度化的有效制约权力。下文和本书所说的含义皆以此为准。

们在《王制》《君道》《富国》《强国》等篇中可以发现大量的论述，如《王制》篇凡言为政之道、听政之原则，以及荀子对王者之人、王者之制、王者之论、王者之法、王者之用的说明，既可以理解为荀子对圣王之政的正面的勾画，也可以理解为人君为政时应当遵循的原则或准则，在某种意义上是对人君权力行为的限制，如王者之论“无德不贵，无能不官，无功不赏，无罪不罚。朝无幸位，民无幸生。尚贤使能，而等位不遗；析愿禁悍，而刑罚不过”。荀子言“无……”所指向的是没有例外的、作为普遍意义的原则，但“无”作为一种否定性的原则，它本身又是一种限制。“不遗”“不过”就是对权力行为的限制，故荀子在《正论》篇中云：“天下之大隆，是非之封界，分职名象之所起，王制是也。”“王制”是标准，而标准的另一层含义可以理解为对权力行为的划界[①]，尽管对于君人者而言，这样一种划界的标准多只具形式的意义。

另外，此处所谓的“道德警诫”可以理解为通过对历史上曾经发生的类似事例和对失德行为所造成的后果的说明，来引发人君在心理上和认知上的警觉，从而达到收敛、约束其权力行为的作用。“警诫”既包含警示，也包含告诫；“警诫”可以从道理上说，也可以从历史事件上说，前者在领略意涵，后者在提供成例和鉴戒，如荀子云：“马骇舆，则君子不安舆；庶人骇政，则君子不安位……‘君者，舟也；庶人者，水也；水则载舟，水则覆舟。’”（《王制》）荀子通过马与舆、舟与水的比喻是要引出君人之大节，由“大节”

① 荀子言“王制”具有标准义，我们不仅可以从《正论》篇看出，也可以从《解蔽》篇看到，如荀子云：“传曰，‘天下有二，非察是，是察非’。谓合王制不合王制也。”此处，“王制”显然是指天下是非的标准。荀子又云：“传曰，‘析辞而为察，言物而为辨，君子贱之。博闻强志，不合王制，君子贱之’。此之谓也。”前一句“君子贱之”指的是公孙龙“白马非马”论以及惠施“卵有毛”“鸡三足”之说，依荀子，他们析辞言物，违于常识，乱名改作，而自以为明察善辨，其学说无益于人群，故君子贱之；后一句意思是说他们虽然闻记很广，所知很多，但却不合王制（谓礼也）而无益于治道，故“君子贱之”。不难看出，荀子此处所言的“王制”亦是突出其标准义。

荀子又引出“大本”：“凡奸人之所以起者，以上之不贵义，不敬义也。夫义者，所以限禁人之为恶与奸者也。今上不贵义，不敬义，如是，则天下之人百姓，皆有弃义之志，而有趋奸之心矣，此奸人之所以起也。且上者下之师也，夫下之和上，譬之犹响之应声，影之像形也。故为人上者，不可不顺也。夫义者，内节于人，而外节于万物者也；上安于主，而下调于民者也；内外上下节者，义之情也。然则凡为天下之要，义为本，而信次之。古者禹汤本义务信而天下治，桀纣弃义倍信而天下乱。故为人上者，必将慎礼义，务忠信，然后可。此君人者之大本也。”（《强国》）而对人君立身处世的原则，荀子也把它上升到生死存亡的高度，所谓“立身则从佣俗，事行则遵佣故，进退贵贱则举佣士，之所以接下之人百姓者，则庸宽惠，如是者则安存。立身则轻楛，事行则蠲疑，进退贵贱则举佞侻，之所以接下之人百姓者则好取侵夺，如是者危殆。立身则憍暴，事行则倾覆，进退贵贱则举幽险诈故，之所以接下之人百姓者，则好用其死力矣，而慢其功劳，好用其籍敛矣，而忘其本务，如是者灭亡”（《王制》）。荀子谆谆教诫，若为人上者行为阴幽偏曲，则臣下百吏亦疑诈营私，所谓“上周密，则下疑玄矣；上幽险，则下渐诈矣；上偏曲，则下比周矣”（《正论》）。依荀子，治国有道，人君有责，故必当心存忧患，朝乾夕惕，时时检点自己的行为。为此，荀子常常用历史事例所包含的行为规则来警醒当世人君，“闵王毁于五国，桓公劫于鲁庄，无它故焉，非其道而虑之以王也”（《王制》）。在荀子看来，历史事例虽然是发生在过去的事件，然而事例是表现道理和规则的，而道理和规则则是超越时间的。正因为如此，这些事例不会因为它是历史的而成为历史。荀子重应世之变，但他也重有意义的历史事例，并从中启发出人君当以礼立身、以礼约束自己行为的道理，荀子云：“成侯、嗣公聚敛计数之君也，未及取民也。子产取民者也，未及为政也。管仲为政者也，未及修礼也。故修礼者王，为政者强，取民者安，聚敛者亡。”（《王制》）荀子前面说历史的事例，后面则引出普遍的道理，这种笔法在《荀子》一书中在在可见，充分地表现出“鉴戒思维”的特点。无疑，历史事例的本质并不在于对过去事物的还原，“而在于对现时生命的思维性沟通”①。在荀子，历史事例提供给了我们多重的道理，但其对人君的权力行为而言，收敛和约束应当是鉴戒、教训的核心之一。

最后，在权力制约方面，荀子在一定程度上注意到了谏官制度在制约君权方面的作用。荀子专门著有《臣道》一篇，在概述各类臣子的行为特征的同时，也论述了臣子在侍奉不同君主时应遵循的原则。其中荀子特别提出了“谏、争、辅、拂之人”对矫正人君权力行为过失方面的作用，认为“正义之臣设，则朝廷不颇；谏、争、辅、拂之人信，则君过不远”，意思是说，正义之臣见用，朝廷就不会倾斜；谏、争、辅、拂之臣得申其道，人君就不会有大错。荀子言谏臣之用不仅着眼于政治上对君权的制约，而且这种制约在他看来也有其哲学的基础，荀子云：“桀死于亭山，纣县于赤旆。身不先知，人又莫之谏，此蔽塞之祸也。”（《解蔽》）桀纣之亡固然与其刚愎独断、拒绝一切谏言有关，但谏言之所以能得到有效辩护，就在于它具有解除人君认知上“蔽塞之祸”的作用。荀子又以伊尹、箕子、比干、子胥、平原君、信陵君为例来说明谏、争、辅、拂的道理，进而提出“从道不从君”的主张。荀子在此处所说的人君并不是合符理念意义上的人君，而是现实政治中的人君，荀子云：

> 君有过谋过事，将危国家陨社稷之惧也；大臣父兄，有能进言于君，用则可，不用则去，谓之谏；有能进言于君，用则可，不用则死，谓之争；有能比知同力，率群臣百吏而相与强君挢君，君虽不安，不能不听，遂以解国之大患，除国之大害，成于

① 伽达默尔：《真理与方法》（洪汉鼎译），上海：上海译文出版社，1999 年，第 221 页。

尊君安国，谓之辅；有能抗君之命，窃君之重，反君之事，以安国之危，除君之辱，功伐足以成国之大利，谓之拂。故谏争辅拂之人，社稷之臣也，国君之宝也，明君之所尊厚也。（《臣道》）

依荀子，人君治国不免有错误的谋划和行为，若任由其权力所使，无所谏诤纠正，一无限制，其结果将危及家国，此时为臣者当有逆命之言行，而不可偷合苟且。在荀子看来，那些劝谏、苦诤、辅助、匡正人君权力之失的人，是维护国家政权的大臣，是人君的宝贵财富，也是英明的人君所应尊敬和优待的人①。

荀子的上述说法无疑表现出赞成谏臣在限制君权方面的作用，但在此一点上，荀子的主张也似乎显示出矛盾之处，一方面，为了人君和国家的利益，荀子鼓励大臣去劝谏苦诤，甚至可以殉身以抗拒人君的命令，强迫人君听从；另一方面，荀子又认为，“为人臣下者，有谏而无讪，有亡而无疾，有怨而无怒”（《大略》）。如果说荀子的这段议论尚可理解为臣下在谏诤时所应持的态度的话，那么，当荀子说事暴君只宜弥缝其缺失，不可违抗其意旨，以免杀身之祸时②，则其谏诤所表现出来的制约君权的意义似乎已大打折扣。而之所以会出现这种情况，其根本原因就在于所谓的谏官制度并不是独立于人君权力意志之外的一种制度安排，因而它并不能切实有效地限制君权③，盖暴君之所以能够肆无忌惮地行“暴”，正在于没有与

① 有关谏臣方面的论述，读者可参阅本书第七章的相关说明。

② 荀子云：“事圣君者，有听从无谏争；事中君者，有谏争无谄谀；事暴君者，有补削无挢拂。迫胁于乱时，穷居于暴国，而无所避之，则崇其美，扬其善，违其恶，隐其败，言其所长，不称其所短，以为成俗。诗曰：‘国有大命，不可以告人，妨其躬身。’此之谓也。”

③ 据《汉书·眭弘传》（卷七十五）记载，元凤三年（公元前78年），因“公孙病已立”事件，议郎眭弘上书请求汉昭帝禅位，其云：“先师董仲舒有言，虽有继体守文之君，不害圣人之受命。汉家尧后，有传国之运。汉帝宜谁差天下，求索贤人，禅以帝位，而退自封百里，如殷周二王后，以承顺天命。”时昭帝幼，大将军霍光秉政，以“妖言惑众，大逆不道”，将眭弘及代其上书者诛杀。

其权力相对等的权力加以限制，因而在没有法律制度安排的情况下，政治现实中的“明君”便仅仅只是我们的期待，纯系乎偶然而已[①]。

围绕君权限制问题，还有一种似是而非的议论，认为荀子推崇“尚贤使能”，注重择相和任用贤人君子的辅佐等等，表现出荀子“千方百计地要从制度上来限制人君专制的可能”；同时，也有学者认为，在荀子的这种政治设想中，“君主手中几乎没有什么权力了。在选好贤相之后，君主应当从日常行政事务中退出，这意味着他对政府政治的干预变到最小”[②]。的确，荀子在理论上否认世袭制的合理性，吸收墨家的“尚贤”主张，认为任贤用能是实现王道秩序的重要保障[③]。依荀子，“人主欲强固安乐，则莫若反之民；欲附下一民，则莫若反之政；欲修政美俗，则莫若求其人”（《君道》）。故“明主急得其人，而暗主急得其势。急得其人，则身佚而国治，功大而名美，上可以王，下可以霸；不急得其人，而急得其势，则身劳而国乱，功废而名辱，社稷必危”（《君道》）。在荀子看来，论德使能而官施之，是圣王之道，故君人者要“劳于索之，而休于使之”（《王霸》）。换言之，人君只需选贤任能，将政治事务委托给贤相与贤臣，自己拱手而治，即能保证社会秩序正常运作，故云：“若夫论一相以兼率之，使臣下百吏莫不宿道乡方而务，是夫人主之职也。若是则一天下，名配尧禹。之主者，守至约而详，事至佚而功，垂

① 有关荀子“天论”之说在限制君权方面是否只是“得不偿失”之作，此处不展开论述。依萧公权先生，儒、墨、阴阳诸家天命民贵之理论，皆含有限制君权之作用，而荀子非天命破灾异，既取古人限君重要学说之一而攻之，又未如申韩之明法尊制，故其学说必有流弊。但对萧氏的观点抑或可以有不同的看法，请参阅本书附录《荀子的〈天论〉篇与政治哲学》。

② 尤锐：《展望永恒帝国——战国时代的中国政治思想》（孙英刚译），上海：上海古籍出版社，2013年，第118页。

③ 荀子认为，乱世的一个重要特征就在于“愚诏知”“不肖临贤”，故云：“乱世则不然，污漫突盗以先之，权谋倾覆以示之，俳优、侏儒、妇女之请谒以悖之，使愚诏知，使不肖临贤，生民则致贫隘，使民则极劳苦。”（《王霸》）而荀子言“君道”之“四统”，其中“显设”所说的就是用人之道。

衣裳，不下簟席之上，而海内之人莫不愿得以为帝王。”（《王霸》）

不可否认，荀子的上述说法的确表现出“贤能政治”的特点，并且荀子十分强调人君应“取人有道，用人有法”，以使能与不能者若白黑那样判然分明[①]。鉴于当时时代“游谈之士，躁进成风”[②]的风气，荀子甚至一再告诫人君在官人时应当秉公义而摒私意，认为治国驭民，调一上下，唯公为上，故云：“明主有私人以金石珠玉，无私人以官职事业，是何也？曰：本不利于所私也。彼不能而主使之，则是主暗也；臣不能而诬能，则是臣诈也。主暗于上，臣诈于下，灭亡无日，俱害之道也。”（《君道》）客观地说，这些原则和措施在影响和约束君权方面具有一定的作用。然而，荀子的选贤任能是否表现为在“制度”上限制君主专制？其作用和限度究竟有多大？若要回答此一问题，我们则需证明，在人君势位至尊、无可以匹的政治权力格局中，这种独立的制度设计如何可能？假如存在这样一种独立的制度设计，我们又该如何理解人君的势位至尊？尽管罗思文（Henry Rosemont，Jr.）认为，在荀子那里，人君在做出决定的时候会受到一套社会先例和习俗（礼）的约束，然而却并没有正式的制度来核查其权力[③]。我们这样说并不意味着在荀子的思想中一概没有或不懂从制度上来防范权力，然而这种防范的对象针对的主要是臣下百吏而不是君人者本人[④]。退一步，依前引尤锐的说法，在荀子“君人劳以索之，而佚于使之”（《王霸》）的巧妙设计中，君主

① 荀子言取人用人的原则谓：“取人之道，参之以礼；用人之法，禁之以等。行义动静，度之以礼；知虑取舍，稽之以成；日月积久，校之以功。”（《君道》）

② 萧公权：《中国政治思想史》（一），沈阳：辽宁教育出版社，1998 年，第 106 页。

③ Henry Rosemont，Jr.，“State and Society in the Xunzi：A Philosophical Commentary”，in *Virtue，Nature，and Moral Agency in the Xunzi*，ed. by T. C. Kline Ⅲ and Philip J. Ivanhoe，Indianapolis/Cambridge：Hackett Publishing Company，2000，p. 6.

④ 在皇权时代，也设立有类似独立的监察机构以便对各下级官员的权力进行监督，但即便如此，这种监察机构对皇帝而言也顶多只能形成“软约束”，决策最终仍取决于皇帝个人的乾纲独断。

所行实质上是“无为”而治。按尤锐之说，君主的手中既没有什么权力，对政治事务的干预也已变得最小。若由此推之，则我们似可认为，在尤锐的理解中，荀子乃表面上“尊君”，实则通过托政于贤能达到“虚君”，“因为贤臣都是精心挑选的，一定是国中最优秀的人才，鉴于他们的道德和智谋，将行政事务委托给他们会对政府有利，也有利于君主的休息”。故尤锐认为，荀子的最终理想只是“维持一个象征性的君主”[①]，换言之，在荀子那里，并不存在君主一人专权的现象，人君也不是一个权力的绝对实体。

然而，究竟应该如何理解尤锐的看法？我们认为，尤锐显然混淆了“君主专权”与“君相（臣）共治”的关系，盖即便君主能任贤使能，令卿相辅佐以为“基杖”，士大夫分职而听，百官各有专司，但这些现象只能说明在专制体制下可以有“明主”出现，故云“明主好要”（《王霸》），“要”者，枢机、关键也，但却不能说明专制君主的权力意志在根本上会受到用人制度的限制和影响。在荀子的思想中，君主握有最终、最高的权力，他不允许也倾向于铲除异于自己权力意志的人，所谓“君上之所恶也，刑法之所大禁也，然且为之是忘其君也。忧忘其身，内忘其亲，上忘其君，是刑法之所不舍也，圣王之所不畜也”（《荣辱》）。故萧公权先生认为，“荀子认君主应专权而不可独治”[②]，可谓深有所见。

另一方面，荀子之所以特别注重择相和任用贤臣，显然也与以下两个方面的原因有关。其一是客观地说，人君治国理政，大小粗细，事务繁杂，纵使人君精力旺盛，聪明过人，亦不可能在事务上一一亲力亲为[③]，故“人主者，以官人为能者也”（《王霸》）。其二是主观地说，人君之所谓“贤、知、辩、察”并非是无所不能，无所不

---

① 尤锐：《展望永恒帝国——战国时代的中国政治思想》，第 117—118 页、第 119 页。
② 萧公权：《中国政治思想史》（一），第 105 页。
③ 荀子云：“大有天下，小有一国，必自为之然后可，则劳苦秏悴莫甚焉。”（《王霸》）

知，而有其自身的限制，“君子之所谓贤者，非能遍能人之所能之谓也；君子之所谓知者，非能遍知人之所知之谓也；君子之所谓辩者，非能遍辩人之所辩之谓也；君子之所谓察者，非能遍察人之所察之谓也；有所止矣。相高下，视硗肥，序五种，君子不如农人；通货财，相美恶，辩贵贱，君子不如贾人；设规矩，陈绳墨，便备用，君子不如工人；不恤是非然不然之情，以相荐樽，以相耻怍，君子不若惠施、邓析”。人君之所长恰恰在于“谲德而定次，量能而授官，使贤不肖皆得其位，能不能皆得其官，万物得其宜，事变得其应”（《儒效》）。荀子无疑认识到，品德高尚、能力专精的精英对于国家的治理、社会秩序的实现和良好风气的养成具有十分重要的意义，故在董理国事方面期以获得贤人为之辅佐。“君者，论一相，陈一法，明一指，以兼覆之，兼照之，以观其盛者也。相者，论列百官之长，要百事之听，以饰朝廷臣下百吏之分，度其功劳，论其庆赏，岁终奉其成功以效于君。”（《王霸》）荀子也时时告诫人君“用圣臣者王，用功臣者强，用篡臣者危，用态臣者亡。态臣用则必死，篡臣用则必危，功臣用则必荣，圣臣用则必尊”（《臣道》）。与此同时，荀子之特别重视人君身边的大臣和官吏的德能，还与他试图借此以弥补现实人君在德能上的不足有关，若主暗而臣明，即可相勉相励，故为人君者对贤者当“亲而敬之”，对不肖者则当“疏而敬之”。“人主之害，不在乎不言用贤，而在乎不诚必用贤。夫言用贤者，口也；却贤者，行也，口行相反，而欲贤者之至，不肖者之退也，不亦难乎……今人主有能明其德者，则天下归之，若蝉之归明火也。”（《致士》）在荀子看来，如果人君中有人能使自己的德行贤明，将不仅有助于使自己成为一个合格的人君，而且天下的人也会像飞蛾扑火似的投奔而来，故荀子特别注重“兼术”（《非相》），主张要有“兼听之明”“兼覆之厚”（《正名》）等等。不过，荀子上述设想的目的并不是要借此达到对人君权力“分散和相互制衡”，荀子没有也未能在其权力结构中设立一个客观的、独立有效的制度用于制衡君权，毋宁说，荀子所希望的是通过君相（臣）共治和亲近贤人的方法来达到一个和谐而有效率的社会。很明显，人君至高无上的权力在荀子的设想中没有受到丝毫影响。“同焉者是，异焉者非”，一任人君之最后裁断。

5. 简短的结语

1991年8月，史华兹在纽约举办的一次研讨会上曾经指出，在中国历史中，有一思想特质似乎贯穿它的发展，此一思想特质应是儒、墨、道、法所共有的特质，他称之为“中国政治思想的深层结构”。史氏云：

> 这个“深层结构”包括两个方面：第一是在社会的最顶点，有一个“神圣的位置”（sacred space），那些控制这个位置的人，具有超越性的力量，足以改变社会。从这个角度说，位置本身比是谁占据那个位置更为重要。但是反过来说，在那高点有一特殊机关，由某一特定人物所代表（通常是王权）。因为结构本身并无动力足以改变自己，故必须仰仗这个占据最高神圣位置的君王的个人品质来改变整个社会结构。如果上述两面能密相结合，也就是所谓“政教合一”。而这样一个理想结构对社会的每一个方面都有管辖权（jurisdiction）。[①]

史氏认为，在中国政治思想中存在着一种“深层结构”，在上位的人君个人的品质虽然重要，可是那个客观的结构似乎更重要。史氏举《论语·乡党》篇“执圭，鞠躬如也，如不胜。上如揖，下如授。勃如战色，足蹜蹜，如有循。享礼，有容色。私觌，愉愉如也”一章，认为“当手持代表官方象征的圭板时，即使他心想在上位的人君极

---

① 史华兹：《中国政治思想的深层结构》，载《中国历史转型时期的知识分子》（余英时等著），台北：联经出版事业公司，1992年，第23页。

其平庸不堪，但仍然得战战兢兢。因为他不想破坏那个神圣位置——那转变这个社会的唯一希望”。可是，史氏又提出疑问，在此深层结构中，从人君的品质来说，历史上有多少皇帝真正相信自己是“内圣”；从官僚体制来说，又有多少儒者相信三代以下“政”（官僚系统）“教”（圣君）已经达到合一。古往今来的儒者多认为，三代以下的官僚体系中多是一些无能和腐化之辈。然而，问题恰恰在于，传统儒者既能如此清醒地认知这个乌托邦的局限，可他们为何“仍旧依附盘旋于其中”。“为什么千百年来受苦于这个权力毫无限制的结构的儒生，不曾好好思考过向这个旧结构挑战，或试图限制它的力量，或是提出另一种替代品?”①

史氏的疑问包含太多有待回答的问题，并不是本章所能胜任的。事实上，史氏本人也对此提出了初步的看法：“也许是因为传统士人惯于把这个深层结构的替代面想成就是‘乱’，故不敢去改变它……能不能守住社会秩序似乎占着最优势的位置，正因为怕‘乱’，所以不敢质疑或挑战这个深层结构。”② 我们有理由相信，史氏以“怕乱”来解释儒者不去挑战这个“深层结构”触及了问题的实质方面，因为“治、乱”问题，或者说如何去乱求治、重建秩序的问题的确构成了先秦儒、墨、道、法等诸家的共同问题③，以致有些学者认为儒家思想具有“秩序情结”④。不过，假如我们由此推衍出去解释，或许有助于显明我们所要关注的问题。首先，我们把史氏所说的“乱”

① 史华兹：《中国政治思想的深层结构》，载《中国历史转型时期的知识分子》，第24—26页。

② 同上，第26页。

③ 司马迁就曾在《史记·太史公序》中云：“夫阴阳、儒、墨、名、法、道德，此务为治者也，直所从言之异路，有省不省耳。”治与乱对言，乱本训不治。现代学者也认为，政治秩序是儒家思想的中心推动原则，儒家的政治主张并不是其伦理思想的直接延伸，参阅 Loubna El Amine，*Classical Confucian Political Thought*：*A New Interpretation*，Princeton：Princeton University Press，2015，pp. 15 - 16。

④ 张德胜：《儒家伦理与秩序情结》，台北：巨流图书公司，1989年。

看作一个结果的描述词，而所以造成此一结果，当有其原因；其次，当史氏把“乱”当作这个“深层结构”的替代面时，意味着这个深层结构代表着“治”（秩序），亦即政教合一的秩序，换言之，乱的原因是违离于政教合一。然而，依史氏，真正意义上的政教合一系乎“时”（偶然），而且历史上很少有儒者会相信有真正意义上的政教合一。那么，顺此逻辑做进一步推论，我们似乎可以得出，史氏所说的那个深层结构指的应是那个“神圣的位置”，那个位置虽然包含着“政”（官僚系统）与“教”（圣君）——我们不妨把它了解为“权力”与“道德”，而且儒者之所以依附盘旋其中，正在于他们期望能有合符“道德”的圣君贤相来掌控和驾驭“权力”以实现“至平”的社会①——但在本质上和事实上那个“神圣的位置”却表现为毫无限制的“权力结构”。换言之，在人君权力缺乏客观轨道制约的深层结构中，“政”与“教”或权力与道德二端作用的结果，是权力借重了道德，也销蚀了道德，成为独占。

把史氏“深层结构”的本质了解为毫无限制的“权力结构”，或许并不一定完全符合史氏的原意，但却可以从一个侧面加深荀子对权力制约理论的理解：对于政治学意义上的权力限制采取伦理学意义上的道德诉求。虽然我们可以名之曰正本清源的工作，但其方法是权宜的、错位的、无奈的，其结果是软弱的、无力的②，甚至是灾难的。结果的软弱无力可以从理论和历史事实中看到；而方法的权宜错位只能说荀子未曾想出既能避免混乱，又能有效地制约君权的

① 所以，儒者一方面倾力于“致君尧舜上”，另一方面则寄望于“明君”借权达治，如荀子云：“明君临之以势，道之以道，申之以命，章之以论，禁之以刑。故民之化道也如神，辨说恶用矣哉！”（《正名》）依荀子，若要使秩序得以实现，需借助权力以行教化，故云“立君上之势以临之，明礼义以化之，起法正以治之，重刑罚以禁之，使天下皆出于治，合于善”（《性恶》）。然而，现实中的“明君”即便有，也始终只是偶然。

② 依牟宗三先生，儒家的德化的治道“是对于大皇帝的一种制衡作用。这是不得已的一种权法”。参阅氏著《政道与治道》，第61页。

途径，这在理论上便已然涉及荀子对权力与道德、政治学与伦理学之本质特性的思考。换言之，政治（权力）固然必须讲求道德的基础，但政治（权力）问题却不就是道德问题。政治有其独立的意义与境域，此间分际若不能得到有效的鉴别，则政治与道德终致两丧①。故而，依荀子的这种思考方式，若落实在现实的政治生活中，其影响和流弊所及，人君即可能借助这种深层结构实现“权力”与“道德”的结盟（alliance）和合谋（conspiracy）。如是，原本“道德”的设置是为了实现对君权的制约，然而一旦落到“最高点”的人君手中，却可能转成对“权力”甚至对毫无限制的“权力”的维护、粉饰和加强②。我们曾说，荀子似乎并“不愿正视”人君的权力虽然因德而有，然而一旦其获得了绝对和至尊的地位，权力就会像本性难改的小偷挣脱了牢笼一样，满世界奔跑撒欢，而“独占”和“无让”也成了其自然的逻辑归宿。此虽荀子所“不能逆睹”，然而其思致所限，也由此可见。

现在我们可以借助学者的相关研究尝试对史氏的疑问提出一种“可能”的解答——“为什么千百年来受苦于这个权力毫无限制的结构的儒生，不曾好好思考过向这个旧结构挑战，或试图限制它的力量，或是提出另一种替代品？”荀子和儒者的确不曾好好思考过用制度化的权力来限制人君专制的权力，其原因之一或正如史氏所言是

① 参阅拙著《差等秩序与公道世界——荀子思想研究》，第167—168页。

② 这种现象可分两方面说，一方面是人君依恃其权力使道德为其权力服务。另一方面，依徐复观先生之说，则在这种结构中，作为政治之主体的民众的地位不立；同时政治的发动力完全在朝廷而不在社会，士大夫或知识分子欲学以致用，除了进到朝廷外别无致力之方。“这样一来，知识分子的精力都局限于向朝廷求官做的一条单线上，而放弃了对社会各方面应有的责任与努力。于是社会既失掉了知识分子的推动力，而知识分子本身因活动的范围狭隘，亦日趋孤陋……同时，知识分子取舍之权操于上而不操于下，而在上者之喜怒好恶重于士人的学术道德，士人与其守住自己的学术道德，不如首先窥伺上面的喜怒好恶，于是奔竞之风成，廉耻之道丧。结果，担负道统以立人极的儒家的子孙，多成为世界知识分子中最寡廉鲜耻的一部分。”徐复观：《学术与政治之间》，上海：华东师范大学出版社，2009年，第13页。

因为“怕乱”，虽然这种以结果来倒推原因的做法不免以循环论证的方式遮蔽了问题的症结，但确乎实情的是，“乱则穷”（《王制》《礼论》）、“乱则离”（《王制》）、“乱则国危”（《王霸》）、“乱则危辱灭亡”（《君道》）等言说为《荀子》一书不断提及。我们尽可以提出质疑，难道因为怕乱，就可以因噎废食乃至认同这种毫无限制的权力吗？荀子和其他儒者一样并没有认同这一观点，否则，他就不会处心积虑地思考各种包括道德在内的方法以对人君的权力行为施加压力和约束。依学者，真正的问题可能在于，“在儒家的经验中只存在着君主专制这种唯一的现实对象。生活在中国古代的知识分子，何尝不知道现实政治的种种弊病，何尝不清楚现实政治距离其圣王理想相去甚远？但是他们别无选择。儒家之所以赞成设立一个高高在上的专制君主，不是因为他们迷信君主是圣人，而是出于建立社会秩序的需要。儒家之所以没有提出过对最高权力实行分立与制衡的办法，不是因为他们认定皇帝都是完人，因此用不着对他们的权力加以限制，而是因为囿于经验，儒家实在想不出还会有这样一种巧妙的安排，一方面能对最高权力加以必要的限制以防止他胡作非为（就像对大臣的权力加以限制一样），另一方面同时又不至于引起混乱和失序。儒家之所以赞成皇位世袭，也绝不是因为他们相信皇帝的子孙必定都英明超人，而是因为他们以为非如此则不能保证最高权力的平稳交接。在认可了这一切之后，儒家发现，他们所能对最高权力施加的影响便只剩下了一种方式，那就是造成一种道义的力量，力求皇帝尽可能开明一些。如此而已”①。作者用“囿于经验”“别无选择”“想不出”“不至于引起混乱和失序”等说法试图为荀子和儒家何以会“赞成”君主专制做出辩解，这些说法或大体上也以同情化、脉络化的方式间接地回应了史氏的疑问。只不过，这种回

---

① 胡平：《儒家人性论与民主宪政》，载《中国论坛》第 374 期（1991 年 11 月），第 116—117 页。

应虽“颇切合实际”[1]，但似乎总难免有一种以解释问题的方式来取消问题的印象，问题似乎是被解释了，但问题本身却没有得到正视和解决；而且究其终似乎仍以“怕乱”为心结，而一句“想不出”似乎把所有的问题都做了没有交代的交代。

然而，真正的答案又该在何处寻找？我们似乎不能只满足于思想史意义上的同情的理解，还是应该从哲学的角度重新回到荀子和儒者致思方式的症结中寻求解答。“不至于引起混乱和失序”当然是一种“怕乱”的心结，但由“怕乱”而产生不求改变这种权力毫无限制的结构的行为却并不能获得正当性的辩护，此中道理并不难理解。“囿于经验”“别无选择”“想不出”等等则涉及荀子和儒者对相关问题的知性的了解。按理，在传统儒家学者中，荀子即便不是最重视理智的儒者，也可以说是最重视理智的儒者之一，观其对有关“自然状态”的思考、对为何要重建秩序的论证、对传统巫术式的祈天畏天的拒斥等等，无不时时闪烁着理智的光芒。然而，荀子却始终是一个不脱现实关心的儒者，面对规范问题（社会失序、道德失范），荀子致力于寻找的是规范的答案，而不是纯粹知识的学问。荀子虽有“为何”之疑问，但其真正关心的是“如何”之实现；前者重在知识的探求，后者重在行动和实践。换言之，假如我们套用上述的说法，荀子“别无选择”“想不出”以别的方法来改变这种权力毫无限制的结构，显然在思维方式上与纯知心灵的缺失密切相关：对“如何”问题的关注削弱了对“为何”问题的探究[2]。另一方面，当我们说荀子或者儒者“别无选择”“想不出”别的限制君权的方法时，这种辩解本身至少从历史事实本身来看，乃是一种囿于儒家思维的片面的看法，是某种意义上的遁词，是臆想的、非历史的。今

① 李明辉：《性善说与民主政治》，载氏著《儒家视野下的政治思想》，台北：台大出版中心，2005年，第53页。

② 参阅拙著《合理性之寻求》，第十章《荀子的“所止”概念》，台北：台大出版中心，2011、2012年，第369—389页。

撇开其他不论，荀子对慎到的一套“限制君权”的理论知之最深，了解得最为透彻，但何以荀子不“选择”慎到的主张？其中原因倒是真正值得我们深思的，是真的“别无选择”吗？还是不想或不愿选择？为何“不想”或“不愿”选择？或许，我们可以有一千条“理由”为荀子和儒者“想不出”限制君权做出辩解，然而这状似理由的“理由”在本质上却不是理由，而顶多只是找寻出来的“原因”：儒者所以赞成君主专制是有原因的，诸如“囿于经验”“别无选择”“想不出”“不至于引起混乱和失序”等等，但这样的“原因”虽然可以表面上解释为何儒者不去改变那种毫无限制的权力结构，但却不是构成儒者“赞成”君主专制的“理由”，因为他们比谁都知道这种结构的“种种弊端”，因而他们没有理由不去改变这种结构。“理由”使得行为不仅是可理解的，而且是被要求的；“原因”虽然也使得行为可理解，但原因却不一定使得相关行为是被要求的①。要言之，我们还是应该在政治的本性与道德的本质之间做出必要的区分，将政治的归还给政治，将道德的归还给道德。不过，此一说法殊非意味着政治要脱离道德，或者说政治可以没有任何道德的基础和道德的承诺②。政治活动需要“导之以德”当是政治正当性的题中应有之义，但它不意味着以道德的方式、方法来处理一切政治事务。“以权力来制约权力”便蕴含了此中道理，也应当成为我们的共识。

---

① 当然，胡平也明显意识到，儒家理论要走向现代化，必须在“理由”中“被要求”，而不能仅仅只在“原因”中“被理解”“被同情”，抱残守缺只会使儒学在现代社会中失去其当有的话语权。我们坚持认为，传统不仅仅是靠继承和弘扬出来的，而主要是靠创制和打造出来的；传统不仅仅是用来保存和呵护的，而主要是用来批判和超越的；传统提供给我们的“认同和归属”主要不是靠“凝聚”出来的，而主要是靠“建构”出来的；传统可以因我们的继承、发扬而丰盛起来，但传统却不能为我们面对变化的世界建构规范和垂立法则。事实是，当代新儒家如牟宗三、徐复观等人以及劳思光先生等皆提出了儒学发展的未来方向。

② 按照李明辉先生对康德政治哲学的理解，政治应以道德为基础，亦即肯定政治的理想主义，政治与道德两者之间具有“不即不离”的关系。换言之，就其“不即”而言，道德涉及内在的存心，政治仅涉及外在的行为；就其“不离”而言，道德与政治互有联系，因为其“法权”原则是定言令式的外在化。

荀子和传统儒者思想中没有或缺少相关的观念，我们当有责任、有义务正视此一问题的严重性，并努力寻找其中的症结，并必当有“衣沾不足惜”的宏愿，冲破自家藩篱，吸取别家资源，“无中生有”地“制作”出来，使之成为儒家思想的一部分，这是儒家因应时代问题的正确途径。只不过我们需要特别强调的是，只要荀子和儒者依然视人君为“民之父母”，依然将民众看作愚陋之人，而不是平等、独立的权利主体[①]，那么，在政治正当性方面，包括权力的来源、权力的转移以及权力的制约等问题上便不可能获得符合今人理性思考的答案[②]，这“状似间接”的问题却构成了正当性问题的核心之一。

---

① 对儒家的“民之父母”的解释似乎可以两说，就其积极方面而言，它突显了为政者的道德责任，使得为政者当朝乾夕惕，为民服务；就其消极方面而言，它意涵着为政者将民众视作愚陋之人，如荀子所主张的那样。故韦伯认为，在儒教的思想系统中，“君主应当把愚民百姓当成自己的孩子来治理”。参阅氏著《儒教与道教》（王容芬译），北京：商务印书馆，1995 年，第 203 页。

② 徐复观先生认为，儒家的政治思想“总居于统治者的地位来为被统治者想办法，总是居于统治者的地位以求解决政治问题，而很少以被统治者的地位，去规定统治者的政治行动，很少站在被统治者的地位来谋解决政治问题……但这一切都是一种‘发’与‘施’的性质（文王发政施仁），是‘施’与‘济’的性质（博施济众），其德是一种被覆之德，是一种风行草上之德，而人民始终处于一种消极被动的地位。尽管以民为本，而终不能跳出一步，达到以民为主。于是政治问题，终是在君相手中打转，以致真正的政治主体，没有建立起来……因为总是站在统治者的立场来考虑政治问题，所以千言万语，总不出于君道、臣道、士大夫出处之道。虽有精纯的政治思想，而拘束在这种狭窄的主题上，不曾将其客观化出来，以成就真正的政治学……”参阅氏著《学术与政治之间》，第 12—13 页。

五

『维齐非齐』

——荀子的差等分配原则

正义是社会制度的首要美德，正如真理之于思想体系一样。

——罗尔斯

我们假定某人具有理性却不熟悉人性，他在思考何种公正规则或财产规定可以最有效地促进公共利益，从而在人们之间建立和平与安全——他最可能的想法是将最大份额的财产分配给最有美德的人，并按照各人的愿望授予每个人以行善之权……但如果所有的人都来实施这个规则……整个社会就会立即瓦解。

——休谟

无刺的蔷薇是没有的——然而没有蔷薇的刺却很多。

——叔本华

1. 引言

在上一章中我们讨论了荀子的“政治正当性”问题，主要涉及权力的来源、权力的转移和制约。政治的正当性问题是实现政治统治正常化的十分重要方面。然而，在一个政治国家中，如何公平地分配社会利益，同样构成社会秩序稳定的基本前提，所以，分配公正（正义）常常被学者看作一个社会的首要美德，构成政治哲学的重要主题①。学者一般认为，利益分配主要是国家政府以制度的形式来确立各种分配的对象。理论上，分配问题主要包括三个方面的内容，此即“为什么要分配，分配什么，如何分配”。此三方面内容分别涉及分配的必要性、分配的对象和分配的原则②。除为什么要分配外，无疑，与分配什么相比，如何分配显得尤为重要。而之所以要强调以制度的形式来确立利益的分配，目的就是为了实现公平和公正，因此，分配的对象一旦确立，分配的原则便上升为首要的问题③。

之所以在这里没有使用学者通常使用的“分配正义”而用“分

① 政治哲学并不追问一个社会的基本利益究竟是怎样分配的，它探究的是“如何分配利益才是合乎公正原则的”，或者说，“社会基本利益的分配应当遵循何种原则或规则”，这些原则和规则又如何获得政治和道德理由的辩护。

② 我们在此可以先简单地指出，在荀子那里，分配的必要性问题涉及“欲多而物寡”则争、人“群而无分”则争等议题；分配的对象则涉及物质性产品（如俸禄、文绣、舆马等）和社会性产品（如爵位、官职、功名、荣誉等）；而分配的原则可以简单地表达为“差等”原则。

③ 参阅姚大志：《论分配正义——从政治哲学的观点看》，《社会科学》2015 年第 5 期。就荀子本身的思想看，对分配问题的完整理解包括为什么要分配、分配什么、如何分配三个方面。本文在行文过程中尽量不使用“正义”一词，而使用“公平”或“公正”，主要考虑到这样做在形式上更贴近中国古代思想的特点，但并不反对使用“分配正义”。不过，有些学者常常引用荀子《儒效》篇“不学问，无正义，以富利为隆，是俗人者也”，或引《正名》篇“正利而为谓之事，正义而为谓之行”等以证其所谓制度义的正义之意，或用来理解荀子的所谓“分配正义”的主张。但《儒效》篇所言的“正义”原在区分人格等第上说，讲的是德行意义上的正义；《正名》篇所说的“正义”乃是为了界定何谓之“行”，其中“正”本作动词用，谓志之所向，而“行”亦作德行解。上述荀子所言的“正义”皆与此处我们所说的主题没有直接的关系。

配公正”或“公正分配”，主要是考虑到中国古典时代的用语习惯问题。“公”有无私之义；“正”有不偏之义；“公正”含有合宜、正当和不偏私的含义。作为一个哲学概念，“公正”常常与“公平”“正义”有密切的关系，而本章使用“公正”主要着眼在分配问题上，因而它与“正义”的概念更为密切。当然，若要再仔细分辨，“公正”与“正义”两概念也微有差别，虽然“公正”和“正义”在英文中都可以用“justice”来表示，而且人们也常常交换使用，但前者所表现的公平、正当多倾向于一种社会美德，是依据一定的价值观和原则去行动；而后者作为普遍的道德意义上的善，其本身就是价值观和道德原则的体现。

另一方面，即便我们使用“分配正义”此一概念来梳理古今的相关主张，但其含义在古代与现代之间也存在很大的差别。按照塞缪尔·弗莱施哈克尔的说法，将“分配正义”看作远古以来人们使用的古老词汇的看法其实是一种误解，事实上，“分配正义”的说法只有约二百年的历史。现代意义上的“分配正义”乃是要求国家保证财产在全社会的分配以便让每个人都得到一定程度的物质的手段，但“在最初的亚里士多德的含义上，‘分配正义’指的是确保应该得到回报的人按他们的美德得到利益的原则，尤其是考虑到他们的政治地位”①。因此，“古代原则与根据功过分配相关，而现代原则是根本不考虑功过的分配。在现代观点来看，人人都应该得到一定程度的物品，不管他是否有美德；只是在一些基本需要（房屋、健康、教育）都分配给每个人之后才去考虑功过问题”。由此看来，古代和现代的观点所使用的是“分配正义”的两个不同的概念，而不是同一个概念的不同含义②。假如撇开一些具体问题上的

① 塞缪尔·弗莱施哈克尔：《分配正义简史》（吴万伟译），南京：译林出版社，2010年，第2页。

② 同上书，第6、19页。

差异不论，“根据功德分配物品”[①] 的原则在古代中西方的思想中具有相似之处，而此一原则在中国古典时代我们倾向于用“公正”来加以表达。

梁启超曾云：“文化演进较深之国，政治问题必以国民生计为中心，此通义也。我国盖自春秋以前，已注重此点……而其最大特色，则我国之生计学说，常以分配论为首位，而生产论乃在次位也。”[②] 分配问题之所以重要，就是因为如何分配、依据什么原则来分配密切涉及社会的和谐与国家的稳定，如孔子所谓的“不患寡而患不均，不患贫而患不安，盖均无贫，和无寡，安无倾”（《论语·季氏》）。荀子则将“分”看作礼义中足以止争去乱的一个重要功能[③]，所谓“从人之欲，则势不能容，物不能赡也，故先王案为之制礼义以分之”（《荣辱》）。依荀子，“有夫分义，则容天下而治；无分义，则一妻一妾而乱”（《大略》），又云：“故无分者，人之大害也；有分者，天下之本利也”（《富国》），“救患除祸，则莫若明分使群矣”（《富国》）。可见荀子对“分”（确定职分）和分配问题的重视。

2.“一物失称，乱之端也”

总体而言，荀子的分配主张指向建立一个“群居和一”的社会，

---

① 塞缪尔·弗莱施哈克尔：《分配正义简史》（吴万伟译），南京：译林出版社，2010年，第8页。在荀子那里，即是根据一个人的德能来分配物品，与荀子所说的“德必称位，位必称禄，禄必称用”（《富国》）意思相近，或用荀子的话来说即是“度其功劳，论其庆赏”（《王霸》）。在古代中西方，虽然分配是以物品的形式来表现的，但他们更强调这是一种“贵贵尊贤重能”的“政治待遇”而不仅仅是物质财富。

② 梁启超：《先秦政治思想史》，上海：上海古籍出版社，2014年，第6页。

③ 按荀子所说的“分”涵容极广，其中即包括政治和社会上的一切制度和措施。此外，荀子言“分”不等于“分配”，但包含“分配”。在荀子，对“物”与“势”的“分配”乃是其中的一项重要内容。陈大齐先生对“分”所包含的含义已有详细的论述（《荀子学说》，台北：中华文化出版事业社，1956年，第145—150页）。我们想指出的是，荀子言“分”的首要意思多为确定等级名分，然后在此一意义下蕴含分配的意思。本章所言的分配皆从此一脉络上说，且侧重于有关分配的含义。为避免读者误将职分之“分”等同于分配之“分”，特做说明。

而这样一个社会必预设着分配上的公正，无公正就不可能达到社会人群的和谐和统一，用荀子自己的话来说即是“故先王案为之制礼义以分之，使有贵贱之等，长幼之差，知愚能不能之分，皆使人载其事，而各得其宜。然后使谷禄多少厚薄之称，是夫群居和一之道也……故或禄天下而不自以为多，或监门御旅，抱关击柝，而不自以为寡”（《荣辱》）。此处，“分”的首要含义是确定人的名分等级，再依据不同的名分等级分配不同的物品或酬报。“谷禄”泛指各种待分配的利益；“不为多”“不为寡”指的是合宜、适当；“多少厚薄之称”指的是度量标准的适宜、相称，尤指一个人所得俸禄的多寡与其职位和成就之间的相称。荀子特别强调天子享受天下的供奉而不认为自己所得的太多，而监门（监守门户的人）、御旅（迎接旅客的人）、抱关（守卫关卡的人）、击柝（巡逻打更的人）等人所得可能微薄但他们也不认为自己所得的太少。此中虽有“太多”“太少”之别，但他们都不以为不合理。所谓“各得其宜”“群居和一”的社会就是在分配所得上表现出合宜、公道、相称的社会。

显然，分配公正（“称”）之所以成为荀子所关注的核心，是由于此一问题与他所构筑的社会理想（“群居和一”）具有密切的关系。在古代汉语中，“称”除其他含义外，其中的一个重要意思指的是“适合”，犹指两物相对照时表现的“合适”“相当”“平衡”，也可引申为公正、正当。

《荀子》一书中言及“称”者，除“称数”“称县”“譬称”“权称”“辟称”之外，共约35见，其主要意思多指的是“合适”义、“标准”义，而其中涉及分配公正的说法则占据着十分重要的地位，如荀子云：

> 德必称位，位必称禄，禄必称用，由士以上则必以礼乐节之，众庶百姓则必以法数制之。量地而立国，计利而畜民，度人力而授事，使民必胜事，事必出利，利足以生民，皆使衣食

> 百用出入相掩，必时臧余，谓之称数。(《富国》)
>
> 故先王案为之制礼义以分之，使有贵贱之等，长幼之差，知愚能不能之分，皆使人载其事，而各得其宜。然后使谷禄多少厚薄之称，是夫群居和一之道也。(《荣辱》)
>
> 礼者，贵贱有等；长幼有差，贫富轻重皆有称者也。(《富国》《礼论》)
>
> 知明制度，权物称用之为不泥也。(《君道》)
>
> 一物失称，乱之端也。夫德不称位，能不称官，赏不当功，罚不当罪，不祥莫大焉。(《正论》)
>
> 彼王者之制也，视形势而制械用，称远迩而等贡献，岂必齐哉！(《正论》)

荀子上述所言的“称”就其延伸意义而言大体皆与分配的主题相关，意指两物相对时的“合适”“相当”，如贵与贱、智与愚、能与不能以及德与位、位与禄、禄与用等等，简单地说，就是贡献大者应该得其多得，贡献小者应该得其少得。因而所谓“合适”“相当”就是物各付物，各得其所，各得其宜，荀子说为“称数”。此时“称”作动词用，“数”意为“法度”，“称数”亦即“合乎法度”；就“称”作为名词看，“称”的延伸义具有“法度”“公正”或“准则”之意，换言之，抽象地说，“称”也可被理解为分配所要满足的要求或准则。

何以一个人的职位、贡献或功劳与其所获得的酬报或俸禄之间要合宜和相称？此一问题一般而言可以从两方面来说，就正面意义而言，合宜相称的目的是为了达到皆使“人载其事，而各得其宜”(《荣辱》)，如政府官员及其材人之道，实行德位相称，位禄相称；民众百姓则使其各安本分，必胜其事，各得其所。人若努力工作，创其功劳与业绩，则其将会获得相应的好的收入或待遇。倘若如此，则荀子所说的“相称”便蕴含了激发人们努力工作的动机，人人安而乐之，社会的财富就能得到有效增加，社会也能实现群居和一。

从反面意义而言，假如一个人的贡献与酬报之间不能相称相适，例如甲工作上勤勤恳恳，功劳卓著，人尽皆知，但其所得却极其微薄；乙则在工作上懒懒散散，得过且过，但其所得却与甲相同甚至更多，那么，这种分配方式就会给人们传达出这样一种信息，即不论一个人的工作如何出色，贡献如何之大，这些贡献与其所得或收入之间没有任何关系。如是，人们就会失去努力工作的动机和动力。不仅如此，长此以往，人们也会心生不满和怨恨，乃至引发祸乱，故而荀子谓“一物失称，乱之端也”（《正论》）正包含这个道理。

然而，上述所言乃就荀子何以要强调收入分配中的“相称”原则所做出的最简要的说明。事实上，当我们问“相称”（公正）原则是如何进入荀子的思想论域的，或者说，荀子为什么要关注或探讨分配公正问题时，应明了其实荀子的此一主张背后有其一整套的理论预设。《礼论》篇开头在论及“礼之所起”时有一最为简要的说明，谓“人生而有欲，欲而不得，则不能无求。求而无度量分界，则不能不争；争则乱，乱则穷。先王恶其乱也，故制礼义以分之，以养人之欲，给人之求。使欲必不穷于物，物必不屈于欲。两者相持而长，是礼之所起也”。此处“礼之所起”的“起”我们曾经说过不是说明先王具体如何制作礼义的过程，亦即不是论述礼之“起源”，而是说明礼义何以必需的“根源”。荀子着眼于社会的治乱，而治乱的根源在于“欲多”与“物寡”之间的矛盾，这是荀子特有的理论语言和超乎异代的哲学思考。在荀子看来，由于欲多而物寡，我们不可能无差别地满足所有人的欲求，故先王制作礼义的目的就在于不要因财物的限制和稀缺而使人的欲望得不到满足，同时也不要使财物因人的欲望太多（无法满足）而被用尽，而有差等的分配即可使“欲”与“物”之间能够相持而长。不难看到，在荀子有关社会治乱的根源的思考中，如何平衡“欲”与“物”之间的关系、如何公正地分配财物的想法已经跃然纸上。换言之，建立适当的“度量分界”，使每个人被分配到的财物资源与其合理的欲望之间相称相应，已然成为荀子思考的核心问题[①]。在荀子的思想中，一个合理的社会政治结构的建立，同时即意味着分配公正问题的实现。我们再来看荀子以下的说法：

> 人伦并处，同求而异道，同欲而异知，生也。皆有可也，知愚同；所可异也，知愚分。势同而知异，行私而无祸，纵欲而不穷，则民心奋而不可说也。……无君以制臣，无上以制下，天下害生纵欲。欲恶同物，欲多而物寡，寡则必争矣。（《富国》）
>
> 夫贵为天子，富有天下，是人情之所同欲也；然则从人之欲，则势不能容，物不能赡也。（《荣辱》）
>
> 分均则不偏，势齐则不壹，众齐则不使。有天有地，而上下有差；明王始立，而处国有制。夫两贵之不能相事，两贱之不能相使，是天数也。势位齐，而欲恶同，物不能澹则必争；争则必乱，乱则穷矣。（《王制》）

上引三段在荀子思想中极为重要，在本书中我们也故意地、不厌其烦地加以援引，我们也不妨把它们理解为荀子政治哲学赖以建立的前提和出发点[②]。依荀子“欲多而物寡，寡则必争”的说法，人的欲望是天生且贪得无厌的，而满足这些欲望的物品却是有限的，在没有好的分配制度的情况下，“欲”与“物”之间的矛盾必引起争夺；另一方面，所谓“势齐则不壹，众齐则不使”“两贵之不能相事，两贱之不能相使”的说法则明显指向政治权力的设立，所谓“势位”

① 从政治哲学的角度上看，面对“欲”与“物”之间的矛盾，我们思考的首要问题首先不是在数量上如何增加财物或物品，而是首先在此一矛盾中确立恰当的“度量分界”。前者是事实层面上的努力，后者才是价值层面上的思考。

② 参阅梁启超：《先秦政治思想史》，上海：上海古籍出版社，2014 年，第 101 页。梁氏在此书中则引用了《礼论》开头的一段，颇为浃洽。由于本章在前面已经引用，故代之于《荣辱》中的一段。

“贵贱”即与权力等等相关。在没有确立相应的政治权力和等级结构的情况下（“无君以制臣，无上以制下”），政治生活中的“支配——服从”关系自然也就无从建立，在这种情况下，人人各自为政，互不服从，其结果也必导向争夺和混乱[1]，荀子的此一思路我们在前面的章节中屡次提起。依荀子，实现政治生活的“平治”与社会生活的“和一”并不能因为人欲的贪得无厌，便简单地以寡欲、去欲乃至息欲的方式来处理。如果我们认定人欲为天之就，“人之情为欲多而不欲寡”（《正论》），则正是此人之情欲为我们的财富创造提供了动力之源，所以，关键不在于去欲、寡欲，而在于如何导欲、节欲，“凡语治而待去欲者，无以导欲而困于有欲者也；凡语治而待寡欲者，无以节欲而困于多欲者也”（《正名》）。大意是说，凡谈论治国之道而主张去除人之欲望的，皆是无法疏导人欲而为人欲所困扰的人；凡是谈论治国之道而主张减少人之欲望的，皆是无法节制人欲而为欲多所困扰的人。因此，重要的不是去欲或寡欲，而在于如何以礼为基础来节欲和导欲，实现止争息乱。我们的确可以这样说，荀子是要通过突出“争乱穷”的根源，进而探寻止争息乱的方法，而合理的分配制度的确立便是其中一个非常重要的方面，盖从“欲多而物寡”上说，当所分配的物品有限而欲望无穷时，一个适当的、好的分配方式便被提到了首要的位置。同样，从“势位齐”“势不能容，物不能赡”上说，权力势位等的有限与人人都同欲“贵为天子，富有天下”的矛盾也指向如何分配“德与位”“位与禄”“禄与用”。换言之，在荀子，待分配的对象既包括物质产品，也包括权力、功名、官职、爵位等等[2]，而如何确立“相称”的分配原则则是实现国家平治、社会安宁的重要保障。

---

① 陈来把上述两种情况分别理解为“经济学定理”和“政治学定理”。氏著《情性与礼义：荀子政治哲学的人性公理》，《从思想世界到历史世界》，北京：北京大学出版社，2015 年，第 105 页。

② 参阅拙著《差等秩序与公道世界》，上海：上海人民出版社，2016 年，第 80 页。

3.“有分者，天下之本利也”

按荀子“先王恶其乱也，故制礼义以分之”（《王制》）的说法，“分”（此处主要讨论分配）作为礼义的重要功能与作用[1]，是先王为了止争去乱的目的而制作的。与欲多物寡则争、势位齐则争密切相关的是，荀子又认为，“人之生不能无群，群而无分则争，争则乱，乱则穷矣。故无分者，人之大害也”（《富国》）。为什么“人之生不能无群”？因为“离居不相待则穷”。为什么无分是“人之大害”？因为“群居而无分则争”，而“穷者患也，争者祸也”。荀子还举实例来说明何以“无分则必争”的道理，如其云，“事业所恶也，功利所好也，职业无分，如是，则人有树事之患，而有争功之祸矣。男女之合，夫妇之分，婚姻娉内，送逆无礼：如是，则人有失合之忧，而有争色之祸矣。故知者为之分也”（《富国》）。依荀子，人的本性都是好逸恶劳的，若职业无分，人就会觊觎别人的劳动成果并试图贪为己有，最后发生争夺；人都是爱好美色的，若没有婚姻制度规定一夫一妻，则必有强抢争夺美色的事件，所有这些祸患都起于无分[2]，故云：“无分者，人之大害也；有分者，天下之本利也。”（《富国》）[3]

“分”是一个总说，它意味着要解决“争乱”或“争祸”需要有“分”和“分配”。今就着分配而言，却并非说任何一种“分配”都

---

① 依 Eirik Lang Harris 的说法，“分”（allotment）是荀子政治哲学中极为重要的概念，是理解其形成社会共同体之主张的核心。参阅 Eirik Lang Harris，“Xunzi's Political Philosophy”，in *Dao Companion to the Philosophy of Xunzi*，ed. by Eric Hutton，Dordrecht：Springer，2016，p. 97。

② 萧公权说：“盖荀子认定‘人生不能无群’，必合作分工，然后可以图存。然人性既恶，则合群生活之中势必发生二重困难之问题。一曰个人之权利不定则争享受，二曰个人之义务不定则怠工作。解决之道惟在制礼以明分，使权利与义务皆确定而周知。”参阅氏著《中国政治思想史》，沈阳：辽宁教育出版社，1998 年，第 99 页。

③ 荀子特别注重分配问题之于社会稳定的作用有其思想的内在逻辑，也与吸收别家思想有关，如慎到就特别注意到“名分”及其蕴含的分配问题的重要，其云：“一兔走街，百人追之，贪人具存，人莫之非者，以兔为未定分也。积兔满市，过而不顾，非不欲兔也，分定之后，虽鄙不争。”（《慎子·佚文》）结合第三章的论述，我们有理由相信，慎到的相关观念对荀子影响甚深。

能去乱避祸，事实上，许多争乱和祸害恰恰是由于不当的分配所造成的。审如是，在理论上，若要使一种分配制度为人们所接受并进而能够实行，则还需要解决此一分配制度的合理性和动力问题。其实，对于一种分配制度而言，合理性和动力问题实际上是一个钱币的两面，一种能够实行并富有活力的分配制度本身就蕴含了合理性，反之亦然。对此，荀子云：“分何以能行？曰：义。故义以分则和，和则一，一则多力，多力则强，强则胜物；故宫室可得而居也。故序四时，裁万物，兼利天下，无它故焉，得之分义也。”（《王制》）此处我们需要注意的是，在上述的此一说法中，相对于一个适当的、好的分配制度而言，荀子赋予“义”以双重的含义，此即一种分配制度因“义”而有合理性（“义以分则和”）和动力义（“能行”）。当我们意识到要解决“欲与物”等所造成的“争乱穷”的困局时，荀子认为必须通过确立“分配”原则作为根本的手段。然而，这还不是问题的关键，关键的问题在于，一种“分配”（制度或原则）何以能为人们所认可和接受，认可和接受以后又何以能推行，乃至在效果上可以达致“序四时，裁万物，兼利天下”。事实上，荀子早已认识到，即便在“争乱穷”的“自然状态”下也有一套所谓的“分配”方式，只不过这套分配方式乃是以服从人性欲望的自然必然性为宗旨的，此时，“强力”代表了一切，也主宰了一切，所以这样一种分配方式的结果必然是“强者害弱而夺之，众者暴寡而哗之，天下悖乱而相亡，不待顷矣”（《性恶》）。审如是，问题就转变成不是要不要一种分配制度的问题，而是要何种分配制度的问题，亦即我们是选择服从依欲望的“自然”必然性而来的“分配”，还是选择服从依先王“人为”制定的“分配”原则。依荀子，按欲望的“自然”必然性而有的所谓“分配”对于人类的生存而言是灾难性的[①]，而先

① 牟宗三特别强调荀子思想中“天生人成”的意义，在分配问题上，荀子则相应地反对以人性的“自然”必然性而来的分配，强调（先王）“人为”制定的分配。事实上我们可以说，区分“自然”与“人为”，构成了荀子整体思想的一个重要特征。

王“人为”制定的礼义则在分配方式上解决了两个核心问题，此即一种分配制度的合理性和正当性问题，以及一种分配制度赖以推行的内在动力问题，而以上两个问题都在一个“义”字上[①]。换言之，一种分配制度若能依“义”而分，即是合宜的公允的，而且是能通行无阻的，上引所谓“或禄天下而不自以为多，或监门御旅，抱关击柝，而不自以为寡”表达的正是这个意思，故荀子云：“圣王财衍以明辨异，上以饰贤良而明贵贱，下以饰长幼而明亲疏。上在王公之朝，下在百姓之家，天下晓然皆知其所以为异也，将以明分达治而保万世也。”（《君道》）

在《儒效》篇中，秦昭王曾问荀子：“然则其为人上何如?”意思是说，假如儒者当了国君并治理国家，情况又将会怎么样。此一问题大体指向儒者治理国家的方针、政策和理想，对此荀子回答说：“其为人上也，广大矣！志意定乎内，礼节修乎朝，法则度量正乎官，忠信爱利形乎下。行一不义，杀一无罪，而得天下，不为也。此若义信乎人矣，通于四海，则天下应之如欢。是何也？则贵名白而天下治也。故近者歌讴而乐之，远者竭蹶而趋之，四海之内若一家，通达之属莫不从服。夫是之谓人师。”毫无疑问，荀子的回答是从总体上加以概括和说明的，我们可以从原因与结果的角度来分析。依荀子，若儒者得其位治其国，那么，其结果将会是至平至和的社会，所谓“近者歌讴而乐之，远者竭蹶而趋之，四海之内若一家，通达之属莫不从服”。而之所以会有这样一个令人心悦诚服、八方来

---

① 荀子云：“凡为天下之要，义为本，而信次之。古者禹清本义务信而天下治；桀纣弃义倍信而天下乱。故为人上者，必将慎礼义，务忠信然后可，此君人者之大本也。”又云：“夫义者，内节于人而外节于万物者也，上安于主下调于民者也。内外上下节者，义之情也。”（《王制》）荀子论人的特色在人有辨、有义、能群，辨也是人与禽兽的分别所在。有关义、辨与分的关系此处不做分析，兹引陈大齐所说，辨的任务在于有所分，分则不能不有赖于辨，辨的结果是分，分的由来是辨，合而言之，未尝不可认作一事。分所以行之有效，必当合于义，故辨亦必须依义而辨，如是，有辨与有义亦可以融合为一。参阅氏著《荀子学说》，台北：中华文化出版事业社，1956 年，第 29—30 页。

朝的结果，原因正来自于儒者治国所表现的原则措施，所谓“志意定乎内，礼节修乎朝，法则度量正乎官，忠信爱利形乎下”，而其核心也在一个“义”字。“义”是超越具体的政治目标和实在的物质利益的普遍道理[①]，故云“行一不义，杀一无罪，而得天下，不为也”[②]。其实，荀子的这种说法要在说明，若儒者为君治国，则隆礼正法，仁义信乎四海，天下莫不从服。而要做到“四海之内若一家，通达之属莫不从服”，在荀子看来，则必须有恰当的分工、分别，而且也要有公正的分配。所谓“法则度量正乎官”已经涉及分配的标准问题，在这个意义上，荀子的分配也可以称作“以义分配”。荀子又云：

> 治国者分已定，则主相臣下百吏，各谨其所闻，不务听其所不闻；各谨其所见，不务视其所不见。所闻所见诚以齐矣，则虽幽闲隐辟，百姓莫敢不敬分安制，以礼化其上，是治国之征也。（《王霸》）

荀子这段话的意思指的是人君治国，要在明分。此处“分”指的是

① 荀子总是以“理”来说“义”，故云“义，理也”（《大略》），又云“义者，循理”（《议兵》）。

② 荀子在谈及“义立而王”时突出“义士”“义法”“义志”为王者的条件：“故用国者，义立而王……絜国以呼礼义，而无以害之，行一不义，杀一无罪，而得天下，仁者不为也。擽然扶持心国，且若是其固也。之所与为之者，之人则举义士也；之所以为布陈于国家刑法者，则举义法也；主之所极然帅群臣而首乡之者，则举义志也。如是则下仰上以义矣，是綦定也；綦定而国定，国定而天下定。仲尼无置锥之地，诚义乎志意，加义乎身行，箸之言语，济之日，不隐乎天下，名垂乎后世。今亦以天下之显诸侯，诚义乎志意，加义乎法则度量，箸之以政事，案申重之以贵贱杀生，使袭然终始犹一也。如是，则夫名声之部发于天地之间也，岂不如日月雷霆然矣哉！故曰：以国齐义，一日而白，汤武是也。汤以亳，武王以鄗，皆百里之地也，天下为一，诸侯为臣，通达之属，莫不从服，无它故焉，以义济矣。”（《王霸》）

职分，若职分确定，则人主、宰辅、群臣、百吏各敬其业，各守其职，谨于分内之事，而不求闻见其分外之事。君臣上下各当其事，互不侵越，如是者，百姓虽居幽僻之地，亦莫不谨守本分，安于制度，而化于人君的教化①。由此可见，上敬其业，下安其制，这是定职明分的结果。然而，要实现上下之间的敬业安制，仅有外在的强有力的制度保证并不足够，原因在于人们所以能敬业安制的前提在于这种制度在分配原则上具有公平公正的性质。若人们居身其中的制度并不能依据一个人的贡献、成就或业绩获得其应有的职位、俸禄或财物，则人们就不可能敬分安制，对此荀子云：

> 论德使能而官施之者，圣王之道也，儒之所谨守也。传曰：农分田而耕，贾分货而贩，百工分事而劝，士大夫分职而听，建国诸侯之君分土而守，三公摠方而议，则天子共己而已矣。出若入若，天下莫不平均，莫不治辨，是百王之所同也，而礼法之大分也。（《王霸》）

此段所言“分”，依李涤生，谓“分配”②。依荀子，追求尊贵与富裕，乃人情之所共欲，但顺从人们的欲望，则势位不能容许，财物不能满足。先王所以制礼义来分别高下，使人们有贵贱之等，长幼之差，聪明与愚笨、有能力和没能力的区分，使他们各自承担自己的工作而各得其所，然后使俸禄的多少和厚薄与他们的地位和工作

---

① 荀子又云：“兼足天下之道在明分：掩地表亩，刺中殖谷，多粪肥田，是农夫众庶之事也。守时力民，进事长功，和齐百姓，使人不偷，是将率之事也。高者不旱，下者不水，寒暑和节，而五谷以时孰，是天之事也。若夫兼而覆之，兼而爱之，兼而制之，岁虽凶败水旱，使百姓无冻馁之患，则是圣君贤相之事也。”（《荀子·富国》）

② 李涤生：《荀子集释》，台北：台湾学生书局，1979 年，第 244 页。按此处言“分”，含义似乎很广，既有职业分工，亦含有因职业不同而有不同的分配所得之义。

相称，这就是使社会人群能够协调一致的方法，故荀子又云：“故仁人在上，则农以力尽田，贾以察尽财，百工以巧尽械器，士大夫以上至于公侯，莫不以仁厚知能尽官职。夫是之谓至平。”（《荣辱》）一个“至平”的社会是各行各业的人皆能尽其所为也乐其所为的社会，而他们所以能够以心尽其所业，原因就在于他们的付出与回报具有公正性。不过，荀子所谓的“至平”并不是分配所得上的绝对的平均，相反，人们职业不同，在分位上有贵贱等级，在待遇、俸禄或收入上有多寡厚薄，但虽有多寡厚薄，却又体现出合理和公正（“义”）。依荀子，正是这种不平乃所以为平，正是这种不齐乃所以为齐，所以说“或禄天下而不自以为多，或监门御旅，抱关击柝，而不自以为寡”，故云：“朝廷必将隆礼义而审贵贱，若是，则士大夫莫不敬节死制者矣。百官则将齐其制度，重其官秩，若是，则百吏莫不畏法而遵绳矣。关市几而不征，质律禁止而不偏，如是，则商贾莫不敦悫而无诈矣。百工将时斩伐，佻其期日，而利其巧任，如是，则百工莫不忠信而不楛矣。县鄙则将轻田野之税，省刀布之敛，罕举力役，无夺农时，如是，农夫莫不朴力而寡能矣。士大夫务节死制，然而兵劲。百吏畏法循绳，然后国常不乱。商贾敦悫无诈，则商旅安，货通财，而国求给矣。百工忠信而不楛，则器用巧便而财不匮矣。农夫朴力而寡能，则上不失天时，下不失地利，中得人和，而百事不废。是之谓政令行，风俗美，以守则固，以征则强，居则有名，动则有功。”（《王霸》）

4.“足够原则”与“社会救助原则”

前面我们讨论了分配的必要性和重要性，依荀子，我们之所以要确立以礼义为基础的差等的分配[①]，其基本前提正在于“欲多而物

① 荀子以义为根据的分配有时又称为“分义”，实质则一，如《王制》篇云：“故序四时，裁万物，兼利天下，无它故焉，得之分义也。”

寡”则争，人“群而无分”则争，而争则乱，乱则穷。审如是，一种适当的、好的分配制度，在理论上至少必须满足相应的条件：在人性上，不能去欲、寡欲乃至息欲，以确保发展生产和增加财富的动力；在经济上，能有效实现“物寡”与“固有余足以食人”（《富国》）的平衡（equilibrium）；在道德上，必须将报酬建立在个人努力的基础上，同时保证人们有足够的收入，以避免过度贫穷而造成人们践履德行的障碍；在政治上，必须具有去乱止争、建立和谐社会的作用。

但在论及具体的分配原则时，依荀子，待分配的对象或社会基本利益的分配却由于社会人群的不同而具有不同的特点。荀子主张社会人群中按其职业、职位和身份的不同实行有差别的分配，前面所引的农民分田耕种、商人分货贩卖、各种工匠分配一定的工作勤勉任事、士大夫分任职责管理政事、诸侯国的国君分别守卫他们的封地等等①，天下无一事不当于理，无一人不当于分，此“理分”的另外一种延伸的含义即是依一个人的业绩、贡献或功劳获得相应的酬报。

故而总体地说，荀子主张社会的分配原则必须贯穿“礼义”的精神，体现公平与公正，故云“公平者，职之衡也；中和者，听之绳也”（《王制》）。如果“衡”不正、“绳”不直，则会产生祸乱，“故人无动而不可以不与权俱。衡不正，则重县于仰，而人以为轻；轻县于俛，而人以为重，此人所以惑于轻重也。权不正，则祸托于欲，而人以为福；福托于恶，而人以为祸，此亦人所以惑于祸福也”（《正名》）②。但是，对于公正的分配原则的具体应用，荀子则是将

① 荀子的另一种说法是强调各职业之分：“兼足天下之道在明分：掩地表亩，刺中殖谷，多粪肥田，是农夫众庶之事也。守时力民，进事长功，和齐百姓，使人不偷，是将率之事也。高者不旱，下者不水，寒暑和节，而五谷以时孰，是天之事也。若夫兼而覆之，兼而爱之，兼而制之，岁虽凶败水旱，使百姓无冻馁之患，则是圣君贤相之事也。”（《荀子·富国》）

② 荀子又云：“故绳墨诚陈矣，则不可欺以曲直；衡诚县矣，则不可欺以轻重；规矩诚设矣，则不可欺以方圆；君子审于礼，则不可欺以诈伪。故绳者，直之至；衡者，平之至；规矩者，方圆之至；礼者，人道之极也。”（《礼论》）

社会划分为两大阶层，即普通的民众和君王及各级官员（或曰劳心与劳力两大阶层）。前者依职业分工来分配其所得利益，并以物质利益为主；后者则是依政治上的等级名位体系来分配其禄用，此禄用虽然表面上多以物质利益的形式出现，但其含义似乎要复杂得多，本质上乃是政治名位体系通过一个人的“德能”的高低及其所表现出来的业绩或贡献的大小所做出的一种回报和奖赏。

我们先讨论荀子有关普通民众的分配原则。

对于普通民众，荀子大体将其分为农、商、工三类。农人的职业是“相高下，视硗肥，序五种”；商人的职业是“通货财，相美恶，辨贵贱”；工人的职业是“设规矩，陈绳墨，便备用”（《儒效》）[①]。依荀子，不同的职业源于积累的经验和本领的不同，故云：“人积耨耕而为农夫，积斫削而为工匠，积反货而为商贾。”（《儒效》）职业分工虽然不同，但社会却有货物的流通与交换，以市场等值的方式互通有无，以换取各自所欲获得的财货或利益，“故泽人足乎木，山人足乎鱼，农夫不斫削、不陶冶而足械用，工贾不耕田而足菽粟”（《王制》）。及其至者，“北海则有走马吠犬焉，然而中国得而畜使之。南海则有羽翮、齿革、曾青、丹干焉，然而中国得而财之。东海则有紫紶、鱼盐焉，然而中国得而衣食之。西海则有皮革、文旄焉，然而中国得而用之”（《王制》）。另一方面，农、工、商贾等不同职业赖以实行的物质资料却经由政府的分配而来，如土地之于农人、财货之于商人以及器械之于工人等，故云：“农分田而耕，贾分货而贩，百工分事而劝。”（《王霸》）[②] 农人、商人和

① 对于农工商三者，荀子有重农人轻工商的观念，如对于农人，荀子认为“百亩一守，事业穷无所移之也”（《王霸》），“故家，五亩宅，百亩田，务其业而勿夺其时，所以富之也”（《大略》），从而达到“耕者乐田”（《富国》）；对于商人和工人，认为“商贾敦悫无诈，则商旅安，货通财，而国求给矣”；“关市几而不征，质律禁止而不偏，如是，则商贾莫不敦悫而无诈矣”；“百工将时斩伐，佻其期日，而利其巧任，如是，则百工莫不忠信而不楛矣”（《王霸》）。

② 此处“分”，依李涤生，谓“分配”。参阅氏著《荀子集释》，台北：台湾（转下页）

工人通过各自工作努力的程度，获得相应的不同的报酬。但依荀子，朝廷或政府在此一过程中有依据等级规定赋税的法令，所谓“王者之法：等赋、政事、财万物”，具体地说，即是“田野什一，关市几而不征，山林泽梁，以时禁发而不税，相地而衰政，理道之远近而致贡”（《王制》）。大意是按田亩征收十分之一的税；关卡、市场只查问不收税；到林中伐木，到湖泊渔场捕鱼，根据时节规定开放和关闭的时间而不征税；根据土地的肥瘠程度收税；区别道路的远近上交贡物；等等。

按照荀子的分配原则，政府对普通民众的物质福祉的责任可以分为两个方面：其一，对于普通民众百姓，政府必须贯彻“利足以生民”（《富国》）的“足够原则”（principle of sufficiency）[①]，这种“足够原则”就是合符法度（“称数”）的原则。保证民众百姓基本生存和生活的物质用度，以使他们免于饥饿，这是最基本的人道原则，也是政治安稳的必要前提，当然也是构成荀子分配原则的基础。事实上，在荀子之前，《管子》便认为，为政者最重要的目的之一在于实现“国有余藏，民有余食”（《管子·禁藏》），因而在分配上要尽可能做到“足其所欲，赡其所愿”（《管子·侈靡》）。儒家注重道

（接上页）学生书局，1979年，第244页。

① “足够原则”的说法来自于法兰克福所主张的分配上的“足够主义”（sufficientarianism）。（参阅 H. Frankfurt，“Equality as a Moral Ideal”，in *Ethics：An International Journal of social，Political，and Legal Philosophy，Volume 98*，Oct.，1987。亦可参看 H. Frankfurt，*On Inequality*，Princeton：Princeton University Press，2015，pp. 1－62。）此处只是借用此一说法。陈祖为对其所理解的孟荀的“足够原则”解释道，“该原则说：我们首先要照顾贫困的人使他们足以正常地生活；在这足够物质水平之上的财富和收入不平等是无须理会的；官职、工作职位和薪酬是依据个人的长处和贡献来分配的；天赋才能的不平等在道德上并不构成问题”。参阅氏著《儒家致善主义：现代政治哲学重构》，香港：商务印书馆，2016年，第212页。此处所谓“照顾贫困的人”的说法如果放在荀子那里似乎容易滋生歧义，实则在荀子，如果用“足够原则”来解释其分配主张的话，此一原则主要针对的对象是正常的占绝大多数的普通民众，亦即农工商诸阶层。严格地说，对于鳏寡孤独残疾之人，他们在分配上更适合于社会救助原则。

德的教化，人所共知，但儒家同样注重对民众的基本生活的保障，注重对正常欲望的满足[1]，主张在分配上满足民众对生活的一定数量的足够的要求。孟子就认为，如果是普通民众，“则无恒产，因无恒心。苟无恒心，放僻邪侈，无不为已……焉有仁人在位罔民而可为也”（《孟子·梁惠王上》），“故明君制民之产，必使仰足以事父母，俯足以蓄妻子，乐岁终身饱，凶年免于死亡，然后驱而之善”（同上）。此处“仰足以事父母”“俯足以蓄妻子”“凶年免于死亡”大抵可以看作孟子对“足够原则”的理解。

荀子对其所主张的“利足以生民”的“足够原则”的论证，则不仅有其人性上的理由，而且也有其经济上、道德上和政治上的理由。就人性上的理由而言，即在荀子看来，人皆天生好利而欲得，所谓“虽尧舜不能去民之欲利”（《大略》），欲是“情之所必不免也”，“故虽为守门，欲不可去”（《正名》）。欲既天生自然而不可去除，那么，在分配原则的设计上，荀子认为，一个好的分配当不应以去欲、寡欲作前提[2]，而当尽量顺从人情之欲愿，亦即循“人之情为欲多而不欲寡”（《正论》）的逻辑，尽量满足人们的利益追求。这既是发展生产，也是基于人之情性的内在要求[3]。荀子之所以反对墨子过一种“衣粗食恶”“若烧若焦”的生活，其根本原因之一就在于在荀子看来墨子在人性欲望上已“伐其本，竭其原”（《富国》），故荀子认为“瘠（谓生活贫瘠、菲薄）则不足欲，不足欲，则赏不行”，而赏罚不力，必将窒息人们发展生产、改善生活的动力，进而导致“万物失宜，事变失应，上失天时，下失地利，中失人和”

---

① 孔子云：“富与贵，是人之所欲也。”（《论语·里仁》）

② 参阅《正论》篇荀子对宋钘“人之情欲寡”的批评。

③ 需要指出的是，荀子固然注意到欲“可以近尽”（《正名》），赞成对欲的发展与高度的享受，并为其“利足以生民”的分配原则给予人性上的论证。但荀子却特别警惕“欲”顺其本性而易为恶的特点，尤其在“欲恶同物，欲多而物寡”（《富国》）的情况下，人若欲而不得，便可能不择手段地获取，酿成争夺和混乱，故“养”和“教”、“养欲”与“导欲”“节欲”必当同时进行。

（《富国》）。就经济上的理由而言，荀子特别突出“欲多而物寡”的矛盾，如是，客观资源的有限、不足与“利足以生民”的“足够原则”之间如何平衡，是否相悖？依荀子，这种表面上的“足”与“不足”之间的矛盾其实并不足以让人担忧[①]，理由在于，为政者若能“善治之”，亦即在客观资源的开发、利用和可持续发展方面悉加照管，以礼义为基础确立合理的分配原则，并配合经济政策上的“足国之道”（《富国》）、“强本节用”（《天论》）等等，那么，这两者不仅不会相悖，而且还能实现“天地之生万物”，“固有余，足以食人”，“足以衣人”，故荀子云：“今是土之生五谷也，人善治之，则亩数盆，一岁而再获之，然后瓜桃枣李一本数以盆鼓；然后荤菜百疏以泽量；然后六畜禽兽一而剸车。鼋、鼍、鱼、鳖、鳅、鳣以时别，一而成群，然后飞鸟、凫、雁若烟海；然后昆虫万物生其间，可以相食养者，不可胜数也。夫天地之生万物也，固有余，足以食人矣；麻葛茧丝、鸟兽之羽毛齿革也，固有余，足以衣人矣。”（《富国》）[②] 再就道德理由而言，一方面，当我们谈论分配上的“利足以生民”时，它意味着政府对民众的足够的经济生活负有基本的道德责任。荀子深知“不富不足以养民情”（《大略》），故养民、富民、惠民之论在《荀子》一书中所在多有，其并汲汲然以之为为君之责，今不复列举。所需指出的是，在荀子，此道德责任赖以建立的基础必须诉诸民众对其工作的努力，多劳多得，不劳不得，如是，方能

① 墨子忧天下财用之不足，被荀子批评为“私忧过计”（《富国》）。如是，荀子一方面强调“物寡”，即客观资源的不足，另一方面又认为天地之生万物“足以食人”“足以衣人”，两种主张给人以相互矛盾的印象。其实，在荀子看来，人若能善用、“善治”客观资源，则客观资源之“不足”乃可变为“有余”。荀子的此一思路指向经济政策（包括分配原则）设计上的技术合理性和伦理合理性问题。

② 在《王制》篇荀子亦有相类似的说法，荀子云：“草木荣华滋硕之时，则斧斤不入山林，不夭其生，不绝其长也。鼋鼍鱼鳖鳅鳣孕别之时，罔罟毒药不入泽，不夭其生，不绝其长也。春耕、夏耘、秋收、冬藏，四者不失时，故五谷不绝，而百姓有余食也。污池渊沼川泽，谨其时禁，故鱼鳖优多，而百姓有余用也。斩伐养长不失其时，故山林不童，而百姓有余材也。”

实现“朝无幸位，民无幸生”（《王制》）的社会。另一方面，《性恶篇》也有这样一种说法：“凡人之欲为善者，为性恶也。夫薄愿厚，恶愿美，狭愿广，贫愿富，贱愿贵，苟无之中者，必求于外。故富而不愿财，贵而不愿势，苟有之中者，必不及于外。”此段论说有很大的解释空间，但它至少蕴含着在荀子看来，“贫”和“贱”并不是一个人习德和成德的良好条件，因为贫穷和困厄的原因，人们反而容易纵弛其欲，乃至不择手段地寻求所谓“富”与“贵”，酿至“犯分乱理”而为恶。故荀子特别注重“礼者，养也”，而“养”的一个重要内容即是“养人之欲，给人之求”，所谓“刍豢稻粱，五味调香，所以养口也；椒兰芬苾，所以养鼻也；雕琢刻镂，黼黻文章，所以养目也；钟鼓管磬，琴瑟竽笙，所以养耳也；疏房檖貌，越席床笫几筵，所以养体也”（《礼论》）。故而对普通民众而言，过度的贫穷或利不足以生民也可能成为其成就德行的障碍[1]。最后，就政治

[1] 不过，我们需要指出，荀子认为，君子应当特别警惕富贵问题可能成为一个人成德的障碍。荀子云：“夫富贵者，则类傲之；夫贫贱者，则求柔之。是非仁人之情也，是奸人将以盗名于暗世者也，险莫大焉。”（《不苟》）在荀子看来，从人之性恶的角度，人类会有类傲富贵、宽柔贫贱的现象，但这种现象并不是仁人所当有的。依荀子，富贵和贫贱都可能会成为“成德”的障碍。基本上，对于君子而言，荀子的核心主张在于，无论是贫穷还是富贵，君子都必须坚持以“仁”为先，故云：“仁之所在无贫穷，仁之所亡无富贵。”（《性恶篇》）卢文弨释之曰：“此言仁之所在，虽贫穷甘之；仁之所亡，虽富贵去之。”荀子又云：“士君子不为贫穷怠乎道”，“君子贫穷而志广，富贵而体恭。”（《修身》）就这个意义上说，荀子认为，贫富与道德在本质上应当无关；就第二层意义上说，荀子也认识到，贫穷和富贵本身都存在危害一个人成德的可能，然而，君子却能够克服和超越这些可能。但在荀子的观念中，对于普通民众而言，富贵有时有助于践行某些道德行为。荀子在这方面主张与孔子的看法相似。对富、贵的追求问题，孔子区分劳心者与劳力者的不同。孔子当然认为国家的富庶是值得赞赏的，君人者首先要使国家先富而后教之（《论语·子路》），富不仅不是成德的障碍，反而是实行教化的有利条件。但孔子对普通民众的要求与对君子的要求有所不同。对普通民众，孔子持“民可使由之，不可使知之”（《论语·泰伯》）的态度，所谓“中人以下，不可以语上”（《论语·雍也》）。对于君子而言，孔子一方面认为，“邦有道，贫且贱焉，耻也；邦无道，富且贵焉，耻也”（《论语·泰伯》）。在国家“有道”的时候，寻求富贵是理所当然、值得鼓励的，相反，在一个“有道”之国而一个人仍然处境贫穷，在孔子看来却是一件可耻的事情。另一方面，孔子又认为，“富与贵是人之所欲也，不以其道得（转下页）

的理由而言，荀子的政治理想在于建立一个“正理平治”或“群居和一”的“至平”社会，为此，君人者必当“知爱民之为安国也”（《君道》）。但国如何得安？其前提在庶人百姓安政，故云“庶人安政，然后君子安位”（《王制》）。但如何使庶人百姓安政？其方法即在“爱民”，而爱民之实义即在“惠民”“富民”和“教民”，亦即给庶民百姓以利益上的好处，使他们有足够的财物来安排生活，同时教之以礼义，申之以法度，进而实现安居乐业的目的，故有“不富无以养民情，不教无以理民性”（《大略》）之说。《君道》篇荀子论及君人者之“四统”（亦即政治上所当采取的实际措施），第一统便是“善生养人者也”，“生养”是对着百姓而言的，“省工贾，众农夫，禁盗贼，除奸邪”是列例以示之，体现在“足国之道”上可表现为“轻田野之赋，平关市之征，省商贾之数，罕兴力役，无夺农时，如是则……谓以政裕民”（《富国》）。

轻税薄赋，节用裕民，荀子将之放在富民的角度上来理解，民富则国富。但国家政府在分配上如何使民众达到“足够原则”呢？对此，荀子亦有自己的解释，其云：

> 量地而立国，计利而畜民，度人力而授事，使民必胜事，事必出利，利足以生民，皆使衣食百用出入相掩，必时臧余，谓之称数。（《富国》）

（接上页）之，不处也；贫与贱是人之所恶也，不以其道得之，不去也”（《论语·里仁》）。又云：“富而可求也，虽执鞭之士，吾亦为之。如不可求，从吾所好。”（《论语·述而》）在孔子看来，如果富贵是“可求”的，即便是职业低下的市场守门卒都可以做，关键在于其寻求富贵的行为是否出于正当的方法。由此可见，君子在适当的时候完全可以通过正当的方法来求得富贵。孔子认为，对于君子而言，在遇到“富贵”与“道”不可兼得的情况下，他们必须选择合乎“道”的行为，但如果可以同时有“道”和富贵，那么这种情况在道德上并不会成为问题。然而，君子的目的不在寻求富贵，只不过富贵是“有道”之国和有道之人理所当然的结果。

意思是说，根据土地的大小来划分诸侯国，根据得利的多寡来生养民众，根据能力的大小来授予工作，使民众都一定能够胜任自己的工作，而从事这些工作都一定会有所收益，这些收益足够用来养活民众，使所有民众的衣食及其他费用的收支能相平衡，然后再适时地贮藏余粮和财物，这就叫合符法度。换言之，在荀子，所谓分配上的“足够原则”即是民众工作的收益足够用来养活他们自己，它包括两个方面的内容：一是收支平衡。它排除了入不敷出，入不敷出则不能免于饥饿。一是略有节余。足够不是刚刚足够，刚刚足够则不能免于因各种天灾人祸带来的饥荒。荀子特别强调使民众普遍富足的方法就是人君应设法使百姓即便在年岁凶败水旱的情况下也能免于冻馁之患，故云：“掩地表亩，刺中殖谷，多粪肥田，是农夫众庶之事也。守时力民，进事长功，和齐百姓，使人不偷，是将率之事也。高者不旱，下者不水，寒暑和节，而五谷以时孰，是天之事也。若夫兼而覆之，兼而爱之，兼而制之，岁虽凶败水旱，使百姓无冻馁之患，则是圣君贤相之事也。”（《富国》）在此一点上，荀子的确与孟子有相似之处，盖所谓“足够”一是指工作的收益足以养活自己和家人，达到家庭的收入与支出的平衡，此与孟子所说的“必使仰足以事父母，俯足以蓄妻子，乐岁终身饱”相近；另一是指“必时臧余”，亦即一定适时贮藏余粮。为什么一定要有余粮贮藏？目的就如孟子说的在于“凶年免于死亡”。因此，我们可以把荀子的“足够原则”理解为一定的工作、一定的收益、一定的足够（亦即一定的平衡和一定的节余）。

然而，若说“足够原则”在荀子那里意味着对普通民众的利益分配须满足每个人都应得到合理的足够的财物（收益），那么，这个“足够”的说法本身是十分模糊或颇容易产生歧义的。何谓“足够”？其最低的底线和最高的限度究竟是什么？若说“足够原则”有其人性上的根据，那么问题将变得更为麻烦，盖依荀子，人的欲望是贪得无厌、无法满足的[①]，故若循人性的逻辑，所谓“利足以生民”的“足够原则”本身便无法定义。实际上，如前所言，所谓“足够原则”的说法来自法兰克福，但是，法兰克福的此一原则要说明的毋宁是分配上的“底线”原则。依法氏，很多人相信，经济平等自身就包含颇可考量的道德价值，但法氏却认为，经济平等（主要是分配上的平等）其实并不像人们通常所想的那样具有特殊的道德的重要性。从道德的观点看，有关经济财物（economic assets）[②] 的分配，真正重要的不是每个人应当拥有“相同”（same）的财物，而是每个人应当拥有“足够”（enough）的财物。如果每个人拥有足够的财物，那么，有的人比别的人拥有更多的财物，将不会有任何道德上的后果[③]。当然，法氏所说的“足够”有其特别的规定，但其足够原则强调的是不能少于一定的标准（如前所言，在荀子那里对不能少于一定的标准皆有清楚的说明），至于多于一定的标准则在道德上并不构成问题，这也为荀子所谓的“或禄天下，而不自以为多”提供了可理解的基础，而少于一定的标准如“利不足以生民”，不能使民众衣食百用出入相掩，没有必要的节余等等则在道德上是不适当的[④]。

---

① 如荀子云：“人之情，食欲有刍豢，衣欲有文绣，行欲有舆马，又欲夫余财蓄积之富也；然而穷年累世不知不足，是人之情也。”（《荣辱》）

② 为了与上面论述荀子的部分相适应，此处将其译为“经济财物”，其实，用“资产”“财产”或许更好。

③ H. Frankfurt, “Equality as a Moral Ideal”, in *Ethics: An International Journal of social, Political, and Legal Philosophy, Volume 98*, Oct., 1987, p. 21.

④ 依陈祖为，“‘足够’并非指个人主观所追求的生活所需要的资源（例如，成为一个亿万富翁），而是指物质上的安稳，使人可追求更高贵的、合乎伦理的生活所需要的资源。当然，我们很难确切地说出所需数量，但笔者认为，儒家的观点是十分清楚的：一方面，‘足够’并非指‘物质丰富’或‘富裕’，因为人们是不需要大量财富才可成为有美德的人和活在各种社会关系中，而且当人们渴求不断积累财富，他们或不再专注于伦理和美德。另一方面，‘足够’也非指‘仅足维生’，因为如果人们只有仅足维生的物质，处于朝不保夕的穷困和饥饿边缘，是不会有安全感来投入道德学习的”。参阅氏著《儒家致善主义》，第 221—222 页。有关陈氏的理解，我们提出一些不同的、补充的看法，首先，就荀子思想而言，“足够原则”较（转下页）

其二，一个社会除了绝大多数一般的普通民众之外，总还有一些特殊的鳏寡孤独、老幼残疾之人，我们称这些人为社会中存在的真正意义上的“弱势群体”（vulnerable groups），亦即他们在某种程度上缺乏足够的自我谋生的能力，为此，荀子认为，朝廷或政府在分配上必须设立“社会救助原则”（principle of social assistance）用以帮助、扶持和照顾这些没有能力自助的人群。在荀子之前，如春秋时期的《管子·入国》便记载了管子惠民的九种政策，史称“九惠之教”，用来扶持救济社会中那些老幼、孤独、残疾之人，亦即“老老、慈幼、恤孤、养疾、合独、问疾、通穷、振困、接绝”九种政策。孟子亦有“老而无妻曰鳏，老而无夫曰寡，老而无子曰独，幼而无父曰孤。此四者，天下之穷民而无告者”之说，并认为若文王实行仁政，一定最先考虑到这些社会中穷苦无靠的人（“文王发政施仁，必先斯四者”）（《孟子·梁惠王下》）。

荀子基本上继承了此一传统，认为对那些颠连无告的人，政府应建立相应的公共福利体制，在分配方式上优先给予照顾①。事实上，荀子把补助贫苦无靠的人、收养孤儿寡妇等等看作庶人安政、君子安位的先决条件，故云：“选贤良，举笃敬，兴孝弟，收孤寡，补贫穷。如是，则庶人安政矣。庶人安政，然后君子安位。”（《王

（接上页）为适合的对象应当是农工商等普通阶层，而对于君王以及朝廷各级官员，荀子的分配原则主要依据的是“德能——位禄”原则；其次，陈氏谓儒家的观点“一方面，‘足够’并非指‘物质丰富’或‘富裕’，因为人们是不需要大量财富才可成为有美德的人和活在各种社会关系中，而且当人们渴求不断积累财富，他们或不再专注于伦理和美德”。陈氏的这种说法颇有“亚里士多德式”的味道。儒家虽以德行为重，但也认为“富而好礼”值得肯定，若有好的理由求富，儒家并不排斥“物质丰富”或“富裕”，孔子便有“富而可求也，虽执鞭之士，吾亦为之”（《论语·述而》）之说，荀子则有“不富无以养民情”（《大略》）的说法，鼓励人们在学习礼义的前提下追求富裕。（《儒效》）

① 依照罗尔斯的说法，“社会和经济的不平等（例如财富和权利的不平等）只要其结果能给每个人，尤其是那些最少受惠的社会成员带来补偿利益，它们就是正义的”。参阅氏著《正义论》（何怀宏等译），北京：中国社会科学出版社，1988 年，第 12 页。

制》）与此相应，荀子对今世社会所表现的“厚刀布之敛，以夺之财；重田野之赋，以夺之食；苛关市之征，以难其事”（《富国》）的现象则深加挞伐①。依荀子，一个好的分配制度应该普遍保护百姓、抚养百姓就如同抚养婴儿一样，对于孤独鳏寡之人，不能把丝毫不合理的事加诸他们身上，故云：“潢然兼覆之，养长之，如保赤子。生民则致宽，使民则綦理。辨政令制度，所以接天下之人百姓，有非理者如毫末，则虽孤独鳏寡，必不加焉。”（《王霸》）与此同时，荀子还特别鼓励和表彰出仕的官员在自己既富之后，不能满足于自己的独富，而应该发扬儒家乐善好施的传统，对贫困的人乐于施济，故云：“古之所谓仕士者，厚敦者也，合群者也，乐富贵者也，乐分施者也，远罪过者也，务事理者也，羞独富者也。”（《非十二子》）另一方面，对于孤残、老人家庭，在劳役制度的具体规定方面，荀子也有说明，所谓“八十者，一子不事；九十者，举家不事；废疾非人不养者，一人不事”（《大略》）。意思是说，八十岁的人，可以有一个儿子不服劳役；九十岁的人，全家可以不服劳役；身患残疾、没人奉养就不能活下去的人，家里可以有一个人不服劳役。毫无疑问，荀子所主张的社会救助原则是建立在“朝无幸位，民无幸生”（《王制》）的基础之上的，亦即朝廷中没有无德无能而侥幸获得官位的人，社会上没有游手好闲而侥幸获得生存的人，换言之，社会救助原则包括社会福利措施绝不是鼓励好逸恶劳、好吃懒做、斗鸡走狗之辈无所事事，空费社会资源。救助原则虽然体现出对贫穷无靠者的关爱和照顾，但朝廷和政府对这些人也不是仅仅止于无条件地一味给予（丧失基本生存能力的人除外），即便对于残疾之人，也应在可能的情况下创设条件，因其材而尽其

① 荀子和儒家皆强调为政者当承担起为民父母的责任，要时刻考虑到民众的生计，去除过重的苛捐杂税，用孟子的话来说，就是“取于民有制”（《滕文公上》）。不过，他们从未考虑过取消统治者对民众的特权，劳心者治人，劳力者治于人，乃天下之通义。

才，荀子云：

> 五疾，上收而养之，材而事之，官施而衣食之，兼覆无遗。……是王者之政也。(《王制》)

“五疾”，杨倞注“瘖、聋、跛躄、断者、侏儒”，指哑、聋、瘸、断手和发育不健全者。“材而事之”，谓“各当其材使之”。“官施而衣食之”，王先谦谓“犹言任用而衣食之”。意即对于各类残疾之人，政府要收养他们，并各就其材而役使他们，尽可能发挥他们的作用，如瞎子可以使修乐，聋子可以使司火等等，总之要使他们残而不废，各尽其才，衣食无缺，对他们全部给予照顾而务求无遗漏者。

5.“德能——位禄”原则

我们已经指出，荀子在分配问题上将社会划分为普通民众和君王及政府各级官员两大阶层。前面我们讨论了荀子对普通民众在分配上所主张的“足够原则”，并兼及对社会中一些特殊人群所实行的“社会救助原则”，但依学者的说法，“儒家的分配焦点不是大众，是名位体系上的‘精英’——从君王到各个层次的官员”。对于普通民众而言，依他们劳动的贡献或业绩而得到的相应的分配基本上是以物质财富的形式出现的，但对于君王和各级官员，“虽然分配的东西大都还是物质利益，但是其内涵与意义已经远远超出了物质层面，而是渗透了文化的、人为价值区分的、与政治权力联系在一起的主宰感与荣耀（名）”[①]。

我们暂且撇开“主宰感与荣耀”的具体所指不论，在荀子，分配原则所指向的两类人群也可以简单地说成劳心者与劳力者。农工

① 包利民：《礼义差等与契约平等——有关分配正义的政治伦理思想比较》，《社会科学战线》2001年第3期，第190页。

商等普通民众是劳力者，他们通过自己的努力和劳作赚取报酬，主要功能是生产物品和提供服务；而君王和政府官员（包括学者）则是劳心者，他们的工作是管理、研究和励德敦品。荀子不认为社会中人群的存在是平等的、整齐划一的，劳心与劳力或君子与小人之分完全合乎自然的道理（“天数”），故云：“君子以德，小人以力。力者，德之役也。”（《富国》）又云：“少事长，贱事贵，不肖事贤，是天下之通义也。”（《仲尼》）总之，“人有智愚贤不肖之分，社会应该有分工，应该有贵贱上下的分野。劳力的农、工、商贾是以技艺生产事上的，劳心的士大夫是以治世之术治理人民食于人的，各有其责任和工作，形成优越及从属关系的对立……一切享受（欲望的满足）与社会地位成正比例也是天经地义的”[①]。因此，有的人应该粗茶淡饭，居则陋室，出则徒步；有的人则应该华衣美食，乘车居厦，生活优渥。在荀子看来，由于君王和政府的各级官员在分工制度上与政治权力和统治联系在一起，担负着社会中更为重要的角色和责任，因而他们所获报酬的标准是按照他们德能的大小、名位的高低等等来制定的。一般而言，与普通民众相比，他们的德能更高，名望地位更隆，因而所获得的报酬更多，享受的物质生活也更好。概而言之，对于君王和政府的各级官员，荀子在分配上所主张的是“德（能）——位禄”原则，具体地说，即是才德愈高，则爵愈尊，禄愈厚[②]。

儒者历来主张为政者当以德为先，荀子自然也不例外，《君道》篇云：“请问为国？曰：闻修身，未尝闻为国也。君者，仪也；民

---

① 瞿同祖：《中国法律与中国社会》，北京：中华书局，2003年，第293页，注2。

② 同上。徐幹对此说的最为明白，其云：“古之制爵禄也，爵以居有德，禄以养有功：功大者禄厚，德远者爵尊，功小者禄薄，德近者爵卑。是故观其爵则别其人之德也，见其禄则知其人之功也，不待问之。古之君子贵爵禄者盖以此也，非以黼黻华乎其身，刍豢之适于其口也；非以美色悦乎其目，钟鼓之乐乎其耳也。”（《爵禄》，《中论》卷上）

者，影也；仪正而景正。君者，槃也；民者，水也；槃圆而水圆。君者，盂也；盂方而水方。”人君如此，政府对各级官员的选拔任用亦复如是，一个人的德能越高，其所获得的名位和报酬也应该越高[①]，如是，“德能”也就成为一个人获得其“应得”酬报的“资格”(entitlement)。瞿同祖指出：“理论上说，只有明智有德性的人才有资格从事心智工作，并有权统治他人。任命官吏的基本条件就是他的德性……一个人的智慧德性愈高，他的阶位与薪给也愈高……唯有当有德者都已达到富贵尊荣，而无德者都成为贫贱时，才能获致一个公平的社会秩序与良好的政府。在这样一个井然有序的社会里，贫贱将成为无德与无能的象征，是一个人应引以为耻的事。”[②] 由此看来，荀子的“德能——禄用”的分配方式本质上是政治名位体系通过一个人的德能的大小所做出的或厚或薄的酬报，一方面，有德（能）者当得其位，当得其禄；另一方面，其位、其禄又反过来彰显其德（能）之尊贵，其目的在于实现“无德不贵，无能不官，无功不赏，无罪不罚”（《王制》），所谓“谲德而定次，量能而授官，使贤不肖皆得其位，能不能皆得其官，万物得其宜，事变得其应”（《儒效》），所谓“论德而定次，量能而授官，皆使人载其事，而各得其所宜”（《君道》），类似陈说，荀子喋喋言之。依荀子，朝廷任人用人之标准在一个人的德能，而德能的高低则决定其所获酬报的大小，故尚贤使能乃为君人者之大节，若德不称位，能不称官，位不称禄，赏不当功，则“不祥莫大焉”（《正论》）。而分别一个人德能高低的标准，荀子也有详细的说明，如云：“材人，愿悫拘录，计数纤啬，而无敢遗丧，是官人使吏之材

① 这是荀子为我们在理论上规定的“应然”。我们看到，在孔孟那里特别注重“德”的高低，荀子继承了此一传统，但又发展出新的特点，即在强调“德”的同时，特别突出了“能”的一面。所以，当我们说荀子注重人君和官员的“德”时，此“德”已包含“能”的一面。参阅拙著《差等秩序与公道世界》，第237—240页。

② 瞿同祖：《中国的阶层结构及其意识形态》（刘纫尼译），载《中国思想与制度论集》（段昌国等译），台北：联经出版事业公司，1976年，第272—273页。

也；修饬端正，尊法敬分，而无倾侧之心，守职修业，不敢损益，可传世也，而不可使侵夺，是士大夫官师之材也；知隆礼义之为尊君也，知好士之为美名也，知爱民之为安国也，知有常法之为一俗也，知尚贤使能之为长功也，知务本禁末之为多材也，知无与下争小利之为便于事也，知明制度，权物称用之为不泥也，是卿相辅佐之材也。”（《君道》）① 总之，德能大者，大用之；德能小者，小用之。《王制》篇则从一个人政治地位的不同详细说明了百官职掌的分别，如云：

> 宰爵：知宾客、祭祀、响食牺牲之牢数；
>
> 司徒：知百宗、城郭、立器之数；
>
> 司马：知师旅、甲兵、乘白之数；
>
> 大师：修宪命，审诗商，禁淫声，以时顺修，使夷俗邪音不敢乱雅；
>
> 司空：修堤梁，通沟浍，行水潦，安水臧，以时决塞，岁虽凶败水旱，使民有所耘艾；
>
> 治田：相高下，视肥硗，序五种，省农功，谨蓄藏，以时顺修，使农夫朴力而寡能；
>
> 虞师：修火宪，养山林薮泽草木、鱼鳖、百索，以时禁发，使国家足用，而财物不屈；
>
> 乡师：顺州里，定廛宅，养六畜，闲树艺，劝教化，趋孝弟，以时顺修，使百姓顺命，安乐处乡；
>
> 工师：论百工，审时事，辨功苦，尚完利，便备用，使雕琢文采不敢专造于家；

① 荀子不仅在德能上对小人、士、君子、圣人有明确的划分，而且在论士上又将之区分为通士、公士、直士、悫士四等（《不苟》）。在论儒上，荀子也区分了大儒、雅儒、小儒、俗儒、腐儒、贱儒、陋儒、散儒等（《儒效》《劝学》《非相》《非十二子》）。

伛巫跛击：相阴阳，占祲兆，钻龟陈卦，主攘择五卜，知其吉凶妖祥；

治市：修采清，易道路，谨盗贼，平室律，以时顺修，使宾旅安而货财通；

司寇：抃急禁悍，防淫除邪，戮之以五刑，使暴悍以变，奸邪不作；

冢宰：本政教，正法则，兼听而时稽之，度其功劳，论其庆赏，以时慎修，使百吏免尽，而众庶不偷；

辟公：论礼乐，正身行，广教化，美风俗，兼覆而调一之；

天王：全道德，致隆高，綦文理，一天下，振毫末，使天下莫不顺比从服。

依照荀子“德能——位禄”相称的原则，政治权力和禄用酬报的分配完全取决于一个人的德能，以使“德必称位，位必称禄”能够得到真正落实，这也是德位禄用的逻辑使然。“上贤使之为三公，次贤使之为诸侯，下贤使之为士大夫：是所以显设之也。修冠弁衣裳，黼黻文章，琱琢刻镂，皆有等差：是所以藩饰之也。”（《君道》）而这种“德-位-禄”一体的关系又统之于礼，故云：“礼者，以财物为用，以贵贱为文，以多少为异，以隆杀为要。”（《礼论》）由是，我们看到，在《荀子》一书中，天子、诸侯、大夫与士在衣食住行、丧祭械用等各个方面皆有具体的不同等级的规定[①]，所谓“衣服有制，宫室有度，人徒有数，丧祭械用皆有等宜”（《王制》），而其所持之根据便在于一个人所积德能之大小。若说一个人职位的高低、禄用的多寡与其德能大小相联系，那么，不论在任人还是在取禄方面荀子均反对世卿世禄，主张“贤能不待次而举，罢不能不待须而废……虽王公士大夫之子孙也，不能属于礼义，则归之庶人。

① 参阅拙著《差等秩序与公道世界》，第230页。

虽庶人之子孙也，积文学，正身行，能属于礼义，则归之卿相士大夫”（《王制》）。荀子此说在理论上很大程度松动和瓦解了原先的世袭观念，将积文学、正身行、属礼义看作一个人凭借自身的努力实现“欲贱而贵，愚而智，贫而富”（《儒效》）的途径和方法，暗含了机会平等对人的开放，“对成就与社会流动的理论给予一个新的基础”[①]。

以德能的大小决定一个人位禄的高低和多寡，构成了荀子差等分配原则的基础。德能总体现在一个人具体的业绩（成就）中，业绩又体现出一个人位禄的高低和多寡，故而在天子、诸侯、大夫和士人之间便不存在财物和享用上的平等分配。《荀子》一书不断提示此一点：

> 天子山冕，诸侯玄冠，大夫裨冕，士韦弁，礼也。（《大略》）
>
> 天子雕弓，诸侯彤弓，大夫黑弓，礼也。（《大略》）
>
> 天子御珽，诸侯御荼，大夫服笏，礼也。（《大略》）
>
> 天子袾裷衣冕，诸侯玄裷衣冕，大夫裨冕，士皮弁服。（《富国》）
>
> 郊止乎天子，而社止于诸侯，道及士大夫。（《礼论》）
>
> 天子棺椁七重，诸侯五重，大夫三重，士再重。（《礼论》）
>
> 天子大路越席，所以养体也；侧载睾芷，所以养鼻也；前有错衡，所以养目也；和鸾之声，步中武象，趋中韶护，所以养耳也；龙旗九斿，所以养信也；寝兕持虎，蛟韅、丝末、弥龙，所以养威也；故大路之马必信至，教顺，然后乘之，所以养安也。（《礼论》）

① 参阅萧公权：《中国政治思想史》，第 102 页；瞿同祖：《中国的阶层结构及其意识形态》，《中国思想与制度论集》，第 280 页。

依荀子，天子担负着治理天下的重任，故“势位至尊，无敌于天下”，天子的地位既如此之重要，则天子自身必“德能”优异，所谓“道德纯备，智慧甚明”（《正论》）。同样道理，君主是治理之本，是“管分之枢要”，其又云：“君者，善群也。群道当，则万物皆得其宜，六畜皆得其长，群生皆得其命。”（《王制》）君主的地位既如此之重要，则君主自身也必“德能”优异，非如此则不能成为“治辨之主”“文理之原”（《礼论》）。与此相应，在分配方式上，天子或君主也就自然且应当享受令人向往的优渥的待遇，我们看《正论》篇对天子生活的描述，荀子云：

> 天子者势至重而形至佚，心至愉而志无所诎，而形不为劳，尊无上矣。衣被则服五采，杂间色，重文绣，加饰之以珠玉；食饮则重大牢而备珍怪，期臭味，曼而馈，代皋而食，《雍》而彻乎五祀，执荐者百人侍西房；居则设张容，负依而坐，诸侯趋走乎堂下；出户而巫觋有事，出门而宗祀有事，乘大路趋越席以养安，侧载睪芷以养鼻，前有错衡以养目，和鸾之声，步中《武》《象》，趋中《韶》《护》以养耳，三公奉軶持纳，诸侯持轮、挟舆、先马，大侯编后，大夫次之，小侯、元士次之，庶士介而夹道，庶人隐窜，莫敢视望。居如大神，动如天帝。（《正论》）①

此段荀子为天子的穿衣、吃饭、听政、出行等等做了极尽奢华的描述，让人好奇的是，荀子为什么要浓墨重彩地让人们知悉天子的这种尊荣和享用。我们暂且搁置《正论》篇的脉络不论，结合《富国》

① 与此相应，天子、诸侯、大夫、士在各种待遇分配上也表现出明显的差等，荀子对此多所言之，如云：“天子袾裷衣冕，诸侯玄裷衣冕，大夫裨冕，士皮弁服。”（《富国》）又云：“天子御珽，诸侯御荼，大夫服笏。”（《大略》）等等不复赘引。

《正名》等篇的相关论述，我们大体可以蠡测其中的两个原因。其一是君主的“德能”配享（deserve）这种尊荣[①]。仁人君主王天下、治万变，其知虑、仁厚、德音足以为天下生民带来福祉，故其配享各种奢华与享受。荀子云：“若夫重色而衣之，重味而食之，重财物而制之，合天下而君之，非特以为淫泰也，固以为王天下，治万变，材万物，养万民，兼制天下者，为莫若仁人之善也夫。故其知虑足以治之，其仁厚足以安之，其德音足以化之，得之则治，失之则乱。百姓诚赖其知也，故相率而为之劳苦以务佚之，以养其知也；诚美其厚也，故为之出死断亡以覆救之，以养其厚也；诚美其德也，故为之雕琢、刻镂、黼黻、文章以藩饰之，以养其德也。”（《富国》）不仅如此，荀子还故意强化之，以期起到彰显此一分配原则的作用，以有效地实现德化政治，盖使有“德能”者必显尊贵，愚不肖者必使贫贱，乃儒者共持之论，如是，政治上的风吹草偃乃为可期。其二是统治和役使民众的需要。依荀子，人天生就有欲望，而且欲望不可去除，因此，良好的政治不在于去欲、寡欲，而在于尽量满足人的欲望以激发人们努力生产和工作的动力[②]。循此“赏以富厚而罚以杀损”的逻辑，在分配原则的设计上，荀子认为，一方面必当使君主威势荣华，以示其威福于天下；另一方面，则必让民众真正感受到君主优厚华美的享用以便明白他们的欲望需求，“使天下生民之属，皆知己之所愿欲之举在是于也”，“若是，则万物得宜，事变得应，上得天时，下得地利，中得人和，则财货浑浑如泉源，汸汸如河海，暴暴如丘山，不时焚烧，无所臧之”（《富国》）。

---

① 荀子的此一主张也与当时量功分禄的观念有关。战国时期，各诸侯国普遍建立起了量功分禄的制度，如李悝变法主张“为国之道，食有劳而禄有功，使有能而赏必行，罚必当”（《说苑·政理》）；燕昭王招贤纳士，“不以禄私其亲，功多者授之”（《战国策·燕策二》）；墨子也有“量功而分禄”（《墨子·尚贤上》）的主张。

② 荀子在批评子宋子的寡欲说时指出：“古之人为之不然，以人之情为欲多而不欲寡，故赏以富厚而罚以杀损也，是百王之所同也。”（《正论》）

6.“差等”的分配如何得到辩护?

如上所言，在荀子，“德能——位禄”的分配原则在于强调“德能”大者应当得其多得，换句话说，一个“至平”的社会在分配所得上并不是平等的，而是有差等的。

那么，为什么是差等而不是平等的分配才是好的、值得提倡的分配?

的确，从当代政治哲学的角度看，分配问题中的平等和反平等（差等）之争似乎从来就没有停止过，双方涉及的理由更是五花八门。表面上看，论证平等的分配好像要比论证差等的分配要容易得多，因为基于通常的直觉，平等似乎更符合人的天性，也好像更容易为人们所认同①。然而，由于平等的论证常常诉诸诸如人性或尊严等形式的理由，无法正视人性尊严在经验事实上的差别，致使其在可欲性与可行性方面皆存在问题②。相反，论证差等（不平等）的分配倒是需要给出充分的理由，比如三个苹果平等地分配给三个人，似乎不需要理由，但若要使其中的一个人分得两个而另外一个人没有，那么我们就需要给出让人信服的理由，这种理由既可以是来自道德的理由，也可以是来自政治、经济的理由。

平等或差等作为分配的两种基本方式，涉及的是如何分配的问题。理论上，如何分配是在给分配提出规范要求。任何一个具有规范意义或符合规范要求的分配原则都必须满足两个条件，即此一分配原则是“可欲的”（desirable），所谓“可欲”即必须给出合理的理由，诸如为什么分配原则应该是平等的或应该是差等的，理由何在。

① 卢卡斯在《再论反平等》一文中开门见山地指出，“平等在现时代已经成为一种迷信”，人们崇拜平等，认为平等可以提供恰当理解政治的要钥，而且由衷地相信仅凭平等即能达成正义社会的重建。然而，“这是一种错误”。J. R. Lucas，“Against Equality Again”，*Philosophy*（52），1977，p. 255. 亦可参见威尔·金里卡：《当代政治哲学》（刘莘译），上海：上海译文出版社，2011 年。由于相关论著太多，此处不一一列举。

② J. R. Lucas，“Against Equality”，*Philosophy*（40），1965，pp. 296 - 307.

它必须建立在明确的认知基础上，以有效地证成此一“可欲”之所以为可欲的理想。同时，此一分配原则也是“可行的”（feasible），所谓“可行”意即一个满足规范要求的分配原则不能只是驻足于理论自身的完美，而必须充分考虑到此一原则在实际生活中的可行性，一个没有“可行性”的分配原则只是一个美好的想象，其规范性也无法得到落实和保证。

但正如学者所指出的那样，从现代人的立场看，主张平等的分配正义（“公正”）要远比主张差等的分配正义更容易得到人们的认同，尽管罗尔斯的平等主义也是以差异为原则的。习惯于平等、自由之价值的现代人当然知道人在自然天赋上的不平等，并且会因这种自然天赋的不平等而有收入分配上的不平等，但他们却无论如何不能接受将分配正义问题和人的自然天赋相挂钩，其中的理由之一是我们无法认可任由“自然”来支配道德[①]。事实上，荀子也反对任由人性的自然欲望（天赋能力）来支配分配的原则，并明确地认为如此一来必将导致“强者害弱而夺之，众者暴寡而哗之，天下之悖乱而相亡，不待顷矣”（《性恶》）的结果。荀子之所以要一再强调“圣王恶其乱也，故制礼义以分之”（《王制》《礼论》），目的之一就是要在分配制度上严分“自然”和“人为”：以圣王“人为”制定的礼义的差等来取代依据人性的“自然”欲望所造成的差等，而“人为”制定的差等恰恰是实现“至平”社会的保证。

然而，为什么在一个“至平”的社会中，人们要接受“人为”的差等分配的原则？前面已经指出，就一般情况而言，人们更容易认同平等的分配原则，因为平等意味着以无差别的方式对待每一个

① 罗尔斯认为，“自然资质的分配无所谓正义不正义……正义或不正义是制度处理这些事实的方式”，“没有一个人应得他在自然天赋的分配中所占的优势，正如没有一个人应得他在社会中的最初有利出发点一样——这看来是我们所考虑的判断中的一个确定之点”。参阅氏著《正义论》（何怀宏等译），北京：中国社会科学出版社，1988年，第97、99页，亦可参阅第301页。

人，即此而言，其可欲性或正当性似乎在其概念自身中便是自明的，不需要理由，也不需要论证。相反，差等的分配原则倒需要给出充分的理由和论证：为什么一种分配方式要厚待一部分人，却要薄慢另一部分人？其理由何在？虽然按学者的说法，儒家相信人在智力、能力和道德上是有差别的，有些人聪明，有些人简单；有些是善者，也有些是恶者[①]，而且荀子本人也认为，贵贱少长、贤不肖是社会中存在的事实，正如“有天有地，而上下有差”（《王制》）是一种自然事实一样，然而，即便差等作为一种社会存在是一个事实，但当这一事实上的差等代入作为分配原则上的差等时，是否因此就可以毫无疑问地获得道德价值上的有效辩护，此中仍然需要给出理由。

的确，平等是上好的价值，我们似乎可以列举出许多的理由来为平等进行有效辩护[②]，但另一方面也应该看到，事实上并非所有的平等都是好的，假如我们把“荣誉”也加以平等分配的话，那么它就会失去道德的激励价值，同时也会使人们丧失努力工作的动机。同样，如果把“权力”进行平等分配的话，那么，在一个没有上下级关系、没有支配——服从关系的社会结构中，人人地位相同，就会出现谁也不服谁，谁也约束不了谁的现象，政治领导就成为不可能；若没有政治领导，社会就会变成一盘散沙，人人各行其是的结果必然是社会的一片混乱。

---

① 瞿同祖：《中国的阶层结构及其意识形态》，《中国思想与制度论集》，第 268 页。

② 姚大志在《反对不平等——关于平等主义的一种论证》一文中，从当代政治哲学的角度，认为平等主义者反对不平等的道德理由主要有三个方面，即基于原因的理由、基于结果的理由以及义务论的理由，参见《文史哲》，2014 年第 5 期；又在《平等如何能够加以证明》一文中，作者概述了当代平等主义者为平等提供的四种主要论证，即基于尊严的论证、基于程序的论证、基于公平的论证以及基于契约的论证，参见《中国人民大学学报》，2014 年第 3 期；但在《论反平等主义》一文中，作者也概述了当代社会中反平等主义者对平等的观念提出的四种批评，即平等在理论上是没有基础的，平等作为一种对待人们的方式是不公平的，平等作为一种后果是反生产的，平等作为一种政策是不可行的，参见《马克思主义与现实》，2014 年第 3 期。

那么，荀子是如何论证一种差等分配原则的可欲性和可行性的？在荀子，对差等原则的可欲性和可行性的论证常常是交叠在一起的，此处，我们则简单地提出荀子的消极论证和积极论证两种方式。

首先，是由“分均则不偏，势齐则不壹，众齐则不使”到“斩而齐，枉而顺”的消极论证。所谓消极论证我们把它理解为从某种假设状态出发推演其可能结果，并由其可能结果的不可能性以证明某种原则的可欲与可行（我们也可以称这种论证为间接论证）。我们曾经指出，在荀子的类比思维中，自然万物本就有高低上下、长短曲直之分，故而人类在分配原则上亦当差等而不是平等，所谓“就‘两贵之不能相事，两贱之不能相使’而说‘天数’（自然的道理）而言，这是荀子对人类自然天性观察的结果；就‘有天有地，而上下有差’而说‘天数’而言，这是荀子对自然物理现象观察的结果。但不论哪一种情况，皆要在说明一个完全平等的社会是不合‘天数’的，是不可能存在的，因为不平等是自然世界的事实，也是人类天性使然”[①]。但我们也指出，这种类比思维的主张（所谓由“天数”推求“称数”）虽然给人以直观易懂的印象，但却并不是荀子的独创，甚至也与荀子的根本哲学不相侔。事实上，荀子真正措意的毋宁说是社会的治理，而社会的治理的首要原则当“明于天人之分”，恃“人为”而不能取“法天主义”的方式，因为“天不为人之恶寒也辍冬，地不为人之恶辽远也辍广”。因此，与其“大天而思之，孰与物畜而制之”（《天论》），“物畜而制之”即是恃人力而人为地裁制之。由此可见，荀子差等分配原则的真正理据并不是来自于“自然”（天数），而是来自于“人为”，荀子要以圣王“人为”制定的差等来反对由人性之“自然”而来的“差等”，这与他对人性的特殊观察密切相关。盖若随顺人的“自然”天性，根本就不可能达到分配上的平等，而且必定是政治上、道德上更具灾难性的差等，因为顺情性之自然，即便在兄弟之间也会

① 参阅拙著《差等秩序与公道世界》，第 228 页。

为一点资财大打出手（《性恶》）[①]。故荀子云：

> 分均则不偏，势齐则不壹，众齐则不使……明王始立，而处国有制。（《王制》）

“分均则不偏”，意为人人分位平等，没有贵贱之别，那么国家就无法治理（“偏”一读辩，治也）；“势齐则不壹”，意为官吏势位没有差等，意志行动就不能一致；“众齐则不使”，意为众人身份没有差等，就谁也不能役使谁[②]。这是荀子为差等给出政治理由的辩护。此处我们当注意，荀子虽然没有直接讲差等的分配，但差等分配的实质显然是内含在社会国家的治理、意志行动的一致以及政治领导的建立之中的。换言之，一个社会国家要得到有效的治理等等，必定包含了差等的分配原则，故而荀子紧接着便说“先王恶其乱也，故制礼义以分之，使有贫富贵贱之等”，意即依照人的德能的分别使地位有贵贱，禄用有厚薄。而“不偏”“不壹”“不使”的说法则否定了平等分配的可欲性和可行性。若“分均则不偏”意味着人人分位相同，国家无法治理的话，则此一说法与《富国》篇“无君以制臣，无上以制下”意思相近。在一个没有“支配——服从”关系的社会中，谁也管不了谁，那么，人们在谋取私利时就会随心所欲而无所忌惮（“行私而无祸，纵欲而不穷，则民心奋而不可说也”），结果是天下的祸害就会因各人的为所欲为而不断发生（“天下害生纵欲”）。荀子

① 荀子云：“假之人有弟兄资财而分者，且顺情性，好利而欲得，若是则兄弟相拂夺矣。”（《性恶》）学者指出，在先秦时代，为儒家同时也为荀子所深切担忧的，“是自然欲望冲破人为秩序而无序地向上争夺。这种争夺的目的并不是‘平等’，而仍然是‘差等’。这种差等是更具有灾难性的，更难以从正义分配的角度得到辩护的，因为它代表的是一种‘强者为王’（‘强’包括力量的和智力的）纯粹私的自然法则”。参阅包利民：《礼义差等与契约平等——有关分配正义的政治伦理思想比较》，《社会科学战线》2001 年第 3 期，第 189 页。

② 参阅李涤生：《荀子集释》，第 166 页。

的此一论证我们可以把它理解为一种假设条件的论证，荀子先假定人人分位平等，官吏势位相同，众人身份没有差别，并以此推论其结果："不偏""不壹""不使"；又援引其所推论的结果与其所确认的先王之道"处国有制"、有差等的原则不符，反证其原先的假定（"均""齐"，意即平等）不能成立，从而证明差等而不是平等的分配才是可欲和可行的，所谓"斩而齐，枉而顺，不同而一"。

其次，是由"欲多而物寡"到确立"度量分界"的积极论证。所谓积极论证即是由某种确定的理论前提出发推演其结果，并即其结果提出某种相应的原则，以进一步论证此原则的可欲和可行。我们已经指出，荀子政治哲学的理论前提是"欲多而物寡"，"欲多而物寡"同时也构成了荀子差等分配原则的理论前提。"欲多"是荀子所认定的人性论的事实，说的是欲望的贪得无厌、无法满足，所谓"人之情，食欲有刍豢，衣欲有文绣，行欲有舆马，又欲夫余财蓄积之富也，然而穷年累世不知不足，是人之情也"（《荣辱》）；"物寡"指的是满足欲望的物质性（如刍豢、文绣、舆马、余财等等）和社会性（如爵位、官职、功名、荣誉等等）产品的稀缺。如是，若"从人之欲，则势不能容，物不能赡也"（《荣辱》）[①]，而物不能赡则不能不争，争则乱，乱则穷。故先王制礼义的重要目的之一，就在于如何在"欲"与"物"的矛盾中，尤其在"物"的分配上确立合理的"度量分界"，"使欲必不穷于物，物必不屈于欲，两者相持而长"（《礼论》），最终实现"群居和一""各得其宜"的社会[②]。这是荀子为差等给出道德理由的辩护，之所以如此理解，其原因在于就分配原则处着眼，此处"度量分界"所指的主要不是平等地分配

① 荀子又云："夫贵为天子，富有天下，是人情之所同欲也；然则从人之欲，则势不能容，物不能赡也。"（《荣辱》）"欲恶同物，欲多而物寡，寡则必争矣。"（《富国》）

② 梁启超认为，荀子"所谓'欲不必穷乎物，物不必屈于欲'也，其专从分配问题言生计，正与孟子同，而所论比孟子尤切实而慎密"。参阅氏著《先秦政治思想史》，上海：上海古籍出版社，2014 年，第 103 页。

“物”的标准，而是“称”亦即道德的合宜性原则的确立[①]。合宜不是平等地分配，而是根据一个人“德能”的大小给予有差等的分配。就“度量分界”的目的旨在实现“公正”的“群居和一”的社会而言，指的是一种可欲的理想的分配原则；就“度量分界”的制定旨在解决“欲多而物寡”的矛盾进而实现欲与物“两者相持而长”而言，指的是一种可行的现实的分配原则[②]。而这一原则的具体的制定方式，荀子则一再强调其必出于“度其功劳，论其庆赏”（《王霸》《王制》），“赏贤使能，而等位不遗”（《王制》），如是，则“用挟于万物，尺寸寻丈，莫得不循乎制度数量然后行”（《王霸》），进而实现“朝无幸位，民无幸生”的社会。荀子差等分配观念提出的理论根据就在于他有关“欲多而物寡”以及人“群而无分则争”的理

① 康有为认为，“荀子最得精者，是道度量分界，已将圣人一部礼经拈出”。又云：“度量分界，经纬蹊径，下字精细，孟子所无。”氏著《长兴学记·桂学答问·万木草堂口说》，北京：中华书局，1988 年，第 191、198 页。

② 作为一种现实的分配原则，“度量分界”在实现欲与物之间相持而长中的具体体现之一，可以理解为先王之道所表现出来的“为天下生民之属，长虑顾后而保万世”，荀子云：“今人之生也，方知畜鸡狗猪彘，又蓄牛羊，然而食不敢有酒肉；余刀布，有囷窌，然而衣不敢有丝帛；约者有筐箧之藏，然而行不敢有舆马。是何也？非不欲也，几不长虑顾后，而恐无以继之故也？于是又节用御欲，收敛蓄藏以继之也。是于己长虑顾后，几不甚善矣哉！今夫偷生浅知之属，曾此而不知也，粮食大侈，不顾其后，俄则屈安穷矣。是其所以不免于冻饿，操瓢囊为沟壑中瘠者也。况夫先王之道，仁义之统，诗书礼乐之分乎！彼固为天下之大虑也，将为天下生民之属，长虑顾后而保万世也。其流长矣，其温厚矣，其功盛姚远矣，非顺孰修为之君子，莫之能知也。”（《荣辱》）一个合理的分配是可以适度满足人的欲望的分配，但同时也是能够节制人的欲望的分配。另一方面，荀子则明确指出：“志意致修，德行致厚，智虑致明，是天子之所以取天下也。政令法，举措时，听断公，上则能顺天子之命，下则能保百姓，是诸侯之所以取国家也。志行修，临官治，上则能顺上，下则能保其职，是士大夫之所以取田邑也。循法则、度量、刑辟、图籍、不知其义，谨守其数，慎不敢损益也；父子相传，以持王公，是故三代虽亡，治法犹存，是官人百吏之所以取禄职也。孝弟原悫，軥录疾力，以敦比其事业，而不敢怠傲，是庶人之所以取暖衣饱食，长生久视，以免于刑戮也。饰邪说，文奸言，为倚事，陶诞突盗，惕悍憍暴，以偷生反侧于乱世之间，是奸人之所以取危辱死刑也。”（《荣辱》）天子之所以能取天下，诸侯之所以能取国家等等，必有其所以取之之道，此道表现出相应的德能，而德能则体现出各应得的位禄。

论预设，依荀子，在客观的“物品”有限而人的欲望又无穷的前提下，一种适当的、好的分配方式必须有效地兼顾两个条件，即既能够不窒息人的欲望，又能够让人们接受而不会因你多我少的原因引发争端。人人均分的方式就其作为一种基于结果的分配来看，虽然看上去很公平公正①，但由于其忽视了造成不平等的许多实际理由，致使这种方式难以获得道德理由的有效辩护，既不符合荀子对社会分工的理解，也将危及“德能——位禄”的原则，而且将从根本上取消人们努力工作的动机和动力，故而“欲”与“物”之间的矛盾依然无法解决。既然平等均分的分配方式不可欲也不可行，那么，一个好的方法就是寻找造成不平等的原因，并依据此一原因寻求合适的分配方式，即依照一个人的“德能”的大小给予差等分配，而“德能”的大小（具体表现为工作中的贡献和业绩）则诉诸个人的努力。将差等的分配与一个人的“努力”（effort）之间建立起因果关系，可以获得道德理由的有效辩护，成为荀子分配理论的一项重要主张。盖因个人自己的努力不够而造成的分配上的差等或不平等，个人自己必须负责，因为造成这种不平等的原因源自于你自己。反过来，个人因自身的努力而有更大的贡献，从而获得比别人更高的酬报，享受别人不能享受的尊荣，也就相应地具有理由的正当性。A. Zaitchik 指出：“一个人必须做什么或者是什么才能配得上他所付出的努力？成功可以建立在努力的基础上，没有什么比努力更基本的了……在某种意义上，对一个人的应得（deserving）而言，努

① 基于结果的平等主义的分配方式是一种“强判断”的平等主义，它认为平等就是上好的价值，就是目的自身。这种基于强的道德理由的主张忽视了造成不平等的实际理由。但在荀子，社会环境、家庭出身、个人天赋的不平等被认为是自然的道理，社会中本身就没有平等的存在（至于荀子将这种不平等给予道德化或道德的解释，我们当然无法接受）。然而在分配问题上，荀子则把所以不平等或差等分配的原因归结为个人德能上的差别，而德能则诉诸个人的努力（努力的结果表现为贡献、成就或业绩），在这个意义上我们把荀子的差等分配理解为基于原因的不平等主义。

力是基本的也是最终的（ultimate）根据。”① 果如是，差等就有了人人共认的基础，人们便有理由接受这种差等，这样则既可以激发人们的欲望需求，又可以避免争端，维持社会秩序的和谐②，所谓“使有贫、富、贵、贱之等，足以相兼临者”（《王制》）。换言之，要实现社会财富分配上的齐一，其唯一的方法就在于不齐一，此即“维齐非齐”③，《正论》篇谓“彼王者之制也，视形势而制械用，称远近而等贡献，岂必齐哉”，说的就是这个道理。正是据于此一认识，荀子认为“先王案为之制礼义以分之，使有贵贱之等，长幼之差，知愚能不能之分，皆使人载其事，而各得其宜，然后使谷禄多少厚薄之称，是夫群居和一之道也”（《荣辱》）。如是，差等分配原则的可欲性和可行性即可得以证明。

假如荀子的上述论证是成立的，那么我们可以看到，荀子之差等分配原则是基于政治和道德的理由来确立的④，国家治理如何可能？政治领导如何建立？民众意志如何统一？差等的规范性如何能够被证明？这是事关“群居和一”之道的大是大非的问题，只有在此一前提下我们才能谈论具体的“谷禄多少厚薄”问题。换言之，具体的分配原则必须紧紧地与社会国家的和谐相联系我们才能恰当地分辨其得失对错，明乎此，我们便可以理解荀子对墨子批评的真

---

① A. Zaitchik, “On Deserving to Deserve”, *Philosophy and Public Affairs*, *Vol. 6*, *No. 4* (Summer, 1977), pp. 376 - 377.

② 荀子虽然看到了差等分配的原因在个人的努力，且在一定程度上肯定了“机会平等”，但个人努力仍需考虑诸多因素，如制度条件、社群环境、资源平等和传统习俗等。荀子并没有全面顾及这些因素，故差等分配的可欲性会打上折扣。

③ “维齐非齐”语出《尚书·吕刑》：“轻重诸罚有权，刑罚世轻世重，维齐非齐，有伦有要。”大意是说，各种刑罚的轻重允许有些灵活性，刑罚时轻时重，同或不同，都有它的条理和纲要。荀子借用“维齐非齐”来说明财富差等分配的合理性，反对平均分配。但必须指出，荀子所以如此持论，有其“欲多而物寡”的理论预设。

④ 当然，我们也可以指出其还有经济上的理由，如由于“物寡”的原因，我们原则上无法满足人的“欲多”。为使“欲”与“物”之间达致平衡，差等的分配便是其中最优的选择。

实用意[1]。盖《荀子》一书中对墨子的许多观点皆提出了批评，而《非十二子》篇可谓最为切要，荀子云："不知壹天下、建国家之权称，上功用，大俭约，而僈差等，曾不足以容辨异，县君臣。"有关此段"僈差等"的解说学者虽有相近的看法，但意见并不一致。萧公权综合《富国》《天论》等篇的内容，认为荀子如此之理解"一若墨子果'无见于畸'，而尽弃贵贱之等者。其为厚诬墨子……殆可断言。盖墨子主节用，以尧舜及禹之形劳而养薄为理想之君主。荀子断章取义，因以诋之。殊不知孔子固亦称禹之恶衣食而卑宫差。墨僈差等，孔亦僈差等乎？且孟子尝说君民同乐之义。今墨子节用，殆可谓上下同苦。同乐者不僈差等，同苦者岂僈差等乎？荀说之未得其平，于此更可见矣"[2]。萧氏为墨子辩护，认为荀子斥墨子"无见于畸"而尽弃贵贱之等是"厚污墨子"；同时，认为荀子批评墨子"僈差等"亦"未得其平"。表面上看，萧氏此一辩护似乎有道理可说，盖"在墨子所设想的社会组织系统中，正由各种不同等级的职业组成，上至天子，下至三公、诸侯国君、左右将军、士大夫以及乡长、里长、农人等，他们职位不同，等级不同，分工不同，但皆当各尽其职分。这种画面让人想起荀子的差等秩序的社会，毋宁说是极为自然的"[3]。倘若如此，则荀子斥墨子尽弃贵贱之等自然于据无征。不过，以荀子对墨子思想的真切了解，对于如此明显的问题，荀子不可能粗心无知到这种地步，剩下的问题必出于如何理解荀子"僈差等""无见于畸"的具体内涵，此即涉及萧氏对墨子"尚俭""节用"的理解。依萧氏，墨子言节用旨在实现"上下同苦"，而这种"上下同苦"却不能看作"僈差等"。然而，荀子的批评正在对此

① 有关此一方面的具体论述，请参阅拙著《差等秩序与公道世界》第八章，第192—216页。

② 萧公权：《中国政治思想史》(一)，沈阳：辽宁教育出版社，1998年，第139页。

③ 参阅拙著《差等秩序与公道世界》，第204页。

一“同”字的异议上[①]。杨倞释“僈差等”为“将欲使君臣上下同劳苦也”，意思端的，也于荀子所说有征，意即“僈差等”并不是否认墨子有分位等级之分，因为“君臣上下”本身就是差等，而是指墨子所主张的“君臣上下在分配所得与劳苦享用上的一致或无差别”。若做此理解，则荀子的批评未必是“厚诬墨子”“断章取义”“未得其平”，而是有其深意存焉。盖依墨子，凡人不论贤可皆当“赖其力者生，不赖其力者不生”（《墨子·非乐上》），反对“不以其劳，获其食”（《墨子·天志下》），如萧氏谓“墨子弟子多以出仕为务，而其得位者亦食禄如常人”[②]，圣王天子亦以俭朴节用为尚[③]，如此等等。简言之，墨子的“大俭约”“僈差等”即是要求君臣上下与百姓“并耕而食，饔飧而治”（《孟子·滕文公上》），在劳作与享用上没有差别。无疑墨子所以如此持说乃有激于晚周君王贵族高堂华台、奢华淫佚之风而发，有其切于时弊之寄怀。然而，作为一种反差等的分配原则，荀子认为这样一种主张既不可欲，也不可行，而且有害，理由主要有三个方面：其一，墨子“僈差等”所主张的君臣上下与百姓同劳苦的分配主张违反了人性。依荀子，“人之情为欲多而不欲寡”（《正论》），顺此逻辑，在禄用享受上就应依德能贡献的大小设立差等，以激发人们改变自身所得和地位的动力。若人人平等地同享劳作和用度，与百姓均事业，齐劳苦，没有差别，那么，这种做法不仅不能满足人们安富尊荣的欲望追求，也将会从根本上窒

① 《富国》篇谓：“墨子大有天下，小有一国，将少人徒，省官职，上功劳苦，与百姓均事业，齐功劳。”“上功劳苦”之“上”谓“尚”，“功”为衍文；“均”谓“同样”，“齐”与“同”同义，意为减少仆役，精简官吏，崇尚辛劳，君臣要与百姓一样从事劳作，同样要求成绩。

② 萧公权：《中国政治思想史》（一），第138页。

③ 如墨子云，“古者圣王制为饮食之法曰：‘足以充虚继气，强股肱，耳目聪明，则止。不极五味之调，芬香之和，不致远国珍怪异物。’”“古者圣王制为衣服之法曰：‘冬服绀緅之衣，轻且暖，夏服絺绤之衣，轻且清，则止。’”从饮食、衣服到节葬、宫室，无不论列。

息人们努力工作和生产的动力[①]，结果必将适得其反[②]。故荀子认为，虽然墨子只穿粗布衣服，腰系粗劣的带子，吃豆叶，喝白水，但如此又怎能满足人们的欲求，实现天下的富足呢？其中的根本原因就在于墨子在人性欲望上已“伐其本，竭其原”（《富国》）。其二，墨子“僈差等”的主张从根本上违反了“德能——位禄”的分配原则，同时也与墨子本人的相关看法相矛盾。依荀子，禄用分配上的差等，其根据在于一个人的德能和贡献（努力），其目的则在于“明分达治”，故云：“圣王财衍以明辨异，上以饰贤良而明贵贱，下以饰长幼而明亲疏。上在王公之朝，下在百姓之家，天下晓然皆知其所以为异也，将以明分达治而保万世也。”（《君道》）人类社会既需要群居与分工，则社会人群自然有贡献与酬报的差别，问题的关键不在泯除这种差别，而在于如何使这种差别合理化。墨子似乎同意“德必称位”，所以，对“厚乎德行”的贤能之士，主张要“举而上之”（《墨子·尚贤中》）。但在“位必称禄”的问题上却又似乎陷入自相矛盾，一方面墨子主张对贤能之士要“富而贵之”，“高予之爵，重予之禄，任之以事，断予之令”（《尚贤中》）；另一方面又要求贤者在劳作和禄用享受上与百姓同，“蹙然衣粗食恶，忧戚而非乐”，过一种“若烧若焦”的生活。对于墨子这种“僈差等”的可欲性和可行性，庄子的评论最为端的，庄子认为，墨子“其生也勤，其死也薄，其道大觳。使人忧，使人悲，其行难为也。恐其不可以为圣人之道，反天下之心，天下不堪。墨子虽独能任，奈天下何！离于天下，其去王也远矣”（《庄子·天下》）。最后同时也是最为重

① Loubna El Amine，*Classical Confucian Political Thought*：*A New Interpretation*，Princeton：Princeton University Press，2015，p. 87. 罗娜指出，站在荀子的立场，假如依墨子的这种做法，那么，人们将会觉得被剥夺，倘若如此，人们就将丧失工作的动机（incentive to work）。

② 荀子云：“故墨术诚行，则天下尚俭而弥贫，非斗而日争，劳苦顿萃，而愈无功，愀然忧戚非乐，而日不和。”（《富国》）

要的是，荀子认为，墨子禄用享受上的“僈差等”的主张将导致国家治理和政治领导的不可能。《非十二子》篇荀子指出墨子“僈差等”的主张将导致“不足以容辨异，县君臣”，此一说法与《天论》篇荀子批评墨子“有见于齐，无见于畸。……有齐而无畸，则政令不施”在精神实质上完全相同。假设君臣百姓在节俭劳苦、禄用享受上一律平等，那么，政治上的尊卑上下便无法建立，工作的动机和赏罚的机制也不能有效地激发和落实，如是国家便不能得以治理，故荀子云：“墨子大有天下，小有一国，将少人徒，省官职，上功劳苦，与百姓均事业，齐功劳。若是则不威；不威则罚不行。赏不行，则贤者不可得而进也；罚不行，则不肖者不可得而退也。贤者不可得而进也，不肖者不可得而退也，则能不能不可得而官也。若是，则万物失宜，事变失应，上失天时，下失地利，中失人和。”（《富国》）为此，荀子得出结论称，唯有差等的分配才是国家治理的津梁和法则，也是使政治领导获得其威强和有力的重要保证：“知夫为人主上者，不美不饰之不足以一民也，不富不厚之不足以管下也，不威不强之不足以禁暴胜悍也，故必将撞大钟，击鸣鼓，吹笙竽，弹琴瑟，以塞其耳；必将錭琢刻镂，黼黻文章，以塞其目；必将刍豢稻粱，五味芬芳，以塞其口。然后众人徒，备官职，渐庆赏，严刑罚，以戒其心。使天下生民之属，皆知己之所愿欲之举在是于也，故其赏行；皆知己之所畏恐之举在是于也，故其罚威。赏行罚威，则贤者可得而进也，不肖者可得而退也，能不能可得而官也。若是则万物得宜，事变得应，上得天时，下得地利，中得人和。”（《富国》）

7. 简短的结语

从当代政治哲学的角度上看，分配原则中的差等抑或平等乃是学者间争论最为热烈的问题之一，而且至今仍然言人人殊，但大体可以看到，主张平等分配的学者他们所给出的平等的理由多为“形式”的理由，而主张差等分配的学者他们所给出的差等的理由则多为“实质”的理由。荀子主张实质的不平等亦即差等[①]，盖就一个社会结构的组成而言，荀子没有主张人人都是社会的平等的合作者的观念，也没有人人都享有平等地位和尊严的看法。依荀子，民众百姓只是一些“愚而无说，陋而无度”（《非相》）之人，向无君子，“则天地不理，礼义无统，上无君师，下无父子，夫是之谓乱”（《王制》）。因此，“君子以德，小人以力；力者，德之役也。百姓之力，待之（‘之’，谓君子也。——引者注）而后功；百姓之群，待之而后和；百姓之财，待之而后聚；百姓之势，待之而后安；百姓之寿，待之而后长”（《富国》）。既然“欲多而物寡”构成了我们思考问题的既定前提，那么，那种试图无差别地满足所有人的欲望的分配方式便不具可欲性和可行性。相反，一个好的分配方式当因一个人努力程度的不同而有不同，这是圣王所以在分配原则上制定贵贱长幼、谷禄厚薄之不同的理由[②]。

当然，在荀子那里并不是不可以列举出类似人性上的形式的平等，只是站在荀子的立场，这种形式平等的论证不能推出任何确定的东西，不能有辨合符验，起而不可设，张而不可施行。我们尝试给出荀子的形式平等推论：

> 所有的人都有人性，
> 所有的人性都是一样的，
> 所有的人都应得到平等（一样）的对待[③]。

---

① 胡寄窗认为，荀子是“第一个不要求改善财富分配不均现象的思想家”。参阅氏著《中国经济思想史简编》，北京：中国社会科学出版社，1981年，第100页。

② 荀子认为，差等原则是圣王制定的原则，是先王之道。若站在现代契约主义的立场看，不能因为某种原则（不论此一原则是出于自然法则还是出于圣王之口）是正义的，我们就有理由同意；而是因为我们同意，某种原则才是正义的。

③ 参阅J. R. Lucas的相关说法，形式论证从前提到结论的推述：All men are men，All men are equally men，∴All men are equal；这种形式论证之所以是错（转下页）

这是荀子人性理论所可能包含的形式平等的推论，只是在荀子看来，这种推论本身是颇成问题的。就形式原则上看，所有的人都有人性，“凡性者，天之就也”；所有的人性都是一样的，“尧、舜之与桀、纣，其性一也；君子之与小人，其性一也”（《性恶》）。但就人性的实际表现上看，却又是各不相同的，“人之情，固可与如此，可与如彼”（《荣辱》），“小人君子者，未尝不可以相为也”（《儒效》）；而在现实存在（经验事实）的层面上，更有君子小人之分，大儒、雅儒、小儒、俗儒之分。假如从人性的形式平等推出分配上实际的平等，那么这种思考方式只考虑到人性在形式方面的共同性，而没有考虑到人性在实际表现方面的差异性。同时，人性上的形式平等在何种意义上与分配上的实际平等之间是相关的抑或不相关的，也并不清楚；而分配原则作为一种现实的实践原则，却必须就人性在经验事实表现上的差异给予差等的对待。更为重要的是，在荀子看来，造成这种现实差异的原因系乎个人的努力（德能及贡献）[①]，而衡量这种个人努力的标准是公开和公正的[②]，一句话，德能越高，则爵位越尊，禄用越厚，因而我们没有理由拒绝差等的分配原则。

本章乃是从总体上讨论荀子的分配主张，荀子的差等分配原则并不是简单地接受以往儒者的既成看法，而有他一套系统的思考和论证，正如学者所指出的，“大多数中国古代的哲学家与政治家仅仅论到，两种人不同的工作理应给予不同的报酬。也许只有荀子一人，曾试图就为什么社会中的消费应该分化的问题，给予一个系统的说明——而他的说明已经不止于通常所认为的一个人的酬报应该相应

（接上页）误的，我们用“数”来代替“人”便可以清楚地看出：All numbers are numbers，All numbers are equally numbers，∴All numbers are equal。当我们看到“所有的数都是平等的”时，这句话已经指向“所有的数”没有大小之别了。J. R. Lucas，“Against Equality”，*Philosophy*（40），1965，p. 297.

① 依荀子，人在自然禀赋上的不平等及由此而来的分配上的不平等并不构成不道德的理由，而人的爵位、职务与酬报之间的关系是依据一个人的德能和贡献来确定的。

② 参阅拙著《差等秩序与公道世界》，第237—242页。

于他的贡献。他的论据关联到物质的稀少，以及不可能没有差别满足所有人的需要”[①]。不能不说，这是荀子特别重要的理论贡献，由前提的预设到结论的推述，清晰而条贯，在中国儒学史上少有能出其右者。毋庸讳言，荀子差等分配的主张重点既落在差等上，则其认定和预设差等的许多理由尤其是其对普通民众的看法并不能为我们所接受，离现代主流意义上的公平正义的分配方式更有一段遥远的距离，但我们的确要看到，荀子对差等分配的必要性以及对差等分配的可欲性和可行性的辩护和论证已然超出了以往儒者的思考，即便从现代的眼光看也仍然有其启发人之处。

① 瞿同祖：《中国的阶层结构及其意识形态》（刘纫尼译），载《中国思想与制度论集》，第270页。

六 『度其功劳，论其庆赏』

——荀子的『应得』主张

按照我的看法，对于应得的唯一站得住脚的决定论解释就是功利主义的解释，按照这种解释，当我们说一个人应当因他对社会的某种服务而得到酬劳时，我们的意思是说，为了诱使他和其他人出于对类似酬劳的期待而做出类似的服务，对他进行酬劳是有利的。

——西季威克

赏罚在大多数人们对正义的理解中都是核心内容，但是和需求原则一样，它也受到来自不同方面的攻击……但我想有必要注意，在分配时完全忽略这方面的考虑会显得多么极端。如果我们完全停止赞许或指责、奖励和惩罚他人，我们的社会互动就会发生根本性的变化——事实上我们将根本无法把他人当人一样对待。

——戴维·米勒

1. 引言

在上一章中，我们从总体上讨论了荀子有关分配问题的看法。本章则具体从“应得”的概念出发，并透过“子发立功辞赏”的案例来进一步阐发荀子的相关主张。

在当代道德哲学和政治哲学中，“应得”（desert）概念常常被看作既是一个道德观念，也是一种分配公正（正义）的原则[①]。前者如张三长期以来热爱公益事业，助人为乐，被评为“五好市民”，“五好市民”之于张三是一道德评价；后者如迈克尔·乔丹由于其突出的篮球技艺，年薪高达三千万美元，“三千万美元年薪”之于乔丹则是一分配方式的体现。不过，在作为分配原则的问题上，政治哲学家们对“应得”概念的持论却颇不相同，赞成或反对的意见有时针锋相对。有的认为，所谓公正的分配本质上就是各方得到他“应得”的份额的分配；而有的则认为，“应得”与分配公正是不相干的，而且常常是不确定和内在混乱的[②]。

本文不在正面意义上讨论“应得”或“反应得”理论所牵涉的诸多问题[③]，而是在承认和接受“应得”这个概念的前提下，尝

---

① 近代学者约翰·穆勒（又译密尔）认为：“人公认每个人得到他应得的东西为公道；也公认每个人得到他不应得的福利或遭受他不应得的祸害为不公道。”参阅约翰·穆勒：《功用主义》（唐钺译），北京：商务印书馆，1957年，第4页。当代学者麦金太尔则认为，“正义是给每个人——包括给予者本人——应得的本分”。参阅A·麦金太尔：《谁之正义？何种合理性?》（万俊人等译），北京：当代中国出版社，1996年，第56页。

② 参阅戴维·米勒：《社会正义原则》（应奇译），南京：江苏人民出版社，2005年第二版，第192—194页。

③ 有关“应得”问题，国外学者如J. Rawls、J. Feinberg、D. Miller以及G. Sher等都有相关的讨论；国内学界也已有颇多成果，如姚大志、葛四友、周濂、张国清、王立、钱宁、段忠桥等等，学者可参阅姚大志：《应得的基础》，《社会科学研究》2016年第5期，《谁应得什么?》，《中国人民大学学报》2017年第2期，《应得与制度》，《社会科学》2016年第9期；张国清：《分配正义与社会应得》，《中国社会科学》2015年第5期；葛四友：《罗尔斯的差别原则与应得理论》，《武汉大学学报》（哲学社会科学版）2010年第3期；王立：《正义与应得》，《天津社会科学》2011年第1期；等等。相关的争论也颇为热烈。

试应用“应得”概念来分析《荀子·强国》篇有关“子发立功辞赏”的案例，并从中揭示和呈现出荀子对分配公正问题的一些特殊思考[①]。为此，《荀子》尤其荀子《强国》篇的文本构成了本章赖以解释和分析的给定性的和预认性的前提。

2.“应得”与“子发立功辞赏”

《荀子·强国》篇借齐相公孙子之口讲述了一个“子发立功辞赏”的案例，其文云：

> 公孙子曰：子发将西伐蔡，克蔡，获蔡侯。归致命曰：“蔡侯奉其社稷，而归之楚；舍属二三子而治其地。”既，楚发其赏，子发辞曰：“发诫布令而敌退，是主威也；徙举相攻而敌退，是将威也；合战用力而敌退，是众威也。臣舍不宜以众威受赏。”

楚国令尹子发率军伐蔡[②]，既克蔡，俘获蔡侯，蔡侯将蔡国悉奉于楚国。事后，楚王论功给子发行赏授奖，子发辞谢说，发布命令而敌退是人主的威力，举兵进攻而敌退是将帅的威力，尽力交战而敌退是众人的威力，我不该凭众人的威力灭蔡而掠功受赏。对此，荀子给出了评论并提出了严厉批评，荀子说：

---

① 作者数年前在论及荀子的公正观时，曾引用《强国》篇“子发辞赏”的案例，并对之进行了简要的说明，认为此一案例体现了荀子“应得”分配中的公正原则。这里则进一步以此一案例的分析为中心，并将其纳入荀子的分配思想中加以详细考察。参阅拙著《差等秩序与公道世界》，上海：上海人民出版社，2016年，第233—234页；又见拙文《荀子公正观论略》，《东岳论丛》2017年第3期，第24—35页。

② 学者一般认为，子发为楚国的令尹。刘师培云，子发，即景舍。“令尹”是春秋战国时期楚国中仅次于楚王的一种官职，相当于后来的丞相或宰相，具有对内主持国事、对外主持战争的权力。

子发之致命也恭，其辞赏也固。夫尚贤使能，赏有功，罚有罪，非独一人为之也，彼先王之道也，一人之本也，善善恶恶之应也，治必由之，古今一也。古者明主之举大事，立大功也，大事已博，大功已立，则君享其成，群臣享其功，士大夫益爵，官人益秩，庶人益禄。是以为善者劝，为不善者沮，上下一心，三军同力，是以百事成，而功名大也。今子发独不然：反先王之道，乱楚国之法，堕兴功之臣，耻受赏之属，无僇乎族党，而抑卑其后世，案独以为私廉，岂不过甚矣哉！故曰：子发之致命也恭，其辞赏也固。

以上大意是说，子发向楚王复命的态度恭敬，但推辞奖赏的态度却固陋不达事理。依荀子，尚贤使能，赏功罚罪，自古皆然，非独楚王一人为之，其实乃先王治国之道、齐一人心的根本，也是赏善罚恶所当有的报应，凡国家欲至正理平治，则必用赏罚原则，古今没有两样。由此看来，子发辞赏违反了先王之道，扰乱了楚国之法，挫伤了立功之臣，使受赏的人感到耻辱，不仅侮辱了他们的亲族，而且降低了他们后代的荣光，而子发却自认为廉洁，这是极端错误的[①]。

基于上述文本，我们首先需要说明，“子发立功辞赏”中的“赏”指的是“奖赏”，是对有功者或获胜者给予的奖励。对此，我们需先行提出两个问题，一是在通常的先入之见中，对于奖赏或奖励性质的东西，接受不接受似乎纯粹只是一种个人的自由，相反，推辞因功而来的奖赏，倒被看作某种谦逊的德行，这也是学者将荀子对子发辞赏的批评理解为对美德的批评的一个重要原因。但这种“常识”之见虽然符合今天我们的常识，却不符合上述的文本脉络。事实上，荀子明确地以“独以为私廉”来评价子发辞赏的行为，便已经清楚地

① “无僇”二字，学者解义不一，今从北大《荀子新注》本（北京：中华书局，1979年），第256页。又见王天海：《荀子校释》（上海：上海古籍出版社，2005年），第654页。

告诉人们，接不接受这种奖赏不能单独地甚至主要不能从个人德行（“私廉”）的角度去理解。另一个问题是，这种奖赏具体包括哪些内容，《强国》篇只说楚王“发其赏”，但从上面一段“古者明主之举大事，立大功也，大事已博，大功已立，则君享其成，群臣享其功，士大夫益爵，官人益秩，庶人益禄”的说法来看，这种奖赏应当包括功名、爵位、俸禄、粮饷等等，涉及物质和精神两个层面。那么，这种奖赏究竟是不是一个单纯的个人道德问题？抑或它同时也是一个涉及作为国家治理的分配原则（“应得”或“不应得”）问题[①]？为了回答类似的疑问，我们不仅需要弄清楚荀子所说的君主的奖赏所具有的性质，亦即此一奖赏仅仅是一道德的激励，还是亦是一治国的原则和制度的安排，此一问题容后交代；而且也需要弄清楚什么叫作“应得”，“应得”包含什么内容，类似问题关系到我们将“子发立功辞赏”的案例纳入“应得”的概念中并将之作为分配公正问题来讨论是否在理论上具有正当性，而不是忽发奇想的闲议论[②]。

那么，什么是分配公正意义上的“应得”？如果我们用一个简单的公式来表示，“应得”指的是行为者 A 基于行为或业绩 P 应得利益 B，或更简洁地说，A 基于 P 而应得 B[③]。按照米勒的分析，在这里：

---

① 我并不反对从德行批评的合理性的角度对此进行分析（参阅方旭东：《责备美德——〈荀子〉引出的问题》，《哲学研究》2018 年第 10 期），但如果考虑到荀子对子发辞赏判之以“反先王之道，乱楚国之法”的情况，将此一案例纳入作为治国之“道”“法”的“分配公正”上来思考，容或更切合荀子的本意。

② 米勒认为，“赏罚在大多数人们对正义的理解中都是核心内容……在分配时完全忽略这方面的考虑会显得多么极端……真正的问题不是赏罚应否在我们对正义的理解方式中扮演任何角色，而是它应该扮演多大的角色。尤其是，应该在多大程度上允许它决定对收入、财富之类的物质资源的分配”。参阅氏著《政治哲学与幸福根基》（李里峰译），南京：译林出版社，2013 年，第 81 页。

③ 参阅戴维·米勒：《社会正义原则》（应奇译），第 195 页。此处“业绩”（performance）一词姚大志将其翻译成“表现”，认为米勒选择这个词（而非贡献或成就）作为应得的基础，主要考虑的是这个词的含义既包括行为的结果，也包括行为本身，当有其自己的理解（参阅氏著《应得的基础》，见前引，第 138 页）。本文为行文方便，依然采用“业绩”一说。

A通常是指单个的自然人，也可以是一个团队或集体，如足球队或篮球队。

P则是“在时间中延展的单个的行为或行为的过程。重要的是P应当在相关的意义上是A的业绩；就是说，A应当是造成P的原因”。打个比方，在正常情况下，某甲不可能爬上30米高的树上去摘取果实，如危险或恐高等，但他却在催眠的情况下去做了。虽然某甲（A）表面上看是造成摘取果实（P）的原因，但某甲是在失去自我意识的情况下完成的，所以（A）与（P）之间的相关性不能成立。又如，A在一场汽车拉力赛中排名第三，而且远远落后于前面两位选手，但碰巧的是，在即将到达终点时，前面的两位选手发生撞车，A意外获得冠军。这种因意外的原因所造成的结果，也不能把它理解为A是造成P的原因。

B一般被当作有利于其接受者的东西，如“奖金、报酬、收入、升迁、荣誉、赞赏、承认等等”。①

通过上述对主要的“应得”判断的分析②，并结合《荀子》一书的文本，我们可以归纳出两点：第一，“子发立功辞赏”的案例，如果用“应得”式的公式来表示的话，可以表述为子发（A）基于战功（P）而应得奖赏（B），此一表述在形式规定上符合作为分配公正的“应得”判断的基本要求；第二，奖赏（B）就其内容（功名、爵位、俸禄、粮饷等）上看，无非包括物质和精神两个方面，与“应得”判断规定中的B（“奖金、报酬、收入、升迁、荣誉、赞赏、承认等

① 戴维·米勒：《社会正义原则》，第195页。

② 此处所谓“主要”的应得判断是米勒用来区分次要的和假冒的应得判断的说法。次要的应得判断是基于才能和品质的应得判断，这种判断我们只是在预期其有一个未来的业绩，如“当我们基于才能断言一个人应得某些利益时，我们是在预期那种才能得到表现的一个未来的业绩”。同样，“如果基于品质的判断不能以这种方式与可预期的成绩联系在一起，那么我们就不会具有恰当意义的应得”，而假冒的应得判断即是以缺乏确定的业绩为基础的判断，参阅米勒：《社会正义原则》，第199—200页。

等”）相类似。换言之，我们将“子发立功辞赏”的案例从形式到内容上纳入“应得”的分配公正的范畴来讨论应当具有理论的合理性和正当性。

3. 子发凭什么“受赏”？

倘若“子发立功辞赏”的案例可以纳入“应得”的范畴来讨论，那么，接下来我们就要具体分析子发凭什么“受赏”。通常“凭什么”的问题是要追问理由的正当性。如前所云，“应得”意味着一个人基于他过去所做过的事情（P）应该得到相应的回报或对待（B）[①]。任何一个人获得某种奖赏或回报（B）都需要有确定的合适的理由，没有理由的奖赏不能称作奖赏，我们常言说“无功不受禄”表达的正是这个意思，这种理由学者又称之为“应得”的基础。其实，“应得”概念本身并不能确定人们最终应得各种利益的基础，但“应得”概念蕴含了相应的要求，盖构成应得之基础的业绩“应当”得到积极肯定，“应得”的基础是业绩，而业绩即指向“理由”。由此看来，讨论“应得”概念，最重要的问题在于确定“应得”的“理由”，因为“理由”本身确定“应得”是否公正，若“理由”不充分或不正当，那么，“应得”本身便不能成立。学者一般认为，一个“应得”的好的“理由”应当满足两个条件，即此一理由与某人所得的奖、惩之间具有逻辑上的对应关系；同时，这个“理由”本身是真的或正确的[②]。如某甲在大学四年中成绩优异，获得“学习标兵”的称号；某乙则心里不满，认为他自己大学四年也规规矩矩，认真学习，为什么就不能获得“学习标兵”。“规规矩矩，认真学习”是作为一个大学生的本分，但却不是构成“学习标兵”的一个好的、

① 此处“过去所做过的事情”（P）包括好的、坏的、善的、恶的、积极的、消极的等等，所以回报本身也就相应有肯、否两种情况，本文在使用“业绩”时常常是在善的、好的意义上说的。

② 参阅姚大志：《应得的基础》，《社会科学研究》2016 年第 5 期，第 136 页。

充分的理由。

审如是，当我们问“子发凭什么受赏”时，其实质是在说给子发受赏一个合适的、好的理由。那么，我们如何来给“子发受赏”一个合适的、好的理由呢？从《荀子》一书给出的文本看，子发所以受赏是基于他的战功，具体地说，似乎可以包含三个方面，即①攻克了蔡国；②俘获了蔡侯；③蔡侯奉其社稷而悉归之楚。这是从就事论事的意义上说，没有就子发所立战功包含的延伸意义上说。站在楚王的立场，子发因其已经取得的战功（业绩 P），而这个战功本身就构成了子发获赏（B）的理由，所以子发有理由获赏；而且在楚王看来，子发获赏本身正体现出分配公正（“赏贤使能”）的原则，若非如此，则楚王就不会也没有理由给子发颁发奖赏。

然而，要对“子发受赏”给出一个合适的、好的理由，除了建立上述的因果关系外，还需要满足以下几个方面的条件[①]。首先，上述三个方面的战功必须是因子发而有的，换言之，因子发已有的战功，我们推定，由于子发率军打仗时，能够审时度势，运筹帷幄，指挥得当，身先士卒等等，总之，子发在主观和客观两个方面皆能够思考得周全密备，所以能够大获全胜。此一合理推定之所以重要，是因为它可以排除以下几种可能性，而这些可能性将瓦解子发是造成获胜（P）的原因，即①子发是被操纵去指挥此一战役的，换言之，子发在这场战争中没有任何自己的努力；②子发是在无意中获得这场战争的胜利的；③子发是由于运气获得这场战争的胜利的，例如假设楚军与蔡军对垒于隔河两岸，正当蔡军渡河发起进攻时，忽发洪水将蔡军悉数淹灭，则子发之有业绩战功（P）为纯属运气。其次，子发因战功而受赏，必须基于子发是有意去实现和完成此一战争的胜利，

① 由于荀子《强国》篇业已给出的文本的限制，同时也受制于相关史料的阙如，我们下面的分析在很大程度上将建立在由结果回溯原因的“合理假设”之上。

而且战争的胜利作为业绩本身是完全在子发的控制之内的[①]。子发作为楚国的令尹本身就负责和主持一国的战争事务，而且亲率大军出战，为此，我们可以合理推测，楚、蔡交战完全出于子发的意图，而战争的胜利也可以印证是在子发的控制之内的。不过，在考虑“应得”概念时，“意图”亦即为了达到某种目的的打算虽然与“应得”相关，然而我们还是应该把“应得”与“动机”分开，因为“对应得的一般的谈论都是基于业绩本身而不是基于在它背后的动机”[②]。假设子发率军攻蔡有着相当高尚和善良的动机，但由于各种原因如指挥无方、贻误战机等等却输得一败涂地，那么，我们很难设想楚王会给子发授赏，并认为这种奖赏是子发应得的。今子发受赏是因为子发所获得的赫赫战功，而且这个战功是获得楚王和楚国人民肯定的评价的。又次，我们还得考虑子发所取得的战功（P）与其所获得的奖赏（B）之间是否完全合适。所谓“合适”不仅是指“功”与“赏”两者相称、恰当，而且也指使子发得到奖赏这一事情是好的或可欲（desirable）的。换言之，若与子发立功没有获得奖赏相比，子发得到奖赏会产生积极正面的效果。事实上，荀子在《强国》篇中已经为我们给出了说明，所谓在“大事已博，大功已立”之后，君王因功行赏，其结果将会达到“为善者劝，为不善者沮，上下一心，三军同力，是以百事成，而功名大也”，意思是说，做好事的人因此得到鼓励，做坏事的人因此得到制止，上下团结一致，全军同心协力，因此所有的事情都能成功，因而功名显赫。由此可见，“子发‘应得’奖赏”这一判断不仅体现出分配的公正，

① “应得”需要控制，否则将“会切断一个人的行为与其结果之间的必然联系，使两者之间的关系变为偶然的和任意的”。参阅姚大志：《应得与制度》，《社会科学》2016年第9期，第114页；又见米勒：《社会正义原则》，第196页。

② 米勒：《社会正义原则》，第196页。当然，一个人不善的或错误的动机有时会减少一个人的应得，但考虑应得却不能单纯从动机出发。正是基于此，米勒对罗尔斯把应得原则表述为“正义即是由德性决定的幸福”提出了批评，同上书，第223页，注11。

具有道德的激励作用，而且也会使这个世界变得更加美好。最后，也是最为重要的是，子发受赏不仅仅是个人道德意愿的选择问题，也不是单独某一个人的做法，而是历代圣王治国的原则，是统一人们行动的根本措施，也是治理国家必须遵循的大法（所谓“先王之道”“一人之本”“治必由之”）。作为一般的德行意义的奖赏，子发有理由推辞，但作为治国原则和大法的要求，子发没有理由推辞。

4.“子发辞赏”的理由

不过，尽管前面我们从各个不同的方面为“子发凭什么受赏”给出了理由，但事实是子发固而辞赏。因此，为了进一步说明荀子的“应得”概念，我们还要问，子发为什么辞赏？子发辞赏的理由是什么？这种理由是合适的、好的理由吗？

受赏有受赏的理由，这是我们从“应得”的概念分析而来的。子发辞赏自然也有其理由。荀子在《强国》篇对子发辞赏给予了评价，认为子发“其辞赏也固”，“独以为私廉”。“固”，杨倞释为“陋”；刘师培认为“固”有“拘执之义”，也有“不恭之义”。若联系到后面“独以为私廉”的说法，则章诗同释“固”为“拘执矫情”大意近之，意谓固陋不达事理。毫无疑问，这是一种贬义的、否定性的评价，认为子发辞赏错得离谱。当然，这只是荀子的评价。评价不是理由，而理由却需要评价。事实上，子发对自己为什么辞赏已经做出了说明，这个说明即给出了子发认为自己为什么“不应得”奖赏的理由，所谓“发诫布令而敌退，是主威也；徙举相攻而敌退，是将威也；合战用力而敌退，是众威也。臣舍不宜以众威受赏”。在子发的说辞里，此一战争的获胜似乎与他自己一点关系也没有，都是由一些外在的客观因素诸如“主威”“将威”“众威”等造成的，所以，他不能因此而受赏。但依常识和直觉，我们会认为这纯是子发的自谦之词，并不能完全当真。换言之，子发虽然自己提出了

“不应得”奖赏的理由，但这种所谓的“理由”可能并不是一个合适的、好的理由。

撇开自谦不论，为什么说子发给出的理由可能不是一个合适的、好的理由？为了回答此一问题，我们可以把此一问题转换成假如子发所说为真，那么，在一场战争中，“主威”“将威”“众威”等之于战争的获胜而言，究竟其只是一必要条件，还是一充分条件。显然，对子发而言，这是一充分条件，这也是为何子发固而辞赏的缘由。然而，这种说法可靠吗？或者说，子发所谓的“理由”具有证成充分理由的理论效力吗？我们必定会说“没有”，因为子发所说的“三威”只是战争获胜的必要条件而不是充分条件。要真正实现一场战争的胜利，尚需具备其他别的主、客观条件，例如作为最高统帅的沟通、组织、协调能力，最高统率所具有的处变不惊的沉着、力挽狂澜的意志、深谋远虑的卓识，等等。人们常说，战争不单单是敌对双方军事实力的较量，而且是两军最高统帅在军事指挥能力上的直接较量，说的正是这个道理。

既然子发所说的辞赏理由不是一个合适的、好的理由，那么，子发受赏就应该属于一种“应得”的公正分配的体现。不过，透过子发的上述说法，我们还会有其他可能的解释吗？或许一种可能的解释是，当子发将战争获胜完全归诸与自己无关的其他因素时，他似乎在隐约告诉（暗示）我们，他只是“碰巧”担当了战争最高统帅的角色。这句话的意思隐含着，若由另一个人来担任战争的最高统帅，战争也一样会大获全胜。这种可能的解释便已然涉及所谓“应得”与“运气”的关系问题，显然，在子发看来，一个人因“运气”而获得战争的胜利，不需要也没有理由受赏，所以，奖赏对他而言就不属于“应得”。

不得不指出，在分配公正的问题上，“应得”与“运气”的关系最为缠绕和复杂，反“应得”理论的学者如罗尔斯（J. Rawls）等常常以运气为由不同意将“应得”看作一个分配公正的原则[1]。一般而言，学者将运气分为“完全运气”“环境运气”和“天赋运气”。比如自行车比赛选手在最后冲刺时，前面三位因故突然撞在一起，致使骑得最慢的一位选手意外获得冠军，这就是所谓的“完全运气”，“完全运气”会取消“应得”。“天赋运气”是指通过遗传继承的能力，罗尔斯认为依靠天赋运气得来的东西不应该是“应得”[2] 的，但米勒则认为，当我们在讨论“应得”的概念时，“应得”总是以行为者——经由其自己的选择和努力——已经做出的业绩为基础的，而不是以天赋或品质等有待业绩预期的东西作基础的，尽管它们也许是业绩的必要条件。“环境运气”则包括一个人出生的家庭、成长的环境以及做事时的条件等等，米勒曾举了一个例子来说明，“一个战士会被给予在战场上表现勇敢的机会，而另一个战士则从来没有进入敌人的视线。这种运气可以称作‘环境性运气’”[3]。

假如循着上述有关运气种类的划分，我们会将“子发只是‘碰巧’担当了战争最高统帅角色”的可能解释理解为一种“环境运气”。我们还是以米勒所举的例子来做分析，战士甲因为恰好有机会上战场，所以他的勇敢得以表现出来，但此一现象的确不意味着战士乙就是一个懦夫，他仅仅只是运气不佳，没有机会表现他的勇敢而已。假设换上战士乙上战场，他也许会像战士甲一样表现出勇敢来。又举一例，一位年轻的科学家也许是由于运气，得到了一份实

---

① 罗尔斯：《正义论》（何怀宏等译），北京：中国社会科学出版社，1988 年，第 99、301 页。

② 罗尔斯认为：“没有一个人应得他在自然天赋分配中的地位，正如没有一个人应得他在社会中的初始地位一样。”（《正义论》，第 301 页）又云：“我们深思熟虑判断中的一个据点看来是，正如没有人应得他在社会中最初的有利出发点，同样也没有人应得他在自然天赋的分配中所占有的优势。断言一个人应得能够使他努力培养他的能力的优越个性同样是成问题的，因为它的个性在很大程度上取决于幸运的家庭和环境，这些都是他没有资格的。”（同上，第 99 页）

③ 米勒：《社会正义原则》，第 208 页。

验室的工作，但此后他做出了开创性的工作，他就有理由应得诺贝尔奖。今有另一位年轻的科学家会说，假设他有这个机会，他也会做出那种研究，也应得诺贝尔奖。倘若如此，上述所谓的“勇敢”“诺贝尔奖”等就不是“应得”而是运气。这与前面我们所指出的子发辞赏所包含的“碰巧担任最高统帅”的可能解释是相一致的。

然而，我们却要拒绝这种“假设”。理由很简单，如以战士为例，即便战士乙获得了战士甲的机会，但在战士乙尚未表现出勇敢之前，我们永远不会知道他会做出勇敢或其他别的什么行为来；即便基于对他平时的观察知道他不是一个贪生怕死的人，我们也不能确定当身临厮杀的战场时，他会不会表现出勇敢的行为来。另一方面，即便我们相信战士乙能够做出勇敢的行为来，但我们既不能因此否定战士甲的“应得”，也不能因此承认基于假设或信念意义上的战士乙的“应得”，“因为我们关于应得的概念是依循实际的成绩而不是假设的成绩的”①。由此我们可以推出，即便换另外一个人代替子发担任战争的最高统帅，但在那个人率军打仗并未获得战争胜利之前，我们永远不会知道战争的最后结果会是什么。即便子发基于只是碰巧担任了战争最高统帅的“运气”的假设成立，子发因已有的战功接受奖赏也符合“应得”概念。因此，子发辞赏的理由并不是一个合适的、好的理由。

5. 作为分配原则的“应得”

到目前为止，我们已经论证和检讨了子发受赏和辞赏的多种可能的理由，目的在于说明子发立功辞赏的理由对应于“应得”概念而言并不是一个合适的、好的理由，相反，子发受赏的理由倒体现出了作为分配原则的“应得”。

然而，我们的证明工作并没有到此结束，问题恰恰在于，一方

---

① 米勒：《社会正义原则》，第209页。

面，学者认为，“应得”要作为一种分配原则，则必须是制度性的，换言之，“应得”最终必须体现为某种具体的法则、规定，并用以指导和规范实践，如此方能真正发挥其决定分配的作用；另一方面，许多学者又认为，“应得”其实是一种“非制度”或“前制度”的概念[①]。倘若如此，当我们把荀子式的“应得”概念理解成一种分配原则时，便会面临两种后果，要么我们就可能要扩大或重新理解所谓“制度性”概念的含义，要么我们就可能要否定荀子将子发辞赏判定为“反先王之道，乱楚国之法”的说法，但后一种可能显然并不合适[②]。

的确，就概念本身的特性来看，“应得”常常包含某种被要求的性质，是对现有制度的一种批判性的评价，例如当我们说“张三应得这个”，此一说法可能既意味着张三应得而没有得，也意味着对现有制度在这种特定的利益分配方式上提出要求。就究竟根源上看，假如存在某种重要的社会价值的功绩，那么做出这种功绩的人就具有先于制度的建立的应得，这是应得作为前制度的含义所在。然而，我们也应该看到，具体的“应得”判断却常常指代着制度性的事实[③]，

① 参阅米勒：《社会正义原则》，第 201 页；姚大志：《应得与制度》，《社会科学》2016 年第 9 期，第 115 页。

② 荀子的说法在此是作为我们基于分析所给定的和预认的文本。当荀子把子发辞赏看作“反先王之道，乱楚国之法”时，荀子事实上已经把“赏罚”认定为治理国家的制度性的“道”“法”了。赏有功，罚有罪，为战国时期一心于富国强兵的各诸侯国普遍采取的治国原则和方略，对此学者已多有论述，今不赘。学者抑或认为，楚王对子发的“赏赐”仅仅是一种道德意义上的褒奖和激励，子发自然可以推辞，而且子发自己也似乎是这么想的。但是，（荀子所理解的）楚王的“赏”固有道德的意义，然而更是治国的原则和法令，而且是古今不变的原则和法令。作为道德意义的“赏”，子发可以推辞，而作为治国原则和法令意义上的“赏”，子发则无由推辞，必须履行。荀子为什么批评子发辞赏为固陋不达事理？其中的一个重要的意思即指子发只知其一，不知其二，且顽冥不通。

③ 依米勒，我们的应得观念至少以两种方式依赖于制度，“首先，在适当的制度付之阙如的情况下，就不可能存在据称是人们应得的许多利益”，如若没有奥林匹克的制度，就不能说哪个运动员应得奖；“其次，在许多情况下，业绩之所以具有这种构成应得的基础的资格只是因为存在着相关的制度”，如我可以用 45 秒跑完 400 米，但若没有竞技体育的制度，我就不会得到任何奖赏。参阅氏著《社会正义原则》，第 201 页。

例如当我们说“子发应该得赏”时，它意味着“应该得赏”的背后已经有相应的适当的制度作前提（一如荀子所说的“赏贤使能，赏有功，罚有罪，非独一人为之也，彼先王之道也……古今一也”）。因此，我们的“应得”判断常常是由已有的制度所孕育和蕴含的，此一认识为我们将“子发应该得赏”作为一种制度性的分配原则置于荀子的整体思想中来理解提出了必要的解释，也为适当解释荀子“今子发独不然：反先王之道，乱楚国之法……”等一大段议论做了铺垫。

另一方面，学者已经注意到，站在现代的立场，作为道德评价的应得与作为分配原则的应得在含义上可能并不相同，尤其在当今市场经济的条件下，人们应得的收入来源多种多样，而绝大部分收入是由两种方式来决定的，或者由劳动力（或资本）的供求关系决定，或者由雇佣（借贷）双方的协议决定[①]。然而，这种情况与荀子所处的（中国古代）社会不同，在那里，从君王到各级官吏的俸禄（收入）主要是由朝廷或国家政府来规定的，而且他们的俸禄作为“应得”的份额“虽然常常是以‘物质财富’的形式来表示，然而本质上却体现出‘贵贵尊贤重能’的原则，是‘物随德走，物随能走’”。换言之，俸禄本质上表征着朝廷对一个人的“德能”的酬报和奖赏，这种“‘德能——禄用’体系又隶属于政治权力系统，表现出地位、分工、德能合一的结构”[②]。所谓“上贤禄天下，次贤禄一国，下贤禄田邑，愿悫之民完衣食”（《正论》），因此，在荀子那里，“德必称位，位必称禄，禄必称用”（《富国》），“赏有功，罚有罪”是以制度化的形式来规定的。国家量能授官，班爵制禄，其包含的原则即是依据一个人的（因其德能所取得的）业绩（成就）获得相应的报酬和奖赏（或惩罚），而作为“应得”的奖赏，其基础正

① 参阅姚大志：《谁应得什么?》，《中国人民大学学报》2017 年第 2 期，第 52 页。
② 参阅拙著《差等秩序与公道世界》，上海：上海人民出版社，2016 年，第 235 页。

在于业绩（功劳），故荀子明确指出："君者，论一相，陈一法，明一指，以兼覆之，兼照之，以观其盛者也。相者，论列百官之长，要百事之听，以饰朝廷臣下百吏之分，度其功劳，论其庆赏，岁终奉其成功以效于君。当则可，不当则废。"（《王霸》）此处，"度其功劳，论其庆赏"表达的正是依其业绩得其"应得"的奖赏；而"当则可，不当则废"则蕴含了相应的衡量原则和考核标准，合而当者，奖而赏之，否则罚而废之。至于官人百吏的执掌、材人之道，亦皆循此以类相从。由此我们看到，在荀子那里，作为"应得"的赏罚已显然不仅仅是一种道德的含义，毋宁说更为重要的是一种制度化的分配原则和准则，《荀子》一书对此喋有所言：

> 王者之论：无德不贵，无能不官，无功不赏，无罪不罚。朝无幸位，民无幸生。（《王制》）
>
> 赏不行，则贤者不可得而进也；罚不行，则不肖者不可得而退也。（《富国》）
>
> 赏不当功，罚不当罪，不详莫大焉。（《正论》）

荀子上述所言从君主处理政事的原则出发，突出了赏罚对于社会和国家治理的重要性。在荀子那里，所谓物质利益的分配表现为政治体制对一个人所做出的业绩、贡献或功劳亦即一个人的德能的奖励和肯定。事实上，荀子将一个人所以"应得"其奖励或惩罚理解为"报"[①]，故云："凡爵列、官职、赏庆、刑罚，皆报也，以类相从者也。一物失称，乱之端也。"（《正论》）所谓"报"，意即回报或报赏，一个人各以其事行的功罪得其"应得"的赏罚，业绩或功劳愈

① "报"的含义甚广，本文关注的是作为分配意义上的"报"。杨联陞认为，"'报'的观念对中国制度的影响是广泛而多方面的"。参阅氏著《报——中国社会关系的一个基础》（段昌国译），《中国思想与制度论集》（段昌国等译），台北：联经出版事业公司，1976 年，第 349—372 页。

大，其所得的俸禄或奖赏愈厚，反之亦然。荀子认为，如果“功”与“赏”、“罪”与“罚”之间不能实现有效的相称和相当，社会就会产生祸乱。显然，荀子是将赏罚视为国家治理体系中的一项公正的分配原则来对待的[①]，如果有功不得赏，有罪不得罚，那么所谓“正理平治”的社会便不能建立，乃至“不祥莫大焉”（《正论》）。我们由此也可以做出一个合理的推论，即荀子之所以对子发辞赏责之甚重，乃至远远超出所谓的道德的指控，盖在荀子看来，子发辞赏意味着他应该得到而事实上没有得到。这种事实上的没有得到，不论是由于子发个人的推辞，还是由于其他客观的原因所致，就结果而言，意味着制度没有发挥它应该发挥的功能，是先王所制定的分配制度失败的一种表现。荀子对此自然不能容忍，也不能允许。

6.“应得”、平等与公正

最后，我们简要讨论一下“应得”与平等的关系。

“应得”与平等的关系之所以是一个问题，原因在于在平等主义者看来，“应得”的理论是反平等的。盖依“应得”的定义，既然“应得”的理由或基础在于一个人的业绩或贡献，那么，贡献大者、业绩突出者便应得其多得的报酬，这与我们通常所说的“多劳多得”意思相近。但是在平等主义者看来，一个人无论是基于业绩、贡献甚或个人的努力而得来的应得，归根结底都与这个人的运气有关，不论是环境运气还是天赋运气。因此，作为一种分配原则，若一个人应得的报酬依赖于运气，那么，其应得就不应当是“应得”，就有违平等的原则。

① 荀子注重赏罚有其对人性的特殊观察，依荀子，“凡人之动也，为赏庆为之，则见伤害焉止之”。但作为一位儒者，荀子对赏罚的限度也有清醒的认识，而特别注重道德教化的作用，故云“赏庆刑罚势诈之为道者……不足于合大众，美国家”，而应“厚德音以先之，明礼义以道之，致忠信以爱之”，进而达到“赏不用而民劝，罚不用而威行”（《强国》）。这与孔子“道之以德，齐之以礼”（《论语·为政》）的理想就没有差别了。

让我们撇开此间繁复的争论，回到主题。当我们透过“子发辞赏”案例的分析，已经得知荀子是主张或赞成“应得”理论的，所以子发因其功劳应该受赏。那么，我们的问题是，荀子是一个反平等主义者吗。答案是肯定的，荀子没有现代意义上作为政治价值的平等观念，不仅如此，荀子还明确宣称：“分均则不偏，势齐则不壹，众齐则不使。有天有地，而上下有差；明王始立，而处国有制。夫两贵之不能相事，两贱之不能相使，是天数也。势位齐，而欲恶同，物不能澹则必争；争则必乱，乱则穷矣。先王恶其乱也，故制礼义以分之，使有贫富贵贱之等，足以相兼临者，是养天下之本也。”（《王制》）在荀子看来，若人人分位平等，没有贵贱之别，国家就无法治理。同样道理，若官吏势位没有差等，就无法形成统一的意志；众人的身份没有差等，就无法形成上下级的役使，政治领导就成为不可能。因此，是差等而不是平等才是我们所了解到的自然的道理（“天数”）。正因为如此，先王制作礼义，是按照人的才能加以分别，使人与人之间的地位有贵贱之分，人与人之间的所得有多少之异，人与人之间的享用有丰吝之别。如是，在上者便足以兼制在下者，令其不争不惰，而至于太平。[①] 依荀子，既然自然的道理是差等而不是平等，那么，在分配上就必须按照圣王“人为”制定的原则，依个人因其德能的不同而有的不同业绩（功劳）给予大小、厚薄等等不同的待遇[②]。《荀子》一书反复强调此一主题，如云：“天子袾裷衣冕，诸侯玄裷衣冕，大夫裨冕，士皮弁服”（《富国》），“天子御珽，诸侯御荼，大夫服笏”（《大略》），“天子棺椁七重，诸

① 瞿同祖认为，“儒家的学说，否认可能有一个形式划一与平等的社会存在。它相信人类在智力、能力与道德上是有差别的。有些人聪明，有些人简单；有些是善者，也有些是恶者。人类自然便有阶层存在。因此，社会中也不能对每个人给予同样的角色，视之为平等，毫无差别”。参阅氏著《中国的阶层结构及其意识形态》（刘纫尼译），《中国思想与制度论集》，第268页。

② 如前所说，荀子主要不是着眼于自然“天数”意义上的理由来论证差等，而是从“人为”即政治理性的设计上来论证差等的理由，这点很重要。

侯五重，大夫三重，士再重”（《礼论》）。如此等等，不一而足。荀子之所以主张“反平等”的差等分配固然有其一整套的理论推述[1]，但其中心目的无非是为了建立一个“正理平治”的理想社会，故荀子云：

> 古者先王分割而等异之也，故使或美，或恶，或厚，或薄，或佚或乐，或劬或劳，非特以为淫泰夸丽之声，将以明仁之文，通仁之顺也。故为之雕琢、刻镂、黼黻文章，使足以辨贵贱而已，不求其观；为之钟鼓、管磬、琴瑟、竽笙，使足以辨吉凶、合欢、定和而已，不求其余；为之宫室、台榭，使足以避燥湿、养德、辨轻重而已，不求其外。（《富国》）

在荀子看来，古代先王划分不同的等级差别，所以使有的人地位高贵，有的人地位卑下；有的人待遇丰厚，有的人待遇菲薄；有的人安逸，有的人劳苦，目的并不是为了故意制造荒淫骄横、奢靡华丽，而是为了彰明人伦之理，为了实现有秩序的社会。但何以有秩序的社会在所得或利益分配上要采取差等的原则？原因就在于荀子对“欲多而物寡”的理论预设，依荀子，“若对于有限的‘势、物’资源按人人均分的方式来给予分配，看上去似乎公平公正，但却在根本上不能解决物少欲多的矛盾，因为有限的‘资源’始终无法满足人的无限的‘欲望’，唯一的办法只有按照一个人不同的社会地位给予差等的分配，这样则既可以在某种程度上满足人的欲望需要，又

① 具体论述，请参阅拙著《差等秩序与公道世界》第九章，第217—245页。荀子所谓分配上“应得”的酬报，本质上乃是政治名位体系通过德、能的原则所做出的另一种表达。一方面，有德（能）者必得其位，必得其禄；另一方面，其位、其禄又反过来彰显其德（能）之尊贵。审如是，一个人拒绝其应得的俸禄（奖赏），事实上传达给众人这样一种讯息，他的德（能）其实并不配于这份俸禄，在这个意义上荀子才会说“无僇乎族党，而抑卑其后世”。

可以避免争端，维持社会秩序”[1]。由此看来，荀子的“应得”主张与他的差等的分配原则两者之间是相互一致的，同样具有“反平等”的特点。

需要说明的是，荀子的“差等”与“应得”主张虽然与平等的分配原则是对立的，但我们似乎并不能遽下断语，认为荀子的“应得”理论不具有公正性。这种“应得”的公正性的含义一方面在于，荀子主张一个人的贡献与其所得应该相称；另一方面其“应得”的分配中也同时包含对社会中孤寡、贫穷者的补助，如云“选贤良，举笃敬，兴孝弟，收孤寡，补贫穷”（《王制》），以及对各种残疾之人的社会保障与救助措施，如云“辨政令制度，所以接天下之人百姓，有非理者如毫末，则虽孤独鳏寡，必不加焉”，（《王霸》）又云“五疾，上收养之，材而事之，官施而衣食之，兼覆无遗。……是王者之政也”（《王制》）[2]。荀子特别强调，如果“应得”的理由或基础在于一个人经由其自己的努力而有的业绩，那么，在荀子，衡量这种业绩的标准（德与能）却是统一的、公正公开的，

---

① 参阅拙著《差等秩序与公道世界》，第九章，第229页。

② 有关此一部分内容的讨论请参阅前一章。“五疾”谓哑、聋、瘸、肢体不全以及侏儒等。就现代西方学者有关分配正义的研究而言，除了罗尔斯的差异的平等主义外，还有各种各样的主张，如法兰克福（Harry Frankfurt）的“足够主义”（sufficientarianism）、帕菲特（Derek Parfit）的“优先主义”（prioritarianism）以及贝淡宁（D. Bell）的“功绩主义”（meritarianism）等等。许多学者也借此来分析儒家的相关观念，如陈祖为所著《儒家致善主义——现代政治哲学重构》一书的第七章有相关的分析（香港：商务印书馆有限公司，2016年，第200—223页）；金圣文（Kim Sungmoon）的《美德之后的民主：通向务实的儒家民主》（*Democracy after Virtue: Toward Pragmatic Confucian Democracy*, Oxford: Oxford University Press, 2018）以及论文“The Political Economy of Confucian Harmony: A Xunzian Vision”[in *American Journal of Economics and Sociology*, 78 (2): 493-521, March 2019] 亦有相关的论述。黄勇教授则在《儒家政治哲学的若干前沿问题》一文中对此做了相应的评述，其文见《华东师范大学学报》（哲学社会科学版）2020年第3期，第35—46页。上述这些研究对于重建儒家的分配主张无疑具有重要的意义，限于篇幅，我们未能就此展开论述。

人们得其“应得”的基础系于其德行和能力[1]。因此，“才德愈高则爵愈尊，禄愈厚”[2] 成为荀子“应得”分配中公正原则的实质表现，盖在荀子看来，人虽有职业、等级、贵贱等等的差别，并会因这种差别而有“应得”的厚薄，但这些差别不是僵死的、固定不变的，用荀子的话说，“虽王公士大夫之子孙也，不能属于礼义，则归之庶人。虽庶人之子孙也，积文学，正身行，能属于礼义，则归之卿相士大夫”（《王制》）。这种说法蕴含着机会向所有人开放的意思，在荀子的思想系统中，符合公开性、普遍性和公正形式的要求。

7. 简短的结语

如何理解荀子在《强国》篇中对“子发立功辞赏”案例的批评，学者可以有不同的解释。本章的目的在于尝试应用“应得”的概念来分析此一案例，并进而呈现荀子对分配公正问题的特殊思考。通过追问子发凭什么“受赏”，进而分析子发辞赏的理由，我们将此一案例所蕴含的“应得”概念的可能解释与荀子整体思想中作为先王之道的差等分配原则相联系。故而当荀子把子发辞赏的行为看作“反先王之道，乱楚国之法”时，我们有理由认为，在荀子心目中，子发辞赏已远远超出所谓单纯的道德问题，而涉及国家治理的制度和法则问题。换言之，在荀子看来，子发辞赏意味着先王制定的分配制度的失败，而这是荀子无论如何都不能接受的。

按理本章的写作到此似乎已经暂时结束了。但是，当学者读完后或仍不免存在一些疑问，以致有必要就此做进一步的解释。

在揭出学者可能的疑问之前，我们要再次强调，本章的主题是在讨论荀子的分配主张，着眼点则围绕着“应得”概念来展开，即

---

① 在荀子，“德能”作为“应得”的理由或差等分配的根据是总体的抽象的说法，实则“德能”必当在事实上表现为业绩，如云“士大夫以上至于公侯，莫不以仁厚知能尽官职”（《荣辱》）。

② 瞿同祖：《中国法律与中国社会》，第 293 页，注 2。

基于《荀子》尤其《强国》篇“子发立功辞赏”的案例。本章写作的立足点非常明确，是站在荀子的立场或视角来检讨子发辞赏所可能包含的各种解释的，因此，《荀子》尤其《强国》篇的文本构成了本章赖以解释和分析的给定性的和预认性的前提。基于此一认识，虽然理论上我们可以追问，诸如楚国有禁止推辞奖赏的法令吗，这种法令具有合理性吗，当荀子把子发辞赏看作有违先王之道的分配原则时是否有悖于德行的提倡与发扬，等等诸如此类的问题。然而，这些问题——由于本身包含了瓦解和否定给定性和预认性文本的倾向——严格来说是属于延伸出去的另一种理论问题，也可以说是与本章的写作无关的问题，甚至在我们所给出的预认前提下，也是不合法的问题。也许，学者对最后一个问题容或可有争辩，然而在荀子的整体思想系统中，作为德行的“辞（让）”荀子自有他的理解[①]，但也正是在他的整体思想系统中，他已明确地把子发辞赏脉络意义上的“赏罚”看作国家治理的原则和法令，或者说是一制度性的规定。由此我们可以推出，作为德行意义的“赏”，子发自可以推辞，但作为分配原则和法令意义上的“赏”，子发则无由也不得推辞，而作为“子发辞赏”案例中的“赏”主要是从后一种意义上来理解的。这既是我们理解荀子相关主张的合适的途径，也是我们理解荀子批评子发辞赏固陋不达事理、只知其一不知其二的真实原因。

假如我们接受上述所说，那么接下来我们再解释学者的一些可能的质疑[②]。

---

① 如《性恶》篇荀子云：“今人之性，饥而欲饱，寒而欲暖，劳而欲休，此人之情性也。今人见长而不敢先食者，将有所让也；劳而不敢求息者，将有所代也。夫子之让乎父，弟之让乎兄，子之代乎父，弟之代乎兄，此二行者，皆反于性而悖于情也；然而孝子之道，礼义之文理也。”又云：“夫好利而欲得者，此人之情性也。假之有弟兄资财而分者，且顺情性，好利而欲得，若是，则兄弟相拂夺矣；且化礼义之文理，若是，则让乎国人矣。”

② 本章写完后，曾给学生涂文清、谈天阅读，并鼓励他们提出质疑和批评，在此笔者感谢他们提出的问题。

质疑一：本章在论及子发“应得”受赏的理由时曾提出需满足相关的条件，其中之一是子发因战功而受赏，必须基于子发是有意去实现和完成此一战争的胜利，而且战争的胜利作为业绩本身是完全在子发的控制之内的。对此，文章指出“我们可以合理推测，楚、蔡交战完全出于子发的意图，而战争的胜利也可以印证是在子发的控制之内的”，这一推测和印证似乎不力。当然，本章在行文中已经指出这里的分析在很大程度上是建立在由结果回溯原因的“合理假设”之上的。但我们似乎可以提出其他的“合理假设”，如楚、蔡交战为什么不是出自楚王的意图。

对于这一问题，我们可以这样回答，楚王是楚国的君主、最高的统治者；子发作为楚国的令尹，是仅次于楚王的权力人物，负责主持楚国的政事和军事事务。国家间的交战历来都是头等大事，《左传·成公十三年》有谓“国之大事，在祀与戎”，说的正是这个道理。既然事情如此之大，作为一国的头一二号权力人物，自然当意志统一，戮力同心。所以，楚、蔡交战出自楚王的意图与出自子发的意图两者并不矛盾；同时，从子发亲率大军出征以及获胜后楚王给子发授赏这两件事上看，我们也可以推出楚王与子发的意图是一致的。相反，若楚、蔡交战仅仅是出于楚王的意图而与子发的意图相左，倒是不合常理的。

质疑二：文章认为，子发所取得的战功（P）与其所获得的奖赏（B）之间是完全合适的，而所谓“合适”不仅是指“功”与“赏”之间两者相符、恰当，而且也指使子发得到奖赏这一事情是好的或可欲（desirable）的。换言之，若与子发立功没有获得奖赏相比，子发得到奖赏会产生积极正面的效果。但是，这里的“可欲或积极正面的效果”的获得者是君主或说整个楚国，却并不一定是子发自己。事实上，子发认为自己不受赏是“更可欲的”。

的确，这是一个有意义的质疑，不过，此一质疑只有站在子发的立场上提出才是合理的，这与我们站在荀子的立场看待问题并不相侔。问题还在于，既然子发自己就认为不该得赏，此一说法当下即蕴含了“子发认为自己不受赏是‘更可欲的’”，但如此一来，此一质疑似乎就有点同义重复，架屋叠床了，更何况我们也已经论证子发不受赏的理由并不是一个合适的、好的理由。此外，所谓子发获赏将产生的积极正面的效果，此效果的获得者“是君主或者说整个楚国，却并不一定是子发自己”，对此一质疑，我们可以从两个方面来回答。首先，既然此效果的获得者是“整个楚国”，自然也就包括子发在内。其次，即便子发自己在主观上并不愿意得赏，亦即子发不欲这种因得赏而对自己产生有利的积极正面的效果，但得赏在客观上并未破坏公正原则，也未侵犯子发的利益。而且当我们说“子发得到奖赏会产生积极正面的效果”时，我们是就此一事件可能产生的客观效果上说的，而不是就子发的主观意愿上说的。不论子发在主观上愿不愿意，它在事实上会有利于激发人们对业绩或功劳的追求。退一步，作为一国的重臣，子发可以有自己主观意愿的选择，这一点只关涉到他自己而言，但似乎没有理由反对得赏所具有的上述客观效果，若有这种对国家社会有好处的效果，子发没有理由反对。换言之，得赏对于子发个人而言或许是不在意的、无所谓的，但就得赏的客观效果而言，对于楚国和楚国的百姓来说却是可欲的，作为楚国的重臣，对这种可欲的效果很难说是不乐观其成的。

质疑三：这里就牵涉到另一个可能的质疑，即如果说子发辞赏是立足于子发自己的道德信念（“廉”），而荀子的批评则立足于荀子所理解的作为政治治理的分配原则，两者的着眼点并不相同，那么，荀子的批评是否合理；抑或在荀子的这种理解中，接不接受奖赏也将成为一种强制。不得不说，这是许多学者在看待此一案例中最为常见的一种反应。假如我们撇开本章赖以展开分析和论证的前提是以《荀子》尤其《强国》篇的相关说法作为给定性的和预认性的文本不论的话，那么，上述质疑似乎有其合理性，这也是为何有些学者将荀子对子发辞赏的批评理解为是对德行的批评的一个重要原因。然而，我们之所以不认可这种解释，理由在于首先，如果我们把推辞奖赏理解为某种“辞让”的德行的话，那么，荀子断然不会在一般的意义上反对这种德行，《荀子》一书有大量的文本证据支持此一判断，不复赘引①。然而，奇怪的是，荀子何以单单反对子发“辞让”这一现象，这倒是真正值得我们探究的。换言之，此一现象必含有巨大的“意义剩余”或“解释空间”，只不过我们据于常识或直觉并未意识到而已。其次，要理解荀子对子发辞赏的批评是否合理，或者说在荀子的理解中，何以子发接不接受奖赏乃是一种“强制”而不仅仅是出于接受者的自愿，我们必须先行确认一个基本的前提，亦即我们必须以荀子给出的相关说法作为我们“预认性”的文本。之所以要强调此一点，是因为荀子批评的合理与否首先要从荀子的思想中寻找理由，然后在此基础上分析此种理由在一般理论上是否满足可普遍化的要求。根据我们此前的分析，在《强国》篇中，荀子已经明确指出子发把受赏仅仅当作个人辞让德行（“廉”）的错误。不宁唯是，荀子还明确指出了赏贤使能、赏功罚罪是“先王之道，楚国之法”，而此一主张在《荀子》一书中又有大量的论述。审如是，依荀子，子发接不接受奖赏便已然涉及治国的“道、法”问题，涉及先王所制定的分配制度是否能够有效地发挥作用的重大问题。即此而言，荀子完全有理由批评子发辞赏的行为，并“强制”子发接受奖赏。至于说到在此一案例中，子发是立足于自己的道德信念，而荀子则立足于作为政治治理的分配原则，两者的着眼点不同（因而蕴含着荀子对子发的批评为不适当），这种质疑若站在荀子的立场，其实是一个假问题，亦即是由于子发自己的认识不适当、不正确而产生的问题。倘若上述所言合理，那么，我们就可以看到，荀子和其他的儒者一样，对辞让的德行持肯

① 《荀子》一书，单言“辞让”者就有 17 见之多。事实上，荀子认为，和礼义、忠信一样，辞让是人们所喜好的一种德行（《强国》），认为“恭敬辞让之所以养安也”（《礼论》），而“不好辞让”乃是乱世奸人之说（《解蔽》）。

定和颂扬的态度，但在子发辞赏的案例中，在荀子看来，由于此一案例涉及国家分配体系中的制度和法令，子发的推辞便已具有“违法”的性质①。若由此推而言之，任何一个人都没有理由可以推辞执行国家的制度和法令，此一判断是一可普遍化的判断。

① 若非如此，则荀子对子发的批评便无着落。在将此文给谈天阅读后，他给我指出，之所以荀子对子发辞赏表示极大不满，或许跟子发的令尹身份有关系。如果子发是普通士兵，那么，制度中必然有明确的处置措施，他的辞赏不会对先王制定的分配制度有影响。但作为国之重臣而不仅是这场战争的最高统率，他的行为在很大程度上会影响规则的制定与运作，我想这是荀子对子发辞赏不满的原因之一。今置此姑作一说。

七　『立君为民』

——『民本思想』抑或『责任伦理』

中国人把自己看作国家的儿女……国家内大家长的关系最为显著，皇帝犹如严父，为政府的基础，治理国家的一切部门。

人民如同没有自己的意志和内在生活而只能服从父母的孩子一样。

——黑格尔

我们能够认真地相信，一个贫穷的农民或工匠在不懂外语或外国习俗，靠微薄的工资度日的情况下，可以有选择离开自己的国家的自由吗？那么我们同样也能相信，一个人留在一艘船里就是在自由地表达他对船主的权威的认可，尽管这个人是在睡着的时候被弄上船，如果离开这条船就意味着跳进海里淹死。

——休谟

当冷风吹到，叶落了，
你的华屋
就会把你暴露给嘲笑。

———雪莱

1. 引言

在前面的第五、六章中，我们讨论的主题是荀子有关分配的主张。公正的分配是一个社会实现长治久安的重要的方法和手段，也是任何一种政治哲学理论不能不加以正视和探讨的问题。

本章则要探讨荀子“立君为民”的所谓“民本思想”，它是中国传统政治思想中极为独特的一种主张。

“民本思想”常被认为是中国传统政治哲学中非常重要也非常独特的一部分。学者认为，崇尚道德、以民为本乃是儒家文化的“常道”，也是中国文化的核心价值①；民本思想是我国春秋战国以来最具特色的主张之一②，也是中国传统政治哲学中最为精彩、最为重要的一部分③。因而讨论荀子（儒家）的政治哲学我们就不能不涉及荀子有关“民本思想”的论说。

当然，在进入正式讨论之前，我们有必要首先做出两点说明。其一是我们无意讨论中国传统各流派中对“民本思想”的具体论述。事实上，有关“民本思想”，学者已经做了大量的深入的研究，如梁启超的《先秦政治思想史》、刘泽华的《中国古代政治思想史·先秦卷》、金耀基的《中国民本思想史》、冯天瑜的《中华元典精神》、游唤民的《先秦民本思想》等等④，除此之外，还有许多颇有见地的论文，我们无法一一列举，这些研究显然构

① 李存山：《对中国文化民本思想的再认识》，载《孔子研究》2016年第6期，第5页。

② 梁启超：《先秦政治思想史》，上海：上海古籍出版社，2014年，第3页。

③ 金耀基：《中国民本思想史》，北京：法律出版社，2008年，第6页。梁治平认为，民本思想融合了古代政治思想中的其他重要观念，最能表明中国古时政治思想的特质，“极而言之，民本思想不独为中国古代政治理论的主流，甚且是唯一的政治理论”。（参阅氏著《民本思想源流》，载《中国法律评论》2014年9月总第3期，第69页）如何理解“唯一的政治理论”，梁氏或有其自己的说法，但无论如何这都是一种在理论分界上并不确定的过度称誉的看法。

④ 刘泽华：《中国古代政治思想史·先秦卷》，杭州：浙江人民出版社，1996年。冯天瑜：《中华元典精神》，上海：上海人民出版社，1994年。游唤民：《先秦民本思想》，长沙：湖南师范大学出版社，1991年。

成了我们了解荀子“民本思想”之特点的基础和背景[1]。其二，即便如此，究竟应当如何来理解“民本”以及荀子的“民本思想”，到目前为止，却依然是学者间聚讼不已、言人人殊的一个问题。有人认为荀子是“君本论”者，有人认为荀子是“民本论”者，单独地看，对立双方所说似乎都各有道理，然而对于相同文本，其诠释的结论却完全相反，此一现象至少说明在如何理解荀子的“民本思想”乃至对“民本”“君本”概念的理解上依然还有待发之覆。

此处只想简单地指出，从概念分析的角度上说，假如“本”意味着“根本义、基础义”[2]，决定着某一事物或思想的性质，那么，同一思想系统中如涉及对君、民关系的理解，在逻辑上便只能有一个“本”，否则此一思想系统本身便很难一贯，而且“本”也将失去其作为“本”的原有的意义。审如是，那种认为荀子思想既是“君本”也是“民本”的主张就如同说“圆的方”一样是难以相容的。然而，我们也应该看到，在中国传统思想中，“本”的使用的确常常是因着文意指向或行文脉络的需要来决定的，而并不在严格的语义分析和逻辑一贯的前提下来使用所谓的“本”，以致有些学者讨论问题时也在脉络、论题已然转换的前提下仍旧使用同一个“本”，造成不必要的混乱。这便尤其需要我们做出简别，如有些学者认为，在

① 学者可参看胡波：《20世纪中国民本思想研究述评》，《学术月刊》2001年第5期；王晓敏：《20世纪90年代中期以来“民本”问题研究述评》，《宝鸡文理学院学报》（社会科学版），2007年10月，第27卷第5期。

② 有学者从解释“本”字的含义出发认为，“（1）‘本’是一个相对的概念，是相对于‘末’‘枝叶’而言的，不存在没有对立面的‘本’。（2）作为一种价值地位的判断，尽管现在‘本’字已经具有基础、主体、根本的含义，但是就其内涵而言，‘本’字强调从关系或事物的起源的角度对关系或事物进行判断，强调的是谁为谁的发展奠定了基础。因此，严格来讲，判断一个人是君本主义者还是民本主义者，关键要看他是如何阐述社会等级或曰君主制度的起源的，而不是看他是否提出富民的主张，是否要求君主惠民、顺民”。参阅陈雍：《“君本”抑或“民本”——荀子君民关系思想探源》，《学习与实践》2007年第11期，第155页。

荀子思想中，君本与民本两种思想并行不悖，前者对应于君主施政的角度，后者对应于君主制的“政治合理性”等等①。显然，这是在两种不同论述脉络下使用同一个“本”，如此铺排论说一方面会使得对“本”的字义的认定在分析某一思想的性质时变得毫无意义；另一方面，相对于“本”字而言，所谓因文意、脉络的不同而有不同的“本”的辨证，其实是犯了偷换论题的错误。张分田曾指出，“民为国本”只是中国古代诸多“国本”中的其中一种，当古人说“民为国本”时，并不意味着唯此为本，其他还有如储君、选贤、宰辅乃至诚信等亦可为“国本”。此种现象说明所谓“民为国本”之“本”的意义已然转化成为国之为国在“构成意义上的必要条件”的另一种说法而已。张氏进一步指出，“在儒家思想体系中，可以明确无误地找到‘民本君末’和‘君本民末’两种思路并存的现象……在历代大儒的思想体系中，‘君为民主’与‘民惟邦本’、‘土无二王’与‘民贵君轻’可以相提并论，乃至相互推定，这便是最典型的例证”②。可以说，张氏给出了现象的描述，但似乎并没有给出理论的判别。

《荀子》一书除了“大本”“本末”“本分”“本赏”“本性”“本统”外，单言“本”者约65见，原并无“民本”一说，与此较为密切的说法倒有“君师者，治之本也”（《礼论》），“上者，下之本也”

① “民本思想”的讨论究竟在何种意义上关联到“政治合理性”的问题，依旧需要进一步清理。一般来说，所谓“政治合理性”（今学者多称之为“政治正当性”）包括权力的来源、权力的转移和权力的制约三个方面。学者所以将“民本思想”与“政治合理性”问题相连，多半执念于民众可以推翻统治者的统治这一层意义，此层意义即涉及权力转移的问题；同时在解释的范围内，也可涉及某种意义上的权力制约（无论是转移还是制约，在儒家的思想系统中都有其特定的解释，如转移中的暴力转移、制约中的道德制约等）。不过，“民本思想”与“政治合理性”的关系自始至终都与权力来源问题没有任何直接的关系，至少对荀子而言是如此。具体论述学者可参阅本书第四章关于“为什么要服从权力”的相关说明。

② 张分田：《论“立君为民”在民本思想体系中的理论地位》，《天津师范大学学报·社会科学版》2005年第2期，第6页。

（《正论》），或其他诸如“君者，民之原也”（《君道》），“君者，仪也；民者，景也”（《君道》），“主者，民之唱也；上者，下之仪也”（《正论》），“人君者，所以管分之枢要也。故美之者，是美天下之本也；安之者，是安天下之本也；贵之者，是贵天下之本也”（《富国》）等等，上述说法皆以“君师”“君”“主”“上”“人君”等为本。就荀子思想作为一思想系统之性质的判断而言，其以君为本显可断言。荀子尊君重势，向为学者所熟知，但《荀子》一书又不乏重民、爱民的论述，如是，学者乃有荀子究竟是“君本论”者还是“民本论”者之疑问。我们要问，荀子“尊君、重君”为什么不能与荀子“爱民、惠民”的主张相一致？荀子“立君为民”“君舟民水”等的论述为什么不一定意味着他就是一个“民本论”者，而依然可以是“君本思想”的典型代表？一句话，判定“民本”抑或“君本”的理论标准究竟应当如何确立？类似问题并不是自明的，而是有待解释的。

2.“民本思想”之背景及其解释

在讨论荀子的“民本思想”之前，我们还是简略地回顾一下“民本思想”产生的背景及其对相关问题的解释，因为要把握“民本思想”的实质，有效的方式之一就是溯源其产生的背景，并从中发现其基源性问题。中国虽历朝历代许多不同学者提出民本主张，其内容有同有异，范围有大有小，然而其基本方向和特点却并没有根本性的改变。换句话说，后文我们将会看到，如果说民本思想产生的形式及其最初原因是统治者应对政权更迭的历史教训而发为对后世统治者的政治和道德训诫的话，那么，此后不论是由君主本人还是由学者所提出的所谓“民本”主张，一往皆是站在统治者的立场并始终围绕着如何保证统治者保有天下此一目的而展开的论述。在此一脉络下，“民本思想”所涉及的具体内容诸如爱民、惠民、富民、教民等等，其初意确是为了实现统治者长治久安之目的所采取的一种手段或策略[①]。简单地说，民之所以为“本”，在荀子和传统儒家那里，并不是从权力之究竟来源（正当性）或民众在政治的治理体制中应享权力的角度来理解的[②]，毋宁说乃是出于为统治者着想而站在统治者的立场对其“政治利益”的考虑来理解的。但正因为如此，却也造就了儒家思想中极富特色的责任政治和责任伦理，故而“民本思想”自具有正面的积极的作用，诸如重视民生、关心民瘼、因民之所欲而欲之，以及慎罚慎杀、惠鲜鳏寡等等，同时，它也为儒者的政治批评撑开了一个平台。

中国古代原并无“民本”的说法，“民本”一词应该是梁启超在《先秦政治思想史》一书中对《尚书·五子之歌》“民惟邦本，本固邦宁”的概括[③]。如是，学者也一般在思想起源与文本根据上将“民本”主张与《尚书·五子之歌》密切地关联起来。不过，在时间上，学者认为，“民本”思想当滥觞于周代，而成熟于春秋战国[④]。有关

① 如冯天瑜认为，“为治民者的久远利益设计的思想，构成儒家民本主义的基旨”，“民本思想大体是‘治人者的思想’，是治人者从自身的久远利益着想，设计的协调治者与被治者关系的方案”。（参阅氏著《中华元典精神》，第289、317页）冯氏此说当为的论。刘清平则认为，儒家民本思想“不是把民众视为君主、官员理应在治理活动中予以尊重的‘目的性之本’，而主要是视为君主、官员巩固自身统治不可或缺的‘工具性之本’”。（参阅氏著《儒家民本思想：工具性之本还是目的性之本》，《学术月刊》2009年8月号，第52页）

② 中国古代包括儒家的政治思想并没有“民众主权”的观念，若以此来苛求和批判传统儒家似乎缺乏理解之同情。本文有见于此，却执意站在现代的立场来加以分析，盖源于有些学者在肯定儒家民本思想时不免有言过其实之故。

③ 认真分析起来，梁氏的概括其实顶多只能在延伸的意义上成立，盖“民惟邦本”的意思说的是“邦之本在民”，其当下说的是“邦本”而不是“民本”。正如有些学者所指出的，倘若“民”是“邦（国）”之“本”，那么，“民”自身是否可以为“本”，“民”自身又以什么为“本”，“民”又如何才能为“本”。

④ 政治思想勃兴于春秋末叶与战国时期，乃学者共识。成熟的“民本”主张亦与其时社会蜕化之际，争乱频仍，民生艰困，乃至造成民反、民暴的现象有关。刘向《战国策序》记云：“仲尼既没之后，田氏取齐，六卿分晋。道德大废，上下失序。至秦孝公捐礼让而贵战争，弃仁义而贵诈谲，苟以取强而已矣。夫篡盗之人列为王侯，诈谲之国兴立为强，是以转相仿效，后生师之，遂相吞灭，并大兼小，暴（转下页）

《尚书·五子之歌》的成书时间，涉及的问题复杂，学者也已有大量的讨论[1]，如刘家和认为，《五子之歌》是伪古文书，不足为据。“民惟邦本”一说虽见于《五子之歌》，但其实际应出于《管子·霸言》《晏子春秋·内篇问下》以及贾谊的《新书·大政上》等书，而前二书出于战国时期[2]。由此看来，尽管《五子之歌》中文献记载的是夏初太康失国的故事，但在内容和时间上都不应出在夏代，故晁福林也认为，“‘民惟邦本’之语虽然可能出自所谓的‘夏训’，但其内容却不可能是夏代思想，而当是战国时人在‘重民’思潮影响下所创制的辞语”[3]。无疑从整个《尚书》中，我们可以看到许多“重民”的说法，而这些说法都与在位者对政权更迭现象的反省密切相关。如商纣何以亡国，其重要原因之一在于“不闻小民之劳”（《尚书·无逸》），“厥命罔显于民”（《尚书·酒诰》），故而生出“治民祗惧，不敢荒宁”（《尚书·无逸》）的警觉，此警觉用《尚书·召诰》的话说，即是“我不可不监于有夏，亦不可不监于有殷。我不敢知曰，有夏服天命，惟有历年；我不敢知曰，不其延，惟不敬厥德，乃早坠厥命。我不敢知曰，有殷受天命，惟有历年；我不敢知曰，不其延，惟不敬厥德，乃早坠厥命”。此处，“敬德”的重要内容之一就是“当于民监”（《尚书·酒诰》），“知小人之依，能保惠于庶民”（《尚

（接上页）师经岁，流血满野，父子不相亲，兄弟不相安，夫妇离散，莫保其命。湣然道德绝矣。”晚周社会，民不聊生，国无安定之状如此，而安国之策在爱民、重民，此即可理解荀子何以谓“知爱民之为安国也”（《君道》）。

① 《尚书》乃我国最古老的一部官方史书，它保存了殷商特别是西周时期的一些重要史料，相传为孔子编撰。西汉初存28篇，用汉隶抄写，称《今文尚书》；另有相传在汉武帝时从孔子家壁中发现的《古文尚书》和东晋梅赜所献的伪《古文尚书》。《五子之歌》被学者认为是出于伪古文《尚书》，成书时间以及反映的内容当在战国时期。

② 刘家和：《〈左传〉中的人本思想与民本思想》，《历史研究》1995年第6期，第4—5页。

③ 晁福林：《从“民本”到“君本”——试论先秦时期专制王权观念的形成》，《中国史研究》2013年第4期，第38页

书·无逸》)[①]。由此我们看到，通过对政权更迭此一历史动向的反省，西周的统治者在如何保有天命与注重民命的意识之间建立了密切的关系，至是而有各种“重民”的说法[②]，如“天聪明，自我民聪明；天明畏，自我民明威”(《皋陶谟》)，“民之所欲，天必从之”，“天视自我民视，天听自我民听”(《泰誓中》)，“人无于水监，当于民监”(《酒诰》)，等等。当时的民本思想主要体现为“敬德保民”，这在《尚书·周书》中可以明显看到。但另一方面，我们也应该看到，西周时期的“敬德”所表现的道德活动“主要是一种历史的、客观的理由所致，而非道德的逻辑的理由所致。换言之，周人‘敬德’具有明显的‘祈天永命’的目的功利性特征”，此或可补徐复观先生一说。同时，“保民”“重民”的说法与当时尊天敬神的观念相比，也只能算是一种“微弱的呼唤”，盖“在周人的‘天命靡常’观中，天之权威性并不由于人之敬德而消失，‘明明在下，赫赫在上’之天依然是人们敬惧的对象”[③]。但很明显，周初的统治者看到了在殷、周王朝更迭中民众的作用，换言之，周初“民本”思想的滥觞乃源于统治者对朝代更迭、政权兴亡的历史教训的初步反省[④]。

我们再回过头来看《五子之歌》的原文：

---

① 傅斯年在《性命古训辨证》一书中认为，周公在《周书》中对殷商先王、后王何以保、失天命以及文王何以承继天命进行了总结，其云：“一切固保天命之方案，皆明言在人事之中。凡求固守天命者，在敬，在明明德，在保乂民，在慎刑，在勤治，在毋忘前人艰难，在有贤辅，在远憸人，在秉遗训，在察有司；毋康逸，毋酣于酒，事事托命于天，而无一事舍人事而言天，祈天永命，而以为惟德之用。”参阅氏著《性命古训辨证》，桂林：广西师范大学出版社，2006年，第88页。

② 徐复观将此总结为“忧患意识”的形成，认为此忧患意识“乃是从当事者对吉凶成败的深思熟考而来的远见，在这种远见中，主要发现了吉凶成败与当事者行为的密切关系，及当事者在行为上所应负的责任……”(参阅氏著《中国人性论史·先秦篇》，台北：台湾商务印书馆，1969年，第20—21页)。

③ 参阅拙著《〈荀子〉导读》，上海：复旦大学出版社，2011年，第22页；亦见晁福林：《从“民本”到“君本”——试论先秦时期专制王权观念的形成》，第34页。

④ 刘泽华认为，“推动民本思想发展的根本原因是民众集团性的暴力反抗”。参阅氏著《中国的王权主义》，上海：上海人民出版社，2000年，第347页。

太康尸位，以逸豫灭厥德，黎民咸贰，乃盘游无度，畋于有洛之表，十旬弗反。有穷后羿因民弗忍，距于河，厥弟五人御其母以从，徯于洛之汭。五子咸怨，述大禹之戒以作歌。

其一曰：“皇祖有训，民可近，不可下。民惟邦本，本固邦宁。予视天下愚夫愚妇，一能胜予，一人三失，怨岂在明，不见是图。予临兆民，懔乎若朽索之驭六马，为人上者，奈何不敬?”

其二曰：“训有之，内作色荒，外作禽荒。甘酒嗜音，峻宇雕墙。有一于此，未或不亡。”

其三曰：“惟彼陶唐，有此冀方。今失厥道，乱其纪纲，乃底灭亡。”

其四曰：“明明我祖，万邦之君。有典有则，贻厥子孙。

关石和钧，王府则有。荒坠厥绪，覆宗绝祀!”

其五曰：“呜呼曷归？予怀之悲。万姓仇予，予将畴依？郁陶乎予心，颜厚有忸怩。弗慎厥德，虽悔可追?”

相传夏朝大禹之孙太康，不修德行，不理朝政，只顾享乐，竟至带领群臣在外田猎游玩，百日不归，招致百姓反感。后羿趁机带兵攻打并占领了夏朝的都城安邑，百姓基本没有抵抗。他的母亲和五个弟弟被赶到洛河边，回忆大禹的训诫而作《五子之歌》。其一在明“民可近，不可下”，“民惟邦本”；其二在诫弃绝酒色荒政；其三在揭陶唐成例；其四在宣皇祖典则；其五在申慎行祖德。如果我们采用学者的看法，即《五子之歌》乃是战国时人取太康失国之事，并取《夏训》之训辞而表达的述古之作，那么，结合《尚书》的其他篇章大意，其“民本思想”究竟有哪些特点值得我们注意呢?

首先，我们应该看到，所谓“民本思想”至少在春秋战国时期并非只为儒家一派所主张[1]，而是包括其他诸子都加入的已然形成的“一股声势浩大的潮流”。换言之，所谓的“民本”观念乃是晚周诸子在反省历史递嬗或时代变迁时所形成的通义或“共识”。今所谓“非民本”的老庄固有其独特的“民本”主张[2]，即便“反民本”的法家尤其是早期法家仍有其对“民本”的特殊看法，如《左传·襄公三十年》即记：“郑子产如陈莅盟。归，覆命。告大夫曰：陈，亡国也，不可与也。聚禾粟，缮城郭，恃此二者，而不抚其民。其君弱植，公子侈，大子卑，大夫敖，政多门，以介于大国，能无亡乎?”依子产，陈之亡国，在统治者“聚禾粟，缮城郭”“而不抚其民”，并试图依恃此二者而保有天下，最后导致“其君弱植，公子侈，大子卑，大夫敖，政多门”而国破家亡。总之，“重民”“爱民”“抚民”“贵民”的观念在晚周社会大变革的历史时期已然成了儒、墨、道、法等诸子各家共持的某种主张。

其次，我们大体可以说，“民本思想”在其起始源头上原是以统治者的“诰”或“训”的形式所表达的“诰辞”或“训诫”，而在后世儒家中则多表现为儒者对在位者的“建言”或道德引导。其本质

① 如金耀基所著《中国民本思想史》一书，整本书似乎只论及儒家的“民本”思想而不及其余，该书开篇即谓“中国的政治思想，就‘民’的观点看，有民本、非民本及反民本三派。民本思想起源于《尚书》‘民惟邦本’之语，后经儒家继承而发扬光大；非民本思想则为老庄杨朱一派，他们的思想在哲学上固极尽璀璨绮丽之致，但于实际政治影响不大；反民本思想则以申韩、李斯等辈为健者，此派思想在嬴秦一代固当阳称尊，气焰万丈，厥后两千年之政治，法家地位固极巩固，但在思想上要难谓真正得势”。见氏著书第1—2页。

② 如冯天瑜认为，“老子思想的主流是自然主义……老子又是一位深切同情民众的哲人，他提出‘爱民’的命题……他谴责‘以百姓为刍狗’的做法是‘不仁’，严厉警告统治者‘民不畏死，奈何以死惧之’……老子的出发点可能是复归质朴的上古，但上述言论确乎表明，这位深邃的哲人看到民众的苦难，也意识到民众的力量，并以为统治者万万不可撄其锋”。又云：“至于代表‘贱人’利益的墨家。则站在‘农与工肆之人’的立场上，高喊出‘民之三巨患’——‘饥者不得食，寒者不得衣，劳者不得息’，愤怒谴责‘今王公大人的腐化堕落，力主非乐、非命、节用、节葬’……并希望统治者采取‘役夫之道’，‘与百姓均事业’，‘共劳苦’。”参阅氏著《中国人文传统论略》，《人文论丛》1998年卷，第25页。

特征有两个方面：一是言民本思想者始终是以统治者为中心。其中又有二义，或原本就是统治者发出的“诰”“训”，又或是站在统治者的立场而替统治者说出的、为统治者的长治久安着想的主张[①]。另一是“民本思想”所表现出来的“诰”“训”或“建言”更多的是一引导性范畴或道德性论述。引导性范畴可以产生出一些有利于民生的政策和规则，而道德性论述则可以发为对统治者的一种道德要求，亦即所谓“敬德”或“慎其厥德”，甚至也可以发为某种政治批评，但“民本思想”自始就不是一种有关民众权力之本的制度性设计。审如是，我们认为，许多讨论荀子（儒家）有关“民本思想”的看法似乎混淆了“民本”原是一种鉴戒性质或引导性质的道德论述，而不是一种严格的政治学意义上的政治论述[②]。无论是《五子之歌》中的“皇祖有训”的“训”还是《尚书》中所说其他大量的“诰”[③]，

---

① 有学者认为，民本是以民为主体，民为本，君为末；民本是一个关于人民的主体性资格的判断和政治合法性的判断；又认为，传统民本思想包含民权的因素，但此民权并没有相应的制度发展出来。可是，没有制度保障的民权如何是有效的民权？难道民权可以是一种概念游戏？（参阅夏勇：《中国民权哲学》，北京：生活·读书·新知三联书店，2004年，第7—8、21页）

② 此处所谓的“政治论述”与“道德论述”乃是相对照而言的，换句话说，“民本思想”是相对于造就一个理想统治者的要求而言的。“民本”作为一种道德引导和要求，目的在于造就和培养一个能保持政权不变、能致天下太平的理想统治者，但“民本思想”却不是相对于权力结构安排本身而言的。比方说，在西方古典自由主义那里，首要关注的是国家以及政治权力的正当性问题，也正因为如此，其关注的重心是国家及其权力结构的安排何以必须接受道德的咨询或者这些安排如何才是道德上可接受的。在古典自由主义那里，对统治者而言，并不存在不同于常人的道德要求（毫无疑问，统治者由于掌握权力，故必须接受与此相应的约束）。但是，以“诰”“训”或“建言”的形式所表现的“民本思想”，其针对的对象不是制度，而是统治者个人，其本质是一种规范性主张，具体表现为一种道德性的引导。“民本”之为观念，其功能和作用首先且最为重要的在于确立一个具有典范意义的统治者的“理想形态”，并以此来规范、引导统治者的行为：一个具有圣德的统治者“应当”如何“待民”，构成了“民本思想”的实质。“应当”当然是一种道德引导，也正因此，“民本思想”也可为对统治者的政治批评提供道德的理由。

③《尚书·周书》中言及“诰辞”的篇章有《大诰》《康诰》《召诰》《酒诰》《洛诰》和《康王之诰》等。有关诰辞的作者问题，学者可参看刘起釪：《由周初诸〈诰〉作者论“周公称王”问题》，原载《人文杂志》1983年第3期；又见氏著（转下页）

基本上皆是借由对历史事变的反省，以训诫、劝勉的方式使训、劝的对象（常常是后继的统治者）守“厥德”，归于正道，或借此训、劝以望后继者延续、沿用前贤先祖践行成功的范例。此处，（因民众的暴反所造成的）国家兴亡的历史事件（经由反省）转化为具有鉴戒意义的历史教训，而通过对历史教训的点醒，目的在于触发后之人君在道德认知和心理上的警觉，并引为听政处事时的准则。至于后世儒者出于为统治者着想的初意而提出的“民本”主张①，虽然形式上可能以理论的形态叙述出来，但其本质仍是以“建言”的形式出现的。“建言”当然是一种吁请、一种引导，也可以产生积极的政策效应，乃至发为道德和政治的批评，成为一种面向统治者的软性约束，但其本质仍表现为一种道德论述②。

又次，“民本思想”在思维特性上明显表现为“鉴戒式”的思维方式。在《尚书·召诰》中我们看到的周人所谓“惟不敬厥德，乃早坠厥命”的说法，蕴含着朝代变换、政权更迭作为一事件形式表现的历史教训——其中所隐含的道理如天命靡常、敬德保民或行为的成败

（接上页）《尚书研究要论》，济南：齐鲁书社，2007 年，第 582—598 页。

① 儒者提出“民本”主张是否是为统治者着想，肯定会有不同的看法。我们不能否定儒者具有对民众生活和利益的真诚的关心，但另一方面，儒者所以重民与其看到了民众在政治稳定、政权更迭中的作用密切相关，而非出于尊重民众的权利、人格和尊严的理由。儒者重秩序、重太平，而要得此秩序、太平，即须注重民生而“抚民”，使其失去造反之心，此“民本思想”所提出之根底。但在此一脉络下所谈的“重民”，我们没有充足的理由将其张大为一种独立的政治论说，而应视为仅仅只是在比较政治利益下提出的主张；况且向来儒者认为，民众乃愚陋无知之人，只是君主畜养的对象而已，其“本”之义当如何理解，不言自明。《论语·颜渊》有“百姓足，君孰与不足？百姓不足，君孰与足?”的议论，学者解言纷纷，但孔子这段议论至少包含了君主的富足才是富民的目的这一层意思，换言之，富君是目的，为达此目的，则需要富民，富民乃是富君的手段。刘泽华先生便认为，“孔子倡导富民，不能理解为以富民为目的，真正的目的在于足君”（参阅氏著《中国政治思想史·先秦卷》，杭州：浙江人民出版社，1997 年，第 154 页）。所言直指根源义。至于延伸义，则可以有不同的解释。

② 我们仅仅举一个例子来说明，如荀子的句式“君人者，欲安，则莫若……”（《王制》）。有学者认为这也是儒家的榜样性政治的一种表述方式，参阅干春松：《重回王道：儒家与世界秩序》，上海：华东师范大学出版社，2012 年，第 14 页。

得失——对后继者具有鉴戒作用。这些历史事件（如桀纣无道或太康淫乐所导致的亡国）对后世统治者而言就是富有“意义”的成例，在“教训”意义上有为后世提供准则、鉴戒的功能。的确，单独地看，对太康失国的反省而呈现的“重民”观念似乎是表现出具体时间意义上的因事制范，然而此一历史事件却已成为荷载着超乎时间之外的行为规则的实例，透过此一实例所反省出来的“民为邦本”的观念，显然具有超越具体时间的行为规则的性质，大禹的训诫正可为后世的统治者提供鉴戒。他相信，若要保持政权的永固，实现长治久安，则为君者必须记取“重民、贵民”的准则，这样，准则便具有了超乎时间限制的性质，使得后继者在稳定统治方面确立了行为的立足点。如是，“民本”作为一种准则或要求为后世王者所取法①。

再次，今学者论及“民本思想”之核心无不指向“保民”。但何谓“保民”？如何理解“保民”？类似问题抑或仍有所讲求。若从本章的论旨出发，亦即“民本思想”乃始终是围绕统治者为中心的主张的话，那么，“保民”一说必定有其“原生意义”（original meaning）和“衍生意义”（derive meaning）之分。所谓“保民”的“原生意义”指的是保持或看守住（keep or hold）对民众的有效管理和统治②；而所谓“保民”的“衍生意义”涵盖的范围则很广，内容

① 《荀子》一书常引用历史上一些横征暴敛、不注重民众生活的事例来告诫、警醒和引导现世的统治者，构成了他谈论“重民”的“民本思想”的重要一部分，如荀子云：“成侯、嗣公聚敛计数之君也，未及取民也。子产取民者也，未及为政也。管仲为政者也，未及修礼也。故修礼者王，为政者强，取民者安，聚敛者亡。”（《王制》）

② 参阅冯天瑜：《中华元典精神》，第 283 页。《尚书正义》在注“民为邦本，本固邦宁”时，谓“言人君当固民以安国”（《尚书正义》卷七《五子之歌·第三》），此处“固民”可理解为“保民”的原生意义。又，《尚书·梓材》中云：“今王惟曰，先王既勤用明德，怀为夹，庶邦享作，兄弟方来，亦既用明德。后式典集，庶邦丕享。皇天既付中国民越厥疆土于先王，肆王惟德用，和怿先后迷民。用怿先王受命。已！若兹监。惟曰，欲至于万年，惟王子子孙孙永保民。”此处，“若兹监。惟曰，欲至于万年，惟王子子孙孙永保民”，一般被理解为“以这样的方式来治理殷民，你的王位将会万年长久，同王的子子孙孙永远保有对殷民的稳定统治”。

也林林总总，涉及学者所常常提及的养民、富民、惠民、利民、爱民、教民等等。显然，许多学者在讨论此一问题时并没有自觉地区分“保民”的“原生意义”和“衍生意义”，过于强调“保民”一说的“衍生意义”，但却疏于或忽略了“保民”的“原生意义”。分析地看，“原生意义”在逻辑上可以包含、导出“衍生意义”，但忽略“原生意义”却可能导致对“衍生意义”的理解发生偏差，换言之，“保民”的“原生意义”与“衍生意义”之间具有“目的”与“手段”之间的关系：保证、保持住对民众稳定长久的统治是目的，为了达到此一目的，则必须对民众施于养、教，所谓富之、利之、惠之，教之以仁义，文之以礼乐等等。

由此而观，“民本思想”中的“保民”就其“衍生意义”的角度上看，大体与《管子》所说的“牧民”相近。无疑《管子》言“牧民”亦有其原生意义，此与儒家的“保民”说并无不同，所谓“凡牧民者，欲民之可御也”（《管子·权修》）。“牧”，原意为放养牲口[①]，“牧民”即指统治、管理民众。牧民的目的在“御民”，亦即保持住对民众的有效统治[②]，而如何“御民”正是《五子之歌》所言的“民为邦本”的核心，在心态上有所谓“予临兆民，懔乎若朽索之驭

① 《淮南子·精神训》中云：“夫牧民，犹畜禽兽也。”

② 在《管子》一书中，“御民”包含着一套教导统治者如何统治民众的方法，如《权修》篇云：“厚爱利足以亲之，明智礼足以教之。上身服以先之，审度量以闲之，乡置师以说道之。然后申之以宪令，劝之以庆赏，振之以刑罚。故百姓皆说为善，则暴乱之行无由至矣。”统治者欲至国无暴乱，长治久安，则必须对民众施之以上述各种措施，这既是对着统治者的“建言”，也可以说是一种“御民”之术，故《牧民》篇又云：“政之所兴，在顺民心。政之所废，在逆民心。民恶忧劳，我佚乐之。民恶贫贱，我富贵之。民恶危坠，我存安之。民恶灭绝，我生育之。能佚乐之，则民为之忧劳。能富贵之，则民为之贫贱。能存安之，则民为之危坠。能生育之，则民为之灭绝。故刑罚不足以畏其意，杀戮不足以服其心。故刑罚繁而意不恐，则令不行矣；杀戮众而心不服，则上位危矣。故从其四欲，则远者自亲；行其四恶，则近者叛之。故予之为取者，政之宝也。”总之，“顺民”、重民的目的在“存我”。我们想特别强调的是，虽然这似乎只是出于《管子》的思路，但作为一种基本的思考形态，却并非只为《管子》所独有，大体也为儒家所共享，我们从荀子的《富国》《议兵》等篇中可以看到类似的思考。

六马”，所不同的是，这里的“民”被比喻为“马”而已。正是在此一意义上，我们看到，在许多文献中记有儒者谆谆告诫君主必须检点自身、亲民、爱民以及“知民之急”“因民之欲”“顺民之情”的说法。这些说法在相当程度上表达出儒者道德批评的勇气以及对民众生活的真诚关心，在客观效果上也的确有其正面的作用，但其本质却在服务于统治者如何安坐王位，换一种说法，即是如何长长久久致天下于太平，这才是问题的主要方面。所以，我们不能倒果为因，更不能指手段为目的。换言之，“民本思想”中的重民、爱民必须始终站在统治者的立场来理解，凡碍于统治者“安位”的主张，即便其有利于民众，也不会在考虑之列，《管子》所谓“御民之辔，在上之所贵”（《牧民》）应当包含了此一解释空间[①]，这也是我们何以会认为“民本思想”乃只是一种训诫式的引导性范畴的重要原因。

最后，如果说“民本思想”中的“保民”在其延伸意义上具体指向对“民”的养和教的话，那么，此“养”和“教”本身正表明了“民本思想”乃是一以“父爱主义”（paternalism）的形式所表现的责任政治或责任伦理，至于这种责任政治或责任伦理是否能够最终兑现，那是另一个理论问题。此前我们曾言“民本思想”在本质上乃是一道德论述，其中的原因之一正在于此。晚周诸子有关“民本思想”的一个重要的观念自觉在于告诫、警醒统治者在意识到“民”的力量的同时，要真正承担起对“民”的养、教的责任。钱穆认为，“中国的政治理论，根本不在主权问题上着眼……并不是政治上的主权应该属谁的问题，而是政治上的责任应该谁负的问题。社会上一切不正，照政治责任论，全由行政者之不正所导致，所以应该由行政者完全负其责”[②]。而这样一种责任同时也转化为一种对统

① 荀子对此也说得很明白：“凡言不合先王，不顺礼义，谓之奸言”，“圣王起，所以先诛也，然后盗贼次之。盗贼得变，此不得变也。”（《非相》）

② 参阅氏著《国史新论》第二篇《中国传统政治》，北京：生活·读书·新知三联书店，2008年。钱氏的“君职论”颇具特色，但我们也要说，任何责任都与（转下页）

治者的道德要求，于是，“民之父母”的观念一再被传扬强调[①]。其实，在小邦周克大邦殷后，周代的统治者便已经意识到此一问题，表现民本的“重民”问题本质上便成为统治者如何尽到做父母的责任问题[②]。《尚书·洪范》有谓“天子作为父母，以为天下王”，《泰誓上》则云：“惟天地，万物父母；惟人，万物之灵。亶聪明，作元后，元后作民父母。今商王受，弗敬上天，降灾下民。”天地是万物的父母，人是万物之灵。诚实聪明的人做大君，大君做民众的父母。对此，明人张志淳谓：“《书》曰‘元后作民父母’，《诗》曰‘恺悌君子，民之父母’，《大学》《孟子》亦屡见之，则‘父母’二字，皆人君之称也。”（《南园漫录》）[③] 人君是民之父母，而做父母就有做父母的责任，故蔡沈谓：“天之为民如此也，则任元后之责者，可不知所以作民父母之义乎？”（《书

（接上页）权力相关，无后者则前者亦无着落。君主既要为整个天下国家负责，此固可说是“君职论”，但其背后不也意味着君主的权力大而无外，尊而无上？只看到君职之重，而不看到君权之大，不亦偏乎？

① 今上博简中专载有《民之父母》一篇，相关研究参阅齐丹丹：《上博简〈民之父母〉研究综述》，《古籍整理研究学刊》2012年第2期，第30—35页。

② “民本思想”与“民之父母”的说法是一个钱币的两面。俞荣根认为，“一为‘子民’意识，一为‘圣贤’意识，都导源于民本思想。民本思想中的‘民’不是‘公民’而是‘子民’，他们只能匍匐在‘圣贤’之下，由万民之主的‘圣王’和作为‘父母官’的‘贤人’们自上而下赐予阳光雨露”（参阅氏著《民本与民主》，《南京大学法律评论》1996年春季号，第30页）。需要注意的是，“民之父母”一说当有双重意义，其一是强调统治者要爱民如子，蕴含责任伦理（责任政治）的一面，这是宗法制度下家国同构观念的逻辑结果；其二也蕴含着民众乃是在心智和能力上不能自理、需要被照顾和照看的对象，而统治者则是照顾、照看的主人。钱穆看到了问题的一面，但似乎忽略了问题的另一面。

③ 张氏此处未提及荀子。其实，荀子特别强调君子（此处与人君、君主之意通）作民之父母的地位和意义，如《王制》篇云：“故天地生君子，君子理天地；君子者，天地之参也，万物之摠也，民之父母也。无君子，则天地不理，礼义无统，上无君师，下无父子，夫是之谓至乱。”另一处直接言及“民之父母”者见于《礼论》篇，荀子云：“诗曰，‘恺悌君子，民之父母’。彼君子者，固有为民父母之说焉。父能生之，不能养之；母能食之，不能教诲之；君者，已能食之矣，又善教诲之者也。”可以说，在荀子尊君的思想系统中，人君作民之父母的地位得到空前提高，与此相应，作民父母的道德责任也得到详细说明，此在《君道》等篇中不难看到。

经集传》）“元后”（人君）当承担起作为父母所应当承担的责任和义务。但尽管如此，重民、惠民作为统治者基本的道德职责，其首要关怀和首出意义（first-order meaning）仍在于社稷的永保、秩序的稳定[①]。

3.“天之立君，以为民也”

前面我们简略叙述了“民本思想”的背景及其相关解释，我们认为，“民本思想”在某种意义上可以说是晚周诸子的“共识”，而非某一家一派的主张，在思维特性上则明显地表现出因历史教训而来的“鉴戒式”的思维方式。我们愿意特别强调，儒者所提出的“民本”主张，有其出于真诚关心民众福祉的道义担当的一面，而不是“纯粹”出于为统治者出谋划策，但“民本思想”在本质上的确是以统治者为中心的一种引导性范畴或道德性论述，亦即从“固民”“御民”的目的出发而重“保民”（养与教）的逻辑，使得“民本思想”最终归向（统治者）作“民之父母”的“父爱式”的责任伦理。

我们现在转而讨论荀子有关“民本思想”的具体主张。

迄今为止，有关荀子的“民本思想”，学者已有许多的讨论，在此我们无法一一加以详细梳理[②]，但揭其大者则谓“立君为民”说、

① 晁福林指出：“‘民本’理念是我国古代政治理论的精华。‘民本’理念可以衍化出爱民、裕民、富民、利民等多种有利于民众的表达词语，历代王朝的统治者若如此爱民，以民为本，固然是好事，和盘剥残害民众的劣行相比有天渊之别。然而，应当指出的是，‘以民为本’理念与关爱民众只是一种治术，其终极目的是为君主献策。这是‘民本’理念生而俱来的底色。”（参阅氏著《从“民本”到“君本”——试论先秦时期专制王权观念的形成》，《中国史研究》2013 年第 4 期，第 39 页）晁氏谓“民本”乃是“治术”，所言端的。若谓“民本”之终极目的在为君主献策，则迹近描述，实则其终极目的乃在政权的稳固，在保江山社稷永不变色，此源于儒者对秩序本身的关注。

② 举例而言，如梁启超、金耀基、廖名春、游唤民、王保国、陈雍、高春海等等，至于一般论述“民本思想”的作者则不胜枚举。

“君舟民水”说（或相关的“马舆之论”说）以及“道高于君”说等等[①]。学者的这些讨论无疑各有其所见，但绾合本文的观察视角，毋庸讳言，其间仍存较大的解释空间。以下我们将顺着上述说法展开论述和说明，同见者同之，异见或不足者正而补之。

首先，在论及荀子的“民本思想”时，几乎所有的学者皆特别重视荀子“天之生民，非为君也；天之立君，以为民也”这一说法，对此我们姑且简洁地称之为“立君为民”说。有学者认为，“从理论价值上看，‘立君为民’是‘以民为本’‘民为国本’的终极依据，在民本思想的各种理据中，它最具权威性”[②]。当然，“立君为民”如何具有“权威性”涉及对“立君”“为民”的具体的理论解释。《尚书·吕刑》有谓“四方司政典狱，非尔惟作天牧”。《泰誓上》亦有“天佑下民，作之君，作之师”一说，《孟子》亦复援引之，大体可以认为是“立君为民”的另一种雏形说法，表达出天子代天牧民的意思。事实上，在荀子之前，与“立君为民”相关联的说法还有不少，如《左传·襄公十四年》晋国贤臣师旷即谓“天生民而立之君，使司牧之，勿失其性”；与荀子大体同时的慎到则云“立天子以为天下，非立天下以为天子也；立国君以为国，非立国以为君也”（《慎子·德威》）；荀子之后的董仲舒则基本上步荀子之意而言“天之生民，非为王也；而天立王，以为民也”（《春秋繁露·尧舜不擅移汤武不专杀》）。不过，“立君为民”作为一种设君之道，在荀子之前，天的意志依然十分强大，君位天定，君权天授[③]。至荀子为之一转，

---

① 无疑这种概括并不尽然，如有的学者也从民为国本或礼生为民、政在养民等角度加以说明，有的学者则干脆从政治正当性的角度来论述荀子的“民本思想”。

② 参阅张分田：《论“立君为民”在民本思想体系中的地位》，《天津师范大学学报·社会科学版》2005年第2期，第2页。张氏又认为，“中国古代没有‘民本’这个范畴。孔子、孟子、荀子等许多著名思想家、政论家也没有使用‘以民为本’‘民为国本’等命题来表达民本思想。然而他们都主张‘立君为民’，并据此推演、论证各种与民本思想相关的思路、命题和政策”（同上，第4页）。

③ 事实上即便在孟子那里，君权之来源也不是民众主观意志的赋予，而依旧（转下页）

荀子所言之天乃是无意志的、不能以其喜好降祸福于人间的自然之天。如是，“天”既没有情感，没有意志，只遵循其自身一定的自然而然的法则，并不能为人间事务做主，那么，对于作为人间治理和秩序的问题诸如为何“立君”，如何“立君”，“君”又在何种意义上“为民”等等在荀子的思想中便必须从“人为”的角度，骋人的智慧给出一个新的论证和解释[①]。而这个新的论证和解释则涉及荀子有关建立政治国家之必要性和可能性的一整套理论预设。

今案，荀子“天之立君，以为民也”一说出自《大略》篇，整段原文是这样的：

> 天之生民，非为君也；天之立君，以为民也。故古者，列地建国，非以贵诸侯而已；列官职，差爵禄，非以尊大夫而已。

依荀子，大自然生育民众，并不是为了君主；而大自然所以确立君主之位，却是为了民众。古时候，分列土地，建立国家，不是为了贵诸侯（而是为了更好地治理民众）；同样，设官分职，差等爵禄，也不是为了尊大夫（而是为了更好地管理民众）[②]。当然，这是纯依

（接上页）来源于上天，故云“天与贤，则与贤；天与子，则与子”，“非人之所能为也”（《孟子·万章上》）。荀子之后的董仲舒亦强调天意，认为君王“其德足以安乐其民者，天予之；其恶足以贼害其民者，天夺之”（《春秋繁露·尧舜不擅移汤武不专杀》）。

① 列奥·施特劳斯在论及霍布斯的思想时说到，当人们认识到宇宙自然神妙不可测，认识到人类能够保障智慧的实现时，人便只能转过来青睐“人为”的理智工具，“只是因为对于人道没有什么来自宇宙的支持，人类才能成为主宰。只是因为他在宇宙中完全是个陌生人，他才成为了主宰。只是因为他被迫成为主宰，他才成为了主宰”。参阅氏著《自然权利与历史》（彭刚译），北京：生活·读书·新知三联书店，2003 年，第 178 页。人穷则呼天，而在人意识到并没有什么“天佑”的情况下，便只能寄望于自己的努力。

② 此处“天”如何理解或有争议。有学者认为，“在荀子这一命题中，很显然，天、君与民之间的关系并不属于同一平面上的相互关系，而是分属于两个不同层次。天不仅是民的创造者，也是君的创设者，因而君与民的关系，就其最终源泉（转下页）

字面意义所做出的解释，正如上面所说的，自然为何又如何立君，君在何种意义上为民，类似问题《大略》中无法为我们给出清楚的交代。

依杨倞，《大略》“此篇盖弟子杂录荀卿之语，皆略举其要，不可以一事名篇，故总谓之大略也”。久保爱亦谓：“此篇间有以抄录者，不特荀卿语也。”王天海则案之云：“据本篇所录之内容与形式看，皆荀子前数篇所论之简略摘要之文并及曾子之文、大戴礼之文。”① 基本上，《大略》一篇非如《性恶》《天论》等属主题明确的专论篇章，段与段之间，内容不仅简略，且常常相互独立，彼此没有脉络、意义上的关联。因此，倘若要真正理解其中重要段落的重要思想，我们似乎不能仅仅满足于对某一段之字义、句义甚至段义的理解，而有必要上升到荀子的思想系统中加以衡断。换言之，要真正了解荀子“立君为民”的确切含义，我们在方法上必须自觉地贯彻诠释学意义上的“融贯性”原则。也正是在此一意义上，我们看到，许多学者只着眼于孤立的某一说法便落于先入之见，将荀子“立君为民”做漫荡式的联想乃至浮想，如谓荀子此说实乃宣明了“人民为政治之主体”云云②。但何谓“政治之主体”？在持此论者那里毋宁说这是一个极为模糊的概念，其意实大体是说天下（国家）是由人民所组成的天下（国家），而不是由君主所独有的天下（国家），或如《吕氏春秋·贵公》所谓“天下非一人之天下也，天下之天下也”。但如此一来，“主体”概念便一转而成一描述意义上的、

（接上页）而言，乃是由天所生成、所主宰的”（参阅储昭华、幸玉芳：《从荀子君民关系思想看儒家政治哲学的内在矛盾》，《社会科学》2019 年第 4 期，第 126 页）。储教授在后文虽然对荀子所言之天有进一步的说明，但仅就上述说法而言，本文并不认同。应该说，荀子所言的“天”对于作为人事的君民关系或政治国家而言，不具创设义和主宰义，相反，荀子所致力的工作就是要在“自然”与“人为”之间做出严格的划分，人间秩序不出于“天”之“自然”，而出于“圣王”之“人为”。

① 王天海：《荀子校释·下》，上海：上海古籍出版社，2005 年，第 1036 页。

② 金耀基：《中国民本思想史》，第 11 页。

构成意义上的“实体”概念。实则从政治哲学的角度上看，人民为“政治之主体”当谓政治国家及其权力结构之安排取决于民众的意志自由和自决，离此则所谓人民之作为政治的主体便无从安立[①]，但若要证成此一说法，则需跳开《大略》篇，在荀子的整个思想系统中做出有效的解释。

但问题是，荀子的思想能够支持如此这般的解释吗。

“立君为民”常被认为是儒家的设君之道，在广义上，涉及政治国家的起源与君权的产生等重大问题，而这些问题在荀子思想系统中的确有其特定的解释，也具有超越前儒的理论自觉，如为什么要“立君”；“君”在何种意义上“为民”；荀子是站在君的立场还是站在民的立场强调“立君为民”。显然，这些问题都深刻地关联到对荀子“民本思想”的理解，但若要有效地回答这些问题，则必须回到荀子所假设的“自然状态”理论，这是荀子政治哲学赖以建立的理论前提和出发点[②]。

具体地说，在荀子那里，立君问题在本质上与为何要建立政治国家的问题或政治国家是因何而产生的问题密切联系在一起。依荀子，人的本性天生就具有好利恶害且贪得无厌的特点，但满足人的本性欲望的物品却有限；同时，人人天生都有判断的能

① 在徐复观那里似乎也同样存在类似概念不清的问题，如徐氏谓“中国的政治思想除法家外都可以说是民本主义，即认定民是政治的主体。但中国几千年的实际政治却是专制政治，政治权力的根源系来自君而非来自人民。于是在事实上，君才是真正的政治主体”。参阅氏著《中国的治道——读陆宣公传集书后》，《学术与政治之间》，上海：华东师范大学出版社，2009 年，第 44 页。徐氏一方面从常说的民本主义的角度认为，在中国的政治思想（包括荀子）中，民是政治的主体；另一方面又认为，政治权力的根源不来自民而系乎君，君才是真正的政治主体。此处，徐氏前后两个“主体”概念显然不同，若肯定后者的理解，则应否定前者的理解。

② 相关看法可参阅拙文《“欲多而物寡”则争——荀子政治哲学的逻辑前提和出发点》，载《社会科学》2019 年第 12 期；《荀子的政治正当性理论——以权力来源为中心》，载《现代哲学》2019 年第 5 期。亦见本书的第一章和第四章的部分内容。

力，但判断的结果却互不相同，所以人在行为的表现上是有智愚差别的[1]。然而，在群居的前政治国家的状态中，由于没有相应的政治体制，人“群而无分”，此即荀子所谓的“无君以制臣，无上以制下”（《富国》），其导致的逻辑结果，一方面是“知者未得治”，亦即民众中的智者没有机会施展其才能为社会民众服务，人人天然平等，谁也不服谁，谁也管不了谁；另一方面则是在没有国家政府的一系列强制约束的法则、规范的情况下，人们为满足一己之私的欲望便会无所忌惮地纵欲行私，最终酿成人与人之间的争夺和冲突，荀子甚至以假设的方式为我们生动地描述了一幅人类在“自然状态”下的生存图景：“今当试去君上之势，无礼义之化，去法正之治，无刑罚之禁，倚而观天下民人之相与也。若是，则夫强者害弱而夺之，众者暴寡而哗之，天下悖乱而相亡，不待顷矣。”（《性恶》）此处，“君上”“礼义”“法正”“刑罚”等等乃是泛指政治国家的各种强制措施。依荀子，若没有政治国家，天下就会悖乱相亡，而建立政治国家即必须有“知者”（亦指向如理的君主）出来为人群制定礼义，明分定职，确立合理的“度量分界”以使“欲”与“物”之间能够相持而长，进而避免人类陷于悖乱相亡之境。如是，在荀子，为何要“立君”？原来立君的着眼点是为了“救患除祸”，止争息乱，也是为了拯民于水火。我们完全有理由认为，寻求和平、安全和秩序确乎构成了荀子“为何立君”的初衷和目的。向使无君，则民众之生存便只会依循“纵性情，安恣睢”（《性恶》）的逻辑，便只能服从于丛林法则，人群社会也便只会被引向争夺乃至灭亡[2]。可见，君主或“知者”首先是以拯救者或救

---

① 荀子一方面说“心生而有知”（《解蔽》），“材性知能，君子小人一也”（《荣辱》），这是“知愚同”的一面；另一方面又认为，人的所可不同，判断的结果有异，这是“知愚分”（《富国》）的一面。

② 黄宗羲云：“向使无君，人各得自私也，人各得自利也。”（《明夷待访录·原君》）

世主的身份出现的，君是“治之本也”（《礼论》）。何谓“治”？“治”即是治理、政治，谓管理众人之事也。何谓“本”？“本”谓根本，又引申为主体。审如是，在荀子，君者是本，当必得其尊，“君者，国之隆也”（《致士》），“立隆而勿贰”（《仲尼》）[①]。在此一脉络下，荀子已经以其特有的理论自觉为建立政治国家的必要性做出了强力的理论说明。同时，荀子也以其特殊的方式为君主之临世给出了“合理性”之辩护。只不过，我们在此又从何处可以看到荀子“立君为民”的说法中包含了“人民为政治之主体”的含义？建立政治国家、确立权力结构及其安排又在何种意义上出于民众的意志自由和自决[②]？

无疑学者仍或有疑问，谓荀子“立君为民”之说包含了君主的权力最终需要获得民众的同意，否则人民便可以“改厥元子”、诛一夫暴君；而“为民”则意味着民众的利益高于君主的利益等等。但不得不指出，上述说法皆不免有倒果为因和过度诠释之嫌。我们要问，在荀子那里，“知者”或君主毕竟是如何获得为人群明职定分的权力的？而君主之权力又在何种意义上取得了民众的同意？简单地说，在荀子的思想中，君主之所以能使民众顺服而有权力，并不是因为其统治的权力在究竟来源上获得了民众的意志同意，而是在于“知者”或君主卓越的德、能及其制定的制度设施带给民众的“客观效果”（利益和好处）所致，有关此一看法我们在前面的章节中已有论述。由此可见，民众对君主权力统治的“同意”，既可以有出自自身意志的自由和自决的理由（此为荀子所无，故不能谓民本是人民为政治之主体），也可以出自别的理由。在荀子那里至少有积极和消

① 萧公权认为，在荀子那里，“政治组织既由圣智之君主以产生，政治生活亦赖继体之君主而维持。治乱系于一人，则尊荣殊于万众”。参阅氏著《中国政治思想史》，沈阳：辽宁教育出版社，1998年，第103页。

② 李存山明确指出，儒家以民为本的思想中并没有“公民和政治权力”的设定。参阅氏著《儒家的民本与人权》，载《孔子研究》2001年第6期，第5页。

极两种形式的理由，如出于目的的“理由”，也是积极的“理由”——我们想要过和谐一致“出于道，合于治”的生活（《性恶》）；或出于“兼权”“孰计”（《不苟》）的“理由”，也是消极的“理由”——假如我们不同意、不服从君主权力的统治，那我们就会被“大刑”所加，就会为“刑法之所不舍”（《荣辱》）[①]。虽然，表面上看，上述两种所谓的“理由”都可以构成民众同意、服从君主统治并履行其政治义务的“行动理由”，不过就理论上看，前一种“理由”在实质上表现为“目的-手段”的关系，是一种“工具的理由”（instrumental reason）；而后一种“理由”则明显地表现为“审慎的理由”（prudential reason），这种“理由”是出于利害得失的计算或出于利益的权衡的考量。显然，不论是出于“工具的理由”还是出于“审慎的理由”，在本质上都不是规范的，都是不可普遍化的。然而我们要问，一个出于民众的非规范的、不可普遍化的“理由”而有的“同意”或“服从”的统治如何具有持久的、稳定的统治效力？这当然是荀子不愿正视也无法回答的。

事实上，荀子特别注重如理的君主如何使“人服”（《王霸》），“人服”与民众的“同意”意义相似。但是，如前所说，“人服”在权力的来源上可以有两种意义完全不同的理解，一是从权力根据的正当性上理解，一是从权力作用效果的证成性（合理性）上理解；前者在“因地”上说，后者在“果地”上说。这种源和流、原因和结果、“发生进路”和“目的进路”的关系不可颠倒，理由在于，当我们说君主的权力要获得民众的同意时，我们所要追问的是权力在究竟根源上的正当性问题，亦即权力在“发生的进路”上获得民众

① 荀子对于“兼权”“孰计”的“审慎理由”有许多论述，笔者在《“化性”如何可能——荀子的道德动机论》一文中曾有简洁的说明（台北：“中研院文哲所”，2021年），今不赘。如荀子云：“凡人之取也，所欲未尝粹而来也；其去也，所恶未尝粹而往也。故人无动而不可以不与权俱。”（《正名》）又云：“欲恶取舍之权：见其可欲也，则必前后虑其可恶也者；见其可利也，则必前后虑其可害也者，而兼权之，孰计之，然后定其欲恶取舍。如是则常不失陷矣。”（《不苟》）

或被统治者的意志认可，这是“民”之为“本”、为“政治之主体”的题中应有之义，而不仅仅是在权力作用效果的合理性或在“目的进路”上证成权力的合理[1]。我们之所以要特别强调这一点，理由在于，若要使民众真正成为所谓的“政治之主体”，到目前为止，唯一的途径乃在于让君主及其政府的一切权力真正出自民众之手，所谓“政治之主体”的实义莫过于让民众的意志来决定权力的取舍和存废，否则，民之为“本”、为“主体”的说法便难以成立。毋庸讳言，这是从当代政治哲学的立场所做出的判断，然而唯当我们用“政治之主体”这样的说法来说明“民本”这一概念时，则逻辑上必当有此推论。然而荀子的思想中并不存在这样的思考，John Knoblock（王志民）认为，在荀子那里，“真正的君主和所有真正的政府皆依‘德’而立。正是通过‘德’，君主乃真正确立其统治”。“真正的服从只能依‘德’而有，故统治者乃为民众所珍视，在此一意义上，‘德’作为正当统治建立的基础，被描述为天生的统治者所以吸引民众的‘道德力量’或‘内在力量’。”[2] 的确，“德”是统治者获得权力的先决条件，因此，儒家向有“德治”（rule by moral）一说[3]。但拥有“德”的“天生”的统治者之所以为民众所“珍视”，原因在于它能给民众带来“效果上”的实惠和好处，而正是这效果上的“实惠和好处”能够让民众对君主拥戴、臣服而使其有权力，即此而言，在“发生进路”上经由民众意志自由之自决而给君主以

---

① 周濂指出：“一个政治权力哪怕拥有再多的证成性，也无法推出它就拥有正当性，但是一个原本具备正当性的政治权力，如果它缺乏足够的证成性，例如缺乏基本正义、民不聊生、社会动荡不安，就一定会削弱它的正当性。”参阅氏著《现代政治的正当性基础》，北京：生活·读书·新知三联书店，2008 年，第 43 页。权力的正当性和证成性两者的关系必须把握清楚，权力应用结果的合理性（证成性）并不等于权力在究竟来源上的正当性，但权力的正当性却又离不开证成性。

② John Knoblock，*Xunzi*：*A Translation and Study of the Complete Works*，*Vol. I*，Stanford：Stanford University Press，1988，p. 90.

③ Lucian W. Pye，*Asia Power and Politics*：*the Culture Dimensions of Authority*，Cambridge，Mass.：Belknap Press，1985，p. 41.

权力，在荀子的思想中是不可想象的[1]。

然而，荀子何以会持有这样的主张？其论证的理由或论据究竟是什么？今撇开君主何以具有优异的“德能”不论[2]，荀子之所以会持这样的主张，其论据中的一个重要方面就在于，在荀子看来，民众只是一群愚陋无知而且自私自利之人，所谓“彼众人者，愚而无说，陋而无度者也”（《非相》），他们不学问，无正义，只以货财为宝，以富利为隆。“志不免于曲私，而冀人之以己为公也；行不免于污漫，而冀人之以己为修也；甚愚陋沟瞀，而冀人之以己为知也：是众人也。”（《儒效》）《荀子》一书中类似的言说所在多有，无法也不必一一列举。依荀子，民众之所以会对君主“贵之如帝，亲之如父母，为之出死断亡而愉者”，原因在于身处一个“欲多物寡”、弱肉强食的社会，对民众而言，唯有靠君主的知虑、仁厚和德音才能带来和平和安宁，而这些民众看中君主的并不是其他的原因，而是所谓“其所是焉诚美，其所得焉诚大，其所利焉诚多”（《富国》），意即君主（因其德能之卓越）所制定的政令主张实在好，从君主那里得到的幸福实在大，从君主那里获得的利益实在多。这种说法与荀子将民众视为自私自利、愚陋无知的小人的看法完全一致[3]。

---

① 参阅拙文《权威与秩序的实现——荀子的“圣王”观念》，《周易研究》2019年第1期，亦见本书第二章的相关内容。

② 参阅拙文《“欲多而物寡”则争——荀子政治哲学的逻辑前提和出发点》，《社会科学》2019年第12期。

③ 持荀子（包括绝大多数儒者）“立君为民”为“民乃政治之主体”的学者，认为在荀子那里，“民”之所以为“本”，其中最大也是最有力的证据之一乃在于君主的权力最终需要获得民众的同意，否则人民可以“革”其“命”以弃之，但此一说法本身却是一个需要反省打量的主张。荀子（和儒者）基本上认为，民众只是一群无知且自利的小人。循此，民众所谓的“同意”更多是出于“审慎的理由”，依循于“有奶便是娘”的功利逻辑，他们并没有或缺乏有关“权利、人格、尊严”的政治理念，结果造成中国历史上不断地改朝换代、一治一乱的往复循环。黑格尔则认为，中国历史是循环的没有发展的历史，是“非历史的历史”（G. W. F. Hegel, *Introduction*: *Reason in History*, translated by H. B. Nisbet with an （转下页）

唯其如此，在逻辑上，依荀子，一方面，领导群伦之事、经国定分之业断然不能寄托在这些民众身上；另一方面，也许是更为重要的方面在于，在荀子看来，民众也没有能力依其自己的知识和意志选择出富有“德能”的统治者。如是，君与民的关系亦可形象地表述为“大海航行靠舵手，万物生长靠太阳”，民众只是君主所养所教的对象，这种说法当下意味着他们是一群在心智和能力上皆不成熟、不可靠的人，他们像小孩一样，需要的只是君主之作为“父母”（《王制》《礼论》）的照顾和照看。就“照顾”言，若无君主，民众便无法靠自身谋取自己的生活，故云：“君子以德，小人以力；力者，德之役也。百姓之力，待之而后功；百姓之群，待之而后和；百姓之财，待之而后聚；百姓之势，待之而后安；百姓之寿，待之而后长”（《富国》）；就“照看”言，若无君主（及其所拥有的国家机器和权力），民众就会纵其所欲，肆无忌惮，社会人群便会呈至乱之境乃至铤而走险。由此而观，君主的权力在究竟根源上（“因地”上说或发生进路上说）与民众并无直接的关系，而坊间所谓君主的权力最终要获得民众的同意只是“果地”（革命或以暴力推翻政权）的一种描述。同时，君主之“为民”也主要是为了其统治的利益（“稳定”）而对民众所表达的“照顾”和“照看”而已。故云：“马骇舆，则君子不安舆；庶人骇政，则君子不安位……‘君者，舟也；庶人者，水也。水则载舟，水则覆舟。’”（《王制》）驾车的马看见车就害怕，坐车的人就不会安心坐车；民众不安于国家的政令，君主就不能安坐其位。

我们自然要问，君主为何应该对民众的不安感到惊惧？我们说过，民众虽然是一群愚陋无知的自私之人，但他们集体暴反却可以

（接上页）introduction by Duncan Forbes，Cambridge：Cambridge University Press，1975，p. 199）。造成此一结果一方面与儒者从未正视民众的权力有关，另一方面也与民众缺少相关的政治理念分不开。

推翻君位。因此，无论是“马舆之论”还是“君舟民水”之说，皆是着眼于君主安稳的统治所提出来的鉴戒性的、警示性的说法，在思路上与《尚书·五子之歌》所谓的“予临兆民，懔乎若朽索之驭六马”一脉相承。但如何让君主长久地安坐君位？方法即是给民众以实惠，让他们安居乐业，换言之，统治者之所以要对民众施之以“惠”，授之以“利”，正如同驾车的驭手为不使马车翻覆而施马以“静”一样，其最初的动机和目的原不在民，而在自己“安位”，故而“为民”只是由“安位”拖带出来的。“安位”与“为民”之间的关系是一种“目的-手段”的关系，表达的是一种“工具理性”(instrumental reason)。如此看来，如何使统治者“安位”便成了荀子愁肠百结、念兹在兹的中心主题，如是，“立君为民”既是对君主的劝诫、建言，也是一种道德吁请。荀子真正的用意在于希望君主能够像“王良、造父”那样善于驾驭民众[①]，使国家这驾马车能够行之安且远，此亦如《尚书·梓材》所谓“若兹监，惟曰：欲至于万年，惟王子子孙孙永保民”，意即唯有以爱民、利民的方式来治理，王位才会万年长久，同王的子子孙孙永远保有对民众（殷民）的稳定统治[②]。

此当是荀子“为民”之初义的确解。

也正是在此一点上，我们看到徐复观的说法也不免有些凌乱，一方面徐氏在引用荀子“天之立君，以为民也”后认为，“天下不是私人可得而取或与，乃系决定于民心民意，则人君的地位与人民对人君的服从，无形中是取得人民同意的一种契约关系”[③]。另一方面

---

① 荀子云：“王良、造父者，善服驭者也。聪明君子者，善服人者也。”（《王霸》）在荀子之前，《管子·形势解》亦云：“造父，善驭马者也，善视其马，节其饮食，度量马力，审其足走，故能取远道而马不罢。明主犹造父也，善治其民。”

② 如前所言，所谓“民本思想”中的“保民”一说，其原初的含义（original meaning）是保持和看守住（keep or hold）对民众的有效管理和统治，而其延伸的含义（derive meaning）即是养民、富民、惠民、教民等。

③ 徐复观：《荀子政治思想的解释》，氏著《学术与政治之间》，第84页。

又认为，中国政治思想中权力的“根源系来自君而非来自人民”[①]。也许，按徐复观的说法，这两者乃是“理念”与“现实”的差别。但是，即便从“理念”言，如前分析，在荀子那里，所谓“人民的同意”，并非如当今政治哲学意义上的究竟根源的同意[②]，毋宁说，“民众同意”所服从的多半是基于功利效果的逻辑，而非出自有关自身权力的政治理念。至于说到君民关系是一种“契约”关系，严格来说，这多半是一种无端的兴会和联想而已[③]。不过，在荀子那里，君在何种意义上、以何种方式“为民”，徐复观从儒家思想的总体特征出发倒有十分传神的说明。依徐氏，“儒家所祖述的思想，站在政治这一方面来看，总居于统治者的地位来为统治者想办法，总是居于统治者的地位以求解决政治问题，而很少以被统治者的地位去规定统治者的政治行动，很少站在被统治者的地位来谋解决政治问题”。正因为这样，尽管儒家政治思想中包含以民为本、以民为贵的观念，然而“这一切都是一种‘发’与‘施’的性质（文王发政施仁），是‘施’与‘济’的性质（博施济众），其德是一种被覆之德，是一种风行草上之德，而人民始终处于一种消极被动的地位……于是政治问题总是在君相手中打转，以致真正政治的主体没有建立起来”[④]。依徐氏，以民为本、以民为贵的主体是君主，民众只是被动接受君主的“施”与“济”。然而，民众为何还是“本”而且“贵”

---

① 徐复观：《中国的治道——读陆宣公传集书后》，同上书，第 44 页。

② 《荀子》一书特别注重如理的君主如何使“人服”（《王霸》）。“人服”与民众的“同意”“认可”意义相似。但是，我们说过，“人服”在权力的来源上却有两种意义完全不同的理解，一是在根据的正当性上，一是在效果的合理性上。对于荀子和儒家而言，所谓“人服”“同意”和“认可”全在效果的合理性上说。具体论述参阅拙文《荀子的政治正当性理论——以权力来源为中心》，载《现代哲学》2019 年第 5 期，今不再细论。

③ 需要指出的是，罗哲海在其论著中也认为荀子的学说“确实有某种契约的成分作为基础”（参阅氏著《轴心时期的儒家伦理》，第 90 页），但又认为荀子没有贯彻此一主张。此间我们必须有效区分“契约”与“契约论”的不同，今不赘。

④ 徐复观：《儒家政治思想的构造及其转进》，氏著《学术与政治之间》，第 12 页。

呢？原因在于，民众是构成天下国家的“实体”，尽管他们自私愚陋，可一旦他们的生存不保，他们的暴反便会危及君主的统治（如《五子之歌》之源起）。对此，贾谊倒有深刻的观察，其云：“夫民者，至贱而不可简也，至愚而不可欺也，故自古至于今，与民为雠者，有迟有速，而民必胜之。”（《新书·大政上》）如是者，君主之注重民众的利益，甚至将之看作高于君主之利益，最终是为了服务于自己保天下、保社稷的目的[①]。“为民”的动机则来源于“何为则民服”（《论语·为政》），而非来源于对民众的政治权利的关心，所谓“不利而利之，不如利而后利之之利也。不爱而用之，不如爱而后用之之功也。利而后利之，不如利而不利者之利也。爱而后用之，不如爱而不用者之功也。利而不利也，爱而不用也者，取天下者也。利而后利之，爱而后用之者，保社稷者也。不利而利之，不爱而用之者，危国家者也”（《富国》）。为何君主对民众要“利而不利”“爱而不用”？莫非真的如一些学者所认为的那样，君主如此“高尚无私”的行为纯粹是出于对民众福祉的考虑？荀子对此说得非常清楚，这样做的目的就是为了“取天下”“保社稷”，也就是《尚书·梓材》中所说的“欲至于万年，惟王子子孙孙永保民”，亦即永远保持对民众的有效统治，这是核心的目的。而聪明的君主则要通过“兼覆”“养长”民众百姓，使其成为实现国家富强和荣耀的手段，所谓“用国者，得百姓之力者富，得百姓之死者强，得百姓之誉者荣”（《王霸》）。如是，君之“为民”所包含的爱民、利民，所谓“生民则致宽，使民则綦理”等等只是服务于君主目的的手段。在此一言说脉络中，民众之为“本”、为“贵”并不能在权力结构安排中被“独立说出”，即便可以被独立说出，其意义也多半只止于手段乃

① 从这个意义上看，亦无异于说君主之利民乃是为了自利，或利民即是自利，只不过这种“利”通常是以家长对子女的道德责任的形式表现出来的。《左传·文公十三年》记：“邾文公卜迁于绎。史曰：‘利于民而不利于君。’邾子曰：‘苟利于民，孤之利也。天生民而树之君，以利之也。民既利矣，孤必兴焉。’”

至工具的性质，此断无可疑者[①]。循此脉络，所谓荀子思想中重民爱民的“民本思想”，也始终只是站在统治者的立场并切身处地为统治者长治久安着想的一种引导性范畴和道德性论述，是一种劝诫和建言[②]，所谓“君人者，欲安，则莫若平政爱民矣”（《王制》），寥寥数语，良工苦心，不言自明[③]。

当然，毕竟如何评价荀子“立君为民”的主张，学者间看法不一，持论甚至针锋相对。我们认为，对于类似意义重大但又缺乏言说脉络的命题，唯有从荀子的整个思想系统出发，才能对荀子为何要“立君”，“君”在何种意义上“为民”，荀子是站在君的立场还是站在民的立场强调“立君为民”等问题做出有效回答。我们再次强调，荀子“立君为民”的主张，有其出于真诚关心民众福祉的道义担当的一面，事实上，荀子对其所处时代的统治者加诸民众身上的

---

① 参阅刘清平：《儒家民本思想：工具性之本，还是目的性之本》，《学术月刊》2009年第8期。《荀子》一书中有大量有关惠民、利民、爱民的论述，如所谓“轻田野之税，平关市之征，省商贾之数，罕兴力役，无夺农时”（《富国》）等等（本章没有一一援引），表明荀子对政治的理解倾向于保障民众幸福生活的获得，具有十分重要的意义。但即便如此，我们也不能据此证立荀子是一个民本主义者，其中的原因在于，按照我们的理解，民本的概念需要确立民众在政治治理体制及其权力结构安排中的主体地位，而惠民、利民、爱民的说法在荀子的思想系统中却未能触及于此。

② 晁福林认为，“‘民本’理念是我国古代政治理论的精华。‘民本’理念可以衍化出爱民、裕民、富民、利民等多种有利于民众的表达词语，历代王朝的统治者若如此爱民，以民为本，固然是好事，和盘剥残害民众的劣行相比有天渊之别。然而，应当指出的是，‘以民为本’理念与关爱民众只是一种治术，其终极目的是为君主献策。这是‘民本’理念生而俱来的底色”。参阅氏著《从“民本”到“君本”——试论先秦时期专制王权观念的形成》，《中国史研究》2013年第4期，第39页。

③ Murthy一方面认为，儒家的“民本”与“民主”并非同义，但另一方面则认为儒家“民本”思想中的一些原则有助于推动建立一个公民在政治和经济上获得权力的政权。作者通过对孔、孟和贾谊的分析，认为他们均强调政府应当满足民众的基本需要，并认为物质生活的富裕是民主的先决条件，而此一点在当代的讨论中常常被忽略。基本上，Murthy的主张是站在现代的立场上并且带着现代的眼光去观察古代的思想，其在很大程度上忽视了在专制体制中富民本质上是一种统治者为了获得长久统治的手段，尽管其效果也有值得肯定的意义。参阅 Viren Murthy，“The Democratic Potential of Confucian Minben Thought，” in *Asian Philosophy 10*，*No. 1*（2000）。

横征暴敛曾深加挞伐[1]。但经由对“立君为民”命题的整体分析，我们看到，在荀子那里，“立君”问题与建立政治国家的必要性问题密切相关，而相对于民众而言，君主是拯救者和救世者；相对于天下和国家而言，民众只是构成意义上的“实体”概念，而不是政治哲学意义上的“主体”概念。君主“为民”及其所包含的爱民、利民等措施只是为了保有天下国家的目的所给予民众的“施”与“济”的手段[2]。目的决定手段，原因决定结果，而不是反过来。

4.“君者，舟也；庶民者，水也”

学者在论及荀子“民本思想”时的另一重要文本根据就是所谓的“君舟民水”说或者“马舆之论”说，两者皆是一种比喻性的说法，而且又皆出自《王制》篇的同一段中，在理论效力上并没有多大差别。荀子云：

> 马骇舆，则君子不安舆；庶人骇政，则君子不安位。马骇舆，则莫若静之；庶人骇政，则莫若惠之。选贤良，举笃敬，兴孝弟，收孤寡，补贫穷。如是，则庶人安政矣。庶人安政，然后君子安位。传曰：“君者，舟也；庶人者，水也。水则载舟，水则覆舟。”此之谓也。

有关“君舟民水”之喻的说法又见于《哀公》篇：“丘闻之，君者，舟也；庶人者，水也。水则载舟，水则覆舟。君以此思危，则危将

① 荀子云：“今之世而不然，厚刀布之敛，以夺之财；重田野之赋，以夺之食；苛关市之征，以难其事。不然而已矣：有掎絜伺诈，权谋倾覆，以相颠倒，以靡敝之。”（《富国》）

② 本章在处理圣王、君主以及相应的天下、社稷等问题上没有做出具体界分，而只做笼统处理，并不是说不应做此一界分，而是在别的地方已经做了相应梳理，特此说明。

焉而不至矣?”但是，正如“立君为民”说一样，毕竟如何来解释荀子的“君舟民水”或“马舆之论”这种比喻性的说法，学者之间也同样莫衷一是，甚至形同水火。有学者认为，荀子的这种说法一方面指出民众是君主赖以存在的基础，另一方面又承认民众的力量能够推翻君主的统治，反映了荀子对民众力量的重视，达到当时的最高水平，表现出荀子进步的民本思想①。但另一些学者却认为，荀子的这种说法尽管看到了民众对于君权存亡的重要性，但荀子并未据此得出民本思想中最基本的观点，即“政从庶人”或“君随民愿”的结论，统治者的惠民不过是为了让自己的权力更稳固一些罢了②。

毫无疑问，对于同一文本的不同解释，至少从表面上看，我们似乎一时很难说哪一种是对的，哪一种是错的。因此，若不探究其原因，则类似各说一套的争论仍将持续，而且可以预见双方很难相互说服。但其中的原因究竟是什么呢?前面已经指出，学者之持异见，与他们各自的视角、所重的主题不同有关，也与他们各自所持的立场有关。不过，这种对异见的“辩护”似乎并不究竟，如何透过荀子思想的整体给出一种恰当的解释，而不是“蔽于一曲而暗于大理”尤为重要。另一方面，我们也说过，“民本”一词原只是对“民为邦本”(或“民为国本”的意思)的概括，这种概括在内容上同样适合于荀子，因为无论是“君舟民水”还是“马舆之论”，皆指向若要使国家安定，则必须重民、惠民，盖君主是国家的象征，民众是国家安定的基础，欲安国即需重民，并由此引出“民为国本”的“民本思想”。问题在于，“民为国本”的说法在意涵上并不清楚和确定，亦即作为“本”的挂搭处的“国”究竟是何种意义上说的“国”(亦即民是作为国的构成要素，还是作为国的治理主体)。具体到荀子而言，若将其“民本思想”中的“君舟民水”之论也放置在

① 廖名春:《论荀子的君民关系说》，《中国文化研究》1997年夏之卷，第44页。

② 王保国:《评荀子的君本论和君民“舟水”关系说》，《史学月刊》2004年第11期，第16—17页。

“民为国本”的脉络下来理解，那么，此中最为关键之处在于，学者对荀子所说的两种不同意义的“国”缺少应有的分辨和觉察。如是，我们看到，学者同样都从“民为国本”角度来说明荀子的“民本思想”，但由于荀子既有从构成要素的角度言国之为国，也有从政治的治理体制的角度言国之为国，这样“国”的含义不同，导致对“民为国本”的“民本思想”的理解相异：从构成要素言，“民为国本”的“民本思想”可以成立；从治理体制言，“民为国本”的“民本思想”则无法证立[①]。显然，从政治哲学的角度看，后一种才真正构成我们研究的主题。

我们先看荀子有关“国”之作为政治的治理体制的论说。荀子云：

> 国者，天下之（制）利用也。（《王霸》）
>
> 国者，天下之大器也，重任也。不可不善为择所而后错之，错险则危；不可不善为择道然后道之，涂秽则塞，危塞则亡。（《王霸》）
>
> 国者，重任也。（《王霸》）
>
> 国之命在礼。（《强国》）

荀子的上述说法显然是从政治的治理体制（包含国家的治理原则和权力结构安排等）的角度来说明国之为国的。依荀子，国家是天下最有利的器用，也是最大的器用，故而治国是重任，不可不慎择其治国原则和人，并加以妥善安置，将国家安置在危险的治国原则之上或委托给危险的人就会危险；也不可不慎择其正确的治国原则并加以实行，治国原则荒秽则行不通，处境危险，道路堵塞，国家就

① 我们应看到，这两者在儒家文献中常常是融合在一起说的，其中的一个重要原因是由于儒家思想中缺乏独立的国家理论。儒家论民本更多是从国家治理的“技术合理性”上说的。

会灭亡[①]。从政治的治理体制角度上看，礼义法度是国家治理的根本大法，而礼义法度是由圣人或如理的君主（仁人等）所创制和实行的，故荀子一方面认为“礼者，治辨之极也，强国之本也，威行之道也，功名之总也”（《议兵》），“国无礼则不正”（《王霸》）；另一方面又认为“君者，治辨之主也”（《礼论》），“人君者，所以管分之枢要也”（《富国》），“故仁人在上，则农以力尽田，贾以察尽财，百工以巧尽械器，士大夫以上至于公侯，莫不以仁厚知能尽官职。夫是之谓至平”（《荣辱》）。从荀子的上述论述脉络中，我们当然看不到所谓“政从庶人”或“君随民愿”的“民本思想”，相反，我们所能看到的是“上者，下之仪也……上者，下之本也”（《正论》）。国家之治理、权力结构之安排、施政方针之制定，总之，国家的一切政治活动之所从出，全在君主之所置，民众只是君主教养的对象。从这个意义上说，所谓“民为国本”便只是一种虚言，根本无从谈起；同样，民众作为政治之主体的说法也根本无从安立。对此，梁启超便认为，“惟一切政治当由人民施行，则我先民非为未尝研究其方法，抑似并未承认此理论，夫徒言民为邦本，政在养民，而政之所从出，其权力乃在人民之外，此种无参政权的民本主义，为效几何？我国政治论之最大缺点，毋乃在是”[②]。梁氏所说至为端的。

但在另一方面，荀子所谓“民为国本”的“民本思想”又可以成立，而其所以成立的理由则指向荀子之作为“构成要素”的国家概念，荀子云：

---

① 李涤生即此引《汉书·贾谊传》云：“今人置器，置诸安处则安，置诸危处则危。天下之情，与器亡以异，在天子之所置之。”治天下或治国之成败纯依于天子或君主。参阅氏著《荀子集释》，台北：台湾学生书局，1979 年，第 236 页。

② 梁启超：《先秦政治思想史》，上海：上海古籍出版社，2014 年，第 6 页。梁氏认为，以林肯的“三民”原则衡之，中国传统的民本思想只具“民有”“民享”，而无“民治”，此一观念已为许多学者所认同，如萧公权、徐复观、萨孟武等等。“民治”涉及国家的治理体制的性质（权力结构的安排等）。

国家者，士民之居也……无土则人不安居，无人则土不守，无道法则人不至，无君子则道不举。故土之与人也，道之与法也者，国家之本作也。君子也者，道法之摠要也。(《致士》)

此处“本作”，杨倞谓“犹本务也”；王念孙则曰：“作者，始也。始，亦本也。”“国家之本作”犹言构成国家的原始要素或根本要素。荀子此段在总体意思上虽在强调“国家待道法而治，道法待君子而举，君子待人君隆礼义而后归之”[①]，但是，从荀子所用的句式看，则明显在为国家做出规定，只不过这种规定的方式不是从国家之作为政治的治理体制的角度着眼，而是从构成国家的依凭要素上着眼，因而与说国家是“天下之大器、重任”颇有不同。依荀子，国家之所以为国家，其成立必须具备一些根本的要素，此即士民、土地、道与法、君子。荀子的这种说法其实与近现代学者对国家构成要素的规定颇有可比较之处，如按照《奥本海国际法》一书的说法，国家成立的要素，“第一，必须有人民；第二、必须有人民所定居的土地；第三，必须有政府——那就是说有一个或更多的人来代表人民，并且按照本国的法律进行统治；第四，也是最后，必须有一个主权的政府”[②]。比较而言，其中最大的差别在于，荀子那里的所谓国家并没有“主权”(sovereignty)的观念，尽管周天子其时已徒有虚名，但天下在形式上依然还是周天子的天下。

假如上述所言成立，那么我们看到，荀子从构成要素的角度言国家概念的规定，已为我们理解其“民为国本”的“民本思想”确立了基础。依荀子，国家的成立离不开上述四个要素，要素即是要

① 李涤生：《荀子集释》，第 305 页。

② 詹宁斯·瓦茨修订：《奥本海国际法》(王铁崖等译)，北京：中国大百科全书出版社，1995 年，第一卷第一分册，第 93 页。亦可参阅梁西主编：《国际法》，武汉：武汉大学出版社，2000 年，第 92 页。

件，要件缺一不可。从缺一不可的意义上，民众为构成国家之“本”[①]。依荀子，国家并不是一个抽象的概念，而是由士民、土地、道与法、君子等实体性的东西所组成的整体。国之为国，上述四者缺一不可，故无民，则国不存[②]；同样，无土，国也不存，这是从构成关系上理解的“民为国本”。但在此一脉络下，道与法、君子（即相当于治理机构的政府）等也是“国本”，是构成完整国家的要件。一个国家由上述四个要件组成，每一个要件都在国家的整体结构中有其特殊的功能和作用。今谓“民为国本”，故为国者当重民、爱民，盖缘民众乃是构成国家之实体的根本要件。从这个意义上，学者谓荀子的“民本思想”表现在“民众是君主赖以存在的基础”，换另一种说法，即民众是国家存在的基础同样成立，盖君主（权力）即是国家的象征，国家乃为君主的国家。由此而观，荀子所谓“民为国本”的“民本思想”只能在作为国家的构成要素上成立，而不能在国家作为政治的治理体制上成立。从构成要素上言，此时的“民”是作为一个集合概念。就其为集合概念而言，贾谊有敏锐的观察，“夫民者，大族也，民不可不畏也，故夫民者多力而不可适（敌）也”（《新书·大政上》）。“民”是大族，意即人数众多，故不可不畏，因为人数多而力量大，故不能抵挡。故民之作为“本”的意义当从此处来理解。若从治理体制上言，一旦把“民”具体化为每一个个体，此时的“民”正如荀子所说的乃是“愚而无说，陋而无度者”，他们只是君主治理的对象，可偕之大道，而不可与共明其所以然[③]，如是，“民”之作为“本”的意义便无法得到支持和证立。

① 我们所需注意的是，这种意义上的“本”始终只是构成意义上的“本”。

② 据载，元武宗时，皇帝在命章律为浙江行省平章的训辞中即谓：“民为邦本，无民何以为国！汝其上体朕心，下爱斯民。”（毕沅：《续资治通鉴》卷一九七，北京：中华书局，1957年，第5377页）亦见晁福林：《从“民本”到“君本”——试论先秦时期专制王权观念的形成》，《中国史研究》2013年第4期，第39页。

③ 荀子谓：“夫民易一以道，而不可与共故。”（《正名》）

故有学者谓："传统儒家所倡导的整体意义的贵民论，同时也意味着个人的卑贱。古代思想家在观念形态上对于民的整体价值的确认和对于个体价值的否定，使得'民贵'与'君尊'成为有机的整体。"[①]

显然，对我们来说，从政治的治理体制上来解析荀子的"民本思想"要远为得当和重要，其根本原因就在于荀子重民、爱民等"民本思想"的论述基本上皆隶属于他的国家治理之术的脉络，是作为安国、安天下的手段出现的。审如是，我们即可转而分析荀子的"君舟民水"之论。

事实上，从文本结构上看，荀子的"君舟民水"说直接指出的是载舟、覆舟的结论，在"马舆"之喻中反倒能看到更为具体的论述。然而，也正是在这里我们看到了荀子采用类比手法的目的和用心：驾车的马看见车就害怕，坐车的人就不会安心坐车；民众不安于国家的政令，君主就不能安坐其位[②]。如是，我们要问，君主为何应该对民众的不安感到惊惧？前面我们说过，民众虽然是一群愚陋无知的自私之人，但他们的集体暴反却可以推翻君位，此类历史教训荀子多有援引。因此，无论是"马舆之论"还是"君舟民水"皆是着眼于君主安稳的统治所提出来的鉴戒性的、警示性的说法，但如何让君主长久地安坐君位？方法即是给民众施以恩惠，而统治者之所以要对民施以"惠"，正如同驾车的驭手为不使马车翻覆而施马以"静"一样，其动机和目的原不在民，而在自己的"安位"，"惠民""为民"只是由"安位"拖带出来的。上述所说我们前面已经指出，但的确需要在此处加以特别强调。荀子以拳拳之心告诫统治者，谓"有社稷者而不能爱民，不能利民，而求民之亲爱己，不可得也。

① 孙晓春：《儒家民本思想发微》，《吉林大学社会科学学报》1995年第5期，第2页。

② 有学者认为，荀子的类似说法涉及政治的正当性问题应该有其道理，盖如何让统治者统治得心安理得，而被统治者安于统治者的统治，原本就是正当的政治统治的题中应有之义，只不过荀子对"正当"有其特殊理解而已。

民不亲不爱，而求其为己用，为己死，不可得也。民不为己用，不为己死，而求兵之劲，城之固，不可得也……故人主欲强固安乐，则莫若反之民；欲附下一民，则莫若反之政；欲修政美俗，则莫若求其人”（《君道》）。此处，“不能爱民”“不能利民”是反说，目的在于从正面引导出应当“爱民”“利民”的主张，希望统治者做到“上之于下，如保赤子”（《王霸》），但爱民、利民的动机和目的是什么呢？荀子说得很清楚，就是为了使民“为己用，为己死”，所谓“用国者，得百姓之力者富，得百姓之死者强，得百姓之誉者荣——三得者具而天下归之”（《王霸》）。从这个角度上看，我们有理由认为，与其说荀子是“民本论”者，毋宁说是“民用论”者。

“民本论”，荀子似未曾说出；“民用论”，荀子则已明白示之。

当然，从“载舟”“覆舟”的说法中，我们看到，荀子此说的确注意到了民众对于国家政权稳定的重要性，指出他们既可以让统治者安位，也可以让统治者不安位。但若要顺此治理体制之脉络以证立民众之作为“本”，则其逻辑当站在民众的立场思考如何从制度设计上确立民众基本且首要的政治权力，同时限制君权之绝对，这才是立“本”之基，也是“本”之为“本”的本义。但荀子从未站在民众的立场看问题，而是始终站在统治者的立场看问题。如是，如何使统治者“安位”也便构成荀子政治哲学思考的主题。依据“马舆”之喻，“安位”必须“安民”，故“爱民”也在很大程度上成了“安位”的手段，所谓“君人者，爱民而安”（《君道》《强国》），“知爱民之为安国也”（《君道》），一个“安”字和盘托出了荀子内心深处的政治诉求[①]。故而从表面上看，荀子的“君舟民水”和“马舆之论”暗示出民众是国家之“本”，但这个“本”在荀子眼中却始终只是君主所驾驭和驯服的对象（如马一样）、所利用和依托（如水

① 荀子对秩序（“安”）有着强烈的渴求，但秩序的实现却不能依靠民众百姓，只能寄望于“德位一体”的君主，因而对君主的道德要求也便成为荀子着力思考的中心，其中“民本思想”中的“爱民”便是此类道德要求的重要方面。

一样）的工具，荀子真正的用意在于希望君主能够像“王良、造父”那样善于驾驭民众[1]，使国家这驾马车能够行之安且远。审如是，荀子这种所谓的“民本”之说本质上即是御民之术，“惠民”是为了“御民”或“惠民”即是“御民”，其首要的目的在于国家安定、秩序井然，在于使君主保有对民众的有效掌控，就如同一个娴熟的驭手驾驭一驾马车一样。而如何驾驭和掌控即涉及荀子所说的“管”“教”“养”三事，“选贤良，举笃敬”是管之事，“兴孝弟”是教之事，“收孤寡，补贫穷”是养之事。三事备，则天下平，国家宁[2]，而君主即可以“垂衣裳，不下簟席之上，而海内之人莫不愿得以为帝王”（《王霸》）。

由上分析可见，虽然荀子看到民众可以推翻君主的统治而竭力劝勉、告诫统治者在为政时当重民、爱民，但一旦我们把“惠民”与“安位”做一对比式思考，就会发现荀子“惠民”的“民本思想”只是一种在比较政治利益下所提出的主张。在荀子，“惠民”就是满足民众的欲求，造就民众的福祉[3]。民众生活富足，乐得其中，他们就会支持君主，而君主就可以“安位”。在此，与“惠民”（包括一系列养、教措施）相比，君主之能安位以保天下、保国家，显然是更为重大的政治利益。因此，君主之所以要“以民为本”，本质上是依据政治利益的大小来衡量的。前面说过，在荀子，君主是治理天下国家的主体，是管分之枢要，因此，君主是天下国家的象征，故荀子将之比喻为“舟”，盖所谓“舟”者乃所以荷持、承载民众福祉也。民众之福祉表现为民众利益的实现，而民众利益的实现与否关

① 荀子云：“王良、造父者，善服驭者也。聪明君子者，善服人者也。”（《王霸》）

②《荀子》一书对此有各种不同的说法，如谓“厚德音以先之，明礼义以道之，致忠信以爱之，赏贤使能以次之，爵服赏庆以申重之，时其事，轻其任，以调齐之，潢然兼覆之，养长之，如保赤子。生民则致宽，使民则綦理，辨政令制度，所以接天下之人百姓，有非理者如豪末，则虽孤独鳏寡，必不加焉”（《王霸》）。

③ 笼统地说，“惠民”及其包含的一系列政策措施所表现的“民本思想”，学者也常常将之概括为“政在养民”，此处不做展开分析。

乎民众对君主的统治能否“应之如景向”（《富国》），关乎民众的顺逆与民心的得失，而民心的得失则关乎家国天下的得失。如是，之所以要“为民”“惠民”，是因为此乃关乎天下国家能否长治久安的最重大的政治利益。有关此一看法的理解，有论之者始终抱持不同意见，以为如此看法过于严苛，对荀子和儒家缺少应有的同情。其实，这与同情与否无关。由理之所是而是之，便是最大的同情。由此而观，荀子“民水”、民本之说的提出并不是由于民众在政治上的道德地位比统治者更为重要，而是因为民众的支持能让君主安坐王位，君临天下，能让君主这艘天下之“舟”不会倾覆。两种政治利益比较，孰重孰轻显而易见，故兼权孰计，欲恶取舍，不可不慎[1]。荀子思想向有所谓重“功用”一说[2]，盖非独指道德言，亦指政治言，其持之者宁无故乎？

5.“从道不从君”

最后，我们还需简要讨论一下荀子“从道不从君”的主张，此一主张也被学者认为是荀子“民本思想”的另一个重要论说。

其实，正如“立君为民”“君舟民水”一样，荀子的“从道不从君”也属于荀子思想中的一个重要命题。但在讨论该命题的具体内容并对之做出评价之前，在方法上，我们对某一命题的分析需要有

① 荀子注重兼权孰计、长虑顾后的“慎思”（prudent），有迹可循，而“慎思”常常与对结果的权衡相联系。如荀子云：“欲恶取舍之权，见其可欲也，则必前后虑其可恶也者；见其可利也，则必前后虑其可害也者，而兼权之，孰计之，然后定其欲恶取舍。如是则常不失陷矣。”（《不苟》）又云：“凡人之取也，所欲未尝粹而来也；其去也，所恶未尝粹而往也。故人无动而不可以不与权俱。衡不正，则重县于仰，而人以为轻；轻县于俛，而人以为重；此人所以惑于轻重也。权不正，则祸托于欲，而人以为福；福托于恶，而人以为祸；此亦人所以惑于祸福也。”（《正名》）

② 参阅牟宗三：《名家与荀子》，台北：台湾学生书局，1979年，第215页。劳思光：《新编中国哲学史》（一），台北：三民书局，1983年增订初版，第340页。冯友兰：《中国哲学史》上，上海：华东师范大学出版社，2000年，第222页。田浩：《功利主义儒家——陈亮对朱熹的挑战》（姜长苏译），南京：江苏人民出版社，1997年，第21页。

自觉的反省，这种方法上的自觉的反省工作同样适合于对“立君为民”“君舟民水”等命题的分析，我把这一工作了解为三个原则或条件，亦即如果我们要对某人提出的某一命题做出恰当的评价，在理论上则需要满足三个条件或三个原则，此即客观性原则、抽象性原则和融贯性原则。所谓客观性原则涉及对某一命题提出的脉络、背景的了解，这种了解必须基于对命题提出者“所以不得不如是之苦心孤诣”怀一种理解的同情，以免隔阂肤廓之论；所谓抽象性原则旨在单独就某一命题本身所蕴含的普遍意义尤其是此一命题所关涉的现代哲学的关怀旨趣做出评断和阐发；所谓融贯性原则则意味着当我们对某一命题提出评价时，我们需要跳出该命题的字面含义，充分考察命题提出者提出某一命题的客观含义与其思想系统的整体之间是否融贯一致，避免该命题的具体含义与作者思想整体之间的矛盾和冲突，并在此基础上做出融贯性的解释，如是我们乃可就某一命题做出恰当的评价。

顾名思义，“从道不从君”的字面含义指的是遵从正确的原则或道而不是依从国君，就此一命题的抽象意义而言，按学者的说法，荀子的此一主张包含道义重于君权之意，“所以荀子敢于对君主进行道义审判”①；也有学者认为，“‘从道不从君’这句千古以来曾激励过无数文人士子抱持独立个性与品格的口号，出自《荀子·臣道》。作为口号，这句话挑战君主政治，倡导体制外独立人格。其精神，是对充溢着民本主义思想元素的古老政治教条的承传和发挥”②。

作为对此一命题的抽象意义的理解，我们没有理由不同意上述学者的看法。事实上，也正是由于历代儒者恪守“道高于君”“德尊于势”的主张，使得“正统”儒学的政治理念与传统的专制体制之间存在着难以调和的矛盾；同时，也因儒者的此一主张使得传统的

① 廖名春：《论荀子的君民关系说》，载《中国文化研究》1997年夏之卷，第43页。
② 马作武：《从道不从君》，载《光明日报》2013年11月18日。马文对荀子的此一主张提出了富有意义的批评。

专制政治在一定程度上得以缓解。应该说，在儒家思想中，“从道不从君”的主张已经蕴含不同于美德政治的“批评的政治”[①]。不过，在肯定此一前提之下，我们对荀子“从道不从君”的认识和评价还需要满足客观性和融贯性的条件；同时，我们还需要面对几千年来专制政治的事实，并有必要对此一事实给出理由有效的解释。具体到荀子而言，或许我们必须面对“谭嗣同式”的疑问，盖按谭氏之论，荀子冒孔子之名，“喜言礼乐政刑之属，惟恐钳制束缚之具之不繁”，故“其为学也，在下者术之，又疾遂其苟富贵取容悦之心，公然为卑谄侧媚奴颜婢膝而无伤于臣节，反以其助纣为虐者名之曰‘忠义’；在上者术之，尤利取以尊君卑臣愚黔首，自放纵横暴而涂锢天下之人心”[②]。果如是，我们则要问，若果如荀子所主张的那样，在君臣之间当遵循“从道不从君”的原则，则何以荀学中所谓的“忠臣”“大儒”在谭氏眼里“不过是‘辅纣助桀’的帮凶和奴仆”?[③] 为了回答类似的疑问，我们便有理由进一步追问，荀子为什么会提出“从道不从君”的主张？荀子所谓的“道”究竟是何种意义上的“道”？此“道”在约束“君权”、体现民本方面的作用和限度究竟何在？

从思想史的角度看，荀子“从道不从君”之说原并不是具有首创性的观念，因为与此相类似的主张在荀子之前已有各种不同说法。今举一例，《国语·晋语一》记有丕郑反对荀息、主张“从义不从君”的一段话，荀息认为，“吾闻事君者，竭力以役事，不闻违命。君立臣从，何贰之有”。依荀息，臣之事君，不论君对君错，为臣者当持“君立臣从”的原则，努力完成任务，不得有违。而丕郑则认

---

① 参阅陈来：《儒家的政治思想与美德政治观》，《中国哲学史》2020年第1期。需要补充的是，在传统儒家思想中，“美德政治”与“批评政治”之间总是相伴相随，结为一体；而“批评政治”也总是因“美德政治”而有，此一说法的含义是传统儒家思想缺少（当然不是说没有）独立的政治批评。

② 蔡尚思、方行编：《谭嗣同全集·下册》，北京：中华书局，1981年，第336页。

③ 参阅李泽厚：《中国近代思想史论》，北京：人民出版社，1979年，第237页。

为，“吾闻事君者，从其义，不阿其惑。惑则误民，民误失德，是弃民也。民之有君，以治义也。义以生利，利以丰民，若之何其民之与处而弃之也”。在丕郑看来，事君的最高原则是“从其义”，若君有其惑，为臣者则不必阿君；民之有君以“治义”，君之治民以“义”行，而义可以“生利”，利可以“丰民”；违义即是误民、弃民，对误民、弃民之君，不必君立臣从。假如从“义以生利，利以丰民”的角度上看，丕郑所说的“义”与荀子所说的“道”具有相通的一面。

事实上，荀子所说的“从道不从君”的主张在孔、孟那里有更多直接的思想资源。《论语》一书，记孔子言“道”者共64见，孔子以“道”为理想，而谓“朝闻道，夕死可矣”（《里仁》），“士志于道”（《里仁》），“笃信好学，守死善道”（《泰伯》），故而“谋道”“志于道”应当是士君子的人生追求，且当不惜生命而固守之。孔子所言之“道”究竟为何道？这个道即是仁道或曰德行之道。“子谓子产，有君子之道四焉：其行己也恭，其事上也敬，其养民也惠，其使民也义。”（《公冶长》）“恭”“敬”“惠”“义”，凝聚地说，可谓之仁道；散开来说，可谓德行之道，分别涉及“行己”“事上”“养民”“使民”。具体到君臣关系相处的原则，孔子主张“君使臣以礼，臣事君以忠”（《八佾》）。意思是说君主应该以礼来役使臣子，臣子应该忠心地服事君主，此一说法与“事上也敬”所表达的对待君主认真负责的态度相一致。然而，当君主有错时，为臣者则应以“道”之所是明示于君主，不欺不瞒。《宪问》记子路问如何事君，孔子答曰：“勿欺也，而犯之。”意即不要阳奉阴违欺骗他，而可以当面触犯他。正是由于这个原因，孔子认为“所谓大臣者，以道事君，不可则止”（《先进》）。依孔子，大臣之所以为大臣，在于他能以“道”的方式和要求来对待君主，如果这样行不通，宁可辞职不干①。孟子

① 参阅杨伯峻：《论语译注》，北京：中华书局，2013年，第134页。

则直承了孔子“以道事君”的教言，依孟子，士君子当“穷不失义，达不离道”（《孟子·尽心上》），“天下有道，以道殉身；天下无道，以身殉道。未闻以道殉乎人者”（同上）。当“道”不行于天下时，士君子应当不惜为“道”而死，而不能以牺牲“道”来迁就君主，故而孟子认为，“君子之事君也，务引其君以当道”（《告子下》），而对于那种一味唯君主是从甚至阿谀奉承的行为，孟子直斥之为“妾妇之道”。孟子甚至认为，“君有大过则谏，反复之而不听，则易位”（《孟子·万章下》）[①]。

由此可见，在处理君臣关系时，就大原则大方向而言，孔子的“以道事君”、孟子的“务引其君以当道”构成了荀子之主张的直接思想来源。今案，荀子“从道不从君”一说来自《臣道》篇。所谓“臣道”在荀子那里是相对于“君道”而言的，基本意思是阐述人臣事君时所应当遵循的原则[②]，荀子云：

> 伊尹、箕子，可谓谏矣；比干、子胥，可谓争矣；平原君之于赵，可谓辅矣；信陵君之于魏，可谓拂矣。《传》曰：“从道不从君。”此之谓也。

荀子《臣道》篇此节主要言人臣事君的原则[③]，叙述方式上取径于历史上的成例，思维方式上则表现出“鉴戒”思维的特点。荀子以“从道不从君”为事君的最高原则，并进而提出了“谏、争、辅、拂

① 《郭店楚墓竹简》中有关此一方面的论述内容丰富，如鲁穆公问子思：“如何而可谓忠臣?”子思答曰：“恒称其君之恶者，可谓忠臣矣。”限于篇幅，此处不一一论述。

② 《子道》篇在论及孝道时也有类似的说法，荀子云：“从道不从君，从义不从父，人之大行也。”依李涤生，本篇言子道者仅前三段，“‘从义不从父’，是子道的要点。后四段……皆与子道无关”。氏著《荀子集释》，台北：台湾学生书局，1979 年，第 651 页。

③ 以李涤生所取的分段方法，《臣道》篇共分八段，而内容则主要可分为两部分。第一段论人臣等第，第二段以下为人臣说法，“从道不从君”属于为人臣说法的部分。氏著《荀子集释》，第 289 页。

之人”对矫正人君权力行为过失方面的作用。依荀子，人臣事君可以划分为“大忠”“次忠”“下忠”“国贼”四个等级：“以德覆君而化之，大忠也；以德调君而辅之，次忠也；以是谏非而怒之，下忠也；不恤君之荣辱，不恤国之臧否，偷合苟容以持禄养交而已耳，国贼也。若周公之于成王也，可谓大忠矣；若管仲之于桓公，可谓次忠矣；若子胥之于夫差，可谓下忠矣；若曹触龙之于纣者，可谓国贼矣。”（《臣道》）荀子言谏臣之用着眼于正义之臣矫君的作用，一方面取历史上的成例以为“教训”，依此，“从道不从君”在理论形态上表现为某种从历史经验中产生的历史理性；另一方面，在荀子看来，谏言之功效也有其哲学的道理，如荀子云：“桀死于亭山，纣县于赤旆。身不先知，人又莫之谏，此蔽塞之祸也。”（《解蔽》）桀纣之亡固然与其刚愎独断、拒绝一切谏言有关，但谏言之所以能得到有效辩护，就在于它具有解除人君认知上“蔽塞之祸”的作用，盖即便富仁德的人君，其认识也总有限度，所谓兼听则明，偏听则暗，良有成说。故荀子以伊尹、箕子、比干、子胥、平原君、信陵君为例来说明谏、争、辅、拂的道理，进而提出“从道不从君”的主张。需要说明的是，荀子在此处所说的人君并不是合符理念意义上的人君，而是现实政治中的人君。以上所说，我们在论述荀子有关政治正当性的一章中已经做了必要交代，荀子云：

> 君有过谋过事，将危国家陨社稷之惧也；大臣父兄，有能进言于君，用则可，不用则去，谓之谏；有能进言于君，用则可，不用则死，谓之争；有能比知同力，率群臣百吏而相与强君挢君，君虽不安，不能不听，遂以解国之大患，除国之大害，成于尊君安国，谓之辅；有能抗君之命，窃君之重，反君之事，以安国之危，除君之辱，功伐足以成国之大利，谓之拂。故谏争辅拂之人，社稷之臣也，国君之宝也，明君之所尊厚也。（《臣道》）

依荀子，君是一国之主，若君主有了错误的谋划和行为，将会危及国家与社稷，故为人臣者当秉持“从道不从君”的原则向君主进呈意见，而不应只是一味地迎合君主，求取容身，以保住俸禄，结交党羽。在荀子看来，那些劝谏、苦诤、辅助、匡正人君权力之失的人，是维护国家政权的大臣，是人君所应尊敬和优待的人。与此相联系，荀子进一步提出了“志意修则骄富贵，道义重则轻王公”（《荀子·修身》）的说法，阐明修道立于世的主张。

荀子“以道事君”的原则与孔孟所持的相关观念具有相同之处。但在具体的论述上，荀子的主张似乎也显示出矛盾[①]。此外，我们从荀子对历史人物的评价上也可以看出一些问题，如春秋时卫国大夫史鳝曾劝说卫灵公进蘧伯玉而退弥子瑕，甚至以尸谏卫灵公的形式来尽忠，被孔子称赞为正直：“直哉史鱼！邦有道如矢，邦无道如矢。君子哉蘧伯玉！邦有道则仕，邦无道则可卷而怀之。”（《论语·卫灵公》）但荀子却斥史鳝“不如盗也”（《不苟》）。从同情理解的角度看，荀子所以对事暴君持“崇其美，扬其善，违其恶，隐其败，言其所长，不称其所短”的态度或当有不得已之无奈。“迫胁于乱世”，不幸而身处暴君之下，为人臣者所能做的似乎只有因势利导，而不可强违君意以挢拂之[②]。若暴虎冯河，因一言不见用而以一死了

① 荀子云：“事圣君者，有听从无谏争；事中君者，有谏争无谄谀；事暴君者，有补削无挢拂。迫胁于乱时，穷居于暴国，而无所避之，则崇其美，扬其善，违其恶，隐其败，言其所长，不称其所短，以为成俗。诗曰：‘国有大命，不可以告人，妨其躬身。’此之谓也。”（《臣道》）荀子说事暴君时只宜弥缝其缺失，不可违抗其意旨，以免招致杀身之祸。

② 谏言之设在专制体制下必有其限制，据《汉书·眭弘传》（卷七十五）记载，元凤三年（公元前78年），因“公孙病已立”事件，议郎眭弘上书请求汉昭帝禅位，其云：“先师董仲舒有言，虽有继体守文之君，不害圣人之受命。汉家尧后，有传国之运。汉帝宜谁差天下，求索贤人，禅以帝位，而退自封百里，如殷周二王后，以承顺天命。”时昭帝幼，大将军霍光秉政，以“妖言惑众，大逆不道”，将眭弘及代其上书者诛杀。

责，则不为荀子所取。荀子的此一主张固然有其现实存在上的原因，但也表现出对现实的妥协的一面，与孟子“天下无道，以身殉道”相比，其不足之处愈加明显。

然而，也正是在这里，当我们追问荀子何以要提出“从道不从君”作为事君原则时，我们看到荀子的此一说法的确有其特定的脉络，亦即隶属于君臣相处之道的脉络。君有过谋过事，将危国家陨社稷，为人臣者不能不谏诤违戾，谏诤违戾看似逆，实则是忠。因此，“从道不从君”要求人臣超越对具体君主之忠，表现出公忠体国之义。如是，“从道不从君”的提出在荀子乃有其具体的目的和现实的关怀，对此，荀子自己已有明确的说明，所谓“故正义之臣设，则朝廷不颇；谏、争、辅、拂之人信，则君过不远”，意思是说，正义之臣见用，朝廷就不会倾斜；谏、争、辅、拂之臣得申其道，人君就不会有大错。换言之，荀子为什么要提倡“从道不从君”？目的就在于实现“朝廷不颇”“君过不远”，而尊君安国构成了荀子的现实关心。在荀子的这种思路中，我们看到，“从道不从君”一方面是为人臣确立事君原则，似乎是着眼于为人臣说法；但另一方面荀子的目的则在于造就“明主”“明君”，防止“暗主”“暗君”，故云“明主好同而暗主好独，明主尚贤使能而飨其盛，暗主妒贤畏能而灭其功，罚其忠，赏其贼，夫是之谓至暗”。暗主违道而无道，明主则应好道而从道。

然而，荀子所谓的“道”究竟是何种意义上的“道”？

事实上，学者已经指出，理解“从道不从君”的关键在于厘清荀子“道”的含义。不过，在具体论述此一问题之前，有一点需稍做补充说明。从字面意义上看，“从道不从君”之说涉及道义与君权的关系问题，荀子坚持道义高于君权。故学者援引荀子此说之直接的目的之一在于反对荀子是一位君本主义者。学者认为，荀子尊君是事实，但一者荀子所尊的是君之德、君之能；二者荀子尊君、贵君也不是为了君主个人，而是为了天下民众的利益，是为了利民养民，所以荀子不是君本论者，不是“专制的一尊主义”[①]。依荀子，君主之兴废，取决于天下民心之向背，违反道义而得天下，在荀子看来，不是一个仁者的作为，故荀子一方面主张“行一不义，杀一无罪，而得天下，仁者不为也”（《王霸》）。另一方面，荀子又认为，若在位之君主知虑至险，失丧其德，呈其禽兽之行，不与天下民众同利害，民众则可去其位，所谓“诛暴国之君若诛独夫”（《正论》），故云：“夺然后义，杀然后仁，上下易位然后贞，功参天地，泽被生民，夫是之谓权险之平，汤、武是也。”（《臣道》）

荀子尊君的目的何在？此一问题待后论述。对于“革命”一说，基本上，对于不合格亦即丧失德能的君主，作为儒者，荀子与孟子一样，主张革其命，去其位，故云：“汤、武非取天下也，修其道，行其义，与天下之同利，除天下之同害，而天下归之也。桀、纣非去天下也，反禹、汤之德，乱礼义之分，禽兽之行，积其凶，全其

① 参阅廖名春：《论荀子的君民关系说》，《中国文化研究》1997年夏之卷，第42页。廖文并未直接将“从道不从君”理解为荀子“民本思想”的具体内容，而是将之作为反对荀子是君本论的证据。廖文认为，荀子尊君是尊君之德、君之能，所言端的。至于如何理解“专制的一尊主义”，其是否等同于“君主专制”，廖名春教授在此未做具体的解释，故不宜断言。今依梁启超所说，“专制者，一国中有制者，有被制者，制者全立于被制者之外，而专断以规定国家机关之行动者也。以其立于被制者之外而专断也，故谓之‘专’；以其规定国家机关之行动也，故谓之‘制’”（梁启超：《开明专制论》，《饮冰室合集》第二册，北京：中华书局，1989年，第17页）。依此，专制的含义既包括君主，也包括由君主所组成的政府机构。在荀子那里，君主的权力尊而无上，没有超出其权力的制度和法律可以制约，而政府机构的制度构成亦取决于君主的意志，从此一角度上看，荀子的思想无疑具有专制的特点。陈寅恪认为，“李斯受荀卿之学，佐成秦治。秦之法制实儒家一派学说之所附系”（转引自冯友兰：《中国哲学史·下》，上海：华东师范大学出版社，2000年，第440页）。以此观之，秦治之君主专制可谓为荀子思想之具体实现。但钱穆先生也一直强调认为，中国历代君主的为政、趋行绝非是无所限制的，而是相反受到各种力量因素、规矩成例的约束。此处所谓君主行为的“无所限制”并非指的是君主的行为在绝对意义上可以随心所欲，不受任何限制，其实义应是指“国家政治体制中不存在与君权平行、对等、充分制度化和完全有效的制约权力”，对此，学者（见张帆：《关于历史教学中的“君主专制”问题的思考》）已有相当清楚的说明，而钱穆之说则有误导之虞。具体论述学者亦可参阅本书第四章的相关内容。

恶，而天下去之也。天下归之之谓王，天下去之之谓亡。故桀、纣无天下而汤、武不弑君，由此效之也。”（《正论》）但我们也说过，儒家学说包括孔、孟、荀在内皆不是在本性上倾向于鼓动革命的理论，孔子向有“邦有道，危言危行；邦无道，危行言孙”（《论语·宪问》）之说，孟、荀言“革命”则包含了十分严苛的前提条件。但由于此一内容主要涉及政治正当性中的“政权转移”问题，我们前面已有论述，在此不宜多费笔墨[①]。今就“从道不从君”所涉及的“民本”内涵而言，学者的看法指向通过以道执君的方式以使君主看重民众的力量，重视民心民意。如果君主希望“天下归之”，则必须“行其道，修其义”，亦即君主的政治地位取决于人心向背。

然而，什么是荀子所理解的“道”？此“道”的本质和特点究竟是什么？我们知道，在中国传统思想中，“道”是一个内涵相当丰富的概念，它也常常指向宇宙万物的本体，故学者也常常将主观建构的“道”与客观发现的“真”相混同[②]。或许正因为这个原因，人们在理解荀子“从道不从君”的“道”时往往将此“道”作游离脉络的玄想而不免有陷入偏颇之嫌，这其中又主要有两个问题：一是荀子所理解的“道”究竟是什么性质的“道”。二是当“道”与“君”结合在一起的时候，“道”如何保证在其自身，是其自身；在现实政

① 学者可参阅本书第四章的相关内容。我们想再着重引述尤锐的说法，“荀子的任何论述，都不能被解读为对现实世界中臣民造反的支持；相反的，他曾明确建议在暴君统治下的大臣应该避免直接与之冲突以保住性命。造反并不是荀子及其追随者的选项；它仅仅被用作对君主的警告，而不是对臣民的指导”（参阅氏著《展望永恒帝国——战国时代的中国政治思想》，孙英刚译，上海：上海古籍出版社，2013年，第111页）。尤锐此说虽然果决明快，但他对荀子的“革命”之说保持相当谨慎的态度却并非持之无故；尤锐谓“在暴君统治下的大臣应该避免直接与之冲突以保住性命”一说，其文本根据主要来自《荀子·臣道》篇的一段：“事圣君者，有听从无谏争；事中君者，有谏争无谄谀；事暴君者，有补削无挢拂。迫胁于乱时，穷居于暴国，而无所避之，则崇其美，扬其善，违其恶，隐其败，言其所长，不称其所短，以为成俗。”

② 参阅徐克谦：《“道”与“真理”》，《江苏社会科学》2005年第5期，第105—108页。

治的“君-道”结构中，“道”在多大程度上能起到矫君的作用，换言之，“道”即其自身而言是否可以充当一种客观独立的制约君权的力量。

我们先看第一个问题。今案，《荀子》一书言及“道”者凡383见，而直接对“道”进行定义的即有七种说法，且这七种说法几乎全部集中在人事方面①。荀子云：

> 夫道者，体常而尽变，一隅不足以举之。（《解蔽》）

此言“道”以常理为体，以变化为用。处常和应变皆需据之以“道”，故荀子又云：

> 道者，古今之正权也，离道而内自择，则不知祸福之所托。（《正名》）
>
> 道者，进则近尽，退则节求，天下莫之若也。（《正名》）

“古今之正权”犹言古今之标准；“进则近尽，退则节求”亦指向“近尽”“节求”的标准，由此可见，荀子所言的“道”具有“标准”义。依荀子，“君子言有坛宇，行有防表，道有一隆”（《儒效》），意即君子的言论有一定的界限，行为有一定的标准，而道作为言行的根本标准则有所专重。换言之，荀子所谓的“道”乃是指思想观念、行动实践的究竟标准，故云：“道者，非天之道，非地之道，人之所以道也，君子之所道也。”（《儒效》）②“道”不是天道，不是地道，是人之所以行的道，是君子所行的道，这样的“道”当然不是

① 邓小虎：《荀子中“道”的内容的探讨》，载《邯郸学院学报》2013年第23卷第1期，第75页。

②《强国》篇有谓“道也者，何也？礼（义）、（辞）让、忠信是也”。

指宇宙的本原或本体①，作为“人之所以道，君子之所道”的“道”，乃是千百年来人类理性建构起来的规范群集（set of norms），其核心即是先王之道、礼义之道。依荀子，国家的治理，“由其道则行，不由其道则废”（《议兵》），故又云：“彼先王之道也……治必由之，古今一也。”（《强国》）由此可见，在荀子，所谓“道”是以礼义为核心的，此“道”的实质即是“治必由之”的“治道”，亦即治理国家、管理民众的方针、政策，或者干脆说是“临民驭下之方”②，而治道即是“君道”，“道者何也？曰：君道也。君者何也？曰：能群也”（《君道》）。故荀子云：

> 道也者，治之经理也。（《正名》）
>
> 道者，何也？曰：君子之所道也……道存则国存，道亡则国亡。（《君道》）

此处，“君子”意指如理的君主，“君道”即是君主治国所遵循的原则，此道涵摄的内容甚广，荀子把它概括为“四统”，所谓“善生养人者也，善班治人者也，善显设人者也，善藩饰人者也……四统者俱，而天下归之”（《君道》），“四统”是实现“正理平治”的国家或“群居和一”的社会所应当采取的措施。“四统”之中，荀子尤重“生养”，而“生养”是对民众而言的，并举数端以例示之，“省工贾，众农夫，禁盗贼，除奸邪，是所以生养之也”。依荀子，明智的统治者要得百姓之用和家国的平安，必先使百姓生活宽裕富足，如是，才能

① 参阅陈大齐：《荀子学说》，台北：中华文化出版事业社，1956年，第65—66页。

② 张舜徽曾言，“余尝博考群书，穷日夜之力以思之，恍然始悟先秦诸子之所谓‘道’，皆所以阐明‘主术’，而‘危微精一’之义，实为临民驭下之方，初无涉乎心性。自宋明学者目为传心之要，而本意全失。于是浩然有志阐古义之幽，发千载之蔀，举后起一切傅会支离之说，悉摧陷而廓清之”。参阅氏著《周秦道论发微》，北京：中华书局，1982年，第31页。

使“民服”而天下归之，故而重民、爱民成为“君道”的重要内容，成为“民本思想”的重要方面，对此荀子在《富国》《王制》《王霸》等篇中有大量的论述，学者也有详细的说明，此处不一一援引。

我们在前面一开始就指出，“民本思想”作为一种规范性和引导性的论述，目的在于造就一个理想的君主。对荀子而言，这样的君主能“壹于道而以赞稽物”（《解蔽》），为民众带来“至平”的社会，这从荀子“以德言君”“以德定君”的大量论述中可以清楚地看到。从“以德定君”而说君，这样的“君”本身便是“道”或“道”的体现，不是说有一个“道”，然后有一个“君”[①]，此其一。其二，荀子所以说出“从道不从君”的主张，正源于理想的合道之君与世俗的违道之君的分离。荀子立前者以为存照，一方面用以规范、引导为君者以道自任，做道德的楷模，重视对民众的生养，故云：“请问为国？曰：闻修身，未尝闻为国也……原清则流清，原浊则流浊。”（《君道》）又云：“人主不务道而广有其势，是其所以危也。”（《仲尼》）另一方面则为现实政治的道德批判提供理据，同时用以照见现实中的“中君”“暗君”，故云：“今之世而不然，厚刀布之敛，以夺之财；重田野之赋，以夺之食；苛关市之征，以难其事。不然而已矣：有掎絜伺诈，权谋倾覆，以相颠倒，以靡敝之。百姓晓然皆知其污漫暴乱，而将大危亡也。是以臣或弑其君，下或杀其上，粥其城，倍其节，而不死其事者，无他故焉，人主自取之。”（《富国》）由此可见，荀子所理解的“道”并不是指玄远的宇宙本体，而是用以指导国家行动和规范个人言行的标准。“道”的本质就是“治道”，而“治道”即是“君道”。荀子“从道不从君”的主张虽着眼于为人臣说法，但其目的却在于造就一个理想的“合道”之君，故为君者“不可不善为择道，然后道之”（《王霸》）。

---

① 牟宗三认为，“荀子心目中之君实只是一个道”。参阅氏著《名家与荀子》，台北：台湾学生书局，1979年，第230页。

毫无疑问，荀子"从道不从君"的主张的确为儒者对现实政治的道德批判提供了重要的精神资源，为矫正现实中的君主对民众的横暴具有积极的作用，但是，其中所蕴含的"民本思想"在本质上只表现为一种规范性引导或道德教化的形式。如前所言，荀子"从道不从君"的目的在于造就一个"合道"之君，就理论的理想形态而言，所谓"合道"之君，当然指的是"道"与"君"的结合，此时即道便是君，即君便是道，原无所谓"君"与"道"之分别。在现实的政治事务中，荀子主张以道覆君、以道正君，作为一种道德教化和引导原则，其合理性和规范性也可以得到某种辩护，盖政治哲学的工作主要不在描述"君"事实上如何，而在探讨"君"应当如何，亦即为"君"确立规范或理想的标准。然而，此处有一点必须辨明，此即政治哲学不同于思辨哲学的重要一点在于其强烈的实践取向，故而当我们为理想之君提出规范要求时，其规范性必须满足"可欲性"和"可实现性"（practicability）两个条件：所谓"可欲性"即意味着君之为君的主张必须表达出君之理想，荀子"以道正君"正是着眼于君之理想而言。所谓"可实现性"意即一个合符规范要求的理想之君的建构必须基于坚实的认知基础，必须创设相应的、独立的法律和制度轨道以使此"道"能真正"正"君，不能仅仅满足于"理想"之君自身的完美，而必须充分考虑到此一君之"理想"在现实政治中的"可实现性"。一个没有"可实现性"的理想之君只是一个有关"君"的美好的想象，其规范性无法得到落实，其可欲性也会失去存在的意义。

假如我们认同上述分析，则我们看到，荀子"从道不从君"之说虽然注意到了理想之君的"可欲性"，然而荀子却对这种理想之君的"可实现性"未予深察。所谓理想之君的可实现性则在思路上将我们引向在现实政治的实践中，当"道"与"君"（作为现实政治中具体存在的君）结合在一起的时候，"道"如何保证在其自身，是其自身；"道"即其自身而言是否可以充当一种客观独立的制约君权的力量。

我们一再强调，荀子所谓“从道不从君”的“道”不是脱空悬挂的道，而只是作为“治之经理”的“治道”，是作为“君子之所道”的“君道”。此道既然是治道或君道，则在存在形态上必表现和落实为现实组织中的道。既在现实组织中言道，即必须借助君主此一“现实物”以象征和表现此道，荀子曾以隐喻性的方式说道：“造父者，天下之善御者也，无舆马则无所见其能。羿者，天下之善射者也，无弓矢则无所见其巧。大儒者，善调一天下者也，无百里之地，则无所见其功。”（《儒效》）善驾车马的造父若没有车马就无法表现其才能，善射箭的后羿若没有弓箭就无法表现其技巧，善治天下的大儒若没有百里之地就无法展示其功用。若循此逻辑，依荀子，“道”要实现其自身，总需要依托作为现实政治中的“现实物”的君主的“势”和“位”，否则此道便只是一个悬空的虚道，是一个乌托邦式的美好的想象。事实正是如此，荀子对借重现实君主之“势”以实现“道”似乎情有独钟，也正是在此一点上，我们看到，荀子与孟子已表现出不同的“偏向”。孟子更偏向于“以道抗势”，荀子则认为要重建秩序，使天下有道，需要借助君主之“势”。前面我们已经指出，荀子对圣人“得势”与“不得势”的幽怨（《非十二子》《儒效》），深深地影响着其“道”与“君”结合的主张以及力主“圣王”（圣者，尽伦；王者，尽制）的观念。我们已经说明，在荀子看来，有“道”而无“势”的圣人，只能以圣德显圣道，却难于借势宣其德、播其道使天下归治；而“道”与“势”的结合如舜、禹则能“一天下，财万物，长养人民，兼利天下，而通达之属莫不从服”（《非十二子》）。因此，荀子对“今圣王没，天下乱，奸言起，君子无势以临之”（《正名》）的现状颇感不满和惆怅，而力主“位”与“德”的统一、“君”与“道”的结合[1]。

---

[1] 参阅拙文：《荀子的“圣王”概念》，《杭州师范大学学报》2018年第6期，亦见本书第二章。

然而正是在这里，荀子面临着理论上的困境，盖“从道不从君”的说法原试图通过以道执君、以道正君的方法造就一个理想的“合道”之君，荀子亦毫不掩饰地想借重君主之“势”以推行“道”，但在现实的政治结构中，一方面是理想的“道”，另一方面却是掌握着绝对大权的“君”。更为严重的是，在荀子的思想系统中，“道”与“君”的结合表现为一种直接的形态，亦即现实中尊而无上的君权与道的直接结合，君权既没有与之相抗衡的法和制度化的制约机制加以约束，则两者结合的结果必将导致“君”对“道”的扭曲和销蚀。“道”并不能在其自身，是其自身，此中的道理并不复杂，盖一方面现实组织中的君只是一个现实的人，不是表现“道”的纯理念，虽荀子谆谆教诲为君者当厚其德，循其道，但唯其是一个现实中的人，即便他可以以“道”修身、以“道”律身，却总有“气强理弱”“道不胜气”之时，故而“数千年之历史几无一日而无君，而能合此标准者可谓全无”[①]；另一方面，荀子不仅主张君位至尊，而且倡言君权至上[②]，荀子云：“天子者，势位至尊，无敌于天下……天下无隐士，无遗善，同焉者是也，异焉者非也。”（《正论》）又云：“天子无妻，告人无匹也。四海之内无客体，告无适也……天子也者，势至重，形至佚，心至愈，志无所诎，形无所劳，尊无上矣。”（《君子》）[③] 天子势位至尊，无敌于天下，是天下是非对错、言行治乱的唯一标准，绝无其匹。这种失去了客观轨道制约的绝对权力，一旦与“道”加以直接结合，那么，荀子原本想以道执君的“君道”的

① 牟宗三：《名家与荀子》，第239页。荀子言君多是以“理”言，以“德”言，一旦转向现实中的君主，则几乎总是些“中君”“暗君”，乃至“恶君”“暴君”。

② 考荀子之所以力主君权至上，实源于君责至重，或两者是互为因果的。依荀子，君主是治国法度的来源，是教养民众的主体，是管分之枢要，还是民众的道德表率，故君主不威不强便不足以调一天下。

③ 依杨倞，“告，言也。妻者，齐也。天子尊无与二，故无匹也”。“适”，杨倞注：“读为敌。”李涤生在引刘师培注释后分别案云：“天子无亲迎之礼，表示天子至尊，没有可以和他匹敌的”；“天子在四海之内无‘客体’，因为他是天下的共主，无人敢为他的主人。所往之处，均不得谓之‘适’。”参阅氏著《荀子集释》，第561、562页。

设想，在现实的政治结构中则完全可能一转而成“君”对“道”的占有。故而当“道本身蜕变为君道”之后，“君则成了道的化身”，如是，“道”的独立性已经被消解[①]，亦即“君”不仅垄断了对“道”的解释权，而且扭曲了“道”，使“道”为君自身一己的利益服务[②]。在荀子的思想中，君主握有绝对的权力，凡“劳力而不当民务，谓之奸事；劳知而不律先王，谓之奸心；辩说譬谕，齐给便利，而不顺礼义，谓之奸说”（《非十二子》），而举凡一切奸事、奸心、奸说皆为君主之所恶，皆在禁绝打击之列。君权的触角伸至大到国家大事，小到个人生活，无不遍覆，所谓“睾牢天下而制之，若制子孙”（《王霸》）。君主不会允许与自己的意志相左的一切意见和行为，并且主张动用暴力加以清除，“君上之所恶也，刑法之所大禁也，然且为之，是忘其君也。忧忘其身，内忘其亲，上忘其君，是刑法之所不舍也，圣王之所不畜也”（《荣辱》）。于是，我们看到，“从道不从君”就其作为一个抽象命题而言，原本是一个充满想象力的主张，但由于在荀子思想系统中的“道”只止于“治道”“君道”，而非作为一种超越理念的道，且这种“治道”也始终未进入作为客观轨道的“政道”[③]。亦即在“道”之与君的关系中，“道”未能间接化为独

① 赵法生:《荀子的政制设计与学派归属》，载《哲学研究》2016年第5期，第73页。

② 刘泽华认为，“思想家们创立的这个道在很大程度上是为了重新塑造政治和改造政治，然而政治的主角是君主，于是思想家们又纷纷把实现‘道’的使命交给了君主。上述两种趋势的结合，‘道’即使没有完全被王吃掉，也大体被王占有”。刘泽华还以宋明理学为例再次说明其中存在的问题，其云：“在理学家眼里，三代以下无圣王，也无圣制，可是有一个极为有趣的现象，他们对大宋的万岁爷几乎都颂扬为圣或期待成圣。应该说这同他们的理想曲不大合拍；如果按他们的逻辑推下去，宋朝的万岁爷都应该靠边站。可是他们没有按逻辑往下走，其中除了现实问题之外(我决没有意思让理学家们都上断头台)，在理论上有一个基本点，那就是道需要通过王来实现，现实的王有可能成为圣王……这种精神固然有其珍贵的地方，然而他们的思维方式和价值选择不仅没有离开王制，而且是以肯定王制为前提的，这毫无疑问也肯定了王权主义。”参阅氏著《王权思想论》，天津：天津人民出版社，2006年，第18、20—21页。

③ 此处“治道”与“政道”之说取牟宗三所主的含义。

立的宪法形态，而是直接与君相结合，如是，“君道”中虽然包含了许多平政爱民、如保赤子的观念，也不乏“聚敛者亡”“王者富民”（《王制》）的告诫和引导，然而在全无限制的君权面前，这些观念始终只是一种引导性质的观念，表达的是对君主的一种道德要求和期盼。故而“从道不从君”的主张就其本质而言乃是一种道德教化的主张，其对君权的约束也仅仅表现为一种道德教化的形态。牟宗三认为，在大一统的君主专制的形态下，“皇帝在权与位上乃一超越无限体，完全不能依一客观有效之法律轨道以客观化和理性化者。在无政道以客观化皇帝之情形下，儒者惟思自治道方面拿‘德性’以客观化之”①。我们固然不能说儒者的道德教化没有任何作用，然而责望现实中的人君以圣君自任已属不可得②，若遇成事不足败事有余的昏君、暴君，那么，这样一种道德教化形态便“上不能驭君，下不能兴民”③，其作用之限制已显可见之。

当然，我们如此说，并不否认作为一个抽象命题，“从道不从君”本身具有重要的理论意义。冯友兰曾这样认为，“在中国哲学史中有些哲学命题，如果作全面了解，应该注意到这些命题底两方面的意义，一是抽象的意义，一是具体的意义……在了解哲学史中的某些哲学命题时，我们应该把它的具体底意义放在第一位，因为这是跟作这些命题的哲学家所处的具体社会情况有直接关系的。但是

① 牟宗三：《政道与治道》，台北：台湾学生书局，1996年增订版，第30页。余英时则认为，“在传统中国，只有‘士’阶层所代表的‘道统’勉强可以与‘政统’相抗衡，但由于‘道统’缺乏西方教会式的组织化权威，因此也不能对政统发生决定性的制衡作用……中国的‘道’则自始即是悬在空中的。以道自任的知识分子只有尽量守住个人的人格尊严才能抗礼王侯”。参阅氏著《内在超越之路》，北京：中国广播电视出版社，1992年，第39页。

② 牟宗三认为，“然君位至高。在现实组织之分位等级中，彼乃最高最上之一级。愈在上，统驭之道即愈近于理律，而远于法制。而彼又是政权之所在，亦实无一客观之法律以制之。故终赖其以理自律也。然以理自律，须赖其自己之最高道德感。道德感不足，即不能自律，而又无外力以控制之，则即横决而漫无限制”。参阅氏著《名家与荀子》，第235页。

③ 同上书，第237页。

它底抽象意义也应该注意，忽略了这一方面，也是不够全面”[1]。从这个角度上看，荀子“从道不从君”的主张也可以有其具体的意义和抽象的意义，就其抽象意义而言，荀子的此一主张的确为儒者对现实政治的道德批判提供了重要的精神资源，也造就了千百年来无数的志士仁人，它使得传统儒学在有所谓的“美德政治”和“贤能政治”之外，还有“批评政治”的一面。“从道不从君”的主张也使得历代统治者注意到民心民意，注重对人民的生养，等等。

无疑批评的基础是理念。但如何化理念为现实，如何使与现实的君主政治相抗衡的“道”转化成一套独立的制度设计，以使道义的“价值合理性”转变成制度设计上的“技术合理性”，从而确保这种政治批评或“道义审判”真正得以成长，这已不是荀子所能想象的。然而，“从道不从君”的命题的真正的理论意义恰恰正是在这里，而不在别处。时至今日，类似问题理当构成我们反省传统儒家政治思想的主题，并有充分的理由发愿加以正视、免除和消解。

6. 简短的结语

此前我们在论及“民本思想”之背景及其解释时曾引述钱穆先生的说法认为，中国政治理论的主要问题并不是政治上的主权应该属谁的问题，而是政治上的责任应该由谁来负责的问题[2]。此一说法蕴含着中国传统的政治理论并未把民众的“权利”问题当作“问题”来关切，故今若以“主权在民”的观念来批评中国传统的政治理论似未必合情，也未必合理。早在《尚书・汤诰》中即记有“万方有

---

① 冯友兰：《三松堂全集》第十二卷，郑州：河南人民出版社，2001年，第94页。

② 徐复观云：“儒家的伦理思想、政治思想是从规定自己对于对方所应尽的义务着眼，而非如西方是从规定自己所应得的权利着眼……所以中国是超出自己个体之上，超出个体权利观念之上，将个体没入于对方之中，为其对方尽义务的人生与政治。”徐氏的论述是从一般人的角度出发，钱穆则聚焦于君主和行政者，两人的着眼点不同，但皆强调个人的义务与责任。参阅氏著《儒家政治思想的构造及其转进》，《学术与政治之间》，第14页。

罪，在予一人”之说；《论语·尧曰》则谓“朕躬有罪，无以万方；万方有罪，罪在朕躬”，明确地表达出一种“君职论”的特色。以古无今有来反对以今评古，在理论上是否合适？是否会取消政治哲学作为一门规范性、评价性学科的特色？我们暂且撇开不论。圣人或如理的君主要担负起整个天下国家的重任，在荀子已多有述说，事实上也是理解荀子政治哲学的中心议题，所谓“无君子，则天地不理，礼义无统，上无君师，下无父子，夫是之谓至乱”，所谓“天能生物，不能辨物也，地能载人，不能治人也；宇中万物、生人之属，待圣人然后分也”（《礼论》）。正因为如此，作为圣人或如理之君主其必定是道德完备、智慧至明、尊而无上的人，故云：“天下者，至重也，非至强莫之能任；至大也，非至辨莫之能分；至众也，非至明莫之能和。此三至者，非圣人莫之能尽。”（《正论》）因天下之至重、至大、至众，故君主的责任亦至大至重。

“君职论”是钱穆对中国传统政治思想（主要是儒家思想）加以反省后提出的看法，其强调的是中国传统政治思想根本不在主权问题上着眼，而重在君主和行政者所应当承担的政治责任，社会上的一切不正，照政治责任论，全由行政者之不正所导致，所以应该由行政者完全负其责。只不过此一政治责任就其实质而言毋宁说是一种伦理责任或责任伦理，如孔子说：“政者，正也。子帅以正，孰敢不正”（《论语·颜渊》）；“君子之德，风。小人之德，草。草上之风，必偃。”（《论语·阳货》）孟子亦云：“君仁莫不仁，君义莫不义，君正莫不正，一正君而国定矣。”（《孟子·离娄上》）但与钱穆的“责任伦理”的看法不同，林毓生则认为，中国传统思想发展的主要是“意图伦理”（心志伦理）[①]，责任伦理之精神恰恰是中国传统所缺乏的，“中国人能够以宁为玉碎、不为瓦全的方式造反或搞革命，也能忍气吞声，为了小我的自私承受统治阶级的宰使；但是，

① 李明辉将“意图伦理”或“心志伦理”理解为“存心伦理”，说法不同，意思相近。

中国人就是不易坚持‘责任伦理’的精神来建设自由与民主所必需的法治基础”[①]。林毓生中国人“不易坚持‘责任伦理’的精神”的说法似未完全否认责任伦理本身，但显然认为“中国传统文化（尤其是儒家文化）所体现的精神，主要是存心伦理学”[②]，责任伦理则难以实现。此后蒋庆为文对林毓生的观点提出了批评，依蒋庆，“中国儒学传统除生命儒学外还有政治儒学，政治儒学是儒家专讲政治之学，具有深邃丰富的责任伦理资源”[③]，为此蒋庆罗列了九个方面的内容以证明其观点[④]。对此李明辉认为，蒋庆严分“生命儒学”与

① 林毓生：《政治秩序与多元社会》，载《中国传统的创造性转化》，北京：生活·读书·新知三联书店，1988年，第129页。

② 李明辉：《儒家政治哲学与责任伦理学》，载氏著《儒家视野下的政治思想》，台北：台大出版中心，2005年，第166页。

③ 蒋庆：《政治儒学中的责任伦理资源》，载刘军宁等编《市场社会与公共秩序》，北京：生活·读书·新知三联书店，1996年，第277—278页。亦可参阅蒋庆：《政治儒学》，北京：生活·读书·新知三联书店，2003年；《再论政治儒学》，上海：华东师范大学出版社，2011年。

④ 此九个方面是“1. 责任伦理认为，现实世界在伦理上是非理性的，不承认宇宙是一道德理性的有机体，反对将历史与世界合理化、道德化与目的化；2. 责任伦理认为，在政治现实中愿望与后果往往是一种吊诡的关系，善的愿望不一定会带来善的结果，有时会带来恶的结果，故应从后果与愿望（意图）的复杂关系上来评价政治家的行为；3. 责任伦理认为，在现实政治中当事人必须对自己的政治行为可预见的后果负责，反对将后果责任委诸上帝、天意、他人、社会，即反对只要愿望与行为正确就可以不考虑后果与责任的态度；4. 责任伦理认为，在现实政治中存在着目的与手段之间的紧张关系，其原因是善的目的往往要凭借着道德上成问题的手段来达成，如何化解目的与手段的紧张而达至中道，则是最高的政治艺术；5. 责任伦理认为，政治问题与生命问题不同，政治中存在着生命中不存在的外在强制力量（武力），故政治具有特殊性，是一相对独立的范畴，政治伦理也应与个人伦理不同；6. 责任伦理认为，现实政治的基础是武力，其手段是强制，而武力与强制在政治中是一辩证的存在，即武力与强制是魔鬼的力量在起作用，是一‘恶的事实’，同时也‘具有正当性’，是可能实现善的手段，故应用辩证的观点来看待政治中的武力与强制；7. 责任伦理认为，现实世界具有不完善性，现实的政治亦具有不完善性，并且现实政治中所面对的人是具有缺陷的平常人，这反映在政治运作上，就决定了政治目标要受到现实的制约，现实与理想之间具有差距，故在采取具体的政治策略时就要依据现实可能接受的情况使理想、信念、终极目标有所退让、妥协，以渐进、务实、有效、折中的方法和手段来达至理想；8. 责任伦理认为，现实政治异常错综复杂，且多在流动变化之中，很难预先确定一不变的行（转下页）

“政治儒学”的做法很有可能使儒学丧失系统上的一贯性[1]，但蒋庆对儒家传统中具有责任伦理资源的论证却极有说服力，足以反驳林毓生“中国文化中欠缺责任伦理学”的说法。另一方面，依李明辉，尽管蒋庆把“存心伦理学”与“责任伦理学”的关系理解为一种辩证的关系，但他给人造成一种两者泾渭分明、互不相容的印象，在此一点上，倒是林毓生注意到了两种伦理学可以结合的可能性。在李明辉看来，“生命儒学”在理论上应含有统合“政治儒学”的可能性，正如康德式的“存心伦理学”在理论上可以涵蕴韦伯所谓的“责任伦理学”一样，只是“其逻辑次序不可颠倒过来”[2]。

单独地看，我们有理由赞同李明辉的观点，同时也有理由赞同蒋庆所认为的儒家思想中包含丰富的责任伦理资源的说法，这并不是无立场的一种宣称。我们所关注的问题的核心毋宁说是，指出传统儒家思想中具有丰富的责任伦理资源是一回事，检讨这些责任伦理资源是否能够得以真正落实又是另一回事，而且是更为重要的事。我们一再强调，政治哲学是一门具有强烈的实践指向的学科，因此，政治哲学的命题一方面必须满足“可欲性”的条件，另一方面也必须同时满足“可行性”或“可实践性”的条件。若政治哲学只是满足于提出某一理想，而不在其思想系统中竟求其理想落实的条件，

（接上页）动准则，故政治人物必须以复杂的心态、高超的智慧来处理具体的政治事务，并在坚持根本原则和立场的情况下灵活变通地解决突发异常的政治事件，而不能采取‘要就全有，要就全无’的‘不打折扣的’无条件简单思维方式来解决政治问题；9. 责任伦理认为，从政者必须具备切事的热情、超越虚荣心的责任感、人与事保持一段距离的判断力三个条件，才有资格作为政治家从事作为一种志业的政治”。参见氏著《市场社会与公共秩序》，第258—260页；亦见李明辉：《儒家视野下的政治思想》，第169—171页。

① 李明辉在《存心伦理学、责任伦理学与儒家思想》一文中指出，在孔、孟的思想中，我们均可发现“存心伦理学”与“责任伦理学”同时存在的两个面向，参阅氏著《儒家视野下的政治思想》，第99—131页。

② 李明辉：《儒家政治哲学与责任伦理学》，载氏著《儒家视野下的政治思想》，第179页。

则这样一种理想难免会成为一种空想。正因为如此，我们想指出的是，假如从政治哲学的角度来看，即便钱穆所说的是事实，但也最多只是构成我们认知、理解的基础。事实是评价的材料，却不是构成我们评价的标准，而政治哲学在本质上是一门评价性的、规范性的学科，它不能只满足于描述事物本身“是如何”，而是要探询事物本身“应当如何”①，故其必须确立规范，设定理想的评价标准，以寻求何种政治理论是正义的，在道德上是可接受的。同样重要的是，政治哲学又不仅仅是规范性、评价性的学科，同时也是一门实践性的学科，故而指出君主应当、应该承担责任并不能满足责任伦理此一概念的内在要求，因为指出责任伦理的可欲性只是责任伦理的一个必要条件；创设相应的制度安排，使责任伦理能够得到落实，使其可行，乃是责任伦理实现的充分条件。指出责任伦理的可欲性只是一种理想，不竟求责任伦理的可行性，这种理想就可能落于空想，就不具有任何规范的力量。

为了澄清问题，我们还是回到钱穆的“君职论”的主张上来。假如钱穆对“君职论”的描述是正确的，那么，具体到荀子的思想中，我们所面对的问题的重点可能并不在于有没有责任伦理的问题，而在于责任伦理是否可能真正落实的问题，此一问题既适用于蒋庆，同样也适用于李明辉。从前面的分析中，我们已不难看到，在荀子那里，君主至尊，君之为君在现实组织的分位等级中集最高的“权”与“位”为一体，且无任何客观的法律加以限制，故只得以道德感或道德意识自律以负其责。但现实中的君主俱为肉身的、有七情六欲的人，若道德感不足（所谓“德不胜气”），则位愈高，控制之外力愈微，如是则君主成全无限制者。若君之权力全无限制，则君之责任便无由落实，更谈不上负责；另一方面，君为管分之枢要，其

① 这也是我们为什么赞同李明辉所说的“存心伦理”在逻辑次序上要优先于“责任伦理”的理由之一。

本身须为大儒圣王，如此方能承担得起整个天下国家的责任，但君之为君始终只是一现实组织中的人，如此一来，“以只负政治等级中一级之责之元首而责望之如是其高，是无异于责彼不可能实现之人而必期其实现之……其中必有不恰当者在”①。所谓“不恰当者”，依本章之脉络，则“君职论”最终必成为一张难以兑现的空头支票。

荀子只是一个个案、一个缩影。

我们还是回到本章所论述的主题。我们看到《荀子》一书的确有非常多重民、爱民的所谓“民本思想”的论述，有的甚至极为精彩，然而这些重民、爱民的论述并不足以支持现代政治价值意义上的“民本”的主张，盖荀子对民众的认知始终只停留在“事”上的了解，而未上升到“理”上的认知；始终只停留在经验教训和效果作用上的自觉，而自始至终未上升到政治哲学本身的理论上的自觉。从这个意义上我们说，荀子提出了一套理想，却未曾在政治上发展出一套具有确定性知识的严格学问；或者说，如何借由价值合理性发展出一套技术合理性的学问，在荀子的思想中仍付之阙如。

审如是，我们认为，与其说荀子是一位“民本论”者，不如说是一位“民用论”者，他的重民、爱民的主张只是一种站在统治者的立场并为统治者服务的治术，本质上是一种道德的劝诫和吁请。在荀子的思想中，君主是德能超群的救世者，而民众只是一群愚陋无知的小人，他们只是君主养、教的对象。尽管几乎所有支持荀子为“民本论”者的学者皆异口同声地认为，荀子之所以具有“民本”的思想，一个重要的理由在于他看到了民众是君主赖以存在的基础，民众的力量最终能够推翻君主的统治。然而不幸的是，指出此一事实并没有给我们理解“民”之为“本”增加任何新的知识，盖无论哪一家、哪一派，也无论是仁君还是暴君，皆知道不能得民，则国将不存，位将不保，社稷将不存，问题的关键在于“如何得民”：

① 牟宗三：《名家与荀子》，第 234—239 页。

“得民”只是止于自上而下地给民以物质上的好处吗？是一种“施”“济”意义上的“得民”吗？进而言之，“民”之所以为“本”，不应只在民之作为整体最终的效果作用上看出（如推翻统治），否则，仅止于这种理解，这个“本”便只会不断地演出“苍天已死，黄天当立”的乱剧；而应在民之作为个体在根源的政治和道德地位的首先确立上，果如是，则所谓民乃“政治之主体”的说法方可成立。

几千年来，传统学者和统治者几无不主张“以民为本”，但几千年来，“民”依旧俯伏着，仰赖着，颠沛着，一次次期望翻身做“主人”。此一现象原本就是我们反省“民本思想”的一个恰当的观察的视角。

最后，当然并不是无关紧要的是，我们尚需指出，对荀子“民本思想”我们做如此这般的分析，并不否认作为抽象命题——无论是“立君为民”之论、“君舟民水”之说还是“从道不从君”的主张——本身所具有的重要的理论意义。前引冯友兰区分一个哲学命题须注意到其具体意义与抽象意义的论述依然是我们思考问题的一个方法①，所谓一个命题的抽象意义即是撇开哲学家提出某一命题时的具体社会状况和言说脉络，单就某一命题所可能包含的普遍义理而言。即此而观，荀子的上述主张或命题的确在很大程度上表达出了儒家政治思想中对为君者的责任伦理的要求，而“从道不从君”的说法所包含的抽象意义上的“道高于君”的观念，则可以为后世儒者的政治批评撑开一个理论平台。也正是在这个意义上，我们认同“忽略了这一方面，也是不够全面”。

① 冯友兰：《三松堂全集》第十二卷，郑州：河南人民出版社，2001年，第94页。

八 『义立而王，信立而霸』

——荀子的『王霸之辩』：由外王而『内圣』

良好的国家体制并不能期待于道德，倒是相反地一个民族良好道德的形成首先就要期待于良好的国家体制。

——康德

理性是诡诈的……上帝任由人类放纵其激情和兴趣，其结果却是实现了他自己的目标，而这些目标并非他所利用的人类原先所关心的。

——黑格尔

理想主义者是不可救药的：如果他被扔出了他的天堂，他会再制造出一个理想的地狱。

——尼采

1. 引言

上一章我们讨论了荀子思想中极具中国传统政治特色的“民本思想”，与此相类似的另一个独特问题即是“王霸之辩”。

先秦哲学发展到战国时期，各大哲学议题诸如“古今礼法之争”“天人名实之论”“王霸义利之辩”等等皆到了一个反省和总结的阶段，其中“王霸之辩”即是与政治哲学密切相关的议题。学者认为，“王霸之辩”“对中国人的政治意识影响甚大”①，“‘王’‘霸’这一组概念，通贯近代以前中国政治思想史，是传统中国（特别是儒家）政治思想家思辩政治理论时的重要概念”②。有的学者甚至认为，“‘王道’和‘霸道’是中国传统政治中的一对重要概念。在一定意义上，可用‘王道’和‘霸道’来解释传统政治的所有特征，也可以说王道和霸道就是古代帝王之道”③。

果如是，则讨论荀子的政治哲学自然就不能不讨论“王霸之辩”，这不仅因为“王霸之辩”作为先秦哲学的重要议题之一，到荀子那里已经过最为全面、系统的论述，而且也因为就儒学内部而言，荀子对此一争辩提出了不同于孟子的独特的理解方式。

其实，王道、霸道就其原本含义而言指的是政治的治理形态，按照历史上说，后世儒家虽尊王道，但王道原并不是政治治理形态的最高境界。中国以前儒者讲政治治理形态的境界原是顺着“皇”（三皇）、“帝”（五帝）、“王”（三王）、“霸”（五霸）这一顺序往下说的。王道之所以不是最好的政治治理形态，是由于代表王道的禹、汤、文、武、周公三代政治是“家天下”的政治，但尽管如此，相比于霸道政治而言，王道政治又显然要优越，如是，儒者便以三代

① 李明辉：《孟子王霸之辨重探》，载氏著《孟子重探》，台北：联经出版事业公司，2001年，第41页。

② 黄俊杰：《孟学思想史论》卷二，台北：台湾“中研院中国文哲研究所筹备处”，1997年，第144页。

③ 王鸿生：《中国传统政治的王道和霸道》，载《武汉大学学报》2009年1月，第62卷第1期，第128页。

的王道政治作为治理形态的最高理想[①]。在儒家之外，其他各家也有这种对政治治理形态的划分，如《管子》一书便有帝、王、霸的不同的治理形态的记述：“无为者帝，为而无以为者王，为而不贵者霸。”（《管子·乘马》）又云：“常至命，尊贤授德，则帝；身仁行义，服忠用信，则王；审谋章礼，选士利械，则霸。”（《管子·幼官》）《管子》书中的上述说法只是客观地描述了帝、王、霸的形态表现，并没有对此做出具体的评价；而且从其用语上看，这些说法也不在于为我们从概念上定义出帝、王、霸“是什么”，而在于呈现帝、王、霸“怎么样”，目的则在于说明若要成为帝、王、霸，一个为政者应该如何做。《管子·霸言》又谓：“夫丰国之谓霸，兼正之国之谓王”；“得天下之众者王，得其半者霸。”此一说法则明显在说明采取王、霸的不同政治治理形态将会产生何种不同的效果。由此可见，王霸之别指的是不同的政治治理形态及其相应的不同的效果，而或王或霸则端在君主的选择[②]。不过，若从先秦儒学思想史的角度上看，孔子虽有称许齐桓公和管仲之言，但并未明确论及王霸问题，王霸之辩到孟子时已发生了一个转折。学者指出：“在中国古代思想家之中，将‘王’与‘霸’作为对立之政体，实以孟子为最重要之关键人物。”[③] 此说以“对立之政体”来区分王霸，在孟子的确于理有据，但从另一角度看，孟子的转折根本上不在于他注目于不同的政体或政治治理形态，而在于为不同政体确立道德的存心（动机），也可以说，

① 参阅牟宗三：《中国文化大动脉中的现实关心问题》，氏著《中国文化的省察》，台北：联经出版事业公司，1983 年，第 72 页。

② 基本上，荀子的“王霸之辩”乃承袭此一思路，故《王霸》篇开始则告诫“用国”之“人主”对此必须“谨择”“善择”。此外，《王霸》篇中，荀子提出王、霸、权谋三种不同的治理形态，也论述了各自所具有的不同的政治和道德效果；《王制》篇则提出“王、霸、安、存、危殆、灭亡”等五种形式，认为“此五等者，不可不善择也……善择之者王，不善择之者亡”。荀子的王霸之辩坚持以政治来说政治和道德，此道德在很大程度上是因政治而有的道德。

③ 黄俊杰：《孟学思想史论》卷二，第 144 页。

孟子将王霸之辩中原本以政治治理形态为主轴的论述转折成以道德存心的不同区分王霸的论述。因此，当孟子以道德意识意义上的“义利之辩”作为划分王霸的依据和标准时，其影响波及宋儒而成为正宗。

或许正是由于这个原因，有关对荀子“王霸之辩”的理解长期以来也便形成了某种固定的思考模式，其中最突出的是以孟子式的伦理学意义上的“义利之辩”以及与此相关的“动机-效果之辩”“义务论-目的论”之辩（或存心伦理学-功效伦理学之辩）作为理解荀子“王霸”论述的方法，把荀子对“王霸”的理解在方法上等同于孟子和宋儒（如朱子）的一套理解，以致误读了荀子的主张，也遮蔽了荀子理论的独特性。审如是，具体到荀子而言，我们要问，荀子的“王霸之辩”涉及的问题的本质究竟是什么？以“义利之辩”作为方法来理解荀子的“王霸之辩”为何并不恰当？究极言之，从方法到内容上毕竟应如何来理解荀子的“王霸之辩”？对于类似问题不能不说存在许多误解，故而我们有理由对此加以必要的澄清。

2. 研究方法的反省

从儒学思想史的角度上看，学者对先秦“王霸之辩”的探讨基本上是将孔、孟、荀，尤其是将孟、荀置于同一标准来加以论述和比较。当前学界最常见的诠释方法即是以孟子道德上的“义利之辩”作为理解孟、荀“王霸之辩”的方法论基础，而由“义利之辩”进而延伸出来的还有“动机论”与“效果论”、“存心伦理学”（Gesinnungsethik）与“功效伦理学”（Erfolgsethik）或“义务论伦理学”（deontological ethics）与“目的论伦理学”（teleological ethics）等不同的说法①。

① 在此一方法之下，学者又还提出以“公利”与“私利”、“道德判断”与“历史判断”等等作为理解“王霸之辩”的方法，而李明辉对此给出了不同的看法，参阅《从康德的“幸福”概念论儒家的义利之辨》，氏著《儒家与康德》（增订版），台北：联经出版事业公司，2018年，第157页；《孟子王霸之辨重探》，氏著《孟子重探》，台北：联经出版事业公司，2001年，第59页。

孟子的“王霸之辩”首先是与“义利之辩”联系在一起的，孟子是将道德问题延伸到政治领域，他将王霸之分建立在是否以道德存心为基础的原则之上，孟子的此一主张在南宋的朱（熹）陈（亮）之辩中获得了更为深入的讨论。李明辉专论孟子的“王霸之辨”，认为孟子的王霸之辨是其义利之辨在政治领域中的逻辑延伸，义利之辨则是在人禽之辨的基础上，进一步说明道德的本质，“孟子将义利之辨延伸到政治领域，而提出王霸之辨，以说明其政治理想。因此，我们可以将孟子的王霸之辨理解为一种基于义利之辨的政治理想主义”①。李明辉此文论说的主要对象是孟子，在正文中并未涉及荀子有关王霸的具体论述，即此而言，我们有足够的理由同意其基本主张②。

然而，我们必须指出，若以孟子道德意义上的“义利之辩”作为理解荀子“王霸之辩”的方法论基础，那么，这种看法在一开始就错会了荀子对“王霸之辩”的理解③，我们也无法为荀子对孟子的批评以及荀子思想中“欲多而物寡”的理论预设所蕴含的“政治”之作为首出的观念给出合理的解释④。在具体给出正面论述之前，我们预先只消提出以下几个方面的看法：其一，“王霸之辩”的基础在孟子那里主要是一“道德”的命题，而在荀子那里却是一“政治”

① 李明辉：《孟子重探》，第 65 页。

② 当然，孟子的王霸之辩在不同脉络中或具有不同的标准，萧公权便认为，“孟子论王霸之分，标准不一。或就仁义之真假（《孟子·尽心上》‘尧舜性之也，汤武身之也，五霸假之也’，此为宋代理学家以心术分王霸之根据），或就操术之殊异（《孟子·公孙丑上》‘以力假仁者霸’，‘以德行仁者王’），或就行之者之地位（《孟子·告子下》‘天子讨而不伐，诸侯伐而不讨’）”。参阅氏著《中国政治思想史》，沈阳：辽宁教育出版社，1998 年，第 92 页。

③ 如学者认为，“先秦两汉儒家辨析王霸，其内在的价值尺度则是义利”。孙晓春：《王霸义利之辩述论》，载《吉林大学社会科学学报》1992 年第 3 期，第 7 页。事实上，许多学者未及深究孟荀在思考王霸问题上方法论的差异，而一概以孟子的义利之辩作为理解荀子王霸之辩的方法。

④ 荀子“欲多而物寡”则争，故先王为之起礼义，此礼义之首出意义是政治学的，而非伦理学的，参阅本书第一章的相关论述。

的命题。孟子重动机与心术，荀子重效果与治术；孟子的“王”主要在道德意义上说，荀子的“王”则始终不离政治。其二，孟、荀虽然面对相同的重建秩序的时代课题，但在如何实现秩序重建的方法上，孟子乃期待借由道德来建立一个良好的“国家体制”（此处借用的是康德的说法，亦即本章所说的政治治理形态）；而荀子却相反，认为天下国家良好道德的形成，为政者的道德修身固然重要，然而却首先应期待一个良好的“国家体制”。故而在“王霸之辩”上两人的重心并不完全相同：孟子着眼于从道德存心来分判不同的政治治理形态，而荀子则着眼于从不同的政治治理形态来观其道德的特点。其三，与孟子“义利之辩”的“义”（同时也是“以德行仁”的“德”）不同，荀子“义立而王”的“义”无论是“义”字本身的含义，还是作为“礼义”的“义”，其首出意义都是政治学的，而非伦理学的。荀子的“义”首先不是作为纯粹的道德意识和道德动机，而是作为客观化的原理原则。其四，孟荀两人对政治与道德之关系的理解不同。孟子是以道德来理解政治，政治的“自性”不显；荀子是以政治来理解道德，认为良好的政治本身就蕴含了道德。荀子是要恢复政治生活对于道德生活的优先性，在某种意义上道德成为政治的附属。

与义利之辩作为理解方法紧密相连的是，“王霸之辩”所蕴含的理论问题究竟是什么。或此一问题的另一种问法是，王、霸之间究竟只是程度上的差别还是本质上的区分。若是程度上的差别，则王、霸之间是同质的；若是本质上的区分，则王、霸之间是异质的。当然，区分同质和异质的方法依然是义利之辩。在此一问题上，冯友兰的看法最有代表性，影响也最大。冯友兰认为，“总的说起来，认为王霸有所不同，王是以德服人，霸是以力服人，王优于霸；这是儒家的共同认识。孟轲认为这个不同是种类的不同，荀况则认为是程度上的不同。这是他们的‘取舍不同’”。所谓程度的不同，是说王霸是同质的；所谓种类的不同，是说王霸是异质的。若王霸是异质的、种类的不同，则孟荀的王霸之辩也必然是异质的。冯氏又说，“荀况认为，霸也还不错，仅只是在程度上比王还差一层，没有王那么‘纯粹’，还有一点‘杂驳’。王和霸是一类的东西，仅只是走得彻底和不彻底而已。王和霸的不同是程度上的不同，不是种类的不同。这也是荀况的王霸之辨。他的王霸之辨和孟轲的是不同的。孟轲认为王霸的不同是种类的不同，是互相对立的”①。

将孟子的“王霸之辩”看作异质的、种类上的不同，同时将荀子的“王霸之辩”看作同质的、程度上的不同，今暂且撇开究竟在什么含义上理解荀子所谓程度上的不同不论，此一看法本身实为许多学者所共取。假如集中到对荀子王霸之辩的看法上，则荀子所谓的王霸之间只是程度的不同乃被学者解读为荀子对霸道给予了一定程度的认可，或被理解为荀子的思想实际上包含了对霸道的“容忍”②。应该说，此一看法虽然在不同学者的具体解释上有所出入，但大体上的确是学界的一个共识，盖与孟子严分义利、尊王黜霸的鲜明立场不同，荀子不仅认为“义立而王，信立而霸”（《王霸》），“粹而王，驳而霸”（《王霸》《强国》《赋》），而且认为若君人者“立隆正本朝而当，所使要百事者诚仁人也，则身佚而国治，功大而名美，上可以王，下可以霸”（《王霸》）。如是，则荀子并未把王霸对立起来，与王道相比，霸道虽有不足，但仍有值得肯定的地方，甚至有转变为王道的可能。如惠吉星便认为，与孟子将王霸对立起来的观点不同，在荀子，王霸之间只是程度的不同③；在大体相同的脉络下，Kim Sungmoon 也认为，与孟子有别，荀子乃重新欣赏霸道观念，并且把

① 冯友兰：《中国哲学史新编·第二册》，载《三松堂全集》第8卷，郑州：河南人民出版社，2001年，第581、580页。

② 参阅金渡镒：《荀子是否容忍霸道?》，《社会科学》2021年第4期，第116—126页。

③ 惠吉星：《荀子与中国文化》，贵阳：贵州人民出版社，1996年，第128页。

霸道看作“道德上体面”（moral decent）的治国才能的方法[①]。孔繁的看法则略有不同，他认为荀子继承了“儒家自孔子以来崇王黜霸的思想”，但又认为荀子“并不完全否定霸道”[②]，霸道在德义方面不如王道广大深入，但还是具备德义精神的。荀子以“信立”肯定了霸道，“其守信便意味着守义”[③]。总之，“荀子已有王霸杂用观念，他崇王黜霸，但并不完全排拒霸道。他注重实力在诸侯竞争中的现实意义，注意耕战和赏罚等法制措施和手段，主张上可以王，下可以霸，不能实现王道，退而实现霸道亦甚重要。荀子这些思想对汉初‘霸王道杂之’（汉宣帝语）即王霸杂用有重要影响”[④]。依理，孔繁所理解的王霸之别是“德义”在程度上的差别，其方法固然是以义利之辩为基础的。今撇开这点不论，孔繁既认为荀子乃继承孔子（包括孟子）以来崇王黜霸的思想，而孟子的王霸是异质的，但在他的理解中，荀子的王霸似乎是程度上的不同，此间显然还存在解释的空间。

在《荀子与古代哲学》一书中，韦政通则试图通过引入道德判断与历史判断来评价孟荀的王霸主张，在孟荀尊王还是黜霸的问题上与孔繁颇不相同。韦政通认为，孟子尊王黜霸的观点“彻头彻尾是一道德意识”、道德判断，而不能如孔子兼有历史的判断，“此足见孟子识量之不广。荀子王霸之辨能直承孔子之大处；他亦以王为最高的理想，但尊王而不黜霸”[⑤]。在荀子，判别王霸不仅有道德意识，而且还有历史意识；王霸虽不尽相同，但也绝不相远，“孟子尊王黜霸，至荀子则王霸同尊。尊王止于理想，尊霸，则是尊一历史

① Kim Sungmoon, “Between Good and Evil: Xunzi's Reinterpretation of the Hegemonic Rule as Decent Governance”, *Dao: A Journal of Comparative Philosophy*, 12, 2013, pp. 73 - 92.

② 孔繁：《荀子评传》，南京：南京大学出版社，1997 年，第 46、48 页。

③ 同上，第 62、63 页。

④ 同上，第 65 页。

⑤ 韦政通：《荀子与古代哲学》，台北：台湾商务印书馆，1992 年，第 126 页。

之事实；所以说在政治思想上，荀子称美桓公管仲之霸道实较悬空一价值观念之王道之孟子为切要典实也”[①]。韦氏强调孟荀王霸之论的不同，其抑孟扬荀的态度情见乎辞。就肯定荀子言霸道的积极意义而言，韦氏与孔繁以及其他许多学者的看法是相一致的，但孔繁认为，荀子尊王黜霸，似与孟子同；而韦氏则认为荀子不同于孟子，乃是王霸同尊。韦氏更欣赏荀子“王霸之辩”兼道德与历史判断于一体的主张。今观韦氏所论，其问题或不在于如李明辉所说的韦氏辨别王霸时忽略了荀子亦有义利之辩以及在政治上强调“以义制利”[②]，而在于韦氏并未清楚地看出孟子所谓的“以德行仁”的“道德意识”与荀子“行礼义而王”的“礼义”所具有的道德与政治的分别。

显然，这一问题也同样出现在周群振的书中，尽管周氏对韦氏的主张多有不满。周氏认为，王与霸在先秦儒家的政治思想中有着本质与等级的不同，孟子一往寄情于王者，而对霸者则常多贬词，不稍假借。孟子纯乎王道，不欲降格以就霸业之杂，荀子则“无法不承认德义为基本的原则，而以王道为尚；但他并不以一剖两开、是此非彼的态度，完全否定霸业的意义，而是以德义为基本原则，视其所表现的程度，而为不同等级之区分也”[③]。周氏上述所言皆为许多学者共持之论，至其谓荀子不否认霸道，乃与韦氏之论相似。周氏进一步认为，荀子“义立而王”的“义”就是其说的“礼义”的简称，而“荀子所谓的‘礼义’，作用上是与孟子所谓之‘仁义’相同的，而所以视为得不得天下之基本原则，亦与孟子如出一辙，毫无异致”。周氏此论显然意在强调孟荀在王道理解上之同，而荀子

① 韦政通：《荀子与古代哲学》，台北：台湾商务印书馆，1992 年，第 130 页。

② 参阅李明辉：《孟子王霸之辨重探》，见《孟子重探》，第 59 页，注 33，李氏对韦氏有一简短的评论。荀子虽有“义利”的主张，但在具体的解释上与孟子或有不同。

③ 周群振：《荀子思想研究》，台北：文津出版社，1987 年，第 183 页。

“信立而霸”的“信”“似只可限于‘信守约定’的意思”，与通常所说的“诚信”等尚有一间之隔，这种“信”“根本上还是以功利主义为背景的”[1]。为此，周氏乃对韦氏的观点进行了批评，认为韦氏主张的孟子识小而蹈空，荀子识大而切实的看法表面上“似甚推尊荀子而言之成理，实则不仅于孟子为无知，即于荀子亦大不当也。须知荀子之心灵形态固甚重视现实经验的事功，然绝不可谓其无原则、无理想，或其所标举之原则理想，只虚悬而不可能实现的……在政治思想中，欲循礼义教化之途径，以建立王业，实现最高的道德理想，则孟荀之间，绝无二致”[2]。由上可见，周氏批评韦氏之论于孟荀皆无所见，此中是非学者固可争论，唯周氏将荀子之“礼义”等同于孟子之“仁义”乃可见其对荀子思想之理解尚存一间未达之病。

与许多学者持“义利之辩”的道德方法认为荀子在一定程度上认可了霸道的观点不同，韩国学者金渡镒则认为，虽然荀子对霸道采取了积极的态度，但他只是在分析非儒家甚至是反儒家的统治方式如何在历史上获得成功而已，那种认为荀子对霸道的历史认识与分析导致了荀子对霸道的容忍的观点是站不住脚的。依金氏，在霸道所涉及的“力”的问题上，荀子无疑批判了力的统治方式；在“法”的问题上，荀子也与孟子一样，只是把法当作辅助儒家统治的手段。因此，金氏认为，对学者有关荀子霸道的“道德性”（“信”“大节”）的理解需做进一步澄清。如果结合荀子一再强调的“本统”概念，则并不能把“信立而霸”的“信”看作儒家的本统，正如霸道所建立的“和齐”状态一样，百姓和军队可以借助纪律管制一定程度上实现和齐，使秩序井然，但这种和齐的团结状态由于没有通过仁义这一儒家的核心原则而实现，故其团结与儒家有质的区别。“信”也一样，荀子提到不以“义”为基础也可以形成“信”，所谓“刑赏已诺，信乎天下矣”

---

① 周群振：《荀子思想研究》，台北：文津出版社，1987 年，第 184、185 页。
② 同上，第 187 页。

（《王霸》），但仅凭这种“信”不能证明其所具有的儒家的道德性，正如一个黑帮组织不能因其有规则和秩序而认可其有道德性一样，儒家的“信”必须以“义”为基础。因此，荀子虽认为在没有与之媲美的竞争对手的时候霸道可以获得成功，同时也承认霸道在某种意义上可以赢得政治的稳定和国际声誉，但却深度怀疑霸道能够获得政治成功与影响力的持久效果。至此，金氏认为，荀子并不因为王道实现的艰难而妥协性地认可霸道，若追求不以本统为基础的统治方式，无异于说荀子已放弃自己的核心立场。金氏之论王霸乃站在道德理想主义的角度为荀子辩护，并将荀子与孟子同观，至其将霸道比喻为黑帮组织是否妥当，学者亦自可争论，但若将荀子的主张严格理解为孟子式的道德的理想主义，不唯模糊了孟荀在许多问题上的根本差异，而且对荀子的文本也难以获得融贯性的解释。

现在，我们再回到冯友兰以“种类”和“程度”的不同来区分王霸的看法。种类的不同当然是指“德”与“力”的区分，故冯氏云“孟轲认为‘王’与‘霸’的根本区别在于‘以德’与‘以力’的不同”[①]，这种种类的不同冯氏又理解为儒、法的不同。荀子的王霸是程度的不同，但究竟是什么意义的程度、什么性质的程度？冯氏认为是有关理想政治的程度。依冯氏，荀子将王霸皆看作理想政治的形态，而不同于孟子把霸道看作异质的法家式的暴力统治，故云：“荀况认为，霸也还不错，仅只是在程度上比王还差一层，没有王那么‘纯粹’，还有一点‘杂驳’。王和霸是一类的东西，仅只是走得彻底和不彻底而已。”冯氏区分孟荀王霸之辩，将荀子的霸道理解为理想政治的次一级形态，这是在对照意义上的区分。然而，若依冯氏，荀子王霸的不同是程度的不同，而且这种程度是有关理想政治（形态）的程度，果如是，则有关理想政治的理解便可有两种不同的方式，即重在“理想”（道德）的方式和重在“政治”的方

① 冯友兰：《中国哲学史新编·第二册》，《三松堂全集》第8卷，第310页。

式。荀子言王霸之核心在于以建立良好的政治（形态）来实现道德，而不是相反，这正表现了孟荀之间的差别。但冯氏区分王霸的方法依然是道德与功利的方法。在《新理学》中冯氏对此有过说明，依冯氏，依照道德的本然的办法去办政治，其政治即是王道政治，相反，依照功利的本然办法去办政治，其政治即是霸道政治；政治上道德的本然办法是合乎全社会的利益的，而功利的本然办法则多为社会的某方面的利益，此两者可相合而不必相合，儒家的立场是贵王贱霸[①]。假如依照此一区分，则冯氏将荀子王道的"义术行"理解为"提高道德威望"，而霸道还需要通过"修礼"的方式进一步完善，从这个角度看，冯氏显然是以道德的方法来判别荀子的王霸之分的。而且问题似乎还在于，若以孟子的王霸异质为标准，那么荀子即便注重道德，其种类也与孟子相别。

到目前为止，学者讨论荀子王霸之辩虽各有自己的观察点和侧重面，但其基本方法大体皆是以道德作为判断的标准。同样值得一提的是，Eiric Lang Harris 专门撰长文讨论荀子的政治哲学[②]，其思路和论述颇为细致，其中也对荀子的王霸之辩提出了自己的看法。在大体梳理了学者的相关主张后，Harris 认为，那些将孟子的王霸之辩做完全对立理解的观点似乎并不妥当，因为孟子也说过"尧、舜，性之也；汤、武，身之也；五霸，假之也。久假而不归，恶知其非有也"（《尽心上》）。按照此一说法，在孟子，王霸之别在于"出于"仁还是"合于"仁之别[③]；而荀子认为，霸者不如王者，则

---

① 冯友兰：《新理学》，《三松堂全集》第 4 卷，第 119—120 页。需要说明的是，冯氏的这种主张依然是采取宋儒朱子等人的主流看法，未必切合荀子的看法。

② Eiric Lang Harris, "Xunzi's Political Philosophy", *Dao Companion to the Philosophy of Xunzi*, ed. by Eric Hutton, Dordrecht: Springer, 2016, pp. 94 - 138.

③ 对于孟子的这段话的解释，李明辉认为孟子严王霸之分，但"无碍于他在历史思考中承认霸者的相对价值与地位"，也因此在某种意义上赋予政治领域一个相对独立的地位。参阅李明辉：《孟子王霸之辨重探》，见《孟子重探》，第 59、63 页。

不仅在道德上，而且在政治上军事上都是如此[1]。尽管就整篇文章之基本方法而言，作者所要尽力证明的是，荀子的政治哲学其实是其“德行伦理理论”（virtue-based ethical theory）的扩展[2]，即此而论，作者的方法与大多数人并无多大差别。但 Harris 在讨论荀子的王霸之辩时特别注重统治者的角色，而统治者工作的一个重要方面是与效果的考量联系在一起的，这可从王者诸多的经济政策中清楚地看到，亦即使人民富裕，国家富强。对荀子而言，一个统治者让国家处于安全地位的手段就是选择一套模式或法规，这套模式法规主要与礼、义有关；对统治者而言，如果他想要获得成功，通过此一模式确保人民对他的服从是很重要的工作。当然，管理一个国家的大小事务，依靠统治者一人是不可能的，因此统治者必须学会依靠他人，而择相对于有效治理国家便至关重要。总之，荀子相信，无论王者还是霸者皆有能力管理一个有效且繁荣的国家，至少在政治上是这样[3]，只是霸者缺乏某种重要的品质，而这种品质对于一个统治者来说是十分关键的，如王者是要以其德行转化天下，故仁眇天下，义眇天下，威眇天下，而霸者只利及一国。尽管荀子并非是一个“天下论的效果主义者”（“all under Heaven” consequentialist），然而，造福天下的事实作为王者工作的重要部分足以在一些重要方面将他与霸者区分开来[4]。Harris 的文章对王霸及其相互关系有着详细的分析，今不一一赘述。依 Harris，荀子政治哲学关注的一个重要问题在于，何以个人应该将自己组织在社会群体之中，而这个社会组织又应该采取何种形式。顺此问题，结合荀子有关“争乱穷”的

① Eiric Lang Harris, “Xunzi's Political Philosophy”, *Dao Companion to the Philosophy of Xunzi*, p. 119.

② Eiric Lang Harris, “Xunzi's Political Philosophy”, *Dao Companion to the Philosophy of Xunzi*, p. 135, 95.

③ Ibid., p. 123.

④ Ibid., p. 129.

根源的追问以及对先王制礼义的解答，则其礼义之作为政治性的制度、法则、规范的含义当了然而明。荀子和孟子一样，关注的是政治性秩序的建立，但荀子显然反对孟子所采用的道德的方法。依荀子，政治性秩序之实现只能采取政治性的方法，而礼义即是这种政治性方法的核心，只是我们需要记住礼义作为政治性的方法，其本身即蕴含着道德。这是我们理解荀子政治哲学的正途，而王霸之判亦当取政治的而非道德的方法，故我们很难在“强判断”的意义上（strong claim）同意将荀子的政治哲学只看作其德行伦理理论的延伸，尽管荀子不可能舍去德行伦理，但对荀子之重视道德或德行伦理的理解，我们有足够的理由区分开个人的道德与公共的道德，也有足够的理由认识到荀子是以政治来说明道德的[①]。

此处，我们不得不着重提及罗娜（Loubna El Amine）对相关问题的看法。在《古典儒家的政治思想：一种新的诠释》一书中[②]，罗娜首先对学者理解先秦儒家有关道德与政治的方法进行了检讨。罗娜认为，学者对早期儒家有关道德与政治之关系的许多新近研究文献显示，在儒家思想中，政治是完全依赖于道德的。一些研究中国政治思想的重要学者包括李约瑟、萧公权、冯友兰、刘殿爵、芬格雷特等皆假定儒家的政治学是儒家伦理学的逻辑结论[③]，此外还有陈素芬、罗哲海、刘纪璐、金鹏程、信广来等人也持类似的主张。依罗娜，造成此一现象的原因主要有两个方面，首先推崇一套儒家核心价值观的倾向可以被理解为作为现代化的热衷者（enthusiasts）对儒家思想批判的回应；其次，相比于儒家的伦理学，儒家的政治学

① 本书在前面各章中有许多地方论及荀子对道德的重视，作为儒者，荀子不可能不重视道德的作用。然而，荀子对道德的理解有着与孟子颇不相同的方式，学者可参阅本书第九章的内容。

② Loubna El Amine, *Classical Confucian Political Thought: A New Interpretation*, Princeton: Princeton University Press, 2015.

③ Loubna El Amine, *Classical Confucian Political Thought: A New Interpretation*, p. 4.

所以被降级到次要的地位乃与南宋朱熹将儒家思想主要理解为内在自我的道德修身的学问有关。然而，罗娜认为，古典儒家文本所提供的政治的方法并不以任何直接的方式遵循伦理学，儒家的政治哲学与沃林（Sheldon Wolin）所认为的驱动西方政治哲学核心的问题相同[①]，此问题即是“如何使政治符合秩序的要求”，亦即如何协调（资源）稀缺条件下由竞争所产生的冲突以及满足公共安宁的需求[②]。审如是，在儒家，政治秩序本身乃有自足的价值，它不是达到（伦理）目的的手段；政治秩序本身就是目的，儒家秩序的政治标准并不等同于儒家德行的伦理标准。但另一方面，政治的标准本身即是规范的标准，因而我们很难坚持认为它与道德无关，政治的领域并不完全独立于伦理的领域[③]。然而，此一说法的关键在于，是政治秩序，而非道德教化，才是目的；政治秩序即是目的自身，而非达到德行的手段，“一个有德能的统治者（A virtuous ruler）之所以重要，是因为他知道要实现持久的政治秩序应该推行什么政策，而不是因为他通过榜样的力量来治理社会，并在社会中促进德行”[④]。今撇开孔孟不论，至少罗娜的此一说法对于我们恰当理解荀子是有启发的，故而在王霸问题上，罗娜一方面论述了荀子的王霸之别，另一方面显然更为在意对霸者的理解，认为荀子通过王霸比较所提供给我们的是有关霸者治理国家的理想模式，亦即稳定粮食的供应、使用一

---

① Sheldon S. Wolin，美国著名的政治学者，著有 *Politics and Vision*：*Continuity and Innovation in Western Political Thought* 以及 *Tocqueville Between Two Worlds*：*The Making of a Political and Theoretical Life* 等著作。

② Loubna El Amine，*Classical Confucian Political Thought*：*A New Interpretation*，p. 10.

③ Ibid.，p. 15.

④ Ibid.，p. 15. 罗娜的说法固然有其自身的逻辑和道理，也看到了一些问题的实质，但显然具有矫枉过正之处。儒者和荀子重视为政者个人的道德榜样作用，而且这种榜样对秩序具有重要影响；只不过在王霸之辩上，至少对荀子而言，重视政治治理形态的原理原则与强调为政者个人的道德修身和榜样作用必须给予必要区分，而且两者不是矛盾的。

致的惩罚、赢得人民的信任、遵守盟国的协议等，借此我们可以说，霸者为一个道德繁荣之社会的出现提供了必要的条件。然而正如学者所言，尽管在原则上个人修身需要足够的外部条件的说法是对的，但罗娜认为这并不意味着建立霸权的目的在个人的修身，这种分际需要把握清楚。依罗娜，霸者所创造的“福利、和平、秩序在其自身即是善品（goods），它们并不需要通过‘道德的’标准的实现来证明”①。总之，与那种认为儒家治理的目的要么是向普通人灌输德行，要么就是满足他们的利益与需求的看法不同，罗娜认为，儒家治理的目的在于促进政治秩序。无疑我们有坚实的理由认为，对于先秦儒家而言，强调政治秩序的实现之于儒家思想的重要性的看法可以获得历史与理论理由的双重支持。同时，罗娜主张在儒家思想中政治与道德虽密切相关，但儒家的政治并非如学者所说的仅仅只是其道德的延伸，创建良好的政治秩序本身就是目的。这种看法至少在很大程度上与司马谈的看法有相似之处，若联系到对王霸之辩的理解，则仍然给人以启发。也许问题的关键在于，指出政治秩序之于儒家思想的重要性是一回事，阐明如何实现政治秩序、采取何种方法实现政治秩序又是另一回事。具体到孟荀而言，孟荀王霸之别原不在他们两人重建政治秩序之目的上，而在如何实现此一政治秩序的方法上，亦即以道德的方法还是以政治的方法。至少对于荀子而言，他要瓦解的“知识背景”便是孟子的“以道德说政治”的方法，而要重新恢复政治之于道德的重要性和优先性。

这是我们理解荀子“王霸之辩”首先需要确立的认知基础。

司马光在论及王霸之辩时有一种说法常常为学者所引，所谓“王霸无异道……其所以行之也，皆本仁祖义，任贤使能，赏善罚恶，禁暴诛乱，顾名位有尊卑，德泽有深浅，功业有巨细，政令有

① Loubna El Amine, *Classical Confucian Political Thought: A New Interpretation*, pp. 58－59.

广狭耳，非若白黑甘苦之相反也”①。司马光的这种说法在以道德上的“义利之辩”为方法来理解王霸之辩的学者那里皆被认为是歧出的。其实，司马光的说法是从政治判断的角度所做出的，是政治的道德家的看法，也是理解荀子“王霸之辩”的恰当的方法。向来在解释先秦王霸之辩时，学者皆持道德的方法认为，一方面，荀子和孔孟一样，将王道看作最高的政治理想；另一方面，荀子不同于孔孟之处在于，他看到了现实世界中随着周天子大权旁落，各诸侯国之间兼并、征战频仍，以仁义道德来统一天下已经此路不通，故提出“信立而霸”并给霸道以某种正面的肯定。虽然持类似看法的学者很多，但这种以客观形势的变化来说明荀子“王霸之辩”的特殊性的主张，虽表面上具有一定的说明效力，但在本质上却是一种外在论的解释，这种解释并没有认识和把握到荀子思想的特征，亦即在重建政治秩序这一时代课题上，荀子不同于孟子以道德的方法来实现秩序的重建，而主张以政治的方式来说明和处理政治与道德问题，以建立良好的政治治理形态来实现平治天下的目的。故而孟荀虽同尊“王道”，但他们对“王道”的实质内容已有不同的理解，荀子的王霸之辩与其说是道德判断或历史判断，毋宁说是政治判断。虽然政治判断是政治的，但在荀子，政治本身却是规范的，故政治判断同时也蕴含着道德判断。

3. 政治与道德的两种理解方式

我们前面说过，“王霸”问题的实质其实就是政治与道德的关系，而或王或霸则涉及两种不同的政治治理形态。

政治与道德的关系其实有两种不同的讲法，亦即一种是由道德而说政治，一种是由政治而说道德；前者是为政治奠定道德基础，后者是将道德作为政治的附属，或者说通过政治本身的规范性来说

① 司马光：《资治通鉴》，卷二十七，北京：中华书局，1956年，第881页。

明其道德性。基本上，孟子属于前者，而荀子属于后者。

从政治哲学的角度上说，政治哲学无疑有理由阐明和论证道德在理想政治的建构中所承担的角色。理论上，“政治需要道德”这种说法既可以是理想的，也可以是现实的，故而要对道德在政治中的角色提出说明可以有两种不同的方式，即一种是理想主义的，一种是现实主义的。政治的理想主义在于为政治制度（政治治理形态）、权力安排以及一切政治行动寻求道德的基础，使政治接受道德的质询、约束和批评。在此意义上，政治理想主义也可以理解为道德理想主义在政治领域中的应用或体现，它着眼于对理想政治的寻求。另一方面，一般地说，政治之本质涉及权力的安排与利益的平衡，所以从政治的角度看，政治家以及为政治家代言的学者出于其特殊的关心[①]，常常倾向于用道德来达到其政治的目的，从这个意义上来理解政治与道德的关系通常被认为是政治现实主义。但政治现实主义对道德的理解又可以有两种不同的主张，一种是描述的政治现实主义，另一种是规范的政治现实主义。前者基于经验研究，描述道德在政治现实中的辩护的、消极的角色，后者则对道德在政治中的作用采取评价的立场，但由于基于政治的现实主义的视角，故规范的政治现实主义在评价道德在政治中的作用时更多把道德理解为工具性的角色。尽管如此，规范的政治现实主义将道德视作工具这一主张在理论上仍然可以与“政治需要道德”的命题保持一致，只不过其注重的是此一命题的现实的面向，其根本原因在于无论这种道德的基础是出于人心人性还是出于先王之道、礼义之统，就其功能作用的表现而言，道德皆具有辅成政治统治和实现政治秩序的功效，因而规范的政治现实主义仍具有政治理想的一面。

按通常的说法，孟子的“王霸之辩”是道德上的义利之辩在政

---

① 政治不同于道德，政治是对“事”的现实关心。政治固然要考虑“意图伦理”，但它不离于现实的责任。

治领域中的逻辑延伸，是由其道德的理想主义所表现出来的政治的理想主义。孟子之时，周室大权旁落，各诸侯国以富国强兵为尚，天下方务以合纵连横，以攻伐为贤。在思想观念上，则有所谓杨朱、墨翟之言盈天下之说，诸子各引一端，舌底翻澜，道之邪正，迷离不辨，所谓“世道衰微，邪说暴行有作”（《滕文公下》）。如是，孟子一方面站在儒家道德主义的立场驳斥各种异端邪说，另一方面则坚持以三代的王道政治相期许（《离娄上》云：“三代之得天下也以仁，其失天下也以不仁。”）；既致力于以道德来制衡权力，亦希望以仁政的方式来实现政治秩序的重建。所以，孟子所理解的王道政治其实质就是仁政，而仁政的基础和核心在于每个人都所具有的仁心（“不忍人之心”），统治者将其仁心推扩于政治即为仁政。而仁政的内容在保民、在制民之产[①]，“必使仰足以事父母，俯足以畜妻子，乐岁终身饱，凶年免于死亡”。故云：“王如施仁政于民，省刑罚，薄税敛，深耕易耨。壮者以暇日，修其孝悌忠信，入以事其父兄，出以事其长上，可使制梃以挞秦楚之坚甲利兵矣。”又云：“保民而王，莫之能御也。”（《梁惠王上》）孟子坚信，天下秩序之重建在于实行仁政，而仁政之实施则有赖于统治者以其所固有的不忍人之心行不忍人之政，所谓“人皆有不忍人之心。先王有不忍人之心，斯有不忍人之政矣。以不忍人之心，行不忍人之政，天下可运之掌上”（《公孙丑上》）。而实现仁政的途径和方法则是“推恩”，亦即“举斯心而加诸彼”；能推恩，则足以保四海而天下平[②]。孟子的此一

---

① 孟子之时，民不聊生达到了触目惊心的地步，孟子云：“王者不作，未有疏于此时也。民之憔悴于虐政，未有甚于此事也。”（《公孙丑上》）又云：“父母冻饿，兄弟妻子离散”，“庖有肥肉，厩有肥马，民有饥色，野有饿莩。”（《梁惠王上》）又云：“争地以战，杀人盈野；争城以战，杀人盈城。”（《离娄上》）

② 黄俊杰认为，“在孟子政治思想中，政治领域并不是一个诸般社群、团体或阶级的利益相互冲突、折中以及妥协的场所；相反地，孟子认为政治领域是一个道德的社区（moral community），它的道德性质依靠人心的价值自觉的普遍必然性来保证”。氏著：《孟学思想史》，卷二，第414—415页。

主张暗含着天下政治混乱的根源在于为政者失其仁心，进而推之，良好的政治必须以为政者的仁心作为政治行动的作心动意（动机）的基础；也因此，政治上的所谓王霸之辩可以理解为道德上的义利之辩在政治领域的延伸。就孟子以道德仁心为政治治理形态（或王或霸）确立基础而言，孟子着眼的并不是现实政治，而是对政治本身所做的道德反省。依孟子，举凡政治之事，必当先讲求一个“应当”，所谓义之所在，并以此“应当”来要求政治，评判政治；故而我们不能以现实政治中的是非为是非，而应当有超越现实政治之上的道德标准。无疑在天下皆以权力和利益为尚，为富国强兵不惜一切手段的现实环境中，孟子“以德行仁者王”的主张极力为政治寻求道德基础乃显出其特有的意义。不过，从政治哲学的角度看，孟子的这种观念颇为含混与跳跃。依孟子，为政者个人的道德修养是建构理想的政治治理形态（王道）的前提，它蕴含着一个良好的政治治理形态之建立的必要条件甚至充分条件是为政者道德仁心的肯定与推扩，故有所谓“以不忍人之心行不忍人之政，治天下可运之掌上”之说。然而，孟子却混淆了道德与政治、道德行为与政治行为在性质上的不同。孟子言“以德行仁”之目的虽欲求实现秩序重建的外王事业，但他却将政治事务看作道德事务，将政治问题化约为道德心。如是，政治领域便不是与道德领域有别的独立领域，而成为一个道德的场域；政治的秩序不是依靠制度、法则来实现，而是通过为政者的道德意识的自觉来保证，所谓“君仁莫不仁，君义莫不义，君正莫不正，一正君而国定矣”（《离娄上》），致使其向往的政治理想主义（王道）变成了政治空想主义（“迂远而阔于事情”）。

可以说，在道德与政治的关系问题上，荀子在一开始就不同意孟子的主张，认为在由人之性恶而引发的争乱穷的客观事实面前，孟子式的依靠统治者行其恻隐之仁心去实现秩序之重建从而实现“王道”世界的主张，根本不具有经验意义上的辨合、符验，故而孟子的主张在荀子看来是“起而不可设，张而不可施行”的。依荀子，一个良好的政治治理形态（王道）的建立不能借由统治者道德推恩的方式来实现，而只能通过圣王的权威（权力）及其所制定的政治意义上的礼义法度、法正刑罚来达成，所以荀子会说：“性善，则去圣王，息礼义矣；性恶，则与圣王，贵礼义矣。”（《性恶》）此处，“圣王”和“礼义”所代表的实际含义便是政治国家及其所具有的一整套强制的约束措施，换言之，在荀子，政治上的“王道”只能通过政治性的手段才能实现，“故古者圣人以人之性恶，以为偏险而不正，悖乱而不治，故为之立君上之势以临之，明礼义以化之，起法正以治之，重刑罚以禁之，使天下皆出于治，合于善也”（《性恶》）。因此，与孟子注重从道德上的动机来判别王霸不同，荀子则侧重从政治治理形态的原理原则的不同来区分王霸，注重的是特定政治所体现的具体措施和客观效果，故而荀子所说的“义立而王，信立而霸”中的“义”“信”作为评价的标准乃已然不同于孟子。

荀子的思想向被许多学者认为具有现实主义的效益论（utilitarianism）或后果论（consequentialism）的特点，今观荀子的上述说法，我们有理由相信这种观点不会没有根据。不过，在道德与政治的关系上，荀子的思想表现出较为复杂的面向，若将荀子的主张一概纳入规范的政治现实主义或许会招致有些学者的批评，因为荀子的一些说法似乎并不允许我们遽然做出如此判断。荀子讲礼义虽然强烈地突出其“去乱止争”的政治含义，但其一些说法似乎也并不把礼义道德一概理解为论证政治的工具：“请问为国？曰闻修身，未尝闻为国也。”（《君道》）荀子的这种说法暗含着统治者在修身与为国的关系上，道德修身优先于国家的治理。荀子也有“王者先仁而后礼”（《大略》）的说法，又云：“今人主有能明其德者，则天下归之，若蝉之归明火也。”（《致士》）荀子的类似说法与孔子“为政以德，譬如北辰，居其所而众星拱之”（《论语·为政》）在基本精神上初无二致。在这个意义上，荀子强调统治者的道德修身之于政治的作用主要表现为两个方面：其一是统治者的道德榜样对于政治秩序的实现具有重要作用，所谓“君者仪也，民者景也，仪正而景正。君者槃也，民者水也，槃圆而水圆”（《君道》）；其二是通过统治者道德榜样的权威化，使民众从内心产生信赖和从服，进而达到稳定秩序的目的，所谓“百姓贵之如帝，高之如天，亲之如父母，畏之如神明”（《强国》）。荀子的这些主张似乎主要不在说明道德的工具性，而在论证道德对政治的引导作用。在这个意义上，荀子似乎也是一个基于道德信念的政治理想主义者[①]。

然而，即便我们撇开在荀子那里统治者的道德修身具有明显的政治目的不论，在荀子的整体思想中，政治与道德并非是绝然分开的，不谈道德的荀子不是荀子，故荀子的礼义既是政治的，也是道德的，只不过这里有第一序与第二序之分。同时，区分个人道德与公共道德，认识到荀子对道德的政治性和外在性的理解也是我们把握荀子“王霸之辩”的关键。在荀子的王霸之辩中，对“公共善”的关注始终是第一义的，而荀子用来论证和说明“公共善”的理据又主要是政治性的[②]。荀子用政治的原理原则来说明和展示道德，此原理原则本身是规范的（“先王之道”），这一点构成了我们理解荀子“义立而王”“信立而霸”的基础。退一步，通览荀子的思想整体，尤其是追踪荀子建立一整套政治哲学理论的前提和基本预设，我们有相当的理由认为，荀子的思想具有明显的效果论的特点，而这种效果论表现在其处理政治与道德的关系上，在处理“王霸之辩”的问题上则体现为规范的政治现实主义的特色。用更为极端的话来

① 人们常常以道德理想主义说孟，以政治现实主义说荀。然而，严格地说，我们认为以“规范的政治现实主义”来说明荀子更具有解释的融贯性，这种说法能够正视荀子政治的理想的一面，也能够突出荀子对政治优先性的思考。荀子所言的政治与韩非所言的政治颇有不同，规范的政治现实主义之所以是“规范”的，乃不离政治的理想。

② 我们不厌其烦地提示荀子把“善”定义为“正理平治”的重要意涵，原因就在于此。

说，为了有效地达到去乱止争、实现秩序的目的，荀子常常以政治的方式将道德功用化甚至工具化。《荀子》一书类似的论述所在多有，不烦赘引，也正是出于这个原因，虽然在《王制》篇中有大量对“王者之人”“王者之制”“王者之论”“王者之法”的描述，有王者“仁眇天下”“义眇天下”的说法，然而在本质上，荀子却认为：“仁义德行，常安之术也。”（《荣辱》）仁义道德是实现社会政治长治久安的手段和方法，而荀子的这一主张与他的整个思想系统之间是一致的、融贯的，只不过这种说法本身并不是说荀子不重视道德。造成这一现象的原因一方面与其所持的人性主张有关，另一方面也与其建构理想的政治理论的“自然状态”的预设有关，劳思光指出：“荀子只识自然之‘性’、观照之‘心’，故不能在心性上立价值之源，又不欲取‘法自然’之义，于是推而以‘平乱’之要求为礼义之源；如是，礼义之产生被视为‘应付环境之需要’者，又为生自一‘在上之权威’者。就其‘应付环境之需要’而论，礼义只能有‘工具价值’；换言之，荀子如此解释价值时，所谓价值只成为一种‘功用’。另就礼义生自一‘在上之权威’而论，则礼义皆成为外在（荀子论性与心时，本已视礼义为外在）；所谓价值亦只能是权威规范下之价值矣。”①

我们说过，孟子的“王霸之辩”表现为由道德而说政治，是一种政治的理想主义，亦即为政治确立道德的基础，政治行为必须是“由仁义行”，此一主张可以获得价值正当性的理论辩护。就孟子言，由于其混淆政治行为与道德行为的性质，并试图以道德的方式来解决政治的问题，致使其政治的理想主义落入乌托邦式的空想。荀子的“王霸之辩”表现为由政治而说道德，是一种（规范的）政治的现实主义，其特点乃侧重于从政治治理形态所蕴含的原理原则和政治行为的效果上看其道德上的表现，它通过政治的原理原则所具有

① 劳思光：《中国哲学史》（一），台北：三民书局，1984 年，第 340 页。

和产生的道德效果上的好坏良莠来为政治行为的合理性与否提供辩护。所谓王霸之别，在某种意义上系于王霸等不同的政治治理形态所奉行的“法”和执行法的“人”，故荀子云：“道王者之法，与王者之人为之，则亦王；道霸者之法，与霸者之人为之，则亦霸；道亡国之法，与亡国之人为之，则亦亡。”（《王霸》）

如前所云，政治是以权力和利益为核心所构作的一整套制度形态，而政治制度可以体现为各种不同的形态，如王道、霸道或强道等，每一种政治形态就其各自的存在形态上看都会产生相应的、各不相同的实际效果。荀子由政治说道德所表现的规范的政治现实主义，强调的是特定的政治形态所蕴含的原理原则对道德的模塑作用，如王道之“义”、霸道之“信”乃至于强道的“权谋”等等，它通过特定政治治理形态中的具体的制度、原则、法令、规章等的实施来影响、塑造人们的道德品质和习惯，表现出政治制度或形态所具有的“教育功能”。博洛尔在《政治的罪恶》一书中认为，政治本来是一门非常高尚、非常重要的有关管理公共事务的艺术，它对国家和人民的道德水平和人格品性具有重要的形塑作用。就其本来意义上看，作为政治的统治者，他们肩负巨大的政治责任，被赋予权威的地位，因此，就理上言，政治具有开启人们的智慧、增进人类的德行的功能。然而，正如书名所显示的，博洛尔在书中侧重于揭示政治对人的道德良知的败坏。政客们常常利用他们手中的权力制定各种邪恶的法律，强力灌输某种理想，甚至不惜动用军队、警察和绞刑架迫使人们一律服从，导致道德的专制；而错误的政治原则则在合法的外衣下把政治变成了一种说谎与欺诈，直至使人们堕落①。撇开博洛尔在该书所欲渲染的主题不论，我们看到，不同的政治形态当有道德上或好或坏的不同效果。

由道德说政治，是对政治行为、政治形态或政治制度提出道德

① 路易斯・博洛尔：《政治的罪恶》（蒋庆等译），北京：改革出版社，1999 年。

要求，亦即政治上的一切行为，包括制度的安排、权力的行使、利益的分配等等必须基于或出于道德的要求。从道德上看王、霸两种不同的政治形态，其着眼点显然不在王道或霸道所具有的实际效果或事功，而在于所谓的“心术”[1]，亦即政治行为的道德动机，如明道云：“得天理之正，极人伦之至者，尧舜之道也；用其私心，依仁义之偏者，霸者之事也。王道如砥，本乎人情，出乎礼义，若履大路而行，无复回曲。霸者崎岖反侧于曲径之中，而卒不可与入尧舜之道。故诚心而王则王矣，假之而霸则霸矣，二者其道不同，在审其初而已。”[2] 明道所谓的“审其初”即是考察政治行为的动机，出乎仁义，依天理之正而行者则为王，所谓“由仁义行”；相反，用其私心，却在迹上模仿或示之以仁，以便于一己之利者则为霸，所谓“行仁义”也，这是以道德家的眼光看政治。

由政治而说道德，是主张政治行为和国家的政治制度具有优先性。具体到荀子而言，这种政治的优先性与其思考国家的起源和必要问题紧密联系在一起，也就是前此我们说过的荀子有关“自然状态”的理论预设。我们要活在一起，而且要活得好，就不能离群索居，就必须有分工合作，故云“人生不能无群”。问题在于，人若只是为满足各自的欲望而群合，没有分工、制度和规则，那么，人的这种群合依然脱离不了争夺和混乱，故云：“人生不能无群，群而无分则争，争则乱，乱则穷”，“离居不相待则穷，群而无分则争。”（《富国》）但人群聚合而居，冲突又不可避免，盖人皆好利恶害，在资源有限而欲望无穷的情况下，每个人总期望自己在合作中获得更多的份额，而且每个人都有自己不同的诉求，无论是利益、目标还是信念，

① 黄宗羲：《孟子师说》，卷一。黄宗羲云：“王霸之分，不在事功，而在心术。事功本之心术者，所谓‘由仁义行’，王道也。只从迹上模仿，虽件件是王者之事，所谓‘行仁义’者，霸也。”沈善洪主编：《黄宗羲全集》，杭州：浙江古籍出版社，1985—1994 年，第一册，第 51 页。

②《河南程氏文集》，卷一，《二程集》。

所谓“人伦并处，同求而异道，同欲而异知，生也。皆有可也，知愚同；所可异也，知愚分。势同而知异，行私而无祸，纵欲而不穷，则民心奋而不可说也”（《富国》）。然而，尽管如此，人们却必须生活在一起，于是，人的生存和生活便首先离不开政治，亦即建立制度，确立分位等级，制定法规条例等等，以便保障人在群居的集团生活中能够有序和谐，避免争斗和冲突。如是，政治的优先性在荀子那里便通过如此这般的论证得以证明，政治国家的一切措施，如制度规则、设官分职、财物分配等等，首先是为了保障人们的生存，而这些制度、规则、法令具有绝对的约束力和强制性。同时，需要特别强调指出的是，在荀子看来，由于这些制度、原则和设施是出于历代那些道德完备和智慧甚明的圣王之制作①，故其本身就体现出规范性，蕴含了道德。这种道德并不隶属于私人性的领域，而表现为对“公共善”的寻求。同时，政治与道德并不是对立的，而是融合在一起的。荀子以政治的原理原则区分王霸，表现的是以政治家的眼光看道德，与孟子以道德家的眼光看政治，颇为不同。

奥特弗利德·赫费曾不无忧心地指出，“道德常常被人们贬为私人的事”，实质上，道德不只属于私人生活，而是评价人类实践的一种形式，“这样，实践不就只具有个人的一面，它也不是无缘无故地由那种我们间或称之为‘社会’的复杂的私人关系网所组成。实践本质上具有制度特征；在制度范围内，具有特别重要意义的是那种包含和规范第一层次制度的第二层次制度，即法和国家制度。与法和国家有关的道德，我们称为法和国家道德，从哲学上对它进行的研究，称为法和国家伦理学”。如果说，荀子的“义”“信”在第二序的意义上可以理解为道德的话，那么，这种意义的“道德”的确可以称之为“法和国家的道德”。需要指出的是，赫费强调，仅仅从

① 依荀子，历代圣王所建立的礼义、刑罚等制度虽是政治的，但其本身就蕴含了道德的考量，故云：“彼固为天下之大虑也，将为天下生民之属，长虑顾后而保万世也。”（《荣辱》）

道德思考是建构不起法和国家伦理学的，“实际上，道德评价并不是从外面加到法和国家制度上，而是法和国家制度所固有的”[1]。

无疑，了解荀子的“义”而王、“信”而霸的方法及其表现的政治与道德关系，正应当从此一角度来加以把握。不论人们是否愿意看到，事实上，在荀子，无论是王道还是霸道所表现的道德性都是由政治国家制度及其法则规范所赋予的。

当然，荀子并不接受政治只是一赤裸裸的权力利益的争斗[2]，依荀子，一个良好的政治治理形态赖于建立的原理、原则如“义”或“礼义”固然是政治的，但同时也是道德的[3]。只不过，正如在孟子那里，政治领域并未获得其独立性一样，在荀子那里，道德领域也未成为一个独立的领域。如果说，孟子以道德“淹没”了政治的话，那么，荀子则以政治“淹没”了道德。因而，当我们说荀子所说的“义”或“礼义”是政治的，也是道德的时，它意味着道德是良好政治内含的自有的内容和效果。

荀子把无政治（即没有政治国家）的状态（争乱穷）视作建立政治国家之必要性的逻辑理由，以为面对“欲多而物寡”则争、“人群而无分”则争的状况，如欲去乱止争，真正实现“正理平治”及“群居和一”的秩序理想，政治国家的建立便具有无可替代的意义和优先性，这与孟子颇为不同，同时也恰恰构成了荀子批评孟子的着力处。只不过许多学者碍于性善、性恶的口号之争，未能看到这种口号之争背后隐藏的更为核心的问题。依荀子，无政治国家的状态

① 奥特弗利德·赫费：《政治的正义性》（庞学铨等译），上海：上海译文出版社，2014年，序言。

② 荀子反对那些“无礼义而唯权势之嗜者”（《非十二子》）。

③ 韦政通即将荀子“义立而王”的“义”理解为“礼义”，而云：“行礼义与否，是荀子王霸之辩的根据。荀子理想中的王者，就是能行礼义的。”氏著《荀子与古代哲学》，台北：台湾商务印书馆，1992年，第128页。唐君毅也认为，“荀子之义就是礼义”。氏著《中国哲学原论·原道篇》（卷一），台北：台湾学生书局，1986年，第439页。

是一种强凌弱、众暴寡的战争状态，是众人悖乱相亡不待顷的状态，也正因为如此，我们根本没有理由拒绝政治国家的存在，没有理由不接受制度、刑罚、规范、法则的要求和约束。尤其需要指出的是，与孟子所主张的“举斯心加诸彼”则天下可运于掌的信念和看法完全相反，在荀子看来，面对欲多而物寡所引发的争夺和混乱，就道德与政治的关系而言，政治无疑是首要的，而且政治或国家制度的存在反倒是道德得以可能的前提和保证。这一点从荀子以政治意义上的“正理平治”来规定和说明道德意义的“善”中可以清楚地看到，这也为我们说荀子是以政治“淹没”了道德提供了另一个确凿的证据。

由此我们看到，在政治与道德的关系上，荀子的理论逻辑在于强调和突出政治的优先地位，以为在争乱穷的状态下实现秩序之再造，依靠孟子式的道德手段和方法是无济于事的，必须以政治来实现秩序。顺此逻辑，依荀子，由先王所创制的一个良好的政治治理形态（王道），其内涵的原理原则、制度和措施本身（“先王之道”）就具有道德的意义，这是荀子完全不同于孟子的对道德的理解方式，也是我们理解荀子“王霸之辩”的要津。依荀子，不是独立于政治之外的道德可以塑造客观的秩序，为人们带来“王道”的理想，而是良好的政治及其蕴含的规范原则可以为人们带来“群居和一”的合符礼义的生活。审如是，在“王霸之辩”上，荀子的着眼点在于王、霸作为不同的政治治理形态的原则、措施及其固有的效果，而不在于为王、霸确立道德存心，但这样说并不意味着荀子的“王霸之辩”完全排斥道德本身，而是说荀子的道德乃表现为“法和国家的道德”。荀子有关“王霸之辩”的阐释始终贯彻从政治的角度观察和论述政治及其蕴含的道德意义，而不是首先在超越的意义上为王、霸确立道德的基础。政治治理形态固有高下、纯驳之分，但这种高下、纯驳与其说是从道德上观察的结果，毋宁说是从政治上观察的结果。这种说法的确切含义是，良好的政治可以蕴含道德，但理想的道德却无法解决政治上的问题。

4.“义立而王”

审如是，理解荀子所谓的“义立而王”，在逻辑上我们就得具体分析“义”的含义。

《强国》篇记范雎问荀子：“入秦何见?”荀子答曰：“其固塞险，形势便，山林川谷美，天材之利多，是形胜也。入境，观其风俗，其百姓朴，其声乐不流污，其服不佻，甚畏有司而顺，古之民也。及都邑官府，其百吏肃然，莫不恭俭、敦敬、忠信而不楛，古之吏也。入其国，观其士大夫，出于其门，入于公门；出于公门，归于其家，无有私事也；不比周，不朋党，倜然莫不明通而公也，古之士大夫也。观其朝廷，其朝闲，听决百事不留，恬然如无治者，古之朝也。故四世有胜，非幸也，数也。是所见也。故曰：佚而治，约而详，不烦而功，治之至也，秦类之矣。虽然，则有其諰矣。兼是数具者而尽有之，然而县之以王者之功名，则倜倜然其不及远矣！是何也？则其殆无儒邪！故曰粹而王，驳而霸，无一焉而亡。此亦秦之所短也。”荀子的回答对秦国的地理形势、百姓的风俗习惯、各级官僚的精神面貌到君主处理政事的方式等皆给予了正面的评价，总之，秦国之治“佚而治，约而详，不烦而功”，已达到（霸道）政治的最高境界。但即便如此，依荀子，与真正的王道相比，秦国还显驳杂而不纯粹。什么是驳杂？也就是秦国还只停留在“为政”而霸的程度，而没有到“修礼”而王的程度。《王制》篇荀子谓“子产取民者也，未及为政也。管仲为政者也，未及修礼也。故修礼者王，为政者强，取民者暗，聚敛者亡”，说的就是这个意思①。荀子认为，秦国“威强乎汤武，广大乎舜禹”，亦即在统

① 相关论述亦可参看《仲尼》篇荀子对齐桓公的评价。这里涉及荀子对“礼”的理解，“修礼而王”的“礼”的首出意义是政治的，而不是道德的。

治威力和统治地域方面已达到前所未有的程度，但忧患却不可胜数，“常恐天下之一合而轧己”。如是，欲靠武力的方法使自己立于不败之地是行不通的，此即荀子所谓的“力术止”，而真正有效的方法不是靠“力术”的霸道，而是靠“义术”的王道。何谓“义术”？荀子云：“节威反文，案用夫端诚信全之君子治天下焉，因与之参国政，正是非，治曲直，听咸阳，顺者错之，不顺者而后诛之。若是，则兵不复出于塞外，而令行于天下矣。若是，则虽为之筑明堂于塞外而朝诸侯，殆可矣。”（《强国》）所谓“节威反文”即是节制武力回到文道上来，文道与“义术”，异名而同实，其特点在此道“足以壹人”，故“百里之地，可以取天下，是不虚……取天下者，非负其土地而从之之谓也，道足以壹人而已矣……故百里之地，其等位爵服，足以容天下之贤士矣；其官职事业，足以容天下之能士矣；循其旧法，择其善者而明用之，足以顺服好利之人矣”（《王霸》）。

荀子以“义术”说王道，此一说法与荀子在《王霸》篇定义王道之所以为王道，在于“以国齐义”，亦即举国上下齐一于义行，在意思上完全一致，如是，理解荀子所说的“义”则成为关键。依荀子，“义”即是建立良好的政治治理形态的基础、原则或标准，义定即王道定，义立既王道立，王道立即天下定，故荀子云：

> 絜国以呼礼义而无以害之，行一不义、杀一无罪而得天下，仁者不为也，擽然扶持心、国，且若是其固也。之所与为之者之人，则举义士也；之所以为布陈于国家刑法者，则举义法也；主之所极然帅群臣而首乡之者，则举义志也。如是，则下仰上以义矣，是綦定也；綦定而国定，国定而天下定。仲尼无置锥之地，诚义乎志意，加义乎身行，著之言语，济之日，不隐乎天下，名垂乎后世。今亦以天下之显诸侯诚义乎志意，加义乎法则度量，著之以政事，案申重之以贵贱杀生，使袭然终始犹一也，如是，则夫名声之部发于天地之间也，岂不如日月雷霆

> 然矣哉！故曰：以国齐义，一日而白，汤武是也。汤以亳，武王以鄗，皆百里之地也，天下为一，诸侯为臣，通达之属莫不从服，无它故焉，以济义矣。是所谓义立而王也。（《王霸》）

荀子以“义”说“王”，以“义”定“王”，如是，恰当理解荀子所说的王道或王霸之辩，关键在于确切理解荀子所说的“义”。

但此处需要说明的是，有关荀子“王霸之辩”的说法散布于各篇，与其余各篇的相关说法相比，《王霸》《王制》《强国》等篇的文本最具说明效力[①]，而《王霸》篇的主旨则在明政治国家之王霸危亡的关键在确立政治国家治理的基础和原则，其着眼点在于讨论作为政治治理形态的国家，故荀子在言“国者，天下之（制）利用也”后，紧接着阐明“用国者，义立而王，信立而霸，权谋立而亡”，所谓“用国”即是为国、治国。治国若用不同的原理、原则作基础，即会呈现出不同的政治形态，反过来，不同的政治治理形态也有其不同的治国的原理、原则。荀子以济之以“义”说王道，则“义”

---

① 环顾学者对荀子“王霸之辩”的论述，最引人争论或最形成解释张力的文本多来自《荀子·仲尼》篇的说法。在讨论荀子“王霸之辩”时，如何看待《仲尼》篇所具有的文献效力？我们觉得《仲尼》篇只具有参考的意义，但很难将之作为理解荀子“王霸之辩”的颇具说明性的文本文献。李涤生认为此篇“多杂论”；廖名春认为此篇属于荀子弟子所记录的荀子言行，“但其思想却基本上是荀子的”（廖名春：《荀子》，北京：国家图书馆出版社，2019 年，第 14 页）。郭沫若在《十批判书·后记》中则叙述了其对此篇看法的过程，依郭沫若，“荀子的思想相当驳杂，最成问题的是《仲尼篇》的‘恃宠处位终身不厌之术’及‘擅宠于万乘之国，必无后患之术’。那完全是后代腐败官僚社会的宦海指南，令人怎么也不能忍耐……我感觉着荀子不至于这样卑鄙，而且那些‘术’和他的《臣道篇》的见解也不能相容。是一真一伪，否则便有一先一后。假使说《臣道篇》是伪作或《仲尼篇》是晚年定论，那么荀子便值得铸铁像了，每读一次《荀子》，对这一个问题，总要伤一次脑筋，想不到妥善的方法来处理……已经开始写作的第二天，十月十六日，我才终于发觉到《仲尼篇》不会是荀子的文章。荀子的中心思想之一是把礼看得很隆重的，而本篇通篇却没有一个礼字。因此我又把《荀子》书通读了一篇，统计了各篇中的礼字。结果就只有本篇和《宥坐篇》没有，而后者自来是被认为‘弟子杂录’的。那么本篇也可断定是‘弟子杂录’了。一开首便是问答体，到这时又成了另一个证据”。参阅郭沫若：《十批判书》，北京：东方出版社，1996 年，第 505 页。

构成了良好国家治理的原则和基础，只不过荀子由“义”说“王”中的“义”首先是作为处理政治事务的原理原则，而不是作为政治行为的道德存心[①]。由此看来，荀子的“王霸之辩”并不同于孟子意在确立政治的道德基础，而在于探究不同政治形态的治理原则和方式及其具有的不同的效果。

然而，说起“义”，人们自然会直接联想到荀子思想中与礼连用的“礼义”以及与仁连用的“仁义”，而且在不加仔细分辨的前提下，人们也自然会将此礼义、仁义首先倾向于作为道德的术语（moral terms）来理解，这并非没有一点根据[②]。众所周知，礼义作为道德规范在《荀子》一书中多有论述，如《修身》篇谓“体恭敬而心忠信，术礼义而情爱人”；《致士》篇云“礼义备而君子归之”；《儒效》篇谓“人积耨耕而为农夫，积斫削而为工匠，积反货而为商贾，积礼义而为君子”；等等。而荀子也常常将仁义作为儒者的德行的表现，如云“苟仁义之类也，虽在鸟兽之中，若别白黑”（《儒效》），等等。或许，正是由于此种原因，人们往往把荀子“义立而王”的说法当作与孟子“以德行仁者王”的说法在理论性质和含义上相似的看法[③]。然而，假如撇开这一点，当我们从荀子思想的整体来了解“义”时，荀子所说的“义”的确切含义究竟是什么？而“义立而王”的“义”究竟是作为一个政治学含义的语词，还是作为一个道德哲学含义的语词来表现其“首出”的意义？由此看来，要区分孟、荀王霸之辩在基本性质上的不同，我们实有必要首先了解

① 相关论述请参阅本书第一章的内容。

② 需要说明的是，我们在前面几章中已经强调指出，荀子言礼义之首出的意义是政治学的，其次才是道德哲学的。了解这一点非常重要。正是从这个角度，荀子所言的“义”与“礼”和“礼义”常常在含义上交叉重叠，而且其首出意义皆当是政治学的。

③ 荀子言“义”作“礼义”看，礼义无疑具有“道德”的含义，但即便如此，由于荀子主张人之性恶，故荀子所谓礼义的“道德”含义与孟子并不相同；又，由于荀子的礼义首先是政治学的概念，其道德的含义是因为此概念足以致善而名。

清楚荀子所言“义”的确切含义。

今案，《荀子》一书言及“义”字凡三百余见，除单独言“义”之外，更多是与“礼义”并称。此外，荀子还论及仁义、公义、正义、通义、分义等名称；同时，与此相关的还有义士、义荣、义辱、义法、义术等。由此可见，“义”在荀子思想中的确是一个十分重要的概念。

不过，假如我们不以字害义或望文生义，就通观荀子思想的系统而言，荀子言“义”的本质究竟是什么？其核心所指为何？我们在此必须马上指出，在“王霸之辩”的脉络下，荀子所谓的“义”与孟子在“王霸之辩”中道德意义上的“义利之辩”的“义”在含义和性质上并不完全相同，换言之，荀子言“义”首先注重的是普遍的、公共的原理、原则，然后从这种原理、原则延伸出政治意义和道德意义上的公共的道理和条理[①]。

对此荀子事实上有明确的说明，《大略》篇即云：“义，理也。”义指的是理，此理可以理解为道理、原理、义理、条理、公理等等。荀子又云：“有法而无志其义，则渠渠然，依乎法而又深其类，然后温温然。”（《修身》）“不知法之义而正法之数者，虽博，临时必乱。”（《君道》）此两条涉及法之“义”与法之“数”的关系，依荀子，只拘守具体的法律条文，而不明法之所以为法的普遍的道理（谓“义”也，又谓“统类”），一旦遇到“法教之所不及，闻见之所未至”（《儒效》）的情况，那就会一筹莫展，无法应对。此处“法之义”指的就是具体的法条赖以制定的普遍原理[②]。《不苟》篇又云：“诚心行义则理，理则明，明则能变矣。”杨倞注：“义行则事有

① 有关从道德规范的角度研究荀子所言的“义”之含义，学者可参阅王灵康：《“义”的歧义与〈荀子〉道德规范的性质：以近年国外学者之探讨为线索》，台湾《政治大学哲学学报》第41期，2019年1月，第45—92页。本章则着重从政治哲学中“义立而王”的角度来讨论荀子所言之“义”，侧重点十分不同。

② 参见本书第三章的相关论述。

条理，明而易，人不敢欺，故能变改其恶也。”所谓“义行则事有条理”，其意即是说依义而行便会产生相应的条理，而其行为也必合乎此条理，在此意义上可以说“义”即是“理”或“条理”，故荀子又云：“义者，循理。”（《议兵》）

假如就“义”作为道理、原理而言，此“义”的含义可体现为事物的事实上的条理，而此事实上的条理初看上去似乎可以是中性的、没有价值内涵的。但正如陈大齐所指出的：“荀子所说的义，是一个美名，故必原理之足以致善的，方足称为义，其足以致恶的，则不足以当此称。”[①] 依此我们可以说，荀子所言“义”非只是单纯的描述概念，而是具有价值蕴含的语词，如陈氏举荀子《赋》篇“行义以正，事业以成”而云：“行义必‘以正’，故凡不‘以正’的，其行自不得称为义。”[②] 荀子类似的说法所在多有，如荀子云：

> 遇君则修臣下之义，遇乡则修长幼之义，遇长则修子弟之义，遇友则修礼节辞让之义，遇贱而少者，则修告导宽容之义。（《非十二子》）
>
> 君子……畏患而不避义死，欲利而不为所非。（《不苟》）
>
> 义之所在，不倾于权，不顾其利，举国而与之不为改视，重死持义而不桡。（《荣辱》）
>
> 礼及身而行修，义及国而政明，能以礼挟而贵名白，天下愿，令行禁止，王者之事毕矣。（《致士》）
>
> 隆礼贵义者其国治，简礼贱义者其国乱。（《议兵》）

与此相联系，荀子言“义”也多用特殊的修饰词来加以限定，如“正义”“公义”等，如荀子云：“故正义之臣设，则朝廷不颇。”

① 陈大齐：《荀子所说的义》，《孔孟学报》第21期，1971年4月，第46页。
② 同上。

（《臣道》）“君子……正义直指，举人之过，非毁疵也。”（《不苟》）又云：“不学问，无正义，以富利为隆，是俗人者也。”（《儒效》）如此等等①。

需要特别指出的是，荀子在论“义”时尤重“公”和“公义”概念。将“义”与“公”合成为“公义”一词，不仅对“义”的含义性质做出了明确规定，使其更倾向于政治上“既公且正”的道理，而且从哲学和思想史上也翻转了孟子倾向于道德上“由内说义”的特点，这也使得荀子“王霸之辩”的主张颇不同于孟子的讲法：孟子言“义”着重于作为个人内在道德性之“义”，故当其言“以德行仁”而王时，表达的是“道德的政治家”的动机论论述，“由仁义行，非行仁义也”（《离娄下》）；而荀子言“义”着重于“理”，此理在政治上体现为公共的道理或条理，“义及国而政明”，政明即有法度而公正，故当其言“义立而王”时，表现出的是“政治的道德家”的效果论特色①。

荀子将“义”与“公”建立密切的联系，“公”常常是对着“私”而言的，所以“公”可以解释为“不偏私”，是着眼于众人的

① 荀子言义与礼具有密切的关系，就作为理之礼而言，义与礼相似；就礼作为具体的规范而言，义与礼是普遍与特殊的关系，义是普遍的道理、原理，礼是具体规范的礼节。但义与礼之间常常具有含义上的重叠之处。

① 黄俊杰认为，“孔孟思想中的‘义’‘利’观念，到了荀子手中经历了至少两层重要的转折。第一层是‘公义’观念的提出。在中国思想史中，‘义’‘利’之辩与‘公’‘私’之别这两条思想线索是密切绾合的。孔孟所反对的是‘私利’的讲求，至于‘公利’则与孔孟所提倡的‘义’是并行不悖的。但不论孔子或孟子都没有明白提出‘公义’的观念，因为孔孟大体上都把‘义’当作属于‘我’的范畴的个人修德问题。但是，到了战国晚期，荀子把‘公’与‘义’这两个观念结合而提出了‘公义’观念，使孔孟思想中特重内省意义的‘义’转而取得了外铄的含义，从‘个体’（我）的范畴突破而指涉‘群体’（人）范畴的问题……第二层转折是荀子极端‘以义制利’的必要性，于是，‘义’从孔孟思想中作为自律性之道德禀赋的静态概念，一变而为强制性的动态概念。这层转折的结果使得先秦儒学史的‘义’从孔孟思想中原属于‘伦理的境域’（Realm of ethics），一跃而进入‘法律的境域’（Realm of jurisprudence）”。参阅氏著《孟学思想史论》，台北：东大图书股份有限公司，1991 年，第 145 页。

普遍适用的道理，而“私”则指向个人利益的诉求和作为，故云“公生明，偏生暗”（《不苟》）。盖公正则会产生明智，偏私则会产生昏暗，这是王道政治治理国家的基本原则和要求。由此而言“公平者，职之衡也”（《王制》），便将“义”与“公”结合而生成的“公平”作为政治哲学的规范完全表现了出来，从而赋予荀子所说的“义”主要是政治哲学而后才是道德哲学的含义，盖无论是“公平”还是“公义”所表达的皆首先是政治、法律所追求的基本价值。荀子的类似说法并非是孤立的，当“义”与“公”和“公义”“公道”“公平”等联系在一起的时候，荀子明显在表达作为一种理想政体的“王道”政治的治理原则或效果，荀子云：

> 天子三公，诸侯一相，大夫擅官，士保职，莫不法度而公：是所以班治之也。（《君道》）
>
> 至道大形：隆礼至法则国有常，尚贤使能则民知方，纂论公察则民不疑，赏克罚偷则民不怠，兼听齐明则天下归之；然后明分职，序事业，材技官能，莫不治理，则公道达而私门塞矣，公义明而私事息矣。（《君道》）

所谓“度法而公”指的是政治上的天子、诸侯、大夫、士等各级官员皆谨守其职，各尽其能，无不按照法令制度而秉公办事，这是王道政治治理人的方法。又，上云所谓“至道”，其实可以理解为荀子心目中的“王道”，亦即最好的政治治理形态或模式。“大形”一词，则解义纷披，王先谦谓“至道至于大形之时”；钟泰则云：“至道之大形也。形者，仪也。”[①] 李涤生释“至道大形”为“治道的大原则”[②]。北大本《荀子新注》谓“大形：充分的表现”[③]。张觉释为

① 参见王天海：《荀子校释》（上），上海：上海古籍出版社，2005 年，第 547 页。
② 李涤生：《荀子集释》，台北：台湾学生书局，1979 年，第 276 页。
③ 北大本：《荀子新注》，北京：中华书局，1979 年，第 200 页。

“形：表现。此指实行‘至道’以后所表现出来的政治效果”[①]。今观上述各注本的解释，北大本和张觉的释义似较为合适，其中尤以张觉的解释最为明晰，盖依荀子，王道政治之治理依“公义”“公道”而行，必有其最好的政治效果，这些效果表现在国家治理的常道、民众努力和向往的方向、治理各级官吏的条理等等，最后即是公道通达而私门杜塞，公义昌明而私事止息。由此可见，当荀子由“义”而言“公义”时，其作为政治范畴的特点十分明显与突出。政治范畴是对政治事务的要求和规定，讲求的是实际的效果，它不同于道德范畴着眼于对超越之理的关怀。荀子又云：

> 是为是，非为非，能为能，不能为不能，并己之私欲必以道。夫公道通义之可以相兼容者，是胜人之道也。（《强国》）
>
> 不比周，不朋党，倜然莫不明通而公也。（《强国》）

所谓“公道通义”“明通而公”就是摒弃了个人的私欲，不相互勾结，不拉帮结派，使自己遵行那些可以相互并存而没有抵触的公正原则和普遍适用的道理，故而荀子主张君子要以“公义”胜“私欲”：

> 君子贫穷而志广，隆仁也；富贵而体恭，杀势也；安燕而血气不衰，柬理也；劳倦而容貌不枯，好交也；怒不过夺，喜不过予，是法胜私也。书曰：“无有作好，遵王之道。无有作恶，遵王之路。”此言君子之能以公义胜私欲也。（《修身》）

所谓“公义胜私欲”表达的是“王之道”“王之路”，其实质就是王霸之辩中的王道，包含着公共的道理高于个人的道理，公共的利益

① 张觉：《荀子译注》，上海：上海古籍出版社，2012年，第172页。

高于个人的利益，主张以符合公众利益的原则来战胜个人的欲望。从哲学史上看，有所谓孔子言“仁”、孟子张“义”之说，但孟子本人确未提出“公义”一词，因为孟子基本上把“义”当作个人的道德修身范畴。学者指出，荀子提出“公义”概念，从而使孟子特重“内省意义”的“义”取得了外铄的含义，由个体向群体转变。故而，荀子言“公义”“显然是在政治的意义下使用‘公义’一词，这一点与孔孟在个人修身问题（宜也，我也）的脉络下来谈‘义’，是相当不同的。从个人道德向政治范畴的转变，使荀子的‘义’的观念在形式和实质上都与‘公’‘私’问题结合，而与孔孟的‘义’观念歧出甚大”[①]。黄氏以为，荀子言“公义”蕴含了“从个人道德向政治范畴的转变”，所言甚为端的，这一理解与我们将荀子“义立而王”中的“义”主要理解为一政治性的范畴具有一致性。其实，荀子的这种转变毋宁说与其讨论政治哲学的逻辑前提密切相关，他从一开始就将所谓个人的道德纳入政治国家的领域内来加以理解：离开了政治国家，一个本性上倾向于自利的人难以自行生出道德规范，“顺性情则不辞让矣，辞让则悖于性情矣”，“故檃栝之生，为枸木也；绳墨之起，为不直也；立君上，明礼义，为性恶也”（《性恶》）。从此一角度观之，在荀子，所谓“公义”的含义又实不待“公义”一词之出现而有。假如我们把“公义”简单地理解为“公共的道理”的话，那么，荀子言“义，理也”，“义者，循理”实已蕴含此意，也因此，不仅是“公义”概念，荀子的“义”概念也多是在政治范畴的意义下使用的[②]。所不同的是，荀子以“公”进一步强化和突出了“义”所涉及的众人的公共的性质，从而对其首出的政治哲学而非道德哲学的含义做了更为坚实的规定。明乎此，当我们以孟子式的“义利之辩”（并以此来分判王霸）作为了解荀子的“王

① 黄俊杰：《孟学思想史论》，第146页。

② 依荀子，义即是理。而荀子又云“礼也者，理之不可易者也”（《乐论》），礼即是理，也可以说是义，而荀子言礼之首出意义乃是政治学的，而非道德哲学的。

霸之辩”的方法时，其实意味着对荀子思想的误读和误解。

所需强调说明的是，在荀子，“义”的首出意义为政治学或政治哲学的，其当下即意味着荀子的“义”同时也必蕴含“伦理学”的含义，两者不是排斥的，“义”是政治的原理原则，但其本身又足以致善，因而“义”包含价值的规范性。儒家言政治与道德虽常常打合在一起，但其间也有含义上的第一序与第二序之分，孟、荀的分别不在于要不要道德，而在于如何理解道德、如何安置道德。孟子强调以个人的自由意志或存心来说明道德的“道德性”，而荀子则强调以遵循先王制定的礼法来保证个人行为的“正确性”和“合法性”[①]。与孟子以道德的方式来处理或解决政治问题不同，荀子是以政治的方式来处理和解决道德问题，他们两人在类似问题上的不同直接影响到他们对“王霸之辩”理解的不同。但这并不意味着荀子不讲“道德”，只是其讲法异于孟子[②]。依荀子，一种良好的政治治理形态，其制度、设施、法则、规范本身便隐含了“道德”，这是我们前面说过的荀子所以以政治意义上的“正理平治”来规定和说明道德意义上的“善”的概念的一个重要原因。或换言之，在荀子，王道政治（由圣王所创制礼义法度的政治）所预设的良好的制度建构本身可以也能够为人的道德发展创造有利的外部条件。不仅如此，对于那些在本性上无法承担政治和道德规范之基础的人而言，政治和道德秩序之达成也唯待王道政治始能见其实功，舍此则无异于以

① 荀子的伦理学倾向于以个人行为的“正确性”或“合法性”来说明个人行为的“道德性”，或者他是以个人行为的“正确性”或“合法性”来代替个人行为的“道德性”，这也是我们反对以孟子“义利之辩”的方法来作为理解荀子“王霸之辩”的方法的理由。

② 此处必须指出，荀子是以良好的政治治理形态的原理原则及其所蕴含的道德作用来谈“道德”，故而从义务论伦理学的角度看，这种道德所体现的“善”（如荀子所言的“正理平治”）虽不必为义务论伦理学所排斥，但却被看作“非道德意义上的善”。也正是从这个角度，李明辉认为，道德上的义利之辩比公私之辩更根本。参阅《从康德的“幸福”概念论儒家的义利之辨》，氏著《儒家与康德》（增订版），第157页。

指测河、以锥餐壶。也因此，对荀子而言，他必须瓦解孟子“以不忍人之心，行不忍人之政，治天下可运之掌上”（《公孙丑上》）的主张：与其指望经由道德（不忍人之心）的方式来建立良好的政治治理形态（王道），进而解决政治的治乱问题，不如指望经由良好的政治治理形态（王道）的建立来实现政治国家的道德教化，进而转化和提升人们的道德素养。荀子的此一主张在纯粹的道德学家眼里可能会招致严厉批评，然而康德在《永久和平论》一书中对此却给予了必要的辩护，康德认为，“良好的国家体制并不能期待于道德，倒是相反地一个民族良好道德的形成首先就要期待于良好的国家体制”[①]。康德的此一说法事实上构成了我们理解孟荀王霸之别的方法论基础。也正是在此意义上，我们可以认为，荀子是一位政治的道德家，而不是一位道德的政治家。

也因此，当荀子以“义”来说明“王道”时，此“义”的政治限禁义便显得更加突出，荀子云：

> 凡奸人之所以起者，以上之不贵义，不敬义也。夫义者，所以限禁人之为恶与奸者也。今上不贵义，不敬义，如是，则天下之人百姓，皆有弃义之志，而有趋奸之心矣，此奸人之所以起也。且上者下之师也，夫下之和上，譬之犹响之应声，影之像形也。故为人上者，不可不顺也。夫义者，内节于人，而外节于万物者也；上安于主，而下调于民者也；内外上下节者，义之情也。然则凡为天下之要，义为本，而信次之。古者禹汤本义务信而天下治，桀纣弃义倍信而天下乱。故为人上者，必将慎礼义，务忠信，然后可。此君人者之大本也。（《强国》）

此段之重心虽落在为政者“君人之大本”上，强调为政者当以身作

① 康德：《永久和平论》（何兆武译），上海：上海人民出版社，2005年，第36页。

则，贵义敬义，以收“犹响之应声，影之像形”之效，然而荀子在对“义”加以定义时明显突出其“限禁”之意[①]。所谓“限禁”总是与政治上的制度规范、法律条文相关。无疑释“义”为限禁并不排斥其间具有道德的含义，因为道德本身也有限禁之意。不过，当“义”之限禁与奸邪、作恶相联系时，其体现出来的政治上硬约束的特点更为明显。尤其重要的是，当荀子将“义”“信”与禹汤之治天下、桀纣之乱天下放在一起说明时，“义”“信”与天下治乱的叠合，已将其政治学的意义表露无遗，更何况荀子将礼义看作“政之挽”、正国之本。[②]

5.“义以分则和”

由是，当我们转而讨论荀子的“王霸之辩”时，荀子以“义立而王”定“王道”，其中的“义”字大体可以展开为三层含义，亦即由道理、原理到公道、公义，再由公道、公义到限禁、适宜。我们如此梳理之用心乃在于表明，荀子主要是着眼于以政治学的含义来说明“义”的，“义”所包含的道理、公义和限禁等是建立政治治理形态的原则、标准，此原则、标准本身又足以致善[③]。故对荀子而言，“义立而王”是着眼于由政治来说道德，而与孟子由道德来说政

① “内节于人”之“节”，杨倞释为“限禁”；俞樾则注：“节，犹适也。”又，杨倞在注《王制》篇“义以分则和”时云：“义，谓裁断也。”此处注“义”为“裁断”与释“节”为“限禁”可相互发明。又，《易·系辞传》有云：“何以守位曰仁，何以聚人曰财，理财正辞，禁民为非曰义。”“义”亦被理解为“限禁”之意，可供参考。杨倞与俞樾注“节”似有不同，但陈大齐认为，两人的说法在字面上看似乎不同，但从作用上看却可以相通，盖所谓限禁的目的正在于使人与万物达到一种适宜的状态。陈氏之说揆之于《礼论》篇开头一段所谓先王制礼义的目的在于使“欲”与“物”之间能够相持而长，则其说可从。

② 荀子的相关说法甚多，如云“礼义之谓治，非礼义之谓乱也”（《不苟》），“国无礼则不正”（《王霸》），等等，不待一一引证。

③ 无疑从严格意义上说，这种“善”在根源上是因政治而有的“善”，故其含义表现为合法性或合秩序性，但在荀子，这种“善”同时也是道德意义上的“善”，故荀子云：“凡古今天下之所谓善者，正理平治也。”（《性恶》）

治（“以德行仁”）颇不同风。

如前所云，所谓“以政治来说道德”其实质含义可以理解为多个方面，如一般而言，任何一种特定的政治治理形态及其包含的制度法则措施都蕴含有相关的规范要求及其相应的道德表现，而这些所谓的规范要求或道德表现在根源上可能并不是出于人们的意志自由和自决。但如前所云，它强调的是特定的国家制度、法则规范可以为人的道德的成长和发展创造相应的条件，它既可以通过良好的制度、规则、法令等设施来模塑人的道德，进而实现使人“长迁而不返其初”的目的，也可以通过政治教化来移风易俗，使民防邪僻而近中正。政治治理形态不同，其蕴含的道德要求及其道德表现也会不同；反过来，以不同的政治原则（这种政治原则所蕴含的“道德”在本质上对于大众而言是“要求”，而不是“同意”）来建构政治治理形态的基础，则政治治理形态也可以表现为不同的形式，如以“义”治国可以称“王”，以“信”治国可以称“霸”，而以“权谋”治国则国将不存①。任何一种政治形态因其治理的原则和基础不同都有其相应的不同的“道德”要求，这种道德要求是因政治而有的道德要求，故在严格意义上，它可以被看作政治意义上的道德教化，是因政而有教，因政而设教。

对荀子而言，由政治而说道德乃强调了政治对道德的优先性，这是我们恰当理解荀子“王霸之辩”的重要的理论前提②，也是荀子所以批评孟子“性善，则去圣王，息礼义”（《性恶》）的根本原因；同时，也是构成我们反对以道德的方法（无论是道德上的义利之辩，还是与此相关的动机论、存心伦理学或道德判断等等）来理解荀子

① 荀子虽有王、霸、强或安存、危殆、灭亡之政的不同说法，且对其各自的政治、经济、用人原则有详细分析，但依荀子，行强道的结局只能是灭亡，“故明君不蹈也”（《王制》）。据此，我们只着重分析王、霸两种治理形态。

② 强调政治对道德的优先性此一主张，根本上是从荀子所预设的“自然状态”之作为政治哲学思考的前提和出发点中推导出来的，故先王为止争去乱所制作的礼义首先是一政治学的概念。

“王霸之辩”的一个重要理由。政治不同于道德，有其自身的自性和原则。道德讲求的是终极关怀之理，是众人生活和一切政治行动的“应当”；政治讲求的是现实关心之事，是众人集体生活的具体业绩，这是现代的说法，在义理上将政治与道德做了根本的区分。今就荀子由“义”说“王”而言，从“义”之含义上看（联系王之为王、霸之为霸以及强之为强的论述一同来思考），我们其实也未尝不可以说荀子是从政治而说政治，亦即荀子是要客观呈现王、霸等各种不同的政治治理形态原则及其效果表现，并借此客观呈现而期盼为国者谨慎选择，这一点我们从《王霸》篇“故用国者，义立而王，信立而霸，权谋立而亡。三者，明主之所谨择也，仁人之所务白也”的说法中可以清楚看到[①]。然而，我们何以要说荀子是由政治而说道德？其中的原因有三个方面，其一是在荀子和儒家的传统思想中，政治与道德并未如现代人那样有明确的区分；其二，就客观而言，我们说过，任何一种政治治理形态由于其赖于资治的原则、规则不同（原则、规则本身具有规范性），总会有或优或劣的道德效果的表现，或者说，任何治国的原则总会产生相应的道德效果；最后，荀子由“义”说“王”虽然着眼于从政治的角度立说，但无论“义”所表现的道理、公义抑或限禁等，都是出于“道德纯备、智惠甚明”（《正论》）的圣王的制作，因此它既是政治的，但同时却可与“道德”保持一致。

我们说，荀子的“王霸之辩”着眼于不同的政治治理形态的特点及其效果。政治的目的在于建构一个良好的秩序，而一个良好的秩序总与客观效果或事功分不开。不讲效果的政治，百姓并不能接

① 假如我们认真阅读《王霸》篇，荀子著此篇的用心十分明显，即通过客观呈现王、霸、强等不同的政治治理形态，寄望明智的君主做出谨慎选择，类似的说辞不断重复，如云：“故人主，天下之利势也，然而不能自安也，安之者必将道也。”“三者，明主之所以谨择也，而仁人之所以务白也。”“三者，明主之所以谨择也，而仁人之所以务白也。善择者，制人，不善择者，人制之。”

受，而百姓之所以会对明君（亦即良好政治的象征）贵之如帝，亲之如父母，甚至为之出死断亡而愉，“无它故焉，其所是焉诚美，其所得焉诚大，其所利焉诚多”（《富国》）。明乎此，与孟子严分义利不同，荀子思想在总体上表现出较为明显的效果论的特色，荀子也多注目于义利之辩，但荀子在注重义的优先性的同时，并未提出“去民之欲利”的主张。相反，荀子认为，欲利是人的天性使然，“虽为守门，欲不可去”（《正名》），故而认为，“义与利者，人之所两有也。虽尧舜不能去民之欲利，然而能使其欲利不克其好义也。虽桀纣不能去民之好义，然而能使其好义不胜其欲利也。故义胜利者为治世，利克义者为乱世”（《大略》）。所谓“义与利者，人之所两有也”并不是说人性中天生就包含具有实际道德内容的“义”。依荀子，人生而有好利之欲，但人性中本无具有实际道德内容的“义”，而人心却有认知道德义之“义”的天生的能力。故而一个好的政治家能够在不去除人的好利的同时，又能够制定相应的礼义法度，教化民众先义后利，“使皆出于治，合于道”，或使民众的行为“出于辞让，合于文理，而归于治”（《性恶》），如是，则王道可期，故荀子云：汤武者，“循其道，行其义，兴天下之同利，除天下之同害，而天下归之也”，而“天下归之之谓王”（《正论》）。依荀子，行其义实际上包含了对民众私利的满足。

由此分析，我们也可以这样解读，面对不同的政治治理形态，孟子从道德的角度来要求政治、评判政治，荀子则从政治的角度来思考道德和说明道德[①]；孟子的“仁”（或德）侧重从个人的道德意识和道德情感上立根，荀子的“义”则侧重于从政治的普遍原理着眼。孟子言“仁”虽不排斥非道德意义的“利”，但此“利”乃是仁之实现自然而有的结果，或者按李明辉的说法，“孟子的义利之辩基

① 此处在说明孟荀时虽同用“道德”一词，但从道德是根于意志自由和自我立法的角度上看，此“道德”与彼“道德”是有差别的。文中多有相关说法，今特别加以指出，以免误解。

本上预设存心伦理学的立场，此一分辨旨在强调‘善之异质性（heterogeneity）’，即反对将道德意义的‘善’化约为非道德意义的‘善’，但他并不排斥非道德意义的‘善’，而只是反对以之为道德价值之唯一的或最后的判准。因此，孟子仍可接受功利原则作为衍生的道德原则”[①]。而荀子言“义”虽也不以“利”为政治原则或政治行动的唯一的或最后的判准，但政治作为事上的现实关心，利益或效果必被置于重要的地位[②]，在无害“义”的前提下，即便私利也未尝不可欲，此荀子所以言“君子……欲利而不为所非”（《不苟》）的重要原因。

假如我们同意上述分析，那么，我们也就自然会同意荀子以“义立而王”说王道与孟子以“以德行仁”说王道（在道理上，霸道亦复如此）是种类的不同，不是程度的不同。政治和道德当然属于不同的种类，既然种类不同，则其分判的原则和标准也自然不同。对于荀子而言，我们尚需了解的是，“义立而王”的“义”承担着作为政治上组织人群的原则和推动政治生活得以进行的实践动力的角色。我们知道，面对争乱穷的局面，荀子认为必须依靠“分”，故云“知者为之分”（《富国》），“先王恶其乱也，故制礼义以分之”（《礼论》），亦即为人群建立政治国家，制定条规，设立名分，确立差等。荀子又认为，人群要真正过上有秩序的群体生活，也必须以“分”作为前提。但是，如何“分”？“分”又如何能行？荀子则认为是由“义”，由此说：“人何以能群？曰：分；分何以能行？曰：义。故义以分则和。”（《王制》）就“分何以能行”而言，是“义”为

① 李明辉：《孟子王霸之辨重探》，氏著《孟子重探》，台北：联经出版事业公司，2001年，第53页。亦可参阅李明辉：《从康德的“幸福”概念论儒家的义利之辨》，氏著《儒家与康德》（增订版），台北：联经出版事业公司，2018年，第149—197页。

② 荀子的理论讲求效果，主张立说要有辨合、符验，要起而可设，张而可施行，故有时他也把仁义德行看作获得安全的手段和方法，如云“仁义德行，常安之术也”（《荣辱》）。

“分”提供了动力；就“义以分则和”而言，则以“义”而“分”便体现了价值上的正当①。学者普遍注意到荀子对“分”的重视，不过单言“分”并不足以呈现荀子思考上的严密，盖依暴力、诡诈的手段而分也是一种分，但这种分却无法获得正当性和合理性的辩护，这些说法我们此前已经做了说明。无疑荀子的这些主张显示出“分”是“义”的作用，故云：“尚贤使能，等贵贱，分亲疏，序长幼，此先王之道也。故尚贤使能，则主尊下安；贵贱有等，则令行而不流；亲疏有分，则施行而不悖；长幼有序，则事业捷成而有所休。故仁者，仁此者也；义者，分此者也。”（《君子》）简单地说，能够爱悦尚贤、使能、等贵贱、分亲疏、序长幼此五者就是“仁”；而能够分别此五者并能使其各得其宜就是“义”②。由此可见，在此一脉络下，荀子论“义”或“分义”的主要重心乃落在政治国家及其相关的礼义制度的论证上：秩序如何可能？国家如何治理？制度法规如何制定？又如何能够推行？“义”如何是一个理想的政治治理形态的基础？这些问题构成了荀子言“义立而王”的核心。

荀子以“义”言“分”在礼制秩序或制度之建立方面所论甚多③，其要义在“贵贱有等，长幼有差，贫富轻重皆有称者”（《礼论》），而这些内容可以直接理解为应对和处理“欲多而物寡”的逻辑预设中延伸出来的问题，由“义”而“分”既可以相对地满足人的欲望需求，同时又可有效地实现“欲”与“物”之间相持而长，进而建构一个“正理平治”的有序社会，故依荀子，以“义”定

① 陈来认为，在荀子那里，义为分提供了实践动力和价值正当性，此一看法颇为中肯。参阅《情性与礼义——荀子政治哲学的人性公理》，氏著《从思想世界到历史世界》，北京：北京大学出版社，2015年，第113页。

② 参阅李涤生：《荀子集释》，第566页。

③ 今撇开其他篇章不论，即以《王制》一篇为例，荀子从“请问为政”起笔，论及“听政之大分”，进之于论“王者之人”“王者之制”“王者之论”“王者之法”“王者之用”等等，所涉内容甚广。为避免枝蔓，本章对有关王道具体内容的论说不加铺陈。

“分”乃是“兼足天下之道”（《富国》）。单独地看，“分”无论是作为名词还是作为动词皆只具描述义，故关键在于如何分，凭什么而分，分的原则和正当性如何确立，而荀子将上述所有问题的论证落在一个“义”字上，社会人群之当有不当有、当享不当享、当做不当做，若能依义而分，即皆能一一得以定位，人道便可在此客观的分位等级中得其落实。所谓“义立而王”即是由“义”而“分”以使社会人群能够各尽其职，各得其宜，实现群居和一，此所谓王业之大成也。故荀子云：“治国者分已定，则主相臣下百吏，各谨其所闻，不务听其所不闻；各谨其所见，不务视其所不见。所闻所见诚以齐矣，则虽幽闲隐辟，百姓莫敢不敬分安制，以礼化其上，是治国之征也。”（《王霸》）牟宗三因此认为：“荀子重群，重分，重义……以义道之分，统而一之，类而应之，则群体阖然而凝定。客观精神即尊群体之精神，尊群体即尊成群体之义道也……故义道之落实于现实组织中即礼义法度，故礼义法度即义道之客观化。因义道之客观化而客观精神亦随之而油然生。”① 义道之客观化，在荀子即是一个“至平”的王道世界的实现，农贾百工、各级官吏在所事职业上虽各有分别，但各以“义”尽职则同，各得其所则同，“故仁人在上，则农以力尽田，贾以察尽财，百工以巧尽械器，士大夫以上至于公侯，莫不以仁厚知能尽官职。夫是之谓至平。故或禄天下，而不自以为多，或监门御旅，抱关击柝，而不自以为寡。故曰：‘斩而齐，枉而顺，不同而一。’夫是之谓人伦”（《荣辱》）。果如是，则在一个理想的王道世界中皆依礼义而治，天下自然道一同风，所谓“丧祭、朝聘、师旅，一也；贵贱、杀生、与夺，一也；君君、臣臣、父父、子子、兄兄、弟弟，一也；农农、士士、工工、商商，一也”（《王制》）。

① 牟宗三：《名家与荀子》，台北：台湾学生书局，1979 年，第 218 页。

6.“信立而霸”

正如荀子言“义立而王”之“义”首先着眼于作为政治治理形态的原则或标准一样，荀子言“信立而霸”之“信”亦当如此理解，换言之，荀子分别王霸所立的“义”“信”的原则或标准的首出意义自然也是政治的，而非道德的，因而我们理解和评价荀子的“王霸之辩”也只能从政治的原则和标准着眼。只是正如我们此前所指出的，某一特定的政治治理形态及其原则总蕴含有相应的道德要求或表现，但我们却不能倒过来以道德的语词或进路来理解这一原则，否则将会模糊孟荀之间的界限。

正是根于此一原因，我们必须在此先提出几点。其一是荀子言王道之“义”与霸道之“信”[①]，就“义”与“信”这两个字皆足以致“善”而言，它们之间不是对立的、异质的，只有同一种类（谓政治）之中的不同程度的差别，如王道的“礼义”与霸道的“刑罚”皆旨在强调某种外在的规范对人的约束，有时两者的作用相同[②]，“上莫不致爱其下，而制之以礼……故下之亲上，欢如父母，可杀而不可使不顺”（《王霸》）[③]。其次，谓王、霸表现为同一种类中的不同程度，当下意味着“义”“信”之间可以相容、重叠，虽有“信”者不必有“义”，但有“义”者必有其“信”，故荀子云：“凡为天下之要，义为本，而信次之。古者禹汤本义务信而天下治，桀纣弃义倍信而天下乱。故为人上者，必将慎礼义，务忠信，然后可。”（《强国》）最后，王、霸在内容构成上也有相近之处，我们试比较《王

① 荀子言王霸之“义”“信”的另一种说法亦可表述为“礼义”“忠信”。

② Sor-hoon Tan（陈素芬）认为，“霸道的强制权威在一定程度上是合法的，因为它为个人的修身创造了外部条件，它的不足在于未能通过转化的范例为个人修身培育出内部条件”。参阅 Tan Sor-hoon，*Confucian Democracy*：*A Deweyan Reconstruction*，New York：State University of New York Press，2004，p. 196。

③ 萧公权认为，“荀子欲以君长之礼义，救人性之偏险……故立政以前，无以修身，而政治生活之外，不复有私人道德生活之余地。荀子虽未明白肯定个人有绝对之政治义务，实已暗示法家重国轻人之旨”。氏著《中国政治思想史》（一），沈阳：辽宁教育出版社，1998 年，第 103 页。萧氏此一说法与陈寅恪的看法有相似之处。

制》篇描述王、霸两种不同治理形态的内容表现，荀子云：

> 殷之日，案以中立，无有所偏，而为纵横之事，偃然案兵无动，以观夫暴国之相卒也。案平政教，审节奏，砥砺百姓，为是之日，而兵剸天下劲矣。案然修仁义，伉隆高，正法则，选贤良，养百姓，为是之日，而名声剸天下之美矣。权者重之，兵者劲之，名声者美之。夫尧舜者一天下也，不能加毫末于是矣。

此段描述王道，王道政治强兵而不用兵，修仁义、平政教、正法度、选贤与能、生养百姓等等。荀子又云：

> 殷之日，安以静兵息民，慈爱百姓，辟田野，实仓廪，便备用，安谨募选阅材伎之士，然后渐赏庆以先之，严刑罚以防之，择士之知事者，使相率贯也，是以厌然畜积修饰，而物用之足也。

此段描述的是霸道，霸道政治在静兵息民、慈爱百姓，在实仓廪、选贤士、任赏罚等等。从上述王、霸的内容表现上看，虽然两者有其相异之处，但大体来看，强兵而不用兵、养民、选贤乃为王、霸所共有的内容。所不同的是，王道政治尤重修仁义、平政教等。《议兵》篇谓“齐桓、晋文、楚庄、吴阖闾、越勾践是皆和齐之兵也，可谓入其域矣，然而未有本统也，故可以霸而不可以王，是强弱之效也”。荀子以是否有“本统”来区分王霸（之兵），又云：“秦四世有胜，諰諰然常恐天下之一合而轧己也，此所谓末世之兵，未有本统也。”所谓“本统”，杨倞谓“前行素修，若汤武也”。章诗同则曰，本统“指礼义教化的根本”。五霸皆齐和之兵，已入王者之兵的领域，但霸者在修礼义、平政教方面不足，故杨倞谓“汤、武王而桓、文霸，齐、魏则代存代亡，是其效也”。

正如荀子论“王”突出一个“义”字，荀子论“霸”则突出一个“信”字，其云：

> 德虽未至也，义虽未济也，然而天下之理略奏矣，刑赏、已诺，信乎天下矣，臣下晓然皆知其可要也。政令已陈，虽睹利败，不欺其民；约结已定，虽睹利败，不欺其与。如是，则兵劲城固，敌国畏之；国一綦明，与国信之；虽在僻陋之国，威动天下，五伯是也。非本政教也，非致隆高也，非綦文理也，非服人之心也；乡方略，审劳佚，谨畜积，修战备，齺然上下相信，而天下莫之敢当。故齐桓、晋文、楚庄、吴阖闾、越勾践，是皆僻陋之国也，威动天下，强殆中国，无它故焉，略信也——是所谓信立而霸也。（《王霸》）

荀子此段是以定义的方式对“信立而霸”做出说明，大体包含四层意思：霸道之作为政治治理形态的根本原则是“信”；霸道治国的特点是“乡方略，审劳佚，谨畜积，修战备”；立信以治国的客观效果是“兵劲城固”，“威动天下，强殆中国”；信立而霸的不足在于“非本政教也，非致隆高也，非綦文理也，非服人之心也”。依荀子，霸者治国，德虽未至尽善，义虽未能完全做到，但治天下之理大体掌握了；刑赏诺否已取信于天下，国内臣下也晓然知道可以相信君主；政令一旦发布，虽利害显然可见，仍不失信于人民；盟约一经签订，虽利害显然可见，仍不失信于盟国。如是，则兵强城固，敌国害怕；对内国人齐一于信，对外明白不欺，故盟国信赖；虽在僻陋之国，其威强也足以震动天下。然而，霸者的不足在于他们未能在政教、礼法、礼仪和让人心从服上达到最高的程度。

此处需要特别说明的是，毕竟如何来了解“非本政教也，非致隆高也，非綦文理也，非服人之心也”中的“非”字，今多数注本包括李涤生、北大本、张觉、熊公哲等皆释“非”为“不”，意即不以政教为本，或未以政教为本，不致隆高，不綦文理，不服人心云云。当然，这种理解又多以《仲尼》篇的相关说法为依据，似可以在某种意义上成立。不过，我们也可以提出以下几个疑问。其一，荀子论王霸最具理论说明效力的文献不在《仲尼》篇，而在《王霸》《王制》《强国》等篇。其二，《仲尼》篇按李涤生的说法，“本篇多杂论，无甚精彩”[①]，此说是客观地说，盖该篇的内容多是杂集，不像《王霸》等各篇具主题鲜明一贯的特色。其三，《仲尼》篇论王霸大体上是在孔孟之间徘徊，就言五霸救时而褒之，但又明王者之政以显其失，即荀子基本上依循孔子评论管仲的思路；但开头“仲尼之门人，五尺之竖子，言羞称乎五伯”一句则大体是顺孟子之说而来，且与荀子其余各篇论霸有相扞格之处。冢田虎在《荀子断》一书中便提出疑问，谓荀子此说“与孟子所谓‘仲尼之徒，无道桓文之事者’同意焉。然仲尼犹称齐桓、晋文、秦穆等者，往往有焉，而门人小子，宁可谓羞称之乎？且至乎齐桓，乃盛称其九合一匡之功，何以为羞称也？卫灵公之无道，孔子犹称之哀公，曰：‘臣语其朝廷行事，不论其私家之际也。’况于五伯乎？岂可以其行不称其功乎哉”[②]。最后，若将“非”字理解为“不”，即取其非此即彼的强否定义，将会面临三重麻烦。首先是与此段开头的“德虽未至”“义虽未济”之说在含义上不相浃洽，盖此处所说的“德”“义”依其“虽未至”“虽未济”的用法，似不在强否定义上的“有”“无”，而在程度义上的“多”“寡”或“纯”“驳”。其次是此解释与荀子将王霸看作程度上的不同而不是种类上的不同的判断不相一致。又次，这种解释将不能有效划分荀子的霸道与强道，盖荀子言强道亦谓其“非以修礼义也，非以本政教也，非以一天下也”（《王霸》）。我们一再

① 李涤生：《荀子集释》，台北：台湾学生书局，1979年，第113页。
② 冢田虎：《荀子断》卷一《仲尼篇》，京师水玉堂宽政七年刊刻本。

强调，荀子言王霸不是从道德上非此即彼的对立的角度上说的，而是从政治上王霸两种不同的治理形态的原理和效果上说的[①]，王与霸之间或“义”与“信”之间只有程度上的差别，没有本质上的对立。明乎此，则杨倞的注释反倒贴合于荀子的用意，盖依杨倞，“非本政教”乃“虽有政教，未尽修其本也”，杨注重在“虽有……未尽”，贴合文本原意，即程度的不同；“非致隆高”，杨注谓“不如尧舜禹汤之极崇高也”，亦在程度上说[②]；“非綦文理”，杨倞谓“言其驳杂，未极条贯”，“未极”是指程度的差别；“非服人心”，杨倞注：“未得天下归心如文王。此皆言虽未能备行王道，以略信之，故犹能致霸也。”杨倞的注释基本上皆将“非”理解为程度上的不同，而不是将霸道理解成王道的对立面，故今从杨注。

若王霸之别只是程度之别，并不是说霸道不以政教为本、不致隆高、不綦文理、不服人心，而是说霸道在治国方面未能极尽上述四者，那么，接下来我们就需要认真分析作为构成霸道之治理原则和原理的“信”字。

“信”原是儒家思想中的一个重要概念，孔子之四教即谓“文、行、忠、信”（《论语·述而》），认为“信近于义，言可复也”（《论语·学而》），又言“人而无信，不知其可也”（《论语·为政》），“民无信不立”（《论语·颜渊》），等等。孔子言“信”多将“信”作为道德修身的范畴，孟子继承了孔子的说法，将“信”理解为人的“天爵”[③] 和“五伦”之一。孟子还将“信”与“诚”

---

① 荀子虽有“义立而王，信立而霸，权谋立而亡”或“王夺之人，霸夺之与，强夺之地”的说法，将政治治理形态划分为三种不同的形式，但荀子所说的“强道”大体可以理解为与王霸不同乃至对立的政治治理形态，由于诉诸权谋和唯利之求的强道，其最后的结果是“身死国亡”，不足为一种可供选择的有效的政治治理形态，故本章不详论。

② 杨倞注“隆高”或有误，详见李涤生：《荀子集释》，第115—116页。

③ 孟子云：“仁义忠信，乐善不倦，此天爵也……古之人修其天爵，而人爵从之。”（《孟子·尽心上》）

结合，诚即信，反身不诚即无以言信，故云“有诸己之谓信”（《孟子·尽心下》），从而赋予作为德行规范的“信”内在的心性学的意义。

荀子言“信”基本上也可以借用陈大齐所说的“美名”来说明，亦即“信”是在具有正面积极价值的意义上说的。《荀子》一书言“信”达百余见，与之相配合的词语涉及“礼信”“忠信”“诚信”等。依荀子，作为道德修身范畴，信即是诚实不欺，“知之曰知之，不知曰不知，内不以自诬，外不以自欺”（《儒效》），故云：“信信，信也；疑疑，亦信也。”（《非十二子》）亦即信可信的是信，疑可疑的也是信。作为君子的品德，信在求诸己，端严不懈，操持坚定，不为外物所移，“君子能为可贵，而不能使人必贵己；能为可信，而不能使人必信己；能为可用，而不能使人必用己。故君子耻不修，不耻见污；耻不信，不耻不见信；耻不能，不耻不见用。是以不诱于誉，不恐于诽，率道而行，端然正己，不为物倾侧：夫是之谓诚君子”（《非十二子》）。此所谓“诚君子”即是“信君子”。由此看来，在荀子那里，信可以被理解为君子、小人之别的一个重要标志，小人则“体倨固而心势诈，术顺墨而精杂污”（《修身》），“疾为诞而欲人之信己也，疾为诈而欲人之亲己也，禽兽之行而欲人之善己也”（《荣辱》）。总之，“言无常信，行无常贞，唯利所在，无所不倾，若是则可谓小人矣”（《不苟》）；而君子则“体恭敬而心忠信，术礼义而情爱人；横行天下，虽困四夷，人莫不贵。劳苦之事则争先，饶乐之事则能让，端悫诚信，拘守而详；横行天下，虽困四夷，人莫不任”（《修身》）。故而荀子一再强调“诚信生神”（《不苟》）、“诚信如神”（《致士》）。

另一方面，荀子强调，信作为政治治理形态的原理和要求，是治理天下国家的重要原则（亦是王霸共享的原则），“凡得胜者，必与人也；凡得人者，必与道也。道也者，何也？礼义、辞让、忠信是也。故自四五万而往者，强胜非众之力也，隆在信矣。自数百里而往者，安固非大之力也，隆在修政矣”（《强国》）。故“政令信者强，政令不信者弱”，一个良好的政治治理形态当“庆赏刑罚欲必以信”（《议兵》）。荀子认为，明主和暗主的区分只要观其左右亲信即可知道，“观其便嬖，则其信者不悫，是暗主已……观其便嬖，则其信者悫，是明主已”（《富国》）。此外，若把信作为政治道德的要求，则荀子特别突出“忠信”概念，认为“仁人之用国，将修志意，正身行，伉隆高，致忠信，期文理”（《富国》），“忠信以为质，端悫以为统，礼义以为文，伦类以为理，喘而言，臑而动，而一可以为法则”（《臣道》）。需要指出的是，荀子尤其强调君主施政当以“忠信”作为重要的准则，依荀子，要做到君义信乎人，使天下应之如欢的条件之一是“忠信爱利形乎下”（《儒效》），故荀子再三强调先王之治国，必“致忠信以爱之”（《富国》《王霸》《议兵》），甚至认为“执一无失，行微无怠，忠信无倦，而天下自来”（《尧问》）。无疑荀子之言“忠信”有其明显的效果论倾向，《富国》篇论及“忠信、调和、均辨”，一方面荀子认为以奸诈的方法来治理国家的君主只以眼前苟且的做法来骗取一时的声誉；另一方面则认为“古人为之不然”，那时百姓之所以爱戴他们的君主，并且心甘情愿为其出生入死，是因为君主“忠信、调和、均辨之至”。荀子此处突出君主“忠信”的品德固然具有对君主的政治行为进行道德约束的意思，但荀子的这种论述显然更在意如此“忠信”之行的政治效果，并非着重于“忠信”的道德存心或动机，对此荀子自己说得极为明白：“故国君长民者，欲趋时遂功，则和调累解，速乎急疾；忠信均辨，说乎庆赏矣；必先修正其在我者，然后徐责其在人者，威乎刑罚。三德者诚乎上，则下应之如景向，虽欲无明达，得乎哉?”（《富国》）

然而，我们需要强调指出，荀子言“信”虽可做如此之分解，但若仅止于此，则不足以呈现其思想的特色，尤其不足以呈现荀子言“信立而霸”的含义和特色[1]。荀子言“信”正如其言“义”一样，在先秦儒家思想史上有新的开拓，假如我们借用当代的法律术语来说，荀子所说的“信”大体可以划分为两个方面：一是“无约因”的“信”，一是“有约因”或“约因”的“信”[2]；前者在荀子那里指的是一般道德意义上的主观引导性范畴，后者所表示的“信”则不能仅出于单个人的主观承诺，必须以相应的如“政令”或“结约”为凭，并以此判断其行为守信与否。在这个意义上，我们可以说，孔孟言“信”多为“无约因”的“信”，而荀子言“信”除了继承孔孟的思想传统之外，还发展出“约因”的“信”，而荀子“信立而霸”的“信”至少在形式上主要指的是“约因”的“信”。

需要说明的是，“约因”或“无约因”是西方学者的说法，这些概念牵涉到一整套与政治和法律相关的契约制度，儒家传统思想并没有与此相类似的制度构成，故而做生吞活剥式的横向比较不是我们所措意的，我们借用此一说法或概念意在突出荀子言“信”在儒学思想史上的贡献。在“约因”意义上，一个人的“信”或“诚信”，不再只是个人的主观道德的承诺，或仅有个人主观道德上的“信”的承诺是不够的，还必须有具体的条文如“政令”“结约”之类的作依凭标准来判断其行为是否诚信[3]，并借此迫使承诺人兑现其承诺，实现其行为，或为其违背承诺的行为付出代价。“约因”意义上的“信”基于这样一种假定：个人道德上的诚信的承诺容易流为

① Kim Sungmoon 将荀子的“信”理解为“公民的德行”（civic virtue）。荀子的“信”虽然可以被理解为个人的德行，但就“王霸之辩”的脉络上看，其与一般的道德德行不同，就其与“政令”“结约”联系在一起而言，这是一种有约因的政治性的德行。参阅 Kim Sungmoon，“Between Good and Evil：Xunzi's Reinterpretation of the Hegemonic Rule as Decent Governance”，*Dao* 12（2013），p. 85。

② “约因”（consideration）是西方的法律术语，我们此处借用此一词语仅仅只在相近而非相同的意义使用，且主要目的在于借此来显明荀子言“信立而霸”的“信”的特殊含义，故特做说明。

③ 荀子在《君道》篇对于这种“约因”意义上的“信”又称之为“符节”“契券”，这是中国古代通常的说法，故荀子云：“合符节，别契券者，所以为信也。”

“虚假的承诺”(illusory promises),亦即口头上应允,但实质上却口惠而实不至。因此,“约因”的目的就在于通过可执照的条文使承诺人对受诺人有承担诺言的义务。假如“信”之为“信”不应仅仅只是一种单方面的道德上的主观承诺,而必须是双方有可供复案的“政令”或“结约”为凭,那么,这种意义上的“信”便直接与政治和法律领域相关。正是在这个意义上,我们看到,荀子言“信立而霸”基本上是以“约因”意义上的“信”为根据的。

前引荀子对“信立而霸”的说明,所谓“刑赏已诺,信乎天下矣”,刑赏以条文的形式颁布①,诺与不诺不能以一时的主观利害的考虑和喜好而改变,如此方能取信天下,杨倞注:“信乎天下,谓若齐桓不背柯盟之比也。”据《史记·齐太公世家》记载:“(齐桓公)五年,(齐国)伐鲁,鲁将师败。鲁庄公请献遂邑以平,桓公许,与鲁会柯而盟。鲁将盟,曹沫以匕首劫桓公于坛上,曰:‘反鲁之侵地!’桓公许之。已而曹沫去匕首,北面就臣位。桓公后悔,欲无与鲁地而杀曹沫。管仲曰:‘夫劫许之而倍信杀之,愈一小快耳,而弃信于诸侯,失天下之援,不可。’于是遂与曹沫三败所亡地于鲁。诸侯闻之,皆信齐而欲附焉。”曹沫弃刀后,齐桓公反悔归还鲁地的许诺并欲杀掉曹沫,而管仲认为,为泄一时之愤而违背自己的许诺,将会弃信于诸侯,失天下之援,故他劝齐桓公信守诺言,割地与鲁,齐国因此获得了诸侯的信任与亲附。由上记载可以看出,荀子重“约因”的“信”的确具有时代的特征,体现出黑格尔所谓的哲学是“被把握在思想中的它的时代”的特点,也是对儒家“信”观念的发展。同样,“政令已陈,虽睹利败,不欺其民”,“政令”即是政策法令,一旦以成文的形式颁布,即有其不可随意更改的效力,必须照此执行,哪怕其结果明显不利,也不能翻云覆雨欺骗民众,杨倞注:

① 荀子比较而言重视“刑罚”概念,而“刑罚”概念在荀子那里是一种成文法的表现,参阅本书第三章的相关论述。

“谓若伐原，命三日之粮，不降而退之比也。”[①] 又，“约结已定，虽睹利败，不欺其与”，“约结”指的是诸侯之间缔结的盟约，这种盟约当然是一种有约因的成文的盟约，规定了缔约双方应尽的义务；“与”指结盟的诸侯国。盟约既已签订，即便有损于自己的利益，也不能随便毁约以欺其友邦，一如齐桓公许诺援救鲁、卫，不遂灭之，以为己利。由此可见，荀子言“信立而霸”的“信”在范围上包括内政和外交两个方面，这种“信”已不同于个人主观道德意义上的允诺。将“信”“约因”化，在理论上排除了许诺者与受诺人之间存在的模糊的可能空间，立约而信，即意味着双方的行为必须依约获得保证，履约有相应的代价，守约有已定约规的保障。

荀子言霸者之“信”，其将作为个人主观引导性范畴的“信”发展到有“约因”的“信”，因而在理论的性质上，“信”也被赋予了“客观理性”的特点，这与荀子的整体思想的性质是相一致的。“信”之为“信”不能仅仅以道德存心为尚，而是以公平、公正为前提，以“要”（要者，约也）为基础，以对自身长远的利益为考量，以客观效果为目的。依荀子，“信”是赢得信赖与支持，同时也是获得政治成功的重要条件，而政治的成功在天下诸侯林立的时代必须满足国内和国际两方面的要求，荀子云：

> 辟田野，实仓廪，便备用，案谨募选阅材伎之士，然后渐庆赏以先之，严刑罚以纠之。存亡继绝，卫弱禁暴，而无兼并之心，则诸侯亲之矣。修友敌之道，以敬接诸侯，则诸侯说之矣。所以亲之者，以不并也；并之见，则诸侯疏矣。所以说之者，以友敌也；臣之见，则诸侯离矣。故明其不并之行，信其友敌之道，天下无王霸主，则常胜矣。是知霸道者也。（《王制》）

① 《左传·僖公二十五年》记，晋文公伐原，命士卒带三日之粮，三日而原不降，晋文公遂依令退兵。

对内修明政事，实行耕战，加强法治，这与《强国》篇所谓的“重法爱民而霸”意思相同①；对外修友敌之道，存亡继绝，卫弱禁暴，维护秩序，主持公道。荀子注重以信的原则与诸侯打交道，不以眼前利益为转移，在政治行动中以已立的“信约”做自我克制和约束，从而肯定了立“信”成霸在其政治成功中所具有的正面效力，故其结论是“天下无王霸主，则常胜矣”，意即假如天下没有成就王业的君主，那么奉行霸道的君主就能常常取胜②。应该说，荀子的这些观点和看法有其积极的意义。

然而，尽管荀子站在时代的立场对霸道主张的“信”给予了肯定的评价，并赋予“信”以新的含义，但依然要说“驳而霸”，认为最好的政治治理形态是“义”为上，“信”次之，故云“凡为天下之要，义为本，而信次之”（《强国》）。这里的原因当然与对荀子为以“义”治国所赋予的意义的理解有关，但也与荀子清楚地看到当时讲求有约因的“信”虽有其优点（如春秋时齐桓公称霸）却同时面临难以实行的困境有关。虽然在春秋战国时期，各诸侯国出于自身利益的考虑，“立信”以签订盟约已成为常态，目的在于为国与国之间的交往确定规则如保护与被保护等，但正如罗哲海所云，订约者“出于相同的私利，此一时驱使人想要签约，彼一时或许又使他想要毁约”③。这一说法可以说正是春秋以降各诸侯国签订盟约的真实写

① 荀子的这种说法应该说吸收了别家的观点，我们在《管子·权修》中也不难看到类似的主张，如云：“地博而国贫者，野不辟也，民众而兵弱者，民无取也。故末产不禁，则野不辟。赏罚不信，则民无取。野不辟，民无取，外不可以应敌，内不可以固守，故曰有万乘之号，而无千乘之用，而求权之无轻，不可得也。”又云：“地辟而国贫者，舟舆饰，台榭广也。赏罚信而兵弱者，轻用众，使民劳也。舟车饰，台榭广，则赋敛厚矣。轻用众，使民劳，则民力竭矣。赋敛厚，则下怨上矣。民力竭，则令不行矣。下怨上，令不行，而求敌之勿谋己，不可得也。”（《管子·权修》）

② 此句在断法、读法上存争议，请参阅王天海：《荀子校释》（上），第362—363页。

③ 罗哲海：《轴心时期的儒家伦理》（陈咏明等译），郑州：大象出版社，2009年，第95—96页。罗哲海认为，荀子的思想具有社会契约论的特点，我们可能难以认同。

照，盟约常常成为一种权宜和策略，完全以自身利益的大小为权衡，所以动辄撕毁盟约的事屡有发生。荀子描述了当时小国为求自保依附于强暴之国的情况：“事之以货宝，则货宝单，而交不结；约信盟誓，则约定而畔无日。”意即用钱财珍宝去侍奉它们，但钱财珍宝送完了而邦交仍不能建立；和它们立誓订盟签约，可盟约签订后没几天它们就背信毁约。荀子继而生动地写道：“割国之锱铢以赂之，则割定而欲无厌。事之弥烦，其侵人愈甚，必至于资单国举然后已。虽左尧而右舜，未有能以此道得免焉者也。譬之是犹使处女婴宝珠，佩宝玉，负戴黄金，而遇中山之盗也，虽为之逢蒙视，诎要挠腘，君卢屋妾，由将不足以免也。”（《富国》）由此看来，立誓、盟约乃至符节、契券本身并不是“信”，它只是用于“征信”。相反，“信”才是盟约、契券等得以存在的先决条件。“信”不立，任何“约结”都可能成为废纸一张，故而仅有“约结”并不能真正建立信任。明乎此，即可理解荀子何以会说“非有一人之道也，直将巧繁拜请而畏事之，则不足以持国安身”。如是，即可解释荀子为何会说为天下之要是义为本、信次之的原委，盖即便有“约因”的“信”，要使其真正得以实行，也需要一整套有关修礼、正法、平政等方面的制度设施来保证，故荀子云：“必将修礼以齐朝，正法以齐官，平政以齐民；然后节奏齐于朝，百事齐于官，众庶齐于下。如是，则近者竞亲，远方致愿，上下一心，三军同力，名声足以暴炙之，威强足以捶笞之，拱揖指麾，而强暴之国莫不趋使，譬之是犹乌获与焦侥搏也。”（《富国》）亦即霸者之“信”必须提升至王者之“义”上来，盖王者之道将修礼义以齐一朝廷，修法度以齐一官吏，平政事以齐一民众。于是，朝廷有礼文，百官有法度，民众有齐心。如是，则近者竞相亲近，远者极愿来附，上下一心，三军同力，其声名和威强足以震慑和镇服敌人，从容指挥，而强暴之国便没有不受驱使的。

需要指出的是，虽然由于时代的原因，“结约”以征信常常成为无良之国的权选，但这一事实在理论上并不减损荀子注重约因的信所具有的意义，事实上，荀子已经清楚地看到霸者之国所以能够成其霸业正根源于此，故有“信立而霸”之说。

7. 简短的结语

正如本章的副标题所显示的，假如说在孟子那里，“王霸之辩”被表述为“以德行仁者王，以力假仁者霸”，体现出“由内圣而外王”的特点的话，那么，在荀子那里，“王霸之辩”所表述的“义立而王，信立而霸”，则体现出“由外王而内圣”的特点。

孟子试图通过人性的、道德的方法建立一个良好的政治治理形态，进而实现外王。荀子则相反，认为一个政治国家良好道德的形成，首先要期待于一个良好的政治治理形态。

审如是，我们不认为道德意义上的“义利之辩”可以作为理解、区分荀子“王霸之辩”的恰当方法和标准。荀子首先不从道德层面的义利之辩来谈论政治上的王霸之分，荀子“义立而王”的“义”也已然不同于孟子之作为纯粹道德动机的“由仁义行”的“仁义”，而是作为理想的政治治理形态的原理、原则。在荀子，无论是“礼义”还是“仁义”皆与孟子“仁义内在”的说法不同，而明显地表现出荀子治道意义上的客观原则，仁义的标准是客观化的礼，故云：“将原先王，本仁义，则礼正其经纬蹊径也。”（《劝学》）我们理解荀子“信立而霸”的理路亦复如此。荀子尽管看到了“信立而霸”的“信”在霸道的政治形态下有其不足，但从儒学思想史的角度看，因荀子将作为个人主观引导性范畴的“信”发展到有“约因”的“信”，“信”的“约因”化强调了政治原理原则的客观性。在理论的性质上，“信”也被赋予了“客观理性”的特点，在指出“信”的义务性的同时，以“政令”“结约”的方式强化了“信”的责任性，不能不说这是一个具有理论意义上的推进。

依荀子，不是独立于政治之外的道德可以塑造客观的秩序，从而实现王道的理想，而是良好的政治治理形态及其蕴含的道德可以为人们带来“正理平治”和“群居和一”的生活。审如是，在“王霸之辩”上，荀子的着眼点在于王、霸作为不同的政治治理形态的原则、措施及其固有的客观效果，而不在于为王、霸确立道德存心。荀子的用心在于告诉我们这样一个事实，一个理想的政治治理形态可以蕴含道德，亦即它既可以通过良好的制度、规则、法令等设施来模塑人的道德，也可以通过政治教化来移风易俗，但理想的道德却无法代替一个良好的政治治理形态的建立，也无法解决政治上的问题。明乎此，在荀子看来，与其指望经由道德（不忍人之心）的方式来建立良好的政治治理形态，进而解决政治的治乱问题，不如指望经由良好的政治治理形态的建立来实现政治国家的道德教化，进而转化和提升人们的道德素养。

九 『国无礼则不正』

——『国家理由』与荀子伦理学的理论特色

在孔孟仁本之政治思想中，私人道德与政治生活虽先后一贯，而内外可分。有道则见，无道则隐。达则兼善，穷则修身。纵使天下大乱，犹可避世为贤。故政治生活之外，个人得有独立的道德生活。荀子欲以君长之礼义，救人性之偏险。若君道或缺，则暴乱随起。个人于此，方救死之不遑，岂能妄冀独善。故立政以前，无以修身，而政治生活之外，不复有私人道德生活之余地。

——萧公权

在中国……只有一个个体代表实体，那就是皇帝；他的法律规定了所有的面向……在此，我们可以发现国家乃是至高无上的唯一存在——也就是坚定不移、无可比拟的实体——全然不含其他杂质。

——黑格尔

光线充足的地方，影子便特别黑。

——福尔斯

这无声的呜咽
这秋花的悄然谢去
花瓣飘落从此凝然不动
它们的终极在哪里？

——艾略特

1. 引言

本章的目的旨在讨论荀子伦理学（道德哲学）的理论特色。

对于一本旨在研究荀子政治哲学的著作而言，辟出专门一章来讨论荀子的伦理学，从表面上看似乎有点不切主题。但即便我们撇开传统儒家“政治-道德”融为一体的思维不论，如果我们同意，政治哲学的任务在于寻求政治的“公共善”或所谓“美好社会”“公道社会”之理想的话，那么，这样一种政治本身就具有规范性，政治的领域与道德的领域不可能互不相涉，换言之，政治与道德不可能无关。我们前面说过，政治哲学总是要试图对各种政治事务确立规范，它不在单纯描述事物实际上怎样，而在探讨事物应该怎样，而“应该怎样”指的就是什么在道德上是正确的。所以，施特劳斯认为，“政治哲学这个知识领域，一方面包括道德哲学，另一方面包括狭义的政治学”[1]。

不过，本章并不是从一般的意义上平铺地讨论荀子伦理学的思想，也不再讨论荀子是如何为政治确立道德的基础，毋宁说本章是从荀子独特的问题意识出发来呈现其伦理思想的特点。为此，在正式进入讨论之前，首先必须向学者做出两点说明：其一，基于人们的观察角度或理论立场的差异，荀子的伦理思想容或可以呈现出各种不同的特色，而本章只探讨其中的一个特色；其二，本章并不准备在一般意义上讨论荀子伦理思想的理论性质，而侧重于从“国家理由”（reason of state）的角度讨论荀子伦理理论的独特性。当然，从特定视角出发讨论某一学说总或多或少地会触及对某一学说的理论性质的理解，但这属于另一个理论问题。

有关荀子伦理学的理论性质，学者从不同的角度已多有说明，

---

① 列奥·施特劳斯：《霍布斯的政治哲学》（申彤译），南京：译林出版社，2001 年，第 7 页。

归纳起来大体有两种主要的看法：一谓荀子的伦理学是功利主义的或效果论（consequentialism）的，其代表人物有冯友兰、牟宗三、劳思光、陈大齐以及宇野哲人、田浩等人；一谓荀子的伦理学是德行论（或德性论）的，其代表人物有 Eric L. Hutton（何艾克）[①]、Jonathan W. Schofer[②]、金圣文[③]等人。而本章的目的则是尝试借由“国家理由”的概念来分析荀子思想中政治与道德的关系，并进而说明荀子伦理学的理论特色。

一个非常明显的事实是，在荀子的思想中，政治哲学和伦理学分享着“人之性恶”的共同前提，人的好利恶害的本性与政治和道德生活的“公共善”之间不存在天然的和谐与协调。若谓由于人之性恶，故荀子在“王霸之辩”中主张通过“外王”来成就“内圣”的话，那么，荀子所极力强调的“礼义法度”在其思想系统中便成了“国家理由”（reason of state）的代名词。由此而观，尽管许多学者把“礼义”看作荀子伦理学的核心概念，但在荀子论述先王（圣王）创制礼义的特殊语境中，先王的目的和着眼点乃在于政治国家的建立，故而“礼义”所具有的止争去乱的功能以及规范行为的性质，其实质是以“国家理由”的形式出现的。换言之，使“礼义”（道德）获得“国家理由”的形式，构成了荀子伦理学的一个重要的理论特色。

然而，为了说明此一特色，我们需要先行解释两个问题，即何谓“国家理由”，荀子如何理解“国家”。

---

① Eric L. Hutton, *Virtue and Reason in Xunzi*, PH. D. Dissertation, Stanford: Stanford University, 2001 (Ann Arbor, MI: Bell & Howell Information and Learning Company).

② Jonathan W. Schofer, “Virtues in Xunzi's Thought”, *Virtue, Nature, and Moral Agency in the Xunzi*, ed. by T. C. Kline Ⅲ and Philip J. Ivanhoe, Indianapolis: Hackett Publishing Company, 2000, pp. 69 - 88.

③ Kim, Sungmoon, *Theorizing Confucian Virtue Politics: Political Philosophy of Mencius and Xunzi*, Cambridge: Cambridge University Press, 2019.

我们先看第二个问题。荀子思想中的“国家”，由于牵涉到“天下”与“国家”的关系问题，较为复杂，笔者已有另文处理[1]。简言之，在《荀子》一书中，“国”与“天下”皆是十分频繁出现的词[2]，依荀子，天下是“大具”（《正论》），指的是地理空间的范围；同时，“天下”更意味着某种政治秩序，故荀子重“天下”，“一天下”“治天下”成为荀子政治哲学关注的主题。不过，《荀子》一书虽有大量的“天下”的论述，但“天下”多表现为一种文化或价值意味的概念，而“国家”反倒是一种实体性的概念。依荀子，“国家者，士民之居也……无土则人不安居，无人则土不守，无道法则人不至，无君子则道不举。故土之与人也，道之与法也，国家之本作也。君子也者，道法之总要也”（《致士》）。荀子认为，国家的成立和稳定取决于领土、人民、道法和君子的集合，而在各种社会组织和团体中，国家的力量和作用最大，故云“国者，天下之大器也，重任也”，“国者，天下之（制）利用也”，“国定而天下定”（《王霸》）。在孟子之时，实现天下一统的王道理想已寄托在各诸侯国身上，到荀子时则表现得更为明显。对此，萧公权有一观察颇可说明问题，其云：“在秦始皇统一以前，至少从春秋战国时代的情形看来，中国的政体是‘封建天下’。这种政体是以列国为单位而以天下为全体，天子虽为‘元后’，其实也是群后之一。群后奉他为共主，却未必受他的统治。政治上主要的工作，如安民理财等事都由列国各自办理。天子除了在‘王畿’内办理同样的政事以外，并未在‘天下’范围内施用治权。所以封建天下的‘大一统’徒具形式，未有实质。诚然，在周朝八百年的长时期中，统一的程度先后颇有高低。在西周盛世，天子的实力较强，列国奉命较谨。此后宗周日趋衰微，到了

---

① 有关荀子的国家观的研究，学者可参阅王廷洽《论荀子的国家观》，《中国史研究》1999年第2期。

② 据学者统计，在《荀子》一书中，“天下”一词出现370余次，“国”和“国家”出现340余次。由于统计方法不同，其间不免会有出入。

春秋时代已呈尾大不掉的病态，到了战国就完全成为割据局面。然而就政治工作的本身看，政治生活的重心始终寄托在列国之中，而不在元后所临御的‘天下’。这是封建天下的第一个特点。”[1] 当然，这里需要说明的是，在荀子那里，“国家”虽然是一个实体性的概念，但荀子思想中并没有现代意义上的“国家论”。换言之，荀子意义上的国家乃是由于民众出于欲求满足或生活生存的需要而有的保护性制度，国家的法度准则乃是民众为了避免强害弱、众暴寡乃至悖乱相亡的结果而由统治者加诸民众身上的约束，故黑格尔把这种不成熟的国家称为“外部的国家”，屈从于“需要”的国家[2]，这种意义上的国家大体相当于我们今天所说的专制政治的国家。

在大体了解了荀子所说的“国家”以后，我们再说“国家理由”。“国家理由”是一个西方政治哲学的名词，学者通常把“国家理由”概念看作欧洲近代国家理论的一个重要概念。按照迈内克（Friedrich Meinecke）的说法，“在17世纪头十年的意大利，在市场挑夫和客栈工匠中间有着关于‘国家理由’的种种讨论”，而马基雅弗利（Niccolò Machiavelli）即被认为是发现“国家理由”之真正性质的第一人[3]。在马基雅弗利那里，“国家理由”意味着，作为国家最高权力的代表，统治者（君主）为了实现国家的利益，可以使用

---

① 萧公权：《中国君主政体的实质》，《宪政与民主》，北京：清华大学出版社，2006年，第67—68页。

② 黑格尔云：“利己的目的，就在它的受普遍性制约的实现中建立起在一切方面相互依赖的制度。个人的生活和福利以及他的权利的定在，都同众人的生活、福利和权利交织在一起，它们只能建立在这种制度的基础上，同时也只有在这种联系中才是现实的和可靠的。这种制度首先可以看成外部的国家，即需要和理智的国家。”氏著《法哲学原理》（范扬、张企泰译），北京：商务印书馆，1982年，第198页。

③ 迈内克：《马基雅维里主义》（时殷弘译），北京：商务印书馆，2008年，第200、103页。迈内克此书对“国家理由”有十分充分的说明。此外，学者亦可参阅 *The Reason of States*, ed. by Michael Donelan, Abingdon: Routledge, 2016; H. Dreitzel, “Reason of State and the Crisis of Political Aristotelianism: An Essay on the Development of the 17th Century Political Philosophy”, *History of European Ideas*, *Vol. 28*, *Issue3*, 2002, pp. 163 - 187。

非常规的手段，表现出君主绝对权力的性质[①]。“国家理由”总是表现为一套国家治理的法则规范，作为一种手段，即旨在在一个充满偶然性的世界中为维护政治共同体的利益而采取的措施；作为一种论证依据，“国家理由”为这些措施进行道义上的辩护[②]。不过，对于“国家理由”概念，不同的学者有不同的理解，用以说明问题的意图也不尽相同，而且连译名也有争议[③]，可以说是一个歧义颇大的概念。本章无意对“国家理由”做穷本溯源式的探讨，也无意呈现“国家理由”的种种学术史的含义。我们借用此一概念意在表明，作为对“国家为何必需”的一种新的政治和伦理的思考，“国家理由”概念的核心在于为国家利益和国家行动提供合法性叙事和正当性说明，因而对秩序重建或对国家的“有用性”成为考量政治和伦理选择的首要标准[④]。本章采用“国家理由”此一概念只是在泛指的意义上而不是在别的严格的意义上使用，这也是首先要向学者做出交代的。

---

① 迈内克认为，“如果一位国务活动家感到自己迫于‘国家的必需’，要去违背法律和伦理，那么他仍然能觉得自己在他本人良心的审视面前是道德上有理的，只要在这么做时，他根据自己个人的信念，考虑的首先是被托付给他来关照的那个国家的利益”。氏著《马基雅维里主义》，第57—58页。

② 参阅郑红：《“国家理由”的缘起和历史意义》，《中共福建省委党校学报》2008年第3期。

③ 有学者认为，此一概念应译为“国家理性”，它是与现代早期西方世界的“理性化”紧密相连的一种新的理性观，它意味着传统的“道德理性”的消失以及作为“工具理性”的“国家理性”的兴起，标志着一种新的政治与伦理分家的“政治观”。参阅周保巍：《“国家理由”还是“国家理性”——思想史脉络中的“reason of state”》，《学海》2010年第5期；但也有学者不同意，参阅岳成浩：《“国家理由”的现代意蕴——对“reason of state”的历史解读》，《西北大学学报》2011年第3期。

④ 迈内克认为，“在权势与道德、权势冲动驱使的行为与道德义务激励的行为之间，有着位于国家之巅的一座桥梁——‘国家理由’，亦即关于什么是有利、有用和有益的考虑，关于国家为了不时臻于其存在的巅峰而必须做什么的考虑。在那里包藏着‘国家理由’难题的巨大意义（不仅是历史的，也是哲学的巨大意义），还远未得到适当的评价”。氏著《马基雅维里主义》，第56页。

2.“国家”与“礼”

那么，荀子的伦理学在何种意义上表现出“国家理由”的特色？在理论上，要说明某一伦理理论具有“国家理由”的表现形式，我们可以从明确该理论所设定的目的、为此一目的所提供的理据以及为达成此一目的所提出的方法等方面寻找理由。此当然是最系统最稳妥的说明途径，但也有一种最有效同时也最简便的方式，那便是从荀子伦理学最核心的概念出发来加以分析。

在论及荀子伦理思想的核心概念时，学者会不约而同地指出，与孔孟重仁义相比，荀子则明显地表现出重礼义的特点，所以，将礼义看作荀子伦理学的核心概念应该可以获得大多数学者的认可。现在我们要问，荀子是从何种脉络论述礼义？“礼义”（或曰“礼”）作为我们通常所说的“道德”概念其首出的意义究竟是什么[①]？对此，我们先行提出根源义的了解方式。即此而言，我们所要追问的是，假如作为“道德”概念的“礼”具有“国家理由”的特色，那么，在荀子以其特殊的理论语言所构筑的思想世界中，荀子如何突显“国家为何必需”的问题意识；若国家必需，“礼”又在何种意义上构成“国家理由”。

综合《礼论》《性恶》《富国》《王制》等篇的相关论述，我们不难看到，荀子事实上为我们描述了一幅没有政治国家存在之前的“自然状态”。用荀子的话来说，就是“群众未县”“君臣未立”“无君以制臣，无上以制下”的状态。依荀子，在前政治国家的生存状态中，人与人之间聚族而居，“同求而异道，同欲而异知”，每个人对生活上的要求相同，每个人好利恶害的欲望也相同，但满足要求和欲望的方法及知识却因人而异；每个人虽有判断能力，但判断的结果却有智愚之别。如是，社会中人群地位相同而知见各异，若谋

① 荀子有关“礼”与“礼义”的关系本文不做具体的梳理，只是大体把两者看作意思相通的说法，学者也可参考陈大齐《荀子学说》，台北：中华文化出版事业社，1956年，第143—144页。

取私利无所忌惮而又不受惩罚，那么，人人都将奋起争夺而谁也不能说服谁[1]。在这种“势同知异”的社会中，人群中的智者并没有机会行其治道，因为人人地位相同，谁也管不了谁[2]，天下的祸害就会因为人的纵欲行私而不断发生。问题还在于，为了逃离这种生存祸害，我们可以去过一种离群索居的生活吗？荀子认为不能。依荀子，人虽“最为天下贵”，但在宇宙万物中人的生命又显得十分弱小，人“力不若牛，走不若马”，但若要以“牛马为用”（《王制》），依靠单个人的力量来满足自己的欲望并不可能，所谓“能不能兼技，人不能兼官，离居不相待则穷”，故云“人生不能无群”。然而，在自然状态下，人之“结群”乃是人为生存所不得不采取的选择方式，其动机和动力纯出于满足人性的自然欲望，故而难以形成统一的有序安排的意志，也不能产生出稳定有效的政治和道德约束力。换言之，人类并不能通过自然群合和欲望的天然一致性组成群而有序的社会。以上所说我们在前面的各章中已经反复给予论述。依荀子，“人生而有欲”，而且人的欲望还具有贪得无厌的特点[3]，但满足欲望的物品又有限，若“从人之欲，则势不能容，物不能赡也”（《荣辱》）。同时，人之情又是如此：人人厌恶做事干活，但却喜欢做事干活得来的劳动成果。人情既如此，假使人的职业没有名分规定，那么，人们就会以建立自己的事业为苦，而又有争夺他人劳动成果的祸患。至此，荀子为我们描述了一幅以人的自利本性为原因、以“争”为表象的人类生存图景。荀子云：

---

① 《富国》篇“则民心奋而不可说也”，杨倞释“说”为“悦”，李涤生同之（《荀子集释》，台北：台湾学生书局，1979年，第197页）；荻生徂徕、北大本《荀子新注》（北京：中华书局，1979年，第139页）不与，谓“言说”“说服”；而王天海释为“解脱”（《荀子校释》，上海：上海古籍出版社，2005年，第421页）。今取荻生徂徕、北大本的解释。

② 荀子云：“势齐则不一，众齐则不使”，“两贵之不能相事，两贱之不能相使”（《王制》）。

③ 《荣辱》篇云：“人之情，食欲有刍豢，衣欲有文绣，行欲有舆马，又欲夫余财蓄积之富也；然而穷年累世不知不足，是人之情也。”

> 人生而有欲，欲而不得，则不能无求。求而无度量分界，则不能不争。（《礼论》）
>
> 欲恶同物，欲多而物寡，寡则必争矣。（《富国》）
>
> 势位齐，而欲恶同，物不能澹则必争。（《王制》）
>
> 人生不能无群，群而无分则争。（《王制》）[①]

在此，“争”是一种被描述出来的现象或状态，而这种状态的发生是以“没有任何法和国家制度以及其他形式的社会强制”[②] 等措施为前提的。那么，这种状态发展到极致又将会是一种怎样的结果呢？荀子在《性恶》篇为我们给出了描述：

> 今当试去君上之势，无礼义之化，去法正之治，无刑罚之禁，倚而观天下民人之相与也。若是，则夫强者害弱而夺之，众者暴寡而哗之，天下悖乱而相亡，不待顷矣。

在对此段给出具体的解释之前，我们应当回到前面所提出的问题，亦即荀子是如何突显“国家为何必需”的问题意识？现在荀子为我们给出了清晰和确定的答案：国家之所以必需，根本原因在于为了

---

① 荀子此说的确蕴含了“有分则无争”的意思，本文则着眼于“无分”的前政治社会状况，人类因满足欲望而群居，但因“无分”而必起争。

② 赫费（Otfried Höffe）：《政治的正义性》（庞学铨、李张林译），上海：上海译文出版社，2014 年，第 208 页。这是赫费对自然状态的定义，赫费特别强调，自然状态中的“自然”一词，“既不是历史也不是社会或文明的反义词，而是法和国家或其他具有强制能力的社会秩序的反义词”（同上，第 210 页）。而依柯雄文，在荀子那里，争夺乃是指没有（outside）制度之准则、规范所造成的争夺，是一种缺乏规则管控的无序状态。参阅 A. S. Cua，“The Quasi-Empirical Aspect of Hsün-Tzu’s Philosophy of Human Nature”，*Philosophy East and West*，*Vol. 28*，*No. 1*（Jan.，1978），p. 6。为了有效地论证主题，本章此处所论述的内容与第一章有很大的重复之处，这是必须向读者交代的。

避免人类强害弱，众暴寡，乃至天下悖乱相亡不待顷的结果。然而，在上一段中我们从何处可以看出荀子的“国家”概念？这便是荀子所说的“君上之势”“礼义之化”“法正之治”“刑罚之禁”，我们有足够的理由将此泛称的四个方面理解为散开来说的国家概念。事实上，凝聚地说，如果相对于“无君以制臣，无上以制下”的自然状态而言，“君上之势”的确立本身便可意味着政治国家的成立[①]，而“礼义”“法正”“刑罚”等等只是国家所以为国家的功能要素，或者说是国家为了止争去乱，实现和平、安全与秩序（“正理平治”）的法则规范等手段。如是，在荀子，国家是以“圣王”和“礼义”来表现的[②]。依荀子，国家之所以必须，不仅是现实的，其现实性即是其必要性，亦即非国家则不足以避免人类相处的丛林法则，不足以避免人类的悖乱相亡；同时还是必然的，其之所以必然，乃是因为其深深地根植于人之性恶的天性之中，若“从人之性，顺人之情，必出于争夺，合于犯分乱理，而归于暴”，故必当有“圣人之治，礼义之化”（谓“政治国家”也）然后可（《性恶》）。由此看来，荀子所说的人性的“恶”并不是在特定的伦理或道德意义上的恶，毋宁说，“恶”的确切含义应当被理解为政治意义上的“偏险悖乱”。

当然，这种理解可能并不一定是对荀子思想的决定性的理解，更不是对其思想的最深刻的理解。尽管“性恶说”被认为是荀子思想的一个标志性主张，但其最具哲学史意义的地方在于，对荀子而言，他要透过性恶说，为政治国家的存在提出合理性辩护，并借此

---

① 迈内克认为，“权势属于国家的本质。没有权势，国家就无法贯彻自己维护正义和保护社会的任务”。参阅氏著《马基雅维里主义》，第66—67页。在先秦儒家中，荀子可以说是认识到政治国家的本质在权力的第一人，如荀子云：“人主者，天下之利势也。”（《王霸》）又云：“今圣王没，天下乱，奸言起，君子无势以临之。”（《正论》）此处“势”指的就是权势，亦即国家的本质。

② 这种说法依然是随顺荀子批评孟子“性善，则去圣王，息礼义”（《性恶》），亦即取消国家而来的分别说，实则在荀子，礼义为圣王所制作，圣王和礼义具有一体关系，皆象征着政治国家之总体。

存在以实现其秩序重建的目的。盖依荀子所预设的自然状态的逻辑，政治国家的存在已然是人类生存的宿命，根本无可逃避；而人的天性又根本承担不起作为任何政治和道德规范的基础，荀子明确宣称，“今人之性，固无礼义，故强学而求有之也；性不知礼义，故思虑而求知之也”，“故顺情性则不辞让矣，辞让则悖于情性矣”（《性恶》）。相反，在《性恶》篇中，荀子反复强调的主题是，人之性恶当下即意味着人需要统治①。而根据迈内克的说法，“任何统治事业总是根据‘国家理由’进行”的②，如是，依荀子“礼义之谓治，非礼义之谓乱”（《不苟》）的逻辑，礼义便已确定无疑地获得了“国家理由”的形式，这种形式的本质则表现为一种政治权力。换言之，荀子的“礼义”概念虽然通常被人们认为是一个伦理学概念，但它的出场却首先是一个政治学的概念，其本质即是由“国家理由”来表现的政治权力，此荀子所以云“国之命在礼”（《强国》）、“礼义生而制法度”（《性恶》）的究竟义和真实意思③。与此相应，凡“不顺礼义”“不是礼义”，皆为“不知是非治乱之所存者”，皆不足以合文通治，不可以经国定分，因而在逻辑上也皆可以“国家理由”的名义为“圣王之所禁”（《非十二子》）。由是我们看到，在荀子所预设的自然状态及对自然状态之解脱的逻辑中，因欲望满足的需要转变成为被统治的需要，亦即人若要满足欲望而又不至于酿至争夺即需要接受统治，被统治构成了人满足欲望（及生存）的结

---

① 《性恶》篇中，因为人性恶而需要统治的说法反复出现，似乎生怕人们不加注意，但学者似乎察之不深，如荀子云：“古者圣王以人性恶，以为偏险而不正，悖乱而不治，是以为之起礼义，制法度，以矫饰人之情性而正之，以扰化人之情性而导之也，始皆出于治，合于道者也。”“古者圣人以人之性恶，以为偏险而不正，悖乱而不治，故为之立君上之势以临之，明礼义以化之，起法正以治之，重刑罚以禁之，使天下皆出于治，合于善也。”“今人之性恶，必将待圣王之治，礼义之化，然后始出于治，合于善也。”

② 迈内克：《马基雅维里主义》，第 81 页。

③ “礼”的首出意义为政治学的意义并不意味着其不含伦理学的意义，参阅拙著《差等秩序与公道世界》，上海：上海人民出版社，2016 年，第 172 页。

构性前提①。荀子的此一思路颇近于西方政治哲学的“保护-服从”（protection-obedience）关系。人需要保护，就无法拒绝服从。保护总是以“国家”的形式出现，而服从则以服从“国家理由”（“礼”）为实质。依荀子，人之所以需要保护，则在于在“欲多而物寡”的自然状态下，人性的自然必然性将不可避免地将我们卷入剧烈的争夺和冲突之中，导致欺凌、暴力、悖乱相亡的危险；为了避免这种危险，人必然会寻求保护。由于人一定需要获得保护，使得“国家为何必须”获得了正当性的根据。这种基于“保护-服从”而形成的权力关系，一方面构成了政治秩序基础，另一方面使得国家赖以保护民众的原则和措施（“礼义”）也获得了“国家理由”的形式，故荀子云：“礼义者，治之始也”（《王制》），“人莫贵乎生，莫乐乎安，所以养生安乐者莫大乎礼义”（《强国》）。在此，“礼义”之所以具有“国家理由”的性质，其根本原因在于礼义是民众的生命得以生存、生活得以安乐的保障，同时也是国家治乱的根本和基础，所谓“国无礼则不正”（《王霸》），“国家无礼则不宁”（《修身》），所谓“隆礼贵义者，其国治；简礼贱义者，其国乱”（《议兵》）。国正则民正，国宁则民宁，国治则民治，而所以“正”之者、“宁”之者、“治”之者，悉因礼义而有②，则“礼义”非“国家理由”而何所是？荀子正是通过此一论证，使得政治国家存在的合理性和必要

---

① 荀子云：“君子以德，小人以力；力者，德之役也。百姓之力，待之而后功；百姓之群，待之而后和；百姓之财，待之而后聚；百姓之势，待之而后安；百姓之寿，待之而后长；父子不得不亲，兄弟不得不顺，男女不得不欢。少者以长，老者以养。”（《富国》）迈内克则认为，“国家的由来可以追溯到两个源泉：一是统治者的个人权势追求，二是臣民的需要，这些臣民听任自己被统治，因为他们反过来得到某种补偿……”氏著《马基雅维里主义》，第62页。

② 依罗娜，荀子的礼为人们提供了可靠的、共享的安全以及行为的社会保障的准则，同时礼也为人们提供了放弃快速满足欲望的动机，将他们从面对新环境时决定做什么的重负中解放出来。Loubna El Amine，*Classical Confucian Political Thought —— A New Interpretation*，Princeton：Princeton University Press，2015，p. 94.

性在先秦儒家思想中获得了前所未有的严肃性：只有在荀子那里，政治国家的存在才真正成为政治哲学关注的根本主题；也只有在荀子那里，“礼义”以最名正言顺的方式取得了“国家理由”的身份。

3.“公共善”的建立

明乎此，我们看到，在荀子那里，“国”与“礼”的关系获得了全新的理解，这种“新”与其说是一种创始意义的“新”，毋宁说是荀子通过对历史的回溯在其特殊的理论架构中重新赋予此一关系以解释的“新”。盖将“国”与“礼”的关系关联起来说明在中国思想史上源远流长，《左传》对此便有丰富的论说，而学者也早已指出，荀子的相关主张与《左传》具有密切的关系①。对《左传》而言，荀子看重的唯是“礼”作为“经国家，定社稷，序民人”（《左传·隐公十一年》）的作用，故荀子特重“礼宪”，以作为国家治理的准则和法册。然而，荀子却断然抛弃了《左传》中将“礼”看作“天之经，地之义”的说法②，礼义已不再是天地“自然秩序”的一部分，而是圣王“人为”的制作。天只是“自然”而已，与人间秩序无涉，没有赏善罚恶的意志；人间秩序不出于天之“自然”，而出于“人为”，这便可以解释何以《天论》篇在论述天地自然的脉络中，忽而转笔而突出“国之命在礼”的原因③。很明显，荀子要通过彰显“自然”与“人为”的差别，突出礼义的“人为”意义和地位。荀子的此一论述与《性恶》篇的论述如出一辙：随顺人性之“自然”只会出于争夺，

① 参阅拙著《差等秩序与公道世界》，上海：上海人民出版社，2016年，第176页，注2。

②《左传·昭公二十五年》：“夫礼，天之经也，地之义也，民之行也。天地之经，而民实则之。则天之明，因地之性，生其六气，用其五行，气为五味，发为五色，章为五声。淫则昏乱，民失其性，是故为礼以奉之。”

③《天论》篇云：“在天者莫明于日月，在地者莫明于水火，在物者莫明于珠玉，在人者莫明于礼义……故人之命在天，国之命在礼。”“人之命在天，国之命在礼”一说亦见《强国》篇。

而国家的治乱、民众生活的和平和安全只能来自圣王的“人为”。“古者圣王以人之性恶……是以为之起礼义，制法度”明确表示出礼义是人为的制作，而礼义又是国家的托命，是治国之要和正国之具，已然表现出一种客观精神。依牟宗三，客观精神必在现实之组织一方面显，而国家则为其典型。客观精神即尊成群体之义道，义道落实于现实组织中即表现为作为“国家理由”的礼义（法度），如是，义道、国家理由和礼义（法度）说法不同，但实质则一，“何以必尊此义道？由于不安于生命之毁灭也，由于不安于全顺天生而类同禽兽也”①。换言之，作为政治理性的人为创制，“礼义”一方面拒绝了天道“自然”和人性“自然”所可能包含的任何政治和道德哲学的意义，另一方面则突出了“礼义”在保全生命（政治）和转化生命（道德）中的核心地位。我们也可以说，避免生命之毁灭和人类类同禽兽，进而过上“群居和一”的秩序生活，同时也构成了“国家理由”的本质方面。

把“礼义”上升并理解为“国家理由”，是荀子对他所处时代的、被视为儒家正统的“知识背景”（Hintergrundwissen）的一种颠覆和瓦解，这种“知识背景”就是当时在儒学思想中居于主导地位的孟子的主张。依孟子，“君子所性：仁义礼智根于心”（《尽心上》），“仁义礼智，非由外铄我也，我固有之也”（《告子上》），据此认识，孟子认为，国家之治理、政治秩序之重建，只需“以不忍人之心，行不忍人之政”，则“天下可运之掌上”（《公孙丑上》）。所谓“举斯心加诸彼而已”（《梁惠王上》），故“人人亲其亲，长其长，而天下平”（《离娄上》）。然而，面对孟子这种对人性信心满满的主张，荀子却提出了完全相反的看法。在荀子看来，“今人之性，固无礼义”（《性恶》），“夫好利而欲得者，此人之情性也”，“人之生，固小人，无师无法，则唯利之见耳”（《荣辱》），“故顺情性则不辞让矣，辞让则悖于情性矣”（《性恶》）。由此观之，无论是政治秩序的重建还是

① 牟宗三：《名家与荀子》，台北：台湾学生书局，1979年，第218页。

道德秩序的实现，“必将待圣王之治，礼义之化，然后皆出于治，合于善也”（《性恶》）。如前所云，在荀子那里，“圣王”和“礼义”是国家的另一种说法，“国家为什么必需”乃根源于人之性恶及由之而来的“欲多而物寡”的矛盾。如是，在“礼义”和“政治国家”的关系上，我们从荀子的说法中可以得出的结论是，礼义不是“天之就”的人性的自然流露，礼义也不是超乎政治国家之上的产物；相反，政治国家的存在反倒是礼义得以可能的前提和保证，换言之，只有在政治国家的状态下，一个性恶之人才有可能变为“善人”。故荀子云：

> 今人之性恶，必将待师法然后正，得礼义然后治。今人无师法，则偏险而不正；无礼义，则悖乱而不治。古者圣王以人性恶，以为偏险而不正，悖乱而不治，是以为之起礼义，制法度，以矫饰人之情性而正之，以扰化人之情性而导之也，始皆出于治，合于道者也。（《性恶》）

此处所谓“起礼义，制法度”之实义正是赫费所强调的“法和国家制度以及其他形式的社会强制”措施。依荀子，若人只任由其本性而行而没有度量分界，“则悖乱在己”，亦即在其身上只存在背离正道和混乱，故必须“立君上，明礼义”（谓“政治国家”也）（《性恶》）才能真正出于治，合于善。然而，什么是荀子所理解的“善”？按荀子的说法，“凡古今天下之所谓善者，正理平治也”（《性恶》），如是，“善”被理解为或定义为“正理平治”，而所谓“正理平治”的确切含义乃是指“规正、有序、平和与（得到有效的）管控”[1]。不用多大的

---

① 有关“正理平治”的解释，各注本理解不同，笔者采取 E. Hutton（何艾克）的理解，意为“correct，ordered，peaceful and controlled”，参阅 E. Hutton，“Xunzi：Introduction and Translation”，*Readings in Classical Chinese Philosophy*，ed. by Philip J. Ivanhoe and Bryan W. Van Norden，New York ：Seven Bridges Press，2001，p. 288。学者可参阅拙著《差等秩序与公道世界》，第181—183页。

思辨力即可看出，这样一种对“善”的定义确切无疑地表现出一种政治学的意味，其本质即是以国家利益和目的为核心的政治权力，构成“国家理由”的本质性规定。故陈大齐认为，“荀子所谓善恶，是就国家的治乱社会的安危说的”[1]，但如果我们把此处所说的“善”理解为一种伦理学的概念[2]，那么，从“正理平治”（“善”）的具体含义上看，荀子正是从“国家理由”的角度来规定道德的。

假如上述理解有其确定的理论根据，那么，荀子对孟子的批评便可以得到新的合理的解释：尽管在《性恶》篇中荀子用了很大的篇幅和气力来论证孟子性善论的“不然”，但荀子的问题意识和真实意图并不在于在理论上彻底驳倒性善论，而主要在于对孟子忽视政治国家的存在表达强烈的不满[3]。依荀子，如果性善论能够成立，那

---

① 陈大齐：《孟子性善说与荀子性恶说的比较研究》，台北：“中央文物供应社”，1953年，第12页。

② 从荀子此处言“善”的言说脉络上看，荀子是在反驳孟子“人之性善”的主张上说的，而孟子的“人之性善”显然是一个伦理学的概念。换言之，荀子是从政治学的角度反对孟子的伦理学。今撇开荀子对孟子的主张是否有恰当的理解不论，荀子如此立论，恰恰与其强调“国家为何必需”的主张一脉相承。

③ 荀子对孟子性善论的批评已然成了一个“学术公案”，引发学者间无数争议，它无疑有独立的理论意义。但学者于此却常常忽视了荀子立言的问题意识，造成不能对荀子的思想有“同情”的理解。徐复观当年就曾质疑，“我根本怀疑荀子不曾看到后来流行的《孟子》一书，而只是在稷下时，从以阴阳家为主的稷下先生们的口中，听到有关孟子的传说……他（指荀子）对于孟子人性论的内容，可说毫无理解。假定他看到《孟子》一书，以他思想的精密，决不至一无理解至此”（徐复观：《中国人性论史》，台北：台湾商务印书馆，1994年，第237页）。就《性恶》篇荀子对性善论质疑的实际内容上看，徐氏出此语固可理解，但徐氏显然对荀子何以如此持论、何以如此批评的原因缺乏“通观”的了解，以致龙宇纯不得不进行反驳，龙氏云：“我想荀子性恶之说显然不是因为他所见人性与孟子全不相同，于是据理力争；只是有鉴于圣王礼义与性善说不能相容，乃不得不斟酌取舍……而改言性恶。换言之，性恶说乃是有所为而发，故表面上虽然与性善说相对，出发点则不在性本身，而是在圣王礼义；不在性之果为恶，而在圣王礼义之不可无。学者不达于此，竟有人怀疑说：‘荀子根本没有读过孟子书，只是游学稷下时，从以阴阳家为主的稷下先生们口中，听到有关孟子的传说，而他对于孟子人性论的内容，可说毫无理解。’……说这种话，不仅是污蔑了颇有科学精神的荀子，也太轻看了齐国的稷下先生。”（龙宇纯：《荀子论集》，台北：台湾学生书局，1987年，第74页）龙氏要人们跳开狭义的“性善性恶”之论，而应着眼于荀子的“圣王礼义”之说，这种看法无疑有（转下页）

么，政治国家的存在就会变得毫无意义：

> 孟子曰：“人之性善”。曰：是不然……今诚以人之性固正理平治邪，则有恶用圣王，恶用礼义哉？虽有圣王礼义，将曷加于正理平治也哉？（《性恶》）
>
> 故性善，则去圣王，息礼义矣；性恶，则与圣王，贵礼义矣。（《性恶》）

面对“性善性恶”之论，荀子不断提示“圣王”“礼义”，其间必有理绪。很显然，荀子强调“与圣王”与“贵礼义”正是在性恶论的前提下对“国家何以必需”的最确切的注脚，而孟子的性善论却会导致对政治国家的否定。在荀子看来，无论是秩序的重建还是道德的实现都离不开政治国家，因而性善论并不能充当秩序重建和道德实现的理论前提，用荀子的话来说，即是“无辨合符验，坐而言之，起而不可设，张而不可施行”②。而所谓“起而可设，张而可施行”即是立其纲纪法度，公布而施行之，这便是政治国家的权力制度及其所具有的“辨合符验”的作用特点。荀子重“辨合符验”，强调“五官簿之”“心征之”，而非玄想测度，揣摩影响，其目的在于求得一种客观可靠的验证性标准；进一步，荀子寻求客观性和确定性标准的最终目的，究其实亦原非在于真实知识之界定，而在于验证一种学说的可行性。如是，荀子批评性善论并非其目的，毋宁说其

（接上页）合理性，也更能让人把握到荀子的问题意识，但龙氏的一些说法诸如“不是因为他所见人性与孟子全不相同”，“不得不斟酌取舍……而改言性恶”等却并非谛义，至于荀子强调的“圣王礼义”究竟指向何种理论问题立论，则已在龙氏的视野之外。当前学界许多学者的讨论亦未能有效把握到荀子所以如此立言的问题意识。

② 史华兹则对此评论道：“孟子向他那个时代的统治者作了如下说教：要与他们自己心中的善的根源保持接触。但这些似乎全都是无用的，只能使得不同情这种学说的人们确信：儒家几乎完全脱离了现实。”参阅氏著《古代中国的思想世界》（程钢译），南京：江苏人民出版社，2004 年，第 327 页。

真实的目的在于排除那些非礼义之说的现实可行性。依个人恻隐之心的兴发，长于内容之表现，可以成就德性之个人，发为人格的尊严与光辉，但相对于政治国家的秩序重建而言，却短于制度的安排，且了无崖岸，难于坚成，尤无法建立起形式化的普遍有效的法度准则。用牟宗三的话来说，孟子之教只表现为道德的个人形式，只是个人精神与天地精神的来往，不能有客观精神作国家组织的表现。而这种客观精神表现于国家组织，则化而为实现国家利益和目的所需的制度准则，在荀子，即尤表现为“礼宪”。所谓礼宪，即是治国之纲纪和法册，是“国家理由”与国家意志之体现，故云：“不道礼宪，以诗书为之，譬之犹以指测河也，以戈舂黍也，以锥餐壶也，不可以得之矣。”（《劝学》）因而，站在荀子的立场看孟子的学说，就其所欲达成的秩序重建的时代课题而言，似乎不由得让人想起当年霍布斯看待苏格拉底的理论，与其说这是一种科学，“不如说是一场梦幻”①。《非十二子》篇荀子抨击孟子的主张“甚僻违而无类，幽隐而无说，闭约而无解”，学者解说万端，但其核心主张盖无过于批评孟子的思想不足以力济苍生，不足以经国定分，此断无可疑者②。的确，兼善有兼善之道，力济有力济之法，但“此道此法非只圣君贤相德慧之妙用，亦非只大圣贤恻怛之悲怀”③。而必当有作为“国家理由”的礼义法度，统而一之，连而贯之，贞而定之，方可言治道之落实，方能见其庄严隆重，充实饱满，故荀子云：“礼者……强国之本也”（《议兵》），“礼者……道德之极”（《劝

① 施特劳斯等主编：《政治哲学史》（李天然等译），石家庄：河北人民出版社，1993年，第335页。又见施特劳斯：《自然权利与历史》（彭刚译），北京：生活·读书·新知三联书店，2003年，第169页。

② 一个可以确定的事实是，《非十二子》篇对各家的批评皆围绕着是否足以合大众、县君臣、经国定分的核心展开。在荀子看来，思孟之“罪”亦无过于此，虽未明言，实已言之。学者致力于从五行、德性的角度并配合新出土的文献加以解读，颇有意义。但若离开上述宗旨，总有一间未达之病。

③ 牟宗三：《名家与荀子》，第200页。

学》)。

由此观之，我们可以说，荀子的思想与他所处时代思想的不符，不仅仅只是概念词汇上的不符，且是一种对道德的理解方式上的不符。孟子的道德观在本质上是个人德性的养成，而荀子的道德观则着眼于社会的“公共善”(common good)的建立。在荀子，这种“公共善”的建立，在本质上是借由政治权力以“国家理由”(“礼”)的方式来实现的。对此，柯雄文(Antonio S. Cua)指出：“在效果上，以礼为中心的荀子思想中，我们所能得到的，与其说是个人主义的道德，毋宁说是权力主义的(authoritarian)道德。”[1] 与此相应，在对道德与政治的理解上，孟子和荀子也代表了两种截然不同的看法，前者是以道德来理解政治，后者即以政治来理解道德。以道德来理解政治，则政治国家的独立性及其意义不能得到保证，而这与荀子精心构筑的“自然状态”理论格格不入；以政治来理解道德，逻辑上使得道德(“礼”)获得了“国家理由”的性质，在理论上满足了建构统一的政治国家的需要，同时也赋予了“道德”以强而有力的法度准则的形式，故云礼者“治辨之极也”。平情地说，荀子的主张契合和顺应了战国中后期历史发展的大势，同时也为未来统一帝国的崛起提供了适切的理论准备和武装，然而孟子式的以个人的意志自由和自决为基础的那种道德却也同时被荀子排除出去了。以“国家理由”的形式言礼说礼，则礼不免在“国家利益”的名义下沦为“人主之柄”[2]，致使荀子的伦理学成为典型的政治化的伦理学，德效骞(Homer H. Dubs)便指出，“只有在荀子那里，那种作为权威和外在道德(external morality)的典型的儒家原理，在

---

[1] Antonio S. Cua, “Dimensions of Li (Propriety)”, *Human Nature, Ritual, and History: Studies in Xunzi and Chinese Philosophy*, Washington, D. C.: The Catholic University of America Press, 2005, p. 46.

[2] 荀子云：“礼者，人主之所以为群臣寸、尺、寻、丈检式也。”(《儒效》)杨倞注：“礼可以总统群臣，人主之柄也。”

逻辑上达到了登峰造极的地位”①。而徐复观则认为，荀子主性恶，所以礼是成立于利害争夺比较之上，没有得到人道良心上的保障，“礼义既由先王圣王防人之性恶而起，则礼义在各个人的本身没有实现的确实保障，只有求其保障于先王圣王。先王圣王如何能对万人与以此种保障，势必完全归之于带有强制性的政治。这样一来，在孔子主要是寻常生活中的礼，到荀子便完全成为政治化的礼。礼完全政治化以后，人对于礼既失掉其自发性，复失掉其自主性，礼只成为一种外铄的带有强制性的一套组织的机栝。在此机栝中，虽然有尚德尚贤以为其标准，亦只操之于政治上的人君，结果只会变成人君御用的一种口实。于是荀子的‘朝无幸位，民无幸生’的理想社会，事实上只是政治干涉到人的一切，在政治强制之下整齐划一、没有自由、没有人情温暖的社会”②。

4. 作为“权力”与“道德”的“礼”

无疑，荀子将“礼”理解成“国家理由”，突显了政治权力与道德（“礼”）的亲和一体关系，这与荀子强调“国家何以必需”的主张密不可分，但这并不意味着在荀子那里道德已纯全成了国家利益论证的工具，至少在形式上荀子始终坚持国家利益和目的的实现始终离不开道德。依荀子，国家之治理应“厚德音以先之，明礼义以道之，致忠信以爱之”，然后“赏贤使能以次之，爵服赏庆以申重之，时其事，轻其任，以调齐之，潢然兼覆之，养长之，如保赤子”（《王霸》），如是，社会则可以胜残去杀，民众则能归之如流水，“故上好礼义，尚贤使能，无贪利之心，则下亦将綦辞让，致忠信，而谨于臣子矣。如是则虽在小民，不待合符节，别契券而信，不待

① Homer H. Dubs, *Hsüntze*: *The Moulder of Ancient Confucianism*, London: Arthur Probsthain, 1927, p. 132.

② 徐复观：《荀子政治思想的解析》，氏著《学术与政治之间》，上海：华东师范大学出版社，2009 年，第 94—95 页。

探筹投钩而公，不待衡石称县而平，不待斗斛敦概而啧。故赏不用而民劝，罚不用而民服，有司不劳而事治，政令不烦而俗美”（《君道》）。这种夫子式的“众星拱月”或“风吹草偃”[①] 的理想图景似乎从一个侧面说明了荀子的学说依然保持了儒家理想主义特色。事实上，假如我们追踪荀子所谓先王创制礼义的过程，会发现先王制礼义虽在“救患除祸”的目标下强调“礼义”作为政治权力的角色和作用，但在动机上却是出于“恶乱”的道德情感，所谓“先王恶其乱也”[②]；在目的上则是出于一心为民众谋福祉的考量，所谓“彼固为天下之大虑也，将为天下生民之属，长虑顾后而保万世也。其流长矣，其温厚矣，其功盛姚远矣，非顺孰修为之君子，莫之能知也。故曰：短绠不可以汲深井之泉，知不几者不可与及圣人之言”（《荣辱》）。荀子对作为“礼义”之制作者的圣王的品格构造更规定为“道德纯备，智惠甚明”（《正论》）[③]，故云：“志意致修，德音致厚，知虑致明，是天子之所以取天下也。”（《荣辱》）故而“德音”和“知虑”一方面是圣王的品格规定，另一方面又构成了国家治理的道德基础[④]。也正因为如此，和孔孟一样，荀子特别注重为国者的道德品质的修养，认为道德之威至，则“百姓贵之如帝，高之如天，亲之如父母，畏之如神明”（《强国》）。从这个角度上看，孔子“政者，正也。子帅以正，孰敢不正”（《颜渊》）或孟子“君仁莫不仁，

---

① 荀子有云：“今人主有能明其德者，则天下归之，若蝉之归明火也。”（《致士》）

② 至于在荀子那里，“第一个圣人是如何产生”的问题，学者可参阅拙文《“化性”如何可能——荀子的性恶论与道德动机》，该文首发于2017年台湾“中央研究院”中国文哲所的学术会议，又见于邓辉、郭美华主编《东方哲学》第十一辑，第43—83页，上海：上海书店出版社，2019年。

③ 荀子类似的说法很多，如云：“全道德，致隆高，綦文理，一天下，振毫末，使天下莫不顺比从服。”（《王制》）等等恕不一一援引。

④ 或许正是因为此一原因，荀子虽极力提示政治国家存在的地位和意义，但其本人及后世儒者始终未能发展出一种独立的国家论议题。陈大齐认为，“荀子于此所最置重的，是志意、德音和智虑，后二者尤为其所重视。德音要能化人民，抚百姓。智虑要能治国家，应万变。总结起来，要‘既知且仁’。故可推知，能‘既知且仁’的，才足于当治人之称”。参阅陈大齐：《荀子学说》，第178页。

君义莫不义，君正莫不正，一正君而国定矣”（《离娄上》）的教言，的确成了荀子接纳的共同遗产，荀子云：“请问为国？曰闻修身，未尝闻为国也。君者仪也，民者景也，仪正而景正。君者槃也，民者水也，槃圆而水圆……君者，民之原也；原清则流清，原浊则流浊。”（《君道》）另一方面荀子又说：“仁人之用国，将修志意，正身行，伉隆高，致忠信，期文理。布衣紃屦之士诚是，则虽在穷阎漏屋，而王公不能与之争名；以国载之，则天下莫之能隐匿也。”（《富国》）需要指出的是，荀子上述说法的核心无疑在于强调为政者个人修身所具有的道德榜样的作用，但透过这些说法我们也可以在某种程度上看到，荀子主张国家利益和国家行动也必须有相应的道德约束，即便以“国家理由”方式行使权力也要注意到其规范性和合理性的方面[①]，荀子甚至也有“先仁后礼”的说法，认为“人主仁心设焉，知其役也，礼其尽也。故王者先仁而后礼，天施然也”（《大略》）。

从表面上看，荀子的这种主张与其在自然状态的逻辑结构中突出“礼义”本质上是一种政治（权力）的概念似乎有些相互扞格。实则在荀子，“礼义”作为“国家理由”的一般实践原则，亦即以一切必要的手段实现政治国家的利益和目的，本身就是道德的，其中的一个重要原因在于，荀子坚信，由“道德纯备，智惠甚明”的圣王所制作的“礼义”不仅是一种政治（权力）的表现，同时也是一种道德精神的表现。今观《王制》一篇，荀子论“王者之人”“王者之制”“王者之论”“王者之法”“王者之用”等等，无不透露出此一消息，故荀子强调王者“仁眇天下，义眇天下，威眇天下。仁眇天下，故天下莫不亲也；义眇天下，故天下莫不贵也；威眇天下，故天下莫敢敌也”（《王制》）。由此看来，在荀子那里，“国家理由”

① 荀子鄙视“无礼义而唯权势之嗜者”（《非十二子》）的说法可做一个侧面的证明。此处与“权势”相对而说“礼义”，此礼义侧重从道德方面说。

（“礼义”）完全可以同制度、法律和道德本身保持一致，或者说“国家理由”本身就是道德精神的表现。相比之下，迈内克的说法则显得更为谨慎，在他看来，国家理由“只是作为获取公共福祉——社会之物质的、道德的、精神的健康——的一个手段而被追求”[①]，也因此，“‘国家理由’有可能同正义和道德保持和谐”[②]。

后面的论述我们将会点出迈内克认为“国家理由”只是“有可能”同“正义和道德保持和谐”的原因，这对我们来说并不是论述的主题而只是引导出问题的引子。我们关注的是至少在荀子那里，我们看到，就“礼义”作为“国家理由”而言，它表现出政治（权力）的特点；就“国家理由”同时就是“道德精神”而言，政治（权力）与道德（礼义）又是一个合体。这样，荀子的“礼义”在本质上便具有“权力”与“道德”的双重身份[③]。正是这种双重身份使得以“礼义”为核心的荀子的伦理学具有鲜明的特点。

首先，在荀子，政治国家的成立在于为民众救患除祸，使民众获得和平、安全与秩序，因此在逻辑上为国家和“国家理由”（“礼义”）辩护的真正根据，在于国家和“国家理由”所具有的那些性质和要求，而不是我们的同意。在自然状态的预设中，由圣王所创制的国家自身即是“正当”的（“合理”），其最大的“正当性”来自于为民众解除威胁，避免相亡，为民众带来福祉，而所有这一切又都寄托在圣王所创制的“礼义”之上。因此，任何思想和行为如果不为国家的利益和目的服务，不符合“礼义”的要求，便会丧失其“正当性”，“传曰：‘天下有二，非察是，是察非。’谓合王制不合王制也”（《解蔽》）。何谓“王制”？依荀子，“天下之大隆，是非

① 迈内克：《马基雅维里主义》，第 57 页。

② 同上，第 67 页。

③ 荀子理论的此一特点与荀子强调圣王（礼义的制作者）作为“尽伦尽制”的人格相一致，所谓“尽伦尽制”即是集道德权威与政治权威为一体。参阅拙文《权威与秩序的实现——荀子的“圣王”观念》，《周易研究》2019 年第 1 期，又见本书第二章的相关内容。

之封界，分职名象之所起，王制是也”（《正论》）。其意是说，“天下大中至正的标准，事理是非的分界，名分、职位、名言、法象等所由建立的根据，就是先王的礼。换言之，先王的礼是一切事物的最高准则”①。这种准则排除了民众意志选择意义上的“同意”，生民百姓只需要接受礼义，只需要行义守礼，而不必论知礼义之由来及其道理。其中的原因固然首先在于礼义本身就是政治和道德“权威”，就是大中至正的标准，民众只需照章办事，依法而行；其次也是因为民众只是一群愚陋无知且自私好利之人，但可引之于大道，而不可与其共明事理②。故依荀子，必须透过“礼义”使民众建立起对秩序本身应该存在的共识，因此，国家理由便是国家道德，而国家道德便是个人道德。对此萧公权认为，“在孔孟仁本之政治思想中，私人道德与政治生活虽先后一贯，而内外可分。有道则见，无道则隐。达则兼善，穷则修身。纵使天下大乱，犹可避世为贤。故政治生活之外，个人得有独立的道德生活。荀子欲以君长之礼义，救人性之偏险。若君道或缺，则暴乱随起。个人于此，方救死之不遑，岂能妄冀独善。故立政以前，无以修身，而政治生活之外，不复有私人道德生活之余地”③。审如是，在某种程度上我们可以说，荀子的伦理学取消了道德在“根据意义”上的“为何”，只强调“实践意义”上的“如何”，一切以服从礼义为标准，“凡事行，有益于理者，立之；无益于理者，废之。夫是之谓中事。凡知说，有益于理者，为之；无益于理者，舍之。夫是之谓中说。事行失中，谓之奸事；知说失中，谓之奸道。奸事、奸道，治世之所弃，而乱世之所从服也”（《儒效》）。所谓“理”者，即治道之理，亦礼义也，故而荀子的结论是“不法礼，不足礼，谓之无方之民；法礼，足礼，

① 李涤生：《荀子集释》，台北：台湾学生书局，1979年，第411页。

② 如荀子云：“彼众人者，愚而无说，陋而无度者也。”（《非相》）又云：“夫民易一以道，而不可与共故。”（《正名》）

③ 萧公权：《中国政治思想史》（一），沈阳：辽宁教育出版社，1998年，第103页。

谓之有方之士”（《礼论》）。所谓“法礼”之“法”者即是“效”和“从”而已。

其次，如果说，道德（“礼义”）作为“国家理由”对民众而言只是“要求”而不是“同意”，那么，作为民众在道德实践中所要遵从的“行动理由”，道德（“礼义”）在发生作用时便表现出强烈的“排他和独断”（content-independent and peremptory）的性质。可以确定，在荀子的思想中，政治哲学和伦理学分享着人性恶的共同前提，人的好利恶害的本性与社会的“公共善”（“正理平治”）之间不存在天然的和谐与协调，解决此一矛盾的唯一方法就是依靠圣王所制作的礼义。我们知道，礼义为圣王所制作，所以，尊圣王与尊礼义便具有相同的意义①。而圣王因其“尽伦尽制”的特点，本身即是道德权威与政治权威（权力）的合体。依圣王所言行动与依礼义行动，其行动理由是一致的②，而且这种理由是内容独立或自足的，亦即没有任何别的理由强于这个理由。但是，我们在前面说过，礼义作为至上标准和权威，包含“权力”与“道德”的双重身份③，因此，礼义作为“道德”行动的理由就需要进一步的分析。因为在理论上，当礼义作为“道德命令”的行动理由时，礼义之被实践从道德哲学的角度上看是诉诸行动者意志的自由和自决的；但我们知道，在荀子，礼义又同时被赋予了“权力命令”的性质，当权力命令体现为行动理由时，民众的意志同意和自由自决就被压倒乃至被吞噬。因此，荀子的伦理学与孟子的不同之处，在于他强调了由圣王所制

① 在荀子那里，尊圣王又常常与尊君融在一起，或者说尊君乃是尊圣王落实在现实的国家制度层面的逻辑使然。就天下而言，荀子言尊圣王；就国家而言，荀子言尊君，故云：“君者，国之隆也；父者，家之隆也。隆一而治，二而乱。自古及今，未有二隆争重而能长久者也。”（《致士》）

② 依荀子，圣王所言即是礼义，原无须分别说，但《荀子》一书常常分开来说明，故有此说。

③ 在荀子，礼义作为“政治权力”，此权力并未经过现代意义上的合法化的方式成为权威，其权威性质是由圣王作为道德权威来赋予的。

作的、既成（given）的法则规范，而不是个人的道德意识，这些法则规范如同法律条文一样，并不因个人的好恶而转移①。所以，即便我们同意在荀子那里，礼义可以作为“道德命令”的行动理由存在，但合符概念意义上的“道德”已经被虚置了、无化了，剩下的是作为“国家理由”的礼义（道德），表现在行动理由方面，只是排他的、强制的（peremptoriness），而其排他性和强制性则源自礼义作为“权力命令”的性质②。具体地说，在道德实践上，“礼义”作为“行动理由”是要在根本上排除和切断（cut off）人们所可能做出的关于为何如此行动的任何反思性的独立思考③；任何有别于圣王、礼义或出于人们内心所想的理由皆需加以断然摈弃，“凡言议期命是非，以圣王为师”（《正论》）。如是，我们看到，在荀子那里，一方面，道德修身和实践无非是按照礼义的要求和规则去行动，圣王之所“是”便是民众的“应当”；“是”不仅构成行为的最好的理由、最强的理由，而且也是唯一的理由，故云“学至乎礼而止矣，夫是之谓道德之极”（《劝学》），“学者以圣王为师，案以圣王之制为法，法其法以求其统类，以务象好其人”（《解蔽》）。另一方面，礼义所具有的强制性和排他性不仅在内在方面要求人们放弃自己的判断，亦即放弃自己作为道德主体的主体性，且在外在方面，要求凡违逆于圣王、礼义的“奸心”“奸说”“奸事”，皆在禁止和打击之列。荀子云：“故劳力而不当民务，谓之奸事；劳知而不律先王，谓之奸心；辩说譬谕，齐给便利，而不顺礼义，谓之奸说。此三奸者，圣王之所禁也。知而险，贼而神，为诈而巧，言无用而辩，辩

---

① 朱伯崑：《先秦伦理学概论》，北京：北京大学出版社，1984年，第95页。

② 荀子因主人之性恶，礼义在人性中没有根据，是外在的。劳思光认为，“就礼义生自一‘在上之权威’而论，则礼义皆成为外在（荀子论性与心时，本已视礼义为外在）；所谓价值亦只能是权威规范下之价值矣”。参阅氏著《新编中国哲学史》（一），台北：三民书局，1984年增订初版，第340页。

③ 阳明在《传习录·中》《答罗整庵少宰书》中说：“夫学贵得之心，求之于心而非也，虽其言之出于孔子，不敢以为是也。”可作对照。

不惠而察，治之大殃也。行辟而坚，饰非而好，玩奸而泽，言辩而逆，古之大禁也。知而无法，勇而无惮，察辩而操僻，淫大而用之，好奸而与众，利足而迷，负石而坠，是天下之所弃也。”（《非十二子》）

最后，“礼义”作为“国家理由”，在使得礼义以道德的形式被赋予了“权力命令”的性质后，其直接的理论后果是使荀子的伦理学具有了政治化伦理的特点，此点我们在前面已经点出。问题在于，政治化伦理与伦理的政治化是学者常用但又常常不加区分的两种说法，但它们之间究竟有何差别？依我们的看法，这两种说法差别很大，这种差别主要表现为方法与方向的差别，前者是把道德问题当作政治问题来对待和处理；后者则是把政治问题当作道德问题来对待和处理。在荀子，政治化伦理在具体表现上有不同的层面和层次，最为人们所熟悉的就是在荀子的伦理学中，作为道德规范的“礼”已经明显具有客观外在的法度准则的意思，荀子云：

> 国无礼则不正。礼之所以正国也，譬之：犹衡之于轻重也，犹绳墨之于曲直也，犹规矩之于方圆也，既错之而人莫之能诬也。诗云：“如霜雪之将将，如日月之光明，为之则存，不为则亡。”此之谓也。（《王霸》）

荀子强调礼之正国，犹如“衡”“绳墨”“规矩”，显然是将礼看作一个客观外在的标准。只不过我们需要强调指出的是，当荀子将这种客观外在的标准比喻为“如霜雪之将将，如日月之光明”时，已蕴含着荀子在突出礼的严正肃杀、公正无私的同时，也剥落了礼原本所具有的温情脉脉的面纱。礼之于正国须臾不可离，为之则存，不为则亡。由国之存亡说礼，突出了礼作为“国家理由”的核心意义，因为国家之成立原本就是为民众谋取公共福祉、精神健康以及保证国家的正常运作，而礼正充当了此一角色①。国家治理如此，个人修身亦复如是，“凡用血气、志意、知虑，由礼则治通，不由礼则勃乱提僈；食饮，衣服、居处、动静，由礼则和节，不由礼则触陷生疾；容貌、态度、进退、趋行，由礼则雅，不由礼则夷固、僻违、庸众而野。故人无礼则不生，事无礼则不成，国家无礼则不宁”（《修身》）。许多学者已经注意到，荀子的上述言说已在某种程度上脱离了孔子“人而不仁，如礼何”（《八佾》）的内在真实的情感，而更多地强调了人的“法礼”“足礼”的一面。它强化了道德的客观形式和实际效果，使得作为道德的“礼”具有了国家的法和制度的特征，故学者云：“荀子的‘礼’，已经从靠内心感情和舆论调节的道德观念，演变成客观的靠国家机器维系的法律规范，从而标志着家族世界的‘礼’受到国家政权的拱卫。”②

以“礼”受到国家政权的“拱卫”来描述荀子伦理学的特征，就现象上看似乎是合适的。不过，正如我们的分析所指出的，荀子的伦理学之所以具有上述表象，并不是被动地受到国家政权的“维系”和“拱卫”，而是根源于荀子的“礼”作为“国家理由”原本就具有“权力”与“道德”的双重身份，故荀子云：“礼者，政之挽也；为政不以礼，政不行矣。”（《大略》）又云：“礼者，治辨之极也，强国之本也，威行之道也，功名之总也。”（《议兵》）学者指出：“这段引文再度显露了‘礼’不仅限于自然形成的社会规范，还包含了‘威行之道’——国家具有强迫性的政令制度。”③ 假如我们翻阅《荀子》一书，所谓圣王事业之竟其成功，令天下人心普遍归慕，乃必有“礼”作为权力之“令”“禁”在发挥关键的作用，荀子云：

① 《礼论》中也有相类似的说法，荀子云：“故绳墨诚陈矣，则不可欺以曲直；衡诚县矣，则不可欺以轻重；规矩诚设矣，则不可欺以方圆；君子审于礼，则不可欺以诈伪。故绳者，直之至；衡者，平之至；规矩者，方圆之至；礼者，人道之极也。”

② 武树臣：《儒家法律传统》，北京：法律出版社，2003 年，第 83 页。

③ 陈弱水：《立法之道——荀、墨、韩三家法律思想要论》，刘岱总主编《中国文化新论·思想篇二》《天道与人道》，北京：生活·读书·新知三联书店，1992 年，第 85 页。

> 听政之大分：以善至者待之以礼，以不善至者待之以刑。两者分别，则贤不肖不杂，是非不乱。贤不肖不杂，则英杰至，是非不乱，则国家治。若是，名声日闻，天下愿，令行禁止，王者之事毕矣。（《王制》）
>
> 故礼及身而行修，义及国而政明，能以礼挟而贵名白，天下愿，令行禁止，王者之事毕矣。（《致士》）
>
> 故凝士以礼，凝民以政；礼修而士服，政平而民安；士服民安，夫是之谓大凝。以守则固，以征则强，令行禁止，王者之事毕矣。（《议兵》）

似乎不用多大的努力即可看出，“王者之事毕”离不开国家权力意义上的法令制度，这种法令制度并不仅仅作为“礼”的后盾而存在，而且其本身就为“礼”所具有，此所以荀子累言之“令行禁止”的原因。

不仅如此，当“礼”在其娘胎中就带着“权力”的基因问世后，作为“国家理由”，“礼”在合大众、一制度、齐国家、正人心的同时①，也为统治者垄断权力乃至合法使用暴力创设了条件。迈内克曾这样认为，“虽然国家是法律的捍卫者，虽然它像其他任何种类的共同体一样依赖伦理和法律的绝对合理，但仍然做不到在自己的行为中遵守之”，因为“‘国家理由’精神的一个本质部分，在于它必然始终因违背伦理和法律而玷污自己”②。

我们暂且搁置迈内克是如何具体论述“国家理由”精神具有必然违背伦理法律的原因不论，迈氏自有其多角度的观察，但迈氏点

---

① 《王制》篇云：“天地者，生之始也；礼义者，治之始也；君子者，礼义之始也……无君子，则天地不理，礼义无统，上无君师，下无父子，夫是之谓至乱。君臣、父子、兄弟、夫妇，始则终，终则始，与天地同理，与万世同久，夫是之谓大本。故丧祭、朝聘、师旅一也；贵贱、杀生、与夺一也；君君、臣臣、父父、子子、兄兄、弟弟一也；农农、士士、工工、商商一也。”

② 迈内克：《马基雅维里主义》，第65—66页。

出“权势”乃其中的“祸因”却看到了问题的本质所在。迈内克认为，“凡掌权之人都不断受到一种精神上的诱惑，那就是滥用权势，越过正义和道德的界限。当我们分析由‘国家理由’激励的行为时，我们就足够清楚地看到这一点”①。迈氏的这种说法在相当程度上回答了其在前面所说的“国家理由”只是“有可能”同“正义和道德保持和谐”的原因。对我们来说，重要的是，当荀子以“礼”作为“国家理由”时，“礼”本身具有了“权力”与“道德”的双重身份，而站在国家利益的立场，作为道德的“礼”也就成为“国家治理术”的一部分。这种治理术（由统治者掌握）出于秩序的需求和保证，或出于为了国家利益和目的的“责任压力”，最终总是会以不同的形式，或者是以“权力”和“道德”的“合谋”（conspiracy）为结果，或者是以“权力”对“道德”的销蚀为代价，致使为统治者以“道德”的名义合法使用暴力开启方便之门②。前面我们说过，在荀子的伦理学中，“礼义”对于民众而言只是“要求”而不是“同意”，它要求人们切断自己的思考，放弃自己的判断，不折不扣地以礼义规范生活和行事，而按照梅斯特（Joseph de Maistre）的说法，“让人们完全生活于社会规范之中的唯一办法，是禁止他们发问，而禁止

---

① 参阅迈内克：《马基雅维里主义》，第 67 页。这大概可以解释前面迈内克何以认为“国家理由”只是“有可能”同正义与道德保持和谐的一个重要原因。不过，诺韦尔托·博维奥从另一个角度的观察得出了与迈内克近乎相同的结论，其云：“历史经验已经——至少是从引起了安提戈涅反对克瑞翁的那场冲突以来——表明，由于政治家以不同于共同道德的方式行动似乎已经得到常识的默许，一种道德上不正当的行为可能被视为政治上正当的。简言之，这种经验表明，政治可能遵循着一种不同于或部分地不相容于道德行为准则的准则或规范。当马基雅弗利对科西莫说（而且似乎是同意地说）国家不可能以手中的符咒来治理时，他就以某种方式考虑并且承认了一个让步，即政治家不可能按照主导的道德准则来行动。”参阅氏著《伦理与政治》（廖申白译），载《哲学家的休息》（《第欧根尼》中文精选版编辑委员会编选），北京：商务印书馆，2007 年，第 108—109 页。

② “权力”不一定就是恶，但它容易导致恶，所以阿克顿爵士说：“在所有使人类腐化堕落和道德败坏的因素中，权力是出现频率最多和最活跃的因素。”参阅氏著《自由与权力》（侯健等译），北京：商务印书馆，2001 年，第 342 页。

他们发问的唯一办法，是恐吓”①。当然，恐吓的极端形式就是以“合法”的方式使用暴力。其实，“禁止人们发问”也有内外两种方式，对内而言，是要人们切断对如此行动的理由的任何独立思考，以强力乃至“强迫”的方式让人们树立起对“礼义”的唯一信念；对外而言，即要明确立场，辨明是非，划清界限，故荀子云：“析辞而为察，言物而为辨，君子贱之。博闻强志，不合王制，君子贱之。”（《解蔽》）又云：“凡言不合先王，不顺礼义，谓之奸言；虽辩，君子不听。”（《非相》）“贱之”和“不听”表达的是对不合“礼义”的言论的鄙视和拒绝。当然，在荀子，限禁人们发问的方法和措施甚多，但借由此种内外结合的方式，荀子正欲以排他性的“礼义”正天下之视听，强天下之必从，进而达到“天下无隐士，无遗善，同焉者是也，异焉者非也”（《正论》）的目的，所谓“善”之“正理平治”，其实义莫过于此。由此观之，在荀子那里，所谓的“礼义教化”本质上乃表现为“政”与“教”的结合，是以政说教，以教辅政，故云：“人之百事，如耳目鼻口之不可以相借官也。故职分而民不慢，次定而序不乱，兼听齐明而百姓不留。如是，则臣下百吏至于庶人，莫不修己而后敢安止，诚能而后敢受职；百姓易俗，小人变心，奸怪之属莫不反悫：夫是之谓政教之极。”（《君道》）

不过，对于汲汲于“礼义”秩序之实现的目的而言，荀子不会只停留于对于异见、异行的“不允许”上，他还心生“不能忍”乃至倾向于用暴力铲除类似现象，这似乎已不止于“恐吓”而是“恐怖”了。《非相》篇记云：“听其言则辞辩而无统，用其身则多诈而无功，上不足以顺明王，下不足以和齐百姓，然而口舌之均，应唯则节，足以为奇伟偃却之属，夫是之谓奸人之雄。圣王起，所以先诛也，然后盗贼次之。盗贼得变，此不得变也。”每观此言皆不免让人心生怖栗，这就难怪牟宗三会认为，“若惟是从对治之功利处着

① 转引自陈文洁：《荀子的辩说》，北京：华夏出版社，2008年，第71页。

眼，则落于现实，凡巧便于功利者无不可为，不必礼义也。是刻薄者终将由荀学转而为法家，李斯韩非是也”①。

世间道理大凡如此，落叶缤纷之中，总可见秋风萧瑟，此亦“因不虚弃，果无浪得”之谓也。

5.“礼”：“说明”抑或“证成”

最后，我们还需要对荀子圣王制礼义的说法做一点简单的讨论。

从本章的论述脉络上看，当“礼义”作为“国家理由”时，它本身获得了“权力”与“道德”的双重身份，尽管此礼义是由“道德纯备，智惠甚明”的圣王所制作，因而浸透着道德精神，但作为伦理学的概念，在荀子自然状态的预设中，对礼义的辩护却主要是以礼义施行的结果和功效的合理性来代替礼义作为道德规范在根据上的正当性的。对民众而言，礼义是外在的，是由圣王制作和给定的。所以，荀子说：“圣人化性而起伪，伪起而生礼义，礼义生而制法度。然则礼义法度者，是圣人之所生也。”（《性恶》）我们暂且撇开圣人如何化性起伪而生礼义的具体过程不论，礼义为圣人所生乃荀子凿凿言之。事实上，当荀子标举人之性恶和自然之天时，他已经将孔孟伦理学的价值源头做了瓦解，它意味着荀子在伦理学上必须另立价值源头。但当荀子说礼义是圣人之所生时，它意欲向我们表达何种意思？学者对此有各种不同的解说，而李泽厚的观点最值得我们注意，影响也最大。他认为，荀子所说的“礼”“作为社会制度、规范、秩序，对其原起已经有了高度理知的历史的理解。‘礼’这个‘贵贱有等，长幼有差，贫富轻重皆有称者’的‘度量分界’，被视作‘百王之所积’，亦即是久远历史的成果，而并非只是‘圣

① 牟宗三：《名家与荀子》，第215页。我们此处未讨论《宥坐》篇记孔子诛少正卯及其涉及的人有五恶的论述，原因在于学者一般认为此篇非荀子所著，是出于其门弟子之手。

人’独创的意思”[1]。依李泽厚，圣人生礼义并不是“独创”礼义，而是对“百王之所积”的历史理性的总结，所谓“高度理知的历史的理解”说的大体就是这个意思。

李泽厚是否把作为礼义之来源的“久远历史的成果”或“先王之道”作为荀子伦理学的价值的根源，似乎可以有不同的理解，但从其使用“原起”的字眼看，如此理解也有其理由，况且荀子也的确说过“彼先王之道也，一人之本也，善善恶恶之应也，治必由之，古今一也”（《强国》）。此处“先王之道”即是“百王之所积”的意思，也就是李泽厚所说的“久远历史的成果”。我们暂且撇开在尚未有礼义文明或“先王之道”的情况下第一个圣人是如何产生的问题不论，在人类进入政治文明后，个人的道德实践总是预设了社会情境和历史脉络中的规范，在荀子，这种规范之群集即典型地表现为“先王之道”。换言之，人是先在“先王之道”的意义世界中，然后才尝试去探究、理解和实践“先王之道”[2]。因此，“先王之道”对个人的成德而言具有优先性，由“先王之道”所构成的规范世界是人的自我理解和实现得以展开的前提[3]。即此而言，李泽厚强调荀子的“礼”为“百王之所积”，是历史理性的体现，而不是圣人的独创，至少从哲学诠释学的角度上看无疑有其合理性。

但如果把作为“百王之所积”的“先王之道”看作道德规范（“礼”）之所以具有普遍有效性的理由，那就可能犯了理解性的错误，亦即只以“说明”（explanatory）来代替“证成”（justificat-

---

① 李泽厚：《中国古代思想史论》，北京：人民出版社，1985 年，第 111 页。

② 牟宗三云：“夫一人之经验有限，心智有限，而吾人心智之用，又必生息于文化背景之中，无有孤离独处而尽可以自我作古者也。”《名家与荀子》，第 257 页。

③ 伽达默尔认为，“早在我们通过自我反思理解我们自己之前，我们就以某种明显的方式在我们所生活的家庭、社会和国家中理解了我们自己。主体性的焦点乃是哈哈镜。个体的自我思考只是历史生命封闭电路中的一次闪光”。参阅氏著《真理与方法》，上海：上海译文出版社，1999 年，第 355 页。

ion)，或者说以生成原因的解释来代替有效理由的解释[①]。盖即便“礼”是“百王之所积”的历史成果，这种历史成果也只能通过个人的道德实践具体地表现出来，并完成其作为道德规范之根据的最后奠基。因此，通过“百王之所积”的“先王之道”来说明“礼”所具有的超越传统和历史的规范的普遍有效性，在理论上则要求我们不仅提供一套规范，还必须对之提出规范证立以说明其普遍有效的合理性理由。换言之，我们不能仅仅停留在“礼”作为规范在“历史的理解”中的合理性，而应在历史和传统之外寻求“礼”作为规范的普遍有效性。确立“礼”的道德规范的“根据”既不能轻易与现实妥协，也不能放过对任何历史之所积的或任何约定俗成之传统的批判和检讨。胶固于对“礼”的历史合理性的解释，很有可能导致对作为规范的“礼”的生成原因的解释代替对其有效理由的解释，其症结大概就在这里[②]。

相比之下，陈来通过对《荀子》文本的解读和究问，似乎并未停留在对“礼”的历史合理性的解释上面，而大大推进了一步。依陈来，荀子始终坚持先王制礼说，以突出政治权威和历史实践的作用，“用哲学的话说，理性通过政治权威和历史实践来发生作用”。但是，“如果突出政治权威，则人对礼义的知能只是对政治权力及体制的服从，价值上的认同又从何而来？……如果礼义只是某几个圣王的创制，为什么人们会接受礼义、认同礼义？是因为圣王作为早期历史的政治领导者代表政治权威？或其创制的礼义法正成了人们的既定社会环境和传统？还是人们普遍认识到礼义是社会生活的需

① 这种看法并不一定是李泽厚的主张，但他的说法影响所及，在一些学者中有此流弊。康德始终坚持，哲学的责任不在解释事物生成的原因，而在关注事物之所以如此的理由，而这种理由并不是通过历史解释或经验解释所能得到的。

② 作者曾经指出，在荀子那里，“如果人是礼仪性的存在物，即荀子对自我的证成，是否能够突破其自己所说的‘群’或‘社群’而被反思出来”。参阅拙著《合理性之寻求：荀子思想研究论集》，台北：台大出版中心，2011年，第47页。

要？如果说人们因为尊崇政治权威和制度传统而接受礼义制度，但人们如何能在内心认同它？在这些方面，荀子的论断，往往在逻辑上并不一致，有的论述含混不清，他似乎并没有完成对他的根本论断所做的论证，各篇的论证也有时脱节”[①]。陈来的论述有其特定的脉络，我们不必累言重述，而他所谓“人对礼义的知能只是对政治权力及体制的服从”云云，则显然在理论上触及“建制论”问题，从建制论的立场看，道德规范是从属和依附于特定建制的，对此我们不必展开论述。对我们来说，陈来已敏锐地认识到，荀子的“礼义”无论是作为历史理性、政治权威还是作为制度传统，都有一个无法逃避的核心问题，亦即“人们如何能在内心认同它”。此一问题，依我的理解，即涉及“礼”作为道德规范的道德性和义务性的最终的理性根据问题，而正是此一问题，依陈来，荀子“似乎并没有完成对他的根本论断所做的论证”。如此看来，陈来对“礼义”的理解已不仅仅只是对“礼义”的历史知识或生成原因的理解，而且已上升到对“礼义”的理论知识或理性根据的理解，而他的疑问也构成了我们理解荀子伦理学必须正视的问题。

这或许就是荀子的伦理学遗留给后世的问题。

6. 简短的结语

本章的主旨在讨论荀子伦理学的理论特色，在论述方法上则聚焦于荀子的“礼（义）”概念，并假途于“国家理由”的视角。虽然我们以荀子的“礼义”概念作为讨论的主要线索，但并没有呈现荀子论礼全部内容，毋宁说我们只是从“国家理由”的角度来提领和说明荀子“礼义”论的伦理学的特色。

元代刘埙在《隐居通议》中说：“古人作文，俱有间架，有枢

---

① 陈来：《情性与礼义——荀子政治哲学的人性公理》，原载《中国社会科学季刊》，2009年夏季卷。又见氏著《从思想世界到历史世界》，北京：北京大学出版社，2015年，第115—116页。

纽，有脉络，有眼目。”所谓“眼目”，大体指的是作者所以著书立说的目的或问题意识。荀子的目的或问题意识是什么？用荀子的话来说，就是如何建立一个“正理平治”或“出于治，合于善”的社会。问题意识既明，接下来的一个问题自然就是方法的寻求，亦即如何以一种适切可行的方法实现“正理平治”的社会。与孟子借重恻隐之心不同，荀子在方法上则假途于圣王所制作的礼义，而“圣王”与“礼义”乃是政治国家的别名。上述两个问题我们也可以简洁地称为“为何说”与“如何说”的问题。在某种程度上，“如何说”取决于对“为何说”的认知与理解；“为何说”则限制和规定着“如何说”的性质和方向。

然而，鉴于孟荀之间性善、性恶的争论，学者似乎渐次模糊了他们所以如此持论的理论诉求，逮至宋明，此一争论似乎纯全成了伦理学内部的理论问题。实质上，性善论在孟子的思想中充当的是秩序实现的前提和基础，而性恶论在荀子的思想中突显的是政治国家存在的必要。我们再次重申，面对秩序重建的时代课题，在先秦儒家中，是荀子第一次明确地为政治国家的存在提出了逻辑清晰的辩护，在“为何说”与“如何说”之间或者在“目的”与“手段”之间建立了合理有效的联系。我们必须紧紧抓住荀子思想中的这种严密和一贯，以为非如此则不足以把握到荀子思想的精髓。

审如是，以确立政治国家的存在作为秩序重建的有效途径，从而赋予“礼义”以“国家理由”的形式，一方面构成荀子“自然状态”之理论预设的必然的逻辑结论，另一方面也为我们显示出恰当理解荀子伦理学之理论特色的要钥。正是基于此一观察，我们有理由超越孟荀之间狭隘的性善、性恶的争论，在更为广阔的视域中来了解荀子对孟子的批评。在秩序重建的问题上，荀子必须瓦解孟子所建立的“知识背景”，诉诸客观有效的制度法则以使社会的“公共善”能够得以真正落实。故而荀子突显政治国家存在的必要性，赋予“礼义”以“国家理由”的形式，并使其获得“权力”与“道德”

的双重身份，这正是荀子的伦理学所以具有鲜明特色的秘密所在。然而，如果说以“圣王”和“礼义”为代表的政治国家，其创立之初意原在遏制人之性恶的话，荀子似乎对此一政治国家抱持了过分的道德期许，未及严肃思考政治国家本身可能就是一种恶，尽管是一种必要的恶。另一方面，礼义之作为道德，其实践过程固然需要讲求理性之“自觉”，但在奠基的意义上却始终不离意志之“自由”，奈何当荀子赋予礼义以“权力”和“道德”的双重身份后，随着权力对道德的独占，“自觉”便压倒乃至取代了“自由”。如是，权力的专制化与道德的国家化在荀子那里便成了一个钱币的两面，而且两者之间达到了令人吃惊的对称。

十 『化性而起伪』

——荀子的性恶论与道德动机

自我保存可能是所有生物的目的，作为自然生物，人类也属于这一范畴。然而由于他的语言和理智的天赋，其自然性就间接化了，即成为反思的和分裂的，且这种分裂性涉及全部追求。

——奥特弗利德·赫费

正是这种情感，使我们不假思索地去援救我们所见到的受苦的人；正是这种情感，在自然状态中代替着法律、风俗和道德，而且它还有一个优点，就是没有一个人企图抗拒它那温柔的声音；正是这种情感，会阻止一个健壮的野蛮人去掠夺幼弱的小孩或衰弱的老人可能艰难得来的维生之物，如果他有可能依靠其他方式来养活自己的话。

——卢梭

一个行为的道德性不取决于它的结果，而取决于该行为背后的意图。

——康德

在上一章中，我们借由“国家理由”的视角讨论了荀子伦理学的理论特色。我们一再强调，“性恶论”是荀子的政治哲学和伦理学（或曰道德哲学）共同分享的理论前提。就知识领域而言，政治哲学本身也包含了伦理学。但如果我们稍做深入分析，就不难发现，一种理论若单纯依靠“国家理由”的方式“要求”人们行动而不诉诸内心的“主观欲求”的话，人们的行动就会缺少内在的动机和动力。因此，如何转化人性便构成了荀子伦理学和政治哲学的共同的努力方向，前者涉及“道德修身如何可能”的问题，后者则涉及“性伪合而天下治”的问题，但显然两者在转化的侧重点上并不完全相同。比较而言，政治哲学重在强调经由遵循外在的制度、法则、规范以实现对性恶之人的转化，使人“长迁而不返其初”；而伦理学或道德哲学则在肯定此一点的基础上，尚需面对和解决一个性恶之人毕竟在一开始时（at first beginning）如何具有做道德之事的动机问题。因此，若站在伦理学的角度上看，假如有人问，荀子伦理学的最大问题，同时也是最有趣的问题是什么？一个可能的答案或许是这样的：一个在本性上倾向于自利的人，如何会生发出道德上利他的动机？

事实的确如此。

阅读《荀子》一书，给人最深的印象莫过于，一方面，荀子信誓旦旦地宣称“涂之人可以为禹”；另一方面，又认为人之性“生而有好利”，人之情“甚不美”，“妻子具而孝衰于亲，嗜欲得而信衰于友，爵禄盈而忠衰于君”（《性恶》）。如果联系《荣辱》篇所谓“人之生，固小人，无师无法，则唯利之见耳”的说法，荀子似乎认为，人之生一开始便是一个天性上没有任何内在道德倾向的唯利之徒。果若如此，我们又如何期待这样的人会产生愉悦于道德的情感？或者，我们有何坚实的理由可以让这样一个唯利之见的人化性成德，接受道德义务？类似问题涉及荀子的性情理论与道德动机的关系问题，在荀子思想研究中关系颇大。

理论上，任一道德行动之实行必有其动机。所谓动机，按康德的说法，指的是“欲求底主观根据”①，而道德动机通常包含道德情感或道德欲求②。道德情感和道德欲求不同于一般的自然情感和自然欲求，一般的自然情感和欲求虽然并非一定不能“充作”道德行动的动机或动力，但它却是偶然的，并无必然性，无法自我做主。道德情感和欲求乃出于对道德法则的喜好，犹如孟子所谓“理义之悦我心，犹刍豢之悦我口”（《告子上》）。若将道德情感和欲求排除在道德主体之外（如后期康德那样），那么，道德主体将“欠缺将道德法则的意识转化为具体行为的动力”③。

审如是，荀子思想中的道德动机问题，究其实质乃涉及一个性恶之人道德转化如何可能的问题，尽管荀子明确主张人皆可以为尧禹，认为“涂之人也，皆有可以知仁义法正之质，皆有可以能仁义法正之具”，故而“其可以为禹明矣”（《性恶》），然而此可知、可能之“质具”与“为禹”之间所包含的道德行动的动机却并非就是一个自明的问题。倘若此一问题不能得到恰当的解释，那么，荀子处心积虑所建构的道德哲学的意义将会变得十分苍白与惨淡。所幸的是，此一问题已愈来愈引起学者的重视。本章所作有两个目的：其一，试图挂一漏万地梳理国外学者的相关论说，并在可能的范围内给出评论；其二，结合荀子的思想，提出自己的主张和看法。

1. 荀子的性、情、欲诸概念

如前所言，狭义的动机问题涉及行动主体的欲求，而在荀子那

① 康德：《道德底形上学之基础》（李明辉译），台北：联经出版事业股份有限公司，2005年，第51页。

② 道德动机从内容和结构上看，可以有广义和狭义两种不同的划分，广义的道德动机包括人的知、情、意、欲等等不同的心理状态，而狭义的道德动机则主要指的是人的情、欲。本文从道德转化的角度言道德动机，侧重于广义一面。

③ 李明辉：《四端与七情：关于道德情感的比较哲学探讨》，台北：台大出版中心，2005年，第367页。

里，欲求问题即紧紧地与其性、情、欲等诸概念联系在一起。按照荀子自己的说法，“性者，天之就也；情者，性之质也；欲者，情之应也”（《正名》）。其意是说，性成于先天的自然，情是性的实质内容，而欲是情的反应。荀子把欲归于人的情性，故云：“夫好利而欲得者，此人之情性也。”（《性恶》）而欲应“好”的情而生，“好”是情的一种表现，故欲与情可视作同义；欲既是情的一种，而情即是性（或性的实质内容），故欲即是性之所具，故云：“欲不可去，性之具也。”（《正名》）对于这三者的关系，徐复观先生曾有一个简洁的说明，其云：“荀子虽然在概念上把性、情、欲三者加以界定，但在事实上，性、情、欲，是一个东西的三个名称。而荀子性论的特色，正在于以欲为性。”① 据学者统计，《荀子》一书言“性”达98次。综合荀子的相关说法，荀子言性大体可分为形式的界定与内容的界定两种②，前者如荀子云：“生之所以然者谓之性”（《正名》）；“凡性者，天之就也，不可学、不可事……不可学、不可事而在人者，谓之性”（《性恶》）。后者亦即从内容方面界定性的说法，我们又可以具体分为几个方面，其一是以人的官能的能力说性，如荀子云：“今人之性，目可以见，耳可以听；夫可以见之明不离目，可以听之聪不离耳，目明而耳聪，不可学明矣”（《性恶》）；“目辨白黑美恶，耳辨声音清浊，口辨酸咸甘苦，鼻辨芬芳腥臊，骨体肤理辨寒暑疾养，是又人之所常生而有也，是无待而然者也，是禹桀之所同也”（《荣辱》）。其二是以人的生理本能说性，如荀子云：“今人之性，饥而欲饱，寒而欲暖，劳而欲休，此人之情性也。”

① 徐复观：《中国人性论史·先秦篇》，台北：台湾商务印书馆，1994年，第234页。亦可参考蔡仁厚《孔孟荀哲学》，台北：台湾学生书局，1983年，第390页。

② 学者可参阅岑溢成《荀子性恶论辨析》，载《鹅湖学志》第三期，台北：鹅湖杂志社，1989年9月；潘小慧《荀子的“解蔽心”——荀学作为道德实践论的人之哲学理解》，载《哲学与文化》第二十五卷第六期，1998年6月。依岑溢成，荀子对性的形式界定与内容界定之间并不完全切合，在荀子，并非凡是生而有的都可称为性。

（《性恶》）其三是从人的心理欲求说性，如荀子云：“若夫目好色，耳好听，口好味，心好利，骨体肤理好愉佚，是皆生于人之情性者也；感而自然，不待事而后生之者也”（《性恶》）；“夫贵为天子，富有天下，是人情之所同欲也”（《荣辱》）。《荀子》一书由上述三个方面界定性的说法所在多有，此处不能一一援引。无疑，从内容方面梳理荀子对性的界说，学者可以从不同的角度加以观察，然而无论从官能的能力、生理的本能还是从心理的欲求说性，在荀子那里，性与情、欲大体皆具有同质同层的关系。陈大齐先生对此这样认为，“‘性之好、恶、喜、怒、哀、乐，谓之情’，遇到了外来的刺激，主观即作好、恶、喜、怒、哀、乐等反应，而这些反应，特别称之为情。故性与情，若必欲为之分别，则可说性是能作好、恶、喜、怒、哀、乐等反应的状态，情是好、恶、喜、怒、哀、乐等的现实活动。不过，这些分别不是荀子所重视的，故荀子虽为性、情分作定义，却常常将性情合说，或称情性，或称性情……”①

问题在于，若依照荀子如此这般界定的性情或情性概念，则表面上看此一概念与道德礼义之间似乎并不能相融，乃至处于对立的状态。换言之，随顺天生所具有的情性而行，一个人无法内在地喜好道德，而且必会与道德相冲突。这一点至少荀子自己就有明确的论说，其云：“今人之性，饥而欲饱，寒而欲暖，劳而欲休，此人之情性也。今人见长而不敢先食者，将有所让也；劳而不敢求息者，将有所代也。夫子之让乎父，弟之让乎兄，子之代乎父，弟之代乎兄，此二行者，皆反于性而悖于情也；然而孝子之道，礼义之文理也。故顺情性则不辞让矣，辞让则悖于情性矣。”（《性恶》）依荀子的这种说法，我们可以推断，大凡合于道德礼义的行动似乎并不能由人生而有的情性中自然地、直接地生发出来。相反，随顺人的情性而来的行为，其结果即便在弟兄、亲情之间也只能是无尽的争夺，

① 陈大齐：《荀子学说》，台北：中华文化出版事业社，1956 年，第 34 页。

故荀子又云："夫好利而欲得者，此人之情性也。假之有弟兄资财而分者，且顺情性，好利而欲得，若是，则兄弟相拂夺矣……故顺情性，则弟兄争矣。"（《性恶》）

不过，话虽这么说，纵览《荀子》一书，我们的确常常可以发现，荀子在言及人的情性、好恶时的一些说法，如不加认真分析，似乎也可以上下其讲，以至于人们不免会生出"荀子思想中究竟有没有一致的人性理论"的疑问。孟旦（D. J. Munro）在一篇颇为著名的《荀子思想中的恶人》的文章中[1]，便列举了《荀子》一书中几处与其性恶论看似明显相左的段落，并认为荀子的相关说法不免会给人们造成"混乱"。依孟旦，荀子并没有对人性或人的内在生活提供一个彻底的分析，但这并不意味着荀子所观察到的那些心理事实是微不足道的，只不过这些心理事实是从属于并且其意义是衍生于混乱与贫穷及其原因和制度改善等问题之中的。孟旦认为，荀子所关心的主要问题乃在于避免"欲多而物寡"的不平衡所带来的混乱和分裂（chaos and disunity）[2]，然而此一说法也面临着挑战，亦即传统的观点认为，荀子所关注的毋宁说是对人性恶的证明，故而孟旦要提供证据来证明荀子的人性论其实并没有一致性的主张。孟旦说："我怀疑荀子立论的目的可能不在于发展人性论，否则不至于在其理论中留下如此的一团混乱。"[3] 孟旦认为，《荀子》一书有许多段落指向或假定人有天生的正面的倾向（innately positive traits），如孟旦引用了荀子《强国》篇中的一段文本：

> 夫桀纣，圣王之后子孙也，有天下者之世也……夫桀纣何

---

① Donald J. Munro, "A Villain in the Xunzi", in *Chinese Language, Thought, and Culture: Nivison and His Critics*, Philip J. Ivanhoe ed. Chicago: Open Court, 1996, pp. 193 - 201.

② Ibid. 195.

③ Ibid. 198.

失？而汤武何得也？曰：是无它故焉，桀纣者善为人所恶也，而汤武者善为人所好也。人之所恶何也？曰：污漫、争夺、贪利是也。人之所好者何也？曰：礼义、辞让、忠信是也。

对于此段文本之解释，最引人注目的无疑是“人之所恶”“所好”的说法，亦即此“好”“恶”的内容究竟应当怎样理解，是人天生本有还是后天习得或有特殊所指？如果此“好”“恶”的内容是人天生本有，亦即人天生就会喜好礼义、辞让、忠信，或人天生就会厌恶污漫、争夺、贪利，那么，此一说法又如何与荀子的性恶论或与前面所说的荀子对情性的理解相一致？孟旦对此也一时生疑。他认为，在荀子看来，人们天然会“爱礼、义、忠、信等德行，以及其他等等，他们拥有的天资（endowment）或天生的行为模式（natural pattern）能够使得他们这样做”[①]。若按照孟旦的解释，人天然会爱礼、义、忠、信，说明人天生具有喜好道德的情感，然而这种说法却与荀子的性恶说无法相融，这就难怪孟旦会说《荀子》一书的相互矛盾的说法留给人们的是一团“混乱”。

孟旦又举《礼论》篇其中的一段，“凡生天地之间者，有血气之属必有知，有知之属莫不爱其类……故有血气之属莫知于人，故人之于其亲也，至死无穷”。对最后一句“故人之于其亲也，至死无穷”，B. Watson将其翻译为“所以，人应当爱其父母，直至生命之终结”（therefore man *ought* to love his parents until the day he dies）[②]。但《荀子》原文中并没有“应当”，而更倾向于人皆自然地爱其父母。不过，如此一来，似乎又与荀子的情性说和性恶论相矛

① Donald J. Munro, “A Villain in the Xunzi”, in *Chinese Language, Thought, and Culture: Nivison and His Critics*, Philip J. Ivanhoe ed. Chicago: Open Court, 1996, p. 198.

② Burton Watson, *Hsun Tzu: Basic Writings*, New York: Columbia University Press, 1963, p. 106.

盾。故孟旦认为，此处荀子对人性究竟是褒还是贬非常混乱，各种说法错杂于一篮。

孟旦还列举了《王霸》篇："夫贵为天子，富有天下，名为圣王，兼制人，人莫得而制也，是人情之所同欲也，而王者兼而有是者也……制度以陈，政令以挟，官人失要则死，公侯失礼则幽……是又人情之所同欲也，而王者兼而有是者也。"对此段中"人情之所同欲"一句，孟旦认为，这是指"人们怀有赞同那些能带来社会秩序之规则的情感"。但若人真的天生就拥有这种情感，结果看上去又将与荀子的性恶论不相符。

最后，孟旦还举出《王制》篇"水火有气而无生，草木有生而无知，禽兽有知而无义，人有气、有生、有知，亦且有义，故最为天下贵也"一段，依孟旦，此句中"人之有义"指的是"人生而具有天生的道德感"（are born with an innate moral sense）。但若人天生即有道德感，那么，上面所说的荀子情性观以及荀子所谓的"顺性情，则弟兄争"的看法便无从得以恰当的解释。

上述出现在《强国》《礼论》《王霸》《王制》篇中的段落，经由孟旦的梳理和解释，至少在表面上与荀子所主张的情性理论或性恶说相矛盾。退一步，设若孟旦的相关质疑在文本理解和理论阐发方面是成立的，那么，荀子的性恶论便至少可以在某种"自然"或"天然"的意义上存在对道德或礼义法度的喜好情感，而其道德动机问题似乎也就不会成为学者日后所注目的一个问题。为此，何艾克教授（Eric Hutton）专门写了一篇名为《荀子有没有一致的人性理论?》的文章，对孟旦的相关疑问逐一进行了梳理与反驳①。限于篇幅，本书在此不准备重述何艾克教授的具体论述，仅将其主张和结

① Eric Hutton, "Does Xunzi Have a Consistent Theory of Human Nature?", in *Virtue, Nature, and Moral Agency in the Xunzi*, ed. by T. C. Kline Ⅲ and Philip J. Ivanhoe, Indianapolis: Hackett Publishing Company, 2000, pp. 220－236.

论加以简单的说明[1]。在 Hutton 看来，孟旦的疑问表面上看似乎有其道理，但若在文本解读和思想诠释上做深入的分析，则会面临许多问题。如对于《强国》篇一段，Hutton 从文本的脉络分析出发，认为人们所喜好的只是汤、武为他们所展示的德行，并不是说人们天生就具有喜欢成为有德行的人的情感或天生就渴望如此。而对于《礼论》篇“故人之于其亲也，至死无穷”，Hutton 认为，如果荀子的人性恶意味着我们的欲望不知自然的界限，且趋向于给我们带来冲突的话，我们也没有任何理由排除人也有利他的倾向，“荀子可能会否认此类利他倾向构成了我们各种自然倾向的主要部分，然而，即便荀子认可这种利他倾向，也不会与他的人性论相矛盾”[2]。又如对于《王霸》篇“人情之所同欲”一段，Hutton 认为，此段文本的脉络清楚地表明，人们是在已有的“事实”上赞同那些能促进社会秩序的规则，而非指人天生就具有喜好那些能促进社会秩序之规则的情感。最后，对于《王制》篇“人之有义”一段，倪德卫（David S. Nivison）曾试图将此中的“有义”理解为未填入内容的单纯的能力（a bare capacity or unfilled capacity），以便与荀子的性恶论相一致[3]。Hutton 认为，若将此段中的“有义”之“有”理解为“生而有”，则自然会与《性恶》篇“今人之性，固无礼义，故强学而求有之也”的说法形成严重的冲突；但若将此“有义”之“义”如倪德卫那样理解为无内容的单纯的“能力”，此则又会与荀子文本所表现

① 拙文《性之规定及其延伸的问题——徐复观先生对荀子性论思想之诠释》（载《合理性之寻求：荀子思想研究论集》，台北：台大出版中心，2011、2013 年，第 391—435 页）对此有简要的介绍，学者可以参考。

② Eric Hutton, “Does Xunzi Have a Consistent Theory of Human Nature?”, in *Virtue, Nature, and Moral Agency in the Xunzi*, p. 230. 何艾克的此一分析非常重要，后面我们将会看到此一说法与黄百锐的主张之间具有密切的关系。

③ David S. Nivison, “Critique of David B. Wong, ‘Xunzi on Moral Motivation’ ”, in *Chinese Language, Thought and Culture*, ed. by Philip J. Ivanhoe, Chicago: Open Court, 1996, p. 324.

的语义脉络不相一致，因为既然此“义”是无关道德的单纯能力，那荀子又何以会说人因有义而最为天下贵？对此，Hutton 认为，荀子所说的“人之有义”的“义”断不是空无内容的能力，问题只在于此“有义”之“有”并非一定得理解为“天生地有”（having innately），而可以是后天的外在的和获得性的“占有”（possess）或“拥有”（own），果如是，此“人之有义”之“义”乃是圣王创造并传衍下来的“一套规范”[①]。

2.“人之欲为善者，为性恶也”

尽管 Hutton 围绕荀子的性恶论，逐一检讨了孟旦的相关疑问，努力维持了荀子人性论的前后一致，但面对好利恶害的人之本性，人们毕竟如何使自己转变或转化成为内心喜好道德的人，在理论上却必须得到具体而有效的说明。按照艾文贺（P. J. Ivanhoe）的说法，荀子所关注的人性是可塑的[②]，但即便如此，我们仍需对如何可塑的具体细节做出足够的阐释。为此，学者不仅注目于对荀子有关心性情欲等概念的深度分析，同时，也试图通过对《荀子》文本中的一些特殊段落的潜藏意义的揭发，以发现性恶之人的行善动机。其中《性恶》篇的一段说法便引起了一些学者的格外注意。荀子云：

> 凡人之欲为善者，为性恶也。夫薄愿厚，恶愿美，狭愿广，贫愿富，贱愿贵，苟无之中者，必求于外。故富而不愿财，贵而不愿势，苟有之中者，必不及于外。用此观之，人之欲为善者，为性恶也。今人之性，固无礼义，故强学而求有之也；性不知礼义，故思虑而求知之也。然则性而已，则人无礼义，不

① Eric Hutton, “Does Xunzi Have a Consistent Theory of Human Nature?”, in *Virtue, Nature, and Moral Agency in the Xunzi*, p. 224.

② P. J. Ivanhoe, “Human Nature and Moral Understanding in the Xunzi”, in *Virtue, Nature, and Moral Agency in the Xunzi*, p. 242.

知礼义。人无礼义则乱，不知礼义则悖。然则性而已，则悖乱在己。用此观之，人之性恶明矣，其善者伪也。（《性恶》）

学者通常将此段理解为荀子对人性恶的论证，亦即以“苟无之中者，必求于外”及“苟有之中者，必不及于外”为前提，人性中若有礼义，则必不外求礼义；今人强学以求礼义，则可证明人性中没有礼义。又，礼义是善，无礼义即是恶；今人性中无礼义，所以人性为恶。荀子此处采取的是间接论证的方法，先假定人性为善，以推论其结果；然后，指出此推论的结果与事实不符，来反证假定不能成立。

不过，此段的文字虽然不多，但它可引发的理解上的歧义却不少。学者认为，荀子此说不仅违背事实，而且在理论上也说不通，“因为既然‘性恶’，又怎么会有‘欲为善’的要求呢”①。唐君毅则认为，荀子此段文本“最有理趣，而问题最大”②。对此，我们可以分两方面来梳理，其一是对有关“人之欲为善者，为性恶也”一句的理解；其二是对“苟无之中者，必求于外”及“苟有之中者，必不及于外”的分析。当然，这两个方面并非相互独立的，都与荀子所言的“心性”和“欲望”密切相关。

我们先看第二方面。依荀子，“苟无之中者，必求于外”是依据“薄愿厚，恶愿美，狭愿广，贫愿富，贱愿贵”所做出的推述；同样，荀子也根据“富而不愿财，贵而不愿势”推出“苟有之中者，必不及于外”的判断。我们自然会问，荀子的这种论证成功吗？事实上，如果我们把“苟无之中者，必求于外”及“苟有之中者，必不及于外”看作普遍判断的话，那么，此普遍判断是从特殊的经验现象如“薄愿厚”或“富而不愿财”中归纳出来的。但是，这种从

① 夏甄陶：《论荀子的哲学思想》，上海：上海人民出版社，1979 年，第 85 页。
② 唐君毅：《中国哲学原论 · 原性篇》，台北：台湾学生书局，1984 年，第 51 页。

特殊的经验现象中归纳出来的普遍判断难免会遭到人们的质疑，一方面是与常识不能完全相合，因为在我们通常的认知理解中，“薄愿厚”“富而不愿财”的现象固然存在，尤其是“薄愿厚，恶愿美，狭愿广，贫愿富，贱愿贵”的说法似乎特别符合一般人的欲望心理，但是，“薄而不愿厚”“富而犹愿财”的现象也同样存在。所以，有些“无之中者”的人固然会“必求于外”，但有些“无之中者”的人却不一定必求之于外；同样，有些“有之中者”的人也不一定不及于外[①]。人的欲望的表现形式颇为复杂，故而以特殊的经验现象为前提不能推出普遍判断的结论。另一方面是涉及对“愿”的性质的理解，此处“愿”的意思即是“欲”，而一个人的“愿不愿”或“欲不欲”虽然与“所愿”“所欲”的对象有关，但欲愿之兴起和发动根本上取决于欲愿主体自身而不取决于欲愿的对象。今假设有推销员向顾客推销一款最新出品的吸尘器，而这款吸尘器顾客是没有的（所谓“无之中者”）。推销员耐心而详尽地介绍和演示了该产品的性能和质量，顾客也完全相信该产品具有和推销员所说的一样的优点，并且顾客也向推销员表明了完全同意他的说法。但是，当推销员明确要让顾客购买这款吸尘器并向顾客要钱时，顾客却对推销员说：我并没有说“我想要买”。换言之，顾客没有购买吸尘器的动机或“欲望”。类似这样的例子在我们的生活中并不罕见，它意味着尽管有些东西是我们所无的，但是，并非所有所无的甚至是好的东西都是我们所必欲求的。换言之，至少有些我们所没有的东西是我们所不欲的，是故“苟无之中者，必求于外”的判断不能成立。同样道理，虽然我已经拥有了我所欲求的金钱（所谓“有之中者”），但是我始终觉得“虽有但远不足”，那么，尽管我已经有很多钱，但我还是会“及于外”地寻求更多的钱。如是，“苟有之中者，必不及于

① 参阅周群振：《荀子思想研究》，台北：文津出版社，1987年，第55页。周炽成：《荀韩人性论与社会历史哲学》，广州：中山大学出版社，2009年，第10页。

外”的判断也不能成立。

以上乃是从通常的认知心理，就荀子的论据所做出的判断而提出的质疑，认为荀子的论证并不成功。不过，这种理解虽然在理上可以成立，但就文本理解而言，我们仍有必要提出宽容或善意的原则（principle of charity）。换言之，我们可以也应当从荀子的思想系统出发对荀子的上述判断给出尽可能融贯的解释和辩护。如是，我们要问，荀子何以会得出连常识都不能加以有效解释的判断，抑或在荀子的这种判断背后还潜藏着某些被我们的认知所忽视的方面？

显然，荀子此一论证的核心在于说明，若人性本来是善的，我们自不必求善；今人汲汲于求善，则可证明人性无善。但是，按照我们前面提出的质疑，尽管我努力“及于外”地寻求更多的钱，但却不能反推证明我本来没钱，以此推之，“及于外”地求善也并不能证明人性无善。然而，我们该如何为荀子的论证寻求尽可能融贯的解释？此处最关键的地方即涉及荀子对人性欲望的理解，假如我们真正理解了欲望的作用特点，则可以为荀子的上述判断给出合理的辩护。我们在第一章中曾经指出，荀子论性特别强调“好利欲得”，而所好、所欲则孜孜以外物作为满足的对象，此中所谓“苟无之中者，必求于外”及“苟有之中者，必不及于外”在荀子的思想逻辑中之所以成立，并非仅仅只是依常识而立，而恰恰反映了人性欲望作用的特点：由于人之欲望的本性在得寸进尺，在贪漫无边，在不知满足[①]，故苟无之中者，固必求于外；即便苟“有”之中者，亦非必不及于外，盖依欲望的逻辑，仍可以视“有”若“无”或视“有”为“不足”，故而依然是“苟无之中者，必求于外”。如是，荀子上述所说的“薄”“恶”“狭”“贫”“贱”及其对反的“厚”“美”“广”“富”“贵”等等当不系于其语言实指的意义上理解，而

① 如荀子云：“人之情，食欲有刍豢，衣欲有文绣，行欲有舆马，又欲夫余财蓄积之富也；然而穷年累世不知不足，是人之情也。”（《荣辱》）又云：“人之情为欲多而不欲寡。”（《正论》）

当系于其欲望的主观性质或特性上来理解，此中原因正在于我们通常认知中的“广”与“富”等等所谓“有”的界说，相对于欲望的永不知足而言，依然可以是主观性质感受上“狭”与“贫”的“无”，依然“必求于外”。此一理解正切合了荀子所言的人性的自然必然性作用的特点，同时，也为荀子“欲多而物寡”则争的断言确立了理解的基础[①]，至此我们乃可以为荀子的上述主张做出必要的辩护。

我们再看对“人之欲为善者，为性恶也”一句的理解。荀子的此一说法看似简单，但直觉告诉我们这句话并不好理解。当年黄百家就提出疑问：“‘人之欲为善者，为性恶也’，不知如果性恶，安有欲为善之心乎？”[②] 金鹏程（P. R. Goldin）则干脆认为，荀子的上述说法不仅没有对问题做出有效的回应，而且还会加剧黄百家的批评[③]。不过，冯友兰为荀子辩护，认为“黄百家此驳，不足以难荀子。所谓善者，礼仪文理也，仁义法正也，人本不欲此，不过不得不欲此耳”[④]。然而，冯氏的“本不欲此”之说固然可与荀子的性恶论相一致，但“不得不欲此”似乎并未从道德心理学上有效地解释一个性恶之人毕竟如何会产生对道德的喜爱的转变，故而黄百锐认为：“假如我们试图说明为善之欲和义务感是作为一个人衍生于（derived from）长远利益的欲望的话，则我们依然没有解释一个人是如何由自利转变成对道德喜爱和愉悦的。一个自利的人是如何在开始时即会拥有‘除了欲望别无他选’的道德的？一个自利的人又

---

① 依陈大齐，“在荀子看来，欲是贪得无厌的，是不知满足的。富者而犹求富，必其人在主观上以为富犹未足，自视尚贫，依然是‘苟无之中者必求于外’，并不是‘苟有之中者’而犹求于外”。《荀子学说》，第 55 页。

② 沈善洪主编：《黄宗羲全集》第三册，《宋元学案一》，卷一《安定学案》，杭州：浙江古籍出版社，1994 年，第 68 页。

③ Paul Rakita Goldin, *Rituals of the Way: The Philosophy of Xunzi*, Chicago: Open Court, 1999, p. 17.

④ 冯友兰：《中国哲学史·上》，上海：华东师范大学出版社，2000 年，第 222 页。

是如何在其自身的能力范围之内创造出对道德的真正的爱和喜好?”[①] 这种专注于在最初起源上的追问显然有待于回答。

我们先看相关的注释，杨倞对此注云：“为其性恶，所以欲为善也。”从杨倞的用语分析，“人之欲为善”与“性恶”之间被理解为一种因果关系，我们可以表述为因为人之性恶，所以欲为善。事实上，我们看到杨倞的释言为后来的许多注家所接受。北大本《荀子新注》谓“人之所以想为善，正是因为人的本性是恶的”[②]。李涤生则云：“因为性恶，所以欲为善。”[③] 熊公哲则将此句理解为“人何以想为善呢？便是因为性恶之故”[④]。而张觉将此句翻译为“一般地说，人们想行善，正是因为其本性邪恶的缘故”[⑤]。以上学者对此句的解释在意思上基本一致，而国外学者对此句的翻译也大同小异[⑥]。就对此句的直译而言，中外学者如此解释似乎并没有问题。不过，假如我们从因果关系来理解的话，在荀子的上述说法中，更为适切的推述应该是“因为人之性恶，所以人的行为会偏险悖乱而为恶”，正如我们通常所说的“因为天下雨，所以地是湿的”。但在“人之欲为善者，为性恶也”的句式中，“性恶”与“欲为善”之间似乎并不直接

---

① David B. Wong, “Xunzi on Moral Motivation”, in *Virtue*, *Nature*, *and Moral Agency in the Xunzi*, p. 144. 也见 *Chinese Language*, *Thought*, *and Culture*, ed. by Philip J. Ivanhoe, Chicago: Open Court, 1996, p. 146。

② 北大本：《荀子新注》，北京：中华书局，1979 年，第 395 页。

③ 李涤生：《荀子集释》，台北：台湾学生书局，1979 年，第 546 页。

④ 熊公哲：《荀子》（下），重庆：重庆出版社，2009 年，第 513 页。

⑤ 张觉：《荀子译注》，上海：上海古籍出版社，2012 年，第 341 页。

⑥ 举例而言，B. Watson 将此句翻译成 “Men desire to do good precisely because their nature is evil.”, B. Watson, *Hsun Tzu*: *Basic Writings*, New York: Columbia University Press, 1963, p. 162, 161。王志民（John Knoblock）则将此句翻译成 “Man's desiring to do good is the product of the fact that his nature is evil.”, John Knoblock, *Xunzi*: *A Translation and Study of the Complete Works*, *Vol Ⅲ*, Stanford: Stanford University Press, 1994, p. 155, 154。而何艾克（Eric Hutton）则将此句译为 “In every case where people desire to become good, it is because their nature is bad.”, Eric Hutton, *Xunzi*: *The Complete Text*, Princeton: Princeton University Press, 2014, p. 251。

构成因果的解释，原因在于荀子所说的“性恶”并不是在“性是恶的”的原本意义上而是在“性无善”的转折或延伸意义上被理解的[①]：因为无善，所以欲为善，这与荀子“苟无之中者，必及于外”相一致；而且就“人之性恶”作为原因而言，远未尽可能地排除其他可用于解释“欲为善”的因素，亦即未排除其他的混杂变量（confounding variables），如“我想帮助别人”，“我想让生活变得更加美好”，等等，故而从“人之性恶”的说法中我们很难与“欲为善”建立起直接而有效的因果关系。这就难怪有学者会认为，荀子的这种说法非常“奇怪”（oddness），因为我们很难总括出荀子在此中究竟说了些什么[②]。

然而，我们暂且撇开这一问题不论[③]，假如我们分析上引的那段文字，便不难发现荀子十分强调“人之欲为善者，为性恶也”此一说法，其中“人之欲为善”一说又最能引发人们的联想。荀子或许在说，人之性恶，是因为我们“想做善事” （所谓“欲为善”）（desire to do good），或者说人之所以“想做善事”，是因为人的本性是恶的，而正是这个“想”（“欲”）（desire）似乎隐约暗示了性恶之人所蕴含的行善动机。因为这里“欲为善”的“欲”恰恰是与下

① 唐君毅认为，“今荀子乃谓人欲善，即反证人初之无善。然此无善是否即为恶，则大有问题……今荀子乃缘此人之欲善，以言性恶，正见其唯在‘人所欲之善’与‘其现实上之尚无此善’，二者互相对校对反之关系中，以所欲之善为标准，方反照出其尚未有善之现实生命状态之为恶”（《中国哲学原论·原性篇》，台北：台湾学生书局，1984年，第51页）。林桂臻则将此处“性恶”理解为“性不善”，而不是性无善。不过，“无善”是一种客观的描述，“不善”则意涵某种主观的判定，此中有所不同。参阅氏著《天道天行与人性人情》，北京：中国社会科学出版社，2015年，第279页。

② David B. Wong, “Xunzi on Moral Motivation”, *Virtue, Nature, and Moral Agency in the Xunzi*, p. 212.

③ “人之欲为善者，为性恶也”一句，若联系后面“苟无之中者，必求于外”来理解，则可以解释为人之性恶，是因为我们想做善事，这是一种间接的反推。依荀子，人无礼义被理解为不善，而不善又被理解为“恶”，故人求礼义可被理解为人无礼义而为“恶”。

面作为“情欲”的“薄愿厚”“贫愿富”的“欲（愿）”并列而言的，而荀子又正是以“欲”来说明性的内容规定的，果如是，则“欲为善”便蕴含了性恶之人也具有为善的欲望或动机。但如果此一理解成立，当下便与荀子所主张的今人之性“固无礼义”“性不知礼义”相矛盾。此处所突显出来的问题是，我们毕竟该如何来理解荀子“欲为善”的“欲”。“欲为善”之“欲”是性之欲吗？这显然不是一个可轻下断言的问题。

柯雄文在一篇题为《荀子人性哲学的准经验面向》的论文中，试图通过对荀子性恶论的重新审查，以为道德和人性问题的澄清贡献自己的看法[①]。依柯氏，所谓准经验主张（quasi-empirical）即包含了关于人类情境的一般观察，这些观察并不是直接可以获得证明的。然而如果从经验合理性方面考虑，这些主张却可以得到支持。由此而观，荀子所谓的人之性恶是由于其基本的动机结构（如人的各种欲望与情感）中“好利”的独特倾向将不可避免地导致争夺和无序，而从仁与礼的道德角度上看，这样的结果显然是不可欲的。然而，“好利”的独特倾向虽然有其消极的一面，但它也标示出人的基本的动机结构的积极的一面。柯雄文认为，荀子对人之性恶的论证是在不考虑道德要求的情况下对情、欲不加限制所可能出现的后果而言的，荀子所谓的性恶即指这种后果，如《性恶》篇“今人之性，生而有好利焉，顺是，故争夺生而辞让亡焉；生而有疾恶焉，顺是，故残贼生而忠信亡焉；生而有耳目之欲，有好声色焉，顺是，故淫乱生而礼义文理亡焉”。此处“争夺”“残贼”“淫乱”即是后果，亦即是恶，但情性或情与欲本身却是中性的。

如此看来，荀子所说的性恶并不是以人在经验层面的属性来描述人性，而是以“情性”这一人的基本的动机结构来理解人性，故

① A. S. Cua, “The Quasi-Empirical Aspect of Hsün-Tzu's Philosophy of Human Nature”, *Philosophy East and West*, *Vol. 28*, *No. 1* (Jan., 1978), pp. 3-19. 本文无意全面评论柯氏的文章，仅只就论题所及加以说明。

而柯氏认为情性概念构成了荀子思想中的基本的动机结构。但情性在本质上并不是恶的，而是中性的，如是，我们亦可说荀子的基本动机结构也不能说即是恶的。柯氏认为，《性恶》篇所谓的“人情甚不美”之说所包含的善恶概念，其实是在道德的观点下所给出的描述，而“人之欲为善者，为性恶也”一段，其所表达的真实含义是对欲望的观点。依柯氏，一个人的欲望在逻辑上包含了此人缺乏对欲望对象的占有。如果一个人追求一个欲望对象，依欲望概念的逻辑本性看，则暗示出这个人不拥有此对象，换句话说，所欲望的对象乃外在于欲望本身的，这样我们便可对“苟无之中者，必求于外”给出看似合理的解释。然而当一个人说“一个学者追求学问，并不意味着他无学问”时，此一说法虽然在逻辑上仍然意味着他并不拥有他所追求的学问，但此句话的实义却在指出，学者所追求的不是他所拥有的学问，而是他清楚地知道他自己并不拥有的那些更多的学问①。简言之，在柯氏看来，欲望，就其本性而言，是以一个人觉察到他缺少了他想要的某种东西为前提的。因此，一个人欲为善，一个人缺少善和人性恶，至少在道德上是中性的。故而，荀子的上述一段的说法并不能证明人性是不好的，一个人可以想要比他已经拥有的更多的东西，只要他对现有的程度并不满足。

柯氏的论述所蕴含的意义有两点需要特别指出，首先，依柯氏，在荀子的上述说法中，荀子的重心可能并不在证明人之性恶。从“人之欲为善者，为性恶也”的说法中，如果我们将“恶”理解为一种“善”的缺乏，那么，这种缺乏会使我们去寻求善。换言之，恶也可以使我们去寻求善，或给予我们寻求善的动机②。其次，在上述

① A. S. Cua, “The Quasi-Empirical Aspect of Hsün-Tzu’s Philosophy of Human Nature”, *Philosophy East and West*, *Vol. 28*, *No. 1* (Jan., 1978), p. 4.

② 黄百锐对此理解为，与通常人们所理解的善必须来源于善的看法不同，善也可能来源于恶。参阅 David B. Wong, “Xunzi on Moral Motivation”, in *Virtue*, *Nature*, *and Moral Agency in the Xunzi*, p. 144。

的一段引文中，荀子明确说出了“人之欲为善”。今撇开从欲望概念的逻辑上荀子并未能证明人性恶不论，假如“人之欲为善”此说为真，那么，在荀子思想中，我们似乎可以推出人具有向善的欲望，果如是，我们也就可以解释一个自利之人喜好道德的情感和动机，而人的道德转化也在理论上获得了可理解的基础[①]。柯氏注目于对欲望概念的分析，无疑颇具启发。但是，结合文本的脉络，正如学者所指出的那样，荀子此段论述乃出现在有关善的起源的问题被提出之后，尤其是此一问题：假如人们本来就没有善的话，那么，人们如何能够成为善？荀子是要试图表明，当人类原来的本性是要追求不道德的事时，他们如何能够把自己转化成为有道德的人[②]。显然，柯氏对此一问题并没有给予足够的重视。

有趣的是，作为当代著名的汉学家，葛瑞汉（A. C. Graham）在其《论道者》一书中也对荀子的性恶论和道德动机问题进行了探究与思考[③]。葛瑞汉的思路与柯雄文有相似之处，但也不尽相同。简单地说，依葛瑞汉，“如果人性全不道德，那将有一个深刻的疑问需要荀子解答”，此即人之性恶，则礼义恶生。面对这个问题，人们也许会问：“除非有着人性的基础，否则，人何以去发明道德并被其所约束呢?”葛瑞汉引用了《性恶》篇“夫陶人埏埴而生瓦，然则瓦埴岂陶人之性也哉？工人斫木而生器，然则器木岂工人之性也哉”一段，指出有效的制度也许像有用的工具一样是独立于人性的。但葛瑞汉却话锋一转，提问道，荀子的“命题逻辑将促使他假定存在一个摆脱任何倾向的超越的‘义’吗？他在别处说道，人兼有‘欲利’

① 事实上，柯氏早在另一篇文章中便认为，荀子以性恶论区分孟子性善论的主张是颇难成立的。参阅 Antonio Cua，“The Conceptual Aspect of Hsun Tzu’s Philosophy of Human Nature”，*Philosophy East and West* 27（1977），p. 374。

② David B. Wong，“Xunzi on Moral Motivation”，*Virtue*，*Nature*，*and Moral Agency in the Xunzi*，p. 144.

③ 葛瑞汉：《论道者：中国古代哲学论辩》（张海晏译），北京：中国社会科学出版社，2003 年。

与‘好义’两面，除了在极端好或极端坏的政府中，任何一方都不会免除。然而，‘好义’也属于人性吗？这里我们必须提醒我们自己，他所谓人性的恶不被认作利己主义（egoism）”[①]。葛瑞汉的上述说法大体表达了两重意思，首先，他不认为荀子的性恶说是利己主义，并认为中国哲学意识中并没有西方式的利己主义。其次，葛瑞汉认为，在荀子思想中，“性恶”与“好义”并不相互排斥，在他看来，荀子所说的人性之所以为恶，就在于“欲望的混乱”。

对于葛瑞汉的上述看法需要稍加说明，就荀子思想是否是利己主义而言，涉及对利己主义概念的规定以及中西文化之比较的复杂面向，此处不宜做详细分梳。此外，葛瑞汉引用《大略》篇一段来说明荀子的人性除了“性恶”外，还有“好义”的一面。《大略》篇的原文如下：

> “义”与“利”者，人之所两有也。虽尧舜不能去民之欲利；然而能使其欲利不克其好义也。虽桀纣不能去民之好义；然而能使其好义不胜其欲利也。故义胜利者为治世，利克义者为乱世。上重义则义克利，上重利则利克义。

如前所言，孟旦对荀子的人性论列举了好几处质疑，但并未提及荀子的此一段说法。在此段中，就“利”或“欲利”而言，荀子在其人性论中有明确的论定，但荀子此处将“义”与“利”或“好义”与“欲利”并列，似乎强烈地暗示出“义”或“好义”也被看作人性的一部分。若果如此，则人们不仅有天生的道德感，而且他们也会天生地喜好道德，此一推论对荀子的人性论而言无疑是一个严重的挑战。但“义”为人所有，我们仍可以追问，这种“有”是先天

---

① 葛瑞汉：《论道者：中国古代哲学论辩》（张海晏译），北京：中国社会科学出版社，2003年，第287页。

就有还是后天有？同样，人之“好义”是先天的好还是后天的好？王先谦的《荀子集解》、北大注释本《荀子新注》以及王天海的《荀子校释》对此均无注，李涤生的《荀子集释》认为“好义与欲利是人类所具备的二种相反的心理”[①]，这种解释回避了人之有义或好义在性质上是先天还是后天的问题。Hutton 则认为，此段人之好义并非一定意味着人们天生喜欢义，也可能说人们喜欢别人为他施行义的行为。此外，Hutton 还提醒道，对于此段的解释，人们应当注意到，政治情境被描绘成既非自然状态，亦非从文明状态完全回向自然状态。在桀纣统治下的人类社会并非完全分裂，但却相当混乱，故而此段所说的“好义”并非是人们天生的，相反，它可以被解释为“义”是桀纣以前的圣王流传下来以教导民众的，使他们即便在腐败的情境下也足以尽力地赏识这种义，而不至于全部失去他们的“好义”，即便桀纣为了他们个人的目的而不得不保存绝大部分基本的社会结构，人们仍被鼓励在某种程度上保留他们的“好义”[②]。然而，葛瑞汉对此却认为，“好义”是人性中天生本有的东西，所以他会说人兼有“欲利”与“好义”两面。在葛瑞汉看来，在荀子那里，“好义与人性恶并非互不相容，相反，它可以被称为对人性恶的确认”。换句话说，葛瑞汉一方面承认荀子主张人性恶，另一方面又认为人性之所以恶，就恶在欲望的“混杂”。所谓“混杂”是说人性既是欲利的，又是好义的。为此，与柯雄文一样，葛瑞汉也重视《性恶》篇“人之欲为善者，为性恶也”一段，似乎荀子“苟无之中，必求于外”的说法乃为其“人之欲为善”的行善动机做了某种程度的注脚。依葛氏，荀子的人性恶与基督教的原罪观念不同，荀子主张君子通过艰苦的思考和努力可以“化性”，“有趣的是，荀子讲到‘出生’或‘产生’于圣人人为的道德时，总是用同一个动词‘生’，

① 李涤生：《荀子集释》，台北：台湾学生书局，1979 年，第 620 页。

② Eric Hutton, “Does Xunzi Have a Consistent Theory of Human Nature?”, in *Virtue, Nature, and Moral Agency in the Xunzi*, pp. 225, 226.

‘性’字系由其派生而来”[1]。葛氏此说暗示给我们，圣人产生道德乃是源于其本性中有为善的动机，可以由性中生出道德来；由于道德有可以被认知的“理”，而人又有认知的才（equipment），所以人认知道德和欲望都是可能的。无疑葛氏的这些说法都建立在对其人性天生就具有“好义”的理解之上，但如果真如葛瑞汉所说，在荀子人性恶的论说中包含了“好义”或“欲为善”的情感和动力，那么，正如黄百锐所评论的那样，“葛瑞汉事实上认为，荀子将道德欲望归诸人性，从而也就模糊了孟、荀之间的界线”[2]。在黄百锐看来，葛瑞汉的解释显然存在问题，因为对荀子而言，“行善的欲望和义务感并不源生于（original to）人性之中，而是衍生自（derive from）对我们自利的计算之中”[3]。

与上述学者侧重于从欲望本性的角度来解释荀子“人之欲为善者，为性恶也”不同，另有学者出于对有人将荀子所说的性仅仅理解为动物性的不满，则力图证明荀子所说的性不仅仅只是动物性，同时也是“欲为善”的性，并进而为荀子的主张提出辩护，这就涉及荀子“人之欲为善”的“欲”究竟是不是“性之欲”的问题。

唐端正便认为，“许多人认为荀子只从动物性去了解人性，这实在是个非常严重的错误”[4]。唐氏此处所说大概指的是牟宗三和劳思光等人的主张[5]，今且不论。在《荀学述要》一文中，唐氏说：“荀子认为人在生之所以然之性中，不但有好利恶害、好荣恶辱之性，而且也有欲为善，好礼义、辞让、忠信之性，有可以知仁义法正之

① 葛瑞汉：《论道者：中国古代哲学论辩》，第 288 页。

② David B. Wong, “Xunzi on Moral Motivation”, in *Virtue, Nature, and Moral Agency in the Xunzi*, p. 144.

③ Ibid. 145. 对 David B. Wong 的观点的评论我们将在后面指出。

④ 唐端正：《荀子善伪论所展示的知识问题》，载氏著《荀学探微》，北京：中国人民大学出版社，2019 年，第 47 页。

⑤ 参阅牟宗三：《荀子与名家》，台北：台湾学生书局，1979 年，第 223 页。劳思光：《中国哲学史新编·一》，台北：三民书局，1983 年，第 333—335 页。

质，有可以能仁义法正之具。人有这些好善的主观愿望与可以为善的主观能力，孟子便因此而说性善。但荀子认为只有主观的愿望和能力，并不能保证善的实现。荀子所谓善，是就正理平治而言，这是指善在客观上、现实上的实现而言。故此，人徒有主观的善的愿望，不独不可称之为善，反足以证明人性是恶的。故曰：‘凡人之欲为善者，为性恶也。’（《性恶》）”[①] 唐氏此说包含许多混杂，不待一一辨证[②]。今撇开他将《强国》篇“好礼义、辞让、忠信”理解为“生之所以然之性”是否恰当不论[③]，显然唐氏此处将荀子“人之欲为善”一说理解成人性中固有“好善”的主观愿望，换言之，此处所说的“欲”被理解为“性之欲”。在《荀学价值根源问题的探讨》一文中，唐氏对此有更明确的表述，其云，“关于人有好善恶恶的道德情感一点，荀子不但在《强国篇》说人有恶污漫争夺贪利、好礼义辞让忠信之性，而且《性恶篇》也说：‘人之欲为善，为性恶也。’人之欲善而恶恶，好礼义辞让忠信而恶污漫争夺贪利，何以证明其为天生之性，而不是后得之伪呢？因为人之欲为善和人之为礼义辞让忠信，都是个全称命题，是断说人的一种普遍性。这一普遍性，只能是不可学不可事而在天者之性，而不可能是可学而能可事而成之在人者之伪。而且荀子说‘人之欲为善’，是要证明恶是人之性，而不是人之伪，如果‘人之欲为善’是伪而不是性，则他由‘苟无之中者，必求于外’所能推出的结论，亦只能是‘为伪恶也’，而不能是‘为性恶也’。今荀子既要以‘人之欲为善’推证性恶，因此

---

① 唐端正：《荀学探微》，第 3—4 页。引文取氏著《先秦诸子论丛·续编》，台北：东大图书股份有限公司，2009 年增订二版，第 163 页。

② 如从“生而有”的角度看，唐氏将荀子的“知能”或“质具”理解为“性”固然有其理绪，然而陈大齐等人必从“性伪之分”上区分荀子“心”与“性”的不同，参阅《荀子学说》，第 37 页。

③ E. Hutton 为此做了相关的辨证，参阅 Eric Hutton，“Does Xunzi Have a Consistent Theory of Human Nature?”，*Virtue*，*Nature*，*and Moral Agency in the Xunzi*，ed. by T. C. Kline Ⅲ and Philip J. Ivanhoe，p. 227。

‘人之欲为善’只能是性而不能是伪”[①]。唐氏此段包含了两个主要论证，且信心满满，不容反驳，一是“人之欲为善”是一个全称命题，此一全称命题只能指的是人之性；二是“人之欲为善”是要论证性恶，而不是要论证人伪，否则，便会推出恶也是人伪的结果。

然而，唐氏的论证是否成功呢？我们认为唐氏的两个论证皆不能成立。我们先看第一个论证。依荀子，“人之欲为善”此一说法是一个全称命题，没有任何问题。但此一全称命题是否只能是性而不能是伪呢？唐氏和许多学者一样，似乎皆先入为主地认定了此“欲为善”之“欲”是“性之欲”，原因或在于荀子的此一说法与后面的“薄愿厚，恶愿美”等等并列而言，但这一理解一开始就错了。的确，几乎所有的注家都将“人之欲为善”解释为“人之想做善事”，这并没有问题。但在中文语境中，“欲”或“想”是一个模棱两可（ambiguity）的字，它至少可包含两种解释，一是“欲望、渴望”（desire）做善事；另一是“谋划、计划、打算、预备”（deliberate）做善事。这两层含义颇不相同，前者属于人的情性欲望（性之欲），后者属于人的思虑谋划（心之虑）。然而，为什么荀子“欲为善”之“欲”不能理解为人的情性欲望，而只能理解为人的思虑谋划？其理由何在？要回答此一问题，则涉及荀子的“性伪之分”。首先，依荀子，人之性无礼义，性不知礼义；而礼义又被理解为“善”。依此，即生而有的人性中不会存在“欲为善”的现成的道德情感，所谓“人之生，固小人，无师无法，则唯利之见耳”（《荣辱》），故“凡人之欲为善”的“欲”断不能理解为人之性。其次，在荀子，“善”属于或出于“伪”，所以，“欲为善”乃是“伪而成善”的另一种说法，而荀子论伪则谓之为“心虑而能为之动”，“虑积焉、能习焉而后成”（《正名》）。此处“心虑”指的是心的思虑，亦即我们说的

---

① 唐端正：《荀学探微》，第 32—33 页。该书此段与台版《先秦诸子论丛·续编》增订二版在文字上多有出入，今采氏著《先秦诸子论丛·续编》，第 195 页。

“谋划、计划、打算、预备”，所以，“人之欲为善”指的是“心之虑”而不是“性之欲”。换言之，唐氏将“欲为善”理解为“在天者之性”断不能成立。然而，若“欲为善”之“欲”被理解为“心之虑”，而“心之虑”又被理解为“伪”，则“伪而成善”在荀子的思想中是否可以被理解为一个全称命题或普遍判断呢？我们可以给出最简单的论证，依荀子，“涂之人也，皆有可以知仁义法正之质，皆有可以能仁义法正之具”（《性恶》），此处的“知能”依“性伪之分”的原则，指的便是荀子的心，“今使涂之人者，以其可以知之质、可以能之具，本夫仁义之可知之理、可能之具，然则其可以为禹明矣”。显然，在荀子看来，凡人若本其固有的知能，认知、能习仁义法正，则皆可以为禹，故在理论上，“人之性恶”与“善者伪也”皆是一个全称命题，蕴含着“凡是善的行为，皆出于伪”。至于唐氏的第二个论证，“凡人之欲为善”一说的确是荀子对人性恶的论证，尽管荀子在很大程度上以欲望来规定性的实质内容，但正如唐氏自己所说，“通观《荀子》全书，并没有以欲为恶的意思”[①]。然而，荀子何以非要说“人之性恶”？唐君毅认为，“荀子之论证人性之恶，乃皆从人性与人之礼义之善所结成之对较对反之关系中，二者此起彼伏、彼起此伏中看出的”[②]，亦即因人的天性中缺乏礼义之善，“反照出其尚未有善之现实生命状态之为恶”[③]。故而“人之欲为善”是因为性中无善而欲求善。然而，这个“求”却不是“性”之求，而是“心”亦即“伪”而求。正有见于此，唐君毅又认为，“荀子所以言性之恶，乃实唯由与人之伪相对较，或与人之虑积能习、勉于礼义之事相对较，而后反照出的”[④]。由此观之，从道德哲学的角度上看，在荀子，“善”固然是“心伪”的结果，“恶”又何尝不

① 唐端正：《先秦诸子论丛·续编》，第 187 页。
② 唐君毅：《中国哲学原论·原性篇》，第 52 页。
③ 同上，第 51 页。
④ 同上，第 48 页。

是“心”的失责?[①]

对于荀子“凡人之欲为善”此一说法的理解，学者之所以将其主语理解为“性”，除了有出于为荀子辩护的温情以及文本的特殊脉络外，其病多在执一而不通，不能从解释的融贯性原则出发在荀子的思想系统中给予恰当的衡定。无疑，也有一些学者清楚地认识到，在荀子那里，心与性有别，性在其本来状态下不具礼义之善，也没有主动追求礼义之善的能力，而心既有“好利”的一面，也有对五官包括好利之心行使“使”“止”的主宰功能。如吴略余教授虽未突出地从“性伪之分”的原则上来了解荀子此说的含义，但却明确地指出，荀子“人之欲为善”的发动者并不是性，而是“天君之心”。但遗憾的是，作者认为，荀子的“天君之心不仅有主动追求礼义之善的能力……而且更是礼义之善的根源，其本身原具有道德价值义”[②]。天君之心如何“本身原具有道德价值义”? 依荀子，天君之心只是表明它可以对五官包括好利之心行使“使”“止”的主宰功能，然而，要使天君之心具有“道德价值意义”，真正实现其主宰，却必须以做“虚壹而静”的功夫并以礼义作为认知之内容和标准为前提，否则它便不能保证人的认识合符礼义。若此一间未达，则不能理解荀子所谓的心不可以不知道以及“心不知道，则不可道而可非道”(《解蔽》)的含义。其实，对于荀子此一说法的理解，倪德卫(David S. Nivison)在20世纪70年代便提出了他自己的看法，在倪氏看来，“凡人之欲为善”如果意味着善作为某种外在的、我所缺乏的东西，而我又有一种强烈的冲动想得到它，那么，“苟无之中，必求于外”是合符常识的、可理解的说法。然而，尽管“人们的确具有认识他们的需要的能力(capacity)，同时，人们也的确具有有意

① 参阅拙文《性恶、情恶抑或心恶?》，载《孔子研究》2022年第1期。
② 吴略余：《论荀子“积善成德”之所以可能与必要》，台湾《东华汉学》第15期，2012年6月，第50—51页。

且明智地行动以满足这些需要的能力，但是，这种能力不是人之‘性’，而是另外一些被荀子称作‘伪’（［conscious］activity）的东西”[①]。依倪氏，在荀子那里，一个具有“甚不美”之人情的人之所以会喜爱道德，一定是因为具有天生的道德感，这便是荀子所说的“义”，“义”使人与动物区分开来，“义”也是“人给予自己的明智活动以道德形式的能力”。只不过在倪氏看来，这个“义”没有特殊的内容，但它却能够使人道德地感觉和思考[②]。然而，这种能使人“道德地感觉和思考”的“义”若被理解为心的能力，那么，在荀子的思想中，这种心却没有分辨任何特殊内容之好坏的原初能力，而且“即便人心出于其自身的原因具有表现其道德义务的原初能力，这种道德内容也不会在一开始时就存在于这种能力之中”[③]。果如是，有关荀子的道德动机的说明便还有待于深入。

3. “心之所可”

的确，假如我们从动机概念的角度上看，与孟子的性善论相比，荀子性恶论的道德动机问题在理论上似乎要显得曲折一些、复杂一些[④]。为此，我们不仅需要在文献上对《荀子》一书的各种不同说法加以必要的重视，以求得理论的整全与一致，但同时也要上升到荀子思想的整体系统中加以恰当的衡定和疏解，避免一叶障目，真正做到

① David S. Nivison，*The Way of Confucianism*，edited with an Introduction by Bryan W. Van Norden，Chicago：Open Court，1996，p. 212.

② David S. Nivison，*The Way of Confucianism*，edited with an Introduction by Bryan W. Van Norden，Chicago：Open Court，1996，p. 213.

③ David B. Wong，“Xunzi on Moral Motivation”，*Virtue*，*Nature*，*and Moral Agency in the Xunzi*，p. 147.

④ 我们这样说，并非意味着有关孟子道德动机所关涉的道德认知、道德情感和动力等等问题的讨论是极为简单的，事实上，围绕着上述这些问题以及内在论如何关联着孟子的相关主张等问题，学者有着不同的看法，D. Nivison、Kwong-loi Shun、B. Van Norden、D. B. Wong、Lee H. Yearley、Irene T. Bloom、Eric Hutton、Manyul Im、Koji Tanaka、Xiusheng Liu 等学者都在不同程度上对此进行了深入的探讨。

“依义不依语”，或如朱子所说的“借经以通乎理耳。理得，则无俟乎经”[1]。我们看到，从孟旦、柯雄文到葛瑞汉，他们皆从不同的角度注意到《荀子》一书中有关情性、欲望等的不同说法，并试图提出疑问和解释。我们或许不会全然同意他们的观点，但他们的研究至少提醒我们，面对《荀子》一书的相关问题，我们心中必须多些沟壑。

在一篇题为《孟子与荀子：人之主体的两种观点》的文章中，万百安（Bryan Van Norden）对荀子的道德动机问题提出了一个独特的解释[2]。依万百安，孟、荀两人在人性主体上的持论不同，孟子主性善，仁义礼智根于心，乃天生所有，故而我们每个人都有最初的道德倾向。从孟子“由仁义行，非行仁义”的说法中不难推出，我们不仅“必须行道德之行，而且也要有正确的动机”，因为真正合乎德性的行为需要出自“非自私的动机”（non-selfish motivation）[3]。面对孺子之将入于井，人援之以手，是直接出自天生就有的怵惕恻隐之心，“非所以内交于孺子之父母也，非所以要誉于乡党朋友也，非恶其声而然也”。

然而，万百安认为，与孟子不同，荀子主性恶，否认人有天生的道德欲望（innate moral desire）[4]；同样，在荀子那里，我们也不能指望我们天生的感情（innately feelings）可以成为道德修养的主要手段。既然如此，在荀子那里，一个性恶之人的道德转化又是如何实现的呢？撇开其他繁杂的论述不论，万百安在孟、荀各自的文本中发现了一个有趣的对比，如《孟子·告子上》云：

鱼，我所欲也；熊掌，亦我所欲也……生，亦我所欲也，

---

① 《朱子语类》卷十一，北京：中华书局，1994 年，第 192 页。

② Bryan Van Norden, “Mengzi and Xunzi: Two Views of Human Agency”, in *Virtue, Nature, and Moral Agency in the Xunzi*, pp. 103 – 134.

③ Ibid. 127.

④ Ibid. 122.

义，亦我所欲也……生亦我所欲，所欲有甚于生者，故不为苟得也。死亦我所恶，所恶有甚于死者，故患有所不避也。如使人之所欲莫甚于生，则凡可以得生者，何不用也？使人之所欲莫甚于死，则凡可以避患者，何不为也？是故，所欲有甚于生者，所恶有甚于死者，非独贤者有是心也，人皆有之，贤者能勿丧耳。

在《荀子》一书中，万百安则发现了《正名》篇中的一段，荀子云：

欲不待可得，而求者从所可。欲不待可得，所受乎天也；求者从所可，受乎心也。所受乎天之一欲，制于所受乎心之多，固难类所受乎天也。人之所欲，生甚矣；人之所恶，死甚矣。然而人有从生成死者，非不欲生而欲死也，不可以生而可以死也。故欲过之而动不及，心止之也。心之所可中理，则欲虽多，奚伤于治？欲不及而动过之，心使之也。心之所可失理，则欲虽寡，奚止于乱？故治乱在于心之所可，亡于情之所欲。不求之其所在而求之其所亡，虽曰“我得之”，失之矣。

以上两段文本读者可能耳熟能详，然而万百安却于此发现了孟、荀两人在有关道德动机方面的根本差异。万百安认为，荀子在《正名》篇通过区分“欲”与“可”的不同，明确地否认了孟子的主张。依万百安，孟子认为，人必定求其所甚之欲，所谓“所欲有甚于生者，故不为苟得也……所恶有甚于死者，故患有所不避也”。而荀子却断言，一个人的行动并不是由他的欲望所决定的，而是由他的“所可”所决定的（by what he approves of）[1]，所谓“欲不待可得，而求者

① Bryan Van Norden, “Mengzi and Xunzi: Two Views of Human Agency”, in *Virtue, Nature, and Moral Agency in the Xunzi*, p. 118.

从所可”。依孟子，人天生就有“四端”，教化的过程就是要通过“思”来培养这“四端”，所以孟子说“仁、义、礼、智，非由外铄我也，我固有之也，弗思耳矣。故曰：求则得之，舍则失之”（《告子上》）；而在荀子看来，自我教化的过程始于当我们的欲望引导我们作恶时，我们以“心之所可”自觉地克服我们的欲望。如《性恶》篇云：“今人之性，饥而欲饱，寒而欲暖，劳而欲休，此人之情性也。今人见长而不敢先食者，将有所让也；劳而不敢求息者，将有所代也。”此处所谓的“不敢”即指涉“心之所可”的力量。更进一步，荀子认为，任何人都可以做到这一点，因为（与孟子的想法相反）一个人并不是做他想做的，而是做他所可的事。

然而，究竟是什么使人做其所可之事？又是什么使得荀子相信一个人应当可其所可？这些问题依然有待解释。事实上，陈汉生（Chad Hansen）在《古代中国的语言与逻辑》一书中，对上述《正名》篇的一段便并未如万百安那样注重区分“欲”与“可”，而是采用了传统主义式的解读方式。陈汉生认为，在荀子那里，“以言辞表达一个判断或区分的所可，仅仅只是社群认同的一个作用而已”[①]。但万百安引用了《乐论》中的“君子明乐，乃其德也。乱世恶善，不此听也。於乎哀哉”一段，认为如果所谓的善仅仅只是为社群“世道”（the age）的所可所决定，那么，这个世道又怎么会混乱呢？荀子清楚地表明，自我转化的核心部分是升华旧的欲望，并且获得新的欲望，而在荀子那里，礼则是对欲望的再塑造（retraining）。然而“为何一个人应该寻求改变难以驯服的欲望，去获得新的欲望？为何要去操心从事自我转化的过程？”对此，万百安认为，一方面，在荀子看来，以礼为核心的圣王之道是创造和维系社会秩序的最佳的独一无二的选择；另一方面，没有礼，人们只会生活在“争乱穷”

① Chad Hansen, *Language and logic in Ancient China*, Ann Arbor: University of Michigan Press, 1983, p. 98.

的社会，这一点在《礼论》篇开头说得十分清楚。在这个意义上，万百安似乎把改变原有的欲望，获得新的欲望，看作一种“目的-手段”的关系。万百安认为，在孟子那里，自我教化是经由集中从而强化一个人天生的道德性向（innate moral dispositions）而产生的，而荀子则否认人有天生的道德欲望，认为我们不能指望我们天生的情感可以成为道德修养的主要手段，自然，这些情感在自我转化中的作用也就无从谈起。相反荀子认为，我们必须遵守礼的准则行事，获得好的老师的影响与默化，如是，我们则会逐渐爱上礼义的实践，因而也爱上德性自身。如荀子在《劝学》篇云：

> 学恶乎始，恶乎终？曰其数则始乎诵经，终乎读礼。其义则始乎为士，终乎为圣人。

又云：

> 学莫便乎近其人。礼乐法而不说，诗书故而不切，《春秋》约而不速。方其人之习君子之说，则尊以遍矣，周于世矣。故曰：学莫便乎近其人。学之经莫速乎好其人，隆礼次之。上不能好其人，下不能隆礼，安特将学杂识志，顺诗书而已耳。则末世穷年，不免为陋儒而已。

又云：

> 礼者，所以正身也；师者，所以正礼也。无礼，何以正身？无师，吾安知礼之为是也？（《修身》）

对此万百安认为，在孟子那里，一个人从事道德活动、参与礼的实践的自我修养过程，乃是其从一开始就乐于实行的过程，而“对荀子而言，自我教化的过程始于对礼义行为的实践，起初人们并不乐意于这样做，在对礼、文、史的学习中，人们还不能欣赏，也不能充分地理解。但是经过决定性的和持续不断的努力，人们最终会为了自身的原因变成乐意于礼的实践，并且了解和欣赏经典文本。依荀子，一个人必须被训练（be trained）成乐于礼义和道德"[①]。万百安对荀子道德转化的这种解释大概可以归诸类似 D. Nivison 所谓的"德性的吊诡"（the paradox of virtue）[②]，在教化征途的最开始，选择乃是一项慎重的工作，就人们所表现出来的行动看，人们顺从礼义并不出于自发的热爱和喜好，顺从礼义仅仅是为了别的目的的手段，诸如获得作为一个统治者的权力、避免伤害和冲突，或者是使混乱的局面归于秩序等。然而持续不断的努力和富有技巧的老师将逐渐引导人的欲望和理解力，以便使它们与"道"相和谐。到这时，人们将会因礼义自身的原因而热爱礼义，而不是把礼义作为实现其他任何目的的手段。礼义将不再是一个简单的工具，而成为当下有助于形塑一个人的内在心理状态的表达。如是，与其说我们必须寻求并艰苦地遵循"道"，不如说依"道"而行将是显而易见且易如反掌之事。

基本上，万百安在这篇文章中，紧扣"欲"与"可"这一对概念在孟、荀之间的差别以决发他们道德动机的不同特点。对孟子而言，人天生就有仁义礼智"四端"，恻隐、羞恶、辞让、是非之情乃天之所与我者，道德教化只是培养自身内在所固有的天爵，使其盈科放海，不可胜用，故而孟子会说："仁之实，事亲是也；义之实，从兄是也；智之实，知斯二者弗去是也；礼之实，节文斯二者是也；

---

① Bryan Van Norden, "Mengzi and Xunzi: Two Views of Human Agency", in *Virtue, Nature, and Moral Agency in the Xunzi*, p. 123.

② David S. Nivison, *The Ways of Confucianism: Investigation in Chinese Philosophy*, ed. with an Introduction by Bryan W. Van Norden, Chicago: Open Court, 1996, pp. 31 - 44.

乐之实，乐斯二者，乐则生矣；生则恶可已也。恶可已，则不知足之蹈之，手之舞之。”（《离娄上》）但相比之下，正如T. C. Kline Ⅲ所说，“荀子的教化与其说是一个由内到外的过程，毋宁说是一个由外到内的过程。师、经典文本、礼、乐乃是从外面形塑一个人的道德感的工具”[①]。对此，万百安有非常简洁的表述：孟、荀之间的差别是，孟子会说，一个人行善是因为他“意欲行善”（desire to do good）；而荀子则会说，一个人行善是因为他“认可行善”（“approves of” doing good）[②]。孟子认为，我们的行为由最强的欲望所决定；而荀子则认为，欲望乃是人的情性的直接反应，人的行为最终乃由“心之所可”的能力所决定。万百安赞同荀子的看法，亦即人能选择地做事，而非做其最想做的事[③]，一个人无论欲望有多么强烈，皆会被“心之所可”的力量所克服。在极端情况下，人们可以违背其最强烈的欲望而行动，如好生恶死乃人之大欲，然而人们为了追求其“心之所可”的原则或理想，宁可舍生蹈死，故荀子云：“人之所欲生甚矣，人之所恶死甚矣。然而人有从生成死者，非不欲生而欲死也，不可以生而可以死也。”（《正名》）

万百安的文章在相当程度上披露出孟、荀两人在道德主体方面的不同的心理机制，这种观察对于突显他们之间不同的道德动机的特点无疑是有意义的。但是，问题显然在于，看到“欲”与“可”之间的差别是一回事，弄清“心之所可”的力量来自何处又如何克服欲望乃是另一回事，类似疑问或许构成了黄百锐（David B. Wong）质疑万百安的一个重要方面。依黄百锐，在荀子那里，要解决一个人的道德转化如何发生的问题，的确需要对心的力量如何克

---

① T. C. Kline Ⅲ，“Moral Agency and Motivation in the Xunzi”，in *Virtue，Nature，and Moral Agency in the Xunzi*，p. 157.

② Bryan Van Norden，“Mengzi and Xunzi：Two Views of Human Agency”，in *Virtue，Nature，and Moral Agency in the Xunzi*，pp. 123－124.

③ Ibid. 128. “Humans can choose to do other than what they most desire to do.”

服天生的情欲进行有效的澄清与说明。不过，“心之所可”的力量在荀子的思想中毕竟应当如何得到恰当的理解？对此，黄百锐认为，在荀子那里，心之可与不可的能力可以有“强解释”与“弱解释”两种不同的方式。在“强解释”之下，“心之所可”能够克服欲望，尽管其与那些将长远满足行为主体的总体欲望体系毫无关系；换言之，在“强解释”的模式下，“心之所可”的力量与欲望无关，是一种独立地产生行动动机的机能。不过，在这种情况下，黄百锐认为，对这种“心之所可”只有两种解释是可能的，要么“心之所可”是建基于对不可化约的道德属性的知觉上，这是柏拉图式的处理方式；要么“心之所可”是建基于纯粹理性活动的基础之上，这是康德式的处理方式。由于荀子不认为存在不可化约的道德属性，同时他也不相信“心之所可”是纯粹实践理性的功能，因此“强解释”的模式并不适合荀子的“心之所可”。

那么，在“弱解释”的模式下，情况又会怎么样呢？依黄百锐，在“弱解释”之下，“心之所可”能够让行为者做出与他最强烈的当下欲望相违背的行动（如舍生蹈死等），只不过在这种解释模式下，心所可的东西最终是建立在那些能最好地满足行动者长远的总体欲望体系之中的，因而“弱解释”较接近于实践理性角色中的“目的-手段”的观点。在这个意义上，这种解释模式有点类似于休谟式的伦理学，亦即理性是激情的奴隶，但为了欲望的长远的最佳满足，理性能够驾驭（manage）激情。即此而观，黄百锐认为，在“弱解释”下，“心之所可”与欲望之间有着本质的相关性。作为行动的动机，“可”与“欲”之间的差别，其实只是欲望所表现出来的范围的差别，亦即一个人“当下的口腹之欲”（immediately sensual desires）与一个人经由对长远利益的反思而产生的欲望之间的选择[①]。依此解释，在

① David B. Wong, “Xunzi on Moral Motivation”, in *Virtue, Nature, and Moral Agency in the Xunzi*, p. 141.

荀子的主体概念中，欲望是唯一发动行为的心理状态，或者说荀子哲学所给出的对行动所可的唯一基础就是欲望，心之判断的最终的动机力量乃是从欲望中衍生出来的。但如果对荀子而言，仅仅在“弱解释”下，“心之所可”能够克服欲望，那么，“任何通向自我转化的途径，皆必须从人的自利的天性开始，而不是从能够独立地激发自利的心之所可的能力开始”①。果如是，则第一个圣人是如何转化自己的问题，相比于“强解释”而言，将会变得更加困难，因为在“强解释”下，我们的道德心理学似乎至少有一个因素能够作为一种与“不可爱”的情感和“口腹之欲”相反的力量而行动，而这个因素原是我们本性中的一部分，然而现在看来，它们只不过是各种竞争着的欲望的不同类型罢了②。至此，黄百锐得出结论认为，“简言之，除了弱解释外，荀子不可能允许任何意义的‘心之所可’能够克服欲望。但如果荀子心中只有弱解释，那就不可能有万百安所主张的存在于孟、荀之间的主体观的戏剧性对比”③。

不过，纵观《荀子》一书，荀子言之凿凿地肯定，自利之人经由积善为学而有的道德自我转化不但是可能的，而且也是相当可观的，如荀子云：“积善成德，而神明自得，圣心备焉。”（《劝学》）“涂之人百姓，积善而全尽，谓之圣人。”（《儒效》）“今使涂之人伏术为学，专心一志，思索孰察，加日县久，积善而不息，则通于神

① David B. Wong, “Xunzi on Moral Motivation”, in *Virtue, Nature, and Moral Agency in the Xunzi*, p. 142.

② 黄百锐的这种解释颇有哲学的睿气，但也有许多学者并不同意，如 T. C. Kline Ⅲ, “Moral Agency and Motivation in the Xunzi”, in *Virtue, Nature, and Moral Agency in the Xunzi*, pp. 160 - 161。同样，Aaron Stalnaker 也认为，在荀子那里，“心之所可并非基于对长远欲望的满足”，而是基于心能够审查、筹划、思考可能的行动和结果，以及把相关的根本不同的感觉和观念组成一个复杂的总体，通过对特殊的目的和目标的许可，心学会驳倒追求欲望满足的自发性。参阅 Stalnaker, *Overcoming Our Evil*, Washington D. C.: Georgetown University Press, 2006, p. 77, 79。

③ David B. Wong, “Xunzi on Moral Motivation”, in *Virtue, Nature, and Moral Agency in the Xunzi*, p. 141.

明，参于天地矣。”（《性恶》）对此，我们先暂且撇开在已有礼义文明的社会中道德动机形成的问题不论，我们当然有理由去探究，在荀子那里，一个人在一开始时是如何由以自利的情性欲望为行为的动机逐渐转至于接纳或融合他人的欲望和利益，其最初的道德动机是如何形成的。事实上，黄百锐对学界的现有解释并不满意，在他看来，万百安虽然突出了荀子“心之所可”的力量，但即便荀子所言的“心”可以从人的自私的欲望中分离出来而具有“非自利的动机”（non-self-interested motivation），我们仍需要解释，此心毕竟是如何能实际地重塑自私的欲望，并且为道德创造一个新的欲望的；换言之，欲望如何被创造并转化，而不仅仅是被“心之所可”所克服。黄百锐认为，对于类似的问题，至少我们不能简单地把转化欲望的神奇能力归因于荀子的一个信念（亦即“心之所可”的信念），因为如此一来，会使荀子所强调的通过“礼”和“乐”来塑造（training）欲望的方法变得毫无意义。而对于柯雄文和葛瑞汉的相关主张，黄百锐也心存异见，在他看来，他们二人在人性善恶、欲望以及动机转化方面皆或多或少地混淆了孟、荀之间的差别。同样，艾文贺（P. J. Ivanhoe）虽然强调了荀子思想中的人性如热蜡一样具有可塑性，然而这种塑造的能力来自何处却是模糊的，例如其把荀子的礼看作通过获得快乐的均衡（a happy symmetry）把人类的需求与自然的馈赠带向一个和谐的平衡之中[①]。黄百锐认为，的确，像荀子一样的君子显然已将这种快乐带入礼义之中了，但重要的是要认识到，依艾文贺所说，这种快乐不仅仅建立在礼所提供的人类需求满足的事实的基础上，而且这种快乐还是一种平衡，一种存在于人类所需与自然所与之间的均衡。然而，君子如何获得这种能力以便把这种快乐带到均衡之中去？当荀子试图说服我们相信人性恶时，

① P. J. Ivanhoe,“A Happy Symmetry: Xunzi's Ethical Thought”, in *Journal of the American Academy of Religion*, (59: 2), 1991, p. 315.

这种能力显然超出了“通常”（mundane）的看法，同时也超出了荀子所强调的人性对好利的自我追逐的观点。因此，在艾文贺所谓的“均衡”中，一种具有动机效验的快乐是如何被刻进人心的问题，一个全新的动机是如何传递给人心的问题，却是无法让人索解的①。

有鉴于此，黄百锐对荀子的道德动机转化提出了两种可能的解释。一种是来自穆勒（J. S. Mill）的比喻，亦即在穆勒看来，人们之所以会把道德本身当作目的而不是手段，其实出于某种习惯性的联想，正如金钱原本只是获得快乐的手段，但由于金钱与快乐的恒常联结（constant association），使得金钱本身具有了与快乐一样的目的的性质，换言之，我们已习惯了（conditioned）从道德中获得快乐②。不过，黄百锐转念就否认了这种解释，在他看来，假如我们以这种观点来理解荀子，我们就必须首先对圣王如何在道德与快乐之间创造联结有一个解释，因为只有圣王已经把道德内化并赢得了人们的追随时，道德才可能成为满足长远欲望的工具；只有在圣王成功地转化了他们自己，并且创造了一个使道德成为快乐的社会秩序之后，快乐与道德之间的恒常联结才能产生。因此，一个人只有在乐于践行礼之后，才能体验到礼所带来的长远利益的满足，没有这种体验便难以产生把践行礼义本身当作目的的习惯性联想。另一种解释则来自于倪德卫（D. Nivison），在《荀子论人性》一文中，倪德卫曾引《荀子·王制》篇“人有气、有生、有知亦且有义，故最为天下贵也”一段，认为此中的“义”是人特有属性中的“义务

① David B. Wong, “Xunzi on Moral Motivation”, in *Virtue, Nature, and Moral Agency in the Xunzi*, p. 143. 黄百锐还引用了冯友兰在《中国哲学史》一书中的说法，认为对荀子而言，礼义文理、仁义法正之类的善，“人本不欲此，但却不得不欲此”。（“These things are not originally desired by man, but he left no alternative but to desire them.”, in *A History of Chinese Philosophy, Vol. 1*, Derk Bodde trans., Princeton: Princeton University Press, 1952, p. 294.）冯友兰先生的此一说法虽与荀子的人性论相一致，但一个自利的人如何转变为对道德热爱和喜好依然没有得到应有解释。

② Ibid. 146.

感”(sense of duty)[①],但这种义务感只是一种能使人组成等级区分的社会,并能使人将某种义务当作道德义务来加以认知的单纯的能力(a bare capacity),“然而这种能力没有积极的内容”[②]。对于倪德卫的这种看法,前面我们已经做过简单的介绍,此处不赘。黄百锐认为,倪德卫的解释乍看之下似乎与葛瑞汉的看法相似,其实不然,因为倪德卫的观点在某种程度上与荀子的自然主义是相适应的,黄百锐即此而顺从倪德卫的思路做出进一步的阐发。黄百锐认为,在荀子的思想系统中,人之有义的“义”若作为单纯的能力,如果要发展成为有道德内容的能力,必须满足三个要求,即当我们把这种能力归于人性时,必须与荀子的性恶论相一致;这种能力必须没有道德内容;当义务被产生时,这种能力必须提供动机效力。出于此一考虑,黄百锐通过荀子的文本发现,人性中存在着许多与道德“意气相投”(congenial)的自然情感,如对故去亲人思念的悲情、对仁慈心怀感戴的温情、受音乐的激发而调整行为的倾向、对和睦关系的向往及“以德报德”(return good for good)的强烈冲动等[③]。这些自然情感并不直接就是道德情感,相反与人性的自利相关。因此,尽管这些自然情感与道德“意气相投”,但却能与荀子的性恶论保持一致。不过,人由于这些自然情感的驱动,会主动寻求表达,而礼、乐即为这种自然情感的表达提供了充分而恰当的方式。礼、乐作用于未加工的人性的过程,即是人性顺从地被塑造成对道德的

---

① D. Nivison, *The Way of Confucianism: Investigations in Chinese Philosophy*, ed. with an Introduction by B. W. Van Norden, Chicago: Open Court, 1996, p. 206.

② D. Nivison, “Critique of David B. Wong, ‘Xunzi on Moral Motivation’ ”, in *Chinese Language, Thought, and Culture: Nivison and His Critics*, P. J. lvanhoe ed., Chicago: Open Court, 1996, p. 324.

③ 黄百锐此处未提及“圣人恶其乱也,故制礼义以起法度”的“恶乱”情感。“恶乱”情感在《荀子》的文本中与道德的起源密切相关,《王制》《乐论》《性恶》《礼论》等篇皆有论及,但“恶乱”情感是否可以作为人的自然情感,而且与“人之性恶”的主张保持一致,我们觉得这是一个值得认真讨论的问题。

爱和对礼义的喜好的过程；礼、乐通过疏导、规范人性中本有的自然情感，使之转化为道德情感。如是，人们完全被教化，并且将礼义结构内的生活看作唯一能够充分满足他们对悲、爱、乐之个人表达的生活。至此，黄百锐认为，正是由于这些内在于人性的自然情感为人们最初的道德义务感的养成提供了动机和条件①。

从上述黄百锐的论述中我们不难看到，与万百安强调“心之所可”这一侧面不同，黄百锐则紧扣着荀子人之性恶的论断，将注意力集中于第一个圣人如何从自利的情性中生发出对道德的喜好此一核心问题，并敏锐地注意到人类的自然情感与最初的道德之间所具有的意气相投的亲和关系，从而为性恶之人的道德的初始转化给出了合乎情理的解释。可以认为，黄氏的此一解释为荀子道德哲学中的道德动机的初始生成和解决找到了同时也提供了一个恰当的值得肯定的线索，当然其存在的问题也仍值得我们认真分析，对此我们待后将会稍做交代。

4. 荀子与“审慎之道”

至少可以这样认为，在许多学者眼中，《荀子》的文本所潜藏的性恶之人如何会生出行善的动机这一问题，就像一个摇曳的钟摆，让人好奇，也让人着迷。他们基于文本的不同侧面给出了各种可能的解释，在这些尝试中，Kurtis Hagen 在一篇题为《荀子与审慎之道：作为成善动机的欲望》的论文中，对荀子的道德转化问题提出

① David B. Wong, “Xunzi on Moral Motivation”, in *Virtue, Nature, and Moral Agency in the Xunzi*, pp. 147－151. 黄百锐所注意到的人的自然情感与道德之间具有“意气相投”的关系的看法，王国维当年也曾指出过，只不过其结论与黄百锐不同，认为按荀子这样一来会导致人情与人性的自相矛盾。王国维说：“考荀子之真意，宁以为（礼）生乎人情，故曰：‘称情而立文。’又曰：‘三年之丧，称情而立文，以为至痛之极也。’荀子之礼论至此不得不与其性恶论相矛盾，盖其所谓‘称情而立文’者实预想善良之人情故也。”（《王国维文集》第三卷，北京：中国文史出版社，1997 年，第 215 页）然而，如果我们顺从黄百锐的解释，人的自然情感并没有预设利他主义为前提，两者之间似乎并不存在矛盾。

了具有启发性的解释[1]。依 Hagen，荀子最著名的口号是人之性恶，它意味着我们天生的性向是可恶的，然而荀子并不是一位悲观主义者，他相信人们能够成善。但是，性恶之人如何成善？荀子认为，我们需要"伪"，亦即人的智思的构成物能够帮助我们重塑我们的品质。荀子相信通过努力地应用我们的心智，反对盲目地顺从我们天生的情感性向，人们就能够发展和保持与"道"的一致并获得和谐。Hagen 的文章较长，除"导言"与"结语"外，分七个部分讨论了相关的问题，但纵观全文，其最重要的议题似乎主要有两个方面，其一是对荀子欲望论的分析，其二是对荀子"化性"主张的理解。

荀子主张人之性恶，故成德的手段在化性起伪，伪起而生礼义，也因此，荀子通常被认为提供了一个转化欲望的方法。然而，Hagen 开门见山地指出，严格地说，荀子并没有为我们提供这种方法，毋宁说，荀子只是为我们发展出了一套"辅助性动机结构"（auxiliary motivational structure），当这种辅助性动机结构与我们的原初欲望发生冲突时，能够制服我们的原初欲望；当一个人成功地转化其所有的品质后，原初欲望依然保留，并获得了极大的满足。此处，Hagen 把荀子的欲望划分成两种不同形态，其一是"基本欲望"（basic desire）[2]，如"饥而欲食，寒而欲暖"等；其二是"具体欲望"，亦即对具体事物的欲望（desire for a specific thing），如"食欲有刍豢，衣欲有文绣"等。依 Hagen，基本欲望人生来即有，根源于天，且不会改变。基本欲望与具体欲望的关系是，基本欲望是具体欲望的基础，具体欲望包含基本欲望，而具体欲望则以经验和推理为中介。

---

① Kurtis Hagen, "Xunzi and Prudence of Dao: Desire as Motive to Become Good", in *Dao: A Journal of Comparative Philosophy*, (2011) 10: pp. 53 – 70.

② 在 Hagen 的文章中，"基本欲望"有各种不同的说法，或谓"原初欲望"（original desire）（Ibid. 53）、"原初自私欲望"（original selfish desire）（Ibid. 54）、"基本自然欲望"（basic natural desire）（Ibid. 57），或直接称"自然欲望"等，其意大体指的是人天生而有的欲望能力。

在荀子那里，基本欲望由于与可恶的性和情相连，而且也常常与感官相关，所以会有些负面的含义，但当导之以智时，这种欲望并不坏，故而在实现道德转化时，荀子并不主张改变我们的基本的自然欲望，这种欲望不能也不需要改变，但我们必须修改（revamp）我们的动机结构，以使新动机和新欲望成为激发人们合于“道”的行为动力[①]。然而问题在于，Hagen既然认为道德转化并不要求改变我们的基本欲望，而这种基本欲望又表现为我们的自然情性，那么，作为荀子思想核心之一的“化性起伪”中的“化性”又该做如何理解？对此，Hagen对理解荀子“化性”的两种似是而非的解释提出了批评，一种认为，“化性”即是以一种新的不同的性取代旧的性[②]；另一种则认为，“化性”是“性”转化成了“伪”，化性之后，性不复存在，仅有人为的动机（artificial motivations）保留。接着，Hagen详细地分析了《儒效》《性恶》篇中出现的三次有关“化性”的不同说法，最后得出结论认为，“化性”本身并没有引起性自身的改变，而这里的性主要指的是基本欲望本身。换言之，“化性”所改变的只是我们的具体欲望，故而Hagen认为，“当我们引导我们的欲望时，我们能改变我们的具体欲望，但却不能改变我们的基本欲望，或更准确地说，我们能改变我们的欲望所注意的具体对象。由于经验、知识和训练的原因，我们发现，欲望的某一具体对象，要么在

① 依Hagen自己的说法，道德转化并不要求转变人的基本欲望的看法，是由他自己和Dan Robins独立发展出来的，而与Aaron Stalnaker、T. C. Kline Ⅲ、Bryan Van Norden、Kim-chong Chong以及他自己早年的博士论文所持的观点有所不同。Ibid. 54，note2. Dan Robins的论文学者可参考“The Development of Xunzi's Theory of Xing：Reconstructed on the Basis of a Textual Analysis of Xunzi 23，‘Xing E’性恶（Xing is bad）”，in *Society for the Study of Early China*，New York：Cambridge University Press，2015，pp. 99－158。

② Hagen为此引用了荀子《正名》篇对“化”的定义，亦即“状变而实无别而为异”的说法以证新的性取代旧的性的看法，但两者在意思上似乎并不相类。Kurtis Hagen，“Xunzi and Prudence of Dao：Desire as Motive to Become Good”，in *Dao：A Journal of Comparative Philosophy*，（2011）10：p. 58.

考虑全局后并非是真正的最值得欲求的，要么与我们‘积累’起来的新的动机结构形成冲突”[①]。为此，Hagen 引荀子《正名》篇所谓“凡语治而待去欲者，无以导欲而困于有欲者也。凡语治而待寡欲者，无以节欲而困于多欲者也”以证明自己的观点与荀子思想的相关性，盖依 Hagen，荀子此处所说的“节”明显不意味着减少欲望，它只是意味着要求修改（modify）我们欲望的作用形态[②]。

然而，接下来的问题是，为何我们不可随顺我们的欲望？依照黄百锐的解释，此中原因是出于对欲望的长远满足的审慎考虑限制了我们对当下欲望的满足，如荀子特别注意“长虑顾后”（《荣辱》）便非常能说明问题。对此，Hagen 认为，至少在早期阶段，在儒家自我修养征途中的动机明显地来自于审慎的计算。当然，荀子并不提倡日常生活中的每一决定都基于功利的计算，只是对荀子而言，具有深谋远虑的审慎为自我修养提供了最初的动机。但当在发展出德性之后，我们可以培养出一种基于非审慎的品质，不必每个决定皆出于功利的计算，而可以出于礼义或公义等更高的标准，只不过

① Hagen 为此引用了荀子《正名》篇对“化”的定义，亦即“状变而实无别而为异”的说法以证新的性取代旧的性的看法，但两者在意思上似乎并不相类。Kurtis Hagen, “Xunzi and Prudence of Dao: Desire as Motive to Become Good”, in *Dao: A Journal of Comparative Philosophy*, (2011) 10: p. 62.

② 案：此句中的“凡语治而待寡欲者，无以节欲而困于多欲者也”，杨倞注为“若待人之寡欲，然后治之，则是无节欲之术，而反为多欲者所困”。北大本《荀子新注》释为“凡谈论治理好国家的道理，而想靠减少人们的欲望，这是没有办法节制欲望而被欲望太多所难住了的人”（《荀子新注》，北京：中华书局，1979 年，第 382 页）。李涤生《荀子集释》解为“凡讨论治道而主张必使人民寡欲，然后可望正理平治的，都是没有办法节制人欲，而为多欲所困的”（《荀子集释》，台北：台湾学生书局，1979 年，第 528 页）。J. Knoblock 则将此句中的“节欲”翻译成“moderate their desires”（John Knoblock, *Xunzi: A Translation and Study of the Complete Works*, *Vol. Ⅲ*, Stanford: Stanford University Press, 1994, p. 135.），而 B. Watson 将其翻译成“desires can be controlled”（B. Watson, *Hsun Tzu: Basic Writings*, New York: Columbia University Press, 1963, p. 150.）。以上几个注本和译本皆未将“节欲”理解成修改欲望，“节欲”不是要去除欲望，它在某种程度上可以包含修改欲望，但主要还是节制（重在控制和减少）欲望，这从“节欲”和“多欲”的对言中可以看出。

鼓励我们走上修养之途的依然是审慎的动机而非别的东西，故荀子云：“仁义德行，常安之术也。”（《荣辱》）在这个意义上，Hagen认为，荀子对问题的思考似乎始终是在一个以欲望为基础的后果主义的审慎范式之中[①]，如荀子云：“人之情，食欲有刍豢，衣欲有文绣，行欲有舆马，又欲夫余财蓄积之富也；然而穷年累世不知不足，是人之情也。今人之生也，方知畜鸡狗猪彘，又蓄牛羊，然而食不敢有酒肉；余刀布，有囷窌，然而衣不敢有丝帛；约者有筐箧之藏，然而行不敢有舆马。是何也？非不欲也，几不长虑顾后，而恐无以继之故也？于是又节用御欲，收敛蓄藏以继之也。是于己长虑顾后，几不甚善矣哉！”最后，Hagen对荀子的“养欲”提出了他自己的看法。荀子在《礼论》篇论述礼之所起后，紧接着说：“故礼者养也。刍豢稻粱，五味调香，所以养口也；椒兰芬苾，所以养鼻也；雕琢刻镂，黼黻文章，所以养目也；钟鼓管磬，琴瑟竽笙，所以养耳也；疏房檖貌，越席床笫几筵，所以养体也。”但究竟如何来理解荀子所说的“养欲”？养欲仅仅只是对欲望的满足吗？庄锦章教授曾经指出，荀子所谓“礼者养也，具有经由教化使自己变得优雅的意义”[②]。而Hagen对此进一步解释说，此处的“优雅”（refinement）与其说是对旧品味的修正和转化，不如说包含了新的品味的积累。换言之，养欲包含的教化及其所具有的优雅的结果，实际上是发展出了一种新的动机性向（new motivational disposition）。人们在开始时并没能发现随顺礼义的内在动机，而需要外在的刺激，然而一旦人们因审慎的缘故开始遵守礼义后，践行礼义的经验会使人产生出新的动机结构，正如荀子所言：“今使人生而未尝睹刍豢稻粱也，惟菽藿糟糠之为睹，则以至足为在此也，俄而粲然有秉刍豢稻粱而

---

① Kurtis Hagen, “Xunzi and Prudence of Dao: Desire as Motive to Become Good”, in *Dao: A Journal of Comparative Philosophy*, (2011) 10: p. 63.

② Kim-chong Chong, *Early Confucian Ethics: Concepts and Arguments*, Chicago: Open Court, 2007, p. 103.

至者，则瞲然视之曰：此何怪也？彼臭之而嗛于鼻，尝之而甘于口，食之而安于体，则莫不弃此而取彼矣。”（《荣辱》）到那时，人们便有了内在的动机去践行礼义。如是，道德修养与转化的过程亦可说是一个“养欲”的过程，其最终结果就是使欲与礼义之道合而为一。

可以说，Hagen的文章带给人的启发是多方面的，无论他对荀子欲望的分析，还是他对荀子化性、养欲的理解，皆有其独到的看法。然而我们似乎也不难看到，Hagen对荀子道德转化的理解框架，尤其是他对荀子欲望理论的分析，虽有相当的文本根据作基础，但其方法则颇类于休谟的道德心理学，甚至可以说是从休谟那里脱胎而来的。休谟也将欲望区分为“原初欲望”（original desire）和“衍生欲望”（derive desire），Hagen只是把衍生欲望改换成“具体欲望”而已。在休谟那里，人的行动的动力必定是源自行为主体的原初欲望，而且这种原初欲望并不接受理性的管束，理性只能把衍生的欲望作为自己的评价对象。而Hagen也认为，在荀子那里，化性之前和化性之后，原初欲望都不会改变，我们只是通过知识、经验以及训练等改变具体的欲望以形成新的动机结构等等。不过，既然Hagen以休谟的方法来解释荀子，也就同时必须面对学者对休谟的质疑，而这种方法上的质疑显然也同样适合于Hagen对荀子道德动机论的理解。Thomas Nagel便明确反对休谟式的方法，认为“以源自行动主体的欲望来说明所有动机问题的模棱两可的肤浅方法应当结束了”[①]。人们之所以会相信每个有意识的行动背后皆有欲望作为基础，原因在于他们混淆了“有动机”（motivated）的欲望和“没有动机”（unmotivated）的欲望，以至于认为所有行动的动机效力皆由欲望所提供。当然，Hagen对荀子的道德动机的形成在具体的解释方面并不完全同于休谟，而且详细评论Hagen的观点并非本文的目

① Thomas Nagel, *Possibility of Altruism*, Oxford: Clarendon Press, 1970, p. 27.

的，学者对此也已有相关的检讨①。

5.“欲望自身能激发行动吗?”

在我们前面的叙述中，有许多学者对荀子道德动机的解释都集中于荀子的情性欲望概念，当然也有不少学者不同意这种解释。不过，此处需要提及的是，近段时间以来，宋晓竹（Winnie Sung）教授发表的两篇文章对荀子的道德转化问题提出了新解。一般而言，许多学者认为，在荀子的思想中，“欲”是能引发行动的独立的推动力；也因此，“心”与“欲”的关系可以被理解为“心”是否允许“欲”作为一引发行为的独立推动力，这种看法的文本根据主要源自学者对《正名》篇相关说法的解释。然而在《荀子思想中的欲：欲望自身能激发行动吗?》一文中②，作者却对此通常的看法提出了异议。依作者，在荀子那里，“欲”依其自身并不能激发行动。为此，作者从三个方面进行了检讨：首先，对“欲”被看作独立的动机来源的一般假定提出了说明、质疑和批评；其次，通过文本分析，作者认为只有“心”（the heart/mind）自身才能激发行动；最后，作者认为，“心”与“欲”的冲突问题在荀子的思想中并不适用，并进一步推断，在荀子那里，“心”不仅始终是一激活的力量，同时“心”也具有追求欲望对象的自然倾向的含义。果如是，则道德失败的根源在于“心”依一种特定的不恰当的方式活动③。我们暂时撇开作者对英语世界中有关荀子“心、欲”关系的三种解释模式及其评论不论，作者之所以有此主张或看法是依其对荀子的相关文本的分

① 参阅王华《礼乐化性：从〈荀子〉谈情感在道德认知与判断中扮演的角色》，载《中国哲学与文化》（郑宗义主编）第十三辑，桂林：漓江出版社，2016年，第39—67页。

② Sung Winnie, “Yu in the Xunzi: Can Desire by Itself Motivate Action?”, in *Dao: A Journal of Comparative philosophy* (2012) 11, pp. 369-388.

③ 类似“心恶论”的看法在王邦雄的论文中似乎也可以看到影子。

析作基础的，其中最重要的来自于《正名》篇的一段论述："欲不待可得，而求者从所可。欲不待可得，所受乎天也；求者从所可，所受乎心也。"作者将此段分成三个子命题即①欲不待可得；②求者从所可；③欲不待可得，所受乎天也；求者从所可，所受乎心也。依作者，此段告诉我们，欲望对象的追求受到心之所可的影响，由于在此一论述的脉络中，"求"是与对象的获得一起讨论的，由此可以推断，"求"在这里指的是对欲的对象的追求。此一印象在《礼论》篇的第一段中得到了确认，所谓"欲而不得，则不能无求"。然而作者认为，此处关键的问题涉及"求的主体"（"求者"）指的是什么。如果"求"的主体是"欲"，那么，上面那段就表明"欲"的运动是服从于心的控制的，当"心"允许时，"求"的行动将由"欲"来执行；若"心"不允许，"求"的行动就会被阻止。

作者不同意把"求"看作"欲"的运动的说法，原因有三，一是并无彻底的文本证据表明"求"的主体是"欲"，在上引的那段文本中我们仅能推断"求"指的是对"欲"的对象的追求，即便在《礼论》篇的第一段中"求"与"欲"的关系非常密切，我们也没有足够的理由进一步断言"欲"本身可以变成（materialize into）"求"。二是在子命题①和③中荀子都强调"欲"不依赖于"可"，而"求"依赖于"可"。荀子事实上对"欲"与"求"进行了区分，表明两者之间存在明显的差别，否则荀子在命题②中所说的"求者从所可"就将是累赘的同义重复。有见于此，作者反对把"求"看作"欲"的运动的主要考虑来自于命题②，因为荀子明确说"求"从属于心之所可。三是作者通过对字义的考察认为，"从"字的字面意思是"跟随"或"遵守"（"to follow" or "to comply with"），但对"从"字的用法的研究表明，这个字是用来指一种"刻意遵循"（deliberate following）而不是"强制服从"（coerced compliance）。如果"欲"是"求"的主体，那么，"从"应当表示一种强制的服从。但由于"欲"是一种自然、自发的反应，如果"欲"要追求欲望的对象，就不会考虑“欲”的对象是否可以被追求。在没有干预的情况下，“欲”只会继续追求其目标，而“欲”从心之所可，一定是“欲”在强迫的状态下服从“心”的。由于“求”的主体是一个人之所“从”，而“从”又有刻意遵循之意，因此荀子不可能把“求”看作“欲”的运动。

既然“求”不是“欲”的运动，但“求”显然是向着“欲”的目标的运动，因此，问题是“求”是以什么方式服从于“心”的。作者在引用荀子“欲虽不可去，所求不得，虑者欲节求也”以及“情然而心为之择谓之虑”（《正名》）后，认为此处“择”是心选择情感的一种活动，如果我们要在“评价层面”上理解心对各种已发情感的选择，我们就必须认同心可以选择情感作为行动理由；如果我们把心的选择理解为发生在“动机层面”上的情感选择，那么我们就会认同这样一种观点，即情感可以被心选择来激发自己的行动。作者认为，荀子“情然而心为之择谓之虑”显然应当在评价层面上得以理解，“心为之择”是说心根据情做出选择，此时，“心”选择“情”作为行动理由。这种理解与那种把“虑”理解为“心”所选择的激发行动的情感有很大的不同，因为后者所涉及的选择发生在动机层面，而不是在评价层面。就“心”选择“情”作为行动理由而言，“情”作为行动理由本身并不能激发行动；同样，与“虑”相关联的选择也发生在评价层面，在此一层面上，心选择其所允许的那种情感作为行动的理由，但却不是在动机层面，在此一层面上，心选择了其所要激发的行动步骤。如是，仅仅因为心在评价层面的情感中做出选择，并不意味着情感本身就能激发行动①。

我们先省略各种细节上的分析，由于作者此文较长，后面还涉及作者对“心与欲”的关系的探讨、“欲”影响“心”的两种内涵以

① 作者此文涉及复杂的论证和辨证，以上所说也只是大体依据论文前面部分的一些主要观点转引而来，参阅作者“Yu in the Xunzi: Can Desire by Itself Motivate Action?”, in *Dao* (2012) 11, pp. 372-377。

及学界对荀子“心”与“欲”之研究的文献分析等等。例如对于荀子“心”与“欲”的关系，按照黄百锐的说法，在“强解释”的模式下，“心之所可”能够克服欲望，只不过这种模式只有两种解释是可能的，一是“心之所可”建基于对不可化约的道德属性的知觉上；一是“心之所可”建基于纯粹理性活动的基础之上。黄百锐认为，荀子的立场并不认可“心之所可”的上述这两种解释。而依宋晓竹，在荀子那里，“欲”并没有与“心”相对立的地位，“欲”的对象不被追求，原因只在于“心”并未把“欲”作为主导因素，是“心”没有选择追求欲望对象的行动，而选择另一种可能的行动。荀子的“心之所可”概念属于可允许的选择行动范围，其中，追求“欲”的对象可以是可允许的选择之一，可以与其他选择一起被权衡。在追求“欲”的目标选择与另一种可接受的行动方案之间可能有冲突，但这种冲突不在“可”与“欲”之间，如荀子认为一个人可以选择死而不生（《正名》），在此一情形中，是“心”决定了追求死亡的行动，而不是“心”与“欲”发生冲突，不是“心”不允许“欲”激发起追求生的行动。事实上，冲突是在心可以选择的行为活动之间的冲突，亦即当不可能同时选择两者时，是追求生还是追求死，对于那些决定求死的人而言，并不是“欲”在与“心”的斗争中失败，而是“心”在权衡利弊后选择了死亡。故而宋晓竹认为，在荀子那里，“可”与“欲”之间不可能有冲突，不是因为“心”对“欲”而言是绝对的主导，而是因为一个单纯的思虑因素不能对某一行动方式做出决定性的“所可”[①]。基于此一看法，作者转而讨论荀子道德失败的问题，依作者，在荀子那里，道德失败并不是“心”在激发行动中没有制衡“欲”的结果，而是“心”对“欲”给予了不正确的权衡，选择了错误的行为方向[②]。有一种说法认为，荀子道

① Sung Winnie, “Yu in the Xunzi: Can Desire by Itself Motivate Action?”, pp. 377－379.

② Sung Winnie, “Yu in the Xunzi: Can Desire by Itself Motivate Action?”, p. 380.

德失败的根源是“心”在一开始时没有立即控制“欲”的追求对象，因而在道德训练之前，“欲”自身即能激发行动。对此一个可能的解释理由是，“心”在一开始时比“欲”弱，很容易被“欲”动摇和战胜，因而道德训练或修养是使“心”在道德允许的范围内更强有力地对抗和控制“欲”的动力[①]。但是，依宋晓竹，这种看法并不容易为荀子所接受，因为荀子的“心”是“君”，是“主”，出令而无所受令，在“欲”面前，“心”不可能是软弱的，荀子明确说过：“心者，形之君也，而神明之主也，出令而无所受令。自禁也，自使也，自夺也，自取也，自行也，自止也。”（《解蔽》）宋晓竹认为，即便我们承认“心”的力量永远比“欲”强大，要解释为什么“心”一开始时没有控制由“欲”所引发的行动，还有两种可能的解释方法：一是很有可能“心”最初不知道如何对“欲”行使自己的权力，因而处于不活跃状态（lies inactive）。如是，道德训练之重心在于教会“心”如何激活自己。另一是很有可能“心”在一开始时并不知道什么是道德上允许的，什么是道德上不允许的。如是，道德训练就是以道德知识教导“心”，以便使“心”能正确地使用自己来检查由“欲”引发的行动。作者认为，在上述两种可能性中，“欲”并不依赖“心”做出判断来独立地激发行动。在第一种可能性中，当“心”无法控制“欲”时，“心”自身不会被激活；在第二种可能性中，道德失败的根源在于“心”的不作为。由此我们看到，作者该文的中心主题在于证明，在荀子思想中，欲望只是天生的盲目的反应，欲望（情）本身并不能独立地激发行动；欲望也不能对任何道德上的失败负责。相反，在作者看来，任何试图解决荀子道德行动问题的尝试都应该从“心”开始，道德行动不是“心”成功地控制了“欲”在激发行动方面的结果，而是由于“心”正确地判断了原因的轻重，从而选择了正确的行动路线；同样道德失败的根源在于“心”依一

① Sung Winnie，“Yu in the Xunzi：Can Desire by Itself Motivate Action?”，p. 378.

种特定的不恰当的方式活动[①]。

作者在发表此文后，似意犹未足，故四年后又著《〈荀子〉道德转化问题之初解》一文[②]，在思路上承续上文并有进一步的推进。依作者，荀子主性恶，同时性又可以转化，但这种人性恶在初始阶段如何转化的问题并不十分清楚，如若对此问题没有清楚的回答，我们便很难断定荀子所认为的一个人究竟能够真正转化成道德之人到何种程度。为此，作者别出思路，与传统的解释认为在荀子思想中情与道德转化无关或荀子的伦理学能够容纳或调节情的主张不同，作者认为，在荀子那里，道德转化的过程实际上是"心"对人的独特情感的反思过程，正是由于情的特性，使得道德转化成为可能。因此之故，作者分别检讨了学界对荀子有关心论的三种不同解释并提出质疑：第一种观点认为，"心"守道是出于审慎的理由；第二种观点认为，"心"在守道的初始阶段是出于审慎的理由，但通过意识活动和"伪"的功夫，心能逐渐把"道"看作目的本身并喜爱上"道"；第三种观点则并不预先假定"心"是出于理性的决定而追随"道"，它只是把"道"看作与特定的能够发展成被适当导引的、天生的性向意气相投的东西。作者在此基础上提出，荀子的人性恶实际上应当被理解为"心"具有追逐自利的不适当的自然倾向，如荀子云"心好利，而谷禄莫厚焉"（《王霸》），而礼通过形塑和规制人的自然情感来转化"心"的这种不适当的自然倾向，因此，"化性"问题实质上是对"心"的转化问题。唯当自然情感以一种确定的方式被形塑和规制之后，"心"才能从这种不适当的自然倾向中

① Sung Winnie，"Yu in the Xunzi：Can Desire by Itself Motivate Action?"，pp. 37 - 80. 我们想再次说明，本节对宋晓竹教授此篇文章之介绍，大体上是依其论文之主要部分意译而来。读者若想详细了解其内容，务请认真阅读原文。

② Winnie Sung，"Ethical Transformation in the Xunzi：A Partial Explanation"，载《中国哲学与文化》第十三辑（郑宗义主编），桂林：漓江出版社，2016 年，第 69—97 页。

分离出来，成为守道的动机。如是，关键的问题在于，何以这种具有不适当的自然倾向的“心”能够使一个人从倾向自利转化到守道？在作者看来，一个可能的解释是“心”有知的能力，“心”作为“天君”可以治理五官。依作者，通过自我反省，“心”意识到，自我与他人在作为人类成员的特性上是相互关联的，并且懂得为何一种确定的道德标准是必需的。假如“心”从事于这种反思的观点的时间足够长，那么，人的未加修饰的天然情感将会被形塑成合于道德的情感。

毫无疑问，宋晓竹教授的论文为我们从多角度了解荀子的道德转化问题提供了有益的启发，与大部分学者讨论荀子道德转化时注重对欲的理解不同，作者聚焦于荀子的“心”，“心”兼知、情为一体，所言并非无据。正如陈大齐教授所指出的，“荀子所说的心应当是一切心理作用的总称。唯其为总称，故知可以称为心，情亦可以称为心。若因见其常用以称呼知虑，遂谓其专摄知而不兼摄情，则未免有失荀子用语的原义”[①]。或许正因为如此，“横看成岭侧成峰”，探究荀子之道德动机转化当需有综合的视野，究极而言，宋晓竹的研究提示我们，如何理解荀子思想中的“心”似尚有很大的解释空间，如必欲出于一途，则不免有使美厥灵根化为焦芽绝港之忧。无疑从另一个角度看，宋晓竹之见或许也只是得道之“一察”，故四年后，何艾克（Eric Hutton）便在《荀子论道德心理学》一文中对宋晓竹的主张进行了认真的分析和驳难[②]。我们知道，依宋晓竹，在荀子的思想中，道德行动的动机和道德失败的根源都出于“心”或由“心”来承担，欲望并不是激发道德行动的动力。显然，证成此一主张的着力点在于，在人的任何行动或道德决定中，“心之所可”皆须臾不可缺席，其必定是一个“必要且充分”的条件；同样若要证明

① 陈大齐：《荀子学说》，第 38 页。

② Eric Hutton, “Xunzi on Moral Psychology”, in *Dao 7* (2016), *Companion to the Philosophy of Xunzi*, ed. by Eric Hutton.

此一主张不能成立，只需通过对荀子文本的相关解释，指出人的欲望所求的活动在“心之所可”缺席的情况下依然能够发生。有见于此，在何艾克看来，宋晓竹的这种说法并不成立。简单地说，何艾克也从《正名》篇的“欲不待可得，而求者从所可”这一句的文本分析着手，认为此句中“求者从所可”一说包含着一个关键性的模棱两可（a crucial ambiguity）[①]，为此，他将“求者从所可”此句中的“欲之求”与“心之可”的关系析分为三个子命题：

① 一个人求 X，当那个人已可 X；

② 一个人求 X，*仅*当那个人已可 X；

③ 一个人求 X，*当且仅当*那个人已可 X[②]。

上述三个子命题分别表示充分条件、必要条件和充分必要条件，在“求 X”和“可 X”的关系上意思并不相同，但此三个子命题又皆为“求者从所可”一句所蕴含。如前所言，按照宋晓竹的主张，欲望本身并不具备动机效力，行动的动机来自心。它意味着，在人的任何一种行动中，“心”都不能缺席。如果此一分析是对的，那么，宋的主张便只适合子命题③，即一个人“求 X”的活动，必须时时伴随心之所可，“心之所可”是一个必要且充分的条件。但是，子命题①表达的是，“可”只是“求”的充分条件而不是必要条件，如是，“求者从所可”这句话便遗留下“心之所可”并非总是伴随着（not always accompanied）所“求”的可能性。它意味着在“心之所可缺席”

① Eric Hutton, “Xunzi on Moral Psychology”, in *Dao 7* (2016), p. 210. 杨倞注此句云：“凡人之情欲，虽未可得，以有欲之意求之，则从其所可得者也。”李涤生的解释更为清楚，“‘欲’出于情性，它不管可得不可得，只是盲目的反应。‘可’出于心知，它是理智的选择。欲望形成求的行为，是经过理智的选择认可的”（《荀子集释》，第 528 页）。李氏的解释可以支持宋晓竹的主张。但荻生徂徕对“求者从所可”一句释为“人之所营求，则求其所可得者”，似乎将“所可”解释为“所可得者”，“可得”重心可以放在“可”上，但似乎也包含“方便”义。久保爱则将“从所可”直接解释为“从所愿而求也”，将“所可”换成“所愿”，意思显然偏向“欲之求”的一面，而不是“心之可”的一面。

② Eric Hutton, “Xunzi on Moral Psychology”, in *Dao 7* (2016), p. 210.

(absence of approval) 的情况下，诸如欲望等也可能激发一个人的所“求”，换言之，欲望也具有动机效力。何艾克认为，万百安 (Bryan W. Van Norden) 的观点正以此一解释为基础，亦即“欲望”和“心之所可”皆即其自身就能独立地激发行动；而当两者冲突时，“心之所可”能够“胜出”(trump) 欲望①。当然，何艾克的分析和驳论并没有到此为止，他还对《正名》篇的“以所欲为可得而求之，情之所必不免也”以及“以为可而道之，知所必出也”当中所涉及的对“必”“情”“道”等字的可能解释进行了认真分析，目的就是为了松动和瓦解宋晓竹的相关主张②，限于篇幅，我们暂时对此不做详细介绍。

必须说明的是，有关荀子道德的动机及其转化问题的讨论，学界还有许多学者的看法值得我们做认真分析，如 Aaron Stalnaker、T. C. Kline Ⅲ、Kim-chong Chong、Joel J. Kupperman 以及 Dan Robins 等等，文中虽间或有些引述和说明，但却远未加以详细介绍和梳理。此外，还有一些海外的华裔学者如李晨阳等亦有专文探讨相关问题，如在题为《荀子论善的起源：一种新的解释》一文中③，李晨阳的问题意识似乎可以简单地表述为，在荀子的思想中，善是如何从单纯恶的人性的人类世界中产生出来的。作者撰写此文的目的并不是为了对荀子有关人类历史的真理的宣称提出辩护，而在于经由《荀子》一书所呈现出来的哲学来重建一种融贯性的观察。作者认为，作为一个自然主义者，荀子不同于有神论哲学家，他没有超越的、超自然的善的源头；也不同于那些相信人类天生具有性善

---

① Eric Hutton, “Xunzi on Moral Psychology”, in *Dao 7* (2016), p. 210. 对于子命题②，何艾克认为，它表达的是，“所可”只是“所求”的必要条件而非充分条件，它意味着无论何时，只要一个人有所求，那么此一所求的行动总是伴随着“心之所可”，但它也留下了另一种可能性，例如欲也被看作产生行动的需要。何艾克认为，此一解读并不适合荀子，因为《正名》篇所谓的人有从生成死、治乱在心之所可的说法，拒绝了除心之所可外，可能还需要别的一些东西来激发行动的可能。

② Eric Hutton, “Xunzi on Moral Psychology”, in *Dao 7* (2016), pp. 211－215.

③ Chenyang Li, Xunzi on the Origin of Goodness: A New Interpretation, in *Journal of Chinese Philosophy*, Supplement to Volume 38 (2011), pp. 46－63.

的人，荀子主张人性是恶的。果如是，荀子便必须解释善是从何处又是如何产生出来的。依作者，善的问题之所以复杂是由于它可以用不同的方式加以解释，一方面社会中的善是如何产生的，或者说善是如何一开始在只由恶的本性的成员所组成的人类社会中产生的，这是起源（origin）问题；另一方面是社会教化问题，或者说生而有利己倾向的人在一个由礼义规则所范导的社会中是如何转化成为依道德而行的，这是教化（moralization）问题。尽管这些问题相互关联，但作者关注的是善的起源问题①。作者此文对此进行了详细分析，不仅基于对《荀子》一书的文本基础，同时也使其主张与荀子的一般哲学相一致。作者在梳理和分析前人诸如冯友兰、A. C. Graham、周炽成、庄锦章、柯雄文等人观点的基础上，认为在荀子的思想中，善的起源包含两方面的要素，一是材质根源（material source），亦即人自身中可以用来确立礼义的天然材质；二是有效原因，亦即引发或启动将人的材质根源转化为礼义之过程的力量②。所谓材质根源包含情、欲、知等，作者对此进行了认真分析，今不一一介绍。最后依作者，人们的自然情感既非善，也非恶，各种不同的自然情感推动人们去做各种不同的事情，此一倾向导致混乱。一种厌恶混乱的情感，激发了圣王为防止混乱而制定规则，但这种动机本身还不是道德的，只有制定礼义所带来的结果才成为道德上的善③。另外还需提及的是，台湾政治大学的王华亦撰有《荀子道德心理学中的理性和情感》一文④，该文主要是针对 B. Seok 的《道德心

① Chenyang Li, Xunzi on the Origin of Goodness: A New Interpretation, in *Journal of Chinese Philosophy*, Supplement to Volume 38 (2011), pp. 46 - 47.

② Chenyang Li, Xunzi on the Origin of Goodness: A New Interpretation, in *Journal of Chinese Philosophy*, Supplement to Volume 38 (2011), p. 56.

③ Ibid. 60 - 61.

④ E. H. Wang, "Reason and Emotion in Xunzi's Moral Psychology", *Rationality: Constraints and Contexts*, ed. by Tzu-wei Hung & Timothy Joseph Lane, London: Academic Press Elsevier, 2016.

理学和儒家哲学的具身性》[1] 一书所作的商量和回应性的文章。在荀子思想中，情感与道德判断或道德决定之间的关系究竟如何理解？这显然是一个复杂的理论问题。Seok 在其书中提出了颇具特色的道德心理学的两组对照模式，即“基于理性”（reason-based）的模式和“基于情感”（emotion-based）的模式。前者强调人的理性意识和反思能力构成了一个人道德判断和行动的本质，后者则把一个人的情感倾向（emotional dispositions）看作一个人在道德判断或行动中的基本的或至少是不可或缺的组成部分。王华认为，Seok 基本上是以“基于情感”的模式来理解儒家的伦理学，而其论述又主要以孟子为主。对此，作者认为，我们有理由怀疑荀子的道德心理学也是“基于情感”模式的。理由有几个方面，首先，Seok 在其书中所提及的基于情感的理论诸如道德情感主义理论以及孟子的理论皆认为，我们的情感的自然倾向构成了我们的道德判断和行动的基础，然而荀子却认为，我们天然的情感倾向在其原初状态中并非是合乎理想的，而是需要培养和改变的。其次，不同于 Seok 在其书中提出的基于情感的理论，荀子对心的说明诸如区别于“情”与“欲”的“虑”与“可”被看作对道德判断和行动具有决定性的作用。尤有甚者，荀子有关道德修养的观点特别是恢复秩序之方法的核心，在于使“心”做出的决定与“理”（客观秩序、世界样式或理性原则）保持一致。作者认为，荀子强调思虑和依理做出决定的能力，使得我们有理由认为将荀子的道德心理学纳入“基于情感”的模式中是值得怀疑的。为此，作者借用 Slingerland 的“高阶理性模式”（high reason model）或“认知控制模式”（cognitive control model）[2] 作为分析方法，并详细讨论了荀子思

① B. Seok, *Embodied Moral Psychology and Confucian Philosophy*, Lanham, MD: Lexington Books, 2013.

② E. H. Wang, “Reason and Emotion in Xunzi's Moral Psychology”, *Rationality: Constraints and Contexts*, p. 260. 所谓“高阶理性模式”或“认知控制模式”指的是此一模式假定，道德推论是一种有意识的、冷静的和深思熟虑的过程；（转下页）

想中的心、情、欲、虑、伪、理等等概念以证成她的正面主张。由于该文对此涉及详细的论证，本章在此也只能点到为止，具体的分析只好留待今后补足。

6. 道德动机："现成"还是"渐成"

按照荀子的说法，"今人之性，生而有好利焉"，"性不知礼义"，"今人之性，固无礼义，故强学而求有之也"（《性恶》）。人之性天生好利恶害，若无师无法，则唯利之见。果如是，对荀子而言，追问一个人行道德之事的动机，似乎在于说明作为一个行为者如何才可能有基于其"自利"本性的实质性理由去依道德而行动。

荀子主性恶，我们暂且搁置荀子论性此一概念的复杂性不论，性恶本身的含义至少意味着，人性在没有"伪"（礼义法度或度量分界）的矫饰下，会顺其天生的欲望无限制地发展，但在"势""物"有限的情况下，在逻辑上必然会导致"争乱穷"的结果[①]。大概有一点可以确定，在荀子人性论的内在结构中，并不存在任何"现成"的道德倾向[②]。事实上，从荀子"夫陶人埏埴而生瓦，然则瓦埴岂陶人之性也哉？工人斫木而生器，然则器木岂工人之性也哉"（《性

（接上页）一个人只是单纯地考虑所有可能的情况，并以紧扣成本-利益分析的形式展开推论。亦可参阅 E. Slingerland, "Toward an Empirically Responsible Ethics: Cognitive Science, Virtue Ethics, and Effortless Attention in Early Chinese Thought", in B. Bruya (ed.), *Effortless Attention: A New Perspective in the Cognitive Science of Attention and Action*, Cambridge, MA: MIT Press, 2010, pp. 247 - 286。

① 参阅拙文《荀子论"争"》，载《中国哲学史》2016年第二期，第71—77页。

② 依 Eric Hutton 的看法，荀子虽然常常用自私的例子，但他并没有在其他地方"明显地排除他人导向型的欲望，也未曾宣称我们所有的自然欲望皆仅仅瞄准我们自个的利益"。举例来说，一个父亲可能会自私地爱他的儿子，但是，如果他为了他儿子的幸福，愿意做包括盗窃和杀人的任何事情，那么，我们就没有理由排除荀子会不谴责这一明显的利他动机的可能。"荀子可能会否认此类利他倾向构成了我们各种自然倾向的主要部分，然而即便荀子认可这种利他倾向，也不会与他的人性论相矛盾。"参阅 Eric Hutton, "Does Xunzi Have a Consistent Theory of Human Nature?", in *Virtue, Nature, and Moral Agency in the Xunzi*, p. 230。

恶》）的比喻中不难看到，我们所谓的道德并不“现成”地内在于人性的结构之中。也正因为如此，尽管柯雄文和葛瑞汉两位学者，尤其是柯雄文教授，对荀子思想的研究精微细密，视野宽阔且著述甚丰，但当他们试图通过对《荀子》文本中某些说法的诠释以反证荀子人性思想中具有内在的欲求道德的倾向时，似皆不免有过度诠释之嫌，亦即从荀子的思想系统上看，难以满足解释的融贯性原则（principle of coherence）。学者谓荀子论道德不能在人的心性上立根，没有“先天”的内在根据。今暂且撇开哲学立场的选择不论，所谓“无根”，在描述的意义上，对荀子而言，至少可以理解为行动者“最初”在面对道德抉择时所做的实践慎思（practical deliberation）并不能保证其行动具有出于道德要求的必然性。因此，寻求对荀子的道德动机的解释，“现成”论的模式将会在文本上面临巨大的理论困难。不过，假如我们换一个视角，亦即从“渐成论”（epigenesis）的角度上看[①]，所谓道德动机在人性中的生成似乎并非只有“道德直接从原初人性中现成的道德成分中生发出来”这样一种解释模式或体现方式。换言之，有关荀子的道德动机的形成，在理论上可以有“渐成论”的解释模式。如果这种看法可以成立，那么因荀子主性恶，并进而一概断言，在荀子那里行道德之事并不可能有任何的内在动机的认识在理论上就应该也可以得以松动，否则荀子所主张的“先义而后利”（《荣辱》）、“以义制利”（《正论》）自然不得其解，而荀子谓“仲尼之门，五尺之竖子，言羞称乎五伯。是何也？……彼以让饰争，依乎仁而蹈利者也，小人之杰也，彼固曷足称乎大君子之门哉”（《仲尼》），也只能被认为是一时的“滞词”或“躗语”[②]。然而，我们却不能无视上述说法，也不能将这种

① 参阅 P. Ricoeur，*The Conflict of Interpretation —— Essays in Hermeneutics*，Evanston：Northwestern University Press，1974，p. 109。

② 荀子此说的意思是指，五伯（五霸）虽有辞让的道德行为，但其动机却在于争夺；虽有符合仁的道德行为，但其动机却在获得实际的利益。他们是真小人，（转下页）

看似与性恶论相矛盾的主张一概轻易地归诸荀子思想所带给人们的“疑难”乃至“混乱”（chaos），毋宁说，这正构成了我们荀子思想研究中的“课题”。

假如我们把礼义理解为荀子所说的道德①，那么，荀子对道德产生的根源的确有其特殊的看法。劳思光先生认为，荀子的礼是出于应付现实环境的需要的产物，盖依荀子，人生而有欲，欲而不得则不能无求，但由于“欲多而物寡”的原因，若无度量分界，其结果必将导致“势不能容”“物不能赡”（《荣辱》），及其至也，“则夫强者害弱而夺之，众者暴寡而哗之，天下悖乱而相亡，不待顷矣”（《性恶》）。故圣人恶其乱而制礼义起法度。至此，礼义道德至少在根源上是出于现实的需要为人所创制出来的，而不是如孟子那样从原初人性的结构中“现成”地推演出来的。也正因为如此，今若就礼义之作为道德义来理解，其最重要的意义的确在于保证人类的生存与秩序，在于保证社会的安定和生活的繁荣，故荀子云：“礼者，以财物为用，以贵贱为文，以多少为异，以隆杀为要。”（《礼论》）又云：“礼者，治辨之极也，威行之道也，功名之总也。”（《议兵》）“礼义之谓治，非礼义之谓乱也。”（《不苟》）如此等等。从这个意义上，人们出于对整体欲望的长远满足的目的而对当下的口腹之欲（sensual desires）加以必要的限制②，虽然蕴含了荀子对欲望进行规范评价的主张，但在本质上这些作为都与利益的自我关涉（self-regarding）相关。在荀子性恶论的条例下，从原始的野蛮时代发展到文明时代，第一个圣人的出现或道德的最初的产

（接上页）与道德君子远若霄壤。

① 荀子所言的礼或礼义涵容甚广，道德无疑是其中的一项最为重要的内容。但在根源意义上，荀子言礼的首出含义是政治学的而非伦理学的，即使在这个意义上把礼义看作道德，这个道德也与孟子所说的道德不同。参阅拙著《差等秩序与公道世界》第七章，上海：上海人民出版社，2016 年，第 165—191 页。

② 荀子对礼所具有的“分”“养”“节”三大功能和作用的看法，非常清楚地表明了这一点。

生，正如艾文贺所说的，荀子似乎的确相信是由于一群天赋异秉的个人，他们是最早发展出对世界的初步的道德理解的一批人，但这种发展却需要花费大量的时间和经过反复试错，以便理解人类需要和欲望的复杂性及其相互关系的方方面面，并使之与大自然的宏大规划相适应①。因此，我们也可以说，在荀子那里，道德的最初产生是由最早的一批圣人在漫长的历史演化中，出于生存的需要或对人类整体欲望的长远满足的目的（或谓“正理平治”的理想，或谓“群居和一”的理想生活）而不断地进行“兼权”、“孰计”、分析、评估、取舍，最后采取决断的结果。换言之，人们最初欲求道德的主观根据（动机）是出于审慎的（prudent）考虑，荀子对此有许多的论述，如云：

> 欲恶取舍之权：见其可欲也，则必前后虑其可恶也者；见其可利也，则必前后虑其可害也者。而兼权之，孰计之，然后定其欲恶取舍。如是则常不失陷矣。（《不苟》）
>
> 凡人之取也，所欲未尝粹而来也；其去也，所恶未尝粹而往也。故人无动而不可以不与权俱。衡不正，则重县于仰，而人以为轻；轻县于俛，而人以为重；此人所以惑于轻重也。权不正，则祸托于欲，而人以为福；福托于恶，而人以为祸；此亦人所以惑于祸福也。（《正名》）
>
> 人之情，食欲有刍豢，衣欲有文绣，行欲有舆马，又欲夫余财蓄积之富也；然而穷年累世不知不足，是人之情也。今人之生也，方知畜鸡狗猪彘，又蓄牛羊，然而食不敢有酒肉；余刀布，有困窌，然而衣不敢有丝帛；约者有筐箧之藏，然而行不敢有舆马。是何也？非不欲也，几不长虑顾后，而恐无以继

① P. J. Ivanhoe, “Human Nature and Moral Understanding in the Xunzi”, in *Virtue, Nature, and Moral Agency in the Xunzi*, p. 238.

> 之故也。于是又节用御欲，收敛蓄藏以继之也。是于己长虑顾后，几不甚善矣哉！（《荣辱》）

上述所引包含的意义很广，解释的空间也很大，但如果允许我们做一个更为明白简洁的解释，所谓“审慎”的动机大概就是荀子所说的“长虑顾后”的考量[①]。在这一点上，Van Norden、D. B. Wong、P. J. Ivanhoe、T. C. Kline Ⅲ以及 K. Hagen 等学者皆在不同程度上充分注意到荀子的此一主张。毫无疑问，这些研究对于我们进一步了解荀子的道德动机理论，具有重要的启发作用[②]。

然而，尽管荀子有关审慎动机的说明对于理解初期阶段道德动机的转化具有相当的解释力；尽管荀子出于审慎的动机而主张节制或转化当下欲望的看法具有规范评价的功能；同时尽管也有学者认为，“人类的动机心理学还没有表明，我们被激发起来按照道德原则行动的方式，不管是在类型上还是根本上都不同于我

① 荀子有关“审慎”动机的说法在意涵上与王华采用 Slingerland 的“认知控制模式”的方法有较为密切的关系，参见 E. H. Wang，“Reason and Emotion in Xunzi's Moral Psychology”，*Rationality：Constraints and Contexts*，ed. by Tzu-wei Hung & Timothy Joseph Lane，London：Academic Press Elsevier，2016，pp. 259 - 276。

② 冯友兰先生在 1961 年出版的《中国哲学史》一书中有另一种说法，此即道德的最初起源乃为“知者制为道德制度”说。依冯先生，荀子虽主人之性恶，但人却又有相当的聪明才力，人有此才力，若告之以父子之义、君臣之正，即亦可学而能之，“盖人有聪明才知，知人无群治不能生存，又知人无道德制度之不能为群，故知者制为道德制度，而人亦受之”（《中国哲学史》，北京：中华书局，1961 年，第 365 页）。冯先生此说有《富国》篇开篇的第一段作为根据，荀子云：“欲恶同物，欲多而物寡，寡则必争矣。故百技所成，所以养一人也。而能不能兼技，人不能兼官。离居不相待则穷，群居而无分则争；穷者患也，争者祸也，救患除祸，则莫若明分使群矣。强胁弱也，知惧愚也，民下违上，少陵长，不以德为政：如是，则老弱有失养之忧，而壮者有分争之祸矣。事业所恶也，功利所好也，职业无分：如是，则人有树事之患，而有争功之祸矣。男女之合，夫妇之分，婚姻娉内，送逆无礼：如是，则人有失合之忧，而有争色之祸矣。故知者为之分也。”虽然冯先生并未紧扣道德动机而为言，也未明确说出道德的最初产生是人们出于审慎的动机的结果，但似乎多少蕴含了类似的意思。只不过，在人类尚未有礼义道德的情况下，知者之“知”如何从一开始就能知礼义道德？此中缺少一些必要的环节上的解释。

们被激发起来追求‘日常’的目的或目标的方式”，我们之所以具有强烈的道德意识的动机，“是因为在评价他们的目的时他们赋予道德目的以最大的分量……我们看重道德目的，主要是因为我们相信，持有和实现那些目的对我们自己和对我们所生存的共同体都是好的”①，但是如果站在康德的立场，出于如此这般的动机（as such）而来的道德却可能沦为“假言令式”②，亦即为了达到某一目的，你如此这般去做。盖在上述的说法中，道德的目的似乎只是人类诸多目的中的一个选项，只不过这种道德的目的经由兼权熟计、深思熟虑后恰巧符合人类共同体的“好”的生活而已，因而这种道德或只具相对价值而无绝对价值。换言之，其行动的动机并不是出于道德本身，而只是在某种意义上合于道德而已。康德哲学一再教导我们，对道德的辩护，其最终的根据不能源自那些对我们来说是“好”的东西，或者说不能通过达成人们的目的、需要或欲望，甚或因满足了人们生存的共同体的福祉就能证明其为道德的。因此，具有普遍性和绝对性的道德律并不能在目的-手段的因果关系中，或者在各种混杂相异的所谓“好”中找到其最坚实的基础，行为的全部道德价值的本质取决于道德法则直接决定意志③。审如是，我们就有必要问，假如在荀子那里还存在“惟仁之为守，惟义之为行”，“畏患而不避义死，欲利而不为所非”（《不苟》）等道德动机的主张的话，那么，人们又是如何从“视道德为手段”进至于“视道德为目的”的呢④？

---

① 徐向东：《道德哲学与实践理性》，北京：商务印书馆，2006 年，第 46 页。

② 参阅李明辉《儒家与康德》，台北：联经出版事业股份有限公司，1990 年，第 27 页。

③ 在西方，康德式伦理学与效果论伦理学（我们也常常将它看作功利论伦理学，这种说法在中文语境中多少带有贬义的意味）可以看作两个彼此争长竞短的流派。效果论不是通常我们所理解的急功近利的功利主义，它讲求一行为之抉择要与人类的福祉有关，人才有义务去做；换言之，我们没有义务去做对人类有害的事情。

④ 我们需要说明，虽然此处我们用“道德”一词，但严格地说，此道德与孟子所说的“道德”在含义上并不完全相同。

从人类动机心理学的发展角度上看，荀子有关道德动机的观念大体可以区分为礼义文明产生之前和之后两个阶段。如前所言，在礼义文明产生之前，亦即从野蛮时代过渡到文明时代的所谓道德产生的最初阶段，我们所面临的问题是，一个怀抱自利情性的人在最初阶段如何能够养成奉行和喜爱道德的动机。此一问题在理论上涉及对人之情性的能塑、可塑的看法。正如许多学者的研究所表明的那样，虽然荀子与霍布斯之间在理论的特点上有不少相似的可比较之处，但他们两人也有一些重要的区别。与霍布斯纯粹以政治方式处理人性问题不同，荀子还特别注意到对人性和人的行为的修养与转化[①]。实质上，荀子自己就明确地说过，“汤武存，则天下从而治，桀纣存，则天下从而乱。如是者，岂非人之情，固可与如此，可与如彼也哉”（《荣辱》）。而黄百锐（David B. Wong）则认为，荀子的自然状态理论与霍布斯的不同之处在于，霍布斯从未期待过人类的自利动机在从自然状态过渡到市民社会的过程中会发生改变，而在荀子那里则不同，当人们认识到他们在求取欲望满足的过程中需要有所限制后，不仅知道需要限制他们的行为，而且还认识到需要透过礼（ritual)、乐（music）和义（righteousness）来转化他们的品格。这样，他们就会知道他们是在兴趣上喜爱这些东西，而不仅仅只是让这些东西来约束自己[②]。假如我们认同这种解释，那么，一个自利之人最初接受和奉行道德的接合点，与其基本的自然情感的关系就应当是顺与适的关系，而不应一开始便是堵和逆的关系。正是在这个意义上，黄百锐所揭发的《荀子》一书中记载有关人类的诸多自然情感与道德具有“意气相投”的关系以及礼、乐充分而恰当地表达了人类的自然情感的看法，显然比万百安一味强化“心之所

---

① David Nivison, “Review of *The World of Thought in Ancient China*”, *Philosophy East and West* 38, *No. 4* (October 1988), p. 416.

② David B. Wong, “ Xunzi on Moral Motivation”, in *Virtue, Nature, and Moral Agency in the Xunzi*, p. 136.

可”的功能与作用以明荀子的最初的道德动机转化要更具解释力，同时也更切合荀子的本意。如荀子一方面认为，“礼以顺人心为本”（《大略》），“两情者（依李涤生，谓吉事欢愉之情与凶事忧戚之情），人生固有端焉。若夫断之继之，博之浅之，益之损之，类之尽之，盛之美之，使本末终始，莫不顺比，足以为万世则，则是礼也”（《礼论》），“礼者，断长续短，损有余，益不足，达爱敬之文，而滋成行义之美者也”（《礼论》）。另一方面荀子又认为，“夫乐者，乐也，人情之所必不免也”，“夫声乐之入人也深，其化人也速”，“声乐之象：鼓大丽，钟统实，磬廉制，竽笙箫和，筦钥发猛，埙篪翁博，瑟易良，琴妇好，歌清尽，舞意天道兼。鼓其乐之君邪？故鼓似天，钟似地，磬似水，竽笙箫和筦钥，似星辰日月，鼗柷、拊鞷、椌楬似万物。曷以知舞之意？曰：目不自见，耳不自闻也，然而治俯仰、诎信、进退、迟速，莫不廉制，尽筋骨之力，以要钟鼓俯会之节，而靡有悖逆者，众积意謘謘乎”（《乐论》）。按荀子之说法，“礼”因顺人情而能滋成行义之美；“乐”入人也深，故其化人也速。在乐舞之中，“人们眼看不见自己，耳听不见自己，但其俯仰、屈伸、进退、迟速，莫不合于规矩而见其裁制，竭尽全身力气，让舞步配合钟鼓俯仰会合之节奏，而没有一个人违背的原因何在呢？那是因为众人习于此舞，以致对此舞之节奏有如生命自自然然之表现了……荀子此段与其说是描述了歌舞艺术所表现的中规合节、训练有素的场景，毋宁说，它是通过‘舞意与众音繁会而应节’的‘隐喻’，表达着‘乐’与‘舞’在感人、入人方面所造就的‘丰满的感觉’……人们不必借助目见、耳闻、口说，而只以其自然之身行即合于整体之节律，‘歌’与‘舞’使得歌舞者能对自己本身和个人的偏爱保持距离，并同时‘使他返回到他的存在整体’”[1]。伽达默尔认为，音乐、舞蹈之类的审美判断虽不是以规定性的普遍理性

---

[1] 参阅拙著《合理性之寻求：荀子思想研究论集》，第243—245页。

去判断事物，但却是一种“健全的判断”“完满性判断”，直接关涉道德共同体的共同利益，并深深地扎根于此一共同体的“共同意向”（Gemeinsinn）之中，以致所有的人都有此足够的“共同感觉”（gemeinen Sinn），因而它对于培养人们的“共通感”具有十分重要的作用，而“共通感”恰恰是公民道德存在的一个要素①。毋庸讳言，荀子的相关论述甚多，此处不必一一赘举。依黄百锐的说法，在荀子那里，礼、乐作用于未加工的人性的过程，同时也就是人性顺服地被塑造成对德性热爱和对礼义喜好的过程。道德是用以表达人类特定的潜在情感的，而义、礼、乐不仅可以表达这些情感，而且可以引导和形塑它们，以至于使得人们原初的狭隘的自利变得更为宽广，同时也更坚实地与他人的利益联系在一起。

不过，在人类的礼义文明产生之后，亦即当人们生活和生存于已有了各种规范系统的社会之后，性恶之人的道德动机的形成似乎变得更为复杂，Van Norden、P. J. Ivanhoe、T. C. Kline Ⅲ、A. Stalnaker 以及 K. Hagen 等人强调认知与评价的参与对一个人新的动机的形成所具有的作用，显然又比黄百锐强执欲望之于动机的根本性，更给人启发。我们想强调指出的是，虽不排除对认知、评价参与新动机的形成的审慎的考量，但随着积学、教化、环境和信念等因素的加入，以及上述诸多因素的积靡磨荡，新、旧欲望和新、旧动机的转化亦会有“他乡即故乡”的效果，此中原因似乎并不复杂，因为积学、教化、认知、评价和环境等综合因素将会对一个人新的欲望和动机的形成产生深刻的影响。盖按荀子的说法，人生而有欲，欲而不得则不能无求，“欲望”在此似乎被赋予了天然的正当性。但在进入礼义文明社会之后，由上述这些综合因素所形成的特定的价值信念，却会对一个人的欲望和欲望对象产生“为何去

① 参阅伽达默尔：《真理与方法》（洪汉鼎译），上海：上海译文出版社，1999 年，第 41—48 页、第 89—90 页。

求”“如何去求”“是否可求”的疑问和影响，“所受乎天之一欲，制于所受乎心之多”（《正名》）。如是，欲望的天然正当性与价值正当性之间的矛盾，便转化成了一个人在行为抉择时的动机冲突，因为有了动机冲突，所以新动机的产生便有了现实的可能。明乎此，我们也便可以理解何以荀子强调“心不可以不知道”（《正名》），“学不可以已”，“学莫便乎近其人”，“君子居必择乡，游必就士”（《劝学》）等等言说之于一个人动机转化所具有的意义。例如排队购物的现象，因人多之故，是采取先来后到的文明方式，还是采取胡乱插队的无序方式，抑或采用恃人高马大的强力方式，一个人在未经这些因素的影响和教化之前，可能会为了满足一己之私而采取插队或强力的方式。然而因认知、评价及教化等而产生相关的信念后[①]，他会觉得，即便我有相对紧急的事情，我也不能恃强力破坏有序的文明规则，他会觉得这样做是一种可耻的行为，用荀子的话来说，会产生“人之有斗，何也？我甚丑之”（《荣辱》）的“丑之”心理。更有甚者，他甚至一看到这种场景即会自然而然地排队，而不会想到其他任何有违于有序规则的行为，这种“自然而然”的意识即意味着一个人的新的动机的形成。事实上，在荀子那里，经由为学去陋、慎思明辨、师法教化等熏习所产生的对某一欲望对象是否可欲、如何可欲的反省，进而产生和形成新的动机和欲望的事例在《性恶》和《荣辱》等篇中并不难看到。黄百锐将荀子的道德心理学理解为“对行为所可的唯一基础就是欲望，心之判断的最终的动机力量乃是从欲望中衍生出来的”，这种认识在我看来，在人类尚未进入礼义文明时代时有其合理的一面。然而，当人类进入礼义文明时代之后，“心之所可”的对象却并非如黄百锐所说只有欲望，甚至也并非直接就是欲望，而可能是“道”。正如艾文贺

① 这种信念在行动哲学看来，又可称之为“充分理由信念”，它具有激发行为动机的功能。

所指出的，在荀子那里，一个人对如何实现儒家社会的宏伟计划的既定行为或行为类型，必须有足够的把握，以便完全理解和欣赏其道德品质。这样一种理解反过来产生一种追随“道”的宏伟规划的承诺，这种“道”就其自身而言即是善的，不仅意味着而且其自身就是最好的生活类型的象征[①]。故荀子云：“心不可以不知道；心不知道，则不可道，而可非道。人孰欲得恣，而守其所不可，以禁其所可？以其不可道之心取人，则必合于不道人，而不合于道人。以其不可道之心与不道人论道人，乱之本也。夫何以知？曰：心知道，然后可道；可道然后守道以禁非道。以其可道之心取人，则合于道人，而不合于不道之人矣。以其可道之心与道人论非道，治之要也，何患不知？故治之要在于知道。”（《解蔽》）此处，“道”可以理解为礼义文明社会的一整套规范（the set of norms）或规则系统[②]，它既是人的认知和评价的对象，也是对人的美好人生的承诺。人要“可道”，必先“知道”；而要“知道”即必意味着存在可认知的“道”。同时，人“知道”并不即是“可道”，“可道”意味着一个人不仅仅将“道”当作某种外在的知识，而且把“道”内化为自己心灵的一部分，因而“可道”是一个人的心可、意可或心肯、意肯。一个人一旦达到“可道”以后，即会在内心产生相应的信念，而此入于人心的信念则能使人守道以禁非道，不为私欲或外物所诱导，故云：“率道而行，端然正己不为物倾侧。”（《非十二子》）人之所以认可“道”，是因为“道”本身蕴含的一套评价标准，能够告诉人们对错、好坏，而且被人生经验证明了其本身就是最好的生活形式，故能合于人心。久而久之，人们依“道”而行，即习惯成自然，故荀子云：“夫人虽有性质美而心辩知，必将求贤师而事之，择良友而

---

① P. J. Ivanhoe, “Human Nature and Moral Understanding in the Xunzi”, in *Virtue, Nature, and Moral Agency in the Xunzi*, p. 239.

② 严格说来，“规范”与“规则”并不相同，对人而言，前者更表现为义务性和可选择性，而后者则更强调人对它的遵守。

友之。得贤师而事之，则所闻者尧舜禹汤之道也；得良友而友之，则所见者忠信敬让之行也。身日进于仁义而不自知也者，靡使然也。”（《性恶》）依《春秋繁露》，“积习渐靡，物之征者也，其入人不知，习忘乃谓常然”。如是，人便在无形中形成了一种新的动机机制。荀子又云：“今使人生而未尝睹刍豢稻粱也，惟菽藿糟糠之为睹，则以至足为在此也，俄而粲然有秉刍豢稻粱而至者，则瞲然视之曰：此何怪也？彼臭之而嗛于鼻，尝之而甘于口，食之而安于体，则莫不弃此而取彼矣。”（《荣辱》）荀子此段常为学者所引，大意是说，假如有人生来就没有见过牛羊犬豕之肉和稻粱之米，而只见过豆叶糟糠之类的粗食，那就会认为这些东西就是最满意的食物了。但忽而有人端着精美的牛羊肉和大米饭，送到他的面前，他就会惊奇地问：“这是什么东西呀？”闻起来芳香扑鼻，尝起来口舌生津，吃起来周身舒坦，到那时就没有谁不抛弃这豆叶糟糠之类的食物而求取那肉食细粮了。荀子此说自然是极为生动的比喻，但至其言“莫不弃此而取彼”则已明显地蕴含新、旧动机之转化[①]。前引Aaron Stalnaker对黄百锐的批评可以表明此一点，而T. C. Kline Ⅲ亦随顺万百安的思路认为，荀子的“‘心之所可’可以理解为不同于如此这般欲望（desire as such）的动机机制。荀子将‘所可’与‘知’相联系，与我们描述和评价我们的内在动机以及外在情境的认知能力相联系……这种经由心之指向和控制的过程将原初欲望（original desire）转化成比与生俱来的、随情感状态而涌现的特殊反应更为复杂的动机。这种动机现在可以体现在更为广泛的认知和描述之中，同时也建基于对外在因素之性质的理解和敏锐感知之上”[②]。

---

① 荀子此段之文脉在说明，人之所以只止于口腹之欲之追求，而不以笃行君子为榜样，原因在于“陋”。依《修身》篇，“少见”为陋，言其愚与塞。就旧动机之转化与新动机之形成而言，此处的“陋”我们可作散开来理解。

② T. C. Kline Ⅲ, “Moral Agency and Motivation in the Xunzi”, in *Virtue, Nature, and Moral Agency in the Xunzi*, pp. 160 - 161.

审如是，若依黄百锐的说法，如果我们将这种已经转化了的动机依然看作欲望的话，那么，这种新欲望不仅会与荀子有关欲望的定义相违背，而且它简直就是假定，除了欲望，没有任何别的心理状态可以激发行为。但“实际情形可能是，‘心之所可’表示另一类动机，也许我们可以把它称作一种‘实践判断’（practical judgment），它既有认知，又有意动（conative）的因素”[①]。

同样道理，在另一方面，我们也应看到，假如我们撇开黄百锐与 K. Hagen 在具体论述脉络上的差异不论，尽管 Hagen 强调智的引入以发展出一套辅助动机系统，但他们两人无论是黄百锐的“欲望竞争说”还是 Hagen 的“原初欲望不变”论，两者其实有异曲同工之处，亦即皆强调欲望之于动机的作用[②]。如果说 T. C. Kline Ⅲ 等人已经对黄百锐的观点提出了批评，那么，Hagen 的主张又存在什么问题呢？Hagen 将荀子的欲望区分为“原初欲望”与“具体欲望”，冯耀明在论及荀子的性概念时亦区分未及物的性和已及物的性，前者是与生俱来的本能或情性，大体合于 Hagen 的“原初欲望”；后者即是前者接于外物而产生的“目好色，耳好声，口好味”等之类的欲望，大体相当于 Hagen 的“具体欲望”[①]。当然，他们两人在论述的重点上并不相同。按 Hagen 的说法，即便人的道德转化发

---

① T. C. Kline Ⅲ, “Moral Agency and Motivation in the Xunzi”, in *Virtue*, *Nature*, *and Moral Agency in the Xunzi*, p. 161.

② 强调欲望之于动机的作用，在理论上无疑有其根据，问题在于如何理解欲望，此一问题在休谟式道德心理学与行动哲学之间争论不休。简言之，在荀子那里，道德转化后的欲望更多表现为一种“意动”因素或“愿力”的搜寻状态，而不是如 K. Hagen 所理解的原初欲望那般，见后说明。

① 冯耀明：《荀子人性论新诠——附〈荣辱〉篇 23 字衍之纠谬》，载《台湾政治大学学报》第十四期，2005 年 7 月，第 169—230 页。王华教授主张将荀子对性的理解大略区分为广义和狭义两种，更有助于诠释“化性”，亦即狭义的性就是指天生的官能、不具体的生理与心理驱力、倾向等；广义的性即包括狭义的性作用于日常生活经验“自然”产生，由耳目感官、心理能力与外物“精合感应”而发展出的较具体的倾向与表现。［参阅王华《礼乐化性：从〈荀子〉谈情感在道德认知与判断中扮演的角色》，载《中国哲学与文化》（郑宗义主编）第十三辑，第 51 页］笔者倾向于赞同这种区分。

生以后，原初欲望依然保留，不会改变，而且获得极大的满足。不过，Hagen 的这一观点，如前所言，如果站在 Thomas Nagel 的立场上看，则 Hagen 显然混淆了“有动机的欲望”（motivated desire）与“无动机的欲望”（unmotivated desire）。换言之，与具体欲望相区分的所谓原初欲望，不论 Hagen 有多少不同的说法，似皆可表示某种无具体内容的或不及物的能力（但 Hagen 对原初欲望的说法较为混杂）。如果这种能力也叫作欲望的话，它是未经主体之人之思虑和决定就突如其来出现的，如“饥而欲食”等，而在 Nagel 看来，这种欲望虽然可以被说明，但却没有驱动行动主体有所行动的动机效力[①]。事实上，在荀子那里，任何可以称得上“具体欲望”的东西，皆必定包含了认知和评价因素的加入。如果我们同意此一看法，那么，Hagen 区分和保留原初欲望的理论意义就必须得到有效说明，否则就有可能落空。同时，更为直接的是，正如学者所指出的那样，在 Hagen 那里，道德转化并不要求改变原初欲望，原初欲望一直存在，只不过新产生的辅助动机系统能够克服和压倒原初欲望而已。果如是，则道德转化完成后所形成的新动机与原初欲望之间的紧张，可能将会使得荀子所主张的“备道全美”（《正论》）、“动无不当”（《君道》）、“不失毫厘”（《儒效》）的圣人理想在理论上招致松动和瓦解[②]。

7. “化性”与“起伪”

不过，思量 Hagen 之所以坚持道德转化之后，人的原初欲望非但没有改变，而且获得了极大的满足，其根据正来源于其对荀子“化性”的理解。的确，如果我们浓缩问题的要领，在荀子那里，性

① Thomas Nagel, *Possibility of Altruism*, Oxford: Clarendon Press, 1970, p. 29. 依 Nagel，驱动行动主体有所行动的动机必当“通过决定和思虑之后”（by decision and after deliberation）而有。

② 参阅王华《礼乐化性：从〈荀子〉谈情感在道德认知与判断中扮演的角色》，第 48 页。

恶之人的道德转化正可以以“化性起伪”来概括，而依荀子“化”乃是“状变而实无别而为异”的定义[①]，“化性”确如 Hagen 所言并没有改变“性”的性质（“实无别”），而只是改变性亦即第二义之性所表现出来的各种情欲的作用方式；换言之，原初欲望并没有改变，改变的只是具体欲望。然而，我们需要迫切地意识到，在《荀子》一书中，“化性”却总是与“起伪”联系在一起，而荀子言“性”有二义，谓“生之所以然者谓之性。性之和所生，精合感应，不事而自然者谓之性”（《正名》）；言“伪”也有二义，谓“心虑而能为之动谓之伪；虑积焉，能习焉，而后成谓之伪”（《正名》）。如是，我们就有必要问，“化性”与“起伪”的关系是什么？“化性”本身是否即可代替“起伪”？如果可以，荀子又何以要架屋叠床地说“化性而起伪”？此外，对“伪”的理解，第一义之“伪”意义相对较为清楚，但第二义之“伪”所说的“而后成”的“成”指的是什么？

我们先看第一个问题。有学者认为，“‘化性’依赖的是‘注错习俗’，可是‘注错习俗’实际上就是行为方式和习惯，即第一义的‘伪’的积累。这样看来，‘化性’和‘起伪’并不是两个阶段的功夫，而是同一种功夫的两个面向”[②]。我们可能对此看法持保留意见，如果此说为真，那么，荀子何以要突出性、伪之分？的确，荀子明确说过“注错习俗，所以化性也”（《儒效》）。但此处有两点尚需辨明，其一，注错习俗固然可以化性，但化性却并不就等于注错习俗。其二，注错习俗固然表现为传统、风俗和习惯对人的影响，但这些风俗习惯和行为方式并不就等于第一义之“伪”的“心虑”“能动”；恰恰相反，人被“注错”于特定的环境中，其传统、风俗和习惯对

① 荀子有关“化”的定义是在《管子》的基础上发展而来的，《七法》篇云：“渐也、顺也、靡也、久也、服也、习也，谓之化。”荀子的定义明显更加哲学化了。

② 参阅邓小虎《荀子的为己之学：从性恶到养心以诚》，北京：北京大学出版社，2015 年，第 61 页。

人的行为的影响更多表现为某种“集体无意识”，而与第一义之“伪”所强调的“心虑”“能动”相远，因而我们主张“化性”与“起伪”不可被看作同一种功夫的两个面向。实际上，“化”与“起”在此处皆作动词，重点显然在于“性”和“伪”。依荀子，“不可学、不可事而在人者谓之性，可学而能、可事而成之在人者谓之伪”（《性恶》），此说强调性、伪之间可学可事与不可学不可事的差别。如前所言，荀子言化性指的是第二义的性，而化性所改变的是人的情欲的表现方式，这种表现方式之改变是借由外在的礼义加以矫饰，使之合于规范，故云“状变而实无别而为异”。可是，“起伪”与“化性”不同，可以理解为“化性”功夫的进一步推进，荀子自己也强调“性之所生”与“伪之所生”“有不同之征”（《性恶》）。那么，其不同在什么地方呢？今暂且撇开《性恶》篇所言的文本脉络的道理不论，此处有两点需要指出。其一，我们说化性所改变的只是具体欲望的外在表现方式，但在荀子那里，任何的具体欲望本身皆离不开认知的因素。换言之，仅凭单纯的原初欲望（此处所说的原初欲望指较为抽象的生理驱力或心理倾向）并不能成全一个欲望行动，如“我想吃”（I desire to eat）必定要知道某物可吃、好吃才能成为一具体的欲望或欲望行动，如“我想喝可乐”或依荀子所说的“食欲有刍豢，衣欲有文绣，行欲有舆马”即为一具体的欲望，这个欲望必定是包含认识了“可乐”“刍豢、文绣或舆马”对我的“好”为前提的。然而，此一具体欲望之调节或改变并不是由“化性”所实现的，而是由“起伪”所实现的，故荀子云：“情然，而心为之择，谓之虑。心虑而能为之动，谓之伪。”（《正名》）[①] 其二，此处还涉及荀子第二义之伪所说的“有所成”的“成”究竟指的是什么的问题。在了解此一问题之前，我们看到，荀子言“伪”似乎特别注重

① 无疑，荀子第一义的“伪”所表现的“心虑”“能动”本身可有对错之分，也正因为如此，“起伪”本身是一个不断试错的过程，是一个权衡、比较和决断的过程。

“后成”“后然”的结果义，如荀子一方面云“夫感而不能然，必且待事而后然者，谓之生于伪”，另一方面又云“可学而能，可事而成之在人者谓之伪”（《性恶》），又云“虑积焉，能习焉而后成谓之伪”（《正名》）。在此类说法中，荀子言（第二义之）“伪”可以说特别注重结果，而此结果又落在人身上。“化性”所表现出来的“状变”当然也是一种结果，但此一结果只是一种外在表现或外在形式的改变；“起伪”所表现出来的结果是通过学和事、通过“虑”的积累和“能”的熟习而有的结果，这种结果不可能只是人的某种外在形式的改变。陈大齐、李涤生皆认为，荀子第二义的“伪”所言的“成”指的是由行为积累而成的人格[①]；而邓小虎则认为，第二义的“伪”至少不限于人格，礼义也可以理解为第二义“伪”的成果[②]。我们觉得以上两种说法皆有其道理。但是，无论是“人格”说还是“礼义”说皆只指涉对已成的新出现的结果的描述，我们要问，何以“成之在人者”的“起伪”会产生这种结果？顺此思路，假如我们联系荀子“圣人积思虑，习伪故以生礼义而起法度”，“圣人化性而起伪，伪起而生礼义，礼义生而制法度”（《性恶》）的说法，我们也有理由认为，伪起而后有成的“成”实质上已然包括新的动机的生成，因为只有基于不同于“化性”而是“起伪”[③] 而来的新的动机才能生“人格”、生“礼义”[④]。在我们看来，理解此中的道理并不复杂，首先从文本脉络上看，荀子言“起伪”总是与“生礼义”相连，但礼义如何生？圣人与涂之人之别不在性，而在伪。性无礼义，且倾向于自利，但化性只改变了性（指人的具体欲望）的表现方式，

① 陈大齐：《荀子学说》，第 35 页；李涤生：《荀子集释》，第 508 页。

② 邓小虎：《荀子的为己之学：从性恶到养心以诚》，第 61 页。

③ 观察荀子对“伪”和“起伪”的理解，其包含的内容甚广，认知、评价、思虑、选择、信念以及传统、习俗、环境等等因素皆可涵容，而这些恰恰是孕育新动机形成的重要原因。

④ 按照荀子对“化”的定义，“化性”并未改变“性”的实质，故而由“化性”也不可能产生新的动机，而依此动机而生的“人格”和“礼义”就更难想象了。

所以仅化性并不能生成一个新的动机，而没有新的动机也就不可能生成新的人格和礼义。其次，从荀子“化性而起伪，伪起而生礼义，礼义生而制法度”的语言用法上看，“化性”与“起伪”之间并非只是一个简单的相连关系，而是实质内容的递进关系，第一步为化性，第二步为起伪。而且我们还想进一步指出，“化性”之所以可能，其实义和根本乃取决于“起伪”。依荀子伪的两重定义，当一个人虑积、能习而后成之后，即人去除了其自利的欲望而以礼义为目的时，这时的“伪”便包含了一个新的动机的形成，而且也只有这种动机才能真正“生礼义”“成人格”。换言之，能生礼义、成人格的动机不能单纯从“化性”中产生，而只能从“起伪”中产生，而起伪不仅包含了思虑、评价和信念，也包含了环境、传统和习俗等等对人的影响，而这一点正构成了我们理解荀子从第一阶段过渡到第二阶段，亦即在礼义文明已经存在之后道德动机如何形成的关键。

当然，如前所言的，单纯的“化性”并不能产生新的动机，新动机的产生只能来自“起伪”，然而此一说法本身却是有待分析的。若对此一说法做过于极端的解释，则并不符合荀子的意思，盖荀子一方面强调“性伪之分”，但另一方面也十分强调“性伪合然后圣人之名一”，“性伪合而天下治”，“无性则伪之无所加，无伪则性不能自美”（《礼论》）。即此而观，在荀子那里，人的新动机的产生若离开“性”而单纯依靠“伪”，则无论在理论上还是在文本上似乎都难有强大的说服力[①]。基于此一认识，我们不难看到，尽管 Aaron Stalnaker、T. C. Kline Ⅲ、Bryan Van Norden 乃至 P. J. Ivanhoe 等人特别强化认知、评价或“心之所可”对于一个人的新动机的产生和形成所具有的根本意义（此处取广义的动机概念，狭义的动机概念倾向于将认知或“心之所可”的“可”看作一种评价），但此一看法在理论上似乎仍有两个问题有待说明。其一是由认知或“心之

① 参阅拙著《合理性之寻求》，第 403 页。

所可”而来的行动理由如何实现其自身（理由）到动机之间的有效过渡。这大概可以看作一个“休谟式”（Humean problem）的问题，如我清楚地知道我要做什么、我应当做什么，但我却没有去做，这种知行不一中所包含的“意志无力”（weakness of will）的问题尚需交代，这一点对于持性恶论的荀子而言尤其重要[①]。其二这种看法在文本上未能全面照顾到荀子“性伪合”的主张。然而问题还在于，荀子此处所说的“性伪合”的“性”究竟指的是第一义的“性”还是第二义的“性”？许多学者倾向于认为，荀子“性伪合”之“性”乃是第二义之性亦即表现为具体欲望（如食欲有刍豢，衣欲有文绣，行欲有舆马等）的性与“伪”的结合，然而这种理解在理论上似乎并不合适。首先，从荀子言“性伪合”的文本脉络上看，它是顺“性者，本始材朴也；伪者，文理隆盛也。无性则伪之无所加，无伪则性不能自美”而来的，此处荀子将“性”理解为原始的素材（本始材朴），与《性恶》《荣辱》等篇把“性”理解为好利恶害等具体的情性欲望的“性”颇不相同，或许正因为如此，李涤生认为“此数语与性恶说，颇有出入”[②]。揣度李氏之所以有此疑惑，或许是由于其未顾及荀子对“性”有两种定义，假如我们将荀子第一义之性亦即“生之所以然者谓之性”的“性”理解为“性伪合”之“性”，其与“本始材朴”之间便不会有“颇有出入”之惑。其次，从“性伪合”的内容上分析，我们知道，在荀子那里，第二义之性所表现的任何具体的欲望，其之所以可表现为具体如“我想穿西服”，必定已加入认知乃至评价的因素，而“伪”所表现的心之虑、能之动以及虑积、能习本身就包含了认知和评价在内。因此，将“性伪合”之“性”理解为第二义之“性”，在逻辑上便只有两种结果：当具体

① 在儒家性善论的传统中，大都是把“意志无力”问题归结为一个所知不真、所知不深的问题。参阅拙文《朱子论真知及其动机效力》，《台湾大学哲学论评》第五十二期，第1—26页，2016年10月。

② 李涤生：《荀子集释》，第440页。

欲望所包含的认知与“伪”所包含的认知完全一致，则不存在化性起伪；当具体欲望所包含的认知与“伪”所包含的认知相互矛盾，则不存在“性伪合”①。审如是，我们认为，“性伪合”的“性”当指第一义之性与伪的结合。前面我们已经说过，我们赞同将第一义之性理解为人天生而有的非具体的心理倾向或生理驱动力，这种性大体合于荀子所说的“生之所以然”的“性”。有学者也主张将荀子的这种性理解为“人类生命的一切天然质具”②，“质具”的另一种说法其实就是“知能”（《性恶》），它是人天生而有且无积极内容的能力，我们也可以将它称作“潜能”(potential capacity)，或把它理解为苟无之中而必求于外的“愿力”，只不过这种作为抽象能力的“性”始终处于意动状态或目标搜寻状态之中。由于它本身并无积极的道德内容，就像一个托盘，所以它“不足于独立而治”（《儒效》），而必将加入后天的“伪”才能生出新的动机，并依此新动机生出人格和礼义，而后使天下归于治而合于道，这便是荀子所言的“性伪合而天下治”的实义。

8. 由“就范”“认同”到“规范植入”

最后，我们想简单说明的是，按照社会心理学家 Elliot Aronson 看法，人们遵循规范的动力可以表现为三个方面或三个阶段，此即“就范”“认同”和“规范植入”(或规范内化)③，这三个方面也大抵可以看作在已有礼义文明的社会之中荀子有关道德动机形成的三个

① 此处“性伪合”之“合”可有各种不同的解释，如用“加工结合”解释，则此性虽可取第二义之性之义，但却不符前面所说的文本脉络。郝懿行将“合”释为“合一”，语意较模糊。李涤生释为性伪“两者相合”（《荀子集释》，第 440 页），北大本释为“本性与人为相合”(《荀子新注》，第 322 页)。以“相合”释“合”来解释“性伪合”，则所“合”之“性”当为第一义之性，而意思显然更为顺畅。

② 邓小虎：《荀子的为己之学》，第 53 页。

③ 参阅氏著《社会性动物》《绝非偶然》等，又见张德胜《儒家伦理与秩序情结》，台北：台湾巨流图书公司，1989 年，第 72—73 页。

阶段的缩影。所谓“就范”（compliance）是说人们遵循规范的动机或动力完全来自外在的管束和威迫，他们的行为意识纯全是自利的、不择手段的。在任何一个社会中，皆不免存在一些“言无常信，行无常贞，唯利所在，无所不倾”（《不苟》）或“纵情性，安恣睢而违礼义”（《性恶》）乃至“心如虎狼，行如禽兽”（《修身》）之人，在荀子看来，对于这些人，我们必须“立君上之势以临之”，“起法度以正之，重刑罚以禁之”（《性恶》），目的在于通过这些外在的刑禁和赏罚使他们就范，以“使天下皆出于治，合于善”。因而，“就范”的动机完全来自外在的威慑。所谓“认同”（identification）即借由教化（为学积善的教育以及传统风俗的陶冶等）让人们自觉地认识并遵循社会群体所奉行的规范，使人养成遵守礼义法度的动机。我们已经指出，荀子对人的理解的特色之一是将其置诸由传统、社群和社会组织所构成的意义世界之中[①]，从此一角度上看，荀子的人也可以看作“悬挂在由他们自己编织的意义之网中的动物”[②]，故而教育、师法与环境对于人的规范意识的养成具有十分重要的作用，人性之可塑在于人可教育、可引导、可扰化，“干、越、夷、貉之子，生而同声，长而异俗，教使之然也”（《劝学》）。而环境对人所具有的潜移默化的影响，所谓“越人安越，楚人安楚，君子安雅”（《荣辱》），所谓“居楚而楚，居越而越，居夏而夏”（《儒效》）等，荀子论述得最为周到与恳切。

不过，我们应该看到，根据“认同”之说，虽然人们遵守道德规范的动机来源于人的自觉的意识，但从“认同”概念本身来看，道德规范对人而言仍然是某种外在的认知对象或外在的知识形态。按照冯契的说法，“道德行为，亦即合乎道德规范的行为，包含着三个要素：第一，道德理想表现于人的行为，在行为中具体化为处理

---

① 参阅拙著《合理性之寻求》第一章《人生不能无群——荀子论人的概念的特性》。

② 参阅格尔茨《文化的解释》（韩莉译），南京：译林出版社，1999 年，第 5 页。此语原为韦伯所说，为格尔茨所引。

人和人的关系的准则（规范）；第二，合乎规范的行为应该是合理的，是根据理性认识而来的，因此是自觉的行为；第三，道德行为应该是自愿的，是出于意志自由的活动，如果不是出于自愿选择而是出于被迫，那就谈不上行善或作恶”[①]。规范认同虽然不像“就范”那样以刑禁和赏罚为后盾，但此阶段中规范对人的外在性的特点可以说明，出于认同的道德意识或道德动机本身并不稳定。换言之，经由理性认知而来的遵守规范的动机，一旦在道德规范要求与人的利益需求发生冲突时，人们就仍有可能违背规范要求，这是西方伦理学家常常讨论的“搭顺风车”（Free rider）的问题，亦即如果某人在某种情况下违反道德比遵守道德能给他带来更大的好处或便益，而又不会被发现或被抓到，他就没有理由不去违反道德规则。另一方面，“认同”所内含的规范的外在性在行为方式上更多地表现为“依乎法”，然而在“法教之所不及，闻见之所未至”（《儒效》）的情况下便只能手足无措，顾此失彼，而不能推求应变，应对从容。由此而观，规范认同必将进至于规范“内化”（internalization）方能为人们履行道德提供一个稳定的动机机制。所谓“规范内化”，从理论上看，就是个体对社会行为规范的接受和信念化，将外在于个体的行为要求融入个体的主观价值体系之中，转化为个体内在的行为需要。如是，个体不仅能够依规范做出合符规范的行为，同时，对规范的依据和价值也有了深刻的认识和情感的体验。所以，学者认为，规范内化意味着在个体内在的态度结构中，“不仅确立了规范的动机系统，而且确立了执行规范的监控系统”。以信念为基础的行动通常能够获得一种自我满足感，表现为某种意义上的自我奖励，故而具有稳定的动机效力。对荀子而言，所谓“规范内化”，简单地说，即是人们将原先具有消极限制意义的礼义规范转变成为具有积极意义的信念系统，成为人们内心的欲求，所谓“礼

---

① 《冯契文集》第四卷，上海：华东师范大学出版社，2016年，第41页。

然而然，则是情安礼也”（《修身》），情性化于礼义，礼义内植于人心，其结果即是人的行为“不知不识，顺帝之则”。故荀子云：“君子之学也，入乎耳，著乎心，布乎四体，形乎动静。端而言，蝡而动，一可以为法则。”（《劝学》）到此时，人的视听言动莫不中规合矩，举手投足之间亦堪为法则。及其至也，则一个人能够做到“使目非是无欲见也，使口非是无欲言也，使心非是无欲虑也。及至其致好之也，目好之五色，耳好之五声，口好之五味，心利之有天下”（《劝学》）。意思是说，一个人通过教化、学习、思考和自我反思所形成的规范内化，其行为将会是，使自己的眼睛不是正确的东西就不想看，使自己的耳朵不是正确的东西就不想听，使自己的嘴巴不是正确的东西就不想说，使自己的脑子不是正确的东西就不想考虑[①]。而到了对礼义道德的爱好至极致时，就像目之好五色，耳之好五声，口之好五味，心之利有天下之富一样，纯全如人的自然欲望般自然。或许正因为这个原因，李涤生于此下注云：“孟子曰：‘礼义（当为理义）之悦我心，犹刍豢之悦我口。’与此同义。”[②] 所注当为端的。

① 此处译文参阅张觉《荀子译注》，上海：上海古籍出版社，2012年，第10页。
② 李涤生：《荀子集释》，第20页。

附录一：「应之于治则吉」

——荀子《天论》篇与政治哲学①

① 此为原稿，发表时略有改动。

1. 引言

在今本《荀子》32篇中，《天论》一篇为荀子所作，学者向无异议。《天论》是荀子思想中极为重要的一篇，在儒家思想史上独具异彩，学者也常常将此篇之主题理解为荀子的宇宙观、自然论或有关天地万物的学说等。本附录所作有两个目的，此即在肯定以往学者之基本看法的基础上，对荀子作《天论》的动意和目的提出论议，并且在此基础上，将试图进一步证明《天论》篇的核心主题并不是“天”而是“人”，并不是“自然”而是“治道”；换言之，荀子对“自然之天”的论述乃是为彰明其政治“治道”的目的而拖带出来的。因此，《天论》篇与其说是一篇论述“自然观”的文本，不如说是一篇荀子有关“政治学”或“政治哲学”的文本。

2.“论天”与《天论》

要论证《天论》篇为一篇政治哲学的文本，在理论上需要满足以下两方面的条件，一是荀子作《天论》篇的动意和目的主要不在于探索自然之天，而在于阐明“政以治民”的主题；另一是《天论》篇的文本清楚地揭示出了政治的价值、根源和理想。不过，在正式论述这两个问题之前，我们有必要区分“荀子论天”与“荀子《天论》”这两种说法的差异。“荀子论天”，顾名思义，我们可以从整本《荀子》中寻绎出荀子对“天之所以为天”的认知、了解，其着力点在于揭示荀子对“天”这一概念的内涵、特征的认识和把握；而“荀子《天论》”则是侧重于将《天论》篇首先看作一个具体、独立的文本，并通过对此一文本的分析，见其间架、眼目，以得其要归。简言之，“荀子论天”是要说明荀子对“天”这一概念的了解，以见其宇宙论或自然观的主张；“荀子《天论》”则要透过对具体特定文本的分析指出其真实的用心。毫无疑问，上述两种不同的说法虽然着重点有所不同，但并不意味着两者毫无关联。事实上，荀子论天的许多文本正来源于《天论》，而《天论》的许多说法也表达着荀子论天的主张。

按照冯友兰先生的说法，"天"这一概念在中国哲学史上有五种不同的含义，此即物质之天、主宰之天、运命之天、自然之天和义理之天，而"荀子所说的'天'就是自然界"[1]，也就是说，荀子所言之天乃为自然之天。牟宗三先生即谓"荀子之天非宗教的，非形而上的，亦非艺术的，乃是自然的，亦即科学中'是其所是'之天也"[2]。劳思光先生亦认为，荀子思想中的天"本是'自然义'"之天[3]。陈大齐先生则认为，"荀子所见的天，是不知不识的，且亦没有意志的，只是遵行着一定不易的自然法则以发挥其作用"。荀子所论之天虽有广狭二义，但其基本意含指的是自然现象[4]。基本上，学者对荀子所论之天的含义有大体相同的看法，当然，也有一些学者持有不尽相同的主张，如 Robert Eno 就认为，荀子所言之天有三种不同的含义，其中一种即包含"神"（god）、"命运"（fate）或"礼义秩序之直接基础"（the direct basis of ritual order）的含义[5]。至于对荀子如此论天的评价，胡适先生认为，"荀子在儒家中最为特出，正因为他能用老子一般人的'无意志的天'来改正儒家墨家的'赏善罚恶'有意志的天，同时却又能免去老子庄子天道观念的安命守旧种种恶果"[6]。陈大齐先生则认为，荀子"有关于天的学说，具有独到而精辟的见解，为当时的思想界放一异彩"[7]。而有的学者甚至认为，如果我们不

---

① 冯友兰：《三松堂全集》第七卷，郑州：河南人民出版社，2001 年，第 483 页。

② 牟宗三：《名家与荀子》，台北：台湾学生书局，1979 年，第 214 页。

③ 劳思光：《新编中国哲学史》（一），台北：三民书局，1984 年增订初版，第 338 页。

④ 陈大齐：《荀子学说》，台北：中华文化出版事业社，1956 年，第 3—4、13 页。

⑤ 参阅 Robert Eno，*The Confucian Creation of Heaven*：*Philosophy and Defense of Ritual Mastery*，Albany：State of University of New York Press，1990，p. 155。此外，Loubna El Amine 也大体同意 Eno 的看法，参阅 Loubna El Amine，*Classical Confucian Political Thought —— A New Interpretation*，Princeton：Princeton University Press，2015，p. 191。日本学者的相关研究，请参阅佐藤将之《20 世纪日本荀子研究之回顾》，载《台湾政治大学哲学学报》第 11 期，2003 年 12 月。

⑥ 胡适：《中国哲学史大纲》卷上，北京：商务印书馆，1987 年影印版，第 310 页。

⑦ 陈大齐：《荀子学说》，第 13 页。

研究荀子天的学说,“便几乎不能究明荀子的思想”[1]。上述观点,所言或各有不同的视角,但在某种程度上大体皆切合荀子论天的意义。

或许正由于《天论》篇较为集中地记录了荀子论天的文本资料,因而在浸淫辗转中,学者似乎不免疏忽了荀子论天与荀子《天论》之间的微妙差别,不自觉地将荀子《天论》篇的问题意识理解成为荀子对有关自然和天地万物学说的阐析。如在改革开放后最早出版的一本研究荀子思想的论著中,夏甄陶先生就认为,荀子“那一篇专门阐述自然观的文章,题目就叫作《天论》。他认为天是客观存在的物质自然界,道是自然变化的客观规律,系统地论述了他自己的唯物主义自然天道观”[2]。陈大齐先生似乎也认为,“荀子关于天地万物的学说……具见于荀子书中的《天论》篇,其他各篇亦间有述及”[3]。换言之,依陈氏,荀子《天论》篇的核心主题是他的自然论或有关天地万物的学说。上述说法毕竟有没有其正当的理由?显然,就荀子论天之所以为天的自然观而言,学者注目于《天论》篇有关天为何物、有何特征的文本解释,自是情理中事,亦有其合理性。《天论》,顾名思义,其中心问题之一当然与对天的讨论有关。不过,深入分析表明,荀子《天论》篇论天的目的,并非只止于以论天为然,并非只着力于讨论天的构成、讨论天如何生成演化为万物的奥秘的具体知识,而是与人密切相关、与治道的彰明密切相关[4]。即便

---

① Edward J. Machle, *Natuer and Heaven in the Xunzi —— A Study of the Tian Lun*, Albany: State University of New York Press, 1993, p. xi.

② 夏甄陶:《论荀子的哲学思想》,上海:上海人民出版社,1979 年,第 42 页。

③ 陈大齐:《荀子学说》,第 13 页。

④ 我们虽不完全同意 Robert Eno 对荀子有关天的具体观点的分析,但 Eno 认为,“正如文本所清楚表明的那样,自然之天(Tien-as-Nature)本身不是荀子的兴趣所在,荀子的兴趣在礼”。此一看法用于分析《天论》篇是十分合适的。参阅 Robert Eno, *The Confucian Creation of Heaven: Philosophy and Defense of Ritual Mastery*, Albany: State of University of New York Press, 1990, p. 169。Loubna El Amine 也有类似的看法,参阅 Loubna El Amine, *Classical Confucian Political Thought —— A New Interpretation*, p. 192。

荀子言"知天"，也只是要人知天所表现出来的那些可以据以观察预期的现象（以便为我所用）而已，超出这些而去求这些现象背后的所以然，是荀子所不提倡的。因此，在理论上，要说明天与人相关、天道与治道相关，固然首先要明白天的性质，只不过对天之所以为天的具体知识的了解并不是荀子《天论》篇的最终目的，也不是荀子的核心所求，荀子的最终目的乃是为了人间治道的彰明与实现。从这个角度看，荀子《天论》篇的论天乃是作为引发的、中介的、借入的手段而已①。

在以往学者的理解中，荀子《天论》篇的主题思想主要从以下几个方面表达了荀子天道观或宇宙论的相关主张。首先，是"天行有常"观念的提出。荀子认为"天"就是客观存在的自然世界，"列星随旋，日月递照，四时代御，阴阳大化，风雨博施"等等皆是这个自然世界的具体表现，这些现象又皆是"天地之变，阴阳之化"的结果。在荀子看来，天地自然的运行有其自身固有的法则，并不因人世间统治者的好坏而发生改变，"天行有常，不为尧存，不为桀亡"。又云："天不为人之恶寒也辍冬，地不为人之恶辽远也辍广。"其次，是"天人相分"思想的揭示。荀子认为，天地变化，"星队木鸣"，只是自然现象，与人间的治乱无关。自然世界与人类社会各有自己的职分，天的职分在"生"，人的职分在"成"，因而人间治乱的根源只有从人自身中去寻找，故云："天有常道矣，地有常数矣，君子有常体矣。"又云："天有其时，地有其财，人有其治"，"明于天人之分，则可谓至人矣。"最后，是强调"制天命而用之"的主张。荀子提出"天人之分"的目的在于打落掉围绕于天的各种迷信，致力于发挥人自己的主观能动作用，认识和利用自然，而不要让人们俯伏在子虚乌有的"天"的意志和神力之下，故云："大天而思

① 只是我们需要指出，荀子《天论》篇的论天即便是"引发的、中介的、借入的"，也并不妨碍我们在了解荀子的思想时，对其做独立的阐发，其间分际并不难理解。

之，孰与物畜而制之！从天而颂之，孰与制天命而用之！望时而待之，孰与应时而使之！因物而多之，孰与骋能而化之！思物而物之，孰与理物而勿失之也！愿于物之所以生，孰与有物之所以成！故错人而思天，则失万物之情。”

以上三个方面是学者通常对荀子《天论》篇之主题思想的基本了解，各种诠释虽会有所出入，但其思路和意旨大体相同。这种了解有其合理性，不过，这种了解充其量我们可称之为对荀子《天论》篇的“论天式”的了解。但若就《天论》篇本身做“《天论》式”的了解，亦即透过《天论》篇的文字，分析其中的起承转合的文本脉络，进而寻求荀子作《天论》的动意与目的，那么，《天论》篇的核心关怀实乃指向政治治道问题。

3.“自然”抑或“治道”

元代刘埙在《隐居通议·文章六》中曾说：“盖古人作文，俱有间架，有枢纽，有脉络，有眼目。”所谓“眼目”约略指的是一本书或一篇文章的问题意识，亦即其动意和目的。那么，《天论》篇的动意和目的究竟是什么？简言之，就是通过解除围绕于天的各种神秘和迷信的观念，并通过对天、人各自职分的“划界”，将人们从祈天、畏天的冥想中解放出来，致力于人为的人治世界的开展[①]，荀子则以“君子敬其在己者，而不慕其在天者”言之。正因为此，从大而化之的角度上看，《天论》篇的确可以被理解为荀子所致力的“解蔽”的一种工作，亦即借辟邪说以明正道[②]，正如荀子作《正名》之目的主要不在于定名辨实，而在于通志行道、在“王业”之落实一样，荀子之作《天论》亦主要不在于究问天之“为何”，而在于阐明人当“如何”。假如这种理解有其道理，那么，上述所言的三个方面

① 参阅拙著《〈荀子〉精读》，上海：复旦大学出版社，2011年，第18—19页。

② 学者可参阅萧公权：《中国政治思想史》（一），沈阳：辽宁教育出版社，1998年，第112页。陈文洁：《荀子的辩说》，北京：华夏出版社，2008年，第20—31页。

的归向问题仍有待于我们指出。

大凡阅读荀子《天论》的学者，当不难留下这样的印象，那便是《天论》篇的语句结构似乎充满了"转语"。当然，此处的"转语"并非指的是如禅宗所谓的拨转心机使人恍然大悟的机锋话语，而是指话题的转换。举例而言，《天论》篇开头"天行有常……应之以治则吉"，在这样的语句脉络中，前一句讲"天"（天行），后一句则讲"人"（应之）；前一句讲"自然"，后一句则讲"治道"。又如"星坠木鸣，国人皆恐……上明而政平，则是虽并世起，无伤也"。可以说，类似的"转语"在《天论》篇中所在多有，不烦赘举，但它明显给我们传达出这样一种信息，此即荀子前句的论天、论自然是引发的，后句的论人、论治道才是其真实的用心。如在荀子，"天行有常"似乎只是一句断语，荀子并不是也无意由此断语引导人们对"天行"的内在机理、对天之"常道"的具体作用方式加以深入探讨，而是执此断语提出"天职"概念。而对此"天职"概念，荀子又只以"不为而成，不求而得"加以描述，且对"天职"之"成""得"所包含的"深""大""精"的奥秘，以"不加虑、不加能、不加察"给出了明确的主张；同时，对天如何生成、化育万物的"莫知其无形"的"天功"，荀子亦以一句"不求知"加以明确说明。但与此形成对照的是，荀子却十分注目于"应之以治则吉，应之以乱则凶"的主题，认为天之"贫""病""祸"，不在天，而在人政事上的举措；天之"富""全""吉"，不在天，而在人政事上的得宜。与对"天职"的不加知虑、对"天功"的不求了解相反，荀子对政事治道成败的具体措施如"强本而节用""养备而动时""修道而不贰"以及与之对反的"本荒而用侈""养略而动罕""倍道而妄行"则似乎极愿其详地加以指出。这种"转语"现象正是我们把握荀子作《天论》篇的问题意识的关键，荀子的目的是要借言天之自然引发人们对人之治道的重视。其次，就"天人之分"而言，人们或问，荀子《天论》篇的用心既然不在于探讨天地自然的具体知识，何以又要以天人手而为说？此即涉及荀子所处时代的“观念的灾害”问题。文德尔班曾经指出：“每个哲学家的世界观的要素产生于永远不变的现实环境，也产生于旨在解决这些问题的理性。”① 而荀子之时，环绕着天的各种迷信观念泛滥成灾，据《史记·孟子荀卿列传》记载：“荀卿嫉浊世之故，亡国乱君相属，不遂大道而营于巫祝，信机祥……”其实，所谓“不遂大道”与“营于巫祝，信机祥”毋宁说是互为因果的，而要彰明“大道”，则必先铲除那些遮蔽大道的巫筮、机祥、神邪怪僻之说。在荀子看来，现实世界之所以政令不修，举措不时，礼义不行，教化不成，乃至于人们消极无为，错人思天，其中的一个重要原因或许就在于人们在现实生活中在很大程度上将人世间的吉凶祸福委诸迷信、委诸天命天意，或从天所垂之象来预测吉凶，建立行事准则。从历史上看，到战国末期，各种怪异之论比如鸟兽通灵、骨相术、兽作人言、祥云瑞鸟等等荒诞不经之说颇为流行，人们也一时附会成习。更有甚者，当荀子之时，邹衍之徒以五德、天命之说唱白于天下，显明于诸王，其幽隐怪僻之言，莫可名状②，其结果是使人“拘而多畏”，期待于神秘天意的眷顾。1975 年 12 月湖北省云梦县睡虎地 11 号墓出土的睡虎地秦简《日书》所记载的当时人们多如牛毛的禁忌和繁杂的辟邪驱鬼法术，可以从一个侧面反显出这种“观念灾害”的深重程度。审如是，荀子说天一是要人明白天有常道，天无意志，不会降祸福于人，亦不会随人之好恶而改变其自身运行的法则，即便是星坠木鸣之怪异现象也只是阴阳之化的结果，不足畏之；一是警醒人们不要将政治上人为的殃祸转嫁给天，荒废人事的努力。治乱在人，“不可以怨天”，天人各有自己的职分。在荀子的这种观念中，破与立相峙而展开，但显然破的目的在立，窥破了各种“天袄”后，我们要做的就是致力于

---

① 文德尔班：《哲学史教程》（罗达仁译），北京：商务印书馆，1987 年，第 24 页。

② 参阅拙著《〈荀子〉精读》，第 25 页。

消除各种"人袄"[①]，用荀子的话来说，就是"君子敬其在己者"。所谓"敬其在己者"，在荀子那里又是与"错其在己者"对言的，亦即面对社会政治上的治乱，为政者不能只是委诸天而放弃自己应尽的责任，而应该严肃认真地做好自己应做的事情，那就是"清其天君，正其天官，备其天养，顺其天政，养其天情，以全其天功。如是，则知其所为，知其所不为矣，则天地官而万物役矣"。最后，就"制天命而用之"言，裁制天生之万物为我所用固必是以解除慕天、颂天的观念为前提的，但如何"裁制"却涉及人为的正确的"应之"方式。《天论》篇中对此所述甚多，除了学者讨论很多的"知天"与"不求知天"外[②]，其余如"强本而节用，则天不能贫；养备而动时，则天不能病"，"本荒而用侈，则天不能使之富；养略而动罕，则天不能使之全"；又如"所志于天者，已其见象之可以期者矣；所志于地者，已其见宜之可以息者矣；所志于四时者，已其见数之可以事者矣；所志于阴阳者，已其见和之可以治者矣"，如此等等。不过，从政治哲学的角度上看，所谓"正确的"应天的方式固然包含"技术合理性"，但更重要的是要体现出"价值合理性"；而且"技术合理性"必须以"价值合理性"为基础和指导，盖政治哲学探究的核心之一就在于讨论何种政治价值值得我们委身。由此观之，上面所言的"强本""节用""养备""动时"等等，我们顶多可以把它看作"技术合理性"的表现。事实上，在荀子《天论》的脉络中，"修道而不贰，则天不能祸"，"倍道而妄行，则天不能使之吉"中的所谓"道"才是

① 荀子对各种"人袄"现象可谓描述得甚详，如云，"楛耕伤稼，楛耨失岁，政险失民；田薉稼恶，籴贵民饥，道路有死人：夫是之谓人袄。政令不明，举错不时，本事不理，勉力不时，则牛马相生，六畜作袄：夫是之谓人袄。礼义不修，内外无别，男女淫乱，则父子相疑，上下乖离，寇难并至：夫是之谓人袄"。上述所言三种"人袄"现象，每一种皆与政事治道相关，如"政险失民""政令不明""礼义不修"等等，此一特点只能说明，荀子《天论》篇关注的重心在人，在政事之治道方面。

② 参阅拙著《〈荀子〉精读》，第34—41页。

荀子所措意、所强调的“价值合理性”的表现，此“道”即是“人有其治”的“治道”，是“君子道其常”的“常道”，或更清楚地说，即是“国之命在礼”的“礼义之道”。审如是，则荀子所谓“物畜而制之”“制天命而用之”“应时而使之”“骋能而化之”“理物而勿失之”“有物之所以成”等等明快的语言固然对人能制天、用天的观念做了爽朗的表达，不过，依荀子，人的这种能动性和力量的真正确证只有在“修道”[1]、“表道”的前提下，才能真正为现世人们的价值观的转变和世界图像的调整提供一个崭新的意义基础和方法基础。

4.“国之命在礼”

经由上面的论述，我们已经看到，荀子作《天论》篇的动意和目的乃试图借由对自然之天的解明而彰显政治治道的重要。治道问题在理论上当属于政治哲学的范畴。但如前所言，若要证明《天论》篇是一篇政治哲学的文本，尚需满足此“治道”所揭示的政治的价值、根源与理想。一般地说，政治哲学是一门规范性（normative）学科[2]，如同道德哲学、法律哲学一样，属于实践哲学的范围，但尽管如此，政治哲学仍有着与其他实践哲学所关注的不同的独特问题[3]。有学者认为，“政治哲学是用哲学的方法论述政治价值及其基础、根源。政治哲学研究何种政治价值值得追求，并以此为标准推动现实政治、进行政治评价，以及以此探寻理想的政治生活”[4]。假如即此来分析荀子的思

---

① “修道”，依王念孙，“修”当为“循”之误。“循”，即顺也；“道”，谓礼义之道。

② 乔纳森·沃尔夫：《政治哲学导论》（王涛等译），长春：吉林出版集团有限责任公司，2009年，第2页。

③ 如有学者认为，“政治哲学所关心的独特问题包括三个方面：政治价值、政治制度和政治理想。虽然这三者密切相关，但是它们所指涉的领域是不同的。政治价值涉及的是政治哲学的价值理论，政治制度涉及的是国家理论，而政治理想涉及的是传统上所说的乌托邦理论”。参阅姚大志《什么是政治哲学?》，文载《光明日报》2013年9月24日。

④ 陈来：《论道德的政治——儒家政治哲学的特质》，参阅氏著《孔夫子与现代世界》，北京：北京大学出版社，2011年，第168、176页。

想，那么，《天论》篇又从何种意义上揭示了政治哲学的独特问题呢？

作为西方学界最早全面译介《荀子》一书的学者，德效骞（Homer H. Dubs）对荀子思想的评价甚高，认为荀子是"古代儒家的形塑者"，而且他对荀子思想的宗旨和目的也有非常确当的了解和把握。德氏认为，荀子首先是一个注重实践的人，而非一个理论的哲学家，荀子哲学"明显是一实践哲学，由此而观，理论问题诸如认识论和形上学皆被推挤到了幕后，而政治哲学成为哲学的高峰（culmination）和目的，其余的一切皆必须从属于政治哲学"[①]。德氏又认为，"荀子更关注于作为社会秩序之一部分的人，而不是宇宙论的思辨，此一特点乃来源于荀子拒绝对人类生活并无实际效用的所有思辨的结果"[②]。假如比照司马谈在《论六家要旨》中的说法："夫阴阳、儒、墨、名、法、道德，此务为治者也，直所从言之异路，有省不省耳。"即司马氏所谓的"务为治者"乃指向秩序之安顿，而秩序问题则指向政治或政治哲学的主题。准此而观，德氏将整个荀子思想的性格和特征理解为一种"政治哲学"，似乎与司马谈的说法有异曲同工之妙，而《天论》作为《荀子》其中的一篇，实际上也理应恰当地表现出政治哲学的特色和诉求。

平心而论，许多学者虽未明确论证荀子的《天论》篇是一篇政治哲学的文本，但他们从不同的角度认为，理解荀子的天论必须与其"礼义之统"和"天生人成"的原则绾合起来，始能得其真义和实义，而"礼义"正构成了荀子政治哲学的核心的价值诉求。如韦政通依循牟宗三先生的思路，认为"荀子对天这方面的理解，纯是由礼义效用的思考中导引而出，礼义是本，是能治者，是正面的，据是而刺出去所理解的天是末，是被治者，是负面的。末，是说荀

① Homer H. Dubs, *Hsuntze: the Moulder of Ancient Confucianism*, London: Arthur Probsthain, 1927, p. 51.

② Homer H. Dubs, *Hsuntze: the Moulder of Ancient Confucianism*, London: Arthur Probsthain, 1927, p. 57.

子的思想重点在礼义之实施，不在对天之探究；被治是说一切天生而自然者，皆欲落在礼义的效用中，始能得其道，得其成；负面是说天在被治中，不能有任何积极的意义。总之，在荀子，礼义是绝对的中心，是人成之所，是人为之极致；知者知此，行者行此。至于天，它只是‘生’，只是‘自然’，知其为生为自然即已足；如再做进一步的探究，便是‘无用之辩，不急之察’，荀子则主张‘弃而不治’”。[1] 韦氏之说，虽不免夹杂，但其谓“荀子的思想重点在礼义之实施，不在对天之探究”，若衡之于荀子立言的动意，此说有其合理之处。今即就《天论》篇而论，如前所言，荀子的核心主题并不是“自然”，而是“治道”。所谓治道，顾名思义，即是治理国家的方针、政策、措施等，而任何具体的方针、政策和措施皆必有其赖以建立和制定的价值原则和准则。即此而言，阅读《天论》篇，我们可以发现，荀子对其所追求的政治哲学的价值原则的揭示实际上表现出层层深入、步步归显的特点。荀子首先宣明“修道而不贰，则天不能祸”，继而指出“天有其时，地有其财，人有其治”，再而强调“天有常道矣，地有常数矣，君子有常体矣”，此三层所指明的“道”“治”“体”的确表达出了《天论》篇所追求的政治价值，但此“道”“治”“体”的说法似乎依然是指点式的、启发式的，人们仍可问：“什么道？何种治？哪种体？”至荀子直言“在天者莫明于日月，在地者莫明于水火，在物者莫明于珠玉，在人者莫明于礼义”，“人之命在天，国之命在礼”时，则已将个人修身和国家治理的价值原则和盘托出。依荀子，礼义是善好的价值，它既是人们“知天”“用天”的标准，也是国家实现“正理平治”的保证、社会实现“群居和一”的基础[2]。今就《天论》篇分析，礼义作为政治哲学所追求的

---

① 韦政通：《荀子与古代哲学》，台北：台湾商务印书馆，1992年，第54页。

② 由于文题所限，本文尽量不超出《天论》篇而引论荀子的相关思想。对于荀子礼的意义，学者可参阅拙著《合理性之寻求》（台大出版中心，2013年）、《差等秩序与公道世界》（上海人民出版社，2016年）的相关论述。

价值，可以从以下两个方面来说明。首先，礼义是政治治乱的标准。如何克乱成治、建立有序的社会是先秦诸子面对的共同主题，然而此治乱之标准，儒墨道法等各家却各有不同，即便在同一学派内部也会有所差异。对于荀子《天论》篇而言，面对政治的窳劣和各种"观念的灾害"，荀子当然知道，明"天"乃是致治的必要条件，而结论则在于"治乱非天"，治乱在人。然而"天""人"的职分既明之后，致治仍涉及一个价值选择问题，亦即"应之以治"的标准何在。荀子认为致治的标准必在礼义上，亦必以礼义之价值为最后的归依[①]。治国之具体政策和措施如强本节用等固因礼义而得其宜，见其效[②]；同样，"上明""上暗""政平""政险"等亦必以礼义为最后的评判标准[③]，否则便不足以谓"国之命在礼"。其次，礼义是戳破一切迷信、蒙昧和邪说的利器。我们说过，荀子之时，一方面是巫祝、机祥和对天的迷信使人们冥冥无知无志，不见大道，不遂大道，以致使人们身处险乱"昏世"之境。另一方面，解除蒙昧，疾此虚妄却需要有一正确的理论引导。在百家异说，是非治乱盈盈而无定准的情况下，荀子认为最好的理论莫过于阐明礼义，故云："水行者表深，表不明则陷。治民者表道，表不明则乱。礼者，表也。非礼，昏世也；昏世，大乱也。"[④] 所谓"表"者，标准也。标准既立，则一切妖言邪说、迷信蒙昧皆在礼义之光的烛照下，冰融雾释，涣然消散；同时，"上"所以"明"、"政"所以"平"之规矩曲直，亦昭然于天下，道揆法守，条陈并至，至此而"昏世"可去，治世可期[⑤]。

---

① 荀子明确地说："礼义之谓治，非礼义之谓乱。"（《不苟》）

② 荀子的相关论述可参阅《富国》《强国》等篇。

③ 荀子的相关论述请参阅《王制》等篇。

④ 有学者认为，《天论》篇最后两段与天论之义无关，疑为错简。本文对此暂不做分别，以通行的篇目将之看作《天论》篇的一部分。

⑤ 如荀子言礼云："绳墨诚陈矣，则不可欺以曲直；衡诚县矣，则不可欺以轻重；规矩诚设矣，则不可欺以方圆；君子审于礼，则不可欺以诈伪。故绳者，直之至；衡者，平之至；规矩者，方圆之至；礼者，人道之极也。"（《礼论》）

由上分析可见，作为政治哲学的文本，《天论》已确然明白地指出礼义乃是我们应当追求的政治价值。但我们接着要问的是，这种价值又是如何推动现实政治，进行政治评价进而探寻理想的政治生活的。从理论上看，“推动现实政治，进行政治评价进而探寻理想的政治生活”可以各有不同的层次、重点和目标，但三者也可以是关联一体的，盖“推动现实政治”必依预设的价值标准为基础而言推动，此预设的价值标准本身既是进行政治评价的原则，同时也代表了对理想的政治生活的筹划。在《天论》篇中，政治哲学所表达的以礼义之价值推动现实政治的含义，表现为礼义是人生的价值和理想，如荀子云“在人者莫明于礼义”；同时，礼义更是一种政治的价值和理想，如荀子云“礼义不加于国家，则功名不白”，“国之命在礼”。在荀子看来，治国理政不以礼义为基础和根荄，即会有“水旱未至而饥，寒暑未薄而疾，袄怪未至而凶”的结果，更有甚者，“楛耕伤稼”“道路有死人”“举错不时，本事不理”“父子相疑，上下乖离，寇难并至”等无道的政治亦将不可底止。事实上，对荀子的类似语言，我们不能仅仅只是把它作为一种现象的描述，毋宁说荀子是借由对政治上“上暗而政险”所造成的诸多“人袄”现象的控诉，表达出他对现实政治“不遂大道”的最严厉的批评。同时，荀子也明确地提出了他心目中理想的政治生活的王道蓝图，那便是“礼义修，政令明”，“隆礼尊贤而王”。此礼义之道落于《天论》篇而言知天、制天和用天，则其理想之归依必至于“正德、利用和厚生”，盖礼义为“正德”之本，也是“明于天人之分”的保证，“利用”“厚生”则为依物、待物之方；“正德”施诸己，故荀子言“修”，“利用”“厚生”散诸物，故荀子言“成”、言“用”。但言“利用”“厚生”必以“正德”为前提和基础，而言“正德”又非一往只是以道德心覆载、涵润万物，同时必当“清其天君，正其天官，备其天养，顺其天政，养其天情，以全其天功”，所谓“裁其非类以养其类”的“天养”“天政”正直指人民之幸福生活的开拓和保障，舍此则皆不免托空和陷落[1]。由此可见，礼义作为评判政治治乱的标准，在荀子那里既是现实政治的推动原则和评价原则，也是理想政治的根本体现，故荀子云"乱生其差，治尽其详"。"其"者，道贯也；"道贯"者，礼义之统类也。礼义统类乃是历代圣王遵行不变的大纲大法，统类足以统摄贯通一切典章制度，故国之所以乱，是由于在位者对礼义统类的认识错误；而国之所以治，则在于在位者对礼义统类的认识精详。至此，礼义之统已然成为荀子政治批评的原则和理想政治的鹄的。

5. 余论

综上分析，我们已经看到，荀子《天论》篇中的政治哲学观念不仅可以被独立阐析出来，而且它在本质上就是一政治哲学的文本。我们以为，这样一种证立有其文本和意义解释的理由，亦即《天论》篇的动意和目的乃是借言天之"自然"而重在人之"治道"的开展，而荀子对礼义之作为治道的理解不仅表达出了政治的价值诉求和理想，而且也成为推动现实政治、进行政治评价的原则和基础。因此，《天论》篇作为一政治哲学的文本是可以成立的。

今尚有余义者在于萧公权先生之相关论述，在《中国政治思想史》一书中，萧氏论及荀子"天人之分"，认为荀子力辨天命灾异与政治人事无关，其说颇为明快；荀子进而释灾异不足畏之故，其说亦尽情合理，可以解蔽祛惑。萧氏进而认为，古代中国，君权之运用，自有其限度，贵族世卿、大臣巨室，此君权之直接限制也。民心之向背、天命之与夺、鬼神之赏罚、卜筮之吉凶，此间接之限制也。至此萧氏话锋一转认为，一方面，"今荀子非天命破灾异，既取古人限君重要学说之一而攻之，又未如申韩之明法尊制，则其学说

① 参阅拙著《〈荀子〉精读》，第53页；又参阅牟宗三《名家与荀子》，第216—217、220页。

必有流弊，而是非功过，尚难遼定矣”[1]。另一方面，萧氏则认为，欲定荀学之得失，应先论天命灾异之实际效果，考汉魏六朝之历史，政治上之神道设教，虽有一时之效，但其术终为帝王所窥破，不仅上古敬畏天威之信仰完全消失，乃至并与窃天命以遂其僭弑淫暴之毒，故“荀子之所攻击而图破坏者，固未必果有政治价值也”[2]。萧氏之论，集中于荀子《天论》篇“非天命破灾异”之说，并紧紧地关联于政治价值之得失，所论有其见地，但上述两点似皆不无可商之处。首先，在萧氏看来，荀子学说之所以“必有流弊”，是由于其非天命破灾异的观念去除了古人借天命、鬼神、卜筮等以限君的一种重要手段，同时荀子又没有申韩“明法尊制”的主张，其结果则可能导致君权的肆意（arbitrary）。我们暂且搁置破除蒙昧、张扬理性乃是人类文化进步的必然要求和趋势，而荀子之《天论》实足为此一进步的先声不论，循萧氏之意，若有申韩的明法尊制，则荀子学说之流弊似可得而除之。但正如萧氏指出的，申韩之后，称鬼神窃天命而篡的事例仍不绝如缕，故以申韩的明法尊制而论荀子学说之流弊，证明力似乎不足，更何况如何理解明法尊制毕竟尚存讨论的空间。其次，萧氏认为，虽有荀子非天命破灾异之说，但汉魏六朝之帝王仍多假天威天命阴符卜筮，篡窃而行，故而荀子之主张未必有政治之价值。显然，萧氏此论实质上只是把荀子“非天命破灾异”当作一“事”来看待，或只着眼于“非天命破灾异”之“事”所具有的“效”而观。然而，假如我们将荀子此说放在荀子的思想系统乃至整个思想史的行程中来分析，那么，荀子之此一主张所彰显的就决不仅仅只是“事”，而是“理”，它指向一种“解放意识”或“理性的觉醒”，并企图赋予道德人生和政治秩序（治乱）问题以一个逻辑连贯的解答，其“效”又岂是观一时之

① 萧公权：《中国政治思想史》（一），第 113 页。
② 同上，第 114 页。

得失所可言者？[①] 我们甚至不妨说，在先秦儒家中，面对"天人一体"的世界图像，荀子第一个意识到，必须为人的地位和政治的秩序探寻新的基础，而荀子也已经给出了他卓越的形式统一的答案。我们固应因"理"而成"事"（效），然而，若泥"理"于"事"中，或执于"事"而不见"理"，则其归必致理、事皆泯。由此而观，天命、鬼神、灾异、图谶等只有经由荀子之破决，才使原先环绕于天人之间的一团蒙昧混沌得以"理性化"地洗刷，并将合理性的问题在理论上得以真正的奠基，进而使儒家政治哲学的思考获得了一个崭新的意义和起点。

① 参阅拙著《合理性之寻求》，台北：台大出版中心，2013年，第69—133页。列奥·施特劳斯（Leo Strauss）在论及霍布斯的思想时说到，当认识到人的心灵与宇宙秩序之间并没有所谓的自然和谐之后，人只能转过来青睐人为的理智工具，"只是因为对于人道没有什么来自宇宙的支持，人类才能成为主宰。只是因为他在宇宙中完全是个陌生人，他才成为了主宰。只是因为他被迫成为主宰，他才成为了主宰"。参阅《自然权利与历史》（彭刚译），北京：生活·读书·新知三联书店，2003年，第178页。荀子之于霍布斯有其相似之处。

附录二：性恶、情恶抑或心恶

——荀子论『质具』与『心性』问题

1. 引言

荀子主“人之性恶”，但他也主张“涂之人可以为禹”。那么，性恶之人如何能够为禹？此一问题则涉及“为禹”的外在和内在条件两个方面，外在条件一般指的是“教”与“学”等“人伪”的方面，但仅有外在条件而无内在条件，“为禹”或成圣依然是不可想象的，故荀子云：“无性则伪之无所加，无伪则性不能自美。性伪合，然后成圣人之名，一天下之功于是就也。”（《礼论》）此处，“无性则伪之无所加”表明，对于成圣而言，“性”既非只是一味消极的因素，“伪”亦不是圆满自足的，反之亦然。故成圣需内外结合，而此内在条件即是荀子所说的人天生所具有的“可以知之质”和“可以能之具”，对此，荀子以“自难”的形式答之如下：

> “涂之人可以为禹。”曷谓也？
>
> 曰：凡禹之所以为禹者，以其为仁义法正也。然则仁义法正有可知可能之理。然而涂之人也，皆有可以知仁义法正之质，皆有可以能仁义法正之具，然则其可以为禹明矣……今使涂之人者，以其可以知之质、可以能之具，本夫仁义法正之可知可能之理、可能之具，然则其可以为禹明矣。（《性恶》）

有关此段我们需要了解的问题是，荀子此处所说的“可以知之质、可以能之具”指的是什么内容？此可知、可能之“质具”究竟是属于心还是属于性？如果此“质具”属心，则其在何种意义上属“天官”之心，又在何种意义上属“天君”之心？如果此“质具”属性，则此“质具”究竟是善还是恶，抑或可善可恶？

其实，此一问题也是学者中看法颇不一致的问题，陈大齐、李涤生等人认为，荀子此处所说的“质具”属心；而胡适、熊公哲等人则认为荀子所说的“质具”属性。劳思光则由此提出质难：“荀子承认常人（涂之人）皆有一种‘质’与‘具’，能知仁义法正，能行仁义法正。则此种质具属性乎？不属性乎？恶乎？善乎？何自而生乎？若此种质具非心灵所本有之能力，则将不能说明其何自来；若此种质具是心灵本有，则此固人之‘性’矣，又何以维持‘性恶’之教？”① 劳思光此处所提出的问题涉及荀子人性论中的“心”与“性”的关系，表面上，“质具”究竟是属心还是属性看上去似乎只关涉“质具”自身性质的归属问题，然而它对于了解荀子所说的“心性”关系以及一个人成德的主观根据问题却具有十分重要的意义。本文将在梳理《荀子》文本的基础上，结合部分学者的相关研究，尝试对此一问题做出解答。

2.“质”“具”的内涵

对于荀子此处所说的“质具”究竟是什么，包含什么内容，学者在词义的解释上虽互有出入，但大致意思还是有其相似之处，今试举几例。王先谦《荀子集注》和梁启雄《荀子简释》无注；北大本《荀子新注》谓“质：才质。具：条件”②。以“条件”释“具”，含义较为模糊，也与前句以“才质”释“质”在词性上略显不合；熊公哲谓“质”为“材质”，“具”为“才具才能”③；李涤生谓“‘质’，本质，指人的聪明。‘具’，才具”④。久保爱则谓“质，性也；具，才能也”⑤。王天海谓“质，资质也”⑥。张觉也将“质”理解为“资质”，将“具”理解为“才具”⑦。综上可见，大部分学者将

① 劳思光：《新编中国哲学史》（一），台北：三民书局，1984 年增订初版，第 335 页。

② 北大本《荀子新注》，北京：中华书局，1979 年，第 399 页。廖名春采北大本注释，见氏著《荀子新探》，台北：文津出版社，1994 年，第 110 页。

③ 熊公哲：《荀子今注今译》（下），重庆：重庆出版社，2009 年，第 519 页。

④ 李涤生：《荀子集释》，台北：台湾学生书局，1979 年，第 553 页。

⑤ 久保爱：《荀子增注》，见严灵峰编《无求备斋荀子集成》第四十三册，第 702 页，台北：成文出版社，1977 年（据日本宽政八年京师水玉堂刊本影印）。

⑥ 王天海：《荀子校释》，上海：上海古籍出版社，2005 年，第 953 页。

⑦ 张觉：《荀子译注》，上海：上海古籍出版社，2012 年，第 346 页。

“质”了解为才质、资质，将“具”了解为才能、才具。此外，就西方学者的相关看法而言，B. Watson 将“质”翻译成“essential faculties”（本能），将“具”翻译成“potential ability”（潜能）[1]，而J. Knoblock（王志民）则将“质”“具”分别翻译成“substance”（资质）和“resources”（资能）[2]。就 Watson 和 Knoblock 翻译的比较而言，后者更侧重于直译，而 Eric L. Hutton（何艾克）则将“质”翻译为“material”（材质），将“具”翻译为“equipment”（大意可理解为资具）[3]。显然，就“质”“具”的理解而言，何艾克的翻译更接近于 Knoblock，而与 Watson 较远。基本上，Watson 的翻译由于考虑到了“质”“具”前面的“知”“能”的定语，因而其理解较偏重意译。

以上乃单独就“质具”本身的含义以见各家的理解，但如果我们想更全面地把握“质具”的内涵，则我们尚需将之放在荀子言说的脉络乃至其思想的系统中来理解。显然，荀子此处言“质具”乃有其特定的言说脉络，此脉络即是“然而涂之人也，皆有可以知仁义法正之质，皆有可以能仁义法正之具”。此处有几点需稍做分析，首先，荀子“涂之人也，皆有……”云云，意在说明人人皆有的内容（谓“质、具”也）的普遍性，“人人皆有”作为一普遍判断在荀子那里又蕴涵了“生而有”（have innately）、“天之就”的意味。其次，依荀子，仁义法正有“可知”“可能”之理，乃就仁义法正之作为认知对象的性质而言，此可知、可能之理构成了认识所以可能的条件，故《解蔽》篇谓“可以知，物之理”。就一般所谓“认识何以可能”的问题而论，仅有（客观的）认知对象的可知可能之理并不

---

① B. Watson, *Hsun Tzu*: *Basic Writings*, New York: Columbia University Press, 1963, p. 166.

② John Knoblock, *Xunzi*: *A Translation and Study of the Complete Works*, *Vol 3*, Stanford: Stanford University Press, 1994, p. 158.

③ Eric L. Hutton, *Xunzi*: *The Complete Text*, Princeton: Princeton University Press, 2014, p. 254.

足于成就一认知之知识，尚需肯定（主观的）人的感官有能够认识对象事物的能力，主客相合而后知识乃生，故荀子又云“凡以知，人之性”（《解蔽》）[①]，即人天生就有认识对象事物的能力。又次，荀子言“质”“具”是附加了定语的质、具，亦即“可以知之质”“可以能之具”，从这个角度上说，“知”“能”是在修饰、说明、规定“质”“具”，故而在某种意义上也可说“知”“能”指的就是“质”“具”；最后，荀子所说的“可以知”与“可以能”中的“可”不是指“可能性”（possibility），而是指“能力”（capacity、ability）而言，“可能性”乃是延伸的解释。如是，理解“质”“具”的含义及其性质尚需了解荀子所说的“知”“能”。

首先是“可以知之质”。依荀子，此处所说的“质”是由“知”来规定的，由“知”说“质”，此“质”为人天生而有的可以知的“才质”，或人的可以知的天生的能力，而此“知”则为认知之“知”。在荀子的思想中，具备认知能力的是“心”。荀子云：

> 人生而有知……心生而有知。（《解蔽》）
>
> 人何以知道？曰：心。心何以知？曰：虚壹而静。（《解蔽》）

依荀子，人心生来就具有认识客观事物的能力（本能），这种能力是没有道德内容的能力，或有待填入内容的单纯的能力（bare capacity）[②]，而心所以能够获得正确的认知，则需预设“虚壹而静”

---

① 时下有不少学者拒斥西方式思维，捍卫中国传统思想的特色，其用心可嘉，但亦不免矫枉过正，如一概将主、客相对的思维方式看作西方式的思维方式等等。实则就“认识何以可能”之作为一具有普遍性的哲学问题而言，原不必在观念上强持中西之分，至少这一问题不必然与坚持中国特色的思维方式相矛盾。

② 徐复观说：“孟子所把握的心，主要是在心的道德性一面，而荀子则是在心的认识性一面，这是孟荀的大分水岭。”参阅氏著《中国人性论史·先秦篇》，台北：台湾商务印书馆，1994年，第239—240页。

的功夫。因此，我们可以说在荀子那里，心是认知的主体。荀子论心有二义，就其作为“天官”而言，荀子谓“心生而有知”，心能思能虑，且“心好利”（《王霸》），“心至愉”（《正论》），“心欲綦佚”（《王霸》）。就其作为“天君”而言，心又是“形之君”“神明之主”，透过虚壹而静的功夫，心能通过对礼义的认知来宰制人的各种情欲，使情欲之发合于礼义，故心具有迎拒、使止的作用，“出令而无所受令”等等。同时，心为认知主体，还能唤起知觉的作用，召万物而知之，故云“心有征知。征知，则缘耳而知声可也，缘目而知形可也”（《正名》），相反，“心不使焉，则白黑在前而目不见，雷鼓在侧而耳不闻”（《解蔽》）。审如是，人之所以可以知仁义法正，原因就在于人皆有是心，而“心生而有知”。荀子对“知”又有两种说法：

> 所以知之在人者谓之知，知有所合谓之智。（《正名》）

“所以知之在人者谓之知”意即生而有地存在于人心上能够认识事物的能力叫作“知”；“知有所合谓之智”意即这种能力和所认识的事物之理相符合、相一致叫作“智”。由此可见，在荀子，“质”既然是由存在于人心上的“可以知”的“知”来说明和规定，则“质”的实义当指人心中天生而有的认知能力。

其次是“可以能之具”。荀子所说的“具”是由“能”来规定的，而这种“能”也是人天生而内在本有的、可以“能”的本能或才能。《荀子》一书将“能”理解为人的感觉器官的本能或才能，如荀子云：“耳目鼻口形能各有接而不相能也，夫是之谓天官。”（《天论》）注家对此句有不同解说，兹不一一引述，李涤生释之云：“人具有耳目口鼻形体等感官，感官都有能力和它相应的外物相接触，以辨别它是什么，如耳辨声，目辨色，鼻辨臭，口辨味，形体（触觉）辨痛痒寒热；但不能互相代替。如耳不能辨色，目不能辨声。

这些感官是受之自然，故曰‘天官’。”[①] 如同解说“知”一样，荀子对“能”也有两种说法：

> 所以能在之在人者谓之能，能有所合谓之能。（《正名》）

“所以能之在人者”之“能”指的是人的感官所固有的本能或潜能；“能有所合”之“能”指的是这种本能或潜能在处理事物时有当于理叫作才能（有学者称为实能，与潜能对比）。在荀子，“具”既然是由人的感官所固有的“可以能”的“能”来说明和规定，那么，“具”的实义当指人的感官的本能或才能。我们有理由认为，《正名》篇的“所以知之在人者”之“知”与“所以能之在人者”之“能”便是《性恶》篇的“然而涂之人也，皆有可以知仁义法正之质，皆有可以能仁义法正之具”的“知”与“能”。

今就荀子《性恶》篇的脉络看，荀子说“质具”或“知能”乃在“皆有可以知仁义法正之质，皆有可以能仁义法正之具”的脉络上说的，“仁义法正”是代表善的、道德的价值语词，是所知、所能的对象，故而我们可以说，此“质具”或“知能”乃是人赖以成德的主观根据，而“仁义法正”则是人成就德行的客观标准。众所周知，荀子主张“人之性恶，其善者伪也”，“伪”是善赖以成立的前提，而荀子论“伪”即紧扣着“知能（质具）”而为言，荀子云：“心虑而能为之动谓之伪；虑积焉，能习焉，而后成谓之伪。”（《正名》）“心虑”说的就是“知之质”，而“能”指的就是“能之具”。在荀子，化性起伪的过程就是“知能质具”全其功用的过程，并经由知、能的不断积累和实践而成人格、成礼义，因此，“质具”是成就德行的前提，或者说是善之所以可能的主观根据。

至少从《性恶》篇的文本看，荀子所说的质具（知能）在心与

① 李涤生：《荀子集释》，第 367 页。

性的归属上并不存在多大的理论困难，然而，劳思光之所以提出诸多的疑问显然又不是无中生有或故作繁难，其中的原因在于，荀子对“质具”与“心性”的界说本身存在因意指不同而有不同的解释，以致造成学者间议论纷纭，主张各异。

3.“质具”归属于“性”

如前所言，由于荀子所说的“质”“具”是以“知”“能”作定语的，而“知”是指心的认知，“能”亦是受制于心的能力①，因此，将“质、具”归属于“性”，在逻辑上便蕴含了将“心”归属于“性”；又，由于荀子所说的“知”“能”在《性恶》篇中是以“仁义法正”为对象，而荀子言“化性起伪”时，“伪而成善”何以可能又离不开“心”，因此，在探讨人之性恶，善伪何以可能这一问题时，“质具”归属于“心”还是归属于“性”便成了不可回避的问题。若“质具”属“心”，则荀子何以谓其为“人之性”？若“质具”属“性”，则又何以谓之“性恶”？学者可能并未对此给出明确的说法，但他们若将“质具”理解为“性”，那么，在逻辑上则间接地论证了“心”归属于“性”。

胡适在《中国哲学史大纲》中认为，荀子主张人性恶，把善看作人为的结果，这是荀子哲学的一大特色；孟子用“性”来包含一切善端，荀子则把“性”来包含一切恶端；孟子认为人性中含有“良知良能”，荀子不认同此说，而认为：

> 人人虽有一种“可以知之质、可以能之具”（此即所谓“可能性”），但是“可以知”未必就知，“可以能”未必能……例如“目可以见、耳可以听”。但是“可以见”未必就能见得“明”，“可以听”未必就能听得“聪”。这都是驳孟子“良知良

① 荀子有谓“心虑而能为之动”（《正名》）即是此义。

能”之说。依此说来，荀子虽说性恶，其实是说性可善可恶。[①]

胡适谓荀子所说的性乃可善可恶，是就着《性恶》篇的“可以知之质、可以能之具”的解释而来的，而荀子自己也的确说过“人之情固可与如此，可与如彼”（《荣辱》）的话，但胡适之所以认为荀子的人性是可善可恶的，原因在于人性中原本就有可以知“仁义法正”之质、可以能“仁义法正”之具，只是由于它存在着可以知而未必知、可以能而未必能的可能性，故谓之可以而未必。然而，胡适既然把可以知、可以能的“质具”理解为人性，那么在逻辑上便把“心”也归属到了“性”。熊公哲大体顺着胡适的主张，将“质具”理解为性，从而也把“心”理解为“性”，所不同的是，熊公哲将胡适所说的性之质具之“可以知未必知，可以能未必能”了解成荀子所说的性不能自美，性不足以独立而治。熊公哲认为，在荀子，“性”乃是生而有，不待事而后然的，“伪”则是待事而后然的。荀子并非不说“人皆可以为尧禹”，但却特别强调可以为而未必能，必且待事而后然，则性固非生而自美，亦即性不足独立而治。熊氏云：

故其谓性恶善伪者，为物之所以生在天，而所以成在人也。性者，天也，物之所以生也（如可知之质，可能之具，是善之所生），故必有待而后善。[②]

《儒效》篇曰：“性不足以独立而治。”又曰：“性也者，吾所不能为也；然而可化也。积也者，非吾所有也；然而可为也。”所谓性不足以独立而治者，可以知之质，可以能之具，未

① 胡适：《中国哲学史大纲》，北京：商务印书馆，1987年，第316—317页。胡适此处将荀子的“可以知”“可以能”理解为“可能性”，就紧扣文句而言乃是一种延伸的解释。

② 熊公哲：《荀卿学案》，卷四《性伪第九》，台北：台湾商务印书馆，1931年，第29页。

> 足独为治也。所谓无伪，则性不能自美，是其义也。①

依熊氏，作为“善之所生”的可以知之“质”、可以能之“具”属于性，然而这种意义上的性只提供了可以成善的可能性，若要真正成善，则还必待事，亦即尚需成之在人的“人为”。依熊氏的理解，荀子虽然主张人性为恶，但在荀子的人性中又包含了可以成善的“质具”，只是这种“质具”“未足独为治”，还有待于人为的努力才能成善。如此看来，但当熊氏将“质具”理解为“性”时，他也同时便把“心”归属于“性”了②。

将“质具”理解为“性”进而将“心”归属于“性”，到蔡仁厚那里已经明确化了。蔡仁厚首先区分“以仁识心”和“以智识心”两种不同的思路，并把前者归于孟子，将后者归于荀子。蔡氏认为，荀子“以智识心”“所识的是理智性的认知心”，而这种认知心实际上就是“性”，蔡氏云：

> “知”（知觉、知虑、认知）是人的先天之性、先天之质，亦即人生而即有的认知能力。这种可以表现为“认知”作用的质性之能，说实了也就是“心”。因此，从知说“性”说“质”，实亦无异于从知说“心”。从“知”说心，心为认知心，属于“能知”。③

“质具知能”如果从人“生而有”的角度上看，其应当归属于“性”，

---

① 熊公哲：《荀卿学案》，卷四《化性第十》，第 33 页。

② 唐端正则为了论证荀子的性中有价值根源，极力论证人的心知质具属于性，认为“把心划在性以外，显然不合荀子性伪的界说”。参阅《荀学价值根源的探讨》，载氏著《先秦诸子论丛·续编》，台北：东大图书股份有限公司，2009 年增订二版，第 187 页。唐氏所论的得失，已有另文专门处理。

③ 蔡仁厚：《孔孟荀哲学》，台北：台湾学生书局，1984 年，第 408 页。

理由在于，荀子虽没有明确说过“心就是性”，但荀子说过“人生而有知”，“凡以知，人之性”（《解蔽》）之类的话；同时，依性为“生之所以然”（《正名》）推之，“质具”既是人生而即有，那么，此质具可理解为“性”，故而我们可以推出心是性的结论，心归属于性。与蔡仁厚的看法相似，廖名春则通过突出荀子所说的“质具”为性，从而间接地将“心”归属于“性”。廖氏认为，荀子在《性恶》篇中虽突出了性恶的主题，但他也同时肯定“人性中有可以知之质，可以能之具”。依廖氏，《性恶》篇可以分为两个部分，一是论述性恶、性伪之别；一是论述涂之人可以及为何没有成禹，不看到这一点则会陷于片面。廖名春认为，荀子所言的“知之质”“能之具”是具有普遍性的天生的本能，而按照“凡性者，天之就也”一说，这种“质具”“无疑应属于荀子所谓性的内容”[①]，对此，廖氏反问道：“既然荀子在《解蔽》篇中能将‘凡以知’列入‘人之性’的内容，为什么《性恶》篇的‘可以知之质，可以能之具’就不能属于荀子‘性’概念之所有呢?”[②] 可见，由于廖氏认定“质具”属“性”，自然也就将“心”归于“性”了[③]。

无疑，从“生而有”的角度把“质具”归属于“性”从而把“心”理解为“性”符合荀子的说法。今撇开将荀子的性了解为可善可恶，从而与性恶说不合而无法回应劳思光所谓荀子“何以维持性恶之教”的质疑不论，此一主张所面临的理论困难在于，若“质具”属“性”，荀子却又明确说过“性不知礼义，思虑而求知之也”（《性恶》）。在荀子，思虑乃“心”的作用，而此“心”原归在荀子的“质具”上说，如是，则“质具”当属“心”而不属“性”。更为重

① 廖名春：《荀子新探》，台北：文津出版社，1994 年，第 108、110 页。

② 同上，第 111 页。

③ 鲍国顺主张将荀子言性分成狭义和广义两种，依此，我们大体可以将荀子所讲的“质”和“具”归之于广义的“性”的范畴之中。参阅氏著《儒学研究集》，高雄：复文图书出版社，2002 年，第 145 页。

要的是，若笼统地说“质具”属性，而性又不知礼义，则上述诸说便难于推出“涂之人可以为禹”的结论，从而会从根本上动摇荀子的核心主张。由此可见，“质具”与“心性”的关系还有待解释。

4.“质具”与性恶说的矛盾？

如前所言，既然荀子的“质具”提供了成善的“可能性”，则这种“质具”毕竟是善还是恶？若此可以知“仁义法正”、可以能“仁义法正”的“质具”是性，则荀子何以非要维持性恶之说？这原本就是劳思光的疑问，对于这样的疑问当然我们需要在理论上给予正面的回应。

显然，扣紧文本的主题而言，劳思光式的质疑指向若“质具”为性，而此“质具”又能知、能行“仁义法正”，那么，荀子对“性恶”的判断便难以自洽。如是，另一些学者便将目光聚焦于对荀子“性”概念的了解，试图通过分析“性”为何为恶来化解上述疑难，并进而以“情恶说”来取代“性恶说”，以便避免通常所说的“性恶说”所可能遭遇到的尴尬。陈登元通过对荀子文本“集而述之以归纳”的方法，分别对性、情、欲、心诸概念做了概述，并在此基础上提出了“情恶说”的观点，以回答在荀子那里究竟“恶”为何指的问题。依陈登元，“荀子之所谓性者，系指本能而略涉及欲字之界限”[①]，包括了本能和欲两个方面；“荀子之所谓情者，指喜、怒、好、恶、哀、乐而言。生于性，而以生欲者也”[②]；“荀子之所谓欲者，生于情。能蔽心。能启争端，而礼义以外。亦能受制于心者也”[③]；“荀子之所谓心者，为绝高无上之机关，而能判断事理者。苟不为外物所诱，则心之清明也如水”[④]。陈登元认为，荀子言人之性

① 陈登元：《荀子哲学》，上海：上海三联书店，2014 年，第 144 页。
② 同上，第 147 页。
③ 同上，第 148 页。
④ 同上，第 150 页。

恶，每举“性情”二字而连言之，“然则彼荀子之意，究系性恶乎？抑情恶乎？抑其他之恶乎”[①]。依陈氏，荀子所谓的性恶实际上乃是“情与欲所生之恶”，故“荀子之言性恶，系指情欲之恶而言，性者本能，无所谓恶”[②]。依荀子，“性者，天之就也；情者，性之质也；欲者，情之应也”（《正名》），欲感心而生恶，因此，荀子所说的恶是“情恶”而不是“性恶”。至于荀子所说的“质具”，陈氏也将其理解为人天生的本能即性，无所谓善恶，并引章学诚“天质不可恃，而学问必藉于人为”来加以解释[③]。陈登元的此一主张不满足于传统所谓“性恶论”的标签，推进了对荀子性恶论的深入理解。不过，相对于劳思光的疑问而言，陈氏之说与其说他回答了问题，不如说他回避了问题。

梁启雄在梳理心性、善恶问题上自有他的理路，但在结论上也认为荀子的性恶说实际上指的是“情恶说”，这一主张与陈登元相同。梁氏首先对荀子“人之性恶，其善者伪也”做了自己的解释，梁氏认为，“荀子把‘本性’或‘材性’看作质朴的、原始的素材，而称这种质朴的素材是粗恶而不是美善的。又把加工于性的人为后果称为‘伪’，这种‘伪’是‘善的’‘美的’‘文理隆盛的’”。如果按照传统的说法，把“恶”字解释为“恶劣”的“恶”，把“善”字解释为“善良”的“善”，那将会在文本和意义解释上面临许多困难，“因为由朴素的‘性’转变为华美的‘伪’只是形式上的转变，本质上并不需要改变，可以用人为的加工做得到，如果由恶劣的‘性’变化为善良的‘伪’，便非只是形式上的转变，而是需要在天赋本质上来一次质变。变化天赋本质不是人为的加工所能做得到的，如果具有造化神的话，那要造化神才能做得到”[④]。基于此一认识，

① 陈登元：《荀子哲学》，第155页。
② 同上，第158页。
③ 同上，第156页。
④ 梁启雄：《荀子思想述评》，载《哲学研究》1963年第4期，第53页。

梁氏认为，“细考荀子所谓‘性恶’，其实着重在指‘情恶’”[①]，因为荀子不仅说了“顺情性则弟兄争矣”，而且明确指出“人情甚不美”（《性恶》）。性作为本始材朴，只是不能自美，但其本身并不是恶[②]。审如是，如果“只是一般化地肯定‘人性’或‘人情’是恶或是善，说法虽然不同，然而都是片面性的偏见”[③]。当然，梁氏也注意到荀子“知之质”“能之具”一说，同时也把“质具”理解为“性”，从而间接地把“心”归属于“性”，只是在他看来，荀子的“质具”之说与荀子的性恶论相矛盾，“略有‘性善论’或‘性有善’的意味”[④]。

陈登元和梁启雄注目于荀子的“性恶说”在解释上可能遭遇到的文本和理论困难，转而试图对荀子之言性何以为恶做出进一步的说明，他们力图消解通常人们对荀子性恶论的表面理解，指出荀子人性论的实质不是性恶，而是情恶。可以认为，他们的主张深化了对荀子人性论的理解。然而，具体到对荀子“质具”之与“心性”问题的理解和归属，他们显然与胡适、熊公哲等人并没有多大的本质上的差别，尤其当梁启雄将“质具”一说判定为具有“性善论”的意味时，表明他对此一问题理解上的局限，他只是重复了劳思光式的疑问而并没有解答类似的疑问。

徐复观承接着上述的思考理路，对荀子的人性论做了更为系统的分析。徐复观首先提出，“荀子既主张性恶，而其目的则在提醒人之为善，这却如何可能呢”[⑤]。为了回答类似问题，徐氏首先概述了

---

① 梁启雄：《荀子思想述评》，载《哲学研究》1963 年第 4 期，第 53 页。

② 庄锦章（Kim-chong Chong）教授也认为，对荀子而言，人性中既无“善性”（goodness），亦无“恶性”（badness），“正如同告子一样，荀子紧守着一种道德中立（moral neutrality）的立场”。参阅 Kim-chong Chong，*Early Confucian Ethics*：*Concepts and Arguments*，Chicago：Open Court，2007，p. 96。

③ 梁启雄：《荀子思想述评》，载《哲学研究》1963 年第 4 期，第 54 页。

④ 同上，第 52 页。

⑤ 徐复观：《中国人性论史·先秦篇》，台北：台湾商务印书馆，1969 年，第 239 页。

荀子对性之内容的规定，谓官能的欲望、官能的能力、性无定向①，并认为荀子特别重视从人的官能的欲望和官能的能力两方面来理解人性，“而荀子性论的特色，正在于以欲为性”②。依徐氏，官能的欲望不可谓之恶，但恶却是从欲望中引发出来的。然而，人为何能去恶从善？乃是因为人有能知的本质、能实现的材具。那么，人的这种“质具”指的是什么？徐复观认为，“前者指的是心，后者指的是耳目等官能的能力、作用。但‘能’依然要靠心知的判断；所以心，在他是由恶通向善的通路”③；心虽对人的行为具主宰性，但却需要以“道”来保证认知的方向。徐氏认为，官能的欲望是性，官能的能力也是性，“心的知，心的虑，当然也是性”④，徐氏的此一说法意味着他将荀子的“可知之质”“可能之具”理解为“性”，但荀子却“仅仅从官能的欲望”说性恶，而未尝从“性无定向”的官能的能力方面说性恶，故其性恶论“不是很周衍的判断”⑤。

徐复观注意到了荀子的“质具”既可说是“心”又可说是“性”的特点，但对于“质具”在何种意义上归属于心或归属于性似乎缺少必要的理论自觉，故当徐氏最终将“质具”归属于“性”时，其对荀子人性论在结论上的“不是很周衍的判断”便与梁启雄等人具有异曲同工之处。龙宇纯则本着对徐复观的不满，也尝试对劳思光式的疑问做出回答。龙氏认为，人们对荀子的性恶说存在误解，实际上在荀子，性善性恶可以相容，荀子的“可以知之质、可以能之

---

① 依徐氏，荀子所谓“生之所以然者”谓性，乃是“求生的根据，这是从生理现象推进一层的说法”（参阅氏著《中国人性论史·先秦篇》，第232页），疑非是。牟宗三认为，荀子此语说的就是“自然生命之絪缊所生发（蒸发）之自然征象，如生理器官之自然感应、生理欲望之自然欲求，乃至生物之自然本能、心理之自然情绪等”（参阅氏著《心体与性体·一》，台北：正中书局，1973年，第87—88页），所言端的。

② 徐复观：《中国人性论史·先秦篇》，第234页。

③ 同上，第239页。

④ 同上。

⑤ 同上。

具”便类似于孟子的“良知良能”，荀子复又云人之有义有辨，实际上说的就是孟子的“是非之心”，也都是人的“天性所本然”，从这个意义上看，龙氏实际上赞同心属于性①。龙宇纯认为，在荀子思想中，肯定人性中具有是非之心非常重要，否则，圣人“积思虑，习伪故，以生礼义而起法度”便不可能，而涂之人也根本无法成为圣人。既然“质具”类似于良知良能，是“天性所本然”，荀子为什么还要主张性恶说？龙氏认为，这“显然不是因为他所见人性与孟子全不相同……只是有鉴于圣王礼义与性善说不能相容，乃不得不斟酌取舍……而改言性恶。换言之，性恶说乃是有所为而发，故表面上虽取于性善说相对，出发点则不在性本身，而在圣王礼义；不在性之果为恶，而在圣王礼义之不可无”②。对于本文在一开始引入的劳思光对“荀子质具之解未精，故欲在性外求价值根源，于是提出心”的质疑，龙宇纯认为，荀子在《正名》《解蔽》篇所说的“心”“便是‘可以知仁义法正之质’的‘质’，故‘心虑而能为之动’的‘能’也便是‘可以能仁义法正之具’的‘具’”。此心既然是“生之所以然者”，即此心就是性，如是，“质具”也就归属于“性”，不需要在性外找心，以求价值根源③。

龙宇纯的辩解显然存在诸多问题，无论将荀子的“质具”理解为孟子的“良知良能”，还是将荀子的“义辨”理解为孟子式的“是非之心”皆不免望文生义，缺少必要的简别，至于对荀子之“质具”与“心性”关系的理解则其需解释之处尤多。但龙氏看到了荀子的性恶论乃“有所为而发”，目的在强调“与圣王，贵礼义”，即此而言，则其对荀子所以如此持论的用心当有较为恰当的理解，殊为难得。

---

① 龙宇纯：《荀子思想研究》，载氏著《荀子论集》，台北：台湾学生书局，1987 年，第 64—67 页。

② 同上，第 74 页。

③ 同上，第 83—84 页。

5.“质具”与“心性”

着眼于人“生而有”的角度，将“质具”归属于“性”，在荀子那里是有文本根据的，但在义理解释方面至少表面上似乎与“性恶说”有扞格之处，因为质具之知能既以“仁义法正”为对象，在荀子，此“质具”便是人成德的主观根据，是通向善的桥梁，如是，此“质具”是善是恶乃需有一个断定，此劳思光之疑问。由是，学者转而用心于对“性恶”的解构，亦即将荀子的“性恶说”理解为“情恶说”，以便维持荀子思想的一贯，无论是陈登元的“情欲之恶”、梁启雄的“性伪之辨”，还是徐复观的“以欲为性”，目的都在说明荀子思想中性本无善恶，情欲才是真正造成恶的根源。不过，相对于“性恶说”而言，“情恶说”只是一种变种，因为荀子是由“情”和“欲”来规定和说明“性”的，如是，“情恶说”也依然可以是“性恶说”；更为重要的是，“情恶说”所面临的一个文本上的解释困难在于，荀子并不认为“情欲”与“恶”之间具有必然的关系，故荀子认为：“圣人纵其欲，兼其情，而制焉者理也。夫何强？何忍？何危？”（《解蔽》）但由于他们着眼于对性的具体内容上的分析，不满足于“性恶”的标签，因而他们都在不同程度上认为荀子的“性恶”的说法不够周延。沿情恶说下而及之，学者如周炽成、林桂臻等便有“性朴论”“性不善论”之主张。

以上“性恶说”和“情恶说”对“质具”与“心性”关系的理解和诠释虽然已经有所涉及，但他们对“质具”在荀子思想中究竟如何是性、如何不是性似未有完全自觉的意识，在最终结论上他们也大多将“质具”归属于“性”。与此不同，另一部分学者则将荀子的“质具”理解为“心”，并在此基础上自觉地分析“质具”既属于“心”又属于“性”。

陈大齐在《荀子学说》一书中辟专章讨论荀子的“心理论”，并且把“质具”都归属于“心”。依陈氏，荀子有关心理的作用可以有

“心理作用的成分”和“具体的心理活动”两种不同的分类。对于心理作用的成分的分类，陈氏将荀子《正名》篇中对“性、情、虑、伪、事、行、知、能”的定义理解为八种心理作用，而它们又可以分为性、知、能“三个成分”[①]，类似于现代心理学中的“知、情、意”三分法。陈大齐认为，在荀子的心理论中，“情即是性，欲属于情，故亦属于性。虑是知虑，故属于知。解作记忆的志，是知所遗留而储藏于心，故亦属于知。伪是‘情然’之上加以知虑的选择，而后由‘能’加以发动，故是性知能三者所合成的。唯独性知能三者，既非出自它种成分所合成，又不能相互归属，故可推知，性知能三者应是心理作用的成分”[②]。如是，荀子之心便包含性、知、能三个成分，“不能相互归属”[③]，荀子所说的性“是心理作用三个成分中的一个成分……性中涵有欲的作用而不涵有虑的作用。虑属于知……性与知各为独立的心理作用，并不互相涵摄，故性中不能有知虑”[④]，而且“能属于心”[⑤]。如此一来，陈氏虽没有具体论及“质具”，但唯其将“知能”归属于“心”，则逻辑上“质具”自然也就归属于“心”了[⑥]。与陈大齐略有不同，李涤生首先将荀子所说的“质”了解为“本质，指人之聪明”，将“具”理解为“才具”，然后指出：“此二者亦先天之本然，但出于心而不出于性。就主体之人言，人皆有可以知仁义法正的聪明，人皆有可以行仁义法正的才具。”[⑦] 李氏此说似乎包含了两个判断，就“质具”为“先天之本然”

① 陈大齐：《荀子学说》，台北：中华文化出版事业社，1956年，第37页。

② 同上。

③ 同上。

④ 同上，第47页。

⑤ 同上，第63页。

⑥ 陈大齐认为，“善恶治乱诚须靠知虑来分辨，但知虑是静的，不足以激发人的实行。情性才是行为的原动力。情性能作好恶的反应，爱好了，便欲得之，憎恶，便欲去之。欲得欲去，便发为行为”（同上，第61页）。

⑦ 李涤生：《荀子集释》，第553页。

而言，原含有“天之就”之义，而在荀子，“天之就”落在“性”上说[1]，依此，“质具”当指“性”，故在解释荀子“凡以知，人之性；可以知，物之理也”（《解蔽》）时，李涤生谓“人之性为‘能知’，物之理为‘所知’。盖人有能知之性，物有可知之理也”[2]。然而，李氏此处又谓此“质具”出于心不出于性，是主体之人的聪明和才具，依此，“质具”指的是“心”。如是，李氏的说法便包含了“心”（质具）是“性”，也包含了“心”（质具）是“心”两个方面[3]。

陈大齐依据现代心理学的理论，将“质具”从功能作用上归属于“心”，无疑有其独特的视角。陈氏显然很清楚，荀子所说的“质具（知能）”是“与生俱来，‘不事而自然’的”[4]，依此，“质具”（知能）当属于“性”。然而，陈氏必依荀子“性（不待事而然）伪（待事而后然）之分”的原则，区分两者根本上的不同，而“伪”之所以为“伪”，则由“心虑”（质）与“能”（具）构成，如是，“质具”也必不能同于与生俱来的“性”，此所以陈氏主“性知能”三者之不能相属之原委。今案，陈氏之说固有其理由，然而，如前所言，在荀子，此“质具”乃人所以能成德之主观根据，今若谓“质具”（知能）不是“性”，亦即不是自然而然、与生俱来的，那么，此一推论既与荀子的说法相悖[5]，同时，人之成德也便缺乏先天普遍能力的保证，果如是，则“性知能”不能相属的主张将难于承受理论上所要付出的代价。李涤生的说法虽然包含了“质具”是“性”也是“心”两面，但其主张似未从荀子的思想系统中统观“质具”与“心性”的关系，更未及思考当将“质具”归属于“心”或“性”时各自可能遭遇的理论困难。

---

① 李涤生：《荀子集释》，第541页。

② 同上，第498页。

③ 可进一步参阅李涤生：《荀子的性恶论》，载《民主评论》第15卷第18期。

④ 陈大齐：《荀子学说》，第34页。

⑤ 在荀子，“质具”乃人所固有，与生俱来的，具有普遍性，故云：“涂之人也，皆有可以知仁义法正之质，皆有可以能仁义法正之具。”（《性恶》）

为此，何淑静乃转而专门讨论荀子思想中的心性关系，并对此做了最为系统的分析。何氏指出，在荀子那里，心性关系有心（质具）是性和心（质具）不是性两种不同的理解，这两种不同的理解隶属于不同的脉络并且都有其理论上的必要性。言心是性，乃从“生而有”上说，荀子谓“心生而有知”，并将“材性知能”（《荣辱》）合观，以为都是人生而即有的，可为明证，此亦与许多学者将“质具”归属于性之持论相同；言心不是性，乃从“实践功夫”上说。何氏特别区分心所具有的“天官”与“天君”的双重身份，心为天官是性；心为天君虽然也是天生而自然的，但它能伪而成善，成为做道德实践的主观根据，则它又不是性，而且还是能治性和治己的主体，盖人之所以能够积伪成善“就在于人人皆有可以‘知’与可以‘能’（行）仁义法正之‘质具’”[1]，“依此，此‘质具’就是人认知礼义与实践礼义的根据。由‘心’是人认知礼义与实践礼义的根据，吾人即可知，此‘质具’就是‘心’”[2]。故而此心之质具断不能从生而有的“动物性”的“性”上来了解。简言之，心之质具在“生而有”上虽是性，但由于它（从天君上说）能做“虚壹而静”的功夫以知礼义和以礼义来治性，故心之质具能从自然的、无价值的存在层次中超脱出来，成为能知能治的道德实践的依据，致使人不但在价值上有别于其他动物，且为天下最贵者[3]，因而此“质具”又不是性，而是作为“天君”的心。在何氏看来，“质具”是性有文本的根据，但仅言“质具”是性，将需要面对“性不知礼义”的问题；同时，若“质具”只是性，同于“自然的情欲”，则原本“质具”之作为道德实践的主观根据又如何可能？另一方面，若“质具”不是

① 何淑静：《孟荀道德实践理论之研究》，台北：文津出版社，1988年，第60页。此处所谓“做道德实践的主观根据”乃就在荀子那里一个人成就德行的条件而言，即心通过认知外在的礼义而成就道德，但在这一面荀子的确与孟子有很大的差别，荀子的心并无法自立法则。

② 同上，第64页。

③ 同上，第67页。

性，不是人“生而有”者，那么，人之做道德实践便失去了天生能力的保证，成圣也便成为不可能[①]。由此可见，“质具”在何种意义上是“心”又是“性”，在何种意义上不是“心”或不是“性”，需要在文本和义理上得到确切的说明，这是何氏之分析颇可称道之处。

当然，何氏所论主要在荀子思想中的心性关系，对于性、情（欲）、心与恶的关系分析非其措意的重心。不过，在荀子的思想系统中，唯当将心之“质具”理解为人成德之主观根据时，则人之作恶的主体在逻辑上亦可以推到心上，如是，“心恶说”也便可呼之欲出，而不必如劳思光所说的那样非要“维持‘性恶’之教”。但何氏并未顺此做进一步的思考，而循通常的情流无节而为恶说[②]，故在此意义上，我们未尝不可以将何氏也看作“情恶说”。顺此思路，王邦雄在吸收何氏看法的基础上则沿着“性恶说”“情恶说”一路，进一步提出了“心恶说”，论点所指似乎直指徐复观提出的心是“由恶通向善的通路”[③] 的主张。王邦雄认为，荀子的价值取向乃是对道家老子的反动，因为在荀子看来，“凡自然皆没有善，一切的善必从人为来，故政治人生的道路，在引导众人走离自然天地，而归向人文礼义”[④]。依荀子，性是自然，伪是人为，人性没有价值可言，人为礼义才是价值的实现，“性者，本始材朴也；伪者，文理隆盛也”（《礼论》）。人性无善无恶，可善可恶，人性中的情欲不加节制而生恶，如是，性情欲求的自然人性，与争乱穷的恶，不是分析的关系，而

① 何淑静：《孟荀道德实践理论之研究》，第47—49页。

② 何氏认为，在荀子，“‘人之性恶’乃意指人放纵、恣睢情性则为恶。换言之，‘人之性恶’乃意指人顺性而无节则流为恶。‘恶’是人顺性而无节所产生的”（同上书，第77页）。何氏此说固顺适、通畅，但若谓荀子之恶是人“顺性而无节”所造成的，则所以无节者乃直指心未发挥其“天君”的作用，故恶亦可谓心之不作为，则心要为恶承担责任。且如前所言，在荀子，“情欲”与“恶”之间也并无必然的关系，而何氏于此则有思之不及之处。

③ 徐复观：《中国人性论史·先秦篇》，第239页。

④ 王邦雄：《论荀子的心性关系及其价值根源》，载氏著《中国哲学论集》，台北：台湾学生书局，1986年，第34页。

是综合的关系，故恶不是本质的，而是发生的[①]。情欲之发展，在荀子，并不一定发生争乱（恶），关键在于心虑知能（质具）的作用，即提供度量分界，“无度量分界，是心的失职”，“故从客观面的反省，应是心恶说，而不能是性恶说”[②]。王邦雄转而探讨荀子的心性关系，认为心是天生，尽管有治五官的虚用，但从“性者，天之就也”看，心也是性，而涂之人皆有的“知能”“质具”“皆就生而有的自然人性说，而知能的主体是心，是心的知能作用，也是性”[③]。如是，荀子言性有两面，“一是情、欲、求的性，一是心、知、能的性。情欲求的一面，是被治的，心知能的一面是能治的。然而，心可以知而不知，可以能而未能，可以生礼义而不生，可以有度量分界而未有，故争乱穷的恶当由能治的‘心’担负全责，而心是性，故性恶说亦可成立”[④]。此外，从性伪之分的角度上看，性不同于伪，而伪出于心的知虑能动（质具），心是能治的主体，性是被治的对象，如是，心（质具）不是性。这样看来，荀子那里，“心有两种性格，一为心是性，一为心不是性”[⑤]。总体地看，王邦雄对于心（质具）是心还是性的分析并没有超出何淑静的范围，相反，有些地方还有徒增混乱的说法。今回到劳思光的问题，劳思光的质疑之一实质上是说认知之心无所谓善恶，而此认知心属性，故性恶说便不能成立，而王邦雄直接将恶的问题与作为成德之根据的“质具”之心相关联，认为恶是心的失职，应由心来负责，故荀子可说是“心

① 王邦雄，《论荀子的心性关系及其价值根源》，第38页。

② 同上。王邦雄所谓“从客观面的反省”是从实际的结果上说的，这透露出其虽有“心恶说”的说法，但此一说法只是其从梳理荀子心性关系中顺带说出的语词，他并不是也没有从道德哲学的角度认真思考在荀子那里自然特质之恶与道德之恶的区分，更没有探讨若将道德之恶归结为自然特质之恶将会面临哪些理论困难。

③ 同上，第40页。

④ 同上。

⑤ 同上。

恶说”。

若按照何淑静的分析，作为成德之根据的心能治性，那么，此一意义的心当不作自然之“性”解，故当王邦雄说“争乱穷的恶当由能治的‘心’担负全责”时，“心恶说”可以有其成立的理由；然而，他接着又说“而心是性，故性恶说亦可成立”。此时的“心是性”便是语意上含混的滞辞。不过，从学术史的角度上看，王邦雄在诸家研究的基础上提出“心恶说”，却并非无由之论，相反应当看作对荀子人性论研究的一种拓展。

尚需提及的是，若随“心恶说”的思路往前推进，则 Sung Winnie（宋晓竹）的观点也可归属于类似的主张，尽管其聚焦的主题有所不同，也未紧扣“质具”与“心性”的归属问题。在《荀子思想中的欲：欲望自身能激发行动吗?》一文中[①]，宋氏并不同意在荀子那里“欲”是激发行动的动力，因而也是造成恶的根源的说法，而认为荀子所说的“好利”的“心”具有追求欲望对象的自然倾向的含义，因此，道德失败（恶）的根源在于“心”依一种特定的不恰当的方式活动，换言之，恶是由“心”造成的。例如宋氏通过对荀子“情然而心为之择谓之虑”的分析，认为就“心”选择“情”作为行动理由而言，“情”作为行动理由本身并不能直接激发行动，真正激发行动的是“心”。宋氏进一步认为，在荀子那里，道德失败并不是“心”在激发行动中没有制衡“欲”的结果，而是“心”对“欲”给予了不正确的权衡，选择了错误的行为方向[②]，故而道德失败的根源在于心的不作为或作为错误[③]。同样，在《〈荀子〉道德转

① Sung Winnie，“Yu in the Xunzi：Can Desire by Itself Motivate Action?”，in *Dao：A Journal of Comparative philosophy*（2012）11，pp. 369－388.

② Sung Winnie，“Yu in the Xunzi：Can Desire by Itself Motivate Action?”，p. 380.

③ 与此看法不同，何淑静认为，“心对行为活动之作用是透过它对欲求行‘使’‘止’的作用而有的，并非‘心’直接地‘生起’行为活动，或‘心’直接地对行为活动产生作用……由此可知，‘心’不是发动行为活动者，发动行为活动者乃‘欲’。但由于发动行为活动之‘欲’受制于心之所可，故行为活动乃依于心之所（转下页）

化问题之初解》一文中[①]，宋氏进一步指出，荀子的人性恶应当被理解为“心”具有追逐自利的不适当的自然倾向，如荀子云“心好利，而谷禄莫厚焉”（《王霸》），而礼则通过形塑和规制人的自然情感来转化“心”的这种不适当的自然倾向，至于这种具有不适当的自然倾向的“心”为什么能够使一个人“守道而禁非道”？宋氏认为，其关键就在于“心”（质具）有认知的能力。因此，在荀子那里，“化性”实质上指的是“化心”，而心作为能知能行（质具）的“天君”乃可以治理五官。总之，宋氏的论著原本并不讨论“质具”与“心性”的关系，其所针对的问题是要“纠正”流行的一种看法，即在荀子那里，“欲”是激发行动的动力，也是造成恶的根源。而宋氏则认为，真正激发行动的动力是“心”，同时，“心”也要为恶负责。显然宋氏的此一主张蕴含了“心恶论”的看法，而此一看法乃可上承至王邦雄的主张。[②]

6. 简短的结语

本文所作之初意原在讨论荀子《性恶》篇的“质具”与“心性”的关系，并以劳思光的疑难为牵引问题的线索，借由简略的学术史的回顾以便一步步呈现其问题的实质[③]。正如在本文开始时所说的，“质具”属心还是属性并非单纯只关涉到质、具自身性质的归属问题，它对于理解荀子的成德理论具有十分重要的意义，也因此，劳

（接上页）可”。参阅何淑静：《孟荀道德实践理论之研究》，第 62 页。

① Winnie Sung，“Ethical Transformation in the Xunzi：A Partial Explanation”，载《中国哲学与文化》第十三辑（郑宗义主编），桂林：漓江出版社，2016 年，第 69—97 页。

② 越四年，Eric Hutton（何艾克）发文对宋氏的观点进行了分析和驳难，参阅 Eric Hutton，“Xunzi on Moral Psychology”，*Dao 7*（2016），pp. 201－227，*Companion to the Philosophy of Xunzi*，ed. by Eric Hutton。限于篇幅，此处不展开论述。

③ 本文之所以说是“简略”的学术史的回顾，源于我们实在无法将相关研究一一梳理，甚至会遗漏许多重要的如王恩洋等人的主张。

思光式的质疑便有理由加以正视和回应。经由我们的梳理不难发现，学者对此的研究呈现出逐步拓展和深入的特点，故而从综合的角度上，我们认为，在荀子，“质具”属心与属性都有各自文本解释上的根据；单言“质具”是心或是性，从荀子的思想系统而观，皆不免失之一隅，同时，也皆有其自身难于避免的理论困难；而不论“质具”是属心还是属性，对于荀子的成德之学而言都有其成立的理由和理论上的必要。若“质具”不是心而是自然情欲的性，那么，人便无法作“化性起伪”的功夫；若“质具”只是性而不是心，那么，依“性不知礼义”推之，人便无法以“仁义法正”为认知和实践对象，人禽之别也无法看出；但若“质具”不是性，亦即不是人人生而有、“天之就”的性，那么，依“质具”为人的成德的主观根据推之，人之成德的主观根据便会失去其普遍性能力的保证，如是，此推论不唯与荀子“涂之人也，皆有……”之断言相悖，且“涂之人可以为禹”之说也会落空，而心之“质具”作为“天君”以区别于“天官”之说亦无由得解。

站在荀子的思想系统上看，上述诸种推论皆为义理上的内在要求，也是荀子在其特有的人性论基础上所建立的成德之学的逻辑必然。虽然在荀子那里，“质具”只是作为单纯的能力或有待填入内容的能力（capacity remain to fill in content），故而肯定“质具”为人人皆有并无法确保人之成德在逻辑上的必然，此与孟子心之四端“我固有之”“不假外求”相异，然而，有之固如此，无之却不然；从另一个角度上看，这也造就了荀子道德哲学重认知、倚师法、厚积靡的特色[1]。而我们从简略的学术史的梳理中又不难看到，围绕荀子“质具”与“心性”的关系，在思想史上至少呈现出“质具”属性说、“质具”与“性恶”矛盾说、“质具”属心说以及“质具”属

① 倪德卫以“渐进主义者”（gradualist）来加以说明，参阅 David S. Nivison，*The Ways of Confucianism：Investigations in Chinese Philosophy*，ed. by Bryan W. Van Norden，Chicago：Open Court，1996，p. 205。

心又属性说等几种不同的形态，它们或交相为用又各有倚重；与此相应的是，如果我们以“质具”为导引线索，则学者围绕对荀子性恶论的理解，在历史上则演化出“性恶论”、“情恶论”（性朴论）和“心恶论”等不同的说法。显然，上述的这些形态和说法上的变化我们应该把它看成从不同的角度深化和拓展对荀子思想的理解的努力，而我们的看法是，在荀子的思想系统中，“性”与“恶”或“情”（欲）与“恶”的关系并不是分析的关系，而是综合的关系；也因此，“性恶说”或“情恶说”皆非分析判断，而是综合判断，换言之，我们从荀子“性”“情”“欲”的概念中并不能直接分析出“恶”[①]；更为重要的是，荀子言“人之性恶”之目的原不在讨论“自然之恶”或“自然特质之恶”，而在说明道德（或政治）之恶，盖“自然特质之恶”并无道德的意义，不仅如此，“自然特质之恶”还将会使荀子陷入决定论的窠臼，进而使得荀子苦心构筑的“化性起伪”的修身功夫失去意义，并使得荀子所宣称的“涂之人可以为禹”的主张变成毫无理论根据的虚说。故荀子言“人之性恶”必落于道德之恶上，荀子云：“今人之性恶，必将待圣王之治、礼义之化，然后皆出于治、合于善也。”又云：“今人之性，饥而欲饱，寒而欲暖，劳而欲休，此人之情性也。今人见长而不敢先食者，将有所让也；劳而不敢求息者，将有所代也。夫子之让乎父，弟之让乎兄，子之代乎父，弟之代乎兄，此二行者，皆反于性而悖于情也；然而孝子之道，礼义之文理也。”（《性恶》）然而，言道德之恶，在理论上则预设了责任概念，而责任概念又预设了选择自由[②]。在荀子，这些皆

---

① 牟宗三对此也认为，荀子论性完全从自然之心理现象而言，或从生物生理之本能而言，指人的动物性，此动物性之自然生命，“克就其本身之所是而言之，亦无所谓恶，直自然而已矣”。氏著《名家与荀子》，台北：台湾学生书局，1979年，第223页。

② 在荀子，选择自由的主体是心，故云：“欲不待可得，所受乎天也；求者从所可，所受乎心也。所受乎天之一欲，制于所受乎心之多，固难类所受乎天也……故欲过之而动不及，心止之也。”（《正名》）又云：“心者，形之君也，而神明（转下页）

不能在性、情、欲的概念中被说明，皆只能在心的概念中来说明。换言之，在荀子，心才是真正意义上的“道德主体”，盖若谓荀子所谓的恶是人顺“性”“情”“欲”而“无节”所造成的，则在逻辑上其“所以无节”者乃直指心未发挥其“天君”的作用，一任“情”“性”“欲”之肆意、放纵，乃至“出乎贪利争夺”（《性恶》）而为恶，故恶亦可谓心之失责或不作为，如是，则心要为恶承担责任①。审如是，假如我们认定在荀子那里，“质具”（知能）乃是人成就德行的主观根据，而这个意义上的“质具”乃从“天君”之心上来理解，那么此“天君”之心当为“恶”承担责任，如是，“心恶说”在理论的逻辑上便有其成立的理由②。

（接上页）之主也，出令而无所受令。自禁也，自使也，自夺也，自取也，自行也，自止也。故口可劫而使墨云，形可劫而使诎申，心不可劫而使易意，是之则受，非之则辞。”（《解蔽》）

① 法兰克福认为，人之所以为人在于其具有对第一序的欲望做出反思性的自我评价的能力，这种能力或所谓第二序的意志决断（volitions），在荀子那里便与他所说的“天君”之心密切相关。参阅 Harry G. Frankfurt，“Freedom of the Will and the Concept of a Person”，*Journal of Philosophy Vol. 68*，*No. 1*（January 1971），pp. 5－6。

② 所需补充说明的是，无论是王邦雄还是宋晓竹都没有从正面对荀子的“心恶说”给出论证，他们只是在论述相关问题时拖带出“心恶说”，为此笔者已撰另文《荀子对“心恶说”的论证》。

参考书目

一、中文著作

王先谦：《荀子集解》，北京：中华书局，1988 年。
梁启雄：《荀子简释》，北京：中华书局，1983 年。
北京大学《荀子》注释组：《荀子新注》，北京：中华书局，1979 年。
王天海：《荀子校释》，上海：上海古籍出版社，2005 年。
杨柳桥：《荀子诂译》，济南：齐鲁书社，1985 年。
张觉：《荀子译注》，上海：上海古籍出版社，2012 年。
王森：《荀子白话今译》，北京：中国书店，1992 年。
李涤生：《荀子集释》，台北：台湾学生书局，1979 年。
熊公哲：《荀子今注今译》，台北：台湾商务印书馆，1990 年。
阮元校刻：《十三经注疏》，北京：中华书局，1980 年。
慎到：《慎子》，上海：华东师范大学出版社，2010 年。
贾谊：《新书校注》（阎振益、钟夏校注），北京：中华书局，2000 年。
朱熹：《四书章句集注》，北京：中华书局，2011 年。
程树德：《论语集释》，北京：中华书局，1990 年。
焦循：《孟子正义》，北京：中华书局，1987 年。
凌廷堪：《校礼堂文集》，北京：中华书局，1998 年。
戴震：《孟子字义疏证》，北京：中华书局，2008 年。
黎翔凤：《管子校注》（梁运华整理），北京：中华书局，2004 年。
孙希旦：《礼记集解》，北京：中华书局，1989 年。
王夫之：《读通鉴论》，北京：中华书局，1975 年。
章学诚：《文史通义新编》（仓修良编），上海：上海古籍出版社，1993 年。
陈奇猷：《韩非子集释》，上海：上海人民出版社，1974 年。
严灵峰编：《无求备斋荀子集成》，台北：成文出版社，1977 年。
沈善洪主编：《黄宗羲全集》，杭州：浙江古籍出版社，2005 年。

梁漱溟：《梁漱溟全集》，济南：山东人民出版社，2005 年。
冯友兰：《三松堂全集》，郑州：河南人民出版社，2001 年。
熊十力：《熊十力全集》，武汉：湖北教育出版社，2001 年。
冯契：《冯契文集》，上海：华东师范大学出版社，2016 年。
丁四新：《先秦哲学探索》，北京：商务印书馆，2015 年。
干春松：《重回王道——儒家与世界秩序》，上海：华东师范大学出版社，2012 年。
干春松：《制度儒学》，上海：上海人民出版社，2006 年。
马国瑶：《荀子政治理论与实践》，台北：文史哲出版社，1996 年。
马承源主编：《上海博物馆藏战国楚竹书》（五），上海：上海古籍出版社，2004 年。
马积高：《荀学源流》，上海：上海古籍出版社，2000 年。
王中江：《根源、制度和秩序》，北京：中国人民大学出版社，2018 年。
王中江：《儒家的精神之道和社会角色》，北京：中华书局，2015 年。
王中江：《视域变化中的中国思想与文化构想》，郑州：中州古籍出版社，2005 年。
王亚南：《中国官僚政治研究》，北京：中国社会科学出版社，1981 年。
王光松：《在“德”“位”之间》，上海：华东师范大学出版社，2010 年。
王庆光：《荀子与战国思想研究》，台中：大同资讯出版社，1989 年。
王庆光：《荀子与齐道家的对比》，台北：大安出版社，2014 年。
王健文：《奉天承运》，台北：东大图书股份有限公司，1995 年。
王楷：《天然与修为》，北京：北京大学出版社，2011 年。
王楷：《天生人成》，北京：中国社会科学出版社，2018 年。
王颖：《荀子伦理思想研究》，哈尔滨：黑龙江人民出版社，2006 年。
韦政通：《荀子与古代哲学》，台北：台湾商务印书馆，1992 年。
方尔加：《荀子新论》，北京：中国和平出版社，1993 年。

方旭东：《绘事后素》，北京：北京大学出版社，2012 年。
方旭东主编：《道德哲学与儒家传统》，上海：华东师范大学出版社，2010 年。
孔繁：《荀子评传》，南京：南京大学出版社，1997 年。
邓小虎：《荀子的为己之学》，北京：北京大学出版社，2015 年。
邓国光：《圣王之道——先秦诸子的经世智慧》，北京：中华书局，2010 年。
邓晓芒：《儒家伦理新批判》，重庆：重庆大学出版社，2010 年。
艾兰：《世袭与禅让——古代中国的王朝更替传说》，北京：北京大学出版社，2002 年。
甘阳：《古今中西之争》，北京：生活·读书·新知三联书店，2006 年。
石元康：《当代自由主义理论》，台北：联经出版事业公司，1995 年。
石元康：《从中国文化到现代化：典范转移?》，台北：东大图书股份有限公司，1998 年。
龙宇纯：《荀子论集》，台北：台湾学生书局，1987 年。
东方朔：《合理性之寻求——荀子思想论集》，台北：台大出版中心，2011 年。
东方朔：《荀子精读》，上海：复旦大学出版社，2011 年。
东方朔：《差等秩序与公道世界》，上海：上海人民出版社，2016 年。
东方朔主编：《荀子与儒家思想》，上海：复旦大学出版社，2019 年。
东方朔、王鹏：《荀子》，上海：上海古籍出版社，2010 年。
田富美：《清代荀子学研究》，新北市：花木兰文化出版社，2011 年。
白彤东：《旧邦新命》，北京：北京大学出版社，2009 年。
白奚：《稷下学研究》，北京：生活·读书·新知三联书店，1998 年。
冯天瑜：《中华元典精神》，上海：上海人民出版社，1994 年。
冯达文：《寻找心灵的故乡》，北京：中华书局，2015 年。
向仍旦：《荀子通论》，福州：福建教育出版社，1987 年。
吕振羽：《殷周时代的中国社会》，北京：生活·读书·新知三联书店，1962年。
吕思勉：《先秦学术概论》，上海：中国大百科全书出版社，1985年。
吕思勉：《中国政治思想史》，北京：北京出版社，2016年。
朱伯崑：《先秦伦理学》，北京：北京大学出版社，1984年。
朱维铮：《音调未定的传统》，沈阳：辽宁教育出版社，1995年。
伍振勋：《语言、社会与历史意识——荀子思想探义》，新北市：花木兰文化出版社，2009年。
刘小枫：《儒家革命精神源流考》，上海：上海三联书店，2000年。
刘述先：《儒家思想意涵之现代阐释论集》，台北："中央研究院"中国文哲研究所筹备处，2000年。
刘述先：《儒家哲学研究：方法、问题及未来开展》（东方朔编），上海：上海古籍出版社，2010年。
刘丰：《先秦礼学思想与社会的整合》，北京：中国人民大学出版社，2003年。
刘军宁编：《市场选择与国家观念》，北京：生活·读书·新知三联书店，1995年。
刘笑敢：《诠释与定向》，北京：商务印书馆，2009年。
刘国英、张灿辉编：《无涯理境——劳思光先生的学问与思想》，香港：香港中文大学出版社，2003年。
刘岱总主编：《中国文化新论·理想与现实》北京：生活·读书·新知三联书店，1991年。
刘泽华：《中国古代政治思想史·先秦卷》，杭州：浙江人民出版社，1996年。
刘泽华：《王权思想论》，天津：天津人民出版社，2006年。
刘道中：《荀子成圣成治思想研究》，高雄：复文图书公司，1983年。
刘擎编：《权威的理由》，北京：新星出版社，2008年。
江心力：《20世纪前期荀学研究》，北京：中国社会科学出版社，2005年。

任剑涛：《伦理政治研究——从早期儒学视角的理论透视》，长春：吉林出版集团有限责任公司，2007 年。

许国贤：《伦理政治论》，台北：扬智文化事业股份有限公司，1997 年。

许景昭：《禅让、世袭及革命》，上海：上海古籍出版社，2014 年。

孙伟：《重塑儒家之道——荀子思想再考察》，北京：人民出版社，2010 年。

孙伟：《“道”与“幸福”》，北京：北京大学出版社，2015 年。

牟宗三：《道德的理想主义》，台北：台湾学生书局，1978 年。

牟宗三：《名家与荀子》，台北：台湾学生书局，1979 年。

牟宗三：《政道与治道》，台北：台湾学生书局，1980 年。

牟宗三：《中国哲学十九讲》，台北：台湾学生书局，1983 年。

牟宗三：《圆善论》，台北：台湾学生书局，1985 年。

牟宗三：《历史哲学》，台北：台湾学生书局，1988 年。

劳思光：《中国哲学史新编》，台北：三民书局，1981 年增订初版。

劳思光：《思辩录——思光近作集》台北：东大图书股份有限公司，1996 年。

劳思光：《中国之路向》，香港：香港中文大学出版社，2000 年。

劳思光：《文化问题论集新编》（郑宗义编），香港：香港中文大学出版社，2000 年。

劳思光：《哲学问题源流论》（刘国英、张灿辉编），香港：香港中文大学出版社，2001 年。

劳思光：《文化哲学讲演录》（刘国英编注），香港：香港中文大学出版社，2002 年。

杜国庠：《先秦诸子的若干研究》，北京：生活·读书·新知三联书店，1995 年。

杜维明：《杜维明文集》（1—5 卷）武汉：武汉出版社，2002 年。

杜维明主编：《思想·文献·历史——思孟学派新探》，北京：北京大学出版社，2008年。
李中生：《荀子校诂丛稿》，广州：广东高等教育出版社，2001年。
李亚农：《李亚农史论集》，上海：上海人民出版社，1962年。
李明辉：《儒学与现代意识》（增订版），台北：台大出版中心，2016年。
李明辉：《康德伦理学与孟子道德思考的重建》，台北："中央研究院"中国文哲研究所，1994年。
李明辉：《儒家视野下的政治思想》，台北：台大出版中心，2005年。
李明辉：《四德与七情：关于道德情感的比较哲学探讨》，台北：台大出版中心，2005年。
李明辉：《儒家与康德》（增订版），台北：联经出版事业公司，2018年。
李明辉：《孟子重探》，台北：联经出版事业公司，2001年
李泽厚：《中国古代思想史》，北京：人民出版社，1985年。
李泽厚：《世纪新梦》：合肥：安徽文艺出版社，1998年。
李泽厚：《论语今读》，合肥：安徽文艺出版社，1998年。
李泽厚：《实用理性与乐感文化》，北京：生活·读书·新知三联书店，2005年。
李哲贤：《荀子之核心思想》，台北：文津出版社，1994年。
李猛：《自然社会》，北京：生活·读书·新知三联书店，2015年。
李景林：《教养的本原》，沈阳：辽宁人民出版社，1998年。
李存山：《中国气论探源与发微》，北京：中国社会科学出版社，1990年。
李瑞全：《儒家道德规范根源论》，新北市：鹅湖出版社，1991年。
李瑞全：《当代新儒学之哲学开拓》，台北：文津出版社，1993年。
李亚彬：《道德哲学之维——孟子荀子人性论比较研究》，北京：人民出版社，2007年。
杨长镇：《荀子类的存有论研究》，台北：文津出版社，1996年。

杨向奎：《宗周社会与礼乐文明》，北京：人民出版社，1997年。
杨秀宫：《孔孟荀礼法思想的演变与发展》，台北：文史哲出版社，2000年。
杨国荣：《伦理与存在》，上海：上海人民出版社，2002年。
杨国荣：《成己成物》，北京：人民出版社，2010年。
杨国荣：《人类行动与实践智慧》，北京：生活·读书·新知三联书店，2013年。
杨国荣：《政治、伦理及其他》，北京：生活·读书·新知三联书店，2018年。
杨泽波：《孟子性善论研究》，北京：中国社会科学出版社，1995年。
杨承彬：《孔孟荀的道德思想》，台北：台湾商务印书馆，1978年。
杨祖汉：《儒家的心学传统》，台北：文津出版社，1992年。
杨宽：《战国史》，上海：上海人民出版社，1980年。
杨筠如：《荀子研究》，北京：商务印书馆，1931年。
杨儒宾：《儒家身体观》，台北："中央研究院"中国文哲研究所筹备处，1999年。
吴树勤：《礼学视野中的荀子人学——以"知通统类"为核心》，济南：齐鲁书社，2007年。
吴复生：《荀子思想新探》，台北：文史哲出版社，1998年。
邱兴隆：《刑罚理论评论：刑罚的正当性反思》，北京：中国政法大学出版社，1999年。
何信全：《儒学与现代民主》，台北："中央研究院"中国文哲研究所筹备处，1996年。
何淑静：《孟荀道德实践理论之研究》，台北：文津出版社，1988年。
何淑静：《荀子再探》，台北：台湾学生书局，2014年。
佐藤将之：《荀学与荀子思想研究》，台北：万卷楼图书股份有限公司，2015年。
佐藤将之：《参与天地之间：荀子礼治政治思想的起源于构造》，台北：台大出版中心，2016 年。
邹昌林：《中国礼文化》，北京：社会科学文献出版社，2000 年。
应奇：《自由主义到后自由主义》，北京：生活·读书·新知三联书店，2003 年。
应奇等编：《厚薄之间的政治概念》，长春：吉林出版集团有限责任公司，2015 年。
宋洪兵：《循法成德》，北京：生活·读书·新知三联书店，2015 年。
宋宽锋：《先秦政治哲学史论》，北京：中国社会科学出版社，2019 年。
邵秋艳：《早期儒家王霸之辨理论研究》，北京：中华书局，2018 年。
忻剑飞：《世界的中国观》，上海：学林出版社，1991 年。
张西民等主编：《荀子思想传承与发展文集》，北京：线装书局，2020 年。
张西堂：《荀子真伪考》，台北：明文书局，1994 年。
张光直：《中国青铜时代》，北京：生活·读书·新知三联书店，1999 年。
张光直：《美术、神话与祭祀》，北京：生活·读书·新知三联书店，2013 年。
张亨：《思文之际论集：儒道思想的现代诠释》，台北：允晨文化实业股份有限公司，1997 年。
张金鉴：《中国政治思想史》（上），台北：三民书局，1989 年。
张舜徽：《周秦道论发微》，北京：中华书局，1982 年。
张德胜：《儒家伦理与秩序情结》，台北：巨流图书公司，1989 年。
张翰书：《比较中西政治思想》，长春：吉林出版集团有限责任公司，2009 年。
张灏：《幽暗意识与民主传统》，台北：联经出版事业公司，2006 年。
陆建华：《先秦诸子礼学研究》，北京：人民出版社，2008 年。
陈大齐：《荀子学说》，台北：中华文化出版事业社，1956 年。
陈大齐：《陈百年先生文集》，台北：台湾商务印书馆，1987 年。

陈大齐：《孟子待解录》，上海：华东师范大学出版社，2012 年。
陈飞龙：《孔孟荀礼学之研究》，台北：文史哲出版社，1982 年。
陈文洁：《荀子的辩说》，北京：华夏出版社，2008 年。
陈光连：《荀子“分”义研究》，南京：东南大学出版社，2013 年。
陈光连：《知识与德性》，南京：东南大学出版社，2014 年。
陈问梅：《墨学之省察》，台北：台湾学生书局，1988 年。
陈兴良：《刑法的人性基础》，北京：中国人民大学出版社，2006 年。
陈来：《古代思想文化的世界》，北京：生活·读书·新知三联书店，2002 年。
陈来：《古代宗教与伦理——儒家思想的根源》，北京：生活·读书·新知三联书店，1996 年。
陈来：《孔夫子与现代世界》，北京：北京大学出版社，2011 年。
陈来：《从思想世界到历史世界》，北京：北京大学出版社，2015 年。
陈迎年：《能定能应，夫是之谓成人》，上海：上海三联书店，2013 年。
陈建华：《“革命”的现代性——中国革命话语考论》，上海：上海古籍出版社，2000 年。
陈昭瑛：《儒家美学与经典诠释》，台北：台大出版中心，2005 年。
陈昭瑛：《荀子的美学》，台北：台大出版中心，2016 年。
陈昭瑛编：《徐复观的政治思想》，台北：台大人文社会高等研究院东亚儒学研究中心，2018 年。
陈祖为：《儒家致善主义：现代政治哲学重构》，香港：商务印书馆，2016 年。
陈弱水：《公共意识与中国文化》，北京：新星出版社，2006 年。
陈登元：《荀子哲学》，上海：上海三联书店，2014 年。
陈鼓应：《管子四篇诠释》，北京：商务印书馆，2009 年。
武树臣：《儒家法律传统》，北京：法律出版社，2003 年。
林存光：《政治的境界：中国古典政治哲学研究》，北京：中国政法大学出版社，2014 年。
林启屏：《从古典到正典：中国古代儒学意识之形成》，台北：台大出版中心，2007 年。
林桂臻：《天道天行与人性人情》，北京：中国社会科学出版社，2015 年。
林毓生：《中国传统的创造性转化》，北京：生活·读书·新知三联书店，1988 年。
罗根泽：《诸子考索》，北京：人民出版社，1958 年。
金耀基：《中国民本思想史》，北京：法律出版社，2008 年。
欧阳祯人：《先秦儒家性情思想研究》，武汉：武汉大学出版社，2005 年。
周予同：《中国经学史论著选编》，上海：复旦大学出版社，2015 年。
周绍贤：《荀子要义》，台北：台湾中华书局，1977 年。
周炽成：《荀·韩：人性论与社会历史哲学》，广州：中山大学出版社，2009 年。
周群振：《荀子思想研究》，台北：文津出版社，1987 年。
周濂：《现代政治的正当性基础》，北京：生活·读书·新知三联书店，2008 年。
庞朴：《五行篇研究》，济南：齐鲁书社，1988 年。
郑开：《德礼之间》，北京：生活·读书·新知三联书店，2009 年。
郑开：《道家政治哲学发微》，北京：北京大学出版社，2019 年。
郑宗义编：《中国哲学研究之新方向》，香港：香港中文大学新亚书院，2014 年。
赵汀阳：《天下体系》，南京：江苏教育出版社，2005 年。
赵明：《先秦儒家政治哲学引论》，北京：北京大学出版社，2004 年。
郝长墀：《政治与人：先秦政治哲学的三个维度》，北京：中国政法大学出版社，2012 年。
胡昌智：《历史知识与社会变迁》，台北：联经出版事业公司，

1988 年。
胡辉华：《合理性问题》，广州：广东人民出版社，2000 年。
胡锐军：《儒家政治设计思想研究》，长春：吉林大学出版社，2012 年。
胡适：《中国哲学史大纲》（卷上），北京：商务印书馆，1987 年。
柯雄文：《伦理论辩：荀子道德认识论之研究》，台北：黎明文化事业股份有限公司，1990 年。
钟泰：《荀子订补》，北京：商务印书馆，1936 年。
段昌国等译：《中国思想与制度论集》，台北：联经出版事业公司，1976 年。
侯外庐等：《中国思想通史》，北京：人民出版社，1957 年。
俞可平：《西方政治分析新方法论》，北京：人民出版社，1989 年。
俞可平：《社群主义》，北京：中国社会科学出版社，1998 年。
俞可平：《政治与政治学》，北京：社会科学文献出版社，2003 年。
俞荣根：《儒家法思想通论》，南宁：广西人民出版社，1998 年。
骆瑞鹤：《荀子补正》，武汉：武汉大学出版社，1997 年。
秦家懿、孔汉思：《中国宗教与基督教》，北京：生活・读书・新知三联书店，1990 年。
夏甄陶：《论荀子的哲学思想》，上海：上海人民出版社，1979 年。
钱穆：《中国学术思想史论丛》，合肥：安徽教育出版社，2004 年。
钱穆：《先秦诸子系年》，北京：商务印书馆，2001 年。
徐平章：《荀子与两汉哲学》，台北：文津出版社，1988 年。
徐向东：《道德哲学与实践理性》，北京：商务印书馆，2006 年。
徐克谦：《先秦儒学及其现代诠释》，南京：南京师范大学出版社，1999 年。
徐复观：《中国人性论史・先秦篇》，台北：台湾商务印书馆，1969 年。
徐复观：《学术与政治之间》，上海：华东师范大学出版社，2009 年。

徐洪兴：《〈孟子〉精读》，上海：复旦大学出版社，2010 年版。
殷海光：《中国文化的展望》，上海：上海三联书店，2002 年。
翁惠美：《荀子论人研究》，台北：中正书局，1988 年。
高正：《〈荀子〉版本源流考》，北京：中国社会科学出版社，1992 年。
高瑞泉：《平等观念史论略》，上海：上海人民出版社，2012 年。
郭齐勇：《中国儒学的精神》，上海：复旦大学出版社，2009 年。
郭志坤：《荀学论稿》，上海：上海三联书店，1991 年。
郭沂：《郭店竹简与先秦儒学》，上海：上海教育出版社，2001 年。
郭沫若：《十批判书》，北京：东方出版社，1996 年。
唐君毅：《中国哲学原论・导论篇》，香港：东方人文学会，1974 年修订版。
唐君毅：《中国哲学原论・原性篇》，台北：台湾学生书局，1984 年。
唐君毅：《中国哲学原论・原教篇》，台北：台湾学生书局，1984 年。
唐端正：《先秦诸子论丛（续编）》，台北：东大图书股份有限公司，1983 年。
涂可国、刘廷善主编：《荀子思想研究》，济南：齐鲁书社，2015 年。
陶师承：《荀子研究》，上海：大东书局，1926 年。
黄俊杰：《孟学思想史论》（卷二），台北："中央研究院"中国文哲研究所筹备处，1997 年。
黄俊杰：《东亚儒家仁学史论》，台北：台大出版中心，2017 年。
黄勇：《全球化时代的伦理》，台北：台大出版中心，2011 年。
黄勇：《全球化时代的政治》，台北：台大出版中心，2011 年。
萧公权：《中国政治思想史》，沈阳：辽宁教育出版社，1998 年。
萧公权：《宪政与民主》，北京：清华大学出版社，2006 年。
萧欣义编：《儒家政治思想与民主自由人权》，台北：台湾学生书局，1988 年。
曹峰：《上博楚简思想研究》，台北：万卷楼图书股份有限公司，2006 年。

曹峰：《中国古代“名”的政治思想研究》，上海：上海古籍出版社，2017年。
康香阁、梁涛主编：《荀子思想研究》，北京：人民出版社，2014年。
章太炎：《国学概论》，香港：三联书店，2001年。
阎步克：《士大夫政治演生史稿》，北京：北京大学出版社，1996年。
梁启超：《清代学术概论》，北京：人民出版社，2008年。
梁启超：《先秦政治思想史》，上海：上海古籍出版社，2014年。
梁涛：《郭店竹简与思孟学派》，北京：中国人民大学出版社，2008年版。
彭国翔：《儒家传统的诠释与思辨》，武汉：武汉大学出版社，2012年。
葛兆光：《中国思想史》（第一卷），上海：复旦大学出版社，1998年。
蒋年丰：《文本与实践》，台北：桂冠图书股份有限公司，2000年。
蒋庆：《政治儒学》，北京：生活·读书·新知三联书店，2003年。
韩德民：《荀子与儒家的社会理想》，济南：齐鲁书社，2001年。
惠吉星：《荀子与中国文化》，贵阳：贵州人民出版社，1996年。
景海峰：《中国哲学的现代诠释》，北京：人民出版社，2004年。
傅佩荣：《儒道天论发微》，台北：台湾学生书局，1985年。
傅斯年：《性命古训辨证》，桂林：广西师范大学出版社，2006年。
傅斯年：《中国古代思想与学术十论》，桂林：广西师范大学出版社，2006年。
储昭华：《明分之道》，北京：商务印书馆，2005年。
童书业：《先秦七子思想研究》，济南：齐鲁书社，1982年。
曾暐杰：《打破性善的诱惑》，新北市：花木兰文化出版社，2014年。
曾暐杰：《性恶论的诞生》，台北：万卷楼图书股份有限公司，2019年。
游唤民：《先秦民本思想》，长沙：湖南师范大学出版社，1991年。
谢维扬：《中国早期国家》，杭州：浙江人民出版社，1995年。
强中华：《秦汉荀学研究》，北京：人民出版社，2017年。
路德斌：《荀子与儒家哲学》，济南：齐鲁书社，2010年。

鲍国顺：《荀子学说析论》，台北：华正书局，1993年修订三版。
鲍国顺：《儒学研究集》，高雄：复文图书出版社，2002年。
慈继伟：《正义的两面》，北京：生活·读书·新知三联书店，2001年。
蔡仁厚：《孔孟荀哲学》，台北：台湾学生书局，1984年。
蔡尚思：《中国礼教思想史》，香港：中华书局，1991年。
蔡尚思主编：《十家论墨》，上海：上海人民出版社，2008年。
廖名春：《荀子新探》，台北：文津出版社，1994年。
廖名春编：《荀子二十讲》，北京：华夏出版社，2000年。
廖名春：《荀子》，北京：国家图书馆出版社，2019年。
谭宇权：《荀子学说评论》，台北：文津出版社，1994年。
熊公哲：《荀卿学案》，台北：台湾商务印书馆，1970年。
戴华等主编：《正义及其相关问题》，台北："中央研究院"中山人文社会科学研究所，1991年。
魏元珪：《荀子哲学思想研究》，台中：东海大学出版社，1983年。
瞿同祖：《中国法律与中国社会》，北京：中华书局，1981年。
丸山真男：《日本政治思想史研究》（王中江译），北京：生活·读书·新知三联书店，2000年。
马克斯·韦伯：《儒教与道教》（王容芬译），北京：商务印书馆，1999年。
马克斯·韦伯：《经济与历史：支配的类型》（康乐等译），桂林：广西师范大学出版社，2010年。
尤锐：《展望永恒帝国——战国时代的中国政治思想》（孙英刚译），上海：上海古籍出版社，2013年。
理查德·贝拉米：《重新思考自由主义》（王萍译），南京：江苏人民出版社，2005年。
本杰明·史华兹：《古代中国的思想世界》（程钢译），南京：江苏人民出版社，2004年。

莱恩霍尔德·尼布尔：《道德的人与不道德的社会》（蒋庆等译），贵阳：贵州人民出版社，1998 年。

约翰·加尔布雷思：《权力的分析》（陶远华等译），石家庄：河北人民出版社，1985 年。

边沁：《立法理论——刑法典原理》（孙力等译），北京：中国人民公安大学出版社，1993 年。

边沁：《道德与立法原理导论》（石殷弘译），北京：商务印书馆，2009 年。

吉登斯：《现代性的后果》（田年译），南京：译林出版社，2000 年。

托克维尔：《论美国的民主》（董果良译），北京：商务印书馆，1991 年。

休谟：《人性论》（关文运等译），北京：商务印书馆，1996 年。

亚里士多德：《尼各马科伦理学》（苗力田译），北京：中国社会科学出版社，1999 年。

列文森：《儒教中国及其现代命运》（郑大华等译），北京：中国社会科学出版社，2000 年。

迈内克：《马基雅维里主义》（时殷弘译），北京：商务印书馆，2014 年。

泰瑞·伊格顿：《理论之后》（李尚远译），台北：商周出版、城邦文化事业股份有限公司，2005 年。

戴维·米勒：《政治哲学与幸福的根基》（李里峰译），南京：译林出版社，2013 年。

戴维·米勒：《社会正义原则》（应奇译），南京：江苏人民出版社，2001 年。

米斯纳：《霍布斯》（于涛译），北京：中华书局，2014 年。

汤浅邦弘：《战国楚简与秦简之思想史研究》（佐藤将之监译），台北：万卷楼图书股份有限公司，2006 年。

安乐哲：《主术——古代中国政治艺术之研究》（滕复译），北京：北京大学出版社，1995 年。

安靖如：《当代儒家政治哲学》（韩华译），南昌：江西人民出版社，

2015 年。
赫伯特·芬格莱特：《孔子：即凡而圣》（彭国翔、张华译），南京：江苏人民出版社，2002 年。
李耶理：《孟子与阿奎那》（施忠连译），北京：中国社会科学出版社，2011 年。
莱斯利·里普森：《政治学的重大问题——政治学导论》（刘晓等译），北京：华夏出版社，2001 年。
伯里：《自由思想史》（宋桂煌译），长春：吉林人民出版社，2011 年。
伽达默尔：《真理与方法》（洪汉鼎译），上海：上海译文出版社，1999 年。
谷中信一：《先秦秦汉思想史研究》（孙佩霞译），上海：上海古籍出版社，2018 年。
亨廷顿：《变化社会中的政治秩序》（王冠华等译），北京：生活·读书·新知三联书店，1992 年。
狄百瑞：《中国的自由传统》（李弘祺译），台北：联经出版事业公司，1983 年。
乔纳森·沃尔夫：《政治哲学导论》（王涛等译），长春：吉林出版集团有限责任公司，2009 年。
W. H. 沃尔什：《历史哲学导论》（何兆武、张文杰译），桂林：广西师范大学出版社，2001 年。
沃林：《政治与构想》（辛亨复译），上海：上海人民出版社，2009 年。
阿伦特等：《〈耶路撒冷的艾希曼〉：伦理的现代困境》（孙传钊译），长春：吉林人民出版社，2003 年。
阿克顿：《自由与权力》（侯健等译），北京：商务印书馆，2001 年。
卡尔-奥托·阿佩尔：《哲学的改造》（孙周兴、陆兴华译），上海：上海译文出版社，1997 年。
陈汉生：《中国古代的语言和逻辑》（周云之等译），北京：社会科学文献出版社，1998 年。
拉斯韦尔：《政治学》（杨昌裕译），北京：商务印书馆，2014 年。

罗尔斯：《正义论》（何怀宏等译），北京：中国社会科学出版社，1988年。

罗尔斯：《政治自由主义》（万俊人译），南京：译林出版社，2000年。

罗尔斯：《道德哲学史讲义》（张国清译），上海：上海三联书店，2003年。

罗哲海：《轴心时期的儒家伦理》（陈咏明等译），郑州：大象出版社，2009年。

T·帕森斯：《社会行动的结构》（张明德等译），南京：译林出版社，2012年。

约翰·凯克斯：《反对自由主义》（应奇译），南京：江苏人民出版社，2003年。

约翰·凯克斯：《为保守主义辩护》（应奇译），南京：江苏人民出版社，2003年。

浅野裕一：《战国楚简研究》（佐藤将之监译），台北：万卷楼图书股份有限公司，2004年。

孟旦：《早期中国"人"的概念》（庄国雄等译，译者翻译为"蒙罗"），上海：上海古籍出版社，1994年。

郝大维、安乐哲：《汉哲学思维的文化探源》（施忠连译），南京：江苏人民出版社，1999年。

郝大维、安乐哲：《先贤的民主——杜威、孔子与中国民主之希望》（何刚强译），南京：江苏人民出版社，2004年。

柯雄文：《伦理论辩——荀子道德认识论之研究》（赖显邦译），台北：黎明文化事业股份有限公司，1990年。

康德：《论永久和平》（何兆武译），上海：上海人民出版社，2005年。

以赛亚·柏林：《自由论》（胡传胜译），南京：译林出版社，2003年。

拉塞尔·哈丁：《群体冲突的逻辑》（刘春荣等译），上海：上海人民出版社，2013年。

哈贝马斯：《合法化危机》（刘北成等译），上海：上海人民出版社，2000年。

哈贝马斯：《后形而上学思想》（曹卫东等译），南京：译林出版社，2001年。
哈贝马斯：《交往行为理论》（曹卫东译），上海：上海人民出版社，2004年。
哈耶克：《自由秩序原理》（上）（邓正来译），北京：生活·读书·新知三联书店，1997年。
哈耶克：《法律、立法与自由》（第一卷）（邓正来译），北京：中国大百科全书出版社，2000年。
科尔斯戈德：《规范性的来源》（杨顺利译），上海：上海译文出版社，2010年。
亚历山大·科耶夫：《权威的概念》（姜志辉译），南京：译林出版社，2011年。
科恩：《论民主》（聂崇信等译），北京：商务印书馆，1988年。
乔治·施瓦布：《例外的挑战》（李培建译），上海：上海人民出版社，2015年。
卡尔·施米特：《政治的概念》（刘宗坤等译），上海：上海人民出版社，2015年。
卡尔·施米特：《合法性与正当性》（刘小枫编），上海：上海人民出版社，2015年。
施特劳斯：《霍布斯的政治哲学》（申彤译），南京：译林出版社，2001年。
施特劳斯：《自然权利与历史》（彭刚译），北京：生活·读书·新知三联书店，2003年。
施特劳斯：《关于马基雅维里的思考》（申彤译），南京：译林出版社，2003年。
施特劳斯：《什么是政治哲学》（李世祥等译），北京：华夏出版社，2011年。
列奥·施特劳斯、约瑟夫·科罗波西：《政治哲学史》（李天然等译)，石家庄：河北人民出版社，1993 年。
施路赫特：《理性化与官僚化》(顾忠华译)，桂林：广西师范大学出版社，2004 年。
查尔斯·泰勒：《黑格尔与现代社会》(徐文瑞译)，台北：联经出版事业公司，1999 年。
迈克尔·H·莱斯诺夫：《二十世纪的政治哲学家》(冯克利译)，北京：商务印书馆，2002 年。
约翰·格雷：《自由主义的两张面孔》(顾爱彬译)，南京：江苏人民出版社，2005 年。
格雷、史密斯主编：《密尔论自由》(樊凡等译)，长春：吉林人民出版社，2011 年。
伊安·夏皮罗：《政治的道德基础》(姚建华等译)，上海：上海三联书店，2006 年。
倪德卫：《儒家之道——中国哲学之探讨》(周炽成等译)，南京：江苏人民出版社，2006 年。
涂尔干：《社会分工论》(渠东译)，北京：生活·读书·新知三联书店，2000 年。
丹尼斯·朗：《权力论》(陆震纶等译)，北京：中国社会科学出版社，2001 年。
诺齐克：《无政府、国家与乌托邦》(何怀宏译)，北京：中国社会科学出版社，1991 年。
迈克尔·桑德尔：《自由主义与正义的局限》(万俊人等译)，南京：译林出版社，2001 年。
司各特·索姆斯：《20 世纪分析哲学史》(张励耕等译)，北京：华夏出版社，2019 年。
皮埃尔·勒鲁：《论平等》(王允道译)，北京：商务印书馆，1988 年。
乔·萨托利：《民主新论》(冯克利等译)，北京：东方出版社，1997 年。

萨拜因：《政治学说史·民族国家》（邓正来译），上海：上海人民出版社，2015 年。
卡尔·曼海姆：《意识形态与乌托邦》（黎鸣、李书崇译），北京：商务印书馆，2000 年。
昆廷·斯金纳：《霍布斯哲学思想中的理性和修辞》（王加丰等译），上海：华东师范大学出版社，2005 年。
斯密什：《政治哲学》（贺晴川译），北京：北京联合出版公司，2015 年。
黑格尔：《法哲学原理》（范扬等译），北京：商务印书馆，1982 年。
黑格尔：《历史哲学》（王造时译），上海：上海书店，1999 年。
渡边秀芳：《中国哲学史概论》（刘侃元译），台北：台湾商务印书馆，1979 年。
富勒：《法律的道德性》（郑戈译），北京：商务印书馆，2014 年。
奥特弗利德·赫费：《政治的正义性》（庞学铨等译），上海：上海译文出版社，2014 年。
维托里奥·赫斯勒：《道德与政治》第一卷（罗久译），北京：商务印书馆，2021 年。
罗纳德·德沃金：《至上的美德——平等的理论与实践》（冯克利译），南京：江苏人民出版社，2003 年。
霍布斯：《利维坦》（黎思复等译），北京：商务印书馆，1996 年。

二、西文著作

Amine, Loubna El, *Classical Confucian Political Thought —— A New Interpretation*, Princeton: Princeton University Press, 2015.
Angle, Stephen C., *Sagehood: The Contemporary Significance of Neo-Confucian Philosophy*, New York: Oxford University Press, 2009.
Bell, Daniel A. (ed.), *Confucian Political Ethics*, Princeton: Princeton University Press, 2008.

Catherine，Bell，*Ritual Theory*，*Ritual Practice*，New York：Oxford University Press，1992.

Chenyang Li，“Xunzi on the Origin of Goodness：A New Interpretation”，in *Journal of Chinese Philosophy*，Supplement to Volume 38（2011）.

Chong，Kim-chong，*Early Confucian Ethics*：*Concepts and Arguments*，Chicago and La Salle，Illinois：Open Court，2007.

Cline，Erin，*Confucius*，*Rawls*，*and the Sense of Justice*，New York：Fordham University Press，2013.

Company，Robert F.，“Xunzi and Durkheim as Theorists of Ritual Practice”，in *Structure and Function in Primitive Society*，edited by A. R. Radcliffe-Brown，New York：Free Press，1965.

Cua，Antonio S.，“The Quasi-Empirical Aspect of Hsün-Tzu's Philosophy of Human Nature”，in *Philosophy East and West*，*Vol. 28*，*No. 1*（Jan.，1978）.

Cua，Antonio S.，*Human Nature*，*Ritual*，*and History*：*Studies in Xunzi and Chinese Philosophy*，Washington，D. C.：The Catholic University of America Press，2005.

De Bary，Wm. Theodore，*Confucian Tradition & Global Education*，New York：Columbia University Press，2007.

Dubs，Homer H.，*Hsüntze*：*the Moulder of Ancient Confucianism*，London：Arthur Probsthain，1927.

Ebrey，Patricia，“Imperial Filial Piety as a Political Problem”，in *Filial Piety in Chinese Thought and History*，Chan，Alan K. L. and Sor-hoon Tan（eds.），London：Routledge Curzon，2004.

E. H. Wang，“Reason and Emotion in Xunzi's Moral Psychology”，*Rationality*：*Constraints and Contexts*，ed. by Tzu-wei Hung & Timothy Joseph Lane，London：Academic Press Elsevier，2016.

Eno，Robert，*The Confucian Creation of Heaven*：*Philosophy and Defense of Ritual Mastery*, Albany: State University of New York Press, 1990.

Frankfurt, H., "Equality as a Moral Ideal", in *Ethics: An International Journal of Social, Political, and Legal Philosophy, Volume 98*, Oct. (1987).

Gadamer, Hans-Georg, *Hegel's Dialectic*, New Haven: Yale University Press, 1976.

Goldin, Paul R., *Rituals of the Way: The Philosophy of Xunzi*, Chicago: Open Court, 1999.

Goldin, Paul R., "Xunzi and Early Han Philosophy", in *Harvard Journal of Asiatic Studies 67, No. 1* (2007).

Graham, A. C., *Later Mohist Logic, Ethics and Science*, Hong Kong: The Chinese University of Hong Kong Press, 2003.

Habermas, Jurgen, *Theory and Practice*, Boston: Beacon Press, 1973.

Hagen, K., *The Philosophy of Xunzi: A Reconstruction*, Peru, IL: Open Court Publishing, 2007.

Hagen, K., "Xunzi and Prudence of Dao: Desire as Motive to Become Good", in *Dao 10* (2011).

Harris, E. L., "Constraining the Ruler: On Escaping Han Fei's Criticism of Confucian Virtue Politics", in *Asian Philosophy 23, No. 1* (2013).

Harris, E. L., "The Role of Virtue in Xunzi's Political Philosophy", in *Dao 12* (2013).

Harris, E. L., "Xunzi's Political Philosophy", in *Dao 7* (2016).

Huang Yong, "Confucianism and the Perfectionist Critique of the Liberal Neutrality: A Neglected Dimension", in *Journal of Value Inquiry 49* (2015).

Hutton, Eric, *Virtue and Reason in Xunzi, PH. D. Dissertation, Stanford University* (Ann Arbor: Bell & Howell Information and

Learning Company), 2001.

Hutton, Eric, "Moral Reasoning in Aristotle and Xunzi", in *Journal of Chinese Philosophy 29: 3* (2002).

Hutton, Eric, "On the 'Virtue Turn' and the Problem of Categorizing Chinese Thought", in *Dao 14: 3* (2015).

Ihara, Craig K., "Are Individual Rights Necessary? A Confucian Perspective", in Kwong-loi Shun & David B. Wong (ed.), *Confucian Ethics: A Comparative Study of Self, Autonomy, and Community*, New York: Cambridge University Press, 2004.

Ing, Michael, *The Dysfunction of Ritual in Early Confucianism*, Oxford: Oxford University Press, 2012.

Ivanhoe, Philip J. and Bryan W. Van Norden (eds.), *Readings in Classical Chinese Philosophy*, New York: Seven Bridges Press, 2001.

Ivanhoe, Philip J. (ed.), *Chinese Language, Thought, and Culture: Nivison and His Critics*, Chicago and La Salle, Illinois: Open Court, 1996.

Kim, Sungmoon, *Public Reason Confucianism: Democratic Perfectionism and Constitutionalism in East Asia*, Cambridge: Cambridge University Press, 2016.

Kim, Sungmoon, "From Desire to Civility: Is Xunzi a Hobbesian?", in *Dao 10* (2011).

Kim, Sungmoon, *Theorizing Confucian Virtue Politics: Political Philosophy of Mencius and Xunzi*, Cambridge: Cambridge University Press, 2019.

Kline Ⅲ, T. C., *Ethics and Tradition in the Xunzi, PH. D. Dissertation: Stanford University*, 1998.

Kline Ⅲ, T. C. and Philip J. Ivanhoe (eds.), *Virtue, Nature, and Moral Agency in the Xunzi*, Indianapolis: Hackett Publishing

Company，2000.

Knoblock，John，*Xunzi：A Translation and Study of the Complete Works*，*Vols 1-3*，Stanford：Stanford University Press，1988-1994.

Lee，Janghee，*Xunzi and Early Chinese Naturalism*，Albany：State University of New York Press，2005.

Lee，Janghee，*The Autonomy of Xin and Ethical Theory in Xunzi*，*PH. D. Dissertation*，*University of Hawaii*，2001.

Lewis，Mark E.，*Writing and Authority in Early China*，New York：State University of New York Press，1999.

Lewis，Mark E.，*The Construction of Space in Early China*. Albany：State University of New York Press，2006.

Liu，Xiusheng and Philip J. Ivanhoe（eds.），*Essays on the Moral Philosophy of Mengzi*，Indianapolis：Hackett Publishing Company，2002.

Machle，Edward J.，*Nature and Heaven in the Xunzi：A Study of the Tian Lun*，Albany：State University of New York Press，1993.

Mackie，John L.，*Ethics：Inventing Right and Wrong*，Harmondsworth，England：Penguin Books，1977.

Munro，Donald J.，*A Chinese Ethics for the New Century*，Hong Kong：The Chinese University of Hong Kong Press，2005.

Munro，Donald J.，*Ethics in Action*，Hong Kong：The Chinese University of Hong Kong Press，2008.

Murthy，Viren，"The Democratic Potential of Confucian Minben Thought"，in *Asian Philosophy 10*，*No. 1*（2000）.

Nagel，Thomas，*Possibility of Altruism*，Oxford：Clarendon Press，1970.

Nivison，David S.，*The Ways of Confucianism*，Chicago and La Salle，Illinois：Open Court，1996.

Nivison，David S. "Review of the World of Thought in Ancient China"， in *Philosophy East and West 38*, *No. 4* (October 1988).

Norden, Bryan W. Van, *Virtue Ethics and Consequentialism in Early Chinese Philosophy*, New York: Cambridge University Press, 2007.

Pines, Yuri, *Foundations of Confucian Thought: Intellectual Life in the Chunqiu Period, 722 – 453 B. C. E.*, Honolulu: University of Hawaii Press, 2002.

Pye, Lucian W., *Asia Power and Politics: The Culture Dimensions of Authority*, Cambridge, Mass: Belknap Press, 1985.

Raz, Joseph, *The Morality of Freedom*, Oxford: Oxford University Press, 1988.

Rosemont, Jr. Henry, "Why Take Rights Seriously? A Confucian Critique", in L. S. Rouner (ed.), *Human Rights and the World's Religions*, Notre Dame: University of Notre Dame Press, 1988.

Rothenbuhler, Eric, *Ritual Communication: From Everyday Conversation to Mediated Ceremony*, Thousand Oaks, CA: Sage Publications, 1998.

Shun, Kwong-loi and David Wong (eds.), *Confucian Ethics —— A Comparative Study of Self, Autonomy, and Community*, New York: Cambridge University Press, 2004.

Shun, Kwong-loi, "Moral Reasons in Confucian Ethics", in *Journal of Chinese Philosophy 16* (1989).

Shun, Kwong-loi, *Mencius and Early Chinese Thought*, Stanford: Stanford University Press, 1997.

Slingerland, Edward, *Effortless Action: Wu-wei as Conceptual Metaphor and Spiritual Ideal in Early China*, Oxford: Oxford University Press, 2003.

Stalnaker, A., *Overcoming Our Evil*, Washington D. C.: Georgetown University Press, 2006.

Stalnaker，A.，“Xunzi’s Moral Analysis of War and Some of Its Contemporary Implications”，in *Journal of Military Ethics 11*，*No. 2*（August 2012）.

Tan，Sor-hoon，*Confucian Democracy*：*a Deweyan Reconstruction*，Albany：State University of New York Press，2004.

Taylor，Charles，*The Ethics of Authenticity*，Cambridge，Mass.：Harvard University Press，1991.

Tiwald，Justin，“Xunzi on Moral Expertise”，in *Dao 11*（2012）.

Watson Burton，*Hsun Tzu*：*Basic Writings*，New York：Columbia University Press，1963.

Winnie，Sung，“Yu in the Xunzi：Can Desire by Itself Motivate Action?”，in *Dao 11*（2012）.

Winnie Sung，“Ethical Transformation in the Xunzi：A Partial Explanation”，载《中国哲学与文化》第十三辑（郑宗义主编），桂林：漓江出版社，2016年。

Wong，David B.，“Rights and Community in Confucianism”，in：Kwong-loi Shun & David B. Wong（eds.），*Confucian Ethics*：*A Comparative Study of Self*，*Autonomy*，*and Community*，New York：Cambridge University Press，2004.

Wong，David B.，“Xunzi on Moral Motivation”，in T. C. Kline Ⅲ and Philip J. Ivanhoe（eds.），*Virtue*，*Nature*，*and Moral Agency in the Xunzi*，Indianapolis/Cambridge：Hackett Publishing Company，2000.

Yao Xinzhong and Weiming Tu（eds.），*Confucian Studies*（*1-4*），London：Routledge（Taylor and Francis Group），2011.

Yearley，Lee H.，*Mencius and Aquinas*：*Theories of Virtue and Conceptions of Courage*，Albany：State University of New York Press，1990.

后记

据说尼采曾把诗人的歌唱比喻为母鸡下蛋后的啼叫，认为都是痛苦使然。不得不说这是一个绝妙的比喻。母鸡下蛋是否痛苦我们不得而知，但“愤怒出诗人”却是我们常有的说法。在古代中国，不论是楚臣去境、汉妾辞宫，还是骨横朔野、魂逐飞蓬，皆是诗人反复咀嚼的素材，非长歌不能遣其怒，不能宣其情，故韩愈云“大凡物不得其平则鸣……人之于言也亦然，有不得已者而后言，其歌也有思，其哭也有怀”。大抵一个好的诗人的愤怒不仅在表达其内心的郁结，毋宁说其实是以歌唱的形式诉说着时代和他自己最深情最忧伤的思想。

不过，诗人通常被认为与哲人不同，哲人向来被看作理性的化身，似乎那些搞哲学的人除了一身的“冷慧”“寡淡”之外，便没有也似乎不该有多余的愁绪和伤感。

其实，诗人的“牢骚”与哲学家的“冷慧”都可以被理解为痛苦的一种形式，否则穆勒就不会说“情愿做一个痛苦的哲学家，也不愿做一头快乐的猪”。人之所以会痛苦，大概就根源于他有意识。意识会使人分辨，让人跟随意识自身并给出肯否，不然便会生出不快，甚至产生罪恶感。当年康德便对柏拉图关于现象的理解不满，并抱怨道，“如果我本应把当作现象的东西，硬要当作幻象，那便是我的罪过”。“罪过”是意识的产物，人有了意识，就会产生许多“精神性”的疾病，所以西班牙哲学家乌南慕诺认为，“人具备意识一旦成为事实，则相比于骡子或螃蟹而言，人可以说是一病态的动物，因为意识就是一种疾病”。

将哲学家看作一种病态的动物，与当年歌德把思索之人比喻为“在绿色的原野上吃枯草的动物”，在意味上并不相远，反倒相映成趣。不过，我并不认为这是对哲学家的不敬，反倒认为是某种赞赏，因为虽然我们生活在一个人头攒动的世界，但真正有“意识”的人并不多，而瞽、聋者为众。或许正有见于此，庄子会说：“瞽者无以与乎文章之观，聋者无以与乎钟鼓之声。岂唯形骸有聋盲哉？夫知亦有之。”

由此看来，人虽有意识，但似乎又恰恰是唯一不需要缰绳就可以牵着走的动物。

可是，也正是因为人有意识，他又会问出一些“精神病人”所问的问题：一个在黑暗中醒着的我，如何面对一个在光明中睡着的我？或者用鲁迅的话说，假如有一间万难破毁的铁屋子，里面有许多熟睡的人们，不久都要闷死了，“现在你大嚷起来，惊起了较为清醒的几个人，使这不幸的少数者来受无可挽救的临终的苦楚，你倒以为对得起他们么”。

我想说的是，“大嚷”，不仅需要智慧，更需要勇气。于是，便有范仲淹“宁鸣而死，不默而生”的稀声。不过，更多的是，假寐成了我们的意识在“意识”时唯一的自由。

所以又有人说，你永远无法叫醒一个装睡的人，除非是那个装睡的人自己决定醒来。

忽然想起萨孟武先生的一种说法，中国传统几千年的政治不过就是兄弟政治、娘舅政治（外戚政治）和宦官政治（马弁政治）的交替轮回。萨氏的这种说法令人不由自主地忆起当年黑格尔把中国历史看作往复循环的“非历史的历史”，他们之间是否隔江对唱而异曲同工，也许还需要严格的论证。不过，史华兹的疑问却总是在我的耳边执拗地回响：在“中国政治思想的深层结构”中，古往今来的儒者似乎比谁都清楚，人君的“内圣”和三代以下的“政教合一”不过是一种乌托邦的想象，可儒者们为何“仍旧依附盘旋于其中”？“为什么千百年来受苦于这个权力毫无限制的结构的儒生，不曾好好思考过向这个旧结构挑战，或试图限制它的力量，或是提出另一种替代品？”

这是“意识”生出的“问题”，是“意识”生出的“病”。

我更想说的是，这也是我们必须面对的“课题”（task）。

最后，我需要将许多感激的话说出，而这些感激的话绝不是无关紧要的，秉着一个简朴的道理，接受过别人的帮助，便有理由心存感激。本书的出版得到复旦大学哲学学院和国家社科基金的支持。在本书的写作过程中，我或请教或咨询过许多师友同道，或在学术会议中听取他们的批评意见，所获教益甚多，但如果要我在此一一列出他们的名字，即便这个名单再长，也不可避免地有所遗漏，所以，为了避免这种无意的疏忽，我只好采取不著文字、心中记取的方式。然而，特别需要说明的是，本书的许多内容曾经在复旦大学哲学学院的课堂上讲过，作为回报，我得到了许多学生给我提出的意见和建议，我有充分的理由由衷地感谢他们，而名单在此也无法一一列出。作为本课题的阶段性成果，书稿中的许多内容曾以论文的形式发表在海峡两岸各种学术杂志上，如《社会科学》《杭州师范大学学报》《周易研究》《中国哲学与文化》《管子学刊》《现代哲学》《荀子研究》《中国哲学史》《思想与文化》《道德与文明》《复旦大学学报》《文史哲》《学术月刊》《东方哲学》《哲学动态》《孔子研究》《哲学分析》《台湾政治大学哲学学报》等等，我对此深表感谢。同样不可缺少的是，多年来，妻子一直对我关心照顾，操持打理家务，默默付出，毫无怨言，我十分庆幸，也心存感激。

索引

概念索引

Q

R

S

T

W

Z

人名索引

西文人名

中文人名

七画

八画

九画

十画

十一画

十二画

十三画

十四画